U0936502

珍藏本·增订本
纪念版

汉译世界学术名著丛书

语言变化原理

内部因素

〔美〕威廉·拉波夫 著

石锋 郭嘉 译

商务印书馆
SINCE 1897 The Commercial Press

First published 1994
Reprinted 1995,1999

汉译世界学术名著丛书
（120年纪念版·珍藏本）
增订本出版说明

2017年10月，为纪念商务印书馆创立120周年，本馆推出“汉译世界学术名著丛书”（120年纪念版·珍藏本），计七百种。近五六年来，仰赖学界同人倾力支持，订正旧译，增补新译，拓展新著，积累日多。为满足读者需要，本馆在七百种的基础上，继续推出“汉译世界学术名著丛书”（120年纪念版·珍藏本·增订本）三百种。至此，“汉译世界学术名著丛书”累计出版已达千种。

今后，本馆将继续推进丛书的翻译出版工作，在积累单本名著的基础上陆续分辑刊行，汇印出版。为促进中外文明互鉴、推动我国学术发展，使“汉译世界学术名著丛书”这项对我国学术文化有基本建设意义的重大工程发挥更大作用，诚望海内外学术界、翻译界继续给予支持，帮助我们把这套丛书出得更好。

商务印书馆编辑部

2024年2月

汉译世界学术名著丛书
（120 年纪念版·珍藏本）
出版说明

2017 年 2 月 11 日，商务印书馆迎来 120 岁的生日。120 年前，商务印书馆前贤怀揣文化救国的理想，抱持“昌明教育，开启民智”的使命，立足本土，放眼寰宇，以出版为津梁，沟通中西，为中国、为世界提供最富智慧的思想文化成果。无论世事白云苍狗，潮流左右激荡，甚至战火硝烟弥漫，始终践行学术报国之志，无改初心。

逐译世界各国学术名著，即其一端。早在 20 世纪初年便出版《原富》《天演论》等影响至今的代表性著作，1950 年代后更致力于外国哲学和社会科学经典的译介，及至 1980 年代，辑为“汉译世界学术名著丛书”，汇涓为流，蔚为大观。丛书自 1981 年开始出版，历时三十余年，迄今已推出七百种，是我国现代出版史上规模最大、最为重要的学术翻译工程。

丛书所选之书，立场观点不囿于一派，学科领域不限于一门，皆为文明开启以来，各时代、各国家、各民族的思想与文化精粹，代表着人类已经到达过的精神境界。丛书系统译介世界学术经典，引领时代思想，为本土原创学术的发展提供丰富的文化滋养，为推动中国现代学术和现代化进程做出了突出的贡献。

为纪念商务印书馆成立120周年，我们整体推出“汉译世界学术名著丛书”120年纪念版的珍藏本，寄望既利于文化积累，又便于研读查考，同时向长期支持丛书出版的译者、编者和读者致以敬意。

两甲子后的今天，商务印书馆又站在了一个新的历史时间节点上。我们不仅要铭记先辈的身影和足迹，更须让我们的步伐充满新的时代精神。这是商务人代代相传的事业，更是与国家和民族的命运始终紧密相连的事业。我们责无旁贷，必须做好我们这代人的传承与创造，让我们的努力和成果不仅凝聚成民族文化的记忆，还能成为后来人可以接续的事业。唯此，才能不负前贤，无愧来者。

商务印书馆编辑部

2017年10月

中文版序言

我很高兴石锋教授主持把《语言变化原理》译成中文出版。我希望这将有益于中国的语言演变的研究，使富有成果的汉藏系语言研究的悠久传统得到增强。

语言演变的普遍理论是以在纸上、羊皮纸或竹片上存留下来的文字材料为依据建立起来的。历史语言学家研究因偶发的历史事件而幸存的文献残卷，已经在历史语音的构拟中取得了令人惊奇的成功。我怀着敬佩之意把他们的研究称为：对于不完善的资料进行最充分的利用。这套书则是希望说明，他们的结论可以用进行中的音变证据来加以丰富并再现活力，这是基于记录日常生活中即兴语言的研究中得到的。

我第一次到中国是在 1973 年参加美国语言学会访华团。这次交流之后出版了《中华人民共和国的语言和语言学》(W. Lehmann 主编，得克萨斯大学出版社)。我那个团组中的学者们对于中国和中国语言学的了解都比我强得多。我们访问了很多城市，了解到当时为保护少数民族语言和推广普通话，制定出各种结合实际考虑周密的语言政策。我还从他们正式讲座的提要中学了一些汉语，并被夸奖学会“两条腿走路”的意思，我自己工作中也有相似的情况，这可以作为西方语言学中的一个实例。

当时，极为重视语言研究的社会意义。我记得曾听说有一个研究课题是要学生们采访上海港的工人,以便证明革命京剧《海港》中的语言的正确性。然而,由于当时条件限制,并没有像今天这样的方式进行的系统的语言学研究。

在本书中展示的研究工作有两个方面。一方面是显示了日常生活中语言变异的研究如何证实我们对语言总体是一个系统的理解。汉藏系语言的发展在很多方面反映出跟本书各卷中涉及的英语、西班牙语,以及其他印欧语言研究得到的驱动力量是相互对应的。例如,省力原则单词尾部信息量逐渐减少的效果是相同的。汉语在历史上有着大量跟这一过程相对应的重新调整现象。

另一方面,正在进行中的音变的社会分布使我们对于我们所生活的社会有更多的了解。用于在美国划分进行中音变的社会经济层级,当然不同于在中国的城市中随机样本的结构。但是我们仍然期望《语言变化原理》书中展现的年龄、性别、以及城市/农村的分析维度,会在汉语的社会语言学研究中有着同样的重要性。

在任何这种社会语言学研究的中心地带,我们都希望能够发现支配着本书各卷中所报告的研究工作的两个基本原理。

1. 方言口语的中心性。一种语言的历史就是在家庭和亲友间使用的方言口语的历史。它从父母传递给儿童,并随着儿童离开父母的影响而发生变化。

2. 观察者的悖论。为捕捉到一种方言口语的准确的记录,我们必须去观察人们在没有被观察的情况下是怎样讲话的。

这第二个原则突显出形式语言学与语言变异研究之间的区别,前者的语料局限于母语说话人的直觉,而后者则是要找出语言直觉跟日常生活实际说话的不匹配现象。当然,在大多数情况下,我们的直觉跟我们实际讲话是一致的，然而当二者不一致时，重要的问题就出现了。形式语言学家抛弃人们在直觉下实际所说的话语，而社会语言学家却走上相反的道路。当研究中包含了系统性的语音变化时，这个问题的性质就变得更为清晰。在音变之初，说话人对于新的形式并没有察觉。随着变化的进行，他可能会有所察觉，但是归入脱离实际的旧规范。于是，如果直接提问，得到的回答，只是显示出人们对于自己所讲的话所知甚少。

我很抱歉这套书如此之长：内容之多以至我自己都不能够完全记住。然而我却希望本书各卷显示出对日常生活中使用的语言进行客观研究将得到多么大的收获。

本书第一卷把这种研究方法用于探寻语言变化的内部制约因素。书中最后一节集中论述规则性的问题，以及词汇扩散理论的新见解，这是来源于王士元教授跟他的同事们开创性的研究工作。大量的讨论是分析汉语方言中逐字逐词的音变证据，例如，潮州话的声调变化，或是上海话的元音合流。主要的努力是怎样将这些强有力的汉语方言的重要资料去跟新语法学派的规则性音变的观点相协调。

第二卷着眼于决定语音变化的社会因素，大多是报告集中在美国费城一个城市所做的全面研究，但同时也在探索性别和社会阶层制约影响语言变化的普遍原理。在最后一节提出了一种代际变化增量的抽象模式，描述音变怎样在父母传递给儿童的过程中发生。

第三卷先是论述认知因素与语言变化在跨方言的理解中的效应。主要的发现就是特定的音变确实受到理解方面的干预，甚至这就是音变背后的推动力，从而成为更为紧迫的需要研究的问题。随后的一系列章节展示一种语言演变的全部历史：从它的起始到最后的终结。进而提出一种方言分化的普遍模型。最后一节旨在解决另一个历史语言学中长期存在的谱系树模型与波浪式发展的模型之间的对立。书中讲到，谱系树模型是父母与儿童之间一系列不间断传递的结果，是儿童语言学习能力的结果，从而保持了系统的完整性。另一方面，波浪式模型被视为成人之间传播的结果，反映出老年人有限的语言学习能力。

因此，我在本书各卷中试图解决历史语言学领域中两个长期悬而未决的争议。我的基本立场是承认语言学作为语言科学的心智价值，并且认为如果一种观点被几代语言学家所长期坚持，那么它就必须建立在一种坚实的基础上。它会跟对立的意见保持联系，并在适宜的范围里保留自己的见解。

威廉·拉波夫

2013 年 1 月 4 日

（石锋译）

PREFACE TO THE CHINESE EDITION

I am very pleased that *Principles of Linguistic Change* is now available in the translation into Chinese by Professor Shi Feng. I hope that it will be useful in the study of linguistic change in China, reinforcing the longstanding tradition of linguistic science in which Sino-Tibetan studies have contributed so much.

The general theory of language change is well founded on the study of surviving texts, on paper, parchment or bamboo. Historical linguists have had astonishing success in reconstructing the past from the scraps that have survived, by haply historical accident. I have characterized with admiration their art as "making the best use of bad data". These volumes hope to show that their conclusions can be enriched and reinvigorated by evidence derived from the study of change in progress, based on recordings of spontaneous speech in everyday life.

My first trip to China was in 1973, with the delegation of the Linguistic Society of America. This interchange led to the publication of *Language and Linguistics in the People's Republic of*

China. (W. Lehmann ed. : Austin: U. of Texas Press.) I was in the company of scholars who knew much more about China and Chinese linguistics than I did. We visited many cities and learned a great deal about the pragmatic and well-considered language policies of the time, in regard to the protection of minority languages and the generalization of pu tong hua. I had acquired enough of that language to follow the gist of formal lectures, and was encouraged to learn that the expression "walking on two legs" included some acquaintance with my own work as an example of Western linguistics.

At that time, the social significance of research was strongly brought to the fore. I remember hearing of one research project in which students interviewed workers on the Shanghai docks in order to demonstrate the correctness of the language heard in the revolutionary opera, "On the Docks". However, conditions at that time did not favour systematic linguistic research in the way that it can be conducted today.

The work presented in this volume has two faces. On the one hand, it shows how the study of variation in the language of everyday life can illuminate our general understanding of language as a system. There are many aspects of the development of Sino-Tibetan languages that respond to the same forces that are operating in English, Spanish, and the other Indo-European languages studied in these three volumes. For example, the principle of least effort has similar effects in gradually reducing the amount of information at the ends of words, and the history of Chinese shows massive readjustments in response to this process.

In the second aspect, the social distribution of change in progress tells us much about the society we live in. The socio-economic categories used to trace change in progress in the United States are of course quite different from those that would be used in the construction of a random sample of a Chinese city. But we would expect that age, gender, and the urban/rural dimension would be as important in a Chinese sociolinguistic study as in *Principles of Linguistic Change*.

At the heart of any such sociolinguistic study we would expect to find the two basic principles that govern the work reported in these volumes.

1. The Centrality of the Vernacular. The history of a language is the history of the vernacular form of the spoken language as used with family and intimate friends, transmitted from parents to children and changed by children as they move beyond the influence of their parents.

2. The Observer's Paradox. To capture an accurate record of that vernacular we must observe how people speak when they are not being observed.

This second principle underlines the difference between formal linguistics that limits its data to the intuitions of the native speaker, and the study of language variation which is prepared to find a mismatch between those intuitions and what is said in everyday life. Granted that in the great majority of cases, our intuitions correspond to what we say, the crucial questions arise when they do not. The formal linguist discards what people say in favour of their intuitions, while the sociolinguist takes the opposite road. The issue becomes much clearer when systematic change is involved. At the beginning of the change, speakers have no awareness of the new forms. As change progresses, awareness may arise, but in the form of a stereotype far removed from reality, so that direct questioning only reveals how little people know of what they say.

I am sorry that these books are so long: there is so much in them that I cannot myself remember all of it. Yet I hope that these volumes will indicate how much can be learned by the objective study of the language used in everyday life. The first volume takes this approach to the search for the internal constraints on linguistic change. Its final section focuses on the question of regularity, and the new insights on lexical diffusion that stem from the creative work of William S.-Y. Wang and his colleagues. Much of the discussion deals with the evidence of word-by-word change in Chinese dialects, such as the development of tone in Chao-Zhou, or vowel merger in Shanghai. The major effort is to reconcile the Neogrammarian view of regular sound change with this powerful and important data from Chinese dialects.

The second volume looks at the social factors that determine change, largely reporting on the intensive study of a single American city, Philadelphia, but at the same time searching for general principles that govern the effect of gender and social class on language change. Its final section presents an abstract model of the incrementation of change across generations, showing how it is generated by transmission from parents to children.

The third volume turns first to cognitive factors and the effect of language change on comprehension across dialects. The major finding is that sound change in particular does interfere with understanding, and makes even more urgent the problem of the driving force behind these changes. It then presents a series of chapters on the life history of a linguistic change: from its origins to its final endpoint. A general model for the sources of dialect divergence is proposed. The final section aims to resolve another longstanding opposition in historical linguistics, between the family-tree model and the wave model of development. It is proposed that the family-tree pattern is the result of an unbroken series of transmission from parents to children, preserving the integrity of the system as a consequence of the language-learning abilities of children. The wave model, on the other hand, is seen as the consequence of diffusion among adults, and reflects the limited language learning abilities of older speakers.

Thus in these volumes I have attempted to resolve two long-standing controversies in the field of historical linguistics. My basic position is to recognize the intellectual value of linguistics as the science of language, and argue that if a point of view has been maintained over time by many generations of linguists, it must rest on a solid foundation. It remains to bring opposing views into contact, preserving its insights in its proper domain.

前言:介绍比尔

这里我要介绍的“比尔”当然是威廉·拉波夫,因为“威廉”这个名字经常被简称为“比尔”。当我幼年在上海开始学英语的时候,就有了一个西方的名字“威廉”,这让很多朋友也叫我“比尔”。因此在2012年香港中文大学邀请我们两人举行一次公开的学术对话的时候,冯胜利教授亲切地把这次会议称为“双铃对谈”。①

石锋教授知道我跟比尔之间有着长期的友谊。现在比尔这非凡的三卷本巨著《语言变化原理》②的中文译稿即将出版,这本身就是个艰巨浩大的工程,他请我为中国的读者们写一个序言。我觉得义不容辞,面对这部巨著,使我想到《诗经》中著名的诗句:高山仰止。〔1〕确实,用任何语言都难以形容比尔对于深化我们的语言学基本理论所做出的卓越贡献:什么是语言,以及语言与社会的多方面联系。所以我这里只是写出自己跟我们时代这位真正伟大的语言学家交往的片断印象。

---

① 冯胜利、叶彩燕主编. 2014.《拉波夫与王士元对话:语音变化的前沿问题》(*A Dialogue on Sound Change Between William Labov and William S-Y. Wang*),北京大学出版社。[“双铃对谈”是一种幽默的说法,实际上Bill和bell的元音发音是有差别的。]

② *Principles of Linguistic Change. Volume 1: Internal Factors*, 1994. *Principles of Linguistic Change. Volume 2: Social Factors*, 2001. *Principles of Linguistic Change. Volume 3: Cognitive and Cultural Factors*, 2010.

〔1〕 出自《诗经·小雅·车辖》:“高山仰止,景行行止。”——译者

实际上,我最初知道比尔是间接通过他的博士论文导师尤里埃尔·文莱奇教授,那时正在斯坦福大学的行为科学高级研究中心做客一年,离我所在的伯克利加州大学开车只需一小时。我最感兴趣的是语言变化的原因和方式,是文莱奇、拉波夫、赫佐格的论文[①]给了我探索这个重要领域的指路灯。我们当时正在创建第一个汉语数据库[②] DOC(Dictionary on Computer,计算机中的词典),能够据以用实证和量化的方式研究语音的变化。

DOC 的早期研究成果是一个后来被称为"词汇扩散"的假说,关于一个音变是怎样通过逐次改变词汇中的若干词项而传播开来的。[③]基于北京大学刚刚完成的《汉语方音字汇》最初版本,我们能够借助计算机在 DOC 中搜索那些按照构拟的中古汉语规则变化的词项,以及那些以其他方式变化的词项。但是由于跟当时盛行的新语法学派的语音总是按规则变化的观念[④]相对立,这个假说

① Weinreich, Uriel, Labov, William, and Herzog, Marvin. 1968. Empirical foundations for a theory of language change. In W. Lehmann and Y. Malkiel (Eds.), *Directions for Historical Linguistics* (pp. 95—188). Texas: University of Texas Press.

② Cheng, Chin-Chuan. 1994. DOC: Its Birth and Life. In M. Y. Chen and O. J. L. Tzeng (Eds.), *In Honor of William S-Y. Wang: Interdisciplinary Studies on Language and Language Change*. Taipei: Pyramid Press. 我们在计算机初始时代创建 DOC 的小组有郑锦全、陈渊泉、谢信一、柴谷方良,还有其他人。

③ Wang, W. S-Y. 1969. Competing changes as a cause of residue. *Language*, *45*, 9—25.

④ Verner, Karl. 1875. Eine Ausnahme der ersten Lautverschiebung. *Zeitschrift fürvergleichende Sprachforschung auf dem Gebieteder Indogermanischen Sprachen*, *23*(2), 97—130. 这篇辉煌论著的英文译稿收入 Lehmann, W. P. (Ed.). 1967. *A Reader in Nineteenth-Century Historical Indo-European Linguistics*. Indiana University Press.

最初的遭遇并不顺利。最好的情况是人们有礼貌的沉默。有时还受到讥讽,好像音变研究只能属于印欧语言学。

但是比尔清楚地理解我们正在为之绞尽脑汁的这个理论问题的复杂性。1977 年,我们在夏威夷合作讲授了暑期语言学院的一门课程:语言的生物和社会基础。这给我们一个宝贵的机会来系统深入地讨论语言学的各种基础问题。几年后,比尔慷慨地利用会长致辞[①]的场合,向美国语言学会从公平而宽广的视角对词汇扩散进行了评论。

他总结了当时人们对于音变的理解,认为有些音变,或许是辅音,确实有可能以在词汇中逐渐进展的方式变化;而其他音变,如元音有着从起点到终点的语音连续统,就可能按照新语法学派的方案变化。还有可能是音变通过比尔首创的"变异规则"来实现,其中目标值以不断增加的概率出现,而不是以单个词项的方式出现。无论如何,语音变化,实际上是语言中的所有变化,都离不开说话人的年龄、性别,以及很多其他生物的和社会的状况。这是我们从比尔的著作中得到的一个基本收获。对这些问题感兴趣而还没有完全弄懂的读者,不妨参阅脚注 1 所列的参考文献。

比尔在语言学的众多方面都做出了里程碑式的贡献,远远超出单一的论题,构成了包括应该研究怎样的语言和应该怎样做语言研究的一个综合框架。当比尔在 1964 年完成他的博士论文的时候,语言学界"主要是那些花费大量的时间互相争论的固执己见

① Labov, William. 1981. Resolving the Neogrammarian Controversy. *Language*, *57*, 267—308.

的青年,……他们的资料大都是靠自己的头脑想出来的”。[1]比尔的做法与此形成鲜明对照,他倡导“一种以观察或实验为依据的经验语言学,基于人们实际说出的话语,采用实验室的实验技术进行测试。”

在随后的半个世纪中,他继续身体力行,把这种经验的和实验的双重方法扩展到研究美国社会的很多地区和多种族群,同时在实验室里做出详尽的分析。诸如语言接触、黑人英语、缺-*r* 的方言,以及音变的矫枉过正等论题,在他对于很多有趣的说话人的访谈中呈现出鲜活的情景。还有近似合并、元音高化等,在他制作的动态画面和视频剪辑中表现得栩栩如生。他使人想起好莱坞在电影《窈窕淑女》中以浪漫主义手法呈现的亨利・斯威特,他在伦敦街头录取东区考克尼方言元音的发音,在家中的实验室里用浪纹计把它们分析出来。斯威特是 19 世纪伟大的语言学家,也是比尔心目中的偶像之一。

石锋教授主持翻译的这三卷巨著现在已经可以提供给中国的学者。这是比尔几十年来著作的极有价值的总合(参见脚注 2)。这三卷书的副标题分别是“内部因素”“社会因素”和“认知与文化因素”,这些不同方面的精辟论述见证了比尔博大精深的学识。

比尔的研究方法的基本主题就是,我们在语言研究中必须始终以说话人为中心。归根结底,语言的存在就因为是人创造了语言,并且一直不断地在使用它。离开说话人去研究语言,就会失去

① Labov, William. 1997. How I got into linguistics, and what I got out of it. *An essay addressed to undergraduate students, updated October 1, 1997.*

语言学的现实性和生命力。因此一个语言学家最为欣慰的就是他的专业知识能够直接促进改善人们的生活福祉。比尔在脚注8的文献中讲述了他在1987年参与的一个庭审案件的经历。他使法官确信被告的说话方式表明他没有打过威胁电话，从而使他免于牢狱之灾。这个案例涉及的是波士顿口音和纽约市口音之间的语音差异。

在比尔的故事早几年的时候，我在加州奥克兰曾遇到类似的法庭经历。①一个年轻的香港移民在被宣读他有米兰达权利〔1〕之后被捕入狱，却没有给他翻译。我在奥克兰监狱探望他几次之后，就在法庭上提出被告的英语之差不足以听懂法律赋予的米兰达权利的内容。法官于是让他自由了。这对我是一个非常令人兴奋的经历。语言分析的抽象工具可以用这种方式得到实际的应用。

现在《语言变化原理》已经有了全部的中文译本，我唯有希望众多的中国读者能够深入地思考这三卷书中包含的各种的精辟见解。借用艾萨克·牛顿的一句名言，它们就是语言学必须学会站上去的“巨人的肩膀”，以使我们的学术能够更有成效地向前发展。

王士元

2017年1月于马鞍山

（石锋译）

① Wang, William S-Y. 1980. Assessing linguistic incompetence. *Linguistic Reporter* May issue. Reprinted in Wang, W. S-Y. 1991. *Explorations in Language*. Taipei: Pyramid Press.

〔1〕 米兰达权利。根据美国法律，警方在逮捕前必须告知嫌疑人的“米兰达权利”，即，他们有权保持沉默，得到代表律师的权利，并有权委任律师。——译者

Introducing Bill

The 'Bill' I wish to introduce here is of course William Labov; the first name, 'William', is often abbreviated to 'Bill'. When I started to learn English in Shanghai as a young boy, I was given the Western name 'William'; this led many friends to also call me 'Bill'. So when the Chinese University of Hong Kong in 2012 invited the two of us to have a public dialog, Professor Feng Shengli fondly referred to the conference as a conversation between two 'Bills'. ①

Professor Shi Feng knows of my long friendship with Bill. Now that the translation of Bill's monumental three-volume 'Principles of Linguistic Change' is reaching completion②, which is a mammoth undertaking in itself, he has asked me to say something by way of a foreword, addressed to a Chinese readership. I am of course humbled by the challenge; it calls to mind

---

① 冯胜利，叶彩燕（Eds.）. 2014. 拉波夫与王士元对话：语音变化的前沿问题（A Dialogue on Sound Change Between William Labov and William S-Y. Wang）：北京大学出版社.

② *Principles of Linguistic Change. Volume 1: Internal Factors*, 1994. *Principles of Linguistic Change. Volume 2: Social Factors*, 2001. *Principles of Linguistic Change. Volume 3: Cognitive and Cultural Factors*, 2010.

the well-known line from 诗经:高山仰止. Indeed, it is all but impossible to summarize the mountain of contributions Bill has made to deepen our fundamental knowledge of what language is, and the diverse connections language has to society. So my remarks here are no more than merely personal vignettes of one of the truly great linguists of our time.

Actually I first got to know Bill indirectly through his PhD supervisor, Professor Uriel Weinreich, when he spent a year at the Center for Advanced Study in the Behavioral Sciences; I was then based in Berkeley, just an hour's drive from Stanford. I was fascinated by the how's and why's of language change, and the paper by Weinreich, Labov and Herzog[①] provided a guiding light for me to explore this important area. We were constructing one of the first data-bases for Chinese at that time, which we called DOC[②], providing a forum to investigate sound change within an empirical and quantitative perspective.

One of the early products of the DOC investigations was a hypothesis, later christened as 'lexical diffusion', of how a sound

① Weinreich, Uriel, Labov, William, and Herzog, Marvin. 1968. Empirical foundations for a theory of language change. In W. Lehmann and Y. Malkiel (Eds.), *Directions for Historical Linguistics* (pp. 95-188). Texas: University of Texas Press.

② Cheng, Chin-Chuan. 1994. DOC: Its Birth and Life. In M. Y. Chen and O. J. L. Tzeng (Eds.), *In Honor of William S-Y. Wang: Interdisciplinary Studies on Language and Language Change*. Taipei: Pyramid Press. Our little team in constructing DOC at the dawn of the computer age included 郑锦全, 陈渊泉, 谢信一, Matt Shibatani, among others.

change sweeps across the lexicon several words at a time. [①]Based on an early version of 汉语方音字汇,which was just completed at Peking University,we were able to have the computer search the Dictionary on Computer for words that have changed 'regularly' from their Middle Chinese reconstructions, and for words that have changed in other ways. But against the then prevailing Neogrammarian belief that sounds ***always*** change regularly[②],the hypothesis did not fare well at first. It met with polite silence at best,and sometimes even with sarcasm, as though the study of sound change belongs to just Indo-European linguistics.

But Bill understood well the complexities of the theoretical issues we were wrestling with. In 1977, we co-taught a summer course in the Linguistic Institute held in Hawaii,entitled *The biological and social bases of language*; it gave us a valuable occasion to discuss various foundational issues in linguistics systematically and in depth. Several years later,Bill generously used the occasion of his presidential address[③] to the Linguistic Society

---

① Wang,W. S-Y. 1969. Competing changes as a cause of residue. *Language*, *45*,9—25.

② Verner, Karl. 1875. Eine Ausnahme der ersten Lautverschiebung. *Zeitschriftfürvergleichende Sprachforschung auf dem Gebieteder Indogermanischen Sprachen*,*23*(2),97—130. English translation of this brilliant study in Lehmann,W. P. (Ed.). 1967. *A Reader in Nineteenth-Century Historical Indo-European Linguistics*. Indiana University Press.

③ Labov, William. 1981. Resolving the Neogrammarian Controversy. *Language*,*57*,267—308.

of America to discuss lexical diffusion in a fair and broad perspective.

He summarized what was known about sound change at that time, and considered the possibility that some changes may indeed change in a lexically gradual manner, perhaps consonants, while other changes, where the source and the target sounds lie along phonetic continua, such as vowels, may change according to the Neogrammarian scenario. There is also the possibility that a sound change may be implemented by what is known as 'variable rules', a concept pioneered by Bill, where the target sound appears with ever increasing probability, but not in a way that is associated with individual words. In any case, sound change, indeed all changes in language, cannot be dissociated from the age, gender, and many other biological and social circumstances of the speaker, which is a basic lesson we have all learned from Bill's work. Readers interested in these issues, which are far from being completely understood as yet, may wish to look at the reference given in footnote 1.

Bill's landmark contributions to linguistics extend much beyond individual issues; rather they constitute a comprehensive framework on how language should be studied, i. e., how linguistic research should be done. When Bill finished his PhD work in 1964, linguistics was a field "consisting mostly of young people with strong opinions who spent most of their time arguing with each other... drawing most of their data out of their heads". ① In healthy contrast, Bill brought about "an empirical linguistics, based on what people actually say, and tested by the experimental techniques of the laboratory."

He went on to exemplify this dual approach to research, empirical and experimental, over the next half-century with extensive field work among many regions and diverse ethnic groups of American society as well as with detailed analyses in the laboratory. Topics such as language contact, Black English, *r*-less dialects, hypercorrection, etc. take on vivid meanings in the context of the many interesting speakers he interviewed; and near mergers, vowel raising, etc. come alive when captured on animated diagrams and video clips. He calls to mind Hollywood's romantic rendition of Henry Sweet in *My Fair Lady*, capturing Cockney vowels at London street corners, and analyzing them with a kymograph in his home laboratory. Sweet was a great 19th century linguist, and one of Bill's heroes.

The three volumes now made available to Chinese readers, translated under Professor Shi's direction, are a valuable synthesis of these decades of Bill's work(see footnote 2). As their subtitles indicate, the insights range over 'internal factors', 'social

---

① Labov, William. 1997. How I got into linguistics, and what I got out of it. *An essay addressed to undergraduate students, updated October 1, 1997.*

factors', as well as 'cognitive and cultural factors', attesting to both the depth and breadth of his erudition.

The underlying theme of Bill's approach is that in studying language we must keep centered on people; after all language only exists because people invented it and are constantly using it. Studying language removed from people robs linguistics of its realism and vitality. So it is all the more gratifying for a linguist when his expertise can contribute directly to the well-being of people. Bill recounts one such courtroom experience he had in 1987 in the reference in footnote 8. He freed someone from jail by convincing the judge that the defendant could not have made the telephone calls he was accused of, because of the way he speaks; the case hinged on phonetic differences between Boston speech and New York City speech.

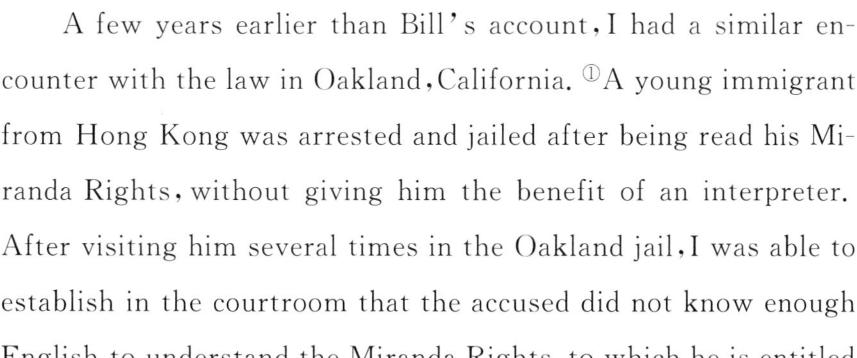

A few years earlier than Bill's account, I had a similar encounter with the law in Oakland, California.[1] A young immigrant from Hong Kong was arrested and jailed after being read his Miranda Rights, without giving him the benefit of an interpreter. After visiting him several times in the Oakland jail, I was able to establish in the courtroom that the accused did not know enough English to understand the Miranda Rights, to which he is entitled

[1] Wang, William S-Y. 1980. Assessing linguistic incompetence. *Linguistic Reporter* May issue. Reprinted in Wang, W. S-Y. 1991. *Explorations in Language*. Taipei: Pyramid Press.

by law; and the judge set him free. It was a highly elating experience for me that the abstract tools of linguistic analysis can be put to actual use in this way.

Now that *Principles of Linguistic Change* is available in its entirety in Chinese, I can only hope that many Chinese readers will ponder deeply on the numerous insights these three volumes contain. Borrowing an expression made famous by Isaac Newton, they are the 'shoulders of giants' that linguistics must learn to stand on for our field to move forward effectively.

William S-Y. Wang.

Ma An Shan, January 2017.

献给尤里埃尔·文莱奇

(Uriel Weinreich)

目　　录

第一部分　导论和方法论

第二部分　链式音变

第三部分　合并与分化

第四部分　规则性的争议

第五部分　音变的功能特征

编者前言 ix

《社会中的语言》(*Language in Society*)系列丛书这些年来已出版了好几卷书,它们对语言学知识、理论和实践的发展有重要的里程碑意义。然而,许多业已为这一系列丛书做出贡献的作者,都不仅对威廉·拉波夫表达个人在学术上的感谢,并一致认同期待已久的这一套书是本系列丛书中最为重要的。事实的确如此,如果没有威廉·拉波夫就不会有《社会中的语言》系列丛书,同样也就不会有我们其他的编者或社会语言学研究者当前所做的工作。

威廉·拉波夫不仅对现实社会的语言学的发展产生了巨大的影 1
响,事实上正是他开创了这一领域。没有他的努力,就不会有在言语社团中进行实证语言研究的传统,尽管许多语言学家坚持把它称为“社会语言学”(sociolinguistics),这却是20世纪描写语言学和理论语言学最重要的发展之一。作为这种语言研究方式的开创者,拉波夫三十年来一直站在这一领域的最前沿,他是最为资深且最具有影响力的实践者,同时也是最优秀的学者。我们很高兴能够在本系列丛书中出版这套书,特别是将拉波夫最新的研究成果和学术思考呈现给更为广大的读者。它将激励和鼓舞未来一代一代的语言学家,使他们认识到研究真实的人们在日常生活过程中所说的语言,这可能不是语言学研究的唯一

方式,当然也不是最轻松的方式,但却是最为基本和最有创获的途径。

彼得·特拉吉尔(Peter Trudgill)
洛桑大学(University of Lausanne)

体　例 x

以下体例适用于本套著作的三卷书。

语音和音系

*斜体*表示单词的正字法形式。

粗体表示抽象的音系成分，用来定义历史上的词群（historical word class）。如短元音 **a**，长元音 **ē** 和 **ai**。词群是一种完整的单词集合，其中包含用以命名这一词群并拥有相同历史发展过程的音系单位。词群作为一个个完整的群体，与特定的时间周期相关联，参见第 1 卷的第 15 章到第 18 章。在这些单词中，音长（length）通过上加长音符号表示，如 **ī**、**ē** 等。

方括弧[]表示国际音标符号。通常不采用表示滑音的上标符号[aᶦ]。本书中所讨论的双元音多是前响双元音（falling diphthongs），所以第一个是核心元音，第二个是滑音，如[aɪ]、[ɛə]等。英语中的上滑双元音（upgliding diphthongs）如：[aɪ]、[aʊ]、[eɪ]、[oʊ]、[ɪi]、[ʊu] 是通常的形式，很容易识别。还有些研究中采用了[ɩ]和[ɷ]，我保留了这些形式来表示稍低的高元音。

双斜线//表示音位。

圆括号()表示语言变项，通常覆盖几个音位的范围：例如，

(æh)、(oh)。圆括号表示人们的关注点在于语言变异的系统维度及其制约条件。

尖括号＜＞表示按照变体规则的结果输出，并在这个规则适用的环境内用以表明有利于语言输出的制约条件。在范畴规则中，尖括号表示严格意义上的语言同现。

本研究中所采用的声学元音图(acoustic plot)，横轴是第二共振峰值(F2)，左边为最高值，右边为最低值；纵轴是第一共振峰值(F1)，顶部为最低值，底部为最高值。二者都用线性标度。尽管
xi 第二共振峰用对数标示会更接近感知空间的对应，然而把第二共振峰扩展更有助于观察外缘性的维度，外缘性在第一卷很多章节中起着至关重要的作用。

研究项目

全书相关参考资料和数据多数来自美国宾夕法尼亚大学语言学实验室接受国家科学基金会资助所进行的研究项目。这些参考资料大多数是在已发表的研究成果报告中。在有些情况下，对于引用尚未发表的数据和分析，直接注明这些研究项目本身是较为合适的做法。以下是书中所引相关研究项目的缩略词：

LES　纽约市下东区研究(The study of the Lower East Side of New York City)，主要研究纽约城市方言所反映的社会分层及其变化。(Labov 1966)

LYS　正在进行中的语音变化的定量研究(A Quantitative Study of Sound Change in Progress，1968—1972)。英

国和美国方言链式音变模式的声谱研究，同时回顾了这些模式在历史上的相关记录。(Labov, Yaeger, and Steiner 1972)

LCV 语言变化和变异的研究(Project on Linguistics Change and Variation, 1973—1977)。正在进行中的费城语音变化的调查研究，基于11个相邻社区的长期调查和电话随机访谈。(Labov 1980, 1989a, 1990; Hindle 1980; Payne 1976, 1980; Guy 1980)

CDC 跨方言理解的研究(A Study of Cross-Dialectal Comprehension, 1987—1991)。对于LYS和LCV所描述的语言变化和差异模式的认知影响的实验研究。(Labov 1989c; Labov, Ash, and Boberg 2006; Karan and Labov 1990)

方言地理学的资料

一般而言，各种美国方言的研究项目都会提及《语言地图》(*Linguistic Atlas Records*)这本书。更具体一些，这些项目所涉及的出版物主要包括：库拉特(*Kurath 1939*)在《新英格兰地区语言地图》(Linguistic Atlas of New England，简缩为LANE)中所用的各种方法的报告；库拉特等(*Kurath et al 1941*)发表的LANE调查结果的详细地图，每一个词项都标记了完整的语音符号；库拉特(*Kurath 1949*)根据LANE和《大西洋沿岸中南部各州的语言地图》(Linguistic Atlas of the Middle and Southern

Atlantic States,简缩为LAMSAS)所列地域性词项的基础上,对
xii 美国东部方言的基础分区;库拉特和迈克戴维(*Kurath and McDavid 1961*)基于LANE和LAMSAS记录的上述相同地区的语音和音位格局研究。

本书有些章节引用了奥顿和蒂斯的《英语方言概况》(Orton and Dieth 1962—1967,*Survey of English Dialects*)一书中的资料,引文出处注明*SED*。

致　　谢 xiii

本书特别献给尤里埃尔·文莱奇(Uriel Weinreich)。在所有认识他的人的心目中,他是一位非常完美的学者。身为我的老师和导师,他保护我在学术生涯中逢凶化吉,经受了各种风浪。在指导我学位论文期间,他担任哥伦比亚大学语言学系主任,《词》(*Word*)期刊的主编,一个重要的语义学研究项目的主持人,《德裔犹太人语言与文化地图》(*Language and Culture Atlas of Ashkenazi Jewry*)的发起者和负责人。他是普通语言学理论的主要贡献者,同时还是尽心尽力、诲人不倦的老师。他 1967 年去世,时年 41 岁。在我进入研究生院的时候,就已经对自己的研究方向有了打算,而尤里尔也从来没有把他的思想强加于我。然而,当我后来读他的那些尚没有发表的论文时,我发现他已经预想到了很多我原以为是自己想出的研究计划和创意。为了感谢他对现在发表的这部著作的影响,我建议读者应该读一下文莱奇、拉波夫和赫佐格 1968 年那篇文章(Weinreich, Labov, and Herzog 1968)的第一部分,那几乎完全是出自他的手笔。在他知道自己生命还有最后的六个月的时间里,他倾尽全力完成他认为最重要的一件工作:为把语言学建立在实证基础上的研究方向进行阐述。

本书所报告的内容大部分是从 1965 年到 1992 年一系列研究项目的成果,都得到国家科学基金会的资助,没有这种支持就不会

有这一切。此外,我对语言研究工程(Linguistics Program)主任保罗·查平(Paul Chapin)耐心的忠告和敏锐的眼光表示特别的感激。并且还要感谢那些素不相识的同行对我的帮助,他们审阅我提交的各项研究成果,评论其中的优点和不足。

在这些项目研究过程中,我有幸结识了很多优秀的合作者和同事,他们最值得我在此致以最衷心的感谢。他们都曾经是语言学的研究生。其中有些人已经转向其他领域,但是多数人已经脱颖而出,为语言研究做出了贡献。我在书中吸收了自从我们开始合作之后这些年来他们所做的研究和论著。本书对他们研究工作的大量引用和摘录将见证他们富有成果的研究和观察问题的独创性。在本书撰写过程中,他们的研究贡献不止一次开启了我的思路。

xiv 班杰·瓦尔德(Benji Wald)是我在哥伦比亚大学研究语音演变时最早的合作者之一。他在自己的斯瓦希里语(Swahili)研究之外,抽出时间去芝加哥和波士顿进行语言调查,这对于最初形成使我和瓦尔德能够在1968年向美国语言学会(LSA)报告的链式音变原理起到了重要作用。同时,保罗·科恩(Paul Cohen)首次对短元音 **a** 在纽约市和新泽西州北部的分布情况做了详细的调查(Cohen 1970),这对研究英语音系在复杂地区中的词汇扩散(lexical diffusion)问题有重要参考价值。

本卷书的前半部分主要是关于进行中的语音变化做出量化研究的进展,由宾夕法尼亚大学的马尔卡·耶格(Malcah Yaeger),理查德·斯坦纳(Richard Steiner)和我自己完成(见 Labov, Yaeger, and Steiner 1972,本书中简称为 LYS)。第6章中出现的语图频谱分析大部分是由耶格完成的，假如由此得出的链式音变的普遍原理确有价值，就归功于耶格无穷的精力和敏锐的观察。她在水牛城、底特律和罗切斯特三市进行的实地语言调查，至今仍然是支撑我们“北方城市音变规则”(Northern Cities Shift)的重要例证。理查德·斯坦纳已经是研究闪米特语的带头人，他为LYS项目参阅了大量印欧语系语音变化的文献资料。正是他使我领略了历史研究中严谨而精细的传统，尽管这并没能使我在自己研究道路上完全避免错误。

从1973年到1979年开展的费城和宾夕法尼亚东部的语言变化和变异(LCV)的研究贯穿第1卷全书，而且将会成为第2卷书的核心资料。研究组成员包括安妮·鲍尔(Anne Bower)、伊丽莎白·戴顿(Elizabeth Dayton)、格里高利·盖伊(Gregory Guy)、唐·辛德尔(Don Hindle)、马特·伦尼格(Matt Lennig)、阿维拉·佩恩(Arvilla Payne)、莎拉·波普莱克(Shana Poplack)、德博拉·谢芙琳(Deborah Schiffrin)和我。伦尼格首先建立了计算机数学构型方法对元音进行分析，辛德尔继续并发展了这种方法。辛德尔(Hindle 1980)的学位论文基于佩恩对于卡罗尔·梅耶斯(Carol Meyers)整整一天话语的详尽录音所做的分析，以及自己在费城进行的电话语音调查。他在分析元音系统的社会和语体变异中所增长的见识在本书的很多地方发挥了至关重要的作用。佩恩、鲍尔和谢芙琳把社会语言学实地调查这项艺术发挥到了极致，使我有机会考察这些资料并把人口统计和社会分布模式结合起来做出分析。他们还做了费城社会语言学变项(sociolinguistic variables)和短元音 **a** 的分析，成为本书中许多章节的基础。戴顿对费城元音系统做了大量的实验分析;使它成为世上最有名的元音系统,这主要应归功于她充沛的精力、不懈的努力和精湛的技术。佩恩把她在普鲁士王村对中产阶级说话人的实地调查跟非本地儿童习得费城方言的研究结合起来(Payne 1976,1980),这在本书的许多章节中发挥了重要作用。

xv 其他对于费城语音习得的研究工作在论述中也是很重要的。格里高利·盖伊(Gregory Guy)和萨利·博伊德(Sally Boyd)集中研究-*t*、*d* 删除的语音习得,这对于我们理解语言变异越来越重要(Guy and Boyd 1990)。最近,朱莉娅·罗伯兹(Julia Roberts)在 3 岁到 5 岁儿童中深入研究这个问题;她的学位论文在本书第 1 卷和第 2 卷中多处加以引证。

宾夕法尼亚东部音变与合并的研究为赫罗尔德(Ruth Herold)在同一地区考察/o/和/oh/的合并提供了背景基础(Herold 1990)。她富有勇气和令人兴奋的工作成果发展了合并机制的新概念。我在本书第三部分中吸取了大量内容。

波普莱克(Poplack)在费城波多黎社区的调查分析开始于 LCV 项目的研究(Poplack 1979,1980,1981),发展成为主要研究西班牙语屈折(inflection)变异的内容,数年来都是许多后续研究的基础,并成为本书第 19 章功能主义假设的中心内容。波普莱克第一个将量化方法应用于同时测量分析结构、语义和文化三者对言语行为的影响这个错综复杂的问题。盖伊致力于研究辅音丛的简化,其成果在变异理论(variation theory)中占据着不可动摇的中心地位(Guy 1980)。他还发展了新的理论视角,极大地推进了这一领域的研究。盖伊关于葡萄牙语屈折变异的研究为我们所了解的功能主义假设提供了重要的基础论据。

20 世纪 80 年代早期，宾州大学的语言实验室开始研究费城的黑人、西班牙人和白人社区之间的交际影响。城市中少数族裔对语言变化影响的研究项目（Project on the Influence of Urban Minorities on Linguistic Change，简称 UMLC）的成果将出现在第 2 卷，其中约翰·迈希尔（John Myhill）、温德尔·哈里斯（Wendell Harris）、雪莉·阿什（Sherry Ash）和戴维·格拉夫（Dave Graff）发挥了重要的作用。

语言实验室后来又进行跨方言理解的研究[CDC]，检验了 20 世纪 70 年代进行中的语言变化在认知方面的结果。作为实验室主任，雪莉·阿什是组织这个项目和其他研究项目的中心人物。她自己对宾夕法尼亚/l/元音化的研究（Ash 1982）是我们元音系统研究的重要补充，因为二者在很多方面相互作用。CDC 的成果在本卷书中有多次引用，并在第 3 卷中成为更加重要的内容。阿什在芝加哥和伯明翰的田野作业为 20 世纪 80 年代后期北方城市音变进展最快的阶段提供了准确的结论。

CDC 研究组的成员包括雪莉·阿什、葛拉·岩田（Gayla Iwata）、马克·凯伦（Mark Karan）、肯·松田（Ken Matsuda）、科里·米勒（Corey Miller）、朱莉·罗伯茨（Julie Roberts）、罗宾·萨比诺（Robin Sabino）和我。岩田和松田分析芝加哥和伯明翰人 xvi 所发的元音得出了比以前更细微的特征。罗伯茨和萨比诺进行了更加自然的解码研究，将在第 3 卷书中报告。凯伦、米勒和我一起，对费城近似合并（near-merger）进行范畴区分实验，这是本卷第 14 章的主要内容。我非常感谢他们在这些至关重要的实验中表现出的独创精神和充沛精力。

在考察近似合并问题的初期,我们受到一种表面上的矛盾现象的困扰,即人们能够对没有听到的语音做出区分。雷·李斯克(Leigh Lisker)提醒我们注意区别"感知(perception)"和"标记(labeling)"的重要性,这促使我们用实验来研究区别两种不同类型的言语行为,参见第14章。

在我在宾州大学的同事中,我要特别感谢唐纳德·灵厄(Donald Ringe),他为历史语言学和方言学结盟的理念赋予了新的意义。他使我免于那些历史语言学和比较语言学的门外汉常犯的错误。当我努力地参阅印欧语言语音演变研究的辉煌理论时,他告诉我怎样区分语音论述和无用的空谈。我感谢他要我关注并引述在第5章的北弗里西兰语元音系统的复杂变化。

本书的一般主题就是尊重语言学家的智慧;这里试图解决的那些难题和悖论的方法也是基于关注那些曾使我们的前贤做出他们的决定的语言证据。这个观点同样也适用于今天。本卷书中的许多研究、调查、评价是对王士元在竞争性音变、词汇扩散、方言混合方面极具远见卓识的开创性研究成果的响应。我试图跟随他的引导,采用更合适的计算方法,去处理大量的方言地理上的数据资料,为我们正在研究的语言原理探索更多的适当的实证根据。王士元的学生郑锦全、陈渊泉、连金发、沈钟伟,还有小仓美惠子对本卷书的后半部分内容都有重要贡献。虽然我自己的团队的研究跟他们不完全一样,但是他们理论观点的冲击力和语言资料之间的密切关联对我影响至深。

我在接下来的几章中讲到的一些观点,是对一些至今悬而未决的争论的历史回顾。这些争论更多体现的是语文学与语言学观点之间的对立。令人遗憾的是,意见的分歧通常是反映出那些对事实有特别清晰的了解的人和那些对解释语言事实的原则有最好理解的人之间的隔阂。我越来越感激那一大批积极致力于弥合这 xvii
种隔阂的语言学家。我感谢罗伯特·斯托克韦尔(Robert Stockwell)对英语历史透彻的调查研究,预测并解释了我的许多观点。他与东卡·明科娃(Donka Minkova)合写的最新著作开启了连古接今的道路,而我只是刚刚开始这样做,并且遗憾的是在本书中只能简略涉及。我试图把戴维·斯坦珀(David Stampe)和派翠西娅·多尼根(Patricia Donegan)的回归本源并富有开创性的成果以一种不同的方式吸收到本书中。他们分别从广阔的类型学视角研究相同的问题,集中探讨英语元音大转移这个最引人注目的语音现象。我在书中讨论这个问题时,试图把我的研究跟斯托克韦尔、斯坦珀和多尼根这三位学者重叠的部分标示出来,但是却发现越来越难以把自己的结论和从他们那里学来的见解划分开来。

人们会把查尔斯·费格森(Charles Ferguson)的研究看成是社会语言学的成果。在本书中我一次又一次重温他在 1945 年写的关于费城英语短 *a* 的文章。这篇不长的文章在 30 年之后才发表在为纪念另一位对研究短 **a** 做出贡献的乔治·特拉格(George Trager)出版的文集中。每一次重读这篇文章,都深感我没有能够充分理解费格森的研究具有的学术价值。我希望在最后的结论中(第 18 章)能够做到,毕竟写作过程已经结束,已划上句号。

随着书中的论述逐渐发展,就会越来越明显地发现,本书的主要参与者是奥斯多夫（Osthoff）、布鲁格曼（Brugmann）、莱斯金（Leskien）和德尔布吕克（Delbrück）。在此我不用再过多地感谢他们对本书的贡献，特别是我对他们研究的意义还没有能完全领会。令人疑惑的是，我怀有最大谢意的当代语言学家就是那位在公开发表的论著中同样认为青年语法学派的观点过于简单并有实证方面的失误的人。保罗·凯帕斯基（Paul Kiparsky 1989）最新的几篇论文回顾了语音演变的研究，旨在将语言变异的社会语言学研究跟当前的音系学理论结合起来。我已经不止一次按照凯帕斯基的看法修正我自己原来的观点。我在读他写来的对本卷书第18章中我对大西洋沿岸中部短 **a** 元音状态的总结进行评价的信件时，我还没打算放弃自己的想法。出乎我意料的是，若干计算结果表明他是正确的，佩恩的资料不是底层形式的分化，而是和词汇规则表达式相符合。因此我在第18章中按照凯帕斯基的词汇音系学框架又重新做了表述，并深深感谢他的热心关注。

在我的社会语言学生涯中，我不止一次感谢过安东尼·柯罗
xviii 克（Anthony Kroch）帮助我意识到变化（change）和变异（variation）的基本问题。第1卷书结束于从语言演化的角度探讨功能效应作用，而功能效应（functional effect）正是在柯罗克表达式的基础之上提出的。而且接下来的几卷书将从很多方面回应他提出的语音变化的社会动机问题，以及他自己发现的句法变化模型。

我深感荣幸能向我的另一位同事吉莲·桑科夫（Gillian Sankoff）表达我真心的谢意，感谢她自始至终大力的支持，敏锐的见解和真挚的鼓励。尽管她的研究成果在第2卷中将比在第1卷中阐述得更为具体，然而这整套书完全贯穿了她的无私贡献。

最后，我特别想向为本卷书做出最好的文字编辑工作的安妮·马克（Anne Mark）表达真心感谢和无比钦佩。现在这个版本已经和她刚拿到手时的版本大不相同。她用红色铅笔进行了一系列更正、修改和编排，使得散乱的文本恢复清晰，艰涩的论述变得简明轻松。我对这位亲密的合作者有最深的信任，那些文字的错误，内容对立还有意思的颠倒之处，都逃不过她那谨慎细心的眼睛。你们作为读者，应该比我更多地感谢她，使你们免于陷入徒劳难解之谜，当然这并非我有意设置。

作者和出版者还希望感谢以下机构：学术出版有限公司（Academic Press Ltd）同意我们采用图 8.3，摘自桥本龙太郎和佐佐木发表在《语音学期刊》的论文《元音发音时舌型和舌位的关系》（Hashimoto, K. and K. Sasaki, 1982, On the relationship between the shape and position of the tongue for vowels, *Journal of Phonetics*, 10:291—299）。剑桥大学出版社同意我们采用图 8.1，摘自拉迪福吉德发表于《西非语言专集》的论文《西非语音学研究》（Ladefoged, Peter, 1964, A phonetic study of West African language, *West African language Monographs*, Vol. 1）；图 14.1、图 14.2、图 14.3 和表 14.1、表 14.2 摘自托雷·杰森和理查德·舒曼发表于《语言学期刊》的论文《非区别性特征及其用法》（Janson, Tore and Richard Schulman, 1983, Non-distinctive features and their use, *Journal of Linguistics*, 19:321—336）。印第安纳大学出版社同意我们采用第 18 页的抄录，摘自莱曼编辑的《19 世纪印欧语历史语言学读本》中所载的奥斯多夫和布鲁格曼

1876年论著的译文(Osthoff and Brugmann, in Lehmann, Winfred P., ed., 1967, *A Reader in Nineteenth-century Historical Indo-European Linguistics*)。日本市川繁治郎有限公司同意我们采用图17.1和表17.1,摘自小仓美惠子的《历史英语音系学:词汇的视角》(Ogura, Mieko, *Historical English Phonology: A Lexical Perspective*, Kenkyusha Ltd.)的附录E和图3.2。感谢李壬癸同意摘引他发表于《清华学刊中国研究》的《阿尔泰方言中的不同的年龄群体的语音变化》(Li, Paul Jen-Kuei, 1982, Linguistic variations of different age groups in the Atayalic dialects, *Tsing Hua Journal of Chinese Studies*, new series, 14:167—191)。莫妮卡·林道同意采用图8.4 a、b、c,摘自发表于《语言》的《元音特征》(Lindau, Monica, 1978, Vowel Features, *Language*, 54:541—563)。特伦斯·妮尔瑞同意我们采用图8.2,摘自妮尔瑞的康涅狄格州大学博士论文《元音的语音特征系统》(Nearey, Terence, 1977, *Phonetic feature system for vowels*)。戴维·桑科夫同意我们采用图20.6,摘自桑科夫和塞德格伦主编的《语言变异选集》刊载的特蕾西·特雷尔的《利用变异限制的方言对比进行历时重构:西班牙语中s音的送气和脱落》(Terrell, Tracy, 1981, Diachronic reconstruction by dialect comparison of variable constraints: s-aspiration and deletions in Spanish, in David Sankoff and H. Cedergren, eds., *Variation Omnibus*, Alberta: Linguistic Research, pp. 155—124)。王士元同意采用表15.1,摘自发表于《纪念亨利和勒妮·卡安语言学文集》中郑锦全和王士元的《汉语潮州话的声调变化:词汇扩散研究》(Cheng, Chin-Chuan and

William S. Y. Wang, 1972, Tone change in Chaozhou Chinese: a study of lexical diffusion, *Papers in Linguistics in Honor of Henry and Renee Kahane*, pp. 99—113),此文又收入王士元的《音系变化中的词汇研究》(Wang, William S. Y., 1977, *The Lexicon in Phonological Change*, The Hague, Mouton, pp. 86—100);表 16.4 摘自王士元发表在《汉语教师学会会刊》的《汉语方言研究的理论问题》(Wang, William S. Y., 1989, Theoretical issues in studying Chinese dialects, *Journal of the Chinese Language Teachers' Association*, 25:1—34)。我们尽力与相关研究机构确认同意采用的研究资料。如有遗漏,请相关出版社提出,我们将在随后的再版中标明,在此不胜感激。 xix

特别感谢鲁斯·赫罗尔德(Ruth Herold)和查理斯·博贝格(Charles Boberg),他们在第一次印刷的过程中发现了若干错误。

导言：本书各卷的总体计划 1

语言变化原理的研究共包括三卷书，这三卷书将包括以下几个领域的探索：

第 1 卷：

内部因素：虚时和实时的研究；支配链式音变的原则；合并，分化（split）和近似合并；音变的规则性；音变的功能效应。

第 2 卷：

社会因素：社会启动问题（actuation problem）；音变启动者的社会位置；音变和弧形模式（curvilinear pattern）；性别在语言变化中的作用；族群和种族在语音演变中的作用；词汇扩散的引力模式（gravity model）；音变的社会推动力。

第 3 卷：

认知因素：音变在方言之间和方言内部理解上的影响；变异规则的习得和传播；句法变化和语法化的原则；变异规则的形式及其在语法中的位置。

“内部因素”和“外部因素”的区分，“语言因素”和“社会因素”的区分可能对那些把语言看作是统一整体（如果能够自圆其说的话）的人而言，或者对于那些认为语言每一种成分都有社会性的人而言，似乎没有实际用途。我自己研究语言变化的这些问题，最多的是和社会语言学的资料结合起来，以确立音变的社

会推动因素。鉴于《语言变化机制》(Labov 1965,*The Mechanism of Linguistic Change*)、《语言理论的经验基础》(Weinreich, Labov, and Herzog 1968, *Empirical Foundations for a Theory of Langauge*)以及《语言变化的社会环境》(Labov 1972, *The Social Setting of Linguistic Change*)所论述的观念已经奠定了研究的基础,因此提出内部因素是否可以成功地与社会因素区别开来是合乎情理的。

2 原本并没有打算完全分开。第1卷将包括大量语言变体在社会分布的内容。除了回顾语言变化的历史进程,语音研究资料主要来自于言语社团成员的自然发音。由于这些语料在特定的地点,特定的时间由特定的发音人发出,因此它们和相关言语社区的群体特征保持一致。这些调查研究旨在展示语言变化在社区中真实的发展过程,从这个意义上来说,这些研究就是“社会语言学”研究。同样,所有语言变异的系统性研究都是社会语言学层面的,而且语言变异研究者的视角不能脱离特定的言语社团。但是第1卷所论及的问题并没有通过社团成员的社会属性来区分他们彼此间的差异。本书中所考虑的大部分内容是探讨语音、音位和形态系统问题,以及音变在辨义功能上的作用。它们归属于文莱奇、拉波夫和赫佐格在1968年定义的“**制约(constraints)**”和“**过渡(transition)**”问题。第1卷的最后一部分,探讨语言变化过程中意义如何保持不变,其中包括“评估(evaluation)”问题。分析的方式仍然是系统内部的研究:根据语音变项样品的分布来观察听话人是如何推断出它们所代表的意义。

第2卷的内容更适合于社会语言学领域,因为自变量是社会

因素。开始是通过寻找音变启动者在社会体系中的位置来分析音变的各种原因。调查包括了社会语言学中的六个主要独立变项：性别、年龄、社会阶层、种族、族群和社区规模。在研究中区分出言语社区不同成员在社区内的地位及其与别的言语社区之间的联系。对社会因素的探讨导致对交际模式的研究，社会网络的同质和强化效应，还有变体成分跨代际和跨时期的传播。本书提出的核心问题之一（在以往的研究中尚没有阐述清楚）就是：沿着同一个方向历经久远变化的语音是如何不断地从一代传递到下一代的。因此本卷书会关注文莱奇、拉波夫和赫佐格在 1968 年定义的两个问题：**嵌入（embedding）**和**评估（evaluation）**。本卷书还试着分析社会启动问题，同时也在思考，为什么在美国的一些大城市中，音变在日益加剧。

在对内部因素和外部因素或社会因素进行划分时，语言嵌入问题的共有性质将会变得很明显。一方面，任何特定的变化都被嵌入那些与其联系最紧密的语言形式的结构模式（structural matrix）中，并且依据与其他语言成分的关系，这些语言变化将会受到制约，会改变方向，或者会加快速度。在这个意义上，嵌入问 3
题是制约问题的内部特性。另一方面，一种音变被嵌入到言语社区的构架中。为了探讨音变的起因，有必要了解音变是在社会结构的哪一部分发生，如何扩散到其他社会群体中，以及哪些社会群体抵制它最强烈。由于嵌入一个更大的结构就不可避免地要牵涉多种起因，解决任何一个嵌入问题都需要进行多元分析。本书各卷的多元分析通常包括内部和外部两方面的因素。在进行分析的时候，表面上内部和外部这两方面的因素可以彼此独立。如果一

种内部因素失落或者改变,其他的内部因素也会随之发生变化,但是外部因素仍然保持不变;如果一种外部因素失落或者改变,其他的外部因素也会随之发生变化,但是内部因素仍然保持不变(Sankoff and Labov 1979;Weiner and Labov 1983)。更为重要的是,内部因素之间通常是彼此独立,而外部因素却是相互影响颇深。这些基本的社会语言学发现为第1卷和第2卷中内容的分类方式,以及把对内部因素和外部因素分别进行讨论,提供了方法论的基础原则(methodolical rationale)。

本书并没有涵盖历史语言学所涉及的所有原则,而是致力于通过研究进行中的音变可以阐明的那些问题。对这些问题的诘难并没有影响我们对于各种语言变化的分析在语言变异研究中日益增加的重要性。第1卷书中没有介绍言语社区的分析,第2卷中将列举目前正在进行的句法变化[①]。句法变异的主要研究成果来源于柯罗克和他的学生所做的历时文献研究(Kroch 1989b; Santorini 1989)。这些研究提出了与第1卷第20章的重点内容相关联的有效而又重要的语言变化原则。可是随着研究工作的推进,越来越明显地感到,关于语言变化的认知结果有更进一步的问题需要回答,如变异是怎样被个人接受并做出评价,变项规则在共时语法中的地位如何。这些问题将在第3卷书中进行论述,包括跨方言理解的最新实验结果,儿童习得语言变异的观

① 正在形成发展中的克里奥尔语最适于用来研究最新的句法变化,如托克皮辛语(Tok Pisin)中关系从句的研究(Sankoff 1980)。在研究过程中所发现的普遍原则涉及语素的语法作用的变化、语篇中句法变化的推动力以及语法化的过程,这些将成为第2卷和第3卷中讨论的重要内容。

察,对同一批说话人几十年的纵向研究,还有长时期的共时句法 4
变化的分析。

理论,原则,描写,解释……

本书所采用的“语言理论”概念和大多数共时语言学论著不相同,也不同于那些争论一种“社会语言学理论”结构的社会语言学的学生所拥护的意义。在我们的领域中理论建构的主要方法是建立一种与语言结构的每一个成分一一对应的模式,同时阐述语言规则,使模式的各部分彼此之间,以及有关的规则与经验事实之间紧密相联。尽管这是一个行之有效的研究过程,而且我们从中受益匪浅,但这并不是能让我们增加对语言和语言变化的了解的唯一方法。尽管有的读者也许希望在这几卷书中找出“语言变化的理论”这样的字眼,可我认为,把一种语言过去和现在所有可能的关系都加以模式化会令人费解且徒劳无益。

本书所采用的理论方法更类似于地质学和生物学的演化科学,而不是逻辑学或计算科学的形式化建模(formal modeling)。我们从途径、机制和变化的起因这些普通的问题开始探索。这都是早先研究者的论著中最为常见的问题。为了回答这些问题,我们选择具有最能说明问题的进行中音变现象的言语社区,同时考察这言语社区中说话人具有代表性的发音样本。通过这些考察,我们推断出整个言语社区的音变情况。在最好的情况下,我们再挑选出最适合的其他言语社区来检测我们推断的音变普遍性。然后我们把得到的所有资料结合起来,对那些推论进行证实、修改或者否定。这种知识拓展的成果就是我们获得的少量涵盖广阔范围的语言普遍性,我们有充分理由相信这是真实的**原理**。这些原理当然必须具有逻辑联系。例如,支配链式音变的原理必须和支配合并音变的原理相关联,因为合并音变是链式音变的逆向变化。一套逻辑相关的普遍原理可以称为理论,如果这样做有益的话。理论作为普遍知识的一种形式得到高度评价,然而,正如我们将看到的那样,一种理论的主要价值最终建立在最重要的语言事实之中。

随着我们的原理基础变得越来越强,我们通过预测推断发生进行中音变的新言语社区的可能性也不断增加。推论是确定更新
5 的测试地点以及完善原则的一种策略。但是总体的目标是稳步地从已知推论未知,在观察和实验的基础上积累我们的知识,扩大我们的视野①。

我们希望这些语言变化的普遍性或原理能以这样的方式彼此紧密相连,即它们可以结合在一起成为更简明、更普遍的阐述,这将是我们研究的一个主要目标。在共时语言学甚至在历时语言学中,这种**简化(simplification)**常常被称为**解释(explanation)**。我将以不同的含义使用这个术语。正如本卷第1章将要论述的,不能只从语言结构本身来解释语言变化的原因,因为语言变化的事

① 通常,在共时语言学所用程序与此相反,先用现有的资料为基础构建一个模型,迫使我们对最普遍的问题提供一个答案,同时根据这个模型推论出那些将实证或伪证该模型的客观事实,不过不需要积累结果。这种从未知到已知的研究程序速度快且容易出成绩。还不能确定该办法是否可用到语言变化的普遍研究。

实与我们对语言是什么的基本概念并不一致。我们可能会通过指出语言结构的某些不足之处来解释语言的变化,然而这种限制只能导致人们开始从其他来源对语言运作的力量进行探索。解释语言变化的发现意味着在语言学之外的领域找到它的起源,如生理学、声学语音学、社会关系、感知或者认知能力等方面。本书所提到的很多实验和观察过程就是朝向这一目标前进。将语言变化的普遍发现和人类或人类社会的普遍属性联系起来的一套观点理所当然可以被称之为语言演变的理论。

第一部分

导论和方法论

第1章　用现在解释过去 9

在历史语言学中，我们探究语言变化的事实：主要目的是为了确定一种语言或一个语系在历史长河中都发生了什么事情。语言变化的**事实**是一种既定现象，由于它太过司空见惯而无人记载，甚至在我们的各种研究假说中鲜有提及。当我们试图尽力去研究语言的历史中所折射出的语言的普遍本质时，单是语言演变的存在这一事实本身就最是各执己见，难以达成共识。

语言在这里被看作言语社区所使用的交际工具，是被共同接受的任意形式及其意义之间相互关联的系统。还有许多其他关于语言的定义，各有价值，但它们都是依据索绪尔提出的对立和区别差异的观念，涉及符号和意义的相互关联。语言变化意味着语言形式和意义之间关系的变动，使得受到语言变化影响的人和未受影响的同一社区的老年人或者相邻社区的同龄人之间，不再使用同样的语言符号表达相同的意义。结果就产生了方言之间理解上的困难，最终导致彼此之间难以交流。

如果在人类历史进程中，语言已成为人与人之间交际的工具，并很好地适应了这种需要，那么它最重要的特性之一就应该是稳定性。尽管一种语言非常难学，如果学起来，还是语言稳定的情况比不断变化的情况容易习得一些。尽管一种语言交际系统已经用处很大，如果无须再学会新的系统就能用来跟相邻群体进行交流，那它就用处更大。语言变化的事实很难和适应交际系统的观念相吻合，除非我们能找出语言生来固有的先天特性限制了这种适应性。

这一论点并不适用于长期彼此相互隔绝的语言社区，因为彼此之间没有迫切的交际需要。地理上的隔绝自然会不可避免地导致语言隔离。但是作为本书基础的这些对于进行中的语言变化的研究资料表明，地理上的隔绝并不是导致语言分化的一个必要条件。居住在同一座城市，就读于同一所学校，接触同一类传媒的人们，受语言变化的影响却不尽相同。他们彼此之间语言表达形式的差异会随着时间的推移不断加大①。

如果语言变化的速度是一种恒定常量，且与语言的使用密切相关，那么就可以用研究磨蚀（erosion）、耗散（wear）和缺损（breakage）的方法来进行分析。可是除了语言演变这一事实本身之外，其他一切则绝非恒定不变。语言变化不时发生在深层感觉中，结构中的某些部位快速发展，直至一、二百年以后变得面目全非，然后戛然而止，导致原本正常和必然的规则在数十年间变得难以想象和无法适应。接下来的一千年内这种剧变却消失不见，使人们产生语言稳定的错觉。在最早的语言记录中，英语长元音系统就反复经历了一系列的链式音变，但短元音却几乎没受语言演

① 最明显的例子来自于从白人方言中分离出来的黑人土俗英语（black English vernacular）（Bailey and Maynor 1987；Labov and Harris 1986）。但是在有些单一族群的乡村也能观察到同样的作用。玛莎葡萄园当地人的/ay/和/aw/音的央化与否的差异，不是基于当时的职业而是反映他们未来的去向（Labov 1963）。同样的语音现象在其他很多地方都可观察到（Holmquist 1985，1988；Eckert 1988；Habick 1980）。

变的影响。然而正如我们即将看到的,在美国北方城市中,英语的短元音突然间出乎意料地爆发了大规模语音转移,在语言历史上过去记录的链式音变中找不到任何与之相似的变化。

我们正在研究的语言现象看似没有条理,变化剧烈,不可预测。因此许多研究语言变化的学者得出结论,探究**语言演变原理**似乎是一种奢望[①]。对于一代学者来说那些不可动摇的原理,在另一代学者那里却被视为是循环论证或相互矛盾的俗套。历史语言学以拥有众多矛盾和谜团而著称,历史语言学者面临一系列挑战。该如何迎接挑战,回顾在解读历史文献中出现的一些问题,并重温那些用来解决问题的各种方法将会大有益处。

1.1　解读历史文献中出现的问题

历史语言学的主要长处在于能够追溯诸多历经漫长岁月的语言演变。这种大范围的时间跨度把历史语言学家和对现今语言研究的不确定性分隔开来。通过观察语言十到二十个世纪的发展变
化,历史语言学家比形式语言学家的研究更为可靠。历史语言学 11
坚定地依据客观而又广泛的语言资料。形式语言学家则是主要通过个人的直觉来研究语言现状。

但是,在许多方面看似丰富的语言资料在另一些方面却显得乏善可陈。历史文献的存留是偶然发生,而非事先计划的,这种资

① 参阅巴赫和哈姆斯(Bach and Harms)1972年("语言是如何获得令人发狂的规则的?")以及珀斯托尔(Postal)1965。

料的选择是历史上一系列不可预测的突发事件的产物。这些文献中的语言形式常常跟它的作者所讲的方言土语(vernacular)大相径庭,只能反映作者尽量使用标准语的努力,而丝毫没有体现出作者母语的情况。因此,许多文献中充斥着矫枉过正、方言混杂和书写错误①。此外,历史文献只能提供正面的证据。不合语法的负面证据只能从那些明显的分布缺位中进行推断。而当存留下来的材料残缺不全时,这些缺位很可能就是偶然的结果。

于是历史语言学被认为是一门最有效地利用不完善语料的艺术。这门艺术高度发达,但仍有一些难以弥补的局限。除了离现在最近的时期之外,没有任何录音资料可以用来进行实验分析测量②。我们通常对作者的社会地位所知很少,对于当时的言语社区的社会结构更是不甚了解。我们虽然能明白语料的内容,却无法得知当时的人们是怎样理解的,更不可能进行可操控的跨方言

① 斯托克韦尔和巴里特(Stockwell and Barritt 1951,1961)探讨过书写错误和书写实践问题。关于从时间序列(temporal sequences)区分政治和地理方言的办法参见图恩(Toon 1983)。很多历史语言学家采用了新颖独特的方法避免这些影响,立足于最接近口语的文本或次文本进行研究。阿诺(Arnaud 1980)选择女性作家的信函,认为这些信函最能反映英语口语的发展。迪斯(Dees 1971)避开中世纪偏重男性的特定历史习俗,千方百计追溯12世纪以来女性使用指示代词的情形。他跟其他研究者一样,发现如神话剧[1],这样的剧本,不管怎样程式化,总是更接近于口语,而不是散文。在汉语的历史上,把文学仿古传统和当时的语言发展分隔开来尤为重要。处理最保守阶层的富有创意的办法参见史自强(Shi 1989)。对于汉语方言最新的深入研究参见王士元和连金发(Wang and Lien[2])。

② 根据书面记载来推断语音形式,对于表意文字来说尤其困难。汉语历史上的文献证据对最近语音演变规则的探讨发挥了重要作用(第15章—第16章),在这些讨论中方言混杂和语音模糊问题被扩大。

〔1〕 中世纪表演《圣经》故事的戏剧。——译者

〔2〕 1993年已出版,详见“参考文献”。——译者

理解实验。因为我们无法借助本地说话人的知识来区分非区别性的变体跟区别性的变体，所以就难以了解哪些成分有区别而哪些成分无区别。

证据的类型学

语言学的新发展有时会采取扩大探索领域的形式，将一门学 12
科中已有的方法应用到以前尚未触及的新课题。话语分析、语序类型和言语的人种学研究都遵循此道。本书的思路却截然相反：用新方法来解决老的疑难问题，这些老问题不断出现前后抵触甚至自相矛盾的证据，因而一直悬而未决。这些矛盾可能关系到语言事实或普遍原理，在术语上保持对这些区别的一致性将很有帮助。

语言事实，普遍化，原理

在最具体的层面上，历史探索所依据的语言事实就是上文所提到的对过去不完善材料的考察。所谓语言事实，正如我下面将要谈到的，是对特定的单一对象所做的真实的综合判定（true synthetic predication）[①]。这里所说的对象并不一定是具体的。有的语言事实可能涉及具体的内容，如一封信[刀刻（scratch）的、

① 这与约定俗成的表达“确定事实”和“这是事实”相一致。在这个意义上，不存在虚假的和错误的事实。每一个语料都代表了一个语言现象，尽管可能会错误地理解该语言现象。我们可能会根据一个特定的文本做出报告说 W 词是有 V 元音，然而，如果我们认识到书写错误的可能性，就会更为准确地报告说，在那个文本中的 W 词记录有 V 元音。当然事实还有另一种用法，即“任何一种推断”，如“他文章中的事实是错误的”。当然这里必须明确提出语言事实是一种综合性的陈述。像这样对于定义的分析性阐述则不是语言事实，而是言语的规约。

墨写的、还是打印的],或一份原稿(文稿的长度、日期)。但是有的语言事实也可能涉及更为抽象的内容,如一个文本(它的作者、押韵方式)或一种方言(它在该地区的使用程度、它在该语言中的分类地位)。如本章开头所述,语言本身也是一种语言事实(语言的存在,它被群体或任一特定个体的使用情况)。有的语言事实可能很难确定,以至我们对于它的情况只能做出理论上的推测(如语言的起源)。在这里,即使我们不知道它的实际情况,它仍然是一个语言事实:即一个未知的语言事实。

对大多数语言对象做出预测随后加以**普遍化**(如“方言跟语言很难做出区分”)。普遍化的认识跟语言事实不一样,它可以被否定。如果它是一个包括同类中所有成员的陈述(如“最早的古英语文献出现在8世纪”),那么只要有一个不相符的语言事实就可以否定它;如果它是一个存在性的陈述(如“在古英语文稿中,有时候信件是用刀刻的”),那么必须所有的语言事实都不相符才能否定它。

由于众多的语言事实构成一个探索领域的资料,所以对于术语的辨析有助于了解如何从理论得出事实的过程。具体的对象是被人发现的,而抽象的事物则是被人创造出来的。发明出来的抽象理论可以产生新的语言事实。“元音转移(vowel shift)”这个概念在19世纪尚无人提及,英语元音大转移(English Great Vowel Shift)通常认为是由叶斯柏森(Jespersen)提出(1949年版第8章;
13 首次出版在1909)。在这个术语出现之前,人们就已能够对早期现代英语的元音变化加以普遍化,事实上,英语元音大转移的概念依据于若干诸如此类的普遍化(重读长元音的演变,区别特征的保留，舌位前后的对称）。当英语元音大转移作为独特的实体被接受之后，人们就可以讨论与之相关的语言事实（其开始和结束的年代）。

当然还有很多预测在努力成为语言事实的过程中被淡忘。它们可能是因为有的判断主体还没有被公认为单独的实体（如一个新的语群），或者根本就不是实体（如一个新的语义原型，海豚的语言）。在这个意义上，一切语言事实都是社会事实，这是因为如果要在话语中得到认同，它们必须遵循公认的语言学规约。

原理这个术语将设定为最大限度的普遍化。一个原理就是在时间和空间上无限制运用的一种普遍化。因此，我不会去说“英语元音转移原理”或“印欧语系音变原理”，而只会说“元音转移原理”或“音变原理”。普遍化和原理的区分，为归纳和演绎这两种构建语言理论的途径提供了一种简单的区别方式。归纳法的普遍化随着基础资料的逐渐增加而缓慢进行，并逐步提高论述的普遍性程度。演绎法从一两个例子出发，得出没有限制的（或普遍性的）原理，然后再尝试通过这个原理或其他原理的逻辑内涵来认定其他的语言事实或资料。

正如本书题目所示，本书主要关注的是语言变化的原理：验证或修正旧原理，引入新原理。本书所报告的新原理基本上都是经过逐步普遍化的归纳过程得出的结果。最初的材料来自对几个美国英语言语社区的详细调查，然后逐渐扩大范围，包含了相当大范围内各个语系的古今语言变体的资料。另一方面，许多最初的原理是在早期阶段的研究（1966—1968）中形成的，受到当时语言学界在尽可能短的时间里得到最大化的普遍性的潮流影响，此后的年代里只是逐步地做出修改。在对这些新原理的讨论中,我将会始终注意所获得的语言基础资料在该语言全部现象中的有限性,以及那些例外和存疑的语言现象会在整体上影响论据的有效性,从而在归纳的审慎和演绎的假设之间遵循一条中间路线。

14 **论据的悖论**

历史语言学主要研究语言事实,只是间接涉及语言原理的问题。对于许多重要的问题,语言变化的普遍理论可能会同样推测出这样或那样的不同结果。注重事实的特性并不意味着这些问题就能轻而易举得到解决;相反,历史语言学上很多长期存在的争论都来自对语言事实各持己见。争论的范围涉及广泛:或是单个的词[*O. K.* 的起源(Read 1964)],或是一类语音[古英语的短复合元音是否有音位(Stockwell and Barritt 1951; Kuhn and Quirk 1953)[①]],或是关于全部语言的历史[伊地语(Yiddish)起源于罗曼语还是日耳曼语(King 1988)],或是关于整个语系的亲属关系[泰语是不是南岛语的姊妹分支]。有些情况下,长期悬而未决的争论能够快速而又明确地解决,如确定B类线性文字(Linear B)书写的是希腊语(Chadwick and Ventris 1958)。在另一些情况下,有些争议长久以来无法解决,每种不同的观点似乎都是证据充足,难以驳倒。在最为尖锐的对立中,这些内部的争议可以被称为**证据的悖论**。

---

① 这里所涉及的原理最初来自于书写实践(scribal practice):当地人是否会转写出次音位的变体。但是大量的争论主要集中在词汇(lexicon)这一既成事实的问题(factual question)上。

在这个学科中有许多方法来解决这些问题。重新查验内部证据的有效性。引入相邻领域研究的外部证据(居住历史，文献记录和人口统计)，从而可能会表明这些矛盾实际上是由于研究对象缺乏同质性而导致的结果。然而不管花费多大努力来解决这些问题，争论者仍会固守己见，并可能在其学术生涯中一直坚持。

我自己曾置身其中的一个争论是关于黑人英语的起源及其目前的演变方向。对这两个问题的互相矛盾的观点双方都有大量的支持证据。本套书的第 2 卷将讨论这些矛盾并且尝试提供一种解决的方法，尽管会主要集中在种族隔离与语言演变的关系等更为普遍性的原理方面。

意料之外的事实

语言事实的其他问题与其说是争论的主题，不如说是一种令人惊讶甚至愤怒的根源。当一个完全出乎意料的规则出现的时候，我们会面临两个令人尴尬的问题：为什么规则会是这样的？为什么我们没料到规则是这样的？现象越有规则，问题越令人费解。15
在链式音变的研究中，我们发现长的或紧的音核常常变得舌位更高，而从来不是变得更低(LYS：本卷第 4 章和第 5 章)。但是还没有一个明确的答案来解释为什么会如此。其他一些类似的语言事实会在 LYS 和本卷书的第二部分进行阐述。

每一个这类不期而至的发现都是对语言变化理论的持续挑战。它们是寻求原理过程中的语言事实，在这个意义上，它们是介于事实问题与原理问题之间的中间层面。对此类影响的某些解释有可能会开辟出新的研究领域，将使以下各章集中讨论的问题显得不再那么重要。但是本书各卷的论题与其说是对新发现的阐明,还不如说是这些新发现对语言变化中众所周知的争论问题所产生的影响,以及它们对于解决历史语言学中语料与理论之间的长期矛盾所起到的作用。

原理的悖论

历史语言学中有许多为人们所熟知的语言事实却违背了人们所接受的语言学原理。其中的一个例子是英语中/ay/和/oy/的合并问题。在18世纪,就曾不断有可靠的报告讲到,*line*与*loin*、*vice*与*voice*、*pint*与*point*的读音相同(见第10章)。但是到19世纪和20世纪,这两类音却区分得很清楚,只是在一些方言中偶有交混。这明显违背了加德原理(Garde's Principle 1961):通过语言学方式进行的合并不可逆转。在历史语言学文献中,唯一提出解决方案的是叶斯柏森(Jespersen 1949:330),他把这种逆合并的变化归结于词语的拼写。但是这种观点并没有获得研究词语拼写对语音分合影响的学者的支持。即使文字拼写能完全区分两类音,使用那些语音合并的方言的说话人却还是不能将这两类音明确区分开来[①]。

事实证明,当语言事实与一种广为接受的原理相矛盾的时候,它们常常会被拒之门外。这就是通过最小区别词对和交互听辨测试(commutation test)得到的情形,说话人有时不能区分出他们自己一贯的发音差异(见12章)。这一发现违背了布龙菲尔德

① 在美国,长开元音 **o** 和短开元音 **o** 正在进行的合并为该观点提供了很多检验机会。赫罗尔德(Herold 1990)在安大略调查发现,当地人在区分长、短开元音 **o** 方面比纽约人的程度相对要高。但是,在成功区分这两个元音的人群中有25%区分错了,刚好做出了相反的区分。

(Bloomfield 1926)的说法:“语言里不存在‘细小的语音差异’”:换句话说,不管语音的差异在外来者来看是多么细微难辨,只要它们能一致地区别两组词,本地人就能毫无困难地区分它们。本书第 16
12 章将提到戴维·德·坎普(David de Camp)一次富于戏剧性经历的详细过程,他的博士论文中因出现了违反这个原理的语言事实而被语言学家组成的答辩委员会否决。

除了语言事实与原理的分歧以外,还有不同原理之间长期无法解决的冲突。这种情况当中,有大量的语料支持这种原理,而又有众多的语言事实证实另一种原理。这些原理之间的争论,理所当然会比有关语言事实的争论吸引人们更多的关注,因为这会影响到许多专门的具体分析结果。

新语法学派的争论

在不同原理之间的争论中,最著名的当然就是关于新语法学派音变原理的争论,这种争论促进了本书所报告的众多研究,并提供了本卷书第四、第五两部分的框架。许多语言学家仍还认为新语法学派对音变原理的构建为历史比较语言学奠定了坚实的基础,使后续工作得以积累开展(Bloomfield 1933:364;Hocket 1965)。然而当历史语言学家在实践中提出音变规则性的假设时,很多人却接受了大量方言地理学资料所支持的相反看法,“每一个词都有自己的历史”(Gilliéron 1918;Malkiel 1967)。数十年来双方所提供的自相矛盾的证据引发了一系列广泛的讨论(见第 16 章);学界也普遍认为方言地理学的词汇等语线跟音变规则性假说的预测相互矛盾。新语法学派引发的这些问题经过结构主义观念的改造,就简单地变成了一个根本性问题:音变的基本单位是什么?在布龙菲尔德的程式中,发生变化的是**音位**(Bloomfield 1933:364)。相反的观念发展为词汇扩散理论(Wang 1977),它提出演变的基本单位是**词**。对音变的过渡阶段进行近距离的逐项研究应当能区分出这两种可能性。

本书第15和第16两章将表明,这一问题的两个方面都有很好的证据支持。我们面临的是一个原理的悖论:语言中受音变影响的重要单位好像是音位,又好像是词。

转向共时原理

为了解决这种矛盾和长期存在的争论,历时语言学家经常会借助于共时语言学的一些原理。当采用比较语言学方法进行语言
17 的抽象构拟没有直接的语言证据时,采用共时原理就颇为有效。构拟的语言理应符合现在的语言理论与语言类型中可能存在的语言结构。举个例子,假如重构出来的语言里面鼻化元音比口元音还多,那就值得怀疑了。

共时理论的第二种应用来自于标记性的普遍理论。"自然"的语言变化就像语法中的无标记特征,它们比有标记的形式更加普通和简单(也就是说,它们会导致更简单的形式、规则或语法)。标记理论不能直接操控对过去语言的构拟,因为确实有标记程度高的语言形式出现;但是这也可能说明,构拟所包含的音变应该是"自然"的音变(Greenberg 1969)。同样的逻辑也可以用来解释如英语元音大转移这样一个语言中两种不同状态之间的变化机制。凯帕斯基(Kiparsky 1989)评述了各种不同的观念,区分出音系中的自然变化与非自然变化的过程及其对音系

变化的意义。

由格林伯格开始的类型学传统是根据语言表层特征对语言结构和演变进行分类。而在生成学派传统中，对自然变化的研究则是探讨更为抽象的论题。很明显，更为抽象的分析方式能够整合更大范围的语言现象。但是理论变得越抽象，历史语言学的相关研究就会更困难。如果要把抽象的形式化的语言学原理应用到一种用历史语言学的传统方式描写过的语言，必须对原来那种特定的共时理论的一套术语所做的描述进行改造。几乎没有什么抽象模式显示出为适应这种改造所需的稳定性[①]。

毫无疑问，语言的结构是抽象的，具有层级性。要一致地阐明语言的变化必须应用那些重在从语言表层资料得出来的原理。本书在很多地方将检验那些对现有资料进行的形式主义的共时分析，特别是回应凯帕斯基（Kiparsky 1989）的重要贡献。然而我并不相信，对语言学家们在其他框架下长期研究过的已知的语言事实做一番重新分析以后，就能够以此为基础进一步进行累积性的研究。本书将通过引进一种从未用过的新类型的资料，来考察这些历史语言学的矛盾和悖论。对于进行中的音变所做的研究，跟
传统上历时资料的优点和缺点正好互相补充，揭示出被旧观念掩 18
盖的那些早前的语言特征，从而使历史语言学长期悬而未决的问题得以解决。

---

① 金（King 1969）曾尝试将简化的生成理念运用到语言历史演变的原理中；对这种尝试的批评，参见金（King）1975。斯托克韦尔和麦考利（Stockwell and Macaulay 1967）曾将很多类似尝试结合在一起，把生成语法的现时研究和历史语言学研究联系起来。

1.2 进行中的音变的研究

在19世纪,历史语言学家对研究活的语言的重要性做出了充分而详尽的说明。

> 比较语言学家只有从源于印欧语的形式所强加的各种云遮雾绕的假说的研究氛围中挣脱出来,步入当今鲜活的现实的清新空气中,才能获取永远无法从灰色理论中得到的信息。他们只有永远放弃那些曾经广泛流行而现在仍在采用的研究方法——按照这些方法,人们只是从纸上观察语言,把一切都转化成语言术语、规则体系和语法形式,并且相信只要为一种现象设计出一个名称就是领悟了现象的本质——只有这样,他们才能正确了解语言存活和演变的方式,并获得这些方法论的原理。没有这些原理,历史语言学研究就不可能得到任何可信的结果;没有这些原理,要想洞悉过去各个时期中的语言的历史传统,那就如同一次没有指南针的远航,希望缥缈。(Osthoff and Brugmann 1876;译自 Lehmann 1967:202)

整体而言,这段话旨在反对早期传统中看重古典语言的文献资料的做法,强调从德语和其他现存的语言中获得语言资料的重要性。当作者论及现存语言的研究的时候,好像不是他们自己对德语研究进行的反思,而是指对地域方言的客观描写。

> 在所有现存的方言中,方言特有的语音形态表现在整个

> 语言材料里并保持在语言社区的成员中，超过人们仅仅通过文字媒质研究古老语言而得出的预期，并且总是显现出更多的一致性：这种一致性往往延展到一个语音的细节。(Osthoff and Brugmann 1876；译自 Lehmann 1967：202)

奥斯特霍夫和布鲁格曼可能已经意识到他们自己的语言模式受到了书面语言的严重影响，因此很难摆脱他们曾经希望逃避的古典传统的重负。总之，他们唯一可以利用的客观的研究是一些方言
的专题论文，尤其是温特勒(Winteler 1876)在对瑞士德语方言的 19
描写中发现的语音规则模式对他们触动尤深。

虽然奥斯特霍夫和布鲁格曼赞许方言学在空间上反映历时演变的证据，但是他们并没有提出研究现存的语言里进行中的变化。第一次这类的研究是在 1899 年至 1904 期间，戈沙(Gauchat)对瑞士沙尔梅(Charmey)的一个小村庄进行的调查。身为一名罗曼语系的方言学家并且坚决反对新语法学派的音变规则性的教义，戈沙认为新语法学派对乡村方言的同质性估计过高。他的研究展示了随年龄发生起伏变化的很多语言变体：例如最老的一辈人发腭化的/l'/，最年轻的一代人读作/y/，中年人或读/l'/或读/y/(Gauchat 1905)。戈沙相信自己成功地驳斥了新语法学派关于音变规则性的信条，同时指出新语法学派理论的基础——言语社区的一致性，是子虚乌有。作为回应，新语法学派的戈伊达尼奇(Goidanich 1926)反驳说，戈沙的调查结果所反映的并不是语音变化，而是方言借用：中年人从父辈那里借用了一些发音形式，又从子女那里借用了另一些发音形式，而彻底放弃了自己的发音形

式。这种奇怪的论调建立在新语法学派的一个理念上,即语音变化一定是以渐进而统一的方式进行的,因此一个特定的言语社区(抑或一代人?)里的所有成员都采用相同的发音形式:或者是/l'/,或者是介于/l'/和/y/之间的形式,或者是/y/。

人们普遍认为,新语法学派是被温特勒(Wintele)描述科伦泽恩(Kerenzen)方言的格外简单的语料所误导。而其他一些乡村和城市的方言调查则显示了与新语法学派的理论不一致的语音变异(Bloomfield 1933:322;Kiparsky 1989:369)。对现代言语社区进行的社会语言学研究一般是用来作为言语社区的异质性特征的证据(Kiparsky 1989)。这种异质性作为社会语言学研究言语社区的理论基础(Weinreich,Labov and Herzog 1968),是一种有序的异质性(ordered heterogeneity),显然这跟新语法学派的概念并非截然相反。核心问题是音变的过程是否影响到具有同一个语音形式的每一个词。要想考察方言变异的规则性,有必要采用那些新语法学派理论的创立者没有用过的新方法来收集和分析资料。尽管这些创始人遭遇大多数方言学家持续不断的反对,本书第17章将说明他们最初满怀自信地提出方言地理方面的证据,并非是全无根由。

引入新原理

新的资料并不能自动地解决老问题;新资料的相关性常常依
20 赖于一种没有为早先的研究者所证实的新原理。语言的过去和现在之间的连续性或相似性使我们得以应用这种新原理。上文提到的艾塞克斯郡(Essex)的/ay/和/oy/的逆合并现象证明不是违背了语音演变不能逆转这一原理，而是违背了另一个原理："语音中不存在细微的区别"。许多同样违背这一原理的现代的实例导致引入"近似合并"这一新的原理：如果一个语言的两组词之间的稳定差异是最小的，只依赖于一种语言特征，而这一特征通常又不单独起到区别作用，那么本地说话人就无法用这种差异来区分词的组别。一种音位对立的区别功能在所涉及的两组词之间的差异还没有完全消失的时候就可能已经不再起作用。这个原理修正了传统的对立观念。第 12 章为这条原理提供了现实的证据。第 13 章用它来分析几个过去曾被误认为是合并的例子，其中也有/ay/和/oy/的例子。

历史语言学的基本悖论

即使我们手边有正确的原理，也不能直截了当地把现在的新资料用于解决过去历史的争论。我们不能像分析来自同一言语社区的资料那样，简单地把 20 世纪的语料和 16 世纪的语料混在一起，因为过去的社区早已消失不见。用语言的现在来解释语言的过去不仅需要运用新方法和新的语料，还取决于现在与过去之间的衔接点和相似度，从而判断新语料的运用是否恰当。

这绝不是一个微不足道的小问题。事实上，这种困难的复杂性，远远超出我们所曾遇到过的那些难题。如果语言的过去和现在在各方面都完全相同，那么用现在去解释过去将会简单而又直接。但是因为没有需要解释的，一切也就完全没有解释的必要。历史语言学的意义就在于过去不同于现在的事实——见证语言演变的事实。如果事情不是这样，也就不需要历史语言学。这种用以了解语言的各个方面,即了解它是怎样演变成现在这样的历史的方法也就将无须存在。

既然过去与现在不同,我们无法预先知道是怎样的不同。过去与现在的差别可能不仅在于语言的形式和规则,而且还有这些形式和规则怎样运用和怎样变化。

这些思考导致对一个历史语言学悖论的评价,如同共时语言学中的"观察者悖论"一样重要而深刻。它源自于早就注意到的一个事实,过去的记录必然是不完善而有缺陷的。历史语言学的任
21 务就是推导出那些失去的形式来补充过去的记录:重构出各个无法验证的语言阶段,在已经验证的阶段中推导并补充那些失去的形式,重构出上面二者之间的过渡阶段。这种工作本身就意味着过去与现在的差别应预先知道。这种历史的悖论可以简述如下:

历史语言学的任务就是解释过去与现在之间的差别;但是这种差别达到了怎样的程度,却无法知晓。

均变原理

根据上文所述,很显然,把进行中的音变资料用来解决过去的问题要依赖于均变论的语言观念。这个原理对本书所报告的内容非常重要,所以一定要用一些篇幅来介绍它的起源和历史。克里斯蒂(Christy 1983)回顾了均变论在 19 世纪历史科学,尤其是地质学和语文学中的情形,以下的评论多受益于他的论述。均变论是苏格兰地质学家詹姆斯·赫顿(James Hutton)在 1785 年最早提出,到 1833 年才在查尔斯·莱尔(Charles Lyell)的《地质学原理》中首次确立为现代地质学的基础。它可以简述如下:

> 通过观察现在进行中的过程可以推导出过去事物是如何运行的。(Christy 1983:ix)

均变论与**灾变论**截然相反。灾变论在地质学和生物学中是主导的观念。灾变论者认为地球和物种起源于过去突发性的独特事件,并且从那以后所有物种的特征至今保持固定不变。《圣经》中讲述的上帝创造世界和语言起源于巴比塔的传说都是突发性事件,把地质学、语言学与宗教的权威联系在一起。在长期争论的过程中,杰出的科学家们,如解剖学家居维叶(Cuvier)通过化石记录的强有力的证据支持灾变论。

威廉·德怀特·惠特尼(William Dwight Whitney)是语言学界中均变论的重要支持者,他的《语言和语言研究》(1867)就是以均变论为中心内容。惠特尼的哥哥乔赛亚·德怀特·惠特尼(Josiah Dwight Whitney)是一位杰出的地质学家,兄弟俩彼此都很通晓对方的研究工作。惠特尼自己对地质学和语言学之间的相似之处做出很多评述。他在讨论语言起源的时候讲道:

> 在我们对语言历史的追溯中,促使语言发生变化的各种力
> 量,各种变化模式的大致途径,一直都是相同的……人们无法 22
> 去考察历史的连续进程中隐秘的最初足迹,除非通过仔细研
> 究晚近痕迹的记录和严谨运用类推的方法才能得以追根求
> 源,[就像]……地质学家研究那些逐渐改变地壳形状和位置
> 的各种力量。(1867:253,引自 Christy 1983:84)

新语法学派直接受到了惠特尼的影响,正如布鲁格曼所讲:

> 惠特尼对语言科学所做的很多富有价值的贡献中,有一个最重要且最基本的原理。可以描写如下:在对史前语言现象的阐释中,我们必须假定在语言发展的历史时期,除了我们能够观察评估的因素之外,不存在其他因素。五千年或一万年前那些导致语言演变的因素与这些正在使现存的语言发生改变的因素并没有本质上的区别。(1987:1—2,引自 Christy 1983:82)

虽然惠特尼把自己的原理看作是语言理论的基础,但是并没有研究日常语言,而日常语言正是本书内容主要的语料来源。惠特尼从自己的标准出发,认为方言变体是应被谴责甚至法办的语言错误。新语法学派否定了惠特尼研究方法的局限,并且像我们已经看到的那样充满活力地发展出一种新理念,即从现今存活的语言中可以找到理解古典语言历史的途径①。

今天,语言学跟地质学、生物学以及其他历史科学一样,似乎也已经接受了均变论和它的各种结论。但是均变论的实现与现在的语言变化实际进程息息相关,而这种研究近期才兴起。美国和其他国家的方言学传统上注重研究乡村方言,因为乡村方言最能

① 惠特尼探究语言演变成因的方法不是本书的研究主题,但是该方法阐述的正是新语法学派极力反对的研究想法:"这类语音演变……无法避免且自行悄然潜入;但这也只是另外的一种托词,即我们无从知道谁该对这种语音演变负责。语言入侵势在必行,但总有人作为载体它们才能潜入,而我们无法查明是谁"(Whitney 1867:43)。

反映出当地居民历史上的早期特征，而这正是这个学科的主要目标。现在这些方言都在退化中，这跟其他工业国家的大部分乡村地区一样。新的技术使得乡村土语被不断废弃，年轻人放弃传统的语音和语法形式，喜欢采用城市的语言标准，并加入到中心城市的移民中去。因此方言学家的共同结论是地域方言正在消失，我们已经进入一个以语言融合取代语言分化的新时期。但是城市地 23
区的语言研究则情形相反。自从 1972 年以来，我和其他学者一直都在发表在英语为主的城市方言中持续性音变的证据。在美国、加拿大和澳大利亚各个大的言语社区研究中，我们在每一个社区都观察到当地方言的显著变化，这将在本书各卷中加以描述。

城市的创新作用并非新近出现：我们有充分理由认为城市一直是语言创新的中心。语言变化开始于城市，逐渐扩展到小的言语社区，直到乡村，大多数乡村方言就是语言变化的残留。而这些言语社区通常都在经受着农业的衰落和人口的缩减，因此不能代表美国方言的主要变化趋势。

所有的调查研究都有必要遵循均变论。这种原理在一定程度上依赖于语言生理基础的一致性，所以它一定会是正确的，因为在这方面还没有证据表明语言的过去和现在有什么不同。但是只要牵涉到社会性差异，均变原理就会大打折扣，在这方面我们必须注意到它的局限性。我们研究进行中的音变所得到的全部结果表明，当前大众媒体和电子通讯的发展对于音变并没有什么明显的阻碍作用。然而认为这些新的发展必然会影响语言演变的看法并非全无道理：它当然会使政治性的语言形式加快扩散产生一些影响。同时我们也要倍加谨慎地追溯新石器时代，有着全然不同的社会性组织的各种前城市社会。由于亚洲、非洲和南美洲的许多语言历史上的记载很少,可能会采用不同的原理探究它们的早期发展。

渐变论和灾变论

莱尔(Lyell 1833)的均变论中最为普遍、最有影响的构想与渐变论关系紧密:地球现在的状态是在漫长的历程中,历经侵蚀(erosion)、沉积(sedimentation)、变形(metamorphosis)和造山运动(orogeny)细微而又持续的影响造成的,我们在各地都可以观察得到。与此对立的观点认为地球今天的状况是由历史上罕有的独特巨变造成的,与带有宗教动机的灾变论相关联。渐变论的看法变成了顽固的教条,只是近年来才在地质学中稍有松动(Gould
24 1980)①。在语言学中我们一定要小心谨慎,不要将对均变论的认同与对渐变论的认同混为一谈。

众所周知,在所有语言变化历程中,灾变事件充当了重要的角色,尤其对人口居住地的变迁影响深远:迁徙,入侵,征服和大量的移民。其他突发的政治事件则引起言语社区正常结构的变动,一种强势的形式快速地替代其他形式,并对语言造成长期的影响。在本书第 2 卷探讨影响语言变化的外部因素时,我们会采用强有力的证据来支持马丁内(Martinet 1955)的观点:显著的外在影响都是灾变型的,而所有渐变的影响都是内在的,是语言社区偶发的分离而导致语言内部结构上的反作用。这种灾变事件比我们从前

① 古尔德(Gould 1980)认为布雷茨(Bretz)成功解释了导致华盛顿州东部火山地带中的熔岩流形成的原因,是冰川融化后的水形成一股强大的洪流,由于大量的水突然释放产生的剧烈影响造成。这有力推动了新灾变论学说。

想象的更为普遍，许多城市言语社区的变化历史使我们猜测，大规模的人口改变并不是一千年才发生一次，而是在一个世纪中发生若干次。

无论如何，语言学家绝不会赞成均变原理的渐变论版本。大多数语言的外部历史显现了语言发展的曲折道路与语音变化的突变性完全对应。近年来学界重新关注人口统计历史[①]，使我们更好地将社会和语言二者联系起来，并与梅耶（Meillet）的假设相呼应：

> 我们能用来解释语言演变的唯一变量就是社会变化，语言的变异只是社会变化的结果。我们必须确定对应于一种特定的语言结构的是哪一种社会结构，以及社会结构的变化是如何用一种普遍的方式转化为语言结构的变化。（1921：16—17；Labov 译）

余下的问题就是要看这两类曲折的变化是彼此契合呢，还是语言变化和社会变化都不稳定，各自独立。

均变原理的局限

我们通过重述新语法学派的观念来总结以上对均变原理的讨论。这个原理是历史重拟以及用现在来解释过去的必要前提。但

① 更多有力的证据可参见近些年对皮钦语和克里奥尔语历史的研究（Baker and Corne 1982；Bickerton 1984；Singler 1987），同时也得到了方言学的推进（Trudgill 1986；Herold 1990）。

是我们也看到,事实上它是历史语言学根本悖论的必然结果,而不
25 是这个悖论的解决方案。如果把均变原理作为这样一种解决方案,而不是一种研究工作的假设,那么那些由过去与现在之间的真实差异所导致的误差程度就可能被遮蔽起来。

历史语言学的解决方式应该类似于对于观察者悖论的解决方式。解决特定的问题必须从几个不同的方向,采用会造成互补性误差的不同方法。于是这个问题的解决方案可能就在这几种方法给出的不同答案之间的某个地方。通过这种方式,即使不能完全消解这些悖论,我们也能知道它们所带来的误差的限度。

1.3　新方法的引入

以下的几章中,我将把从进行中的语言变化的共时研究得到的资料用于历史问题的探讨。通过这种方式,我希望加强方言地理学、社会语言学、语音学和历史语言学的自然结盟——这都是对客观材料持有相同兴趣的研究领域。今天我们所做的这种结合在一百年前难以实现,因为这样的结合在很大程度上需要新技术的支撑。

- 用高质量电池运行的磁带录音机的发展使捕捉即兴言语的系统特征成为可能,从而取代"询问发音人"的老办法(Voegelin and Harris 1951)。
- 研究言语社区代表性语言特征的技术使我们能够追踪那些跨越社会结构的音变过程,并确认谁是创新者,以及谁

是音变的抵制者和反对者。

- 用现代计算机技术对言语声波进行实验分析，能够为大样本资料提供音变过程的客观测量数据。
- 采用概率理论分析数据，使我们能够提取出控制语言社区中的语音变异的更有条理的规则。
- 运用多元分析的新方法研究离散的语言变异，可以为那些对进行中的音变所做的更抽象的分析提供客观证据。
- “相同”和“不同”的主观印象，可以跟语音在语流中的实际分布相联系，也可以跟实验测试说话人对于自己话语中的区别的辨识能力相联系。
- 对于语言变体的社会地位的主观印象，可以通过变体使用的社会分布图以及对各种变体形式进行主观反应测试来验证。

本书各部分的内容完全是采用这些新的方法来探讨许多长期 26
争论的问题。前文提到的历史上/ay/与/oy/逆合并现象，将通过实验分析来研究现在得到的最接近的音变现象：英格兰东南部的艾塞克斯郡的语言（第 13 章）。音变的规则性将通过对从费城音变和变异得到的资料进行多元回归分析（第 16 章）加以考察。多维计量方法用于分析方言地理学资料，探究奥斯特霍夫和布鲁格曼对地域方言规则性音变过程的见解（第 17 章）。

变异与非变异

这种使用新方法得到的语料的特点，要求在分析方法和数学处理上做更进一步的创新。我们所要研究的音变证据可以在历经数十年的实时语音变异中获得,也可以在跨越不同年龄段的虚时语音变异中找到。但是这些并不是变异资料的仅有来源。为了提取进行中的音变证据,我们必须把音变导致的变异与社会因素导致的变异区分开来,如性别、社会阶层、社会网络、种族等;同时也要把语言内部因素导致的变异分开,如句子重音、音段环境、语序和短语结构等。

这个问题可以采用若干方法来研究,包括不同程度的经验和技巧。如果语料库足够大,可以按照许多维度做出不同的划分,列表进行相互比较,从而揭示语言材料的许多内部结构。但是在多数情况下,我们希望借助于上面提到的多元分析的方法来检验众多制约条件同时影响数据所起到的不同作用。对于研究具有持续性因变量的那些进行中的音变,采用逐步多元回归的方法。对离散性二元或三元变量进行分析则利用变量规则程序(variable rule program)(Cedergren and Sankoff 1974),此程序专为语言学资料的具体特点而设计。我们同样将使用主成分分析法(principal component)与多维计量法(multidimensional scaling),它们与语言学理论关联甚微,因此解释起来也更为困难。但是这些方法的优点在于不受理论的约束,因此当分析结果与一种特定理论所预测的范畴相一致时,就可以做出极具说服力的结论。

借助这些方法,我们将集中注意那些语言变异在语言结构中与社会基础中的精确分布上。考虑到这种研究的前沿性质——从语言的即时使用当中获取普遍原理——我们将不会依照常规寻求那些决定语言输出的没有例外的语言共性,而不考虑任何并存的

制约条件。无论那些不变的语言规则与可变的语言规则之间的比率是多少，语音变化的研究只是间或与语言不变性的探求出现交 27
叉。的确，很多语言演变的最终结果被认为是一种不变的输出，而演变的最初形式或变化规则全都消失了。然而，本书会找出大量的实例表明，语音变异一直进行，延续很长的时间；还有另外的实例表明，相同的音变过程不停地反复，好像从来都没有停止过。对现存语言的近距离考察表明，过去的许多现象依然留存在我们的语言当中。语言的历史研究受益于过去语言的连续性，同时也受益于现存语言的相似性。

28

第 2 章　研究综述

本章综述第 1 卷中讨论的内容。概要阐述由语言演变引发的各种问题，过去的研究中得出的相互对立的答案，对立双方所发现的不同类型的证据，为了解答这些对立观点而采用的数据类型，以及为解决语言变化引发的问题和悖论而将要引入的新原理。

第一部分：导论和方法论

第 1 章已经介绍了本研究所采用的普遍方法论原理，特别介绍了如何用现在解释过去。第 2 章对本书所涉及的论题进行简要概述、第 3 章和第 4 章介绍研究进行中的语言变化的基本方法。这两章描述这类研究所采用的技术，并对一些悬而未决的问题展开讨论，同时探讨如何解释最近对于虚时和实时语言变化的一些研究结果。

第 3 章集中讨论了虚时研究：即一个言语社区里不同年龄段的语言形式分布。此章首先回顾了过去研究进行中的语言变化所采用的方法。为了回应语言变化既太快又太慢而无法进行观察这一悖论，以纽约市和费城元音系统的演变为例子，通过图表和数式展示虚时语言变化模式中的推论类型。此外还介绍了仪器实验和分析方法，在本书全部研究中用来测算虚时语言变化中的年龄相关系数。

在涉及某个语音变化时经常没有实时的语料可以利用。第 3 章探讨了这种普遍的现状并提出了这样一个问题:“我们能从虚时语料的分布中了解到哪些实时的语言演变呢?”费城元音系统的内部分布提供了一些答案,特别给出那些与变化历程的不同阶段相关的“快”和“慢”的音位变体的相对位置。在一个语音变化的早期,某些音位变体比其他的音位变体变得快一些,到了更前面的位置。在稍后的阶段,虚时模式表现出一种奇怪的现象:跑得快的那 29
些音位变体与年龄因素的相关程度要小于跑得慢的那些音位变体与年龄因素的相关程度。这些数据可以用来帮助我们更好地理解语言变化从初始到完成的整个过程中的特性轨迹。最后,第 3 章肯定了语音系统稳定性的证据,这种稳定性是解释虚时语料的基础。

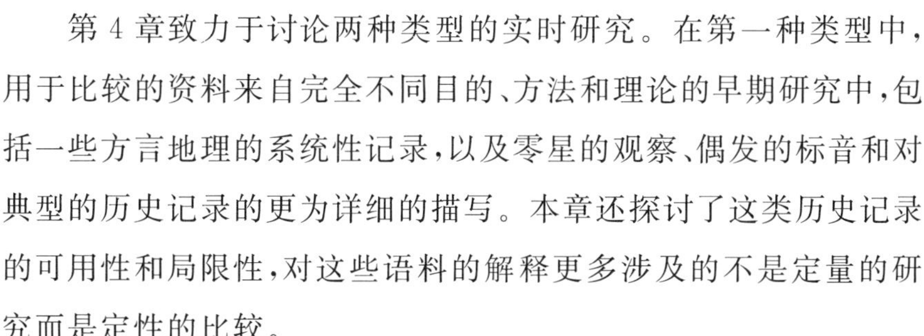

第 4 章致力于讨论两种类型的实时研究。在第一种类型中,用于比较的资料来自完全不同目的、方法和理论的早期研究中,包括一些方言地理的系统性记录,以及零星的观察、偶发的标音和对典型的历史记录的更为详细的描写。本章还探讨了这类历史记录的可用性和局限性,对这些语料的解释更多涉及的不是定量的研究而是定性的比较。

第二种类型的实时比较来源于更为仔细的研究进程:重返言语社区,尽可能还原语言变体的早期研究。直到最近,才出现了一个这类研究,即 1929 年赫尔曼(Hermann)对戈沙(Gauchat)1899 年沙尔梅语(Charmey)中古英语 y 记录的再研究。目前,只有五种主要的对社会语言学观察记录进行再研究的资料:

1. 福勒(Fowler)1986 年对拉波夫 1963 年纽约百货商场语言研究的再研究。(Fowler 1986;Labov 1963)

2. 塞德格伦(Cedergren)1982 年对她本人 1972 年巴拿马市语言调查的再研究。(Cedergren 1973,1984)

3. 特拉吉尔(Trudgill)1983 年对他本人 1968 年诺里奇市语言调查的再研究。(Trudgill 1974a,1988)

4. 蒂博和文森特(Thibault and Vincent)1984 年对 1971 年蒙特利尔语言调查的再研究。(Sankoff and Sankoff 1973;Thibault and Vincent 1990)

5. 1990 年在以正常年龄分组研究语言变化的过程中对 1973—1976 年 LCV 研究中费城发音人的再研究。

实时语料再研究的方法处于发展的初级阶段,还存在许多众所周知的问题。最可靠的结论来自于重复采用相同的研究方法,不一定非要得到相同发音人的资料,然而从同一发音人的再录音中也能获得重复结论。再研究的结论将使我们更为精确地获得进行中的语言变化的可靠性和有效性。正如赫尔曼早期著作(Hermann 1929)所指出的那样,问题不是轻而易举就能得到解决。早期的语料往往显示出年龄阶变与实时变化的混杂,区分这些语料困难重重。

30 最后,第 4 章通过比较实时和虚时资料而获得的各种可能性回到构建语言变化的模式问题,提出了通过怎样的研究方法来重构怎样的模式,以及如何设计研究才不至于使研究中弄清楚的问题跟搞混乱的问题一样多。

第二部分：链式音变

描述语音变化所面临的第一个问题便是：是否所有类型的变化都有可能发生，还是存在着对哪种语言变化类型的限制。研究语言变化可能的制约条件几乎涉及语言学的所有方面。归纳总结近期的研究，就可以发现它涉及语义变化、句法发展、语序变换、形态要素的语法化以及音系和语音变化等方面。宽泛的观点可通过回顾音系变化的方向和制约（Kiparsky 1989），形态的变化（Joseph and Janda 1988）以及句法的变化（Kroch 1989b）获得。

第二部分对制约问题的质疑只局限在语言学领域一个小范围内：局限在语音和音系变化这一范围内。在这一范围里，又集中讨论重读元音的制约条件。部分原因在于进行中的语音变化的最为详细的语料来自于英语元音转移的实验分析。在世界上的各种语言中，英语是少数几个发展或保留了超过十个元音的复杂系统的语言之一。要发展语言变化的普遍原理，英语并不是最为理想的研究基础。但不管怎么说，元音的交替、转移和合并是导致世界上语言多样性的主要力量之一。英语历史上那些富有特征的语言变化，显然也遵循了适用于世界上许多语系语言变化的那些原理。

最简单的元音转移类型中，一个元音在元音系统中转移到另外一个空位，然后它以前所在的位置成为一个空位。这类简单的元音转移很少受到制约：要找到元音位置比原来更高化或更低化、更前化或更后化、圆唇化或非圆唇化、鼻化或非鼻化的例子并非难事。但是，当这些简单的转移联合起来，成为连锁反应——即链式音变时，情况就大为不同。语音变化的系统特点在链式音变中非常明显，而且显示出一系列的单向型模式。

对链式音变的研究不能与并行移动研究分割开来，后者在探索语音变化的原理时曾被广泛的探讨。平行变换（paralle shift）或者回归平行性的变换，为把所有的语音变化都解释为一种简化
31 过程的原理提供了诸多依据（King 1969）。第二部分所探讨的许多链式音变在移动中都既是平行的又是链式的。我们将有充分的机会探讨两者间的关系，并尝试着是否能用更为普遍的音系学规则来描述这两种发展。

第 5 章以链式音变的三个普遍原理开始，这些原理来自于对进行中的语言变化和已经完成语言变化的记录的综合研究。在链式音变中，

原理Ⅰ：长元音高化

原理Ⅱ：主要的短元音低化

原理Ⅲ：后元音前化

要确定这些原理是否是语言变化的有效制约条件，首先有必要表明这些原理在哪些地方具有实证内容，即它们能在哪些结构中进行运用。概括性术语**紧**和**松**也应与历史记录中常用的术语**长**和**短**联系在一起。第 5 章注重于这方面的研究，同时回顾了支持这些原理的依据，并从虚时的例子中区分出某些确实存在的反例。

链式音变原理并非单独应用：也就是说在任何一种历史发展阶段，总是有两个或者更多的原理结合起来发挥作用。这种结合只局限于世界上的语言里再次发生的为数不多的链式音变模式。

第 5 章同样也面临历史记录中一些重要的语言矛盾。根据加

德的合并不可逆原理，元音转移应该导致恒久的合并（第 1 章），但是事实并非如此。伊地语的双音化是个典型的例子。像其他日耳曼语一样，伊地语把中古高地德语（MHG）里的 **ī** 和 **ū** 双元音化为[ai]和[au]。但是在伊地语里，**ī** 先是被双元音化为[ɪi]，再低化为[ai]，其间并没有与中古高地德语的 **ei** 合并。为什么会这样？传统的研究没有提供答案。一个类似的例子是元音大转移中多次被讨论到的 *day* 和 *die*：根据音系学的预测，当[æi]高化为[ei]、同时[ɪi]低化为[ai]时，应该出现合并，但事实并非如此。早期现代英语出现的新问题与/r/前面的四个前元音相关，即/r/前拼写作 *ea* 的词被认为是不规则发展（*rear*，*fear*，*tear*[*N*]，*tear*[*V*]，*bear*，*wear* 等）。进一步的研究显示，所有规则性发展（即发展成/ihr/）的例外都源自一个有特别语源的次类：这些词在古英语中都有开音节里的短元音 **ĕ**，比如 **bĕran**（*bear*，携带）。这一类音在整个英语演变史上都保持在词中间位置没有改变。但是这类词为什么没有和 **ǣr** 这类词（如 *rear*，*fear* 等）发生合并，像它们一样发生从[æ：r]上升到[e：r]再到[i：r]的高化过程呢？在所有的这些例子里，历史上的记录都违背了我们最近对元音系统如何运作的了解和预测。这些问题将在后面的章节中进行探讨。 32

第 6 章通过对美国和英国多种方言的元音系统进行语音实验分析所获得的数据来分析制约问题。这一章介绍了英语音系空间这一新概念，同时也介绍了另一个新特征——外缘性，用来分析日耳曼诸语言和波罗的海诸语言所共有的[i：]和[u：]双元音化为[ɪi]和[ʊu]的音变现象。前后元音的空间都被划分为音系空间的两个区域：一个是外缘区，靠近元音空间的外缘；另一个是非外缘区,靠近元音空间的中心。此章提出应修正链式音变的基本原理,并认为紧元音沿着外缘路径高化,而松元音则沿着非外缘路径低化。这一原理的依据来自于对多种英语元音系统中进行中的链式音变的语音实验分析。

第7章凭借第6章提出的修正办法解决第5章里回顾历史记录时所涉及的问题和矛盾。这种解决办法依赖于这样一种可能性,即早先的语音系统也和现代语音系统一样有外缘路径和非外缘路径。早期的音系空间是否存在这种模式只能是一种推测,因为以前的元音记录并没有显示出前-后元音维度区间存在着两个或三个以上的范畴,所以这种音系空间模式还需要有更多的依据支持。因为要在如此大范围的音系结构中运用第7章里的理论,所以还要对均变原理做更为仔细的考察研究。

要支持第6章提出的原理,就有必要指出应采用哪些规则形式来描述这些原理所预测的语音变化路径。第7章提出了元音转移的音系规则,并讨论了在语音特征总表和规则运行的种类方面需要做哪些修订。

第8章对链式音变的规则和原理做了进一步的简化和削减。此章一开始就表明迄今为止所发现的规则的异质性,并提出:是否能用单一的、不受局限的元音转移规则同时使紧元音沿着外缘路径高化而松元音沿非外缘路径低化。其中很多讨论涉及[iː]转变为[ɪi]和[uː]转变为[ʊu]的重要转化,在这种变化中一个紧的高元音变成了由一个央化松元音加上紧的后滑音组成的双元音。其他类型的双元音化也提出了相同的问题,比如在原始罗曼语和现代英语方言里紧元音发展成带内滑音的双元音。

第 8 章还探讨了把三个链式音变原理减缩为一个原理的可能
性，这个单一的原理把元音的开口度与它的外缘性联系起来。这 33
样做就有可能一步一步地通过利用优势的单一规则来描写复杂的链式音变。

为了进一步简化，第 8 章探讨了扩展规约的可能性，用来预测在单元音变化的逐级规则(step-by-step rule)支配过程中，如果同一子系统不包括其他双元音，那么双元音的主元音会逐渐增大开口度。这有利于说明双元音/iy/的主元音转移变为低元音，这与支配/ey/向/iy/转变的过程相同。

第 9 章考察了元音子系统链式音变的制约条件：短元音化、长元音化、双元音化和单元音化。跨越子系统的链式音变的深入研究远远少于子系统内部链式音变的研究，但跨越子系统的链式音变是普遍理论的重要组成部分。因为如果支配链式音变的原理完全是单向性的，紧元音集中于高元音部分，松元音集中于低元音部分，结果将形成极不对称的元音系统。既然事实并非如此，必然存在一种重新分配元音的机制，使低元音进入紧元音子系统，高元音进入松元音子系统。第 9 章简述了这一领域中的一些研究成果，澄清了历史语言学的一些问题。本章介绍了支配跨子系统链式音变的五个附加原理，并且针对鼻音和喉塞音子系统与无标记的元音之间的关系提出了一些问题。

第三部分：合并与分化

根据定义，链式音变保留了音位系统中彼此区分的性质。如果所有的语音变化都有这种属性，那么语言变化的理解将更浅显易懂。但我们不可回避这样一种推断，即语言变化是由语言的交际功能决定和控制，由链式音变造成的相互理解中的缺失看似是一个小问题。但合并——一种消除区别功能差异的反向过程——与链式音变一样常见，甚至比后者更为多见。它表明元音系统中区别性功能的突然减少。如果我们打算认同信息保存原理是对语言的约束，那么语音合并的存在，是一个迄今为止所遇到的极为显著的悖论。一个更为务实的观点是承认信息存留充其量只是一种趋势，同时寻找一种能够说明竞争性趋势的力量，并能对合并做出解释的方法。第 10 章到第 14 章将继续阐述支配元音合并的原理以及支配相反现象的原理，即将一个音位成分分化成两个音位成分。

34 这场讨论始于对两种悖论环境的探讨。第 10 章介绍了英语历史中的一些例子。据记载曾有两个词群合二为一，但到后来，又分裂形成各自独立的两组，其中的成员只有极小的变动。这恰好是第 5 章所提出的悖论的反例，第 5 章中预测的合并并没有发生。也许最好的例子就是中古英语中长开元音 **ɛ：**在早期现代英语的发展，这类词现在通常拼写为 *ea*。根据传统语音规则的变化过程是，**ɛ：→e：→i：**。正音学（orthoepists）的若干报告指出，在 16 世纪这个元音与中古英语的元音 **a：**和 **ai** 合并，因此 *meat* 和 *mate*，*sea* 和 *say* 听起来相似。据报告，现在爱尔兰英语（Hiberno-English）也存在这种语音现象。尽管当时的学者并没有记录这类合并，但拼写错误和押韵的证据表明那个时期的伦敦人不能明确地区分出这两类词。令人惊奇的是一个世纪之后，*meat* 类词的大多数被合并到/eː/类词中。所以现在 *meat* 和 *meet*、*sea* 和 *see* 都是同音异义词。如下图式所示：

16 世纪	→	17 世纪
meet		{meet, meat}
{meat, mate}		mate

在合并不可逆的原理被广泛接受的情况下，上述情况似乎是不可能发生的。*meat* 类词的表现确实充满矛盾：这类词似乎和 *mate* 词类相同，但似乎又不一样。如果我们尝试通过否定正音学的主观判断或是拒绝语音合并的客观证据来解决这种矛盾的话，那就意味着我们将拒绝那些追溯英语历史的主要的语料来源。

第 10 章讨论的第二个例子是历史记载的 18、19 世纪/ay/和/oy/的合并情况。学界普遍认同这个时期的标准伦敦英语以及很多的方言中，*vice*、*isle*、*pint* 和 *tie* 等词与 *voice*、*oil*、*point* 和 *toy* 等词发音相同。但是在 19 世纪末 20 世纪初，这两类词彼此分离，直到现在各自不同。这一语音现象比 *meat* 和 *mate* 更为清晰明了，因为在同时代的报告中，很少有人持不同看法。这两类词的分化原本是不可能的，但最终还是分开了。叶斯柏森(Jespersen)提出了唯一的解释：拼写的影响应对此负责。但正如第 1 章所述，这种建议被认为是勉为其难的权宜说法，并且不被那些熟悉实际发音行为的人所认同。

第 11 章讲到支配合并和分化的普遍原理的定位问题。首先 35

回顾了加德原理——即在语言中,合并不可逆——的一些证据,然后进一步讨论了第 10 章中悖论原理的例子。与加德原理在意义空间上相关联的是赫佐格原理(Herzog' Principle):合并的扩展以区分为代价。此章介绍了伊地语和美国方言学的证据来支持这个原理。然后,检验了各种关于合并机制的看法,同时介绍了赫罗尔德(Herold)新的研究视角:合并体现的是对信息的获得而不是信息的缺失。最后,此章讨论了合并的各种成因,并在合并机制和原因的基础上,把加德原理重新表述为逆向变化相对困难程度的一种标尺。

接下来第 11 章致力于研究合并的反例:音位分化。在研究文献中对此关注很少。此章提出三种类型的分化,一种是由于环境因素的缺失而导致的分化,一种是由于借用外部语音而导致的分化,还有一种与一类词分化为两类词的过程中词的再分配相关(被认为是词汇分化)。此章详细地分析了两种词汇分化:古英语中短双元音的分化,大西洋沿岸中部各州短元音 *a* 在闭音节中的分化。词汇分化的特性与边缘音位的区分等更为普遍的问题有关。而边缘性(marginality)相应地与差异的可习得性这一核心问题相关,后者是合并可逆性的另一种视角。佩恩(Payne 1976)对普鲁士王村中费城方言习得的研究,由于同时关注了新语音规则和新音位范畴的习得,是与这个问题相关联的再研究。

第 11 章还探讨了合并的社会语言学地位,并把它们与其他缺乏社会影响的和较少被社会觉察的音系变化进行对比。讨论涉及其他一些曾经佐证合并可逆的证据,同时还考虑是否存在这样的社会条件,具有足以克服加德原理的力量。最后,至今为止提到的所有证据的悖论特征都被再度审视。

第 12 章介绍令人困惑的近似合并现象，这种现象出现在对现代言语社区的诸多研究中。在这种语音现象被发现以前，人们通常认为本地人对不同类别的词之间的语音物理性差异存在辨认意识，能自动地认知、标记和运用这种差异来区分不同语义。此章首先回顾了语音产生和感知对称假设中的普遍对立观念，以及能够对其进行测验的实证方法。接着介绍了早期不对称的实证证据，并指出语言学家所遇到的困难，即他们所接受的语料与他们所提出的基本假设存在矛盾。

第 12 章接着探讨了四种来自 LYS 的例子，这些例子表现出 36
语音产生和感知的不对称性，以及后续研究中所提供的附加论据：纽约市中 *source* 和 *sauce* 的合并，阿尔布开克市（Albuquerque）和盐湖城 *fool* 和 *full* 的合并，宾夕法尼亚州中部 *cot* 和 *caught* 的合并，诺里奇市 *too* 和 *toe* 的合并。接着此章回顾了在接受发音和感知之间不对称的证据过程中语言学家所表现出来的极力抵制，最后以戴维·德·坎普（David de Camp）提供的图表结束，由于他的论文中提出了旧金山市/o/和/oh/近似合并的证据而在 20 世纪 50 年代的论文答辩中被否决。

第 13 章将第 12 章的发现运用到第 10 章和第 11 章介绍的悖论中。利用近似合并原理以及语音产生和感知不对称的新观念，对已有记载的 16 和 18 世纪的语音合并进行再研究。语料经过特别设计，这些研究旨在检验那些早期研究中的反例有可能实际上是这种近似合并的结果。18 世纪/ay/和/oy/发展的历史记录被详细地检验。当对纳恩博格（Nunberg）提出的机制进行检验时，发现大多数关于合并的报告归因于估计那些音位变体在物理属性上彼此最为接近。进一步的数据来自于对英国艾塞克斯郡方言的实验研究,根据所有方言学的报告,该地区自 18 世纪以来的语音合并延续至今。发音者为三位年长的当地人,研究发现他们发出的/ay/和/oy/两类词极度近似但在声学分析中非外缘的和外缘的语音轨迹的走向却存在差异。以他们自身以及其他人的发音为基础的交互听辨测试中,这三位发音人尝试去区分自身/ay 和/oy/的发音时,表现出相当的混乱。我们可以推测 20 世纪近似合并的情况在 18 世纪的英语中应该是更为普遍盛行。

对于 16 世纪英国的 *meat* 和 *mate* 的合并,也以这种近似合并的看法重新加以探讨(Labov 1975a)。在贝尔法斯特,米尔罗伊和哈里斯(Milroy and Harris)最近的研究提供了更多新证据。在贝尔法斯特,年长的发音人继续把 *meat* 发作半低元音[meːt],而这正是 16 世纪伦敦语音的显著特征。这些发音人通常不能将这类词和长元音 **a** 类词(如 *mate* 等)区分开来。但米尔罗伊和哈里斯的研究表明这两类词各自不同,其发展趋势是 *mate* 类词上升到高位,发展成为双元音。这种看法支持了早期记载中 *meat* 和 *mate* 的合并实际上是一种近似合并的观点,同时提供了与第 5 章中所讨论的短元音 **e** 长化相似的语音现象。

第 14 章提出了认知方面的问题,“怎样才可能使发音人获得
37 并保有自己都无法区分的差异?”这原本属于第 3 卷研究的领域,但因为这个问题的答案对于理解近似合并现象和解释第 10 章中解决悖论的方案至关重要,因此在此章中进行了探讨。此章提供了费城的 *merry* 和 *Murray*,*ferry* 和 *furry* 对比研究中的实验数

据。在费城,有些发音人能够清晰地区分这两组音,有些发音人发音时完全合并,还有一些人发音时近似合并。采用了交互听辨测试和最小区别词对测试考察分析费城人和非费城人的区别能力。另一个实验分析手段,即"教练测试(Coach Test)",允许我们提出这样一个问题,那些在正式测试中不能区分差异的发音人是否在浅显的语义理解中正确发音。结果表明所有的费城人在区分和标记出现在/r/前面位于两个元音中间的/e/和/ʌ/时,辨别能力很差,而非费城人根本没有困难。因此得出结论,在费城,这两类词在语义上不存在对立。关于如何保持物理属性的差异以及语言学的分类如何与心理声学的区别相关联的进一步讨论,都被安排在第 3 卷书中。

第四部分:规则性的争议

在支持和反对新语法学派的语音变化规则性观念中长期存在着争议,第四部分旨在解决由此引发的悖论原理。其中包括音变的机制:词汇规则性、语法条件的作用、类推与音变的关系、方言借用的作用以及意义对音变的影响。关于这些问题争议的解决办法与我们在整体上对语言性质的认识有关,第五部分将会继续展开阐述。如果语法和语义信息与基本的语言变化机制无关,那些促进语言变化为现在的样子的力量本质上必须被认为是失去作用的。很多语言学家很难接受这个观点,因为当他们环顾自己身边完整的语言系统,似乎与它们的交际功能一起历经变化而毫发未损。此外,如果我们认为语音变化特征是完全的机械行为,那么就会引发这样的问题,语言本身合理的特征是什么,或者至少其合理成分的优势在哪里?这部分研究在第2卷的音变起因的讨论中发挥了重要作用,并将会帮助我们更好地理解语言系统的合理成分和非合理成分之间的平衡。

第15章通过介绍具有争议论点的性质,并以回顾悖论原理的真正地位开始展开讨论。这里采用的普遍方法是如果不对双方立
38 场的证据进行认定,悖论原理就无法得到解决。本章介绍了词汇扩散理论的最新证据,这些证据再次引发了对音变规则学说的反对。这一理论回顾了汉语方言研究,显示出语音突变中的词汇渐变。郑锦全和王士元(Cheng and Wang 1972)对中古汉语声调在现代潮州话中分化的研究,提供了同音异义词分化的全部时间过程的典型例子。李壬癸(Li 1982)对中国台湾泰雅语诸方言的研究报告中指出从唇塞音向软腭塞音演变中逐个词的扩散现象。沈钟伟(Shen 1990)在研究上海方言中言语感知的过程中指出 **ã** 和 **ɑ̃** 之间的对立在逐个词的测试中逐渐减弱。接着,此章的关注点转移到费城言语社区,在那里短元音 **a** 分化成紧音/æh/和松音/æ/时已经出现了词汇扩散现象。来自100个费城人的即兴言语的数据表明紧短元音 **a** 的范畴是以逐个词的形式扩展到两个边缘区域:出现在位于两个元音之间的/n/和/l/的前面。词的选择大体上和使用频率相关,但使用频率最高的词并没有受到影响。此章进一步介绍了短元音 **a** 的词汇扩散的发展,研究结果来自于罗伯茨(Robert 1993)对南费城3—5岁儿童的研究。

第16章就同样的论题从新语法学派的观点进行阐述。连金发最近的研究表明潮州话声调分化不是系统内部的音变,而是文

读和白读相互混杂的结果。另一方面，泰雅语诸方言唇音向软腭音变化反映内部音变的特征，但却没有任何词汇条件的证据：对这些数据进行量化分析表明是一个很好地符合由语音条件决定的音变。通过对费城英语元音的大量细致的实验语音分析进一步证实了音变的规则性，实验语料集中在从一位发音人一整天的录音中选出的 5000 个元音（Hindle 1980），这些数据中的同音异义词没有被分裂，并表现出完全一致的发展趋势。同样的数据库被用来检验紧/æh/内部的音变过程，在第 15 章提到紧/æh/类的词是短元音 **a** 类词分化的结果：发现了精细的语音条件而没有词汇不规则的踪迹。

第 17 章通过来自方言地理学的证据进一步讨论规则原理。对新语法学派音变规则论持反对意见的主要人物是方言地理学家，特别是像吉列伦（Gilliéron）一样的罗曼语专家，这并不是偶然现象。词汇扩散的支持者求助于英语方言地理学来解释元音大转移的基本机制是通过一个一个词得以实现的，这种说法和“每个词都有自己的历史”的口号保持一致。此章研究了奥顿和戴思（Orton and Dieth）的《英语方言调查》（1962—1967）中现代英语 **ī**
和 **ū** 的发展。采用卡方测试（Chi-square test）、回归分析和多维排 39
列来探寻数据中能发现多少语音条件，有多少词汇是不规则的。结果表明经典的新语法学派细致的语音分布涵盖了古英语 **ī** 和 **ū** 词群所有的词。同时也发现词汇扩散现象，但只是那些在从古英语到中古英语的过程中，因删除和补偿性延长语音而改换了词群的那些词项。

整体而言，第 17 章表明已经主导语言学的观点长达一个半世纪的方言地理学的证据最常见的解释有可能需要进行修改。奥斯特霍夫和布鲁格曼认为方言的发展将按照新语法学派的原理呈现出规则音变,似乎是他们主张的比他们所知道的更为正确。

第 15 章讨论词汇扩散的证据,第 16 和第 17 章强烈支持规则音变是变化的基本机制的观点,第 18 章则通过确立最有可能发现每种机制的各种变化类型来试着解决这些争议。首先详细分析了最明显的进行中的词汇扩散过程,即费城短元音 **a** 正在变成紧元音。关于规则性质的主要证据来自于佩恩(Payne)关于纽约人习得费城方言以及使用北方城市方言的人习得费城方言的对比。这些数据结合凯帕斯基提出的其他论点,得出了这样的结论,短元音 **a** 的分化在词汇音系学框架中最好被描述为词汇专化规则。纽约人表现出将费城方言中的[+紧]特征按照与自己母语相类似的词汇规则发音,并发现这样做相对容易地将 *mad*、*bad*、*glad* 和其他带有/d/前面的短元音 **a** 的词区分,而由于北方城市发音人只能发单个的紧元音/æh/,表现出使用了过度概括的语音输出规则,遇到这类词汇专化时发音相对困难。

这些发现有助于进一步发展拉波夫(Labov 1981)提出的解决争议的方案。在新语法学派传统中,低层输出规则(low-level output rules)支配下的语音变化有典型的规则性,而抽象范畴中改变词汇成员的高层过程,则表现出词汇扩散。一个范畴的抽象性作为一种普遍的标准,这是由可测量的属性的数量所定义的,当一个成分改变其类别时这些属性必须是彼此独立变化的。冯纳吉(Fónagy 1956)关于近几个世纪以来的语音变化情况的综述报告帮助我们检测了这种普遍性。

最后在第 18 章提出为什么短元音 **a** 在大西洋沿岸中部各州发生分化,但在整个北方城市中却紧化的问题。在弗格森、瓦尔德和叶斯柏森(Ferguson, Wyld, and Jespersen)观点的帮助下探讨这个问题,短元音 **a** 紧化并不是一个新的语音现象,而是直接传承 40
于 16、17 世纪英格兰南部宽元音 **a** 发音靠前时紧化。接下来此章发展了叶斯柏森理论的内涵,即随着中古英语词形的屈折演变逐步影响到所有不规则词形变化的结果,其中开音节中发音的延长导致宽元音 **a** 的分化。

第五部分:音变的功能特征

第五部分讨论新语法学派的第二个争论焦点,怎么处理音变和意义之间的关系,并且检验语言变化对语言主要交际功能的影响。那些强烈反对音变规则性假设的罗曼语方言地理学家也不认同语音变化独立于意义之外:他们提出个案研究,表明语音变化被修正后能直接避免同音异义字的矛盾。遵循吉列伦传统的方言地理学派采取了功能学派的观点,认为语言受到合理进程的控制,这种进程将作为信息交际手段的优化体现。到了 20 世纪,功能学派继续发展这一观点,他们认为语言变化有一种总的倾向,即避免在变化中丢失信息。第 19 章在音系学和形态学交叉点上定量研究语言的变异。大多数的证据都与共时层面的变异有关,这些语言变异的研究检测了关于语言功能的争议。

第 19 章以对第 5 章的链式音变进行功能性解读开篇。此章提出了这样的问题,是否有可能将链式音变和只是一般语音规则的简单的平行移动区分开来。一种语言现象的功能性解释和另一种语言现象的功能性解释截然不同。很可能所有的链式音变可以被视为是与平行移动相类似的一般性类型。

此章主要关注的是词尾音段变体的删除，这些末尾音段有时自身也作为完成形态：如英语和荷兰语中结尾的/t,d/；西班牙语和葡萄牙语中结尾的/s/和/n/；拉达克语（Ladakh）中结尾的/s/。上述大多数情况下，没有证据显示有音变正在进行，尽管通常假设现在相对平稳的状况是一种过渡阶段的结果，在这过渡阶段中完整的词末辅音和词内屈折首先开始发生改变。

很多传统语言学家采用的一个极端的功能观点是既然冗余信息总是存在，那么没有一个语言信息会完全丢失。于是富含意义
41 的音段变体的删除受到其他话语中信息总量的严格制约。遵循变异研究传统的调查者接受这种观点试着采用多元分析的方法，尽可能分析文本中能弥补因屈折变音而损失的所有信息来源。此章提出了这样一个问题，发音人在选择不变音或者完全变音时是否会考虑到整体的信息状况。目前发现的大多数都是**反功能性的**。当发音人发出语素信息时，会倾向于产生更多的信息，而一旦他们开始删除信息，就会不断删除下去。此章举出了盖伊（Guy 1981）的论点，大多数已研究过的功能性影响都是编码中系统性误差的产物。此章的结论是，发音人在选择语法形态的变或不变时并没有考虑到信息的状况，而是受机制和结构因素的影响。

第 20 章接受了这个结论，但是回到了这样的语言事实，即长远来看，当承载意义的变体形式最终被删除后，意义通常被保留了下来。如果发音人在选择变体时，不考虑意义，我们如何解释这个事实呢？若干共时研究清楚地表明功能性补偿的出现属于语法范例。霍赫贝格（Hochberg）论证了波多黎各西班牙语中动词/s/的删除和主格代词之间的紧密关系。卡梅伦（Cameron）则指出由于波多黎各指示代词使用的深层概率与马德里西班牙语中的深层概率一致，而在马德里西班牙语的屈折形式没有丝毫改变，因此加勒比海代词使用的增多不能归因于屈折形式丢失的功能性补偿。

引发了第五部分研究的功能假设反映了雅克布森（Jakobson）的方法-目的（*means-ends*）模式：即语言形式最好被看作是为了理解而不是误解说话人的意图。第 20 章基于反面的观点提出了一种解释：功能效应是理解和误解共同作用的结果。首先需要回答的问题是稳定的变体是怎样通过几代人来进行传播的。这是概率匹配的过程，在一些关于动物学习的详细实验和动物觅食行为中进行了研究。第 20 章回顾了这些文献并将其应用到语言学中，其中用于语言学习者形成概率所使用的大量数据受到理解与误解两种结果的控制。为检验语言学习者可能采用的两种不同底层理论的结果设计了一个数学模型：一种是零代表单数（独有理论，a privative theory），另一种是零可以代表单数或者复数（兼有理论，a facultative theory）。第一种导致的是保守行为，并可能在代际传递中增加对于删除的限制；第二种导致创新行为，可以迅速消除屈折音变。接下来的问题是，这种相互竞争的选择如何可能与观察到 42
的语音长期稳定的情况相关联，尽管不时被个体方言的快速分化所打断。

最后此章提出了概率匹配过程有可能促进语法系统的补偿性再调整，这是在一开始就介绍的。

第 21 章是对第 5 到第 20 章所论述的语言变化原理的回顾。

第 1 卷主要关注的是语言变化的内部因素:语言变化的制约、语言变化的机制以及语言系统中嵌入语言变化的方式。探索这些问题的过程中,语言变化的缺失比语言变化的存在更加难以解释。语言系统中诸多长期稳定的成分,比起那些迅速改变的成分更加引人关注。在更为抽象的平面上,作为对历史悖论的必然回应的均变原理所蕴含的稳定性非常成功地应用在这些研究之中。第 2 卷将涉及语言变化的评估和启动,以及在社会系统中的嵌入。在语言行为的社会模型中,我们希望找到语言变化的成因,并解释令人困惑的长期稳定现象的原因。

第 3 章　进行中的音变研究：虚时观察 43

3.1　音变能被观察到吗？

本书的核心主题是研究进行中的音变及其在历史语音研究文献中的运用。在第 1 章讨论均变原理时曾说到第二个步骤是实践性的。但我们必须对第一个步骤提出同样的问题：进行中的音变是能够被观察到的吗？

坦率地说，对一种语言的变化进行观察不仅仅是一份简单的报告：它需要观察一种语言的两种状态，并且要确保这两种状态之间具有一定的连续性——即要在某种程度上确认它们是**同一种语言**的两种状态。如果是定性观察的话，这种观察就已经足够。观察者可以报告说某种语言中现有的一些语言成分在从前并不存在，或者从前存在的语言成分现已消失。[①] 例如，1961 年玛莎葡萄园岛的调查中多次在 *out*、*loud* 等词中观察到一个后央化双元音[ʌʊ]，有时也读作[aʊ]（Labov 1963）。但是 20 世纪 40 年代的《语言地图集》（Linguistic Atlas Records）只记载了[æʊ]和[aʊ]的相

① 就像我们将看到的那样，这种定性研究在研究进行中的音变时并不是最普遍的研究方法，但在研究虚时音变转向实时音变的过程中至关重要。

互替换(Kurath and McDavid 1961)。我们研究更多的是定量变化:元音的不断高化,流音更多的元音化,或者是音段时长的不断延长。这种情况下,我们需要在每个时间段里更进一步的观察,确定每个时间段中变异的平均值,以及变异的范围,从而能够确定这些平均值中的差异真正有意义,以及随着时间而发生的音变不是简单言语行为随机波动的结果。

这种对现象的简单看法忽略了一个至关重要的问题:观察一种语言状况的用意何在?如果我们假定存在一种理想化的同质语言,那么观察任何一位个体说话人就足够了,但是这立刻就被研究自身所否定:通过探究语音变化,我们正在质疑研究对象的同质性。对定性差异令人满意的观察通常是通过对一段时期内从言语

44 社区散见于不同方面的报告中证实一种特定特征的存在,而在下一段时期,就再也没有这种报告了。如果我们所观察的说话人都是由当地的父母所生养,我们可以说这个社区中包括不同方式的说话人,而且如果这种差异不是明显地从邻近社区或者权威方言借入的结果,那么报告语言现状中存在有意义的变化就是公平合理的。在定量研究中,事情并非如此简单。首先我们必须得到社区中具有代表性的样本,同时必须对语言观察者进行考察,确保他们的观察技能可靠可信。接着我们或者必须在下一时期的研究中锁定同一批说话人(专项研究,panel study),或者建立第二个具有代表性的样本(趋势研究,trend study)。既然每一个样本都有其局限性,我们必须证明,这两种样本的局限条件相同。如果对第二种样本进行观察的不是同一个人,就不足以对这两种研究做可靠

的比较:我们必须找到一个方法将这两种观察跟某种绝对的标准联系起来。

跨时间的定量研究很少能找到令人满意的条件。专项研究费用昂贵;耗损巨大;且很少有基金会愿意提供经费支持一项 5 到 10 年的研究。更为经济的办法是在过去所做的定量研究的基础上进行趋势研究,但又很难找到这样的学者,在 5 年、10 年、20 年以前就对我们现在所探讨的问题感兴趣,或者曾采用相同的办法来解决这些问题。

自一开始对言语社区展开目前一系列的社会语言学研究时,就不存在对进行中的语言变化进行直接追踪的方法,从而去满足所有的批评意见。我们需要采用更多间接的办法。

传统的否定论点

在解决这个问题的第一个方法中,我引用了布龙菲尔德(Bloomfield)的著名言论:

> 语言变化的过程从来都不曾被直接观察到;我们将发现,借助于现有的设备,这类直接观察也是不可思议的。(1933:347)

布龙菲尔德在这个问题上有双重的困扰:一方面是语言变化的渐进和几乎不可感知的特性,另一方面是将真正的语音变化与其他原因所导致的语音偏离混为一谈(方言混合、言语错误、类推的结合等）。然而，从本质上来看，布龙菲尔德认为语音变化太过于缓慢而无法观察得到。但是对使用英语的城市对进行中的音变展开的研究表明，事情并非如此（Labov 1966）。主要元音的开口度从最大到最小的移动变化——低位到高位——可以追溯到三四代
45 人。对费城有活力的新音变的定量研究表现出了移动的速率，如果它是以最大速率持续移动，这种演变可在四代人之内在音系空间中延伸到最大距离。实际上，音变轨迹的开始和末尾时才是更为缓慢（Kroch 1989a；Shen 1990），而任何一种从始至终的测量都低估了跨代变化过程中段的速度。

另一方面，文莱奇、拉波夫和赫佐格（Weinreich，Labov，and Herzog 1968）引用了霍凯特（Hockett 1958）的论点，认为音位变化太快而难以观察得到：

> 语音变化本身是持续而缓慢的，而在另一方面，音位的重建在一定程度上必然是突然发生的……因此没有理由相信通过直接的观察，我们就能察觉这类突发的事件。（Hockett 1958：456—467）

这里所提到的突发事件被看作是一种语音区别的音位地位。[①] 目前我们把方言分化的研究分为循环变化和链式音变，霍凯特认为

① 霍凯特认为这种变化发生在单个的说话人或者“一小群说话人身上”。按照将言语视为言语社区的财富的普通研究方法，我更倾向于避免关注个体，因为除非这种变化被其他发音人接受为语言的一部分，否则语言演变并没有真正发生。

这些都是音变，以及通过分化与合并进行的音位重建。第 12 章将表明区别特征的存在与缺失不是一种简单的二分事件。相反，音变的过程有可能会将这种区别缩小到语义作用中止的程度。这种在个体说话人和听话者之间无规则分布的中间状态似乎可能持续几个世纪。在其他情况下，对合并方言的逐渐熟悉将导致保留原来发音的说话人逐步丧失语音的对比功能（Herold 1990；第 17 章）。

以上两种传统观点的结果是排除了对进行中的音变进行实证研究的可能性。两种论点都以错误的方式表现了困难所在：这正是典型的不基于真实观察而只靠凭空想象的话语方式的结果。正如开始的一节指出的那样，任何一种新的事业都要克服很多的困难。如果这些问题不能很好地加以解决，布龙菲尔德和霍凯特的观念就有可能在很长时期内被认为是正确的。

3.2　虚时中的分布

最好的、也是最直接的研究进行中的语言变化的途径是追踪虚时内的变化：即跨年龄段的语言变体的分布。如果我们发现年 46
龄和语言变体之间存在单一关系，或者两者之间显著相关，那么我们就需要判定我们面临的是真正的进行中的音变还是语言的年龄分阶问题（Hockett 1950），即每一代人中重复出现的在特定年龄段中语言行为的规则性变化。这几乎是所有早期研究进行中音变的重点，也是本章和下章关注的焦点。理解年长发音者的数据最有效的方法是研究实时内同一群说话人的语音变化,这是下一章的研究主题。本章中所提及的与虚时相关的多数内容将通过下一章中的发现进行阐述。首先有必要关注为了获得清晰和正确的虚时维度而涉及的一些问题。

最年长群体

每一位研究语言社区的学者显然都会记录最年长者的发音。但是要获取七十多岁、八十多岁、九十多岁老人的即兴言语的好的语音样本存在不少困难。有些老人生理方面的退化会影响他们的发音:没有牙齿、声音嘶哑和发音松弛。另外一些老人表现出智力方面的衰退:记忆力丧失、提不起兴趣和注意力不集中。当发音受到衰老的严重影响时,我们很难把这种发音视为该说话人年轻时使用的语言结构的证据。而在另一方面,有许多老人的发音确实即清晰又准确。我有幸采访到一些八十多岁和九十多岁的老人,他们几乎都是"完美"的说话人。在几乎没有任何指导的情况下,他们能针对我最感兴趣的话题滔滔不绝地说上好几个小时,并对言语社区做出大量的个人陈述和精辟见解。在下面几节中,我们会进一步观察他们所使用的语言变体是否能被视为四十或五十年前语言状况的典型特征。应当注意的是,对言语社区的随机抽样不太可能提供给我们所需要的最年长一代说话人的完整样本。因此,我们通常必须寻找具有完整语言能力且健谈的上了年纪的说话人来补充样本。这样的搜寻不会有明显的偏向的风险,这些说话人现有的思想和语言技能可能与他们年轻时曾用过的具有社会

特征的语言变体关联不大。[①]

下一章将回顾实时研究的证据，这对评价来自最年长群体的 47
证据至关重要。

最年轻群体

同样，将年龄范围扩展到言语社区最年轻的说话人也合乎情理。但究竟小到几岁我们还可以说我们研究的是该言语社区的语言？很明显，年仅 2 岁的幼儿缺乏足够的语言知识，不符合研究要求。他们偏离于成年人的言语模式极有可能是发展阶段的不同（也就是真正的年龄特征）[②]。

问题在于：最年轻群体说话人的最低年龄到多大才能够给我们提供进行中的语言变化的状态和方向的证据。在纽约，拉波夫（Labov 1966）发现，*man* 一词中（eh）音以及 *lost* 一词中（oh）音出现高化的最年轻的说话人通常是 8—19 岁。特拉吉尔

① 如果我们找的是那些作为说书人和“滑稽人”而在言语社区中有影响的年长发音人，那可能会冒些风险。他们有用复杂的语言结构侃侃而谈现实生活中最不起眼的事件的天赋：说大话吹牛、奇闻轶事以及娱乐听众的彻头彻尾的“瞎编胡造”。他们使用的语言很有可能陈旧而过时，以便符合所讲事件本身的特殊性。我们要找作为言语社区中最年长阶层代表的人应该刚好相反。他们能够严肃而直截了当的讲述他们生活中最重要的诸多事情。多数情况下，人们并不认为他们有讲述的天赋，同时他们所讲述的事情有可能以前都没有对家庭成员提及过。

② 有些语言学家坚持把儿童的言语错误看作刚开始的音变的来源（Halle 1962）；对于一种普遍的评价，可参看索绪尔（Saussure 1949）。但是即使这些变异包括了后来被成年人所采纳的形式，它们也仅仅是语言变化的各种来源之一。本书得出的看法，支持文莱奇、拉波夫和赫佐格（Weinreinch，Labov，and Herzog 1968）的观念，即语言变化并不是改变个体习惯，而是新的个体语言形式扩散到更为广阔的社区中，并被作为新的、更有约束力的语言形式所采纳。孩子们的言语错误不能首先考虑为跟影响特定言语社区的具体语言变化相关。

(Trudgill 1974a)发现 *belt* 一词中(el)音的后化表现最突出的是10—19岁最年轻的群体。塞德格伦(Cedergren 1973)发现在巴拿马城里(ch)辅音减弱最明显的是14—20岁的西班牙语说话人。所有这些结果都预示着处在青春期和青春期前的儿童是引领进行中的语言变化的先锋。任何研究都必须将这些孩子们的发音包括进去。

上述研究都没有对青春期前8到11岁最年轻说话人的表现做出评价,而是把他们包括在青少年中。通常情况下,他们总是零星出现在言语社区的样本中。在可进行比较的社会背景下,很难找到一个群体样本,让我们可以把最年轻的说话人和各个年龄段

48 的说话人进行比较。图3.1为这些问题提供了一些有用的信息。这是一种已经完成的音变过程:(oh)变体在纽约市犹太裔和意大利裔不同年龄层正式言语中的变化(Labov 1966:第8章)。(oh)变体是在 *coffee*、*lost*、*awful*、*law* 等词的内滑元音中主要元音的高度。音变经过四个阶段:

1 [ʊᵊ] 高
2 [oᵊ] 半高
3 [Ωᵊ] 半低
4 [ɔᵊ] 低

所有(oh)样品的平均值乘以10得到(oh)指数。指数30是保守值,接近于美国东部地区多数地方 *nor*、*or* 中元音的表现。指数20反映出纽约市的一般规范。指数10到19表明过于圆唇的高

元音变项的存在，是音变最新阶段的最典型的特征。

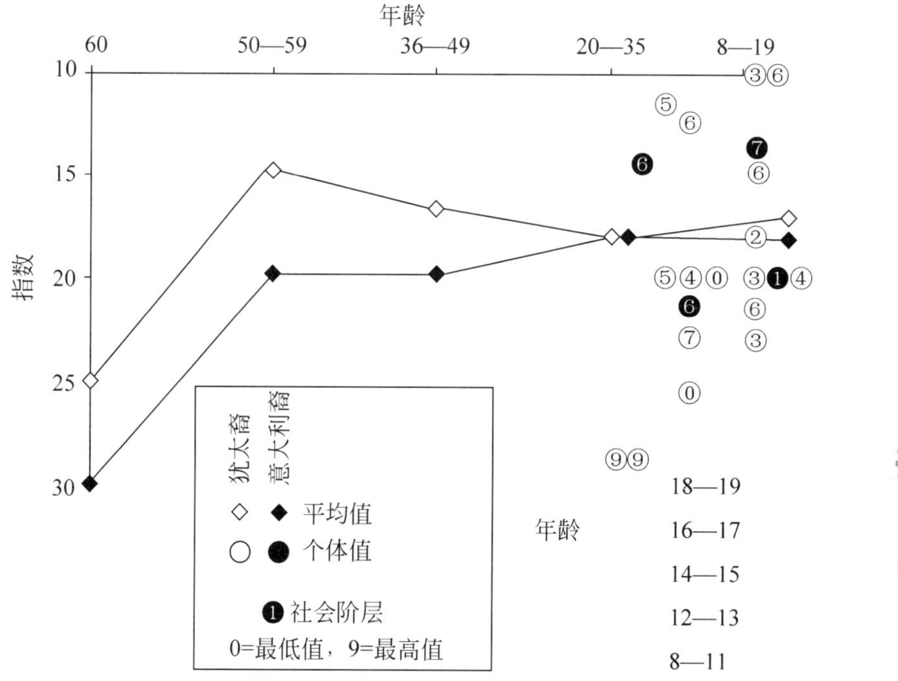

图 3.1　纽约市(oh)音演变中年轻说话人的分布

图 3.1 表明犹太裔和意大利裔第二年长的群体中，都出现了变体的突然增加，然后大致趋于平稳，指数达到 17—18。图中特 49
别加入纽约市 21 个孩子的数值[1]：这些数值扩展了图中最右端的两个平均值。要解释这些数据，首先必须注意，纽约市成年人发(oh)时，符合“弧形模式”的普遍原理：即自下而来的语言变化是由社会中间阶层群体主导的，而非社会最上层或最底层群体所推动(Labov 1972：294)。于是我们发现在元音最高位置(即指数最

〔1〕　并标出他们所属的社会阶层。——译者

低值)的是社会中间阶层的 3—7,而在元音保守位置的是社会底层的 0—2 和社会中上层的 9。这些孩子表现出跟他的成年人父母同样的模式。高于平均值的只有 7 个人,分属于 3—7 的社会层级,大多数属于社会层级 6。分布在最底部的分别是两位属于社会中上层的年轻人和一位属于社会下层的年轻人。表 3.1 是采用多元回归的方法分析年轻人的结果,其中(oh)指数作为自变量,年龄和社会中间层的成员作为因变量。社会阶层产生了相当的影响:社会中间阶层的(oh)指数降低几乎达到 5 个点,这与几乎相同规模的年龄影响相符。20 岁的青年和 8 岁小孩之间的差别为 12 * .326 或 3.912,但这种影响并不显著,因为(oh)指数 20 周围还聚集着一群年轻说话人。

表 3.1 年龄和身份对纽约市中产阶级(oh)指数的影响[N=36]

	系数	t	p
社会中间阶层 3—7	−4.538	−2.77	<0.01
年龄	0.326	1.24	n. s.

总的来说,以上证据表明要在虚时研究中追踪一个变体,我们必须把 8 岁大的发音人纳入研究范围。

虚时内语音轨迹的阐释

起初,描述一个特定变体和虚时维度之间的关系似乎没有困难。研究者可以设定合适的年龄组,并绘制出每个年龄组变体的平均值;或者研究者可以探究每个说话人的年龄和他的变体音值之间的关系,并且计算每个人的变体值和年龄的相关程度。但是

在很多情况下，一开始在虚时内只会出现一个模糊不清的分布，研
究者的任务就是排除数据中更强的影响关系。当语音分布在整个 50
言语社区中并不一致，而是较强地偏重于特殊族群、社会阶层或说话人性别时，就会出现这种情况。

纽约市中两类平行发展的语音变体充分地说明了这种情况，(ay)的发音从[ay]后移至[ɒy]，(aw)从[au]前移至[æu]。在纽约人之间的社会阶层意识对此并没有察觉，这两个变体相处融洽。同时不同于(oh)，这两个变体并没有语体上的变化。下东区的研究没有关注(ay)和(aw)，只是记录了每个说话人语音变体的单一特征值，即录音中出现的前五个发音的标度值(modal value)。用于判定变体的语音标度如下：

(ay)		(aw)	
5	a	5	a
6	ɑ	4	$\text{ɑ}^{>}$
7	$\text{ɑ}^{>}$	3	$\text{æ}^{<}$
8	$\text{ɒ}^{<}$	2	æ
9	ɒ	1	æ
10	$\text{ɒ}^{\perp}$	0	$\text{ɛ}^{\top}$
11	ɔ	−1	ɛ

(ay)和(aw)的个体值分布在图 3.2 的散点图中，图左纵轴的标度是(ay)和(aw)的指数，以二者共有的保守值 5 作为标度的中心。

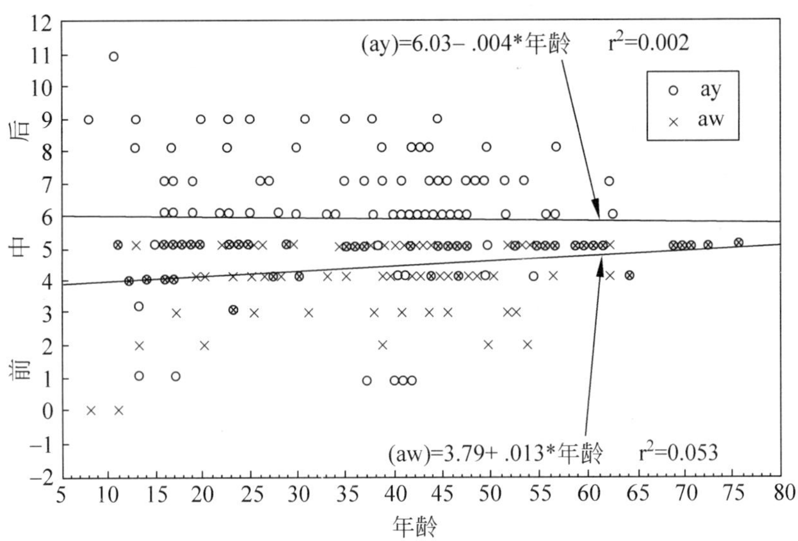

图 3.2　全部纽约发音人虚时内(ay)和(aw)分布[N=158]

图 3.2 中,纽约市 158 名发音人的全部年龄跨度为 8—73 岁。圈代表(ay)值,叉代表(aw)值。在中心值 5 的分布区域,大量的叉和圈重叠在一起:这些是最保守的说话人。在最年轻的说话人中叉和圈的分布出现很明显的差异,(ay)的最高值高达 11,而(aw)的最低值可低至 0。单凭眼睛观察就可清楚看到虚时内的变化证据。

然而,这两条回归线只是略有差别。(ay)的回归线几乎是平的,斜率为−0.004,只能解释变差的很小一部分,如 r^2 为 0.002 所示。(aw)的回归线略陡一些,斜率为 0.013,但仍然只能解释变差的 5%。通过观察,不论是年轻的还是年长的说话人,都有一些代表(ay)的圈前移,跨越了(aw)的分布区域,我们就能理解整体印象和回归线之间的差别。这种元音的前移并不是纽约方言的特征。经过认真思考，显然，这个低位的(ay)值肯定是代表(ay)读作单元音[æː]的情况。这是明显的南部语音形式，说明
我们应该在纽约市发音样本中单独研究黑人发音者。图 3.3 是 51
31 位黑人发音者不同年龄段的(ay)和(aw)的分布。很显然并不存在强烈的单一发展趋势，但回归线的走势与言语社区整体说话人的回归线走势方向相反。(aw)线呈负斜率，表明年龄越小，数值越大。而(ay)线呈正斜率。尽管二者都不是很显著，但它们表明黑人子样本在虚时内的分布跟言语社区内其他人的分布是不同的。

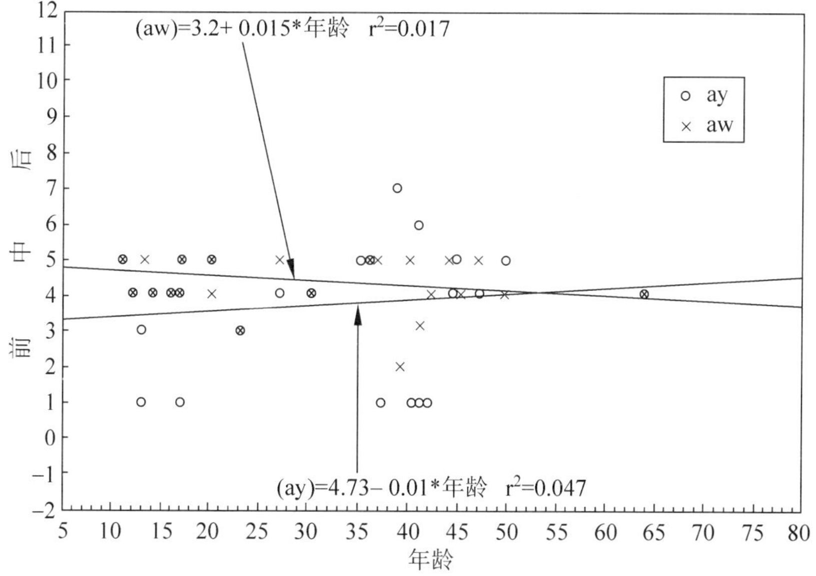

图 3.3　纽约市黑人发音者虚时内(ay)和(aw)分布[N=31]

下一步是单独研究白人发音者(ay)和(aw)的分布模式。图 3.4 中，把黑人群体从主样本中分离出去，便得到了纽约市白人发音者的(ay)和(aw)的分布情况。现在(ay)和(aw)的圈和叉只

是沿着它们共有的中心前的标度 5 的位置重叠,只有一位说话人的(ay)值前移越界:是一位 55 岁的犹太女性。否则,从右向左看,我们看到圈在稳步上移,叉在稳步下移。在最年轻的说话人中,符号不再集中于中心区。16 岁以下的说话人(ay)和(aw)的分布差异很大。由于每位说话人只由单一值(single value)体现,这种表现方式可能会夸大音变的整体性,但却坚定地确认了本章最后一节提出的观点:虚时的研究应该将年龄范围向下扩展,不仅仅要包
53 括青年人,同时也要把青春期前的青少年也包括在内。从数据拟合的两条回归线自右从数值 5 开始,向左分别延伸至(ay)的数值 8 和(aw)的数值 3,表明对称发散是言语社区的真正特征。这些回归线之间的关系现在很重要,每条能解释的变差都达到 11%。

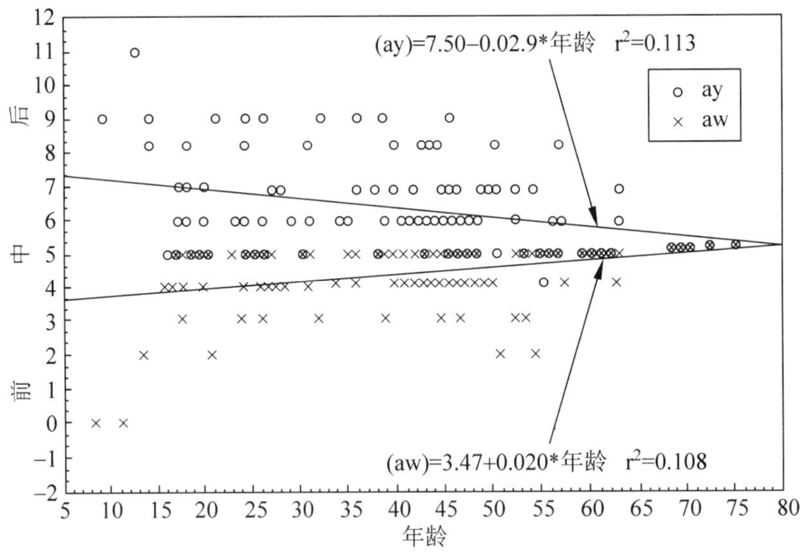

图 3.4 纽约市白人发音者虚时内(ay)和(aw)分布[N=127]

如图 3.5 所示,通过集中研究社会中间阶层:上层工人阶级和下层阶级[1](分别是纽约市调查所采用的社会经济尺度的 3—5 和 6—8),我们对虚时内音变的观点进一步完善。正如(oh)的分布模式那样,纽约市的(ay)和(aw)数据显示出弧形模式,自下而来的语音变化由社会中间阶层引领。图 3.5 单独分析了这 70 名发音者的分布模式:两条回归线的差异更为显著,能解释的变差比例(ay)线上升到 14%,(aw)线上升到 16%。

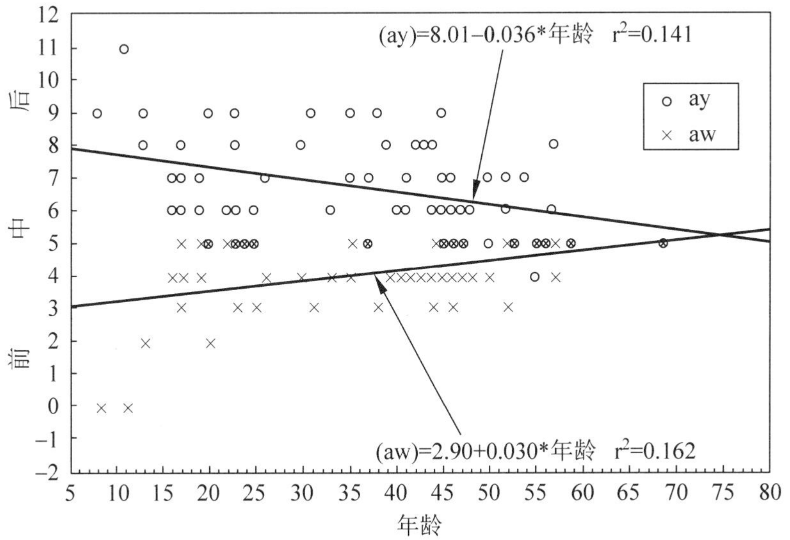

图 3.5　纽约市上层工人阶级和下层阶级[2](ay)和(aw)分布[N=70]

表 3.2 直接比较基于回归分析的统计数据,显示以上三种分析中连续的年龄系数,以及每种分析结果的显著水平。

〔1〕　原书有误,应为中产阶级。——译者

〔2〕　原书有误,应为中产阶级(参见表 3.2)。——译者

表 3.2　纽约市说话人三种分析中(ay)和(aw)的年龄系数

	(ay)	(aw)
所有纽约发音人[N=149]	−0.005	0.014*
纽约白人发音人[N=115]	−0.029**	0.021**
只有白人 3—8 社会阶层[N=65]	−0.034*	0.030**

* p<0.01　** p<0.001

图 3.3 表明纽约市黑人社区对于变体(ay)和(aw)的发音方式与白人社区极为不同。如果只考虑这两个变体,那么排除黑人发音者将会被质疑为一种特例。但在拉波夫(Labov 1966)的研究中发现黑人并没有参与任何纽约市本地话特征的语音变化,此后
54 在费城语言研究中也是如此(Labov 1980; Labov and Harris 1986; Ash and Myhill 1986),同时观察南部和北部的大多数地区情形也都相同(Bailey and Maynor 1987)。

这些研究表明北部大部分城市的言语社区实际上是由两个不同的群体组成,一个是白人群体,一个是非白人群体。在城市的白人社区中,我们发现地理上典型的一致,即建立在同质语言结构基础上的社会方言分化(Labov 1989a)。但并不是所有社会群体对于所有语言变体都表现出同一种方式。图 3.5 证实了一个普遍发现,即自下而来的音变和社会阶层的弧形模式之间的关联。由于自下而来的变化首先发生,并以更快的速度在社会中间阶层中传播,为了能清晰地理解虚时的音变,我们需要分开来检验这些富有言语创造力的群体,以便能清楚地看到虚时音变的主要方向和发展速度。从图 3.2 到图 3.5 的研究逐渐完善的过程中,我们得到了信息,同时也失去了信息。

3.3　完善音变测算方法

早期的研究中我们一直都在进行检验，但虚时音变这一观点受制于研究方法的若干缺陷。首先是因变量的测量方法。在纽约市的研究中，元音转移是通过主观印象的方法进行确定。用音标对连续的语音维度进行一系列适当的标识。而这些连续的语音维度之间的距离先是通过一系列粗略的定性赋值，然后再转换成简化设定的量化维度。之所以称为“设定的量化”是因为我们无法确保这些根据主观印象进行排列的“前-央-后”真的能够根据舌头的位置或者根据声波的属性得到校准。

1968 年我启动了一系列关于进行中音变的定量研究，并打算
运用声学分析的工具来研究田野调查中录下来的即兴言语。这些 55
研究项目遵循 20 世纪 70 年代和 80 年代的最稳妥的实验方法，借助一系列仪器进行分析。测量方法根据前两个或前三个共振峰的重要变化趋势把元音区分开。[①] 在各种联系的局限中，采用两个共振峰的声学元音图很好地与语音的主观印象联系到一起，同时

① 库珀等(Cooper et al. 1952)首先清楚地展示了这种区分。虽然第一和第二共振峰只能初步提供近似于元音音质的语音特征，但在一系列的音变研究中已经证实这种方法行之有效。最大的困难出现在对高元音的研究中，至少高元音[i]的情况是这样。尽管目前尚没有公认的最好办法，通常情况下研究者认为应该适当地将 F2(第二共振峰)和 F3(第三共振峰)结合在一起进行研究。既然至今为止还没有一项研究必须依赖于[i]的发音位置，因此通常情况下只提供 F2 的情况。尽管这些元音声学印象彼此不同，我们在 F1/F2 二维声学元音图上还是观察到了中元音和高元音中的一些重叠。对费城/ey/和/iy/的考察证实了这一点。伦尼格(Lennig 1978)也曾无法解决巴黎人发音时/u/和/o/的重叠现象。

也增加了记录人进行语音转写的信心。更为重要的是,采用仪器进行分析,有助于我们注意到新出现的语音联系,而这种联系在随后的听感中得到了确认。我们采用的第一台仪器是 Kay 式语图仪,那是一台又慢又烦琐的电动机械设备,但却能够通过窄带声谱图估测共振峰的中心趋向,误差低于基频周期的四分之一。[①] 在进行中音变的定量研究项目中(LYS 1968—1972),这些实验提供了图表数据和普遍原理,其中包括对纽约 10 位说话人的详细分析。第二台仪器被应用到在费城展开的语言变化及变异项目(LCV)中(1973—1977)。这是目前为止规模最大的音变实验分析研究,包括对 120 位说话人元音系统的声学分析。数据来自于一种实时动态频谱仪(301C)进行的频谱分析。频谱信息输入线性预测编码(LPC)程序,在频率范围进行计算。这比声谱图的速度更快且更准确,同时内部稳定性在 5—10Hz 之内。

不久前,将线性预测编码程序直接运用到数字化语音波形分
56 析的软件方法使得准确性和可靠性都大幅度增加。[②] 但是随着准确度的增加,使用数据追踪言语社区音变轨迹所遇到的困难变得更为严重。因为说话人的元音声道的长度和形状各不相同,这些

---

① 具体误差值大多数男性±25Hz,大多数女性±50Hz,声谱图通过很多次刺激的方式从语音的时间线性(linearity)分离出来,尤其是在最低的几个谐音中出现了大量的噪音,这样很难把高元音的第一共振峰分离出来。而且声谱图对很多的田野调查中录音的背景噪音极其敏感。另一方面,相比于目前一些软件分析的方法,把追踪共振峰移动的宽带声谱仪和测量语音位置的窄带声谱仪结合起来的方法,不会产生明显误差。

② 宾夕法尼亚大学语言实验室的目前配置是在太阳工作站(Sun workstation)使用 WAVES+软件,和 Kay 电气公司的 CSL 程序,装配在 386 Packard-Bell 上,以 33 兆赫运行。

测量的绝对数值无法进行直接比较。当男人、女人和儿童发出相同的元音时，女人比男人的F1和F2要高，儿童的F1和F2则更高。要采用这些数据研究社区之间语音的变化，必须要解决归一化问题。我们所选择的数据换算方式所得到的结果必须与人类听觉和大脑快速而自动地补偿物理表现差异的统一运作所获得的结果一致。LCV项目比较了若干归一化的计算方法，试着找出一种方法能消除由于声道长度而导致的差异，同时又能保持年龄以及社会阶层在社会语言学上的差异，后者在其他方法中已经成为大家所熟知的言语社区的显著特征（Hindle 1978）。尼尔瑞（Nearey 1977）的对数均值归一法达到了这一要求。下面要讨论的元音测量分析都是采用这种方法进行归一。

连续数据的多元分析

到目前为止，我们的虚时音变观点受制于这样一个事实，那就是我们一直把因变量——即讨论中的音变——每一次只跟一个自变量相联系——在这里是说话人的年龄。但是当我们在发音样本改变年龄范围继续深入研究时，其他的社会变量也随之改变。在下东区，社会流动性的上升程度非常明显，所以整体而言，发音样本中的年长说话人无论是学历水平和职业地位平均都比年轻人低。[①] 下东区随机抽取的发音样本很好地代表了全部社会阶层，

① 犹太裔群体中尤为如此。这同样也适用于意大利裔和其他白人群体，只是程度较小一些。但是这并不适用于黑人群体，这是唯一总体上体现出社会流动性下降的群体（Labov 1966）。

但却不能合理地代表全部社会阶层中所有的年龄段。通常情况下，没有任何发音样本可以用同等比例体现所有影响因变量的因素。结果，一种特定的虚时分布事实上可能反映了人口中其他变量的分布。

多元分析方法通过同时测算多种因素所产生的效应来解决
57 这个问题。LCV 将多元回归作为费城音变分析的最后步骤。以下的一系列方法专门用于测量和定位社会结构中的语言变化过程：

1 (a) 在费城街区所做的一系列长期研究中选择能够反映城市的社会经济、种族状况和地理分布的模式。
  (b) 利用电话簿采取随机抽样的方法进行一系列较为迅速的电话采访。

2 对重读元音进行测量：包括邻近社区的 120 名发音者的样本，和通过电话采访得到的 60 名说话者的样本，采用上文提到的线性预测编码方法进行分析。

3 使用几何平均值，将这些系统中的平均值进行归一化[①]。

4 采用逐步多元回归来分析这些数据。逐步回归中的自变量是每位说话人发每个元音的共振峰平均值。

在下文的讨论中这些费城元音占据很重要的地位。音变的共

---

① 为了与上文讨论到的原理保持一致，使用了尼尔瑞（Nearey 1977）提出的几何平均归一的方法。

时反映是圆括号中的元音符号所标示的一系列的变异性，如下所示：

(ahr)　音核/ahr/在 *bar*、*barred* 等词中的高化或后化。

(ohr)　音核/ohr/在 *bore*、*bored* 等词中的高化或后化。

(æh)　紧音/æh/的音核在下列三种子类别中的高化或前化：

　(æhN)　/æh/位于鼻音前，例如 *can*[*N*]、*can't* 等；

　(æhS)　/æh/位于清擦音前，例如在 *calf*、*bath*、*cast* 等词中；

　(æh$)　/æh/在 *mad*、*bad*、*glad* 三个单词中位于/d/前。

(uw)　/uw/的音核在 *too*、*mood* 等单词中的前化。

(ow)　/ow/的音核在 *bow*、*road* 等单词中的前化，但位于流音前时不前化。

　以上两类变体可以归为以下两种子类别：

　(uwF,owF)　开音节里的元音；

　(uwC,owC)　闭音节里的元音。

(eyC)　/ey/音核在闭音节里的高化和前化，如在 *made*、*raise* 等词中。

(aw)　/aw/音核在 *bow*、*about* 等词中的高化和前化。

(ay0)　/ay/音核在清辅音前的高化和后化，如在 *bite*、*fight* 58
等词中。

(iyC)　/iy/在闭音节里的高化和前化，如在 *seat*、*seed* 等词中。

(ʌ) /ʌ/在 *but*、*bud* 等词中的高化和后化。

(i) /i/在 *bit*、*bid* 等词中的低化。

(e) /e/在 *bet*、*bed* 等词中的低化。

(æ) /æ/在 *bat*、*sad* 等词中的低化。

逐步回归中的因变量呈现的是以赫兹值表示的某个特定元音的特定的共振峰的主要趋势。可进行分析的自变量如下所示:

1 年龄
2 教育(以“年”计算)
3 职业
4 居所价值
5 社会经济阶层(基于以上 2—4 项指标)
6 采用 5 分值来评估房屋的装修
7 街区
8 社会流动性的分类
9 社交网络参与度的四个指数
10 外语背景
11 在美国的世代地位
12 个人的电话号码是否列在电话簿上

这种算法为每个自变量提供了一个系数,表示出变体和因变量之间相关程度的强弱。同样根据另外的数据统计,*t*-值也表明这个系数的显著性。将系数 a_1，a_2，……代入一元线性方程中，由这个方程可以推算出一个特定共振峰的值：

(1) 共振峰 x＝常量＋a_1 ＊因素$_1$＋a_2 ＊因素$_2$……a_n ＊因素$_n$

在虚时研究中，我们只需要关注前两个量：常量和说话者的年龄。体现了变体(aw)元音前化程度的第二共振峰就可以如下所示：

(2) F2(aw)＝2000－5.6＊年龄

其中的系数是负数，因为年轻人群体 F2 值更高。推算一位 40 岁说话人的 F2 值是 2000－5.6＊40＝1760。[①] 我们可以使用这些系 59
数来表现虚时内整个元音系统的虚时变化的速率。参见图 3.6。图中圆点代表 14 个元音在线性标度的两维共振峰空间中归一的平均值。[②] 假设其他条件都相同，箭头是预测的比平均值小 25 岁的说话者的共振峰位置，箭尾是比平均值大 25 岁的说话者的共振峰位置。箭体矢状线的粗细与系数的显著性相关，用图下方的 *t*-值表示。如果费城说话者的平均年龄为 40 岁，那么我们可以根据公式(2)得出模式：

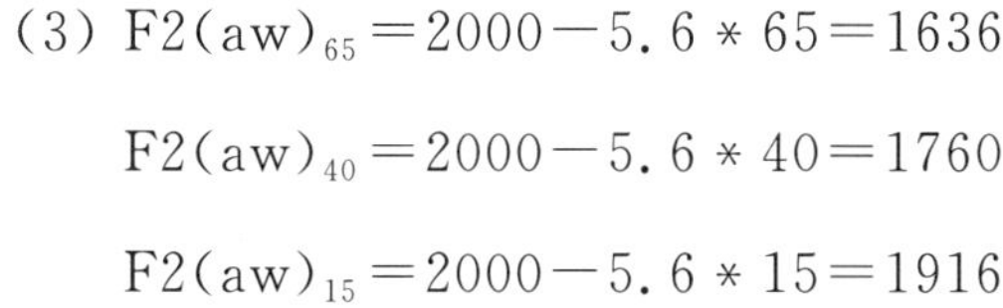

(3) $F2(aw)_{65}$＝2000－5.6＊65＝1636

$F2(aw)_{40}$＝2000－5.6＊40＝1760

$F2(aw)_{15}$＝2000－5.6＊15＝1916

---

① 当然，变体平均值同时还受到很多其他社会因素的影响；这将在下文进行讨论。

② 由于声学关系是主观听辨的基础，因此这种定量描写保留了 IPA 转写时表定性的元音关系。使用美标度(Mel scale)表现 F2，并用 F3 与 F2 平均值表现前高元音，会使与心理表征的关系更为突出。但是，对于进行中音变的内部比较，这种简单的线性描写就非常适用了。

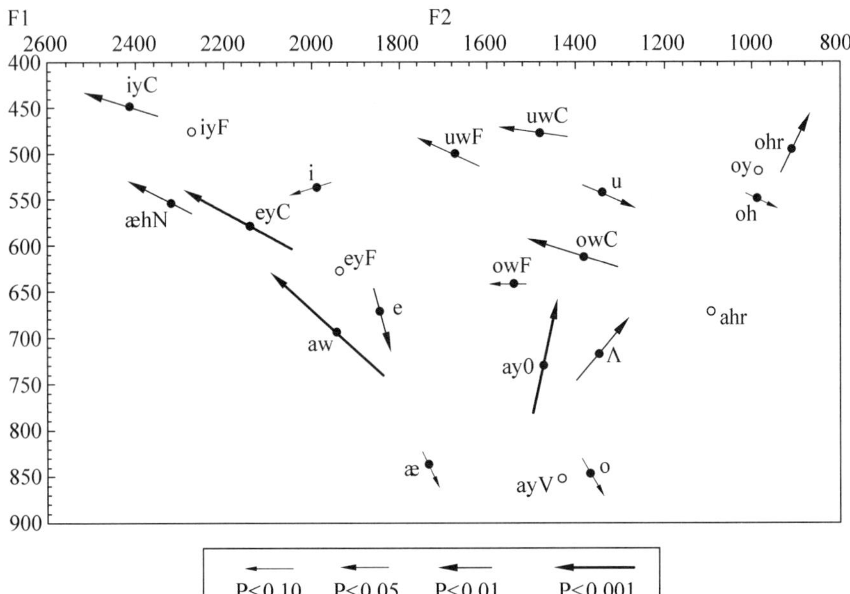

图 3.6　费城元音的虚时变化

O=费城社区研究中 116 名说话者的平均值。矢状线显示了比平均值大 25 岁或小 25 岁的群体的值。____ F=开音节元音；____ C=闭音节元音；____ 0=在词尾清辅音前

60　图 3.6 展现费城全部元音的虚时变化。最大的三条矢状线代表目前三个进行中的活跃的新音变：(aw)，/aw/音核的前化和高化；①(eyC)，闭音节中/ey/音核的前化和高化；(ay0)，在清辅音前的/ay/音核的后化和高化。

年龄作为离散变量

将年龄作为一个连续性定量的变量能够简化并便于分析，但是

---

① 与位于前对角线上的音核的向上移动相联系的是滑音向相反的下方[ɔ]的移动。费城音(aw)最保守的形式是[æʊ]，而变化最快的形式是[eɔ]。

应该注意到这种做法——和多元回归分析中的所有成分一样——只是对更为复杂的关系的一种线性拟合。只要年龄和语言变体之间的关系是没有变化的,这种拟合就是合理的——比如说,只要一组说话者的平均年龄每次下降,都关系到估算的(aw)的 F2 值的上升。[①] 尽管这种线性观点对比不同变体的相对移动是有用的,但是它不能给出这种变化在虚时内不同年龄阶段的行进过程,而当我们试图把虚时信息用于实时研究时,这将是一个重要的因素。

我们可以改进虚时音变的观点,将年龄连续维度分离成一系列定性的范畴:年龄为 8—14,15—19,20—29,30—39,40—49,50—59,60—69,70 岁以上。这些范畴进入多元回归分析算法作为“仿制”变量。如果一个指定的说话者列入了一个指定的年龄段,那么他或她就会在其中认定为“1”,反之为“0”。留出一个组作为参照组,其他所有的组都要与这个组进行比较。这些系数的显著性程度就代表了指定组与参照组差异性的显著程度。在这种多元回归分析中,我们将依然保留最重要的社会联系:说话者的职业(非技术人员、技术人员、文职人员、管理人员、专业人员),将说话者的职业与其父母的职业进行比较得到社会流动性(上升、无变化、下降)。然后得到表 3.3 的年龄系数。各个年长组与参照组(8—14 岁)之间的差异并不是稳定上升的,而是呈现出代际的变化,至少成年中表现如此:20—49 岁较年轻的一代和 50 岁以上较年长的一代之间有明显差别。

① 用这种方式处理社会经济阶层就会产生将所有现存的联系都一扫而空的破坏性结果。社会经济阶层和(aw)的移动之间存在一种弧形关系,所以最高值出现在中间的社会阶层,最低值出现在最高的和最低的社会阶层中。

61 **表 3.3 费城各年龄组的 F2(aw)系数**

年龄组	8—14	15—19	20—29	30—39	40—49	50—59	60—69	70—
	0	—253	—362	—349	—325	—535	—552	—538

多元回归与简单回归

我们可以用更为精细的观念来重新评价多元回归与简单回归。在图 3.7 中,用多元回归分析的各年龄组(aw)F2 值与只用年龄做简单回归分析的数值相比较,以及用算术方法得出的各组的平均值。这三条曲线都同样以最小年龄组的平均值:2345 为起点。然后从这一原始平均值中分别将各组的回归系数减掉。

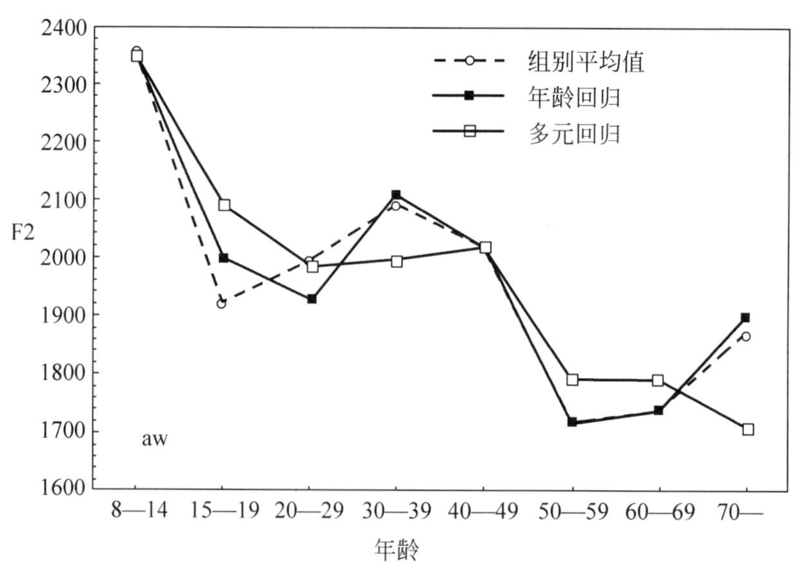

图 3.7 组别平均值、简单回归、多元回归的 F2(aw)的虚时分布

图中通过多元回归得到的点保留了年龄与语言变体之间的单

调性关系,每个代际阶段内部的起伏很小。相反,简单回归(和各组平均值)则表现出年龄与语言变体的基本关系有一些逆转。30—39 岁组比 15—29 岁之间的组发音更为靠前。70 岁的组与前 62
两个较年轻组比较,也出现突然增长。

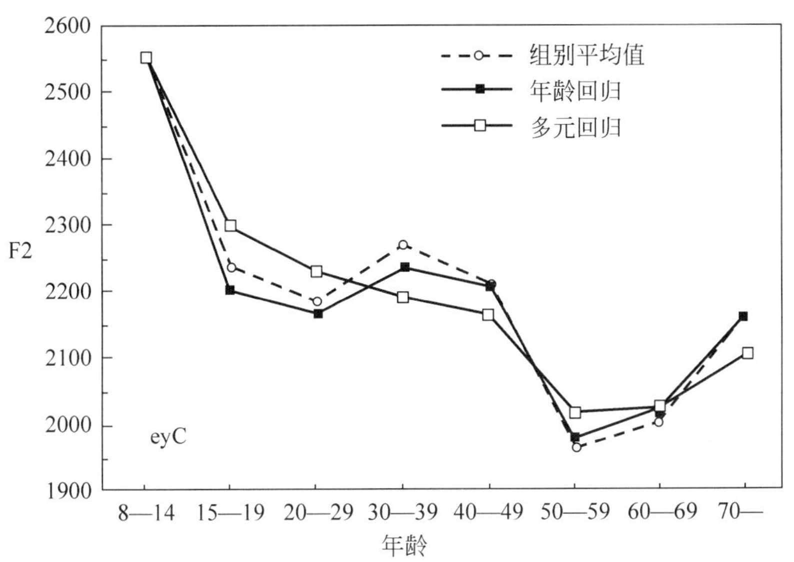

图 3.8　组别平均值、简单回归、多元回归的 F2(ey)的虚时分布

解释这几条曲线之间的差异并不难。我们应该看到 30—39 岁和 70 岁以上这两组中都包含相对超量的倾向使用这种音变的职业群体,[①]使得虚时音变的观点出现困惑。图 3.8 并列展示了另一个活跃的新音变,即闭音节/ey/的前化。同样,与单一回归分析和组别平均值得到的结果相比,多元回归分析得到的数值表现

① 这些主要都是技术工人阶层群体。我们发现职业因素在一个综合的社会经济指数中,同样表现出弧形分布。其中,具有最高和最低社会地位的职业群体不喜欢使用进行中的音变。

出更为平滑的下降趋势。由于简单回归结果中的起伏来自相同样本的偏离特性,图 3.7 和图 3.8 表现出相同的分布是很自然的。如果将所有的次要社会因素考虑进去,那么我们就可以预期多元回归分析得到一条更为平滑的曲线。

我们由此得出结论,(1)这些数据表明音变是按照代际传递,而不是在全部人口中的连续变化;(2)研究虚时音变需要采用多元分析方法把其他社会因素的影响考虑进去。

63 3.4 从虚时模式得出的推论

下一章节将加上对费城元音系统的实时观察结果,从而有助于我们相当肯定地建立它的各个变化阶段。将虚时与实时的观察结合在一起是研究进行中音变的基本方法。然而,这种方法在很多言语社区中行不通:原因很简单,没有实时观察中的结果可以让我们用来对虚时研究中得到的可能性进行校准和确认。在这样的情况下,我们只能用更大的努力更为深入地研究现有的语言现象,从实际音变的虚时分布中,得到那些关于进行中音变的推论。

音位系统的循环

我们可以从两个维度追溯对言语社区的音变进程。第一个维度是图 3.6—图 3.8 中所采用的年龄系数,表现出不同年龄说话者的差异程度。第二个维度是语音从原始位置移动的语音距离。我们估测原始位置必须比仅仅简单参照特定社区中最年长者言语的方式更具普遍性。一般我们用来描写英语音系的标记法事实上是以现在音变的这种归一论起点为基础（表 3.4）。[①] 这个标记法设定/i/是前高元音，/ey/是前中元音，/aw/是后低元音等。第 6 章将会更为详尽地展示并证明这种标记法；这里我们可以注意到， 64
它为我们估测某个特定方言的音变范围提供了参照系。因此，我们看到(i)降到[ɪ$^{\top}$]，离起点[ɪ]很近。而(aw)舌位前移且高化至[eːɔ]，离起点[au]很远。(ahr)不受年龄系数影响，但是费城的发音[ɔɚ]是从起点[ɑɚ]移动而来的。

表 3.4　目前英语方言的一般音系格局

	短元音		上滑元音				内滑元音	
			前滑		后滑			
	前	后	前	后	前	后	前	后
高	i	u	iy		iw	uw	ih	uh
中	e	ʌ	ey	oy		ow	eh	oh
低	æ	o		ay		aw	æh	ah

图 3.9 在二维空间内展示了 11 个费城音变现象。[②] 参与音变的所有音位变体都合在一起，因此图中(æh)(ow)和(uw)都只有一个变体。横坐标根据变体移动的语音距离作为标尺，最左边是跨越音位边界的完全移动，最右边是几乎觉察不到的音变。纵坐标是年龄系数，以每 20 年为一代表现其影响程度。由多元回归得

① 这类保守的音系描写参见凯尼恩和诺特(Kenyon and Knott 1953)，特拉格和史密斯(Trager and Smith 1957)。另外一种估测一种音变相对范围的方法是将例如费城的城市方言与不受其影响的方言描写进行比较(Kurath and McDavid 1961)。

② 这里包括了过去、现在以及将来可能会出现的费城音变所涉及的所有元音，包含图 3.6 中完成的和初期的音变，以及那里没有显示的(æh)的音位变体。

到的年龄系数,在变量 F2 中乘以 20,在变量 F1 中乘以 40。为了比较影响 F1 的音变和影响 F2 的音变,我们必须考虑一种典型的音变是在 F2 维度上移动 200Hz,就像在 F1 维度上移动 100Hz 一样。因此图 3.6 中矢状线沿着前对角线方向移动的距离,可以计算如下:

(4) 高度= F2－2 * F1＋常量

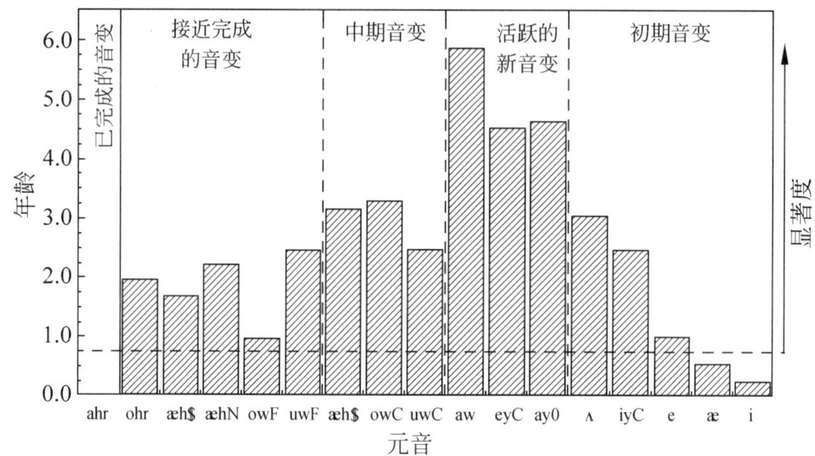

图 3.9　由音变程度决定的费城 11 个音变的年龄系数

年龄系数:20×(eyC),(aw),(ow),(uw),(æh),(ahr);40×其他变量

65 当然,这种调整仅仅是一种近似算法。但是正如结果的一致性所显示的那样,它提供了重要程度的正确排序。

图 3.9 在共时基础上,将音变分为五类:

初期音变	(i),(e),(æ),(iyC),(ʌ)
活跃的新音变	(ay0),(eyC),(aw)
中期音变	(æh$),(owC),(uwC)
接近完成的音变	(ohr),(æh$),(æhN),(owF),(uwF)
已完成的音变	(ahr)

S 型曲线

在图 3.9 中，年龄系数的上升和下降反映出一种普遍现象，音变在最初阶段速度缓慢，在中间阶段速度急剧提高，在最后阶段又放缓下来（Bailey 1973：77；Weinreich，Labov and Herzog 1968；Kroch 1989a）。音变的速度遵循一条 S 型曲线，或者说对角拱曲线。图 3.10 展示的就是根据二项式分布的累积频率计算而成的这种曲线的抽象形状。① 这里也包括很多其他的函数，比如产生这个总的曲线形状的累积性常态分布或者逻辑函数。这种分布描 66
写了两种语言形式之间不稳定的竞争，并且可以通过一种模型来生成，其中两种语言形式相互接触的概率控制了音变速率。如果我们遵循布龙菲尔德（Bloomfield 1933：46）的观点，将某个言语社区内发生的所有的言语变换（speech exchanges）绘制成图，那么，涉及这两种言语形式互换的全部概率在音变的初始阶段很低，在中间阶段最高，在结尾阶段最小。

在两种语言形式存在竞争的情况下，斯特蒂文特（Sturtevant 1947）提出的社会语言模型与这里对音变前半段的描述相一致。两种相互竞争的语音与使用它们的说话人的社会价值观紧密相关，并且音变的进展与言语社区其他群体的成员对一种社会价值的接纳息息相关。因此，在音变初期，采用旧形式的说话者很少接触到新的形式，所以只会发生很少的音变或者转换。当说话者彼

---

① 这是由二项式得到的连续系数的累计值，在这里，以 x^{20} 为起点，加上 $x^{19}y^{1}$，$x^{18}y^{2}$ 等。它们代表了在由 20 次对于 x 和 y 等概率的二元选择的大量组合中，x's 和 y's 结合体出现的相对频率。

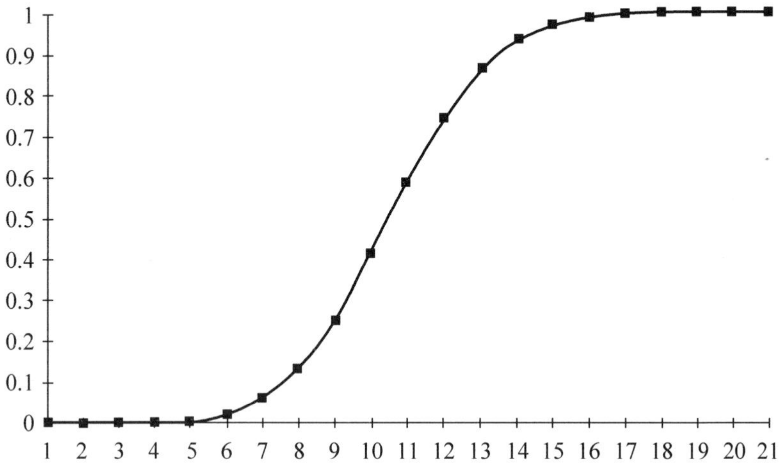

图 3.10　二项式分布的累积频率得到的 S 型曲线

此之间的接触达到最大程度时,音变的速率也将达到最快,这种情况发生在中间阶段。

这个模型预测音变在后半阶段会快速发展,并迅速完成整个音变,因为因循旧形式的说话者会被使用新形式的说话者所包围,同时前者的转变支配了音变的速度。由于使用新形式的说话者没有经历音变,他们很少听到旧的语言形式的事实看起来与研究无关。如果我们真的面临一个二元变化有如一场生死搏斗,每一次接触都要分出胜负的一方。但是如果我们假定促使音变的压力很微弱,那么每次言语接触时语音的交替也是很微小的,于是音变的速度会下降,因为发生音变的言语事件的数量在减少。

如果我们提出另外一种音变发生机制,这种机制基于新的语言形式更易发音或者更易被理解。只要音变数量取决于接触的频率,那么我们会得到一种相似的模式。我们在第四部分讨论语言演变机制时,会再探讨这些观点。

图 3.11 表现了音变发展的 S 型曲线和费城音变速度之间的具体关系。根据图 3.9 所确定的年龄系数与各直线斜率（除以 100），11 个音变分别沿着曲线定位。初期音变分布在左下方，几近完成和已完成的音变分布在右上方。新发生的且活跃的音变从（ay0）和（eyC）开始，刚好位于曲线的转折点，斜率为 1 的（aw）刚好位于曲线的中点。

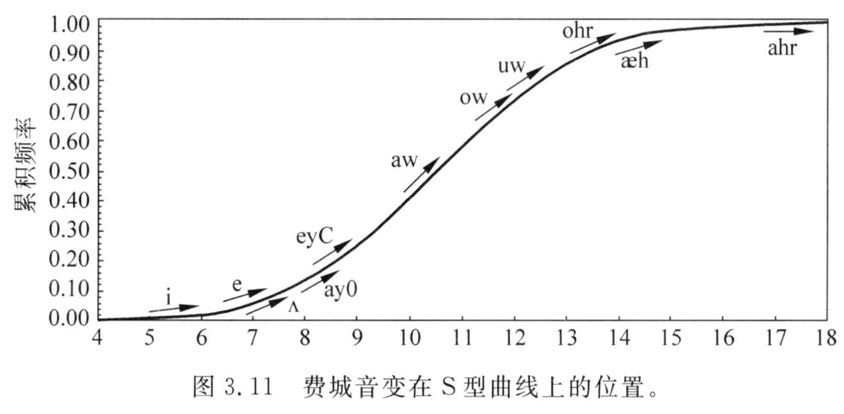

图 3.11　费城音变在 S 型曲线上的位置。

箭头斜率（y/x）=（图 3.9 中的年龄系数）/100

这些结果刚好与我们关于音变是如何在整个结构中扩展的理解相吻合。我们可以观察到，三个后上滑元音从（uw）开始，先变 67
到（ow），然后又到（aw）。（ay0）的音核央化发展成为（ʌ）。

图 3.11 的结果将与接下来的章节中通过其他来源获得的数据进行比较，以此来证实或否定这种单独在虚时研究中得出的推论。

音位变体与子群体的内在关系

上一节从音变速率和音变进度之间存在的常态关系，对费城

11 个音变提出了整体看法。通过分别对于不同音位变体和不同子群体进行年龄系数的计算,我们利用虚时数据更为深入地探讨研究中的音变行为。在本节中,我们将探讨利用这种方法检验男女不同性别的年龄系数差异。[1]

首先,基本的事实是:除了两个音变以外,其他所有费城音变中,女性使用的形式比男性形式变化快得多。表 3.5 给出了费城社区研究中 116 名说话者按照性别分类的共振峰归一平均值。[2]很显然,女性中(eyC)、(æhS)、(æhN)、(æh $)、(aw)、(owC)、
68 (owF)和(uwC)的 F2 值相当高。[3] 有一个活跃的新音变由男性主导:(ay0)。男性在这里表现出很低的 F1 值,是这个音变的主要指标。

表 3.5 不同性别的费城音变共振峰归一平均共振峰值

元音	女性		男性	
	F1	F2	F1	F2
eyC	580	2202	575	2112
æhS	568	2207	595	2125
æhN	544	2375	561	2285
æh$	544	2240	589	2102

① 我们在这里不是分析语言的性别差异是如何与语言变化相互作用这样的实质性问题,这个问题已经在其他的地方进行了探究(Labov 1990),并将在第 2 卷中成为一个主要的研究焦点。

② 人们认为这种归一化处理消除了男女差异的主要部分,而这种差异是由声道长度的不同导致的结果(Hindle 1978)。第 2 卷会详细讨论这个问题。

③ (uwF)的最靠前的音位变体显示出男性的优势。但对这方面的测量被认为有大量的误差。

续表

元音	女性		男性	
	F1	F2	F1	F2
aw	687	2021	695	1902
ay0	750	1489	712	1475
owC	618	1428	610	1362
owF	649	1636	630	1519
uwC	490	1530	469	1440
uwF	502	1682	502	1721

当我们面临一个领先、接近完成的音变时，我们可以期望看到变化最快的音位变体和变化最快的说话人的数量都大为减少。然而事实正好相反，那些原来较缓慢地到达当前位置的音位变体和说话人群体此时的变化更快。图 3.12 展示接近完成的变化/æh/的两个领先的音位变体(æhN)和(æhS)之间的关系。在图中，虚 69
时音变速率呈现在二维共振峰空间中，标示 F1 和 F2 的变化。与图 3.6 一样，年龄系数作为矢状线穿越平均值：箭头代表比平均年龄小 25 岁的说话人的预期值，箭尾代表比平均年龄大 25 岁的说话人的预期值。我们可以看到沿着前对角线稳定向上的移动趋势，这定义了音系空间的高度，而不仅是表现 F1 或 F2 的单独变化。① 值得注意的是，代表年龄影响范围的不是矢状线的斜率，而是箭头的长度。正如我们所预期的，鼻辅音前的变体变化最快。在两种音位变体中都是女性领先于男性。但是同时显而易见的

① 与 F2 系数相比，F1 系数通常比较小且不显著，有更多的随机波动。在后面的章节中，我们会根据沿前对角线的距离确定音系高度，即 $\sqrt{F2^2-(2*F1)^2}$。

是,年龄系数的测量表明,男性的音变速率大于女性。

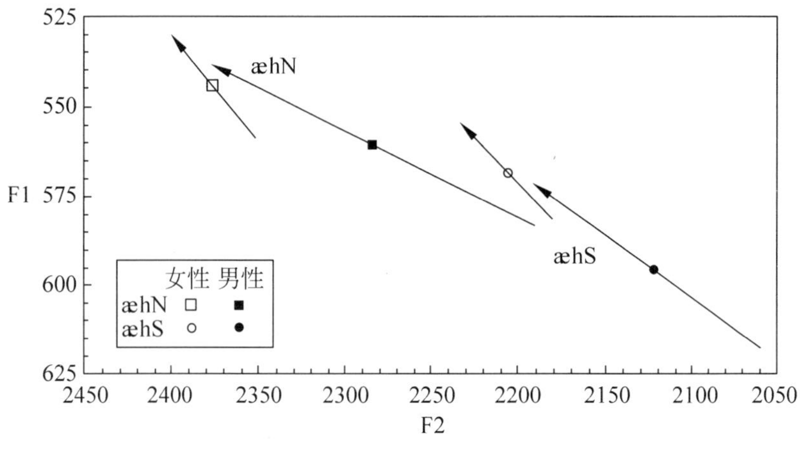

图 3.12　(æhN)和(æhS)在费城社区研究中不同性别的年龄系数

为了详细地阐明这一点:我们预测处于 S 型曲线上半段的所有音变将会呈现一种关系:曾经变化较慢的音位变体现在会变得更快。正如图 3.12 所示,男性比女性更强地表现出这种模式。[①]女性音变的速度放缓,实际上受到年龄的影响不明显,而男女之间的差异影响最大,如我们所预测的社会意识差异达到最大的情况。

图 3.13 是对两个活跃的新音变(eyC)和(aw)的并列比较。这里同样表明男性平均值位于女性平均值的后面。但是沿着相同角度的相同途径变化的年龄系数并没有显著的差别。这些变化基本上遵循了同一角度的相同途径。

当然图 3.12 和图 3.13 的矢状线只是通过虚时研究近似显示音变的实际途径。图 3.7 和图 3.8 更为精确地展示出音变的情

① 在(æhN)这个例子中,我们应知道这是费城音变中的一个成分,是最接近纽约市言语社区音变模式化的主导类型。

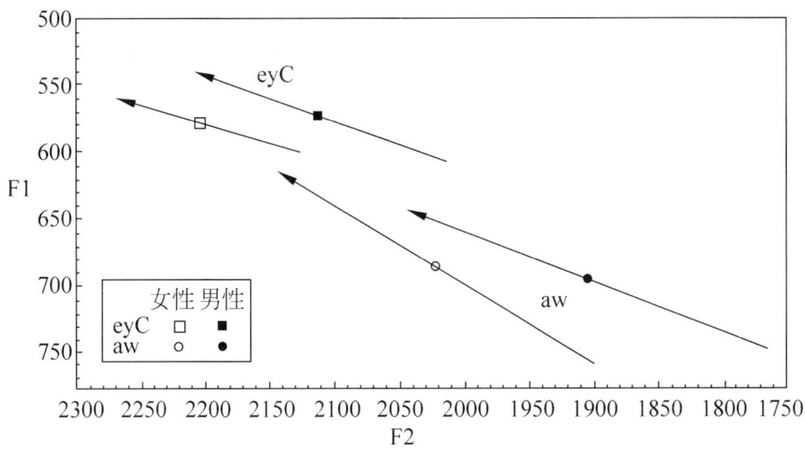

图 3.13　(eyC)和(aw)在费城地区研究中不同性别的年龄系数

况，按照每 10 年为单位进行年龄分组，使用多元回归的虚拟变量而不是单一的量化回归来表现每 10 年所产生的影响。我们采用相同的方法研究(æh)的两个变体，以便更为精细地分析虚时数据。图 3.14 只用 F2 的值来比较每 10 年中(æhN)和(æhS)的发展。(æhN)图中，从上一个 10 年到下一个 10 年表现出明显的起伏，但是男性和女性的上下起伏基本一致。正如图 3.7 和图 3.8 曾表明的，这可能归因于代际交替的影响。(æhS)图中，男女性别的起伏表现并没有那么一致。

图 3.14 中的两张图都分别呈现了男女两种性别的回归分析的拟合结果。直线的斜率清楚地表现出不同性别间的差异。70
(æhN)中，男性的斜率为－32，女性的斜率只有－7；(æhS)中，二者斜率基本一致。每条直线可解释的变差比例表现出相同的关系。(æhN)中，r^2 表明男性通过回归分析可以解释的变差比例为 65%，女性只有 12%；(æhS)中，没有性别差异。这表明对于

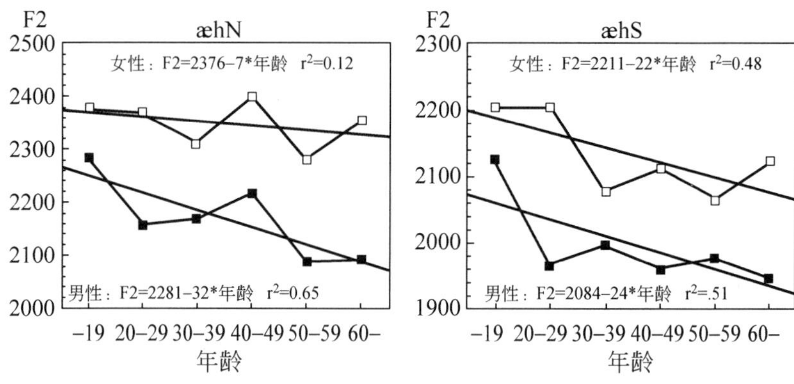

图 3.14　不同 10 年中不同性别(æh)变体的前化

(æhN)而言,年龄对女性的影响很小,对男性的影响相当大。

同样地,图 3.15 呈现了活跃的新音变(eyC)和(aw)的虚时状态。男女并没有表现出很大的差异,只是在最年轻说话者中两种
71 性别之间的差距有缩小的趋势,而在(eyC)中,男性的斜率稍大于女性。在(aw)图中,两条线基本平行。正如通过年龄系数可以解释的变差比例所表明的,回归线和各点拟合良好。性别差异在这些音变中呈现出一致状态,这种状态一直持续到音变即将完成时,女性还是处于平稳状态,而男性音变加速。

我们运用这些工具可以准确地检测最新出现的音变现象是/ay0/的央化,如图 3.16 所示。在这个实例中,我们可以很好地具
72 体了解 S 型曲线较低部分的情况。图中,男性的程度更大,直线斜率较大。在年长组中,男女之间的差异很小。有迹象表明最年轻的女性音变开始加快赶上。

研究表明,从进行中音变的虚时研究得出的推论是不可忽视的,当缺乏实时研究数据时,这种类型的分析意义重大。通过研究

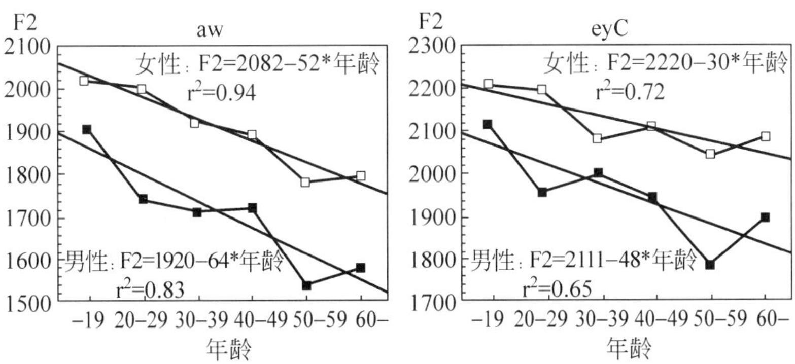

图 3.15　不同性别每 10 年中(eyC)和(aw)变体的前化

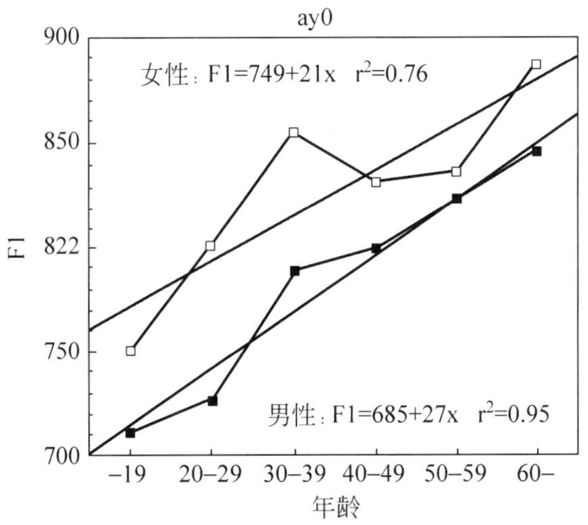

图 3.16　不同性别每 10 年中/ay0/的央化

年龄的分布，尤其是将言语社区的更细致的结构因素考虑进去时，我们可以断定还有很多内容有待研究。本章中的虚时推论在何种程度上能与实时研究数据相提并论，这将对于普遍原理的研究以及对费城音变相关的特别发现都是很有意义的。

73 # 第 4 章 进行中的音变研究:实时观察

据我所知,研究进行中的音变的学者没有一位出现过将虚时音变和实时音变混为一谈的错误。[①] 很显然,根据年龄层进行的分布也许根本不能代表言语社区中的音变,但是也许能代表“年龄阶变(age-grading)”模式特征,这种模式代代重演(Hockett 1950)。许多业已确定的社会语言学变体都体现出年龄阶变特征。在这种模式中,青少年和年轻的成人比中年说话者更自如地使用难登大雅之堂的语言变项,尤其是当他们处于被观察的时候。[②] 假定虚时内存在清晰的年龄分布,我们在解释这一结果时就出现了一个问题:这种结果是否能代表正在进行中的音变?

在对虚时研究进行解释时所涉及问题的明确答案依赖于对实时的观察,即在两个离散的时间点上观察一个言语社区。两种观察之间的任何差异都可以当作是这一问题的确定答案;发生了哪一种音变呢? 的确,用最简单和最直接的术语下定义,我们认为这种实时差异就是语言变化。然而,事实表明,当我们在进行实时研究并获得有效推论时,会遇到很多严重的且出乎意料的困难。

---

① 尽管那些第一次阅读这种虚时研究报告的人会当面或写信提醒研究者注意这一问题是常有的事情。

② 对于诸如 *these*、*them*、*those* 等词中(dh)的模式化变体来说,更是如此,这在费城和纽约市都表现出很强的年龄阶变(Labov 1966)。

4.1　实时观察的方法

有两种基本的方法可以解决收集实时数据的问题。最简单、
最有效的方法是找到所研究的言语社区的相关文献，并且将现有
研究与早期的发现进行比较。第二种方法更为困难，也更加细致： 74
在经过一段时间以后，重新回到这个言语社区，再次展开相同的
研究。

回顾过去的研究

对于一个受过良好训练的调查者来说，第一步是搜寻与所研究的主题有关的所有以往的研究记录。研究者应该主动地用从前的研究来解释现在的现象——这是历史语言学的常规研究程序。通常，这种程序的结果会表现出历史语言学研究的优点和缺点。正如第 1 章提到的，历史语言学研究必然会涉及那些存在固有缺陷的资料，因为这些数据支离片段——一系列历史偶然事件的结果首先决定了有哪些内容被记录下来，然后决定了这种书面记录的哪些部分被保留下来。另一方面，同是这些偶然事件给书面记录提供了最重要的优势，即作为客观证据——它不是为了用来证明我们脑中的那些观点，或者用来服务我们正在开展的一些研究课题的目的而存在的。

因此在进行中音变的研究中，我们从研究文献中找到任何与正在研究的语言变体相关的证据都是很幸运的。通常情况下，我们所找到的证据并不会轻易地与我们的研究兴趣联系到一起，因

为从前的研究者关注的问题不同，且采用的研究方法有异。能够一一进行精确对比的地方少之又少。

这就提出定量与定性的对比问题。这里定量的用处并不是很大。早期研究中出现的“有时”或者“经常”不能与现在研究中的出现频率简单对应。元音的语音转写不能轻易地与后化、前化、高化或者低化等的程度进行对比，阻塞音也无法与摩擦音或者与嗓音起始时间（voice onset time）展开比较。做田野工作的方言学家在记音时往往很保守，他们倾向于将词项（entry）局限在以前遇到过的变异形式，甚至当音变程度已经超越了语音系统中的几个等级时还是如此。1940 年的语言地图对纽约市的语言转写时，把 *half*、*pass*、*last*、*bad* 等词中出现的紧音/æ/标记为[æ$^{\perp}$]，表明[æ]有轻微高化的变体（Kurath and McDavid 1961）。这与巴比特（Babbitt 1896）的转写[ɛ:^{ə}]相比有大幅度的后退。幸运的是，哈贝尔（Hubbell 1962）设法审听了语言地图中发音人的录音磁带，并从中发现 *bad* 和 *bard* 同音。这是一种特别有效的观察，因为它避免了语音标记的不确定性，并且把定性观察的“相同”与“不同”作为坚实的基础。这样我们就能排除 1966 年研究中年龄分布
75 的表现是年龄阶变的可能性，并且对纽约市变化程度最大的紧元音/æh/的三种语音层级进行重构：[①]

1895 [ɛ:^{ə}]→1940 [e:^{ə}]→1960 [i:^{ə}]

---

① 语音系统中的变化也包含了受影响的带有短 **a** 的各个子类别的变化。巴比特只涉及“宽元音 *a*”类，即带有清擦音和鼻音前的短 **a**。这里的纽约市语音系统是一个更大的系统，包括了所有的浊塞音前的短 **a**。

采用相同的方法利用《新英格兰语言地图》(Kurath et al. 1941)中收集的 20 世纪 30 年代的资料得到的结果，使我们有可能解释玛莎葡萄园岛(Martha's Vineyard)的虚时音变层级(Labov 1963)。这里研究的对象是/ay/和/aw/的音核央化的变体(ay)和(aw)。它们表现出好像跟元音大转移的影响相反的倒退移动，尽管它们可能也是中古英语音核 **ū** 不完全低化(opening)的早期阶段的延续。语言地图的记录表现出/ay/偶然的轻微央化，标记为[a$^{\perp}$ɪ]。这并不能保证这种标记不能表现比这还要央化的音核，甚至接近 20 世纪 60 年代达到极点的[əɪ]。但幸运的是，确定/aw/变体差异的分析方法是定性的，不是定量的。语言地图中并没有对/aw/央化的追踪记录，唯一发现的替换音是内陆农村的[æɷ]与城市沿海的[aɷ]对立。于是/aw/的证据毋庸置疑地表明玛莎葡萄园岛 1961 年记载的虚时音变是进行中的实时音变的证据。

正如我们将会看到的那样，对语音标记法和普遍观察结果进行解释并不比那些基于语言学基本概念“相同”和“不同”的定性陈述更为容易。

重复过去的研究

另一种相反的研究策略大致是用现在解释过去：重返过去研究的地方，尽可能以相同的方法进行再研究。如果我们愿意投入和原来的调查者同样多的时间和精力的话，就能够肯定音变是在实时中连续变化，还是在虚时中重复相同的分布。在我们做出极大的投入之前，要考虑清楚调查的结果是否具有决定性，是否值得我们如此去付出。

纵向研究有两种完全不同的方法,涉及完全不同的解释。在社会学术语中,被称为**趋势研究**和**专项研究**。

76 趋势研究

趋势研究是最简单的复制类型。我们以同样的方式列举出总人数,提取相同的抽样人口,以同样的方式获得数据进行分析——只是在若干年之后。如果我们处理的是大量的城市人口,那么新样本就不太可能包括所有的跟原来一样的说话人。但是,如果我们遵循同样的控制程序,样本就具有代表性,会得到最可靠的复制类型。

为使这样的研究描写出有意义的语言发展情况,言语社区在两个研究间隔期间保持基本的稳定状态至关重要。如果其人口组成发生了巨大的变化,我们所观察到语言变化与进行中的语言变化就会没有什么逻辑关系:我们所观察的是语言的外部变化——类似于诺曼入侵过程中英语社区中发生的那种变化。从长远来看,在语言历史中,由外部引发的语言变化要比内部的发展变化更为重要,但是它们依赖于语言联系之外的因果链条。正因为如此,在南部农村的黑人大举迁移到北部城市——美国历史上最大的一次单向人口迁移——的数十年后,对黑人英语土话(Black English Vernacular)的追踪研究困难重重(Bailey and Maynor 1987)。从1940年到1980年,黑人社区一代接一代都处于完全不同的语言环境中。

专项研究

第二种实时观察的方法通过直接使用原始样本,避开了效仿从前在抽样方法上所遇到的问题。专项研究试图找到最初研究中的那些发音人，让他们填写相同的问卷、进行相同的访谈，采取相同的实验办法，检测他们言语行为中的所有变化。如果一开始就计划进行专项研究，那么整个研究过程将费用昂贵且耗时，因为原始样本的数量一定要足够多，才能弥补那些不可避免的损失。一个事先没有做好准备的专项研究，样本数量将明显不足。也许因数量太少而无法得到统计上的显著性，但即使如此，对解释原始观察结果还是具有极其重要的研究价值。

有些语言学家重返他们曾经研究过的社区以同样的方式重新展开研究，但是通常情况下寻找原来的那些发音人的工作并不在研究基本设计之中。[①] 以桑科夫-塞德格伦（Sankoff-Cedergren）研究中的 120 名发音人的原始样本为基础（Sankoff and Sankoff
1973），1984 年在蒙特利尔进行了一个完整的专项研究。在蒂博 77
和文森特（Thibault and Vincent）的指导下，田野工作者找到并采访了原始样本中一半的发音人，这是一个相当高的比例。人们期望这种再研究的成果能够为蒙特利尔过去的很多研究增加大量更深入的解释。

另外一种跨时间研究相同发音人的方法是录音。布林克和伦德（Brink and Lund 1975）在研究哥本哈根方言的过程中，通过收集早期发音人录音记录的方法，获得的资料具有相当大的时间跨度；录音中年龄最大的发音人出生于 1816 年。此外，他们还设法获得同一发音人在人生不同时期的录音——在一个例子中，间隔了 50 年。这些资料对于言语社区音变的研究以及对于个人语音

① 参见 4.4 节中塞德格伦（Cedergren）关于巴拿马语言的实时再研究的讨论。

系统中有无音变的分析,都是极为珍贵的。

目前单一说话人录音最多的是依地语歌手莎拉·戈比(Sarah Gorby)。普林斯(Prince 1987)分析了这个庞大的语音库,覆盖了数十年的时间,其中有80多段录音,记录了戈比那种不同于标准依地语的比萨拉比亚方言特征出现频率的变化。这个研究采用了多元分析方法,得到了这位歌手一生中策略性使用的方言中的系统变化。这次关于语言历史进程的普遍研究的一个重要发现就是开放类词和封闭类词之间的区别。在戈比的音变类型中,开放类词比封闭类词有更大的易变性。在下面的讨论中,我们会发现元音转移机制对这个维度尤为敏感。

4.2 语言变化机制的不同阶段

最复杂的语言变化情形在那些复杂的元音系统中出现,其中单个元音的移动相互密切依存,弄清这类系统的变化机制是一个核心问题。这类语言变化的一个经典问题就是重构英语元音大转移的机制——找出最开始的那些音变,并按照因果链的次序来列出音变的各个阶段(Jespersen 1949;Wyld 1936;Martinet 1955;Dobson 1957;Stockwell 1964,1978)。在本书第二部分,根据那些支配现在音变的原理进行推测,对过去的音变重新解释。研究目前正在进行的链式音变会极大地提高我们重构这种机制的能力。

前面各小节总结概括的程序提供确定现在音变的时间维度所

需要的数据。一旦虚时数据与实时数据相互关联，我们就有可能重构各音变阶段的年代顺序，并把它与每个阶段的社会语言特征联系起来。我们必须考虑到每个阶段对语言的社会觉察水平。有 78
些语言变体成为社会评论中的公开话题，人们表现出纠正和矫枉过正两种情况（**模式化**，stereotypes）；其他一些语言变体并没有得到这么高水平的社会觉察，但是表现出一致的文体和社会的分层（**标记符**，markers）；还有一些变体从未被说母语的人谈及或察觉到，只是在所属的不同社会群体中按照变化的相对程度进行了区分（**指示项**，indicator）。在早期关于音变机制的研究中，把这些类型与不同年代阶段相联系，模式化出现得最早，指示项最晚出现（Labov 1965）。在本卷中，我们将在几十年来所做的定量研究的基础上进一步展开讨论。

自上而来和自下而来的音变

任何关于语言变化的一般思考都必须首先区分自上而来和自下而来的音变，在纽约市的研究中首先区分了这些术语（Labov 1966）。“上”和“下”在这里同时指音变的社会察觉水平和在社会经济层级中的位置。**自上而来的音变**是由占主导地位的社会阶层引进的，多会引起充分的社会觉察。通常情况下是主导阶层借自他们认为更有威望的其他言语社区。这种借来的成分不会立刻影响到主导阶层或其他阶层的口语模式，但首先出现在正式的发言中，反映出先学会的土语和后学的方言叠加现象。这种借来的语言特征往往与本地土语系统（vernacular system）不一致，它们的出现也往往牵涉到其他语言特征的改变。例如,当发音收紧的[r]被引入到一种缺少 *r* 的方言中时,所有在/r/前的音核在发音时都会改变,有时候也会发生伴随的合并现象。这种不一致现象可能阻止这种自上而来的音变与系统中的其他部分融合,并且这种借来的成分及其相关变化可能会自成一个子系统代代相传(Fries and Pike 1949)。

自下而来的音变是系统性音变,首先出现在本地土语中,代表了内部的、语言因素的运作。从一开始出现,并在大部分的发展过程中,它们完全处于社会觉察水平之下。没有人注意到它们或者提及它们,甚至连受过语音训练的观察者也会多年都没有发现它们。只有当这种自下而来的音变即将完成时,言语社区的人们才开始觉察到它们。自下而来的音变可能被任何一个社会阶层引入,尽管在所有的记载中都没有发现地位最高的社会阶层做过这种革新。

79 费城音变的实时数据

下文对音变机制各个阶段的讨论主要关注自下而来的音变,并将使用费城元音系统作为典范例子。之所以挑选费城元音系统并进行最为详细的社会语言学和实验语音学分析,是因为目前它比其他研究过的方言受到了更加深远的一系列音变的影响。20 个元音音位中有 14 个都出现了变化。① 图 3.6 通过不同长度

① 在七个上滑双元音中,/uw,ow,aw,ey,ay,oy/发生了变化;只有/iy/相对稳定。在六个短元音中,/i,e,æ,ʌ/表现出了初期变化。在七个内滑元音中/æh,ah,oh,uh/发生了变化;/u,o,ih,eh/保持稳定。见图 3.6。

和宽度的矢状线，表现了虚时变化的移动范围。我们可以将这些虚时证据与费城方言发展过程的四种研究来源的实时证据结合起来：

1　一篇关于"北风和太阳"的简单语音转写，L. 斯普雷格·德·坎普（L. Sprague de Campe）1933 年发表在《语音学教师》上。

2　语言地图记录，基于盖伊·洛曼（Guy Lowman）在 20 世纪 40 年代的田野调查（Kurath and McDavid 1961）。

3　1944 年 R. 惠特尼·塔克（R. Whitney Tucker）发表在《美国言语》上一篇关于费城方言的文章。

4　弗格森（Ferguson 1975）对费城短元音 **a** 的描写（最早出现在 1945，基于 1940—1969 年的观察）。

这种虚时与实时资料的结合可以帮助我们重构费城元音系统音变的五个阶段，从最早到最晚，或者用今天的术语讲，从最古老到最年轻。

1　已完成的音变。/ahr/从[aɚ]到[ɒɚ]的后化是所有费城发音人的特征，从社会上层到下层工人阶级。这里没有它与平均值相关的年龄矢量，它是在较低的央后的位置。这个元音没人研究过，也没发生变化：它完全位于社会觉察水平之下。塔克（1944：40）指出：

> 尤其引人注意的是，刚才提到的语言变化[后化＋圆唇化]在 *r* 前时：*a* 的圆唇化是区别性的，即读作开元音 *o*[ɔ]。但是，*-ar-* 从不与 *-or-* 相混，因为后者的发音中，*o* 读作相当长的近似闭元音[o]。因此 *far*[fɔ:r]：*four*[fo:r]产生对立。

2 **接近完成的音变**。正如上面引自塔克的论述所指出的，
80 /ohr/高化成/uhr/是继前面音变之后的链式音变的第二部分。图 3.6 的年龄矢状线显示出一个微小的向上的延续。当这个音变完成时，/ohr/和/uhr/就完全合并，形成同音异义词，比如 *moor*/*more*、*lure*/*lore* 和 *boor*/*bore* 等。对于绝大多数费城人来说，这些的确是同音异义词，但是并不是所有人都这样。在朗读词表和最小差异词对的发音中，很多费城人纠正了读音，将[uɚ]改为[oɚ]。

(æh)的紧化和高化是费城语音系统中最具标记性的模式。图 3.6 表现出中等程度的虚时变化，在紧音/æh/的三个音位变体中差别很大，(æhN)显然是移动程度最大的。图 3.9—图 3.14 进一步对此做出图示，表现出(æhN)的虚时状态最接近一种趋于完成的音变状态。实时证据几乎没有为早期费城元音高化程度提供任何信息。弗格森(Ferguson 1975)大体上认为紧元音(æh)就是 *care* 中的元音——也就是说，是一个较低的央元音——但是在 20 世纪 70 年代许多年龄最大的发音人的录音中表明它是较高位的元音。这种元音的紧化主要出现在以前鼻音和前清擦音结尾的闭音节中(Payne 1980；Labov 1989a)。

与/æh/相关的音变的第二个方面是这个范畴包括的词项问题。/æ/和/æh/的分化涉及语音、语法和词汇条件组成的一个复杂的集合，第 15 章将对此进行详细论述。除了位于前鼻音前的(æhN)、清擦音前的(æhS)和 *mad*、*bad*、*glad* 词中的(æh$)这三种基本语音范畴外，还有很多其他语法和语音条件支配着这个范畴的成员。弗格森(Ferguson 1975)为 1940—1970 年这段时期的音变提供了很好的基线，使得 20 世纪 70 年代虚时音变的数据能够对这种描述进行校准。最显著的事实是弗格森没有注意到在语素内部/n/或/l/前面的元音紧化，而这正是在 20 世纪 70 和 80 年代出现大量紧音的语言环境。

作为费城最古老的、具有社会标记的音变，(æh)已经成为一种社会性固有模式，并与现在社会经济层级保持一致。这种社会层级性优势明显，并且能够很轻易地凭借主观印象记录在语音转写中，所以它也用于检测 3.3 和 3.4 节中的归一化运算。任何一种合理的归一化运算都应该保留这种语音变体的社会层级性。

3　**中期音变**。(uw)和(ow)的前化是费城语音最主要的标记之一，它将费城话与纽约话区分开来[纽约话同样有(æh)作为社会语言学的变体]。这种前化并不是新出现的语音现象；塔克(Tucker 1944:41)已经将它描述为变化程度相当大：

> 例如单词 *old*、*go* 中的“长元音 *o*”发音为[ɛ:ʊ]或[œ:ʊ]——不管是圆唇还是展唇，第一个成分都是开元音，且发音 81

> 非常松弛……在 *oo* 里,第一个成分变为开元音 *i*,被长化为[ɪ:ʊ]。

然而,塔克曾几次申明这种前化发生在/l/前。而在现在的费城方言中,显然并非如此:位于/l/前的/uw/和/ow/位置极端靠后(见图 4.13a)。因为塔克注意到在/r/前不发生前化,而且如今这种情况也很普及,所以我们应该接受这个观点,即这是在 1940 年至 1970 年之间曾经发生过的一种音系变化。这种变化与其他变化一致,表现出一种逐渐脱离南方音变中南部各州语言发音特征的运动。

图 3.6 中的年龄矢状线是中等长度,展示了两个独立的音位变体:开音节和闭音节。

尽管(uw)和(ow)在费城话中的地位并不如(æh)那样显著,但对于外地人来说,它们是费城音中最容易区分出来的特征。正如塔克所说:"这种音,比其他的音更能使费城话受到影响或者对其他美国人显出柔弱的'娘娘腔'"(Tucker 1944:41)。只有在正式发言和朗读中才会对(uw)和(ow)的发音做出适度调整。

4 **活跃的新音变**。图 3.6 中三个变体具有长且粗的矢状线,代表了系统中最大的、最显著的年龄系数。第一个变体与刚刚讨论的后上滑元音的前化紧密相关:(aw)音核的前化和高化,从保守的[æʊ]变化到前位的[e˔ɔ]。先前的研究中还没有发现比[æ]更靠前的音核。塔克(Tucker 1944:41)指出:

> 记为 *ou* 或 *ow* 的双元音第一个成分是[æ]，而不是[ɑ]，这在南部方言中是常规的情况；在这里我们似乎又发现了与南方发音的一种亲缘关系。在北部地区这类发音主要出现在乡村地区。[①] 例如：*house*[hæ:ʊs]、*down*[dæ:ʊn]。

第二个变体是(eyC)，结尾的/ey/倒退的变化，它上移到一个与/iy/有相当重叠的位置。先前的文献记录中并没有发现这类变化。另一方面，却有很多自由变体朝相反方向运动的证据（见第 6 章关于南方音变的讨论）。塔克（Tucker 1944：41）进行了极端的描述——“*day* 中的长元音 *a*，第一个成分从[æ]向[a]移动”——没有任何在闭音节位置出现反向移动的迹象。

第三个变体是(ay0)，/ay/的音核在清辅音面前从[ay]到[ʌy] 82
的央化和后化。塔克提供了定性对比的决定性证据（Tucker 1944：40）：

> [aɪ]类和[ɑʊ]类的双元音只有一种音质（quality）的发音，然而，在大多数美国方言中，第一个成分在清辅音前会变短并且其音质也会变化——精确的语音会随着所在位置（locality）而改变。（例如，在我自己的发音中，*night* 或 *out* 中的短元音似乎和 *but* 中的元音一样；而跟 *ride* 和 *loud* 中的[ɑ]对立。）费城方言中没有这种区分。

① 见本章前面提到的玛莎葡萄园岛的案例。

图 3.6 显示出 20 世纪 70 年代费城方言(ay0)央化是一个活跃的新音变的虚时证据,同时图 3.16 表明这种现象在最年长的一代人那里几乎不存在。[①] 在把这种情况作为实时音变的解释中,塔克的证据再次起到了决定性的作用。

这三个活跃的新音变都没有达到明显的社会觉察水平。它们从未在社区成员交谈中、费城方言的报刊文章中出现,甚至不曾被语音学家讨论。尽管这些变体在语音实现的过程中对社会环境很敏感,但是从未有在正式发言中得到过纠正的证据(Hindle 1980),并且确实在被试者反应测试中表现出了稳定的社会评价模式。

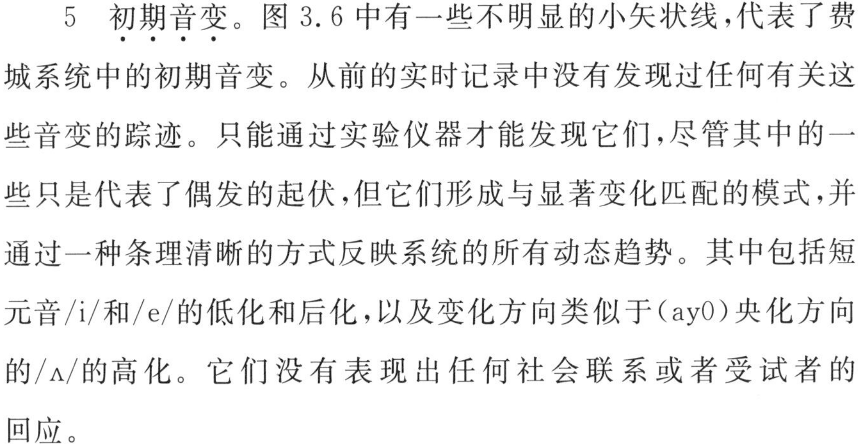

5 初期音变。图 3.6 中有一些不明显的小矢状线,代表了费城系统中的初期音变。从前的实时记录中没有发现过任何有关这些音变的踪迹。只能通过实验仪器才能发现它们,尽管其中的一些只是代表了偶发的起伏,但它们形成与显著变化匹配的模式,并通过一种条理清晰的方式反映系统的所有动态趋势。其中包括短元音/i/和/e/的低化和后化,以及变化方向类似于(ay0)央化方向的/ʌ/的高化。它们没有表现出任何社会联系或者受试者的回应。

图 3.9 首先展示了费城全部音变的曲线性排列,图 4.1 在此基础上做出音变的分类。虚时音变中速度最慢的是接近完成的音变,速度最快的是活跃的新音变。与此相反的是,社会觉察程度对

① 但在图 4.12 有近期研究中一位很老的发音人显示出的一些趋势。

接近完成的音变最大,对新发生且活跃的音变最小。图 4.2 从左至右可以看出虚时内的共时变化层级。

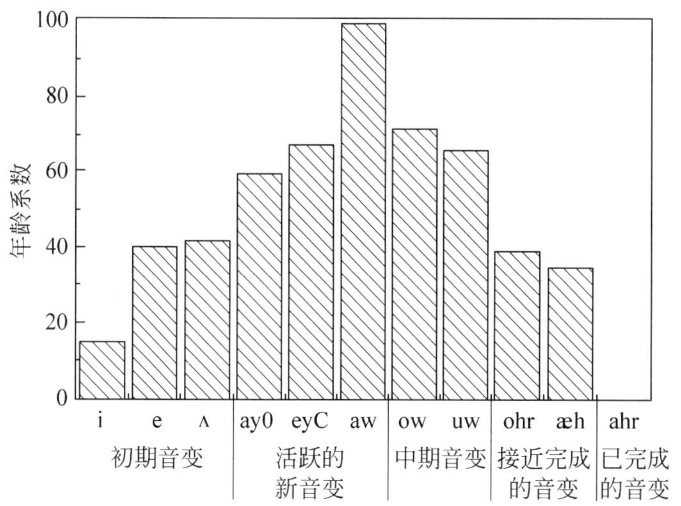

图 4.1　费城音变五个阶段的年龄系数

4.3　虚时和实时的关系

实时数据无论是来自于专项研究或趋势研究,对它的解释都需要一个底层模式,即言语个体在他们的一生中语音是怎样变化或如何维持不变,言语社区随着时间的推移是怎样变化或者如何维持不变,同时如果将所有这些可能性结合在一起会产生怎样的结果。最简单的结合方式产生了四种不同的模式(表 4.1)。

表 4.1　个体和言语社区的变化模式

		个体	言语社区
1	稳定模式	稳定	稳定
2	年龄阶变模式	不稳定	稳定
3	代际音变模式	稳定	不稳定
4	共同音变模式	不稳定	不稳定

解释前两个模式应该没有什么困难。(1)如果言语个体的行为在他们一生都是稳定的,并且言语社区一直保持在相同的水平,将没有可供分析的语音变异,因此我们就拥有了稳定模式:这种稳定的、不变的、同质的语言环境曾经被认为是最合理的,这正是戈
84 沙曾做出检验并加以否定的那种理想模式。(2)如果言语个体在他们的一生中都改变语言行为,而言语社区作为一个整体并没有发生变化,这种模式被看作是一种年龄阶变模式。

第三种和第四种结合不是那么清晰易辨。(3)代际音变模式是我们一直在考虑的语言变化的正常类型——语音变化和形态变化的最典型模式。个体说话者带有一种特定频率的特定变体进入言语社区,并且保持终生;但是随着个体采用频率值呈现有规则的增加,通常是一代一代的增加,导致了言语社区的语言变化。(4)代际音变模式的反模式是共同音变模式,言语社区的所有成员都一起改变他们的变体使用频率,或者同时获得新的语言形式。这是词汇变化的常见模式,正如佩恩(Payne 1976)在她对个体说话者融入费城社区的研究中所发现的那样。这同时也是一个句法变化的基本模式,就像桑科夫和布朗(Sankoff and Brown 1976)在研究巴布亚皮钦语(Tok Pisin)系词的发展和阿诺(Arnaud 1980)

在研究英语进行式的发展中发现的一样。

什么方法发现什么模式

这些音变模式是如何与研究言语社区的不同方法联系在一起的？如果我们仅限于观察虚时内的语音分布，我们将会发现那些导致代际差异的语音条件：即年龄阶变模式和代际音变模式。我们可能无法区分这两种音变，也无法发现共同音变模式的存在，因为后者无法与稳定状态区分开来。

另一方面，专项研究将会发现，言语个体是发生变化还是保持稳定的语言条件：年龄阶变和共同音变。但是一个专项研究自身不能区分这两种变化的不同，或是无法区别稳定状态和代际音变的不同，因为这种方法除了观察相同个体的行为以外，没有提供言语社区的情况。让我们假设，一个言语社区的研究在时间 t_0 完成，没有给定的语音变体（υ）在虚时变化的证据。一个专项研究在时间 t_1 找到原来 50％的被试，并且显示他们语音变体（υ）的使用平均增加了 20％。因为在时间 t_0 没有年龄阶变的表现，于是可以推测，这可能表明语音变体（υ）有一个共同音变。不过它也可能代表在时间 t_0 还不存在，但是在此后又出现的年龄阶变，以回应在那以后引进社区的新增加的形式。[1]

由于趋势研究包括两种虚时研究，所以既能发现言语个体的不稳定行为，也能区别不稳定的言语社区与稳定的言语社区，全部 85
分出以上四种模式。在这种情况下，趋势研究将会是收集音变资料最可行的方法。它只有一个局限：它没有提供言语个体随时间

① 对于这类情况，参见 4.4 节对百货商店的调查进行再研究的讨论。

发生的行为变化的信息。这种由专项研究提供的信息,对于解释实时资料极少或缺失的很多研究至关重要。

4.4 四种实时再研究

为了评估重复以前研究的复杂性和进行解释的困难,我们将详细说明四种实时研究。每个例子都将表明其结果并不指向上文所述的任何一种变化的或稳定的模式,而是这些模式的结合。

赫尔曼关于沙尔梅的再研究

最早的并且最著名的趋势研究并不是在一个大城市而是在瑞士罗曼德(Suisse Romande)的一个叫沙尔梅(Charmey)的小村庄完成。E. 赫尔曼(Hermmann 1929)回到这个村子重复戈沙(Gauchat 1905)在1899至1904年期间所做的研究。戈沙曾希望检验(和挑战)新语法学派的同质且单一的地域方言的概念。他在五个语音变体中发现了虚时音变:三个元音成分和两个辅音的变化。

a° → ɑː　　l' → y

o → a°　　θ → h

e → eⁱ

戈沙以定性研究的方式报告了他的观察,他的报告充满了人类学特点,是对特定个体言语的研究。赫尔曼并不熟悉乡村的交际方式和言语模式,但是他采访了40个说话人,尤为关注感兴趣的语言变体,并且列举出全部发音人所具有的特点模式。他发现

/a^{o}/的单元音化已经完成，/o/的双元音化有相当大的进展，/e/的双元音化还没有完全结束。在赫尔曼的时代，/o/双元音化的主要变异发生在/r/之前的语音环境，而在 1904 年它还没有受到影响。另一方面，/θ/的送气并没有发展，而是显示出与戈沙在 1904 年发现的相同的类型。赫尔曼的再研究戏剧性地证明戈沙确实曾成功地定位了进行中的语言变化；但也表明了需要实时的信息来解决虚时数据模糊性的问题。

把跨越代际的男女之间的差异排列成表之后，我们对赫尔曼 86
数据的兴趣会大大增加。对于/o/在/r/前双元音化的进行中的变化，女性明显超过男性；在中年一代（30—60 岁）中，双元音化的女性为 67%而男性只有 50%；在最年轻一代（30 岁以下）中，女性是 90%而男性有 80%。另一方面，在把/θ/发为送气音的音变中，男性略多于女性。男女行为上的相反与音变的类型差异相关，在活跃的进行中变化中，女性多位于变化的前列，而在稳定的社会语言变体中，男性倾向于更多使用简化的语言形式（Labov 1972：第 9 章）。

对大型城市言语社区的研究要求采用各种不同的方法收集数据，以清晰地了解言语社区不同语体特点及其社会分布。任何一种方法都会受限于它自身特点的缺陷，而将可以彼此互补的不同方法结合在一起可以让我们对于本地土语和外来变体中的变异结构都能做出有力的推论。其中的一种方法是快速隐蔽调查，它特别适合趋势研究的重复调查。

福勒对百货商店的再研究

纽约市百货商店研究（Labov 1966）是这类快速隐蔽调查的第一个。它关注的焦点是变体（r）：尾音[r]在词末和辅音前出现的频率,它在第二次世界大战之后作为权威的变体引入纽约市。[①]这个研究调查的不是(r)在方言使用中的变化,而是(r)作为正式讲话的规范发音中积极评价的变化,这种变化影响了1922年以后出生的所有说话人(Labov 1966:第12章)。图4.2显示出1962到1963年期间对下东区81名成年说话者进行的社会语言学访谈中(r)的社会和语体分层。尽管这种新的权威形式已经引入20年,纽约土话中仍然缺少r。在随意的谈话中,除了中上阶层以外的其他阶层发尾音[r]的百分比接近于零,显著比例的[r]只出现在更加正式的语体里。另一方面,中上阶层在随意的谈话中使用[r]的比例为20%;如图中虚线所显示的,这个组别中年轻人的使用程度高于平均值两倍。

1966年拉波夫报告的百货商店调查中使用了完全不同的方法检验这个变体。在1962年的两个下午,我从三个百货商店:萨克斯商店(Saks)、梅西商店(Macy's)和克莱恩商店(S. Klein)中收集264位发音人使用(r)的情况。这三个商店按照所处地理位置、商品价格、广告和许多其他的客观指标做出社会分层。调查结果证实了(r)在下东区的分布模式:通过社会阶层(百货商店)、职业(商店里的巡视员、售货员、清洁工)和年龄进行的社会分层和语体分层。这两个研究都显示同一种复杂现象:虚时内不同阶层的逆分布。下层中产阶级(梅西商店为代表),最高的(r)值出现在45—60岁的说话者中,这些人对新的权威形式更加敏感,而其他

① (r)的引入颠覆了先前的主导纽约言语阶层和大众媒体对多-r和少-r方言的权威关系。自从1966年纽约话研究之后,很显然一个类似的逆转已经发生在美国东部所有的少-r地区:新英格兰东部,以及上南区和下南区。

87

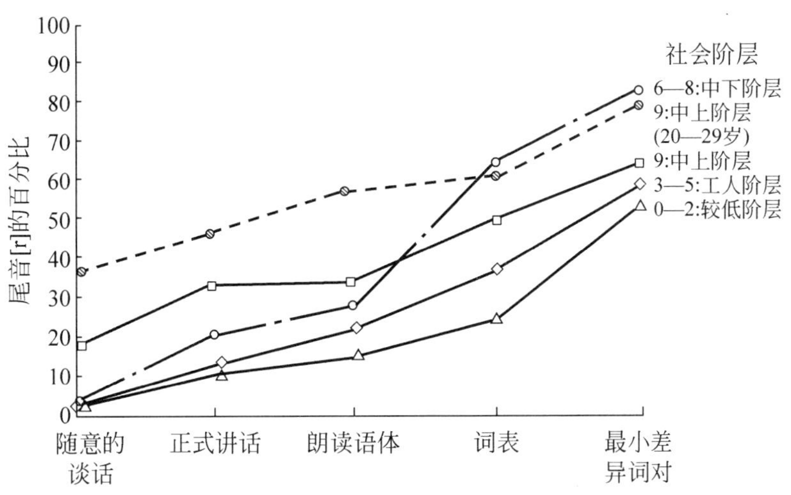

图 4.2　纽约市(r)音的社会分层

的社会阶层表现出低年龄组中(r)值的稳定增长。

1986 年，乔伊·福勒(Joy Fowler)对百货商店研究做了详细的再研究。由于克莱恩商店已经停止经营，她用梅商店(May's，一家位于同一个地区相同规模的同样低档商店)来代替。这些商店的社会分层仍然和 1962 年研究的原始对比一致。① 她在每家

① 1984 年由杰夫·麦克唐纳(Jeff MacDonald)所做的一个相似的再研究提供了显示三家商店分层的图表。这些商店是通过它们在中产阶层的《纽约时报》和工人阶级小报《每日新闻》上所做的广告进行区分。在 1984 年 11 月 11 日—13 日，《时报》有 5 又 2/3 页版面的萨克斯商店的广告，有 12 又 1/2 页版面的梅西商店的广告，没有梅商店的广告；《每日新闻》没有萨克斯商店的广告，有 7 页梅西商店的广告，11 又 2/5 页版面梅商店的广告。萨克斯商店的广告中，妇女服装价格为 265 美元，梅西商店的广告中，妇女服装价格为 118 美元，梅商店的广告中，妇女服装价格为 13.99 到 29.99 美元。在梅西商店的广告和萨克斯商店只有隐隐约约的白炽灯照明，看不见警卫；梅商店的广告使用明亮的荧光灯，并且每一层都有穿制服的警卫，引人注目。萨克斯商店的员工衣着保守，发型守旧；梅西商店的员工往往留着动感的或朋克风格的发型，衣着时尚；梅商店的员工没有标志性的服装和发型。

88 商店询问了相同数量的人,询问位于四楼的售货处,得到"在四楼"的回答之后,她会说"请再说一遍",于是就得到第二个更加认真的重复回答,"在四楼(fourth floor)"。

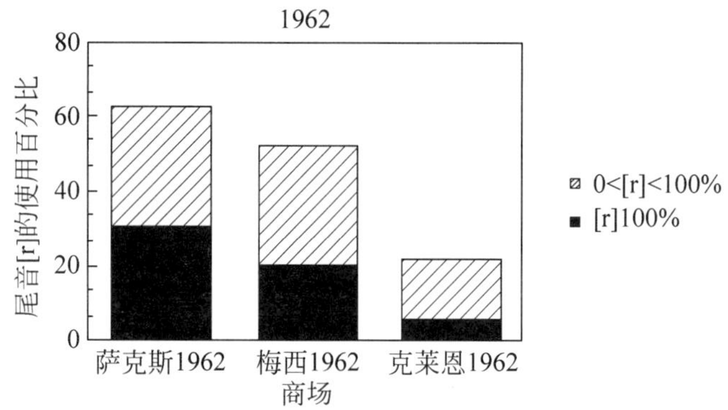

图 4.3a (r)的整体分层,1962 年

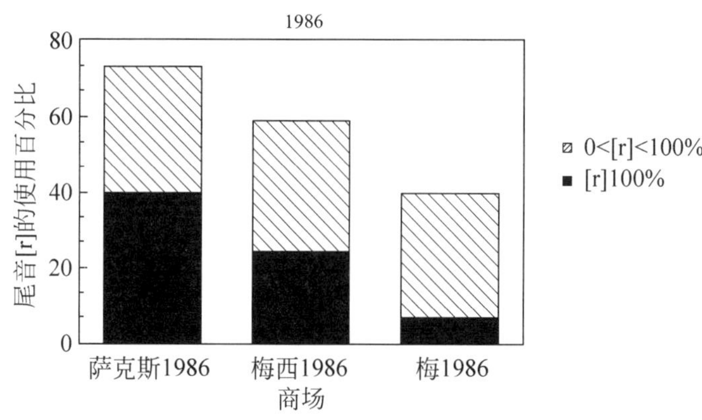

图 4.3b (r)的整体分层,1986 年

福勒的再研究表明(r)在纽约市的结构相当稳定。1962 年研究所报告的每一种关系在她的详细数据中再次重现。图 4.3a 和图 4.3b 显示出 1962 年和 1986 年三家商店(r)的整体分层。在每

种情况下,通过分析说话人在回答中 100%使用尾音[r]的发音 89
人所占的百分比和部分使用[r]的发音人所占的百分比,三家公司在两次调查中的社会分层都是相同的。图 4.4 详尽地显示百货商店说话者的语体行为的对比。三家商店的社会分层在四个基本词语中的每一项都仍旧保存着:第一次发音的 *fourth* 和 *floor*,以及强调重复的 *fourth* 和 *floor*。每个 *floor* 中的词尾/r/比在 *fourth* 中辅音前的/r/更多,并且在强调时的[r]音比不强调时要多。

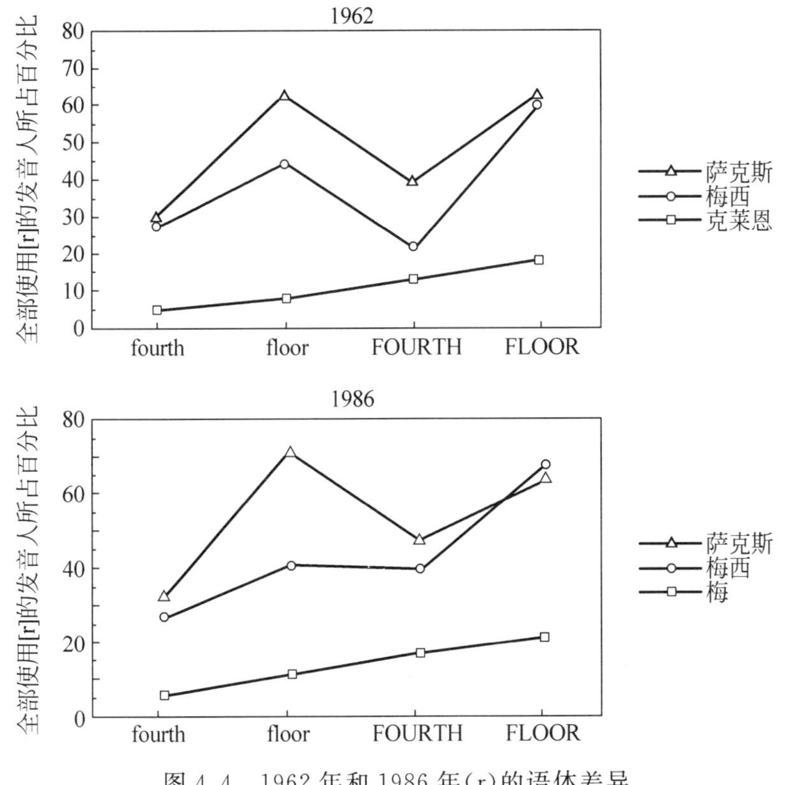

图 4.4　1962 年和 1986 年(r)的语体差异

采用同样的方法,1986 年的研究再次重现了 1962 年百货商店内部的职业分层,萨克斯商店一楼和较高楼层的分布差异以及说话人的种族差异。

福勒准确的重复研究有助于我们探讨语言变化机制的基本问题。我们已经发现新的权威形式的影响并没有改变大多数纽约人
90 的本地话,而是产生了在正式场合言语行为的变化。而无-*r* 的本地话形式也曾经是一种权威的言语模式,19 世纪早期受到伦敦音的影响被引入。① 这些变化的权威模式如何变成一致的本地话模式?在他们的本地话模式形成之后很久,大多数说话者才以外加的形式习得尾音[r]。1966 年提出的建议是关注下层中产阶级对于这种机制的矫枉过正。由于在最正式的语体中,下层中产阶级说话人使用[r]的频率高于上层中产阶级,下层中产阶级可能通过教学的语体把这种形式强加给他们的儿童,这样儿童在很早就学会使用,从而导致了一致的运用模式。

我们现在关注的虚时分布,由图 4.5 的复杂并列现象所阐明。在 1962 年和 1986 年的两次调查结果中,年轻的说话者在萨克斯商店使用尾音[r],但是在梅西商店却出现了相反的模式:年纪越大,使用[r]越多。

---

① 沃克(Walker 1791)是第一个通过诸如 *caad* 这样的语音转写注意到伦敦普遍存在少-*r* 模式的人,尽管瓦尔德(Wyld 1936)注意到了更早的拼写中/r/不会出现在/s/前,如 *person* 等词。这意味着纽约市最初的居民的本地话中不可能一直没有 *r* 音,而是在新的伦敦音的权威形式影响下习得了这种模式,波士顿、里士满、萨凡纳和查尔斯顿的居民便是如此。

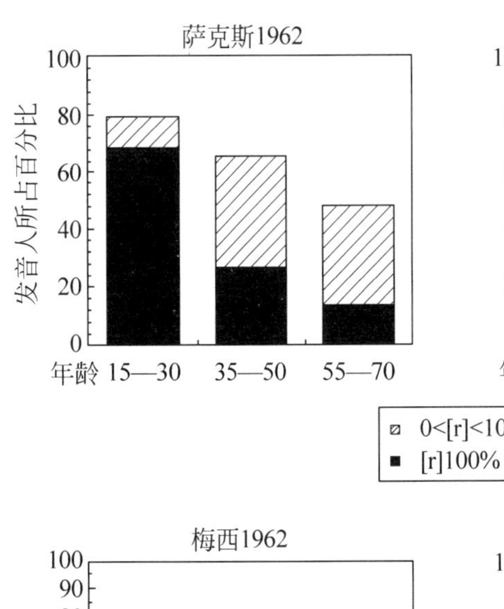

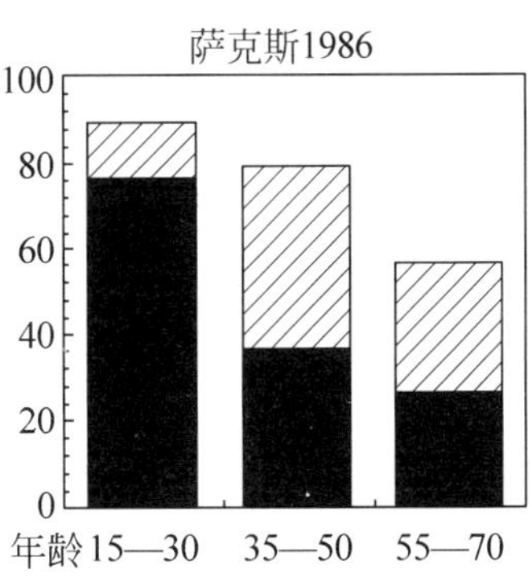

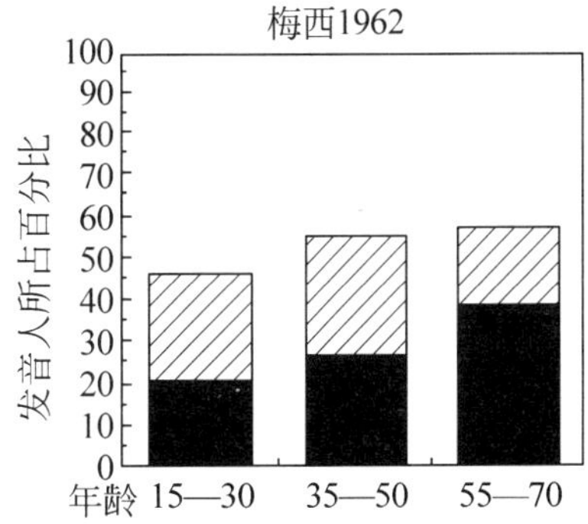

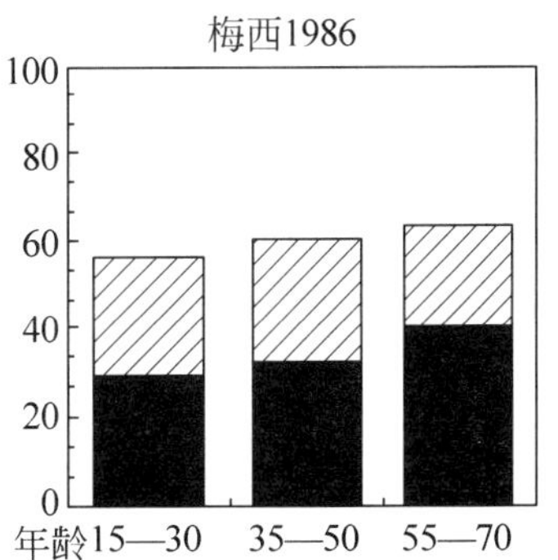

图 4.5　1962 年和 1986 年在萨克斯商店和梅西商店(r)的年龄分层

在此前所有图表里，1986 年的数字在一定程度上高于 1962 年的数字。实时音变已经发生。图 4.6 显示在这 24 年的时间里三家商店 100％使用[r]的人的百分比增加了，而在最高档的萨克斯商店的变化更大。① 同样的数字显示使用部分[r]的人的百分比差异较大。萨克斯和梅西只有小幅度的上升，但是最低档的梅

① 如表 4.2 所显示的，下东区在随意话语中使用尾音(r)的群体只有上层中产阶级的年轻人，人数平均达到 40％。

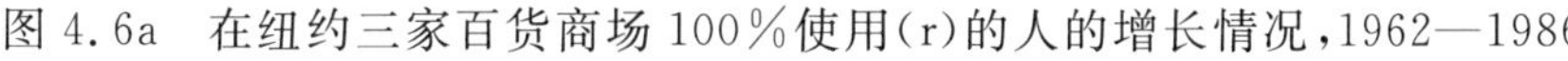

图 4.6a　在纽约三家百货商场 100％使用(r)的人的增长情况,1962—1986

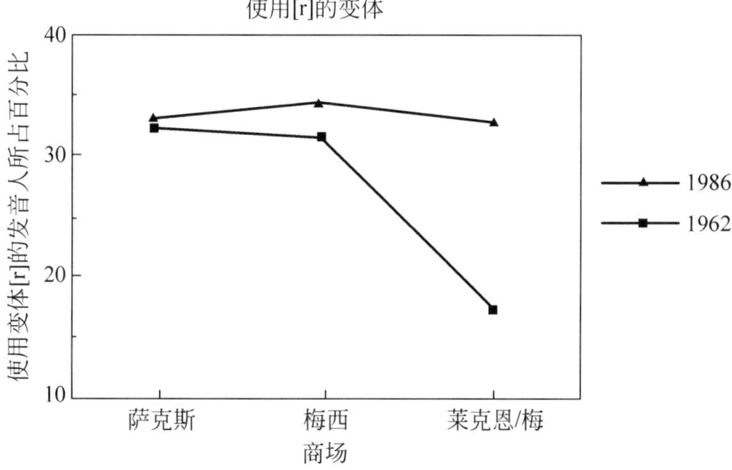

图 4.6b　在纽约三家百货商场部分使用(r)的人的增长情况,1962—1986

商店却是快速增长与其他公司达到同等水平。显然(r)作为语体变体在最低档商店的员工的中迅猛增长,但是他们表现出对这一变体的使用还是远不及萨克斯的员工。

图 4.7 显示了在每个社会阶层的言语行为的年龄模式。它对比了萨克斯员工的三个年龄组和梅西员工三个年龄组全部带[r]的人数增长的速率(如图 4.5 所显示,这三个年龄段的顺序在两家商店截然相反)。在萨克斯商店,三个年龄段增长的斜率相近——从 11%到 13%之间。另一方面,在梅西商店,年轻说话者的增长率加快,表明(r)模式对上层中产阶级的影响增加。

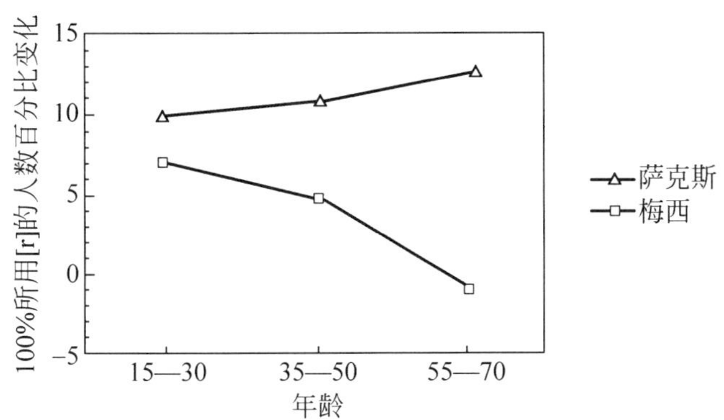

图 4.7　萨克斯商店和梅西商店 100%使用(r)的各年龄段的人的增长情况,1962—1986 年

福勒的研究提供了实时进行中的代际变化的证据,但是与纽约元音系统的演变或者戈沙在沙尔梅观察到的/l/的腭音化进展相比,变化相当缓慢。在最上层和次上层人群中,也有重复的年龄 91
阶变的证据。年龄阶变的影响比代际变化要大得多:在萨克斯,全部带[r]的人数从最年轻组到大 20 岁的组之间的变化保持在 40%的高比例的变化,而 24 年之后的上升幅度只有 10%。

对百货商店研究的精准重复表明言语社区的社会语言学结构可能比预想的更加稳定。在新出现的 *r*-发音范式的压力下,纽约话正在缓慢变化。这与我原先预测的相反,梅西商店员工身上表现出来的下层中产阶级的矫枉过正行为模式,还没有造成 *r*-发音整体上的突然进展。

在此应该指出麦克唐纳(MacDonald)在 1984 年同样对萨克
92 斯、梅西和梅三个百货商店的再研究中却报告有这种突然加速。①麦克唐纳发现在萨克斯商店采访的人中有 60%,在梅西商店有 73%,在梅百货商店有 54%全部带[r],并且部分带[r]的人在萨克斯有 10%,在梅西有 18%,在梅有 9%。于是麦克唐纳发现全部带[r]的人所占比率比福勒的报告要高得多,在梅西商店的增长比例更高。在这种总体框架下,所有其他的对比都表现出原先预测
93 的依据性别、楼层和职业所做的社会分层。这可能是由下层中产阶级主导的这种权威模式在纽约发生的预期增长,但是有几个原因让我们相信福勒的再研究比麦克唐纳更加准确。首先,福勒准确地重现了原始研究中调查的人数,而麦克唐纳只采访了一半左右的人。② 其次,麦克唐纳在梅西商店寻找发音人遇到了特殊的困难,在那里他没能设计出一个问题,使人回答为清楚无误的"Fourth floor"。在梅西和梅商店中的样本严重偏向年轻人,在年纪最大的第三组中每家商店只有 4 个人,这部分说明了这两家商

---

① 参见麦克唐纳对三家百货商店的社会分层研究数据的脚注 10。

② 拉波夫和福勒分别在萨克斯商店采访了 68 人,在梅西商店采访了 125 人,在克莱恩/梅商店采访了 71 人;而麦克唐纳在以上公司分别采访了 68、68、35 个人。对自己的研究中调查人数较少,麦克唐纳指出严格的内部制约是原因所在:"重复认识不泄露研究目的。三家公司都有很多的保安人员,我认为很有必要避开他们。同时我也怀疑每家公司都有监控电视。因此最好每家商店的任何一个地方停留尽可能短的时间,而不引起怀疑。"他同时报告这次实地调查用了 10 个小时,而最初的调查只用了 6.5 个小时。

店百分数值偏高的原因。第三,答话中反应的四个词项统计非常不完整。对于给出完整反应的 37 个发音人,梅西商店的主导地位消失了,并且全部带[r]的人也表现出常有的社会分层:萨克斯 77%,梅西 54%,梅 26%。最后,记音似乎偏向于全部带[r]的情况,这可能归因于交流时间的短暂,或者是把听到的中性元音当作[r]音的趋向。

很明显,不同的调查者使用相同的程序对趋势研究进行重复分析,要做到真实可靠是件不容易的事情。福勒的操作最为严谨, 94
她的研究结果也最为保守。近期我自己对纽约市(r)的观察和福勒的研究结果一致,几乎没有变化。由此我们可以得出结论,次上阶层组别的矫枉过正模式的影响并没有导致纽约(r)的社会分层的全面革新。在福勒的数据中,它只在以强调的语气重复 *floor* 时才出现,梅西的员工超出萨克斯的员工表现程度。重复说出的 *fourth* 和 *floor* 得到的结果与 1962 年社会语言学访谈中的正式语体相一致;图 4.4 表明梅西的员工的主要增长出现在这种正式语体中。上层中产阶级继续引领较为随意的语体中使用[r],而下层中产阶级则在更加正式的语体中领先。因此,在本地语中使用这一权威形式的全面增长必须依赖于最权威说话人使用程度的逐渐增长。这可能是 19 世纪无 *r* 的本地语形成的早期机制的模式,但是在这一过程中的某一时间我们必须预估会有一个突然的增长。[①]

① 正如第 3 章所述,我们预测[r]的引进会遵循 S 型曲线;但是在这个权威模式的实例中,我们仍然处于斜率很小的曲线低端。

塞德格伦对巴拿马城的再研究

在1969—1971年,亨利埃塔·塞德格伦(Henrietta Cedergren)对巴拿马城的西班牙语进行了社会语言学研究(Cedergren 1973)。她研究的五个主要变体之一是*muchacha*、*che*、*muchos*等词中(ch)的弱化,涉及从塞擦音[č]向擦音[š]的音变。这是唯一清楚显示出虚时内音变模式的变体。没有实时的证据可以用来解释这些数据,但是有其他迹象表明虚时模式表现了进行中的音变。① 1983年,塞德格伦重返巴拿马城,并且重复了自己取样的过程,进行趋势研究。② 她的主要目标之一是提供实时证据来确定(ch)的减弱事实上是一种进行中的音变。下面的分析基于她在1984年NWAVE会议上报告的数据。

图4.8a显示了前后两种研究中(ch)指数的数据。③

在图4.8a中,塞德格伦为这两个研究所设计的年龄分组稍有
95 不同。我尽可能将这两种分组系列结合在一起分析。④ 1969年的研究表明随着年龄的变小,(ch)的减弱稳定上升,在次年轻组达到

① 在(ch)变体研究中,与年龄的单一关系是和与社会阶层的曲线关系相结合的。而其他四个变体则呈现出相反的模式:与社会阶层的单一关系和与年龄的近乎直线的关系。这是验证弧形假设的主要证据之一(Labov 1980)。

② 塞德格伦确实找到了某些相同的被试,但是采访原说话者不是她设计再研究的初衷。

③ (ch)指数基于3-点标度:0为塞擦音,1为腭化的中间形式,2为清晰的擦音。平均值乘以100得出这个指数。

④ 在她最初的NWAVE报告中,塞德格伦在每一组用同样的年龄间隔。这是一个自然策略,但是如果重新研究是一种专项研究,就更为适合。现在展示出来的模式,把每一组在虚时内相对的年龄加在一起,看起来更能显示出这里所研究的音变的进程。

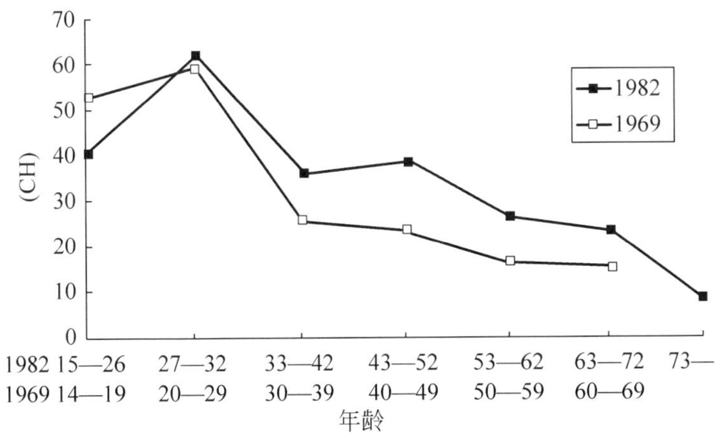

图 4.8a　巴拿马城(ch)减弱的实时音变：塞德格伦的趋势研究，1969—1982

一个峰值，然后在最年轻组有轻微的下降。1982 年的研究发现了相同的模式，这表明，从定性的观点来看，存在年龄阶变。另一方面，有清晰的证据表明除了两个年龄最小的组以外所有其他组却存在 10%—15%的增长，这证明存在进行中的语言变化。

我们怎样才能确定年龄阶变模式比代际音变模式更适合于这些数据呢？图 4.8b—c 预测出两种抽象的模式来跟实际观察结果对照。在图 4.8b 中，代际音变模式被用于检测 1969 年的数据。在 1969 年是 15 岁的人到 1982 年应该是 28 岁。假设发音个体对(ch)的使用是稳定的，我们先把图 4.8a 中 1969 年的值都标出来，然后把 1969 年每一年龄组的预测值放在右边，这是我们按照塞德格伦的各年龄组的值中所能得出的最接近的预测值。然后我们比较这些预测值和 1982 年实际观察值。整体上而言，两组数值匹配并不是很好。只有一个年龄组(50—59)显示出偶然重合。除此之外，实际观察值更加接近 1969 年的值，而不是预测值。

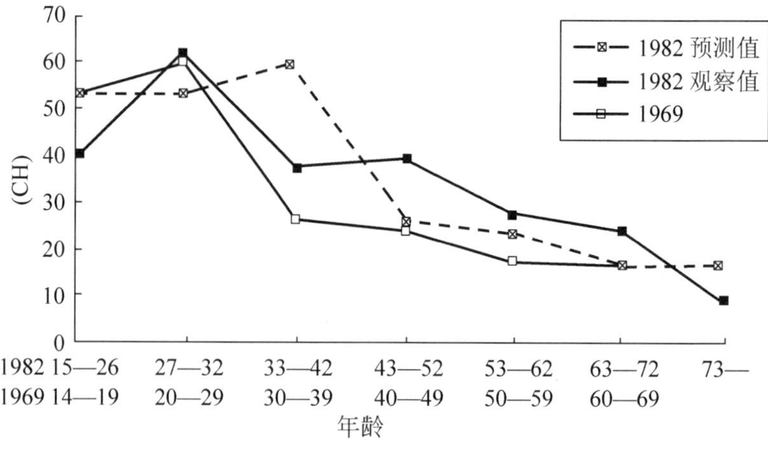

图 4.8b　巴拿马城(ch)的代际音变模式:塞德格伦的再研究中的预测值和观察值

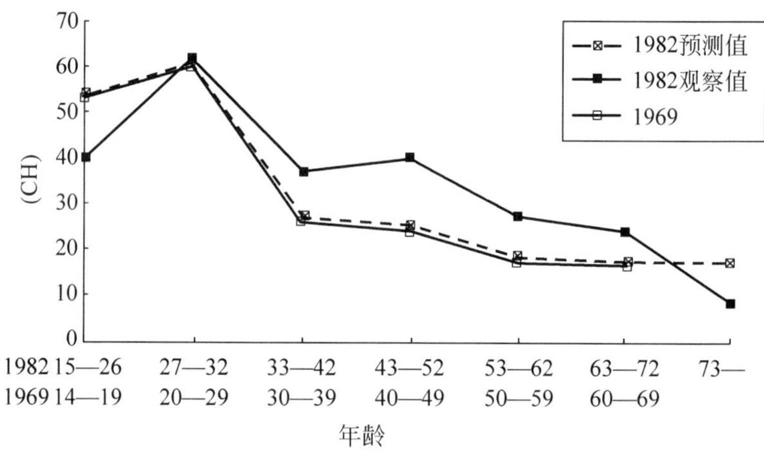

图 4.8c　巴拿马城(ch)的年龄阶变模式:塞德格伦的再研究中的预测值和观察值

96 图 4.8c 是与年龄阶变模式相对应的图表。这里的模式非常简单。既然每一个年龄组代表了虚时内相同的相对年龄位置,这个模式预测 1982 年的值和 1969 年的值相同。结果很清楚。对除了最低的两个年龄组以外，所有各组的实际观察值与按照年龄阶变模型的预测值平行，只是高出 10%—15%。如此，大多数人继 97
续着(ch)减弱的变化。但对于次年长组[1]，这个过程达到了它的极限，并且最年轻的组显示出相反的作用——从正在进行的过程中后退。

这些数据显示出与纽约市引进尾音[r]极为相似的情况。在每种情况下，年龄阶变都占据主导地位。在一代接一代的传递中，说话者遵循这种相同的模式跨越虚时的年龄阶段。但是也出现了在低水平上稳定增加的进程，表明一种实时音变正在发生。这使我们想到，在尝试确定哪种模式对一个已有进程是正确的时候，我们可能正在建立一种年龄阶变和代际音变对立的误导。对于语言变化的某些类型，年龄阶变有可能参与实时音变机制。我们在这里考虑的这两种变化显然不是同一类型。尾音[r]的采用是一个自上而来的变化，(ch)的弱化是一个自下而来的变化：与外在模式无关。关于音变的过程，我们既发现了相同点也发现了不同点。一方面，在每种情况下都是中年人和老年人显然在逐渐习得年轻人的范式。另一方面，(ch)的弱化看似达到了顶峰，并开始倒退，然而尾音[r]的引进正在稳步进行。

特拉吉尔对于诺里奇的再研究

特拉吉尔(Trudgill)在 1968 年对英国城市诺里奇做了研究

[1] 原文有误，应为次年轻组。——译者

(Trudgill 1974a)。最初的样本随机挑选了 60 位发音者，他们出生在 1875 至 1958 年之间；在调查的时候，发音者的年龄在 10 岁到 93 岁之间。1983 年，特拉吉尔回到诺里奇进行了一个与上文所述形式有所不同的再研究(Trudgill 1988)。为了对稳定的变体和进行中的音变所做的虚时研究结果进行实时的检验，他增加了 17 位年龄在 10 到 25 岁之间的说话者——这组可以和他原始样本中当时年龄在 10 到 20 岁的年龄组进行比较。特拉吉尔的方法为我们提供了只有一种特点的比较，但却十分有效。

这再研究发现了若干在 1968 年尚不明显的进行中的音变。有一些音变，如/θ/向/f/的转变，在早期研究中完全没有提到；而 15 年以后，70%的说话者显示出这个特点。另一些音变，如/r/的唇化，在 1968 年只是零星出现，当时特拉吉尔归因于个体变异；到了 1983 年，这个进程明显成为普遍趋势。在 *moan*、*soap* 和 *toe* 等词中音核/uː/的前移，在 1968 年的样本中并没有出现，尽管几年后这种现象确实出现在我调查的一些成年人中(LYS：第六章)。到 1983 年，这一音变进程已在顺利进行中。因此，毫无疑问，增加
98 一个年轻发音人的新样本——一种截取的趋势研究——在我们更新对于诺里奇语正在发生着什么的看法时行之有效。

对我们现在研究目标最为重要的再研究就是诺里奇的进行中音变的最清晰的实例：*help*、*belt* 和 *hell* 等词中(el)的后化。1968 年研究中最大的增长出现在最年轻组的即兴谈话中，在朗读短文和词表时变化稍小些。在再研究中，音变的相对速度发生了逆转。研究中新增加的青年组在即兴谈话中的(el)后化只有轻微的上升趋势，但是在朗读文章和词表中却有大幅度增长。特拉吉尔对这

一现象的解释是这个音变实际上已经达到了完成的程度,同时发生合并的扩展,于是 *hell* 和 *hull* 成为同音异义词。但是在1968年,这一音变还难登大雅之堂;而到了1983年,它已被言语社区接受为范式。在第2卷分析美式英语近期的音变进程时,我们将有机会考虑其中的逻辑。

4.5　个体语音系统的跨时间稳定性

至今为止所检验的例子都没有提供稳定的个体系统的证据。然而,有证据显示在一些情况下语音结构在个人的一生中都非常稳定。这种因素对研究进行中的音变至关重要。尽管实时数据有明显的价值,许多针对言语社区的研究却只有虚时数据可供分析。因此对于世界的大多数地区,我们没有前人的关于语言变异的研究来进行解释,并且我们可以返回去重新研究一个社区的情况是非常少的。如果我们能定义个体系统稳定性是一个规则的语言环境,我们就能更加自由地将虚时分布和实时音变联系起来,或者至少能以更高的概率推断实时音变的存在。

音变的类型

在探讨这个问题的过程中,区别音变的不同阶段以及它们同社会和语体分层的关系是非常重要的。从定义上大致可以看出,自上而来的音变与个体语音的不稳定性相关,人们很晚才习得这些外加的语言特征,并逐渐改进使用这些语言特征的能力。稳定性问题只是对于自下而来的音变才有用处,这更直接地反映了语

言的历史和我们想要重构的语言要素。在自上而来的音变中，我
们也必须区别各种不同的类型，因为纽约市的研究说明了(r)的变
99 化，这个进程开始后的各个阶段经常伴随着有意的修正和本地话
的替换。

父母和儿童的实验测算

LYS 分析的许多元音系统包括有实时资料的言语社区和没有实时数据资料的言语社区。对个体系统稳定性最有力的证据来自于对纽约市的 10 位说话者的分析，它们详细地重现了纽约元音系统已证实的和重构的历史。如果个体系统不稳定，并且共同变化是元音系统的特点，那么它们都将在变化程度最大的语言系统中反映出轻微的变异。而事实上，紧(æh)的实现就包括了从最年长者的前低元音[æː]到最年轻者的前高元音[iːᵊ]的系列变化。

LYS 显示了许多没有实时数据的不同言语社区中相似的模
式。最相关的是家族内部的分析。图 4.9a 和图 4.9b 显示了底特
律的北方城市音变中的一种典型的活跃的链式音变代际之间的进
程。在这个方言中，带有短 **a** 类的词全部紧化成/æh/并经历了前
100 化和高化。一个特定发音的变化速度主要取决于其语音环境，后
接音段发挥了最有力的影响。[①]

图 4.9a 显示北方城市音变中一个家庭里父亲的语音模式，他

---

① 音变的相对程度受到后接音段发音方法的影响，表现顺序为：鼻音(nasals)>清擦音(voiceless fricatives)>浊塞音(voiced stops)>浊擦音(voiced fricatives)>清塞音(voiceless stops)。发音部位依次为：硬腭音(palatal)>齿龈音(apical)>唇音(labial)以及软腭音(velar)。

叫詹姆士·阿达莫(James Adamo),55 岁。带有/æh/音的词在前低位置表现出团状分布。语音高化的清晰迹象只出现在最适宜的语音环境中——位于词末的舌尖鼻音(apical nasals)之前,如 *hand* 和 *stand*。尽管这些还停留在[æ$^{\perp}$]或者[ε]水平,没有高于半低元音的位置。在/a/词群中含短元音 *o* 的词全都位于后低位置,发音为[ɑ]。[①] 这是北方城市方言中极为保守的例子。

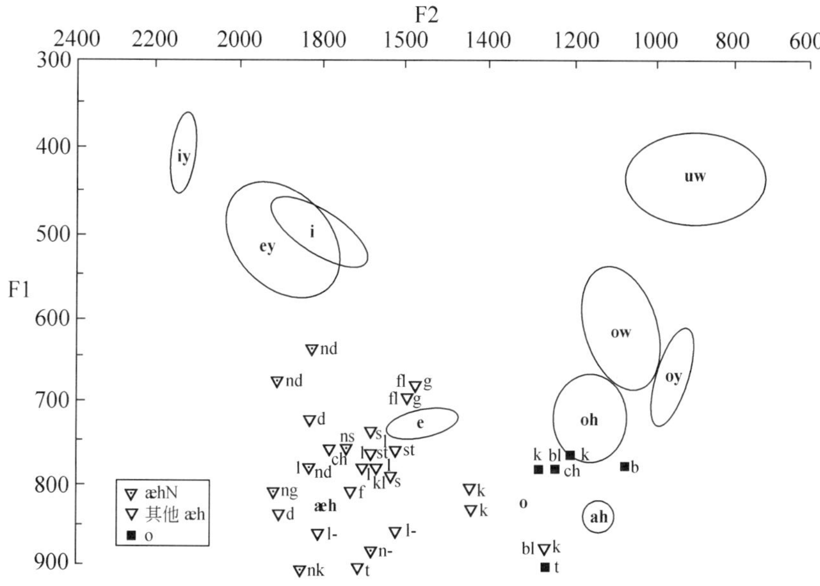

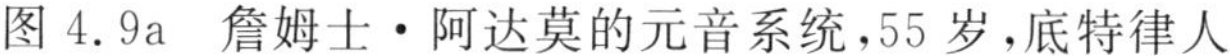
图 4.9a　詹姆士·阿达莫的元音系统,55 岁,底特律人

图 4.9b 是 13 岁的儿子克里斯·阿达莫(Chris Adamo)的元音系

① 如同在大西洋沿岸中部各州,具有最低和最后特点的短 **a** 的发音——如 *black*——有一个后接的软腭清塞音和一个在前面的阻塞-流音串。这被确定为[ɑ]的位置,在短 **o** 的分布的中间。图 4.9a 和图 4.9b 都例证了这个精细语音环境,这是有规则的进行中音变的典型,我们在第 16 章考虑关于语音变化机制的争论时会特别关注这个问题。

统。全部的/æh /词群在椭圆形分布中呈上升的变化。同样地,变
化最快的发音出现在词尾/n/或/nd/之前,并且达到次高元音的
101 位置,与/iy/的音核重叠。变化最慢的发音出现在 *tapped* 和
grabbed 词群中,仍处在半低元音的位置。其余的发音分布在一
个模式里,其中把每一种语音方面的影响都记录下来,这样的模式
对于第三部分探讨音变机制将会格外重要。变化最慢的发音是后
接清塞音的元音,其中后接软腭音落在后接齿龈音的后面。同样,
短 **a** 最保守的发音出现在短 **o** 前化的分布中间。短 **o** 词现在位于央
低位置,离短 **a** 原来在语音空间的区域不远。短 **o** 中变化最快的是
那些位于/t/前的发音(如 *not*、*got*),并且位于唇音前的音变化最慢。

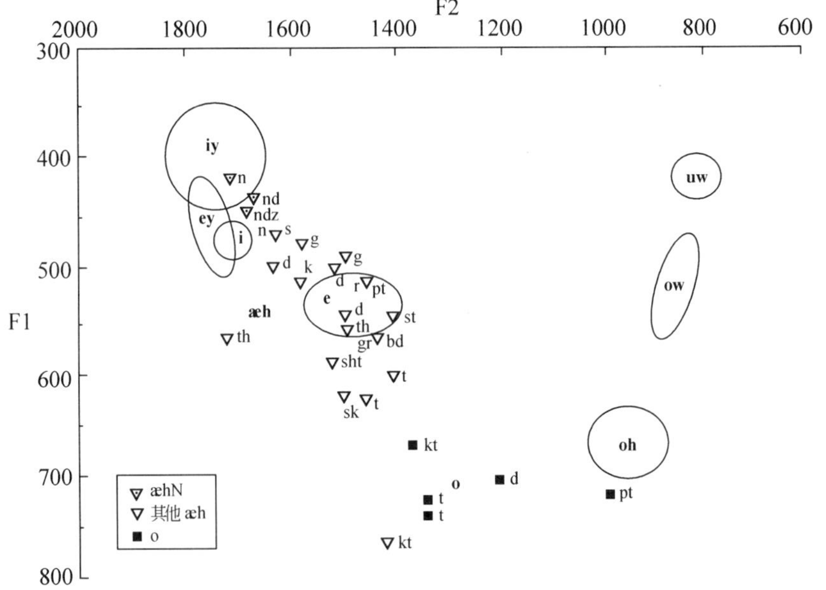

图 4.9b　克里斯·阿达莫的元音系统,13 岁,底特律人

这种跨代的剧烈变化是活跃的新音变的特点。在这最活跃的

阶段,在一代之内变化的轨道就覆盖了可用的语音空间的一半,在两代之内占了四分之三。当然有可能存在年龄阶变,詹姆士·阿达莫 40 年以前的说话模式跟儿子克里斯现在显示的模式接近。我们没有实时数据可以解决这个问题。有可能/æh/和/o/都属于年龄阶变,并且随着时间的推移,二者的元音都倒退回从前的模式。但是,在两个元音系统中发现同样的系统性关系,这是绝不可能的。年龄阶变是最典型的更有意识的语体变化和调整的类型,然而,自下而来的变化则是在我们这里看到的高度有组织的语音控制的模式中进行。①

老年说话人的纵向研究

近年来的实时研究中,解决本章提出的最为直接的一个问题是影响费城语言正常年龄效应的纵向研究。② 在这些研究中,同一位研究者仔细分析原始录音的语料,重新访谈了相同的说话人,并且讨论了相同的主题,获得了许多和第一次访谈相同的内容。虽然现在数据的分析还在进行中,这种高度控制的研究已经为预测未来将会发生哪些种类的音变提供了证据。

70 和 80 年代语音变化的证据对解释很多进行中的语音变化尤为重要。虚时数据经常会显示一种变体对应最年老说话者的曲线急剧降低的现象。这种情况出现在图 3.1 的纽约市(oh) 102

① 纽约人非常倾向于修正 *lost*、*coffee*、*awful* 等词中的(oh)变体,在他们的谨慎讲话中由中高向低后位置变化。(oh)的高化和/oy/音核的高化相似。但是没有/oy/修正的实例,甚至在读词表中仍然保留为[ʊ^{i}]或[u^{i}]。

② 研究得到国家健康机构的资助。

和图 3.2—图 3.4 的纽约市(aw)中。图 3.7 的费城(aw)实例中落在最后的是 50 岁以上的那一代。部分原因可能归因于老年人发音器官和发音方法的变化,而不是实时的代际变化。应该注意的是所有上述三个音变都涉及外缘性的增加和紧元音的高化。

让我们假设说话者在他们的晚年经历了发音部位的肌肉松弛,导致了一种更松的发音。他们的(oh)变体发音可能由于这样的松弛从[oᵊ]降低为[Ωᵊ],从而产生虚时音变的错觉。当然,如果这个音变包括松化和央化,那么这样一种普遍趋势将会产生相反的效果:它将使实时音变的面貌在虚时中达到最小化。但是发音的松弛不可能推及系统中的所有语音点;它可能代表一个语音空间的缩小,调整了一些极端的语音点但是没有改变中央区域。在那种情况下,系统的标准差会整体变小。

在费城的纵向研究中重新采访第一批说话人中的珍妮·罗塞蒂(Jenny Rosetti)。她是安妮·鲍尔(Anne Bower)1973—1976 年进行的费城南部街区研究中的主要说话人,并且是意大利裔工人阶层老年组的代表。在 1973 年的第一次访谈时,她 68 岁。1990 年,当她 85 岁时,鲍尔再次对她进行了相同内容的访谈,并且获得了大多数内容相同的语料。① 表 4.2 是两次访谈中重读元

---

① 1973 年完成的访谈使用 NagraIV-S 型磁带录音机和 Sennheiser140 领夹式话筒,以每秒 $3\frac{3}{4}$ 英寸录音。1980[1] 年的访谈使用了松下 DAT 录音机和索尼 ECM55,以每秒 $7\frac{1}{2}$ 英寸录音。由劳拉·科尼格(Laura Koenig)使用 Waves 软件包的 LPC 方法进行分析。

〔1〕 原文有误,应为 1990 年。——译者

音的整体参数。[①] 很显然发音基础整体上没变化。F1 的平均值的差别只有 12Hz，F2 差异为 73Hz，在概率波动范围里，大约是标 103
准差的 1/8。另外，语音空间的外缘性并没有缩小：标准差有小幅度的增长而不是减小。

表 4.2　珍妮·罗塞蒂 68 岁和 85 岁整体元音系统的平均值和标准差

年龄	平均值		样品数	标准差	
	F1	F2		F1	F2
68	699	1951	220	217.5	595.5
85	711	1878	207	239.4	613.4

表 4.3　珍妮·罗塞蒂 68 岁和 85 岁音核的对比

	元音测量	平均值差异	t	样品数 (1973/1990)
随着年龄增长而发展？				
	/æhS/-前对角线	331	1.57	6/9
	/æhN/-前对角线	324	1.38	9/10
	/æh$/-前对角线	100	0.40	6/2
	/æh/-前对角线	300	** 2.38	21/21
	/ay0/-后对角线	−296	−1.30	5/7
	/ayV/-F2	−310	** −2.38	9/16
随着年龄增长而倒退？				
	/owC/-F2	−134	−0.82	15/6
	/owF/-F2	−139	−0.54	5/8
	/uwC/-F2	−241	−0.90	9/9
	/uwF/-F2	−156	−0.60	6/6
没有明显变化				
	/i/-F1	118	0.69	15/9

① 所有具有主重音的元音都被包括在内，除了那些词首为滑音或者词首为阻塞音＋流音，以及那些以流音结尾的词。

续表

元音测量	平均值差异	t	样品数 (1973/1990)
/e/-F1	−5	−0.12	9/13
/æ/-F1	−117	−2.00	17/16
/o/-F1	39	0.64	10/9
/o/-F2	57	0.49	10/9
/ʌ/-F1	−31	0.37	7/10
/ʌ/-F2	−132	1.14	7/10
/u/-F1	−41	−0.06	6/7
/u/-F2	−143	−0.96	6/7
/iyC/-F1	−41	−1.22	21/10
/iyC/-F2	−45	0.3	21/10
/iyF/-F1	35	0.37	7/6
/iyF/-F2	−235	−1.12	7/6
/eyC/-前对角线	81	0.54	23/11
/eyF/-前对角线	378	0.97	5/6
/aw/-前对角线	−348	−1.30	8/19
/ayV/-F1	21	0.17	9/16
/oh/-F1	−4	0.48	10/10
/oy/-F1	−77	−1.00	6/3

** $p<0.01$;所有其他差异,$p>0.05$。

表 4.3 分析了珍妮·罗塞蒂系统的个体元音。如果图 3.6 显示的虚时音变实际上产生于年龄阶变,我们将会在老年组的模式
104 上看到一种倒退。如果出现相反的现象——如果音变在发展,那说明说话者正在参与在她周围发生的音变——这表明音变的速度实际上大于图 3.6 所示的速度。这个表显示了那些主要在 F1 维度上移动的元音的 F1 值,和那些只在 F2 维度上变化的 F2 的值,以及这些音变沿着前对角线或后对角线的方向移动的距离。

表 4.3 的第一部分显示了那些可能在后期变化发展的元

音。/æh/的两个主要音位变体——/æhN/(在鼻音前)和/æhS/(在清擦音前)——都显示了一个沿着前对角线超过 300 个单位的前进,这是前紧元音增高的轨迹。

$$高_{前}=\sqrt{F2^2-(2*F1)^2}$$

这些差异没有达到 *t*-值显示的显著度 0.05 的水平。第三个变体,/æh$/(位于 *mad*、*bad*、*glad* 的/d/之前)在同一个方向的移动变小且显著影响更少。三个变体的结合确实产生了显著度为 0.01 的结果,自由度为 40。

其他进行中的音变,只有(ay0),即/ay/位于词尾清辅音前的央化,表现出沿着后对角线的大幅度变化。

$$高_{后}=\sqrt{F2^2-F1^2}$$

由于这种央化包括 F1 的降低,平均值差异栏的负值表示了这种音变的发展;但是它并不显著。/ay/的其他变体表现出显著的后移变化,显示为/ayV/-F2。我们从个体观察资料中知道这种趋势出现在费城中,但是并没有出现在虚时音变中,所以我们不能把这个事实和当前的问题联系在一起。图 4.10 显示了/ay/平均值的分布,其中线段表示标准差。

表 4.3 的第二部分是那些在后期可能出现退化现象的元音。中间范围的那些包括后滑元音/uw/和/ow/前移的音变全都表现出在 F2 大约降低 150Hz。但是,发音的分散性表明它们并不显著。当四个变体结合成一个指数,影响并没有增长。[①] 尽管这种

① 因为/owC/和/owF/发音分布有不对称,当它们结合时年龄差异会消失。

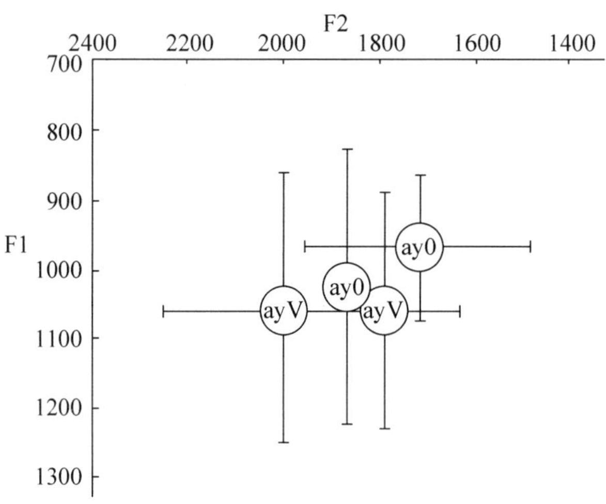

图 4.10　珍妮·罗塞蒂在 68 岁和 85 岁时(ay)的平均值和标准差

影响的一致性惊人,但是它自身不足以反驳年龄阶变的影响。

105 这个表的第三部分是最重要的一部分:它列出了那些没有显著音变的元音,并且确定了这个系统的总体稳定性。大多数平均值差异很小;那些确实存在较大差异的元音也在概率波动的允许范围内。

我们将会特别关注三个活跃的新音变:/aw/和闭音节中/ey/的高化和前化,还有清辅音前/ay/的高化和后化。(aw)变体在两个方向都没有显著变化。如上所述,(ay0)变体平均值没有显著变化,但是在 1990 年的录音中,确实有几个发音出现在央化和后化的位置。图 4.11 显示了这个分布:尽管这只是示意性的,费希尔(Fischer)的准确测试表明只有 1/6 的可能是出于偶然巧合。

相同的模式在(eyC)例子中出现。这里的整体平均值没有变

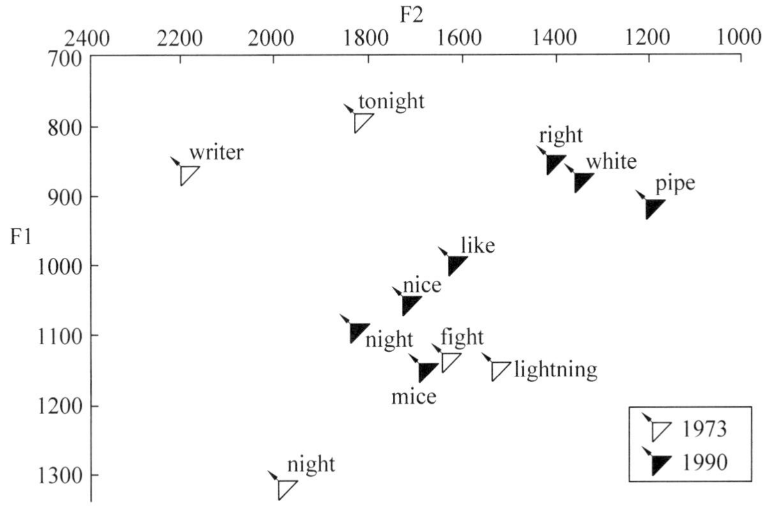

图 4.11 珍妮·罗塞蒂在 68 岁和 85 岁时(ay0)的发音分布

化,但是音变的发音又一次出现在 1990 年的访谈中,见图 4.12。在这个例子中,变体的分布并非偶然的结果。1990 年的 11 个(eyC)发音中有三个出现在已经变化的位置,但是 1973 年时 21 个发音中没有一个是变化的。这种模式只有 1/33 的可能性是偶然出现。

对于一位说话者的这种费城元音系统的实时发展的研究现在数量很少。没有整体的变化用来判断是否可以把虚时数据重新解释为年龄阶变的结果。最显著的音变发生在相反的方向:老年的说话者很少受到发生在他们周围的音变的影响。尽管变化位置靠前的(æh)作用最为显著,但这更可能是语体的变化。因为(æh)是最老的并最具社会标记性的费城音变,我们可以预期说话者将会随着他们的年龄增长表现出越来越少的社会修正。在新出现的音变中的

106

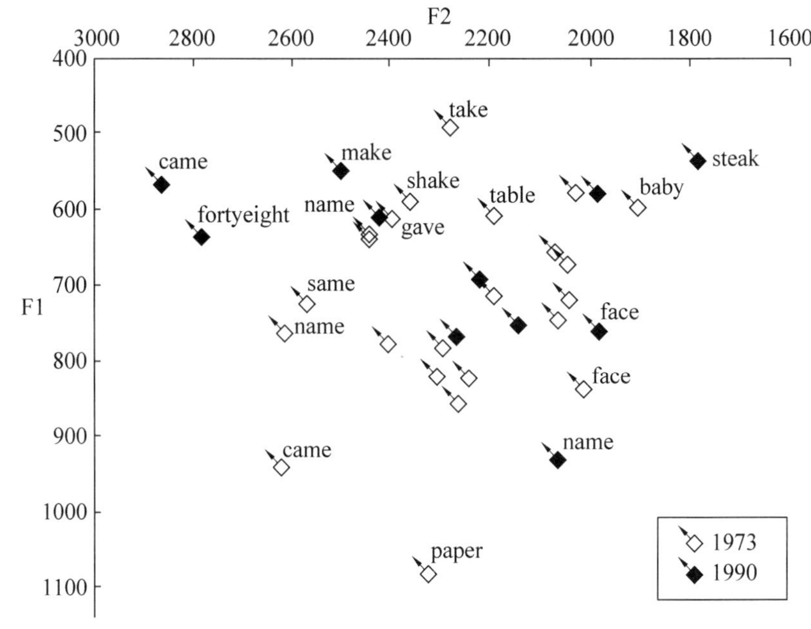

图 4.12 珍妮·罗塞蒂在 68 岁和 85 岁时(eyC)的发音分布

107 这种边际影响更多的可能是被看作语音借用而不是整体音变。①这种个体系统在统计上的稳定性可能会和图 3.6 反映的不同年龄说话者之间表现的显著差异形成鲜明对比。

费城方言的习得

佩恩(Payne 1976,1980)在费城方言的习得研究中也发现了个体语音系统的稳定性。上述费城发音者的纵向研究集中在生活

① 父母从孩子那里借用一些孩子们的语音形式的观点在词汇层面显而易见,并且也能在其他言语行为中发现,例如音乐和时尚(Katz and Lazarsfeld 1955)。第 16 章将回顾戈伊达尼奇(Goidanich 1926)对戈沙在沙尔梅研究的回应,他认为代际之间只存在借用模式,不存在音变。

环境变化很少的老年人，因此他们的语言变化会很小。而佩恩的研究对象则集中在 30、40 多岁、在费城以外的地区长大的成年人，那些地区有很好的文献记录的音系模式。这样我们就能看出，在与母语方言环境完全不同的费城方言区生活 10 到 20 年之后，这些人的语音系统发生了哪些变化。

佩恩研究的社区正是 LCV 项目研究中选作费城上层中产阶级语言代表的社区——普鲁士王村。这个社区在第二次世界大战之后开始崛起，作为工业园区吸引了汽车、电子和计算机工业的进驻。在这里约有一半居民来自费城，另一半来自邻近的方言地区：纽约、新英格兰以及中西部。佩恩重点考察外地迁入费城家庭的后代成功学习费城方言的情况。本卷将多次探讨她的研究结果，尤其是有关费城方言的短 **a** 分化为松紧两种形式的复杂情况。这里我们感兴趣的是对比外来的儿童与外来成人在学习费城方言低层音变(即图 3.6 所示)中的不同。

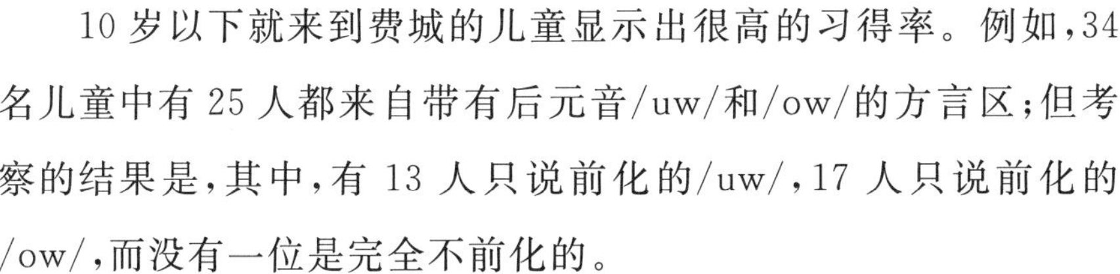

10 岁以下就来到费城的儿童显示出很高的习得率。例如，34 名儿童中有 25 人都来自带有后元音/uw/和/ow/的方言区；但考察的结果是，其中，有 13 人只说前化的/uw/，17 人只说前化的/ow/，而没有一位是完全不前化的。

图 4.13a 是一位发音人个体系统主要的长元音和上滑元音。发音人乔伊斯·卡梅伦(Joyce Cameron)，11 岁，她在 4 岁时随家人从克利夫兰迁至费城。可以看出，在她语音系统的每个部分都体现了费城模式的特点。 108

• 上滑前元音/ey/分化成两部分：*ate*、*name* 和 *date* 闭音节

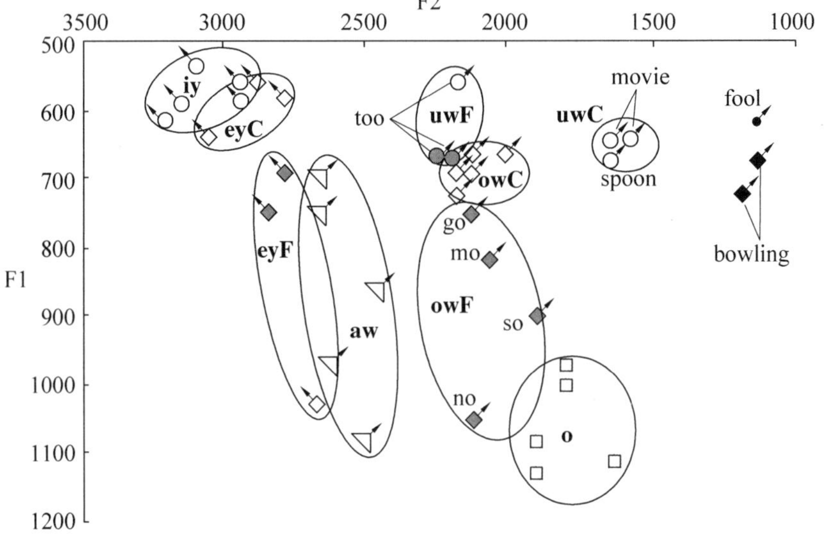

图 4.13a 乔伊斯·卡梅伦的元音系统,11 岁,克利夫兰/普鲁士王村

带阴影的符号=开音节元音

中的元音位于高位,与/iy/重叠,反映费城方言音系中这个变体倒退的变化。

- 单音节词中开音节的 *days*、*say* 和 *bay* 是差别很大的模式,一直延伸到完全开口的位置。
- 费城的/aw/忠实再现,发为音核[e]带有向后向下的滑音。只有一个/aw/的发音是在低位。
- 后元音/uw/和/ow/显示出有规则的前化——除了在/l/前位置。在/l/前如 *fooling* 和 *bowling* 的发音极为靠后,与其他发音差别显著。
- 闭音节和开音节中的/ow/分化,情况与/ey/类似:闭音节的 *most*、*road* 等元音较高,而开音节的 *no*、*go*、*so* 则变得很低。[①] 开音节的 *too* 是/uw/词群中发音最靠前的,反映了费城模式。

在普鲁士王村,这些外地儿童的父母习得费城方言的倾向极弱。109
图 4.13b 是发音人安娜・卡梅伦(Anna Cameron)的元音系统。她是乔伊斯的母亲,35 岁,同样是在费城生活了 7 年。她的上滑元音显示出完整的克利夫兰模式中的全部特点。

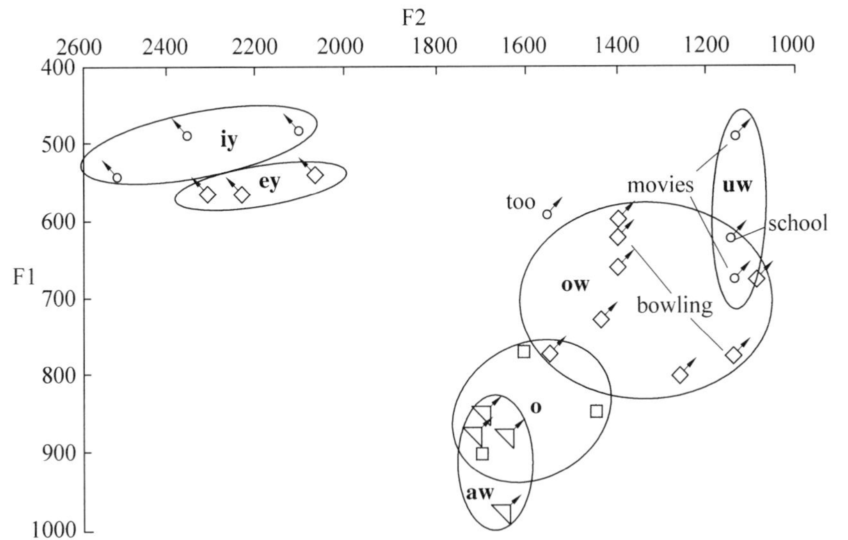

图 4.13b　安娜・卡梅伦的元音系统,35 岁,克利夫兰/普鲁士王村

- 长元音/iy/和/ey/集中在前高位置,在开音节和闭音节中的变体没有差别:/ey/词群包括 *ate*、*stable*、*date* 和 *play*。

① 如图 3.6 所示,这并不是最典型的费城模式。通常情况下,开音节/ow/都比闭音节/ow/更靠前,而不是开口度更大。所以这一点应该算是对费城系统的卡梅伦式的[1]重新解释。

〔1〕 卡梅伦是发音人的姓。——译者

- /aw/的音核在后低的位置,没有一点费城语音的痕迹。
- /uw/和/ow/分别在高和中的位置。只有 *too* 的一个发音有一点前化。但更重要的是,/l/前的元音发音没有区别。如图所示,*school* 并不比 *movies* 靠后,并且 *bowling* 与其他带/ow/的词发音相同。

儿童与成人的这种差别,可以从成人语言学习能力改变的生物学视角来解释,也可以从成人与儿童的社会环境差异的角度解释,还可以从社交动机方面来解释。而对于我们的虚时研究而言,关键在于:成人的语音模式保持稳定。

范畴结构的稳定性

尽管年龄的增长和环境的变化都会使语音发音的实现和低层
 110 语音规则的输出产生一些变异,但在底层结构——系统范畴的词项分布方面却非常稳定。很多来自不同方言区的人自信他们的语音已经完全随着环境改变——即他们表现出“卡梅伦式”效应。但是对他们的语音仔细考察会显示,变化程度比他们自认为的小很多。词项发音在音位范畴里的分布是方言中最稳定的特征,可以帮助我们相当准确地判断一个人来自哪个方言区。

在珍妮·罗塞蒂对费城说话人的纵向研究中,范畴结构的稳定性非常明显。在普鲁士王村外来成年人的言语行为当中,这种现象也很明显。更为戏剧性的表现来自几个司法案例的审判,语音的范畴稳定性原则在司法审判中可以起到很重要的作用。以下是其中的一个实例:洛杉矶一位卸货员保罗·普林茨瓦利(Paul

Prinzivalli)被指控有电话恐吓泛美票务办公室的行为(Labov 1988)。普林茨瓦利是纽约人,而洛杉矶警方、原告和法官都认为,恐吓电话录音中出现的是纽约人的口音。而事实上,电话录音显示的元音系统应为新英格兰东部口音,因为它在 *bomb*、*on* 和 *off* 中的元音合并为一个后低元音/ɒ/(图 4.14a)。普林茨瓦利也应要求做了相同内容的录音,结果他的元音系统显示出准确的纽约口音的细微特征,即三个音位各出现在一个位置:*on* 里的是央低元音/a/;*bomb* 是后中元音/ah/;而 *off* 是后高内滑元音/oh/(图 4.14b)。

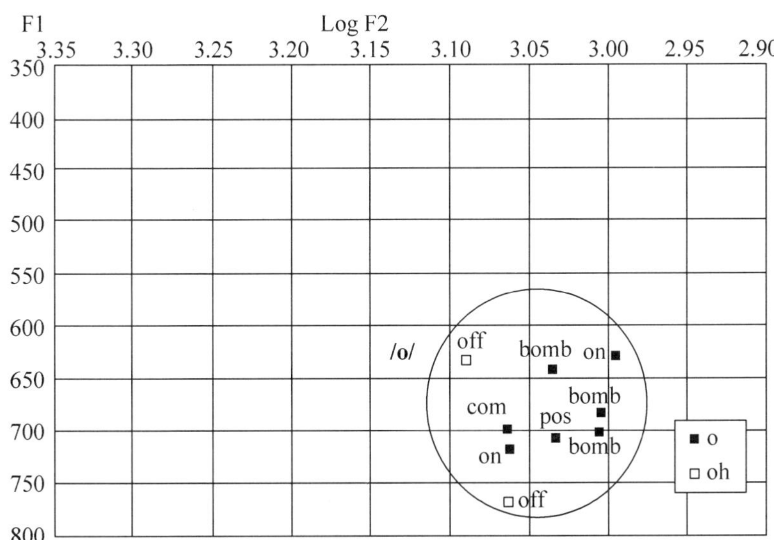

图 4.14a　电话恐吓者的后低元音音位

听完这段证词之后,法官让被告起立跟读宣誓词。然后,法官问我能否从这段誓词中找到纽约口音的决定性特征,我指出了 *flag* 里的紧元音。在纽约方言中,所有浊塞音前都是紧/æh/,但

111 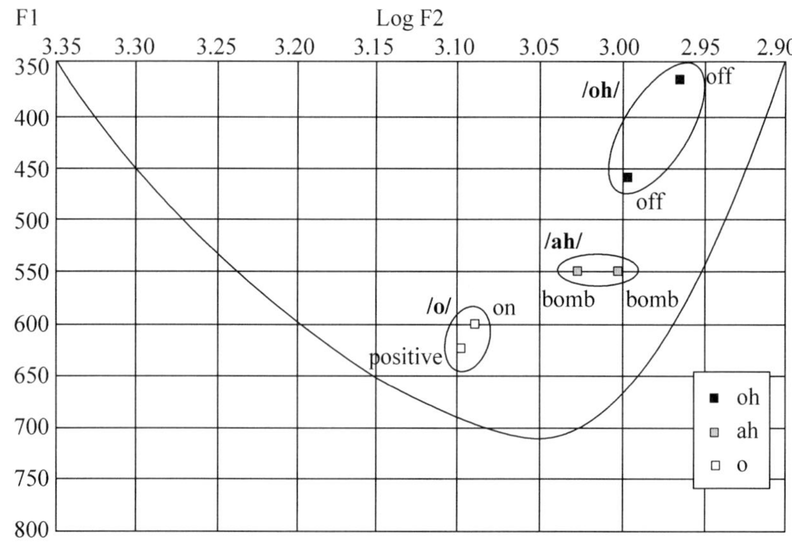

图 4.14b 电话恐吓者[1]的后元音音位

在邻近的新泽西北部口音中,恰恰是/g/前面会出现松元音。这样的客观事实作为法庭证据,可以证明恐吓电话的录音人和被告不是同一人。基于这个证据,普林茨瓦利最后被宣告无罪。①

结论

现在,关于语音系统的稳定性,我们已经有了两种坚实证据。

---

① 沙伦·阿什(Sharon Ash)在第二年的一起相似的案例中也做过专家证人。案子是一位费城人被指控打恐吓电话说要烧掉一座仓库。电话录音显示不出任何费城口音的决定性特征,而被告本人虽然在新泽西居住多年,却还是保留了所有的费城口音,尤其是/aw/中的前紧元音音核——这个音出现在仓库的名字 *Mr. Howe* 的发音中。阿什负责为被告做方言测试,他另找了一些被试者,让他们对着电话讲话,要求掩饰自己的口音。结果显示被试者会改变语速、音质和语调,但没有人改变自己方言的音段特征。

〔1〕 原文有误,应为:电话被告人。——译者

一方面是趋势，研究结果显示，在每位说话人的一生中都在对那些具有高度社会觉察的变体不断调整；而另一方面，包括对社区、家庭和个人的研究显示，在表层语言变异的背后，音系范畴保持稳 112
定。在这两者之间是大量的元音系统语音实现的数据资料，显示出跨越代际的定量和定性的差异。这些数据表明，音变的基本模式是代际变化，而不是社区的共同变化。随着对同一批说话者重复访谈的专项研究持续进行，我们将能够更加确定年龄阶变在这些记录中的表现情况。而从现有的结果来看，由于年纪更大的发音人参与身边正在发生的音变的程度很小从而显示出有限的社区共同变化倾向，所以虚时研究有可能低估了语音变化的实际速度。

第二部分

链式音变

第 5 章　元音转移的普遍原理 115

5.1　制约问题及普遍性研究

1968 年，文莱奇、拉波夫和赫佐格概述了建立语言变化理论的实证基础需要解决的五个问题。首先是制约问题，也就是要找出任何可能存在于语言变化形式、变化方向以及结构特征上的限制。对制约问题的这种定义与“普遍语法”的探寻并不矛盾——后者是当今形式语言学的中心推力。将这种研究延伸到语言变化的领域，需要建立一套原理来界定“可能发生的语言变化”的概念并区分可能发生的语言变化和不可能发生的语言变化。语言普遍性研究方法的核心理念认为在所有人类语言中存在着一些抽象的原理，它们界定或者允许某些语言变化类型的出现，并禁止其他类型的发生；换句话说，因为人类无法完成某些语言行为，也就绝不会实施这些语言行为，因此基于这些语言行为的语言变化永远无从寻觅。

语言普遍性研究的目标和本书所致力的实证研究之间并不冲突。两者目标一致：都是为了发现支配语言结构和语言变化的最普遍的原理。两种研究方法的不同在于：历史的和演化的研究方法并不事先假定有任何可以独立于其他因素之外并且在所有情况下都能决定变化结果的语言行为原理。语言变异与变化研究表明,任何这类的原理或者规则,无论有多强大,在很多因素不利于它应用的情况下,就有可能会被重写。

不过,本章最初的研究结果在一开始的时候却似乎有悖于这一论述。5.2 节从历史记录中得出的链式音变出发,观察和比较这些音变在结构和方向上的相似性。当若干英语方言被记录下
116 来,并与历史记录里报告的一系列链式音变相比较的时候,就会出现带有引人注目的无例外特征的制约,这会满足普遍性研究方法的最严格的要求。我在展示这些链式音变的普遍原理中,将集中于这些原理被发现的本质——即语言变化的单向性原理。

接着,研究视野将扩展到考察普遍原理的若干明显的例外,包括与单向性原理相反的逆向运动。其中有些将在后续章节所发展的音系空间的观念中加以解决。但是这种解决的成败将不是在为无例外的原则进行辩解。从变异论者的视角来看,我们最终要接受这样的看法:人类语言中没有哪种元音转移的方向是被禁止的,但是我们将确定,有些方向比其他方向更为常见。在本章的研究成果以外,我们将开始看到一种更为广阔的研究构架,这种研究将用更严密的定量研究的结论来取代我们的定性研究的原理。

这里提出的链式音变的系统性观点将会用于探究尚未解决的问题,涉及两种基本音系变化类型的关系——合并和链式音变。

5.2　元音转移的三条原理

本节将提出支配元音链式音变的三条普遍原理。[1] 首先，它们将以应用于历史记录的已完成的链式音变（completed chain shifts）的形式进行表述；随后，它们将被修订，以考虑进行中的链式音变中更为准确的信息。

（1）原理Ⅰ

链式音变中，长元音高化。

原理Ⅱ

链式音变中，短元音低化。

原理Ⅱa

链式音变中，上滑双元音的音核低化。

原理Ⅲ

链式音变中，后元音前化。

原理Ⅰ在所考察的记录中没有明显的例外。原理Ⅱ一般适用于绝大多数的实例，但历史记录中确实有例外（见 5.4 节）。原理Ⅱa 适用于更多的实例。由于上滑双元音的音核通常都是单莫 117
拉，因此将原理Ⅱa 看作原理Ⅱ的一部分是合情合理的。[2] 原理

① 本节及后面各节的大部分内容都是基于 LYS 项目报告第 4 章同一标题的最初内容。这些原理的最初版本发表于拉波夫与瓦尔德（Labor and Wald 1969），拉波夫（Labov 1991）做了进一步发展。

② 在后面的几章中我们会修订这一论断。原理Ⅱa 的最终表述将会具体为“上滑双元音的短音核”。

Ⅲ的应用也很普遍,但无论是过去还是现在的音变中都存在少量例外。

在斯威特的观察中(Sweet 1888:19—21)已预示了这些原理。只是当时链式音变的概念尚未在语言学中普及开来,并且他的观察仅限于个体的音变。尽管这些原理对孤立的音变具有统计性效果,却无法引起当时语言学家们的普遍兴趣,于是斯威特的原理就此埋没。马丁内(Martinet 1955)、奥德里古尔和尤兰德(Haudricourt and Juilland 1949)在链式音变研究中重新引入原理Ⅲ。链式音变的三条原理再次出现在目前对于进行中语言变化的研究中,它们应用于大量的元音转移变化,具有广泛的规则性。

尽管这些原理以链式音变的形式陈述,我仍然会毫不犹豫地在适合的情况下用它们对单个的音变进行描述和分类。

链式音变的功能解释

这些原理只有在链式音变中才对语言变化显示出强大的制约作用,这本身在理论上就很有意义。如果元音的移动彼此完全独立,那么我们可以预见,当同一时间发生一种以上的移动,这些原理中任何一条的力量都会被削弱。举个例子,如果/ɔː/和/oː/高化而不是低化的概率都是0.8,同时两个元音移动时彼此独立,那么/ɔː/和/oː/都发生高化的概率变为0.64。可是事实与此相反,实际证据是概率接近于1.00。这显然验证了一个基本理念:链式音变反映了元音系统的功能性省力原理(functional economy)。元音同时移动,从而避免被合并,这样得以保留它们区别单词的能力(Martinet 1955)。[①]

"功能性"术语可用来指结果–手段(ends-means)之间各种广泛的关系。它最初是指交际参照信息中的语言功能,然而还有很多其他功能,如布勒(Bühler 1934)的语言功能三分法:表述功能、情感功能、指示功能,以及雅各布森(Jakobson 1960)和海姆斯(Hymes 1961)更加详尽的阐释,包括美学功能、玩笑功能、元语言功能和寒暄功能等。这种功能理论中较为广泛的内容与本书的主要问题没有直接的关系。大量研究显示,诸如链式音变与合并等音系方面的变体,并没有什么表示强调、情感或者适应环境的功 118
能,因此它们远低于社会觉察水平(Herold 1990;Labov 1989a)。音系变化的功能分析,必须考虑特征和音位在区别单词和传递信息中的能力。如果这种能力被削弱,发生合并,它就不能为语言系统的其他隐性功能服务。我们确实需要考虑在处理音变的动因和不断更新方面发挥语言的潜在作用。然而,这个意义深远且重要的问题并不是本节的主题。因此,链式音变的功能性解释在这里就是通过与语言系统传递的参考信息量的相关性,来尽力说明语音系统的循环、折叠或扩展。

马丁内关于链式音变的思考源自链式音变与功能解释之间的关联。在马丁内(Martinet 1952,1955)关于结构、功能与省力相互关系的论述中,原理Ⅲ是一个重要的组成部分,而他对这一原理所做的解释是对这三条原理目前所看到的唯一的解释。马丁内认为,原理Ⅲ是两种相对立的趋势共同作用所导致的结果,即声门上

① 这种功能性解释并非考察链式音变的唯一途径。与此相反的观点参见第 17 章。

声道中发音空间的不对称性,以及语音系统所要求的对称性。根据马丁内的论述,前元音比后元音拥有更多的发音空间。尽管发音空间能轻松提供前元音的四级高度,但是对应系列的四个后元音就显得过于拥挤,其结果将影响到后元音的边缘安全。为了缓解这种拥挤的压力导致后元音的前移。奥德里古尔与尤兰德(Haudricourt and Juiland 1949)观察了法语、瑞典语、希腊语和其他一些语言中所有的后元音前移的链式音变的例子,结果强有力地支持马丁内的观点:每种元音前化的出现,都是在后元音分成四级之后发生的。

在本节后面以及第 6 章结尾我们将再次论及这种特别的解释,并且对一般的链式音变的功能解释进行评价。

链式音变的定义

为了论证、辩护和解释链式音变的原理,有必要首先定义链式音变。一般链式音变是由最小的和扩展的链式音变组成。**最小链式音变**指两个音位之间的位置变化,其中一个音位离开了原来的
119 位置,而另一个音位**占据**了这个位置。[①](而链式音变区别于其对立面——**合并**——就在于合并是指两个元音之间关系的变化,其中一个元音呈现为或接近于另一个元音具有的位置。)最小链式音变中的两个音位可以更为简单地称为“**进入**”和“**离开**”的成分。于是,**扩展的链式音变**就是最小链式音变的组合,其中一个最小链式音变的进入成分取代了第二个最小链式音变的离开成分。

---

① **占据**(occupied)可以指第二个音位正好取代语音空间的相同位置。最终看来这似乎太严格,在很多链式音变中,第二个音位占据的位置近似于前面音位的位置,但不完全相同(见第 9 章关于子系统的音变和第 12 章关于近似合并的内容)。

就时间关系或因果关系而言，对于哪个是起始成分和哪个是回应成分，或者这两个成分是否同时移动的问题上，这些定义保持了中立。① 下面的链式音变图示中，A 表示进入成分，B、C 表示离开成分。最小链式音变就可以用线性图式(2)进行描写：

(2) /A/→/B/→

从 A 到 B 简单的位置移动表示为/A→B/，A 和 B 音位的合并则表示为/A/→/B/。在更复杂的情况下，这些符号可以帮助我们在一系列移动中区分出一系列的音变，都是服从于链式音变的普遍原理。比如，一个单元音可能如同/ī→iy→ey→ay/那样呈现出/A→B→C→D/的移动变化，这正是元音大转移的一部分并遵循了原理Ⅱ。相似的语音模式也出现在现代音变中，但这是涉及四个不同音位的链式音变：

/iy/→/ey/→/ay/→/oy/→

因果的联系

尽管链式音变的定义没有建立起因果的方向，但是出现这些变化的语言环境建立了清晰的因果关系。/A/→/B/→的变化意味着事件的组合导致了保留音位/A/和音位/B/的状态。如果只有 A 发生了变化，或者 A 在/B/之前移动了，那么现在将只会有一个音位/A=B/。因此，如果音变同时影响了 A 和 B，则可以认为这种形式的链式音变是目前系统具有区别能力的直接原因。而
如果这个元音系统产生的是像(3i)这样的平行变化，或者像(3ii) 120
这样的不相关的变化，则不存在什么因果关系。

① 推链和拉链的对立的问题将在下面展开讨论。

(3)

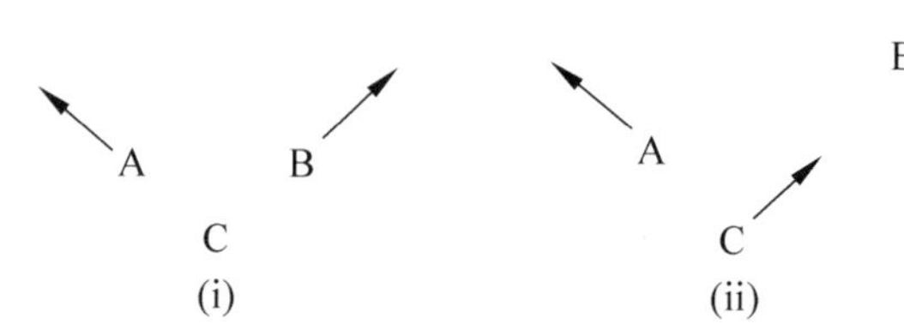

在(3i)中,如果B没有高化,系统就会发生语音的不对称偏移,但这并不影响它传递的信息量。在(3ii)中,如果A没有高化,这个系统将会变得更加对称,而所定义的系统的功能效果保持不变。可是在(2)里,如果B没有离开A所占据的位置,那么这个系统从功能意义上就会完全改变。

原理Ⅰ和原理Ⅱ非常清晰地预测了进入成分和离开成分在高度方面加以区分的基本实例:

(4)

在这些简单的例子中,原理Ⅰ和原理Ⅱ表明(4i)是用于预测长元音,而(4ii)非常有利于短元音的预测;但是(4ii)从不出现于长元音,(4i)则几乎很少用于短元音。

在很多情况下,如果离开成分是高元音或者低元音,无法再朝同一方向继续移动。那么这个离开成分就很可能产生非线性的变化,如(5)所示。这种非线性变化通常包括移动到其他子系统——单元音化、双元音化、短化,或者长化——第9章将会讨论这些情况。

(5)

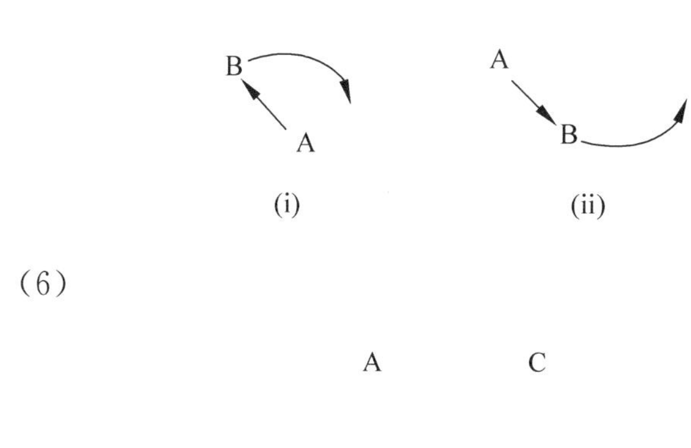

(6)

对于前元音和后元音一样多的对称音系，如(6)，这些链式音变原理似乎没有什么明显的作用。如果 A、B、C 都是长元音，那么三条原理会预测出三者间怎样的链式音变呢？三条原理并没有预测究竟是 A 和 B 会高化还是 B 和 C 会高化。它们只是表明如果 A 和 B 高化时，C 不会低化，除非它变短。

对于没有长短元音对立的元音系统，比如罗曼语，这些原理又 121
怎样起作用呢？在这种情况下，单元音系列的行为与长元音相同，遵循原理Ⅰ。换句话说，只有与一系列长元音构成对比而标记为短特征的那些单元音才会遵循原理Ⅱ。

历史记录中的有利证据

在历史记录中寻找链式音变实例时，LYS 还引用了其他一些语言中表现三条原理的例子——主要是印欧语系的语言，也有其他语系的(见表 5.1)。在表中将语言归为不同的类别。这是因为在特定模式中通常几条原理同时出现。而分析每一条原理在每一种语言中的每一种应用情况是一项烦琐而费力的工作。因此在这里我们将只检验几种链式音变的主要模式及其在特定语言中的实例。

122 **表 5.1 已完成的链式音变中普遍原理的实例**

原理Ⅰ 长元音高化	原理Ⅱ 短元音低化	原理Ⅱa 双元音音核低化	原理Ⅲ 后元音前化
英语	北弗里斯兰语	英语	伊地语
德语	维格里奥特语	(中部)伊地语	瑞典语
伊地语		(西部)伊地语	北弗里斯兰语
瑞典语		瑞典语	罗曼斯语
弗里斯兰语		北弗里斯兰语	法语
葡萄牙语		罗曼斯语	列托语
瑞士法语		维格里奥特语	希腊语
罗曼斯语		捷克语	阿尔巴尼亚语
希腊语		列托语	阿卡语
立陶宛语		韩语	
古普鲁士语			
阿尔巴尼亚语			
拉普兰语			
叙利亚语			
阿卡语			

5.3 链式音变的主要模式

如上所述,链式音变的三条原理相互独立;不过,它们并不能以所有可能的方式任意组合。一个元音可以同时前化和低化,也可以同时前化和高化，但却不能同时高化和低化。这些原理并没有提到后化的情况。所以，这三条原理组合起来其实只能产生很少的几种重复的模式就不奇怪了。以下最初由 LYS 发现的几种模式是基于对当代方言进行实验分析的成果。除了第四种模式之外，其余三种都能在历史记录中获得。

图表体例

本章的图式都力求以最简洁的几何形式进行绘制，反映出历史音系中最常见的特征系统：高、中、低的对立；前、后对立。只有在系统的对称性需要时，/a/才作为央元音；其他情况下，/a/为后元音，和/o/、/u/是一组。这样，图式以改变区别特征的方式来解释链式音变原理。语音在多余特征方面的变化跟我们要探究的普遍性没有太大关系。比如，元音三角中前元音的低化往往也伴随着一定程度的后化，因为在低元音的前后距离比高元音要小很多。这种语音上的后化并没有违背原理Ⅲ，音系图式也反映了这一点。

经过历史材料确认的语音形式用粗体来表示，如 **ie**、**uo** 等。在历史材料中，特定元音的音位地位并不总是那么明晰，但只要没有相反的证据，这些元音都作为音位进入图式中。音位用双斜线符号//表示。如果一个元音移动到新的语音位置，既没有占据另一个音位先前的空间，也没有跟它合并，那这个新的语音形式就在方括号[ ]中表示，即使新的语音符号是对这个语言描写中用来表示其他音位的字母，也没关系。在文献记录相应的符号的情况下，方括号[ ]也用于表示应有的语音中间过渡阶段。

为了使图式之间具有一致性,音段符号[w]、[y]和[ə]表示所有滑音的指向。这样,日耳曼语和波罗的海语言中的 **ie** 和 **uo** 在文中进行了讨论,在图式中用[iə]和[uɔ]表示。历史文献中的长元音一般会加上长音符号,如[v̄],而现代语音中长音则用冒号表示,如[vː]。

在描述模式 1 的图式中,横线表示子系统之间的变化(例如从单元音变成双元音),竖线表示子系统内部的高度变化(这些支配子系统音变的原理将在第 9 章进行讨论)。

链式音变模式 1

模式 1 见图示(7),英语元音大转移的经典对称变化可作为这种模式的实例。

(7) 模式 1[1]

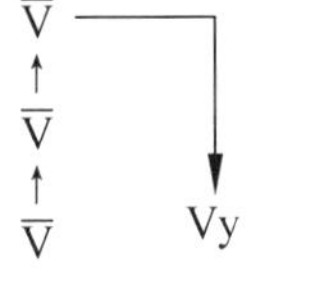

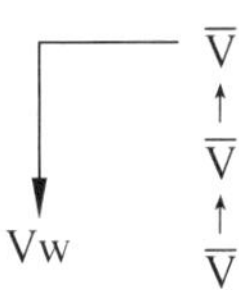

在图示(7)中,原理 Ⅰ 适用于前后两种长元音高化,高元音离开长单元音系统,成为上滑双元音。在元音大转移中,这种模式的实现可以表示为:

/ǣ/→/ē/→/ ī→iy/

/ɔ̄/→/ō/→/ū→uw/

〔1〕 原图有误,现已更正。——译者

〔2〕 原图有误,现已更正。——译者

原理Ⅱ适用于双元音音核随后发生的低化。根据当代正字法专家和语法学家的描述，可以表示如下：

/iy→ey→ay/

/uw→ow→aw/

元音大转移的实际机制将在5.5节中更为详细的阐述。这里我们只关注模式1嵌入元音转移普遍原理的方式。

在历史文献中，英语元音大转移是模式1的最好实例。不过，124
这个模式的对称性高化和双元音化特征在一些北欧语言中也存在。如(8)所示，通用捷克语(Common Czech)(Kučera 1961)就经历过紧中元音高化的同时紧高元音双元音化和低化的过程。

(8) 捷克语的元音转移[2]

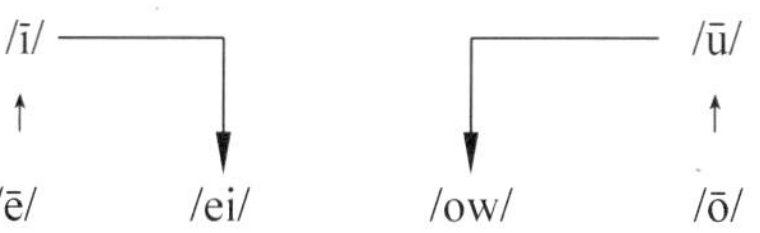

通用捷克语与标准文学语言不同，后者并没有发生这样的转移。城市人似乎可以在两种形式之间自如转换，这表明母语者可以察觉并正确运用这种变换。①

第三个例子来自波罗的海语言中的古普鲁士语(Old Prussian)(Schmalsteig 1964,1968)。虽然资料很有限，只是在一些教义问答手册的文本中发现了模式1音变的证据。在教义问答手册Ⅱ中，有原来的**ē**移向**ī**，而**ī**移向**ei**；但在教义问答手册Ⅰ中，却只发现了后一种变化。在所有文本中都显示了一种有条件的音

① 共时转换实际上与历史上的同时变化过程没有对应关系。导致现在通用捷克语和标准捷克语彼此对立的变化是发生在很久以前的事情。

变,**ā** 移向 **ū**,而 **ū** 移向 **ou** 甚至 **au**。因此,有证据表明古普鲁士语中曾存在双元音音核的低化,使它和滑音的距离达到最大化。此外,在古普鲁士语中,我们可以将两种共存的不同元音系统区别开,其中一种更保守,而另一种更创新,显示了一种进行中的音变和进展更快阶段中的社会分化的存在。

如(9)所示,中古高地德语(Middle High German)也经历了模式 1 的变化,只是更加复杂,涉及子系统间的链式音变。(Priebsch and Collinson 1958)

(9) 中古高地德语元音转移

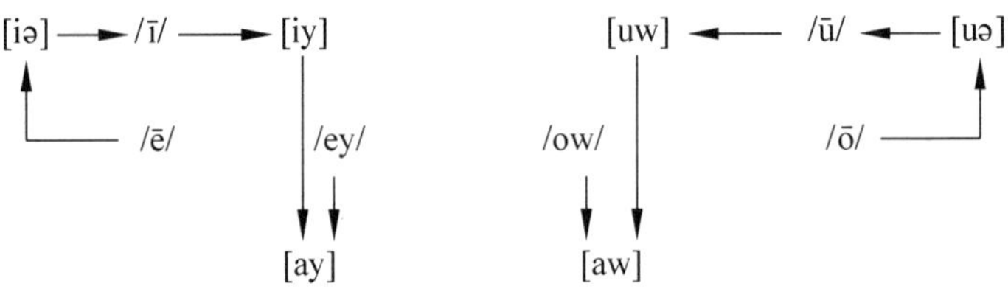

125 古高地德语里的中长元音先高化为内滑元音 **ie** 和 **ou**(LYS:第 3 章)。然后在中古高地德语里单元音化,但并没有与原来的高长元音合并,后者双元音化成为上滑的 Vy 和 Vw。这些新的双元音音核低化到中位,再降到最低的位置,成为现代的[ay]和[aw]。原来的一对双元音 **ei**/ey/和 **ou**/ow/也随之发生低化,于是在现代标准方言中,就有了/ey/与/ay/、/ow/与/aw/的完全合并。①

在西伊地语中,这一过程走得更远。如(10)所示,原来的双元音 **ei** 和 **ou** 现在合并为单元音 **ā**,因此我们推断这是[ay]和[aw]单元音化并且合并的结果。

---

① 这一合并变化发生的具体时间还不清楚;也许是 *ei* 和 *ou* 在低化的链式音变过程中在中位或者低位时发生了合并。

（10）西伊地语元音转移

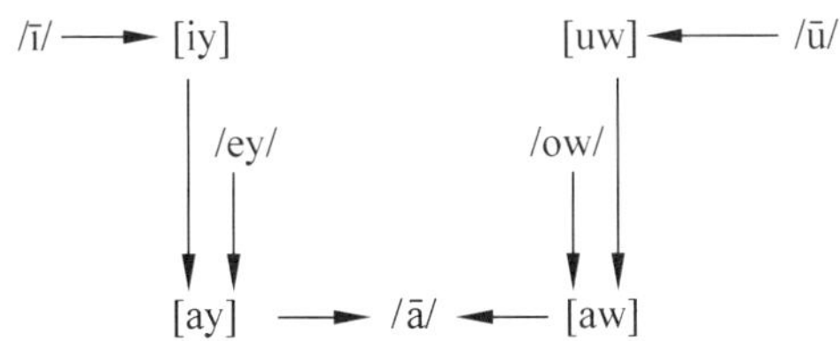

中古高地德语的正常发展进程中，还有第三系列元音也加入了这些音变：在每一个阶段，前圆唇元音随着前不圆唇元音在演变的每一阶段都平行移动。

链式音变模式 2

模式 2 涉及所有的三条原理，如(11)所示。

（11）模式 2

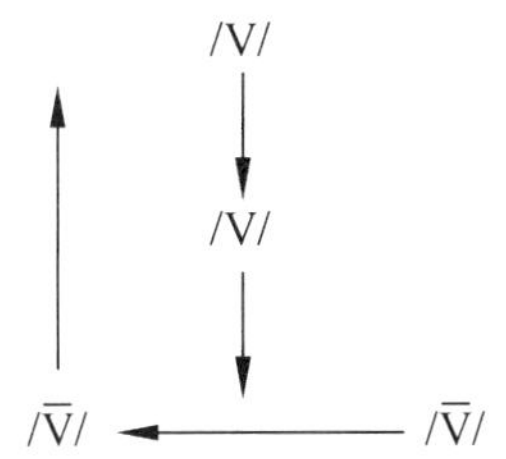

在这一系列图式里，横向箭头表示前与后的特征差别，同时也表示子系统的转换。在模式 2 中，后低长元音发生前移，这遵循了原理Ⅲ；前低长元音移向前高位置，这遵循了原理Ⅰ。在有些情况下， 126
这个新的前高元音发展出一个内滑音；在其他情况下，它与/i/发生合并。而前短元音则会降低，这遵循了原理Ⅱ。

模式 2 主要依赖于前低的/æː/和相对后的/ɑː/或/ɔː/。在所有元音系统分类中，这样的“矩形”系统类型比由/e/、/o/在/a/

的侧翼构成的"三角形"系统少得多。模式 2 最主要的实例来自现代英语方言,将在第 6 章中进行分析;历史记录中的例子并不多见。最接近现代模式 2 的历史演变来自北弗里斯兰语,这并不是偶然的。弗里斯兰语和盎格鲁-撒克逊语都经历了原始西日耳曼语(Proto-West Germanic)**ā** 变成 **ǣ** 的"盎格鲁-弗里斯兰语的亮音化"(Anglo-Frisian brightening)的过程。这个音位 **ǣ**——包括已经单元音化的原始西日耳曼语的 **ai**——后来又发生了前化和高化,在弗里斯兰语中广泛进行的裂变过程中,发展出一个内滑音。[①] 于是,印欧语的 **ai** 在弗尔(Föhr)和安茹姆(Amrum)两地的北弗里斯兰方言里,就表现为 *siap* 'soap'、*sial* 'soul'和 *hial* 'whole'中的元音;而印欧语的 **ā** 的表现有 *bian* 'bone'(Wilts, Braren, and Hinrichsen 1986)。短元音/i/降低到中和低的位置,产生了 *sat* 'sit'、*batter* 'bitter'和 *madel* 'middle'等的发音。

(12) 北弗里斯兰语的模式 2 音变

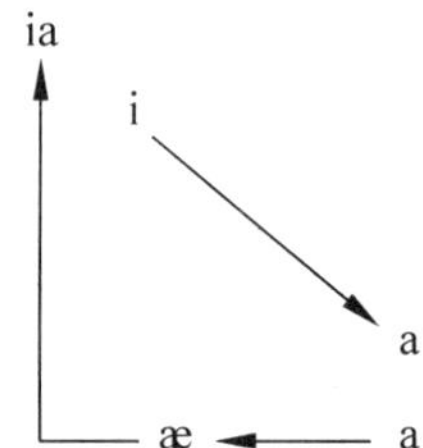

这只是一种更为复杂的模式中的一部分。那种模式具有

① 人们往往把裂变跟一种在/h、l、r、x/前面发生的、有条件的内滑音变化联系起来。但像这样的无条件裂变,其实是更普遍的过程,在接下来的讨论中还会起到重要作用。当长元音或紧元音从低位向中位和高位移动时,这种现象会频频发生。它甚至可能比元音大转移中那些单元音的简单变化还要常见。

前-后元音的高度对称，我们将在下文进行讨论。**ā** 的非对称性前化是使它进入模式 2 框架的首要特征。在其他一些模式 2 的描述中，我们会看到内滑元音的产生也是模式 2 的典型特征。[①]

韩语的历史文献中也发现了模式 2 的变化（Hong 1991：29； 127
Lee 1961）。[②] 如(13)所示，在古韩语向 13 世纪早中期韩语过渡的过程中，后 **a** 移动到央或前位，而原来在这个位置的元音发生高化和前化，填充到一个前中元音的空位。

(13) 古韩语的模式 2 音变

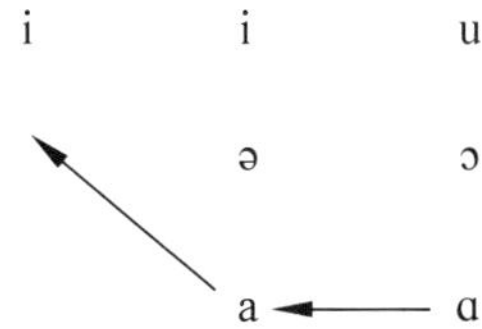

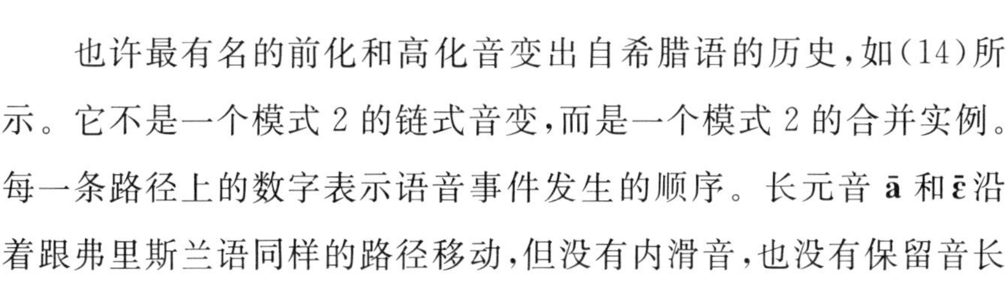

也许最有名的前化和高化音变出自希腊语的历史，如(14)所示。它不是一个模式 2 的链式音变，而是一个模式 2 的合并实例。每一条路径上的数字表示语音事件发生的顺序。长元音 **ā** 和 **ɛ̄** 沿着跟弗里斯兰语同样的路径移动，但没有内滑音，也没有保留音长的区别。现代语言中的结果是完全合并为/i/。[③]

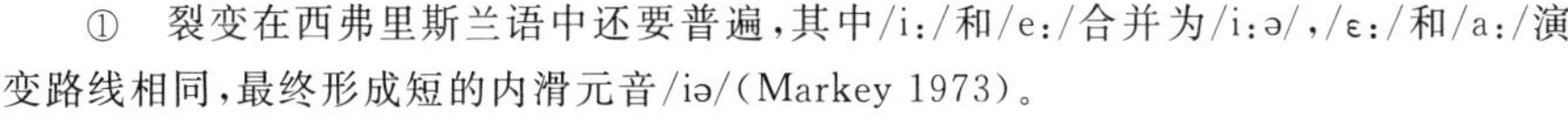

① 裂变在西弗里斯兰语中还要普遍，其中/iː/和/eː/合并为/iːə/，/ɛː/和/aː/演变路线相同，最终形成短的内滑元音/iə/（Markey 1973）。

② 韩语的材料引自洪（Hong 1991），以及其他参考文献。特别感谢洪允淑（Yunsook Hong）让我注意到韩语复杂的音变现象。我使用了一套表示古韩语语音特征的音位符号，李（Lee）和洪（Hong）用的传统语音符号表示现代韩语的语音。尽管古韩语这个阶段的音变遵循了链式音变的普遍原理，但我们下面将要讨论的韩语后来的变化却包含了一系列引人注目的反例。

③ 除了这里提到的合并之外，/oy/、/u/和/uː/最后也与/iː/合并。

(14) 希腊语模式 2 的合并

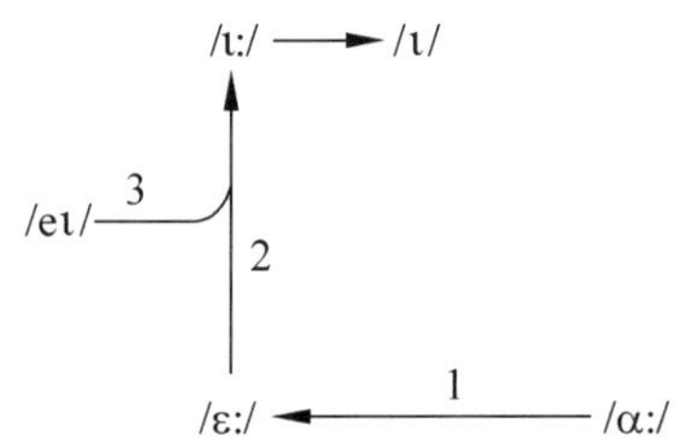

模式 2 的链式音变还出现在罗曼语族的维格里奥特语(Vegliote)中,这种语言 1899 年以前曾在亚得里亚海上靠南斯拉夫海岸的维格里亚(Veglia)岛上使用过而现已消亡(Hadlich
128 1965)。如(15)所示,早期 **ɛ** 和 **ɔ** 高化为内滑元音。后来(在 Hadlich 的文章中是第 4 期),短元音在链式音变中低化,最终合并为/a/。

(15) 维格里奥特语元音转移

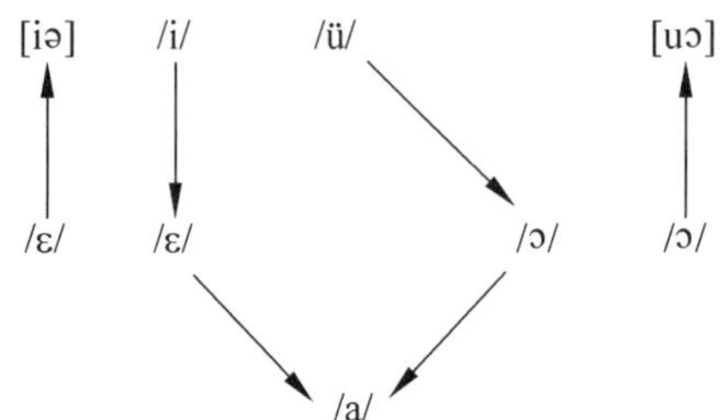

这些音变是否遵循(1)中链式音变的普遍原理呢? 在传统记音符号中,我们看到/ɛ/和/ɔ/在某一阶段高化,并在另一阶段又低化。如果它们是短元音,那它们在一开始就不应该高化。维格里奥特语和其他罗曼语一样,在这些变化之前,就失去了长短元音的区别。在大多数其他罗曼语言中,单一的元音系列会遵循紧元音或长元音的模式,我们可以认为这是无标记的情况。如果要将一组元音归为

“短”元音，则它们必须有与另一组“长”元音相反的特征，或者更短，或者缺少外缘性。在这个例子中，我们的确可以找到/i、ü/跟/iɛ/、/uɔ/相互对立的基础。这两个内滑双元音早期分别来自/ɛ/和/ɔ/。从许多其他语言的变化模式中，我们可以推断，它们是紧元音或长元音在从半低位置上升到半高位置时发展出内滑音。然后，它们变为下降的双元音/iɛ/和/uɔ/，接着又分别平滑化为/i/和/u/。第 3 章和第 4 章中论述的美式英语(æh)的变化以及上文(12)中的北弗里斯兰语的例子都是这种低元音的长化、高化和裂变。在维格里奥特语的/iɛ/和/uɔ/单元音化之前，毫无疑问这些元音形成了长元音子系统，并与它们的演变与按照原理Ⅱ下降的短元音对立。

维格里奥特语的故事远不止此。闭元音ẹ 和闭元音ọ 最终发展成具有开元音作音核的双元音(*fajd* ‘faith’、*sawl* ‘sun’)。这表示它们上升至高位，双元音化，并且下降进入模式 1 的变化过程，从而成为与短元音/i、ɛ、u、ɔ/相对立的长元音或紧元音系列的一部分。[①]

链式音变模式 3 129

(16)所展示的链式音变模式 3，结合了原理 Ⅰ 作用下的元音高化和原理 Ⅱ 的元音前化。在罗曼语系中这种模式很常见，其中只有一套无标记元音系列。日耳曼语族也有这种模式，影响长元音。如(16i)和(16ii)所示，有两种形式：第一种作用于单元音；第

① 在罗曼语族中，只有罗曼斯语也有这种模式的变化。它与日耳曼语族诸语言有紧密的接触。尽管维格里奥特语也是罗曼语世界边缘的一个孤岛语言，它与威尼斯方言、与塞尔维亚-克罗地亚语之间的接触也不应是产生这种变化的主要原因。我认为这是比其他罗曼语言更为复杂的音系空间的一种独立发展。在第 6 章中会提到一些术语，启发我们考虑到前元音和后元音都是既有外缘的、又有非外缘的变化轨迹。

二种涉及后元音的双元音化以及随后的音核前化。①

(16) 模式 3

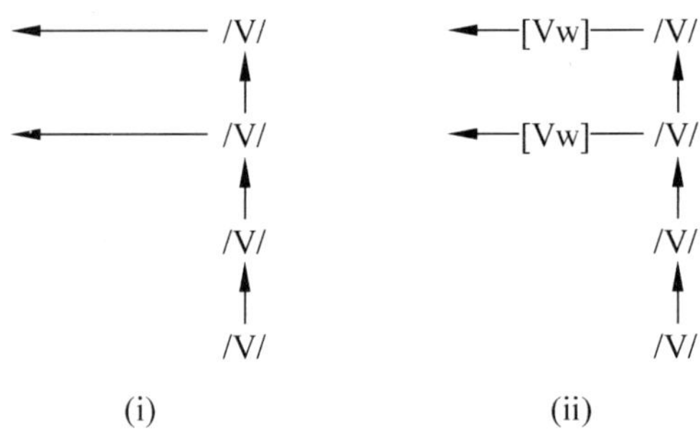

我们在这里谈论的历史上的例子都属于(i)类;在第 6 章讨论的进行中的当代音变中,(ii)类音变将起到重要作用。

日耳曼语的学者很早以来就认识到模式 3 的音变。普罗科施(Prokosch 1930)对这种变化做出如(17)的描写,称之为“日耳曼语元音大转移”,用来表示从印欧语到原始日耳曼语所产生的变化。

(17)〔1〕

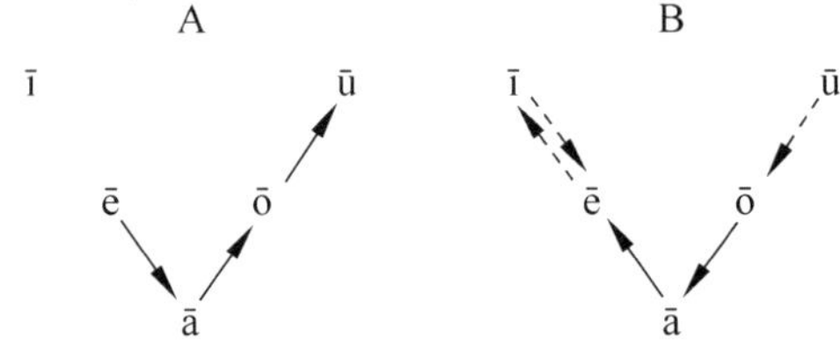

130 左边的 A 图表现出影响长元音的模式 3 音变,在现代日耳曼语再增加前化成分。右边的 B 图表现的是普罗科施最初设想的短元音逆

---

① 在某些模式 3 链式音变中,后中元音和后高元音会同时前化。但正如接下来讨论的那样,根据本章的定义这不适合作为链式音变的组成部分。

〔1〕 图 17B 中的 ī 和 ū 应为 ĭ 和 ŭ,其他元音也应如此。——译者

向低化，遵循的是原理Ⅱ。虚线表示有条件的音变：短 **ĭ** 和短 **ŭ** 的低化只发生在 **h** 和 **r** 前面，而在西日耳曼语中只有在下一个音节中含有 **a** 的情况下才会发生。而相反的高化是在其他条件下发生的。为了在日耳曼语中保持短元音普遍的低化趋势，我们必须假设一系列的普遍低化，有条件的高化以及有条件的低化。以至深信存在普遍日耳曼语元音大转移的普罗科施，也被迫拒绝把 B 作为日耳曼语的特例。B 图只是阐述了西弗斯(Sievers)所强调的原理：日耳曼语的长元音和短元音倾向于分别朝相对的方向移动。我们会在第 6 章结尾讨论链式音变原理可能的解释时，再来探讨这个问题。

在马丁内和他的学生们进行的功能性讨论中，模式 3 的音变是中心论题。奥德里古尔与尤兰德(Haudricourt and Juilland 1949)研究了四种欧洲语言：法语、圣米格尔(San Miguel)的葡萄牙语、瑞典语和希腊语。LYS 项目提供了一系列有关模式 3 的其他例子：西欧有瑞士法语方言瓦莱语(Valais)和罗曼斯语(Romansch)；东欧有伊地语、立陶宛语和阿尔巴尼亚语；印欧语系之外，有西叙利亚语和阿卡语(一种彝-缅语族的语言)。

瑞典语和东挪威语中有经典的模式 3 音变的实例。这也是最早为人们所认识的链式音变之一(Haugen 1970; Benediktsson 1970)。[①] 最初先是短/a/的长元音化，随后形成了一个推链(Benediktsson 1970)。接下来，原来的长元音 **ā** 后化为 **ɔ̄**，得到如(18)所示的古斯堪的纳维亚(Old Scandinavian)语音系统。箭头

① 本尼迪克森(Benediktsson)指出，挪威方言学家拉森(Amund B. Larsen)已经把这种现象称为链式音变。

方向表明随后发生的符合模式3的链式音变产生的高化和前化。

由于系统中已经有圆唇长前元音[ȳ],于是旧的[ȳ]变为外圆唇(out-rounding),新的[ü]变为内圆唇(in-rouding),形成了圆唇内部的对立。尽管只是限于这一个位置,外圆唇与内圆唇的区别为链式音变的结构限制又增加了一个维度(Hammerberg 1970)。

这是奥德里古尔和尤兰德为支持他们的论点引用的例子之一。他们认为后元音前化是由于后面过于拥挤,这样能够减少(18)所示后元音的四级高度。然而这不是唯一减少高低对立的办法,古斯堪的纳维亚语的其他分支语言中,**ɔ̄**双元音化为/aw/。

131 (18) 瑞典语中模式3的音变

/i:/	/y:/		[ü]←/u:/
			↑
/e:/	/ö:/		/o:/
			↑
/æ:/			/ɔ:/
			↑
		/a/→	/a:/

模式3还有很多其他西欧语言的例子广为人知,这里不再赘述。从某个角度看,模式3似乎是一种地区性现象,取决于/ü/音位的区域性分布。的确,这种链式音变模式多是集中在西欧;但它也出现在东欧和南欧。原始南伊地语的链式音变表现出/o:/→/u:→ü/的过程,随后[ü]又去圆唇化为[i]。而这个高化为/u:/的/o:/,之前是由/ā/高化而来。这样,中部伊地语的/ši:l/"school(学校)"对应北高地德语的*schule*,而中部伊地语的/šu:l/

“bowl(碗)”对应北高地德语的 *schale*(Herzog 1965)。

在印欧语系较远的分支——阿尔巴尼亚语里，我们也找到模式 3 音变的例证，如(19)。原始印欧语的 **ā**、**ō** 和 **ū** 在阿尔巴尼亚语中分别表现为/o/、/e/和/i/(Brugmann 1922)。由于原始印欧语的 **au** 在阿尔巴尼亚语里表现为/a/，因此很显然发生过链式音变。

(19) 阿尔巴尼亚语的元音转移

/i/←[ü]←/u/

/e/←[ö]←/o/

↑

/a/←/au/

这是模式 3(ii)的一种变体，后高元音和后中元音都发生前化，这也是现代英语方言中最常见的变体模式。在(19)中，由于原始印欧语中的 **ō** 在阿尔巴尼亚语经过前化、去圆唇化变为 **ē**，过渡阶段的[ö]已不再有了；但还保留着[ü]的一些证据。

模式 3 也有被“截短”而没有显示出前化的实例。(20)所示立 132
陶宛语的变化(Senn 1966)就是只局限于模式 3 的高化部分。

(20) 立陶宛语的高化

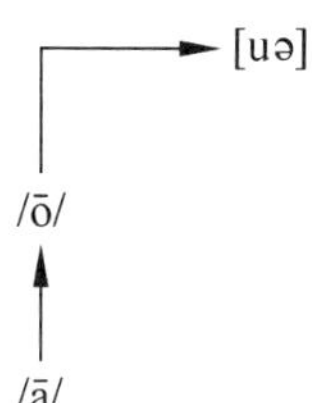

长中元音高化发展为内滑音，从 **ō** 演变为 **uo** 的现象在东波罗的海-斯拉夫语、高卢-罗曼语和弗里斯兰语里非常普遍。不过列托语只有这一种移动，而立陶宛语还有 **ā** 的高化，证明这是一种链式音变。

在印欧语系之外,相似的音变也发生在西叙利亚语中(Nöldeke 1880):/ā/→/ō/→/ū/,同时/ō/和/ū/在高位合并。至今为止还没有在闪米特语族中发现其他例子;由于大多数闪米特语言元音系统的发展不超过三元音系统,因此这是很自然的现象。

离印欧语系最远的模式3的链式音变出现在阿卡语。阿卡语是彝-缅语族的一种语言,使用这种语言的山地部落生活在中国、缅甸、泰国和老挝交界处的山区。布拉德利(Bradley 1969)分析了由刘易斯(Lewis)、尼西达(Nisida)、鲁(Roux)和其他人所做的关于9种方言的调查报告。这里对于在缅甸与中国交界的中心地带的第6种方言尤为关注,因为其中的后高元音大幅度持续前化。阿卡语在入声调闭音节中有一系列的紧喉元音,与舒声调开音节中的正常元音(plain vowel)形成对立。首先是入声调闭音节后元音(下加线)的经典模式3的音变,如(21):

(21) 阿卡语的链式音变 I

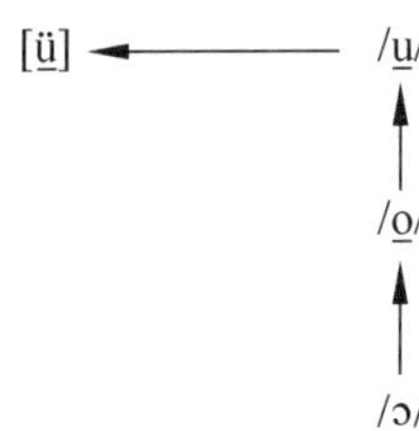

已经成为新紧喉元音/ü̲/的原来的/u̲/,先前在舒声调开音节中有对应的元音/u/。这个开音节/u/前化之后,又进一步发展为开音
133 节的/y/。这在后元音留下较大空缺:缺少了/u/、/o/或/ɔ/。这三个元音中的两个音有另一个复杂的音变做出补充:/a/高化为/ɔ/,而入声的/o̲/变为非喉音的/o/。与此平行的,舒声调/a/的位置被/ɔ̲/替代,后者同样失去喉化发音。这些变化如(22)所示。

（22）阿卡语的链式音变Ⅱ

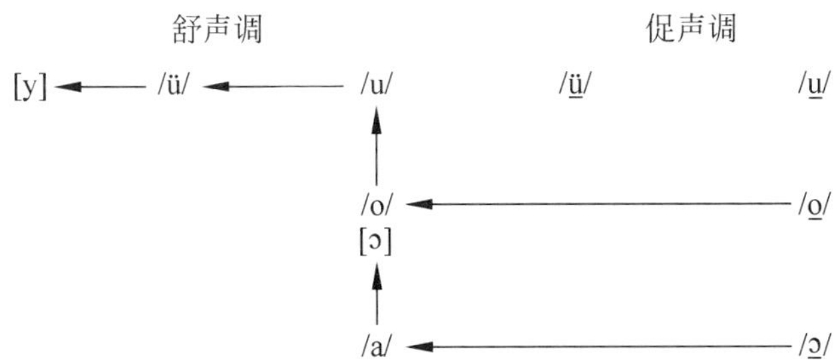

舒声调音节中的第二次转移也可作为模式 3 的一个实例，元音/a/的完全高化进程由于紧喉元音/o̱/抢先进入舒声调音节系统而中断，增加了音变的复杂性。最终结果是一个只有/ü/但没有/u/的不平衡系统。[①] 如果链式音变原理继续作用于阿卡语，我们将会预测在舒声调音节子系统中会有/ɔ/→/o→u/的进一步高化。

联合模式

我们此前给出的例子主要都集中在单一模式。表现出三种模式联合作用的链式音变的集合体并不难发现，而这反过来又例证了链式音变的几个原理。来自印欧语系的两个例子将呈现链式音变作用于整个元音系统的方式。

东列托语方言的链式音变

恩泽林（Endzelin 1922）所做的东列托语方言报告是里程碑式的研究成果，为元音转移提供的丰富资料超越其他任何一种语言。它包括构成模式 1 的高化和双元音化的对称模式，构成模式 2 的后元

---

① 对于“/ü/总是蕴涵/u/”（Sedlak 1969）这条普遍性的论断来说，本例算是很多反例中的一个。

音高化的特征,以及加入单元音链式音变的内滑元音的平行变化。

134 列托语和立陶宛语都显示出紧中元音向内滑高元音 **iɛ** 和 **uɔ** 高化的总趋势,见(20)。新的长元音/eː/和/oː/则来自其他途径。进入这一系列复杂音变的音位在(23)中用黑体标出;其中包括长中元音/eː,oː/,内滑高元音/iə,uə/,和长高元音/iː,uː/。

(23) 东列托语链式音变

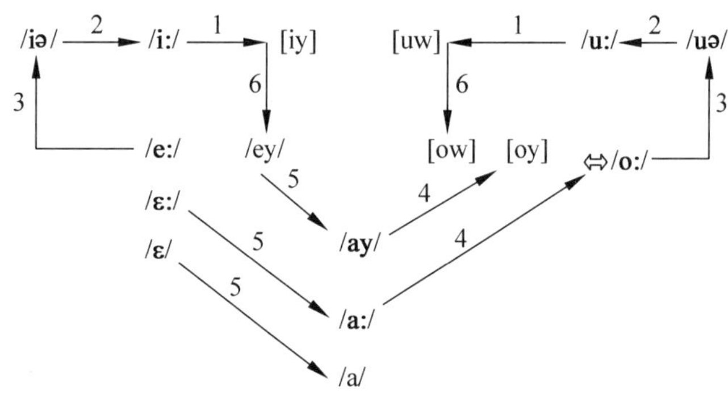

在(23) 中标出的数字并不完全反映实际的历史阶段,而是作为一套逻辑关系,包括(在一种拉链模型下)怎样排序才是达到最终构架显示出的合并和区别所必需的。

- 步骤 1、2、3 将内滑元音插入模式 1 常见的对称模式。就像我们在很多其他语言中看到的那样,高的单元音演变为上滑元音;内滑双元音成为单元音;长的中单元音高化并发展为内滑双元音。
- 步骤 4 是不对称的增补,把模式 3 连接在模式 1 的后元音部分。/ay/的音核高化动因不是链式音变关系而是/ay/和/aː/音核的一致关系。[①]

---

① 第 6 章将涉及一些英语方言,其中类似的普遍性将/ay/和/oy/的移动与/ahr/和/ohr/的移动结合起来。

- 步骤5是/ɛː/、/ɛ/和/ey/三个前中音核低化的音变。
- 步骤6事实上是步骤1的完成，应该被包括在其中。但是只有/ey/在步骤5中低化，才能在逻辑意义上完成。因为原来并没有/ow/，所以后元音方面就没有问题。然而，在这一点上，离散的拉链模型产生了问题，因为它预先假定了一个单元音/iː/、/uː/和双元音/iy/、/uw/对立的阶段。135
据我所知，这并不是一个稳定的架构。显然语音上的差异不足以保持这种区别，我们必须假定它们的音核伴随步骤2又有一定程度的低化。

两个颇为复杂的链式音变可以追溯到以下的发展：

/ɛ̄/→/ā/→/ō/→/uə/→/ū→ow/

/ē/→/iə/→/ī/→/ey/→/ay→oy/

模式(23)包括了许多证明链式音变原理的移动变化，但是其中也有一些与原理方向相反的变化。前双元音的变化跟/ay/的松音核的高化相连接。由于不能从资料上确定/ay/音核的松紧，所以这可能并不是真正的逆向运动；正如将要在第6章中讨论的现代方言中的/ay/，它可能会充分地紧化、后化并加长。长的后元音的链式音变涉及前元音/ɛ̄/的低化。长元音/ɛː/没有与/ɛ/合并，所以显然没有变短。因此，/ɛː/的低化是真正违背了原理1。它跟另外两个长元音上升移动相伴随的事实可能提供了一种动因。对图示(6)模式的讨论表明原理1和原理2结合起来会发生一种涉及下降移动的单元音的短化。无论如何，这个原理应该做出修改，允许跟沿着预测方向一起移动的两个或更多元音联系在一起的单个元音做反向移动。

目前为止我们一直在努力汇集发生在许多方言中的音变。当我们考察单个方言时，/ay/的高化很少能与模式融为一体。阿何夫(Aahof)方言里具有除了/ay/高化为[oy]以外的所有音变。塞曾(Setzen)方言显示出/ay/高化，但是这里最初的 **ei** 没有一直低化为[ay]，而是停留在一个中间阶段。塞曾周围的其他方言中出现了[oy]，但是 **ai** 的高化与 **ei** 的低化之间的联系建立得不够稳固，因此对原理Ⅱa 的违背并不明显。我们将在第 6 章对现代方言的研究中得到关于这个问题的充足证据。

北弗里斯兰语的链式音变

北弗里斯兰语中关于模式 2 的例子已在图示(12)中引述。那实际上节选于(24)所示的更加完整的架构(Wilts, Braren, and Hinrichsen 1986)。①

(24) 北弗里斯兰语的链式音变

ia　ī　ü　〔1〕　ū　ua
7　7
i　u
3　6　6　5　3
ō
a
1
ǣ　$ā_1$　$ā_2$
2　2
ai　au

① 我十分感激唐·林格(Don Ringe)使我关注北弗里斯兰语的研究，并提供了这里的分析。

〔1〕 原图此处缺失编号“4”。——译者

- 这种音变的步骤 1 是原始西日耳曼语中的 **ā** 分离为两个元音。**ā** 词群的主体作为 **ā**$_1$，沿着盎格鲁-弗里斯兰语的亮音化途径，前化为 **æ**。**ā** 词群的子集记作 **ā**$_2$，依然保留在央或后的位置。这个子集包含(1)鼻音前带 **ā** 的单词和(2)含有短 **a** 长化的单词，其长化的环境跟英语中的 **ă** 长化的环境一致——位于-nd、-ld 之前以及同部位的浊辅音丛之前。我们必须预测鼻音前的变体起初相当靠后[①]，并在 **ā**$_1$ 前化之后，它和长化的 **ă** 汇合在一起。
- 在步骤 2 中，单元音化的 **ai** 加入了 **ǣ** 范畴，并且单元音化的 **au** 加入了 **ā**$_2$ 范畴。

- 步骤 3 是长元音对称性高化和裂变，**ǣ** 变为 *ia*，**ā**$_2$ 变为 *ua*(二者都是内滑元音的音标符号)。
- 步骤 4 是 **ū** 前化为[ü](**ū** 早在之前的元音音变中已成为非圆唇音)。 201
- 步骤 5 中，**ō** 高化到步骤 4 中 **ū** 空出的高元音位置。
- 步骤 6 中，短 **i** 和短 **u** 对称性低化为/a/。
- 步骤 7 是长高元音短化到步骤 6 空出的位置，这种音变尽管并没有完成，但却很普遍。

整体而言，我们可以看到北弗里斯兰语将模式 3(步骤 4 和 5)连接到模式 2 之中，尽管和其他语言的发现相比，它是模式 2 的一种更为对称的样式。在进程中令人最感兴趣的是/iː/、/uː/的短 137

① 这就如同古英语中短 **a** 的情况，它在后来被逆转的一种广泛的音变中，移动为鼻音前的 **o**(Toon 1976)。

化与内滑元音的产生之间的关系。根据逻辑编号的次序允许这种短化在内滑元音产生之后进行，表明在高位上内滑元音和单元音可有稳定的对立。在上文(23)对东列托语的讨论中，曾指出在高位上的长单元音和上滑元音之间没有稳定的对立。同样的不稳定性也可能出现在高单元音和内滑元音之间。若果真如此，那么内滑高元音的产生将促使高单元音变化为其他的语音形式。

5.4 普遍原理的例外

5.1 节概述的历史和演化的方法让我们预料到链式音变普遍原理的例外情况。我们可以预测迟早这些不符合原理的因素会聚集起来，变得强劲有力，来扭转链式音变的方向。如果我们有足够资料，就会发现原理Ⅰ到原理Ⅲ制约语音结果的频率从适量的高度变化到接近 1.00，而且我们能够把那些决定原理应用的语境特征通过各自的出现概率分离出来。

显然，我们缺少足够的业已完成的链式音变的实例来开始这样的程序。我们能做的就是通过检查目前为止所发现的所有例外情况来评估三个原理的相对作用力。

支持原理Ⅰ的证据十分一致，而且唯一的违例出现在东列托语：长元音 ɛ̄ 低化为[aː]。长单元音和长内滑元音在链式音变过程中都应是高化。

支持原理Ⅱa 的证据显示出类似的一致性。同样是东列托语方言提供了一个反例，/ay/高化为[oy]。但是这个例子并没有被完全确认为链式音变基本模式的一部分。

原理Ⅱ更为普遍的程式是关于在链式音变中的短元音以及它们低化的趋势。这是采用了斯威特最初对一般音变的程式，并非是为链式音变建立的。在历史的记录中很容易找到很多短元音低化的例子。例如，印欧语系最早的变化之一就是短 **ŏ** 变为 **ǎ**，同时长 **ā** 高化为 **ō**。但是仍然没有多少显现短元音低化的完整的链式音变的例子。历史上最好的例子就是北弗里斯兰语中短元音的低化，与一种长元音短化的链式音变机制相联系。

一个有名的短元音变化可以被解释为高化的链式音变。在伦 138
敦工人阶级的言语中把前短元音/i/、/e/、/æ/发音为[i]、[e˔]、[ɛ](Sivertsen 1960)。在这种情况下，就不存在进入和离开的音位来确定一个元音的音变。然而，有人可能会说这代表着元音的音系空间向上压缩。但是如果/i/没有移动到一个更高的位置，那么它与/e/之间的安全边界就会面临严重的危险。同样的高化音变出现在澳大利亚英语中(Mitchell and Delbridge 1965；Bradley and Bradley 1979)。新西兰短元音的变化情况是一种更为清晰的链式音变，如图(25)所示。前高短元音/i/不是向更高方向移动，而是向后移动，成为一个稍低的央高元音，同时/e/取代了它原来的位置，而且/æ/跟在/e/后面向上移动。

(25) 新西兰前短元音的变化

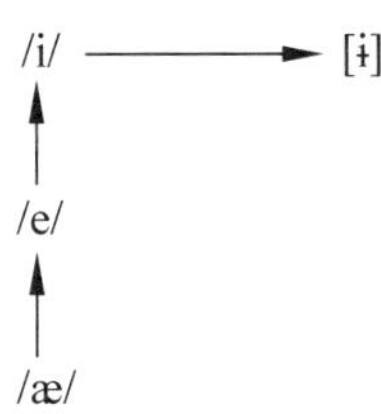

这明显地违背了原理Ⅲ(在链式音变中前元音后化)和原理Ⅱ(短

元音一起高化)。有可能短元音的移动不存在普遍的制约:得出有这种可能性的结论后,我们应该结束对已完成的音变的调查了。

韩语元音自13世纪以来的发展提供了更多的大量反例,看上去好像是一个完全不同的组织原理在起作用。韩语没有长短元音的对立,因此单一的元音系列理应遵循原理Ⅰ和Ⅲ的高化和前化。但是从中古早期(13世纪)韩语到中古晚期(15世纪)韩语的发展过程中,我们看到链式音变延伸为后化和低化(Hong 1991;Lee 1961)。图式(26)的语音形式以(13)中记录的更早的音变结果作为开始,并且还是按照假定的一种离散的拉链模型的逻辑顺序编号。

(26) 中古韩语元音变化

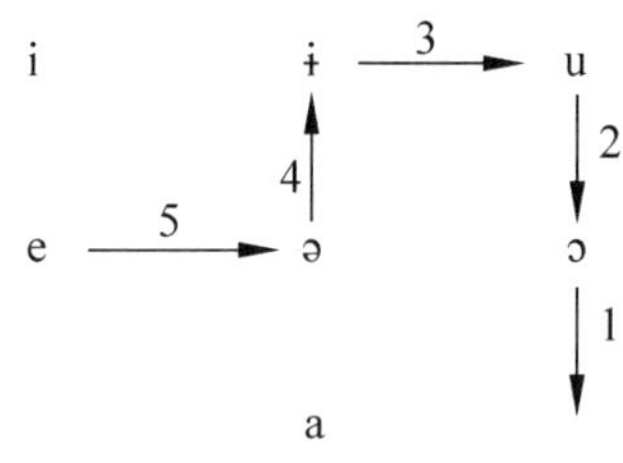

在这里,后元音的低化(步骤1和2)在后高位置留下了一个空位,这个空位被向后移动的半高非圆唇央元音填补(步骤3)。而它留出的位置依次由向上移动的中央元音填补(步骤4),接下来是前中元音的向后移动(步骤5)。如果我们将韩语元音看作是紧音系列,那么除了步骤4之外都与原理Ⅰ—Ⅲ的方向相反。如
139 果我们认为它们如短元音那样变化,那么步骤3和5违背了原理Ⅲ。毫无疑问,韩语元音的历史与目前为止我们所考虑的其他语言都不同。韩语另一个不同的特征就是具有与单元音共存的两组

高化的双元音:/wi,we,wæ,wa,wɔ/和/ye,yæ,yɔ,yo,yu/。由于链式音变的所有其他研究都是将下降的双元音与单元音联系起来,因此很难说这些上升的双元音会如何与单元音相互作用并且影响它们的移动。

整体而言,原理Ⅲ并没有太多的反例,正如我们所看到的那样,它得到大量的支持证据。有一个广泛认同的反例可以在此讨论,尽管它是进行中的变化而不是已经完成的音变。伦尼格(Lennig 1978)通过与 90 位巴黎人进行社会语言学访谈研究现代巴黎话的元音系统。如(27)所示,巴黎的本地话(*Parigot*)曾经有过一种模式 3 的链式音变,后/ɑ/高化到[ɔ],甚至到[o],而/ɔ/只出现在闭音节中(如 *Paul*、*sotte*),前化几乎到了 *peur* 中/œ/的位置(Martinet 1958)。/o/和/u/的音位变体也同时平行前化,并伴随有/u/的音位变体的分化。伦尼格发现前化的[ʉ]一律在齿辅音后面(如 *tout*、*sous*)而跟唇音和软腭辅音(如 *pour*、*coup*)相对立。

(27) 巴黎话的链式音变

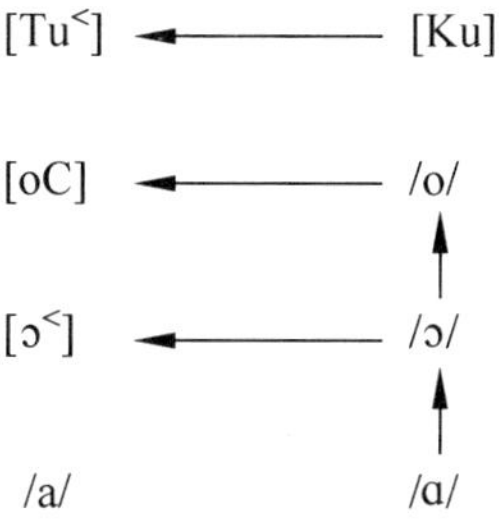

伦尼格的研究通过几种社会维度详细描述了虚时中的变化,区分性别和社会经济阶层的变化比率。他的研究结果完全不同于

140 (27)。音变取决于巴黎社会中最为保守的群体:上中阶层的女性。在链式音变的一端,元音/a/和/ɑ/的合并引发了音变。与此同时,已经前化的语音成分向后移动,已经高化的语音成分向下移动。图示(28)再现了伦尼格语音实验测算所记录的逆向音变。不同于先前图式中离散的数字显示的替换,这个图式再现了进行中音变以连续空间为特征的半途变化。

(28) 巴黎话逆向链式音变(选自 Lennig 1978)

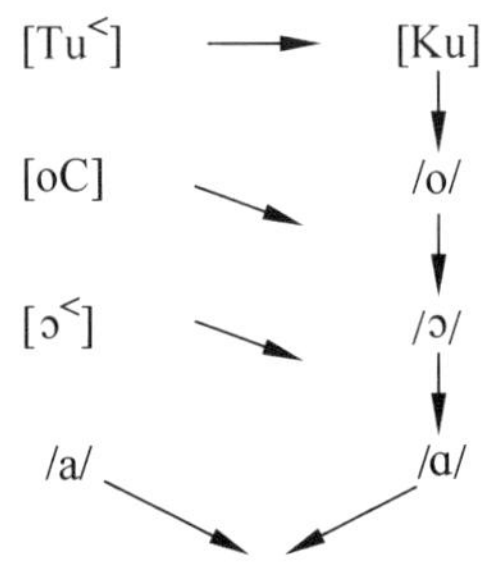

巴黎话的逆转违背了最强的两个链式音变原理:原理Ⅰ和Ⅲ。它证明链式音变以原理不是绝对的或孤立于社会因素的。如果社会压力足够强大,那么深植于语言历史的语音进程和系统的省力功能会被颠覆。这种类型的保守性压力可以追溯到纽约和费城(Labov 1966,1989a)。在那里人们"纠正"并且逆转最早阶段的音变。这些音变都已经完成或者接近完成,但是它们没有影响创新的力量以及在社会觉察水平以下进行的活跃的新音变。在巴黎,导致自下发生音变的内部因素较弱,导致当地话的音变都显示出已完成音变的特性而具有高度的社会觉察水平。在这些条件之下,言语社区中的保守因素能够以一种系统性方式从整体上逆转链式音变的方向。

5.5　悖论

在 5.4 节讨论的反例使我们更好的理解 5.3 节概括的原理的深度和本质。有效地理解一个原理意味着了解它的应用范围和普遍的程度，甚至在某种程度上把它作为次要而非主要的趋势。在本节中，我们将考虑那些更加疑难而又不能归类为反例的情况。我们将观察一些历史上的语言变化，它们遵循（1）所列举的链式音变的路径，但是产生的结果却难以接受，违背了更高层面的普遍性 141
原理。由于所有已知的路径都预测出事实上没有发生的合并，显然在音变的开始和结束阶段就不符合链式音变原理。

如最初定义的那样，链式音变基本上与合并对立。通常情况下对于链式音变的有效描述简洁明了。对于链式音变中的元音，无论我们如何描述音变的路径，任何时候它们都不能在音系空间占据相同的位置：如果这样做了，根据定义就是合并，而我们也将描述一种合并而不是一种链式音变。学者们并不总是能细心地注意这种条件，或者指出失去这一条件的明显后果。在一些实例中，我们会得到悖论性的描述，说是合并已经避免，可是却又描述音变必然导致合并。我们列举四例这种悖论性的描述。为了清楚地说明变化情况的逻辑，我将在抽象的二元特征系统的基础上，把传统的描述转写为离散的音系形式符号。

瓦莱话（Valais）后元音的高化

戈沙、津佳奎和塔波勒（Gauchat, Jeanjaque, and Tappolet

1925)在瓦莱省搜集了罗曼语方言的资料。在这些资料中我们能够追溯西部地区的一种音变:/ɔ/没有与/o/合并就直接高化为[u]。这里的/ɔ/有两种来源:在闭音节中,它来自于世俗拉丁语(Vulgar Latin)/ɔ/,继承了它的开口度;在开音节中,它是/au/单元音化的结果。这个在闭音节的音位变体是我们目前关注的直接焦点。因为,虽然开音节和闭音节的/ɔ/都高化为[u],而反映世俗拉丁语中闭音节的音位/o/低化为[ɔ]。这样,在链式音变的过程中,离开的成分和进入的成分相互穿越,如(29)所示。

(29) 瓦莱话的元音高化

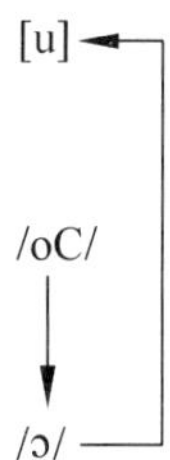

为了将这个图式转写成语音规则,我们先按照(30)中的四个特征,区分出四种语音位置。

142 (30)

	高	低	舌前	圆唇
u	+	−	−	+
o	−	−	−	+
ɔ	−	+	−	+
a	−	+	−	−

然后用[高]和[低]特征的规则转写来表示这些音变:

{V1}　开-o　高化 1

$$[\ \ ]\rightarrow[-\text{低}]/\begin{bmatrix}\_\_\_\\ +\text{圆唇}\\ +\text{后}\end{bmatrix}$$

{V2}　开-o　高化 2

$$[\ \ ]\rightarrow[+\text{高}]/\begin{bmatrix}\_\_\_\\ +\text{后}\end{bmatrix}$$

{V3}　闭音节的闭-o 低化

$$[\ \ ]\rightarrow[+\text{低}]/\begin{bmatrix}\_\_\_\\ -\text{高}\\ +\text{后}\end{bmatrix}\begin{bmatrix}+\text{音段}\\ -\text{音节}\end{bmatrix}$$

规则{V1}—{V3}把传统的记音符号改写为二元特征。{V1}把开音节和闭音节圆唇的/ɔ/从/a/中区分出来，并高化到中位；{V2}继续高化直到高位。{V3}随后使非高的/o/低化到低位。

这是怎样发生的呢？传统的图式(29)只是简单地表明/ɔ/和/o/相互穿越而没有合并。但是规则{V1}明显表现出/ɔ/和/o/的合并：把它们区分开的唯一特征就是[低]，而经过规则{V1}之后，它们就不能区分了。没有办法做到使规则{V2}只应用于{V1}的输出结果却不包括/o/；因此规则{V2}适用于这个合并的类，同时预测开音节和闭音节中的/ɔ/和/o/都会高化为[u]。而规则{V3}已经失去对象只适用于/a/。

关于这样一个区别特征矩阵，我们能够想象出什么解决方案呢？首先，有人可能引入第五个特征将/o/与高化的/ɔ/区分开——例如，[+紧]的[o]与[－紧]的/ɔ/对立。要用[紧]特征区别这两个元音必须在元音高度的四个级别上都另外得到确认。但是把这一特征引进罗曼族语言并没有基础，并且一旦/ɔ/高化为[o]，就没有再保留[－紧]特征的基础。

其次，还有人可能会坚持即使元音拥有相同的特征，这两个词
143 群仍然保留着区别。[①] 如果有一种替换规则允许本地人维持词群的一致性，那么将会有人坚持这种方法。这样的替换应当能在每个保留区别的词中发现，然而，在罗曼语词汇中并没有这种基础存在。

第三，也有人可能会放弃两个步骤的高化过程，而采用单一的规则完成整个高化：

{V4} 开-o 超高化

$$[+\text{低}] \rightarrow [+\text{高}] / \begin{bmatrix} \underline{\quad} \\ +\text{后} \end{bmatrix}$$

这相当于说/ɔ/简单地“跳过”了/o/。由于[＋高]就是[－低]的冗余表述，可能也就没必要先把[＋低]变成[－低]。在我们研究过的过去和现在的所有链式音变都真实地表现出[ɔ]是经过中间位置[o]移动到[u]。然而如果有人想要采用改写的规则有效地同时改变两个特征，那么这个足够抽象的音系描述将会抛弃这种历史的现实性。

第四，另有人可能提出反向替换的(flip-flop)规则，同时将/ɔ/高化，而将/o/低化：

{V5} 低化逆转

$$[\alpha\ \text{低}] \rightarrow [-\alpha\ \text{低}] / \underline{\quad} \begin{bmatrix} \underline{\quad} \\ +\text{后} \end{bmatrix}$$

① 这其实是哈勒(Halle 1962)用来维持 16 世纪英语中 *mate* 和 *meat* 两个词群的区别性的途径，第 6 章中将进行讨论。

这就是乔姆斯基和哈勒(Chomsky and Halle 1968)用于英语元音大转移的为人熟悉的反向替换规则。它的优点和缺点在著述中已有很多争论。作为一种事后的描述,这个解决方案或是先前的解决方案可能是有道理的。但是采用反向替换规则说明音变发生的过程,只有具备两种坚实的理论地位才能进行:

1. 在音变本身和描述音变的规则之间没有区别:语言中的音变只不过是引进新规则或替换旧规则的心智过程。当然,这是哈勒(Halle 1962)所熟悉的立场。

2. 规则系统与语言使用的影响彼此无关。于是两代人相互交流时采用/ɔ/和/o/的对立音值这一事实将不会影响交际的结
果,并且也不会导致两个词群中的成员发生混淆。[①] 第 4 章所述 144
的佩恩在普鲁士王村的研究却表明要做到这一点极为困难。她的发现证实儿童从父母那里学习词群的常识性推断,并且进一步显示如果一代说话人在成年以后再用同一种方式重新学习词群的成员,就算是有可能,也是非常困难的。这个事实存在于两个最普遍的音变制约之下:

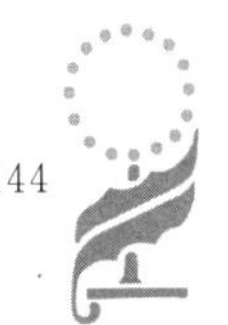

(31) 具有同一组区别性特征的两个音段在这个语言中无法进行区分,因此包含这些音段的词群合并在一起。

(32) 一旦两个词群已经合并,它们就不能再以任何语言学程序互相区分。[②]

---

① 参看乔姆斯基和哈勒(Chomsky and Halle 1968:256)对斯托克韦尔(Stockwell 1964b)的回答。

② 这就是加德原理(Garde 1961),在第 11 章关于合并和它们的不可逆转的讨论中起到核心作用。

因此瓦莱话元音高化的例子不能被认为是规则的反例,而应该看作是对于原理的一种悖论。

依地语的双元音化

原始依地语经历了跟(9)所示的中古高地德语(Herzog 1965)相同的模式1的 **ī** 和 **ū** 变为 **ai** 和 **au** 的双元音化。这涉及 **ī** 低化为 **ai** 的过程中与 **ei** 合并。但是在原始依地语中,旧的 **ei** 保留在中间的位置,并没有与音核下降到低位的新双元音合并。同样的移动还发生在后元音,**ū** 低化到/aw/(见赫佐格的重拟),而 **ou** 移动到 **oy**,并没有在古高地德语长 **ū** 的变化过程中发生合并。这些变化见(33)。我们已经看到在西依地语中,上滑中双元音/ey/和/ow/分别与中古高地德语 **ī** 和 **ū** 合并,并且最后合并为单一音位/a/。

(33) 原始依地语的双元音化

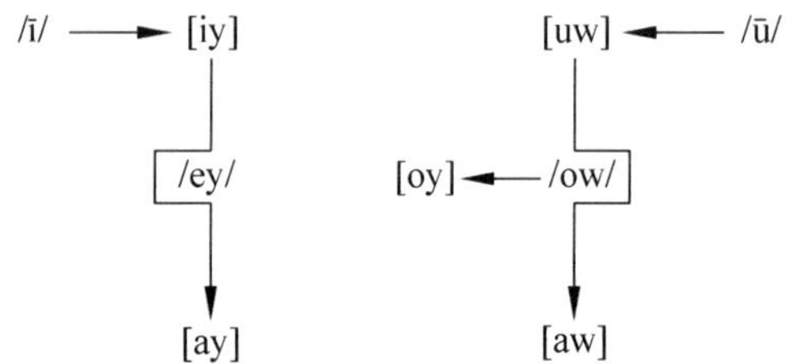

145 但是东北部依地语/mejn/'mean'与/majn/'my'对立。前者来自于古高地德语 **ei**/ey/,后者来自于古高地德语 **ī**。后元音没有合并这一事实可以通过 **ou** 移动到 **oy** 的前后顺序进行解释。但是原始依地语 **ī** 在演变到 **ai** 的路径中并没有能够和原来的 **ei** 合并却很难加以解释。这表现了和前面实例中相同类型的悖论。与其在这一点上探究可能的解释，不如去继续探讨一个更复杂的问题，在英语元音大转移中双元音/iy/的低化，其中涉及跟依地语双元音化的形式化描述相同的一些问题。可能解决这种英语实例的方法也同样会帮助我们解决依地语的例子。

元音大转移 I

英语元音大转移是一个平行的问题所在，已经成为许多讨论和分歧的焦点。叶斯帕森(Jespersen)在 1909 最早提出元音转移的看法。在他的《现代英语语法》(1949)第 1 卷第 7 章中，采用了术语“元音大转移(Great Vowel Shift)”，并且给出了(34)的图示。

(34) 元音大转移(叶斯帕森)

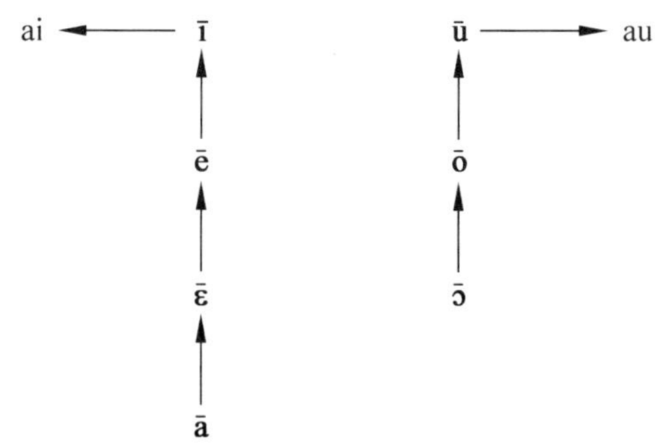

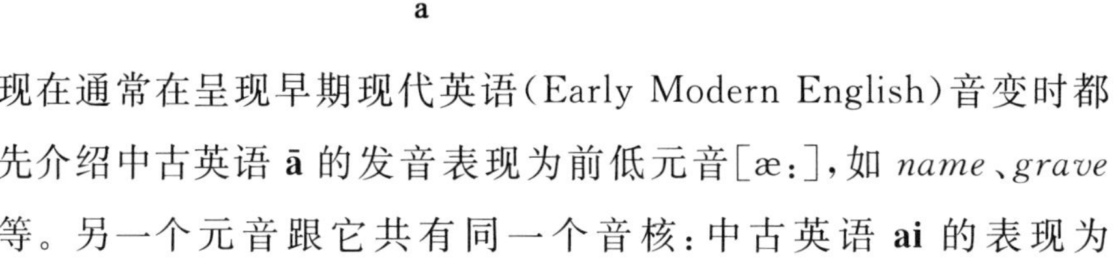

现在通常在呈现早期现代英语(Early Modern English)音变时都先介绍中古英语 **ā** 的发音表现为前低元音[æː]，如 *name*、*grave* 等。另一个元音跟它共有同一个音核：中古英语 **ai** 的表现为[æy]，如 *day*、*maid* 等[①]。关于它具体是在什么时候发生了单元

① 在这种英语双元音化的历史讨论中，我将使用宽式音标[y]和[w]来代表英语上滑音，虽然在共时的讨论中，/y/和/w/会保留为音位性滑音音标。

音化并且与 **ǣ** 合并还存在着一些分歧,但是通常认为是在 17 世纪经历了这些音变,在元音大转移完成之后。

乌尔夫(Wolfe 1972)回顾了叶斯帕森之后的许多关于元音大
146 转移的讨论和解释,并概述了一些争议,这也是我将要在这里解决的内容;她关于这个问题详尽的综述是我讨论的重要基础。主要关注的焦点是前元音,特别是中古英语 **ī** 在大部分美语和英语方言中低化到现在的[ay]所遵循的机制。一些学者(Orton 1933;Ellis 1874)简单直接地认为就是双元音作为前元音低化,一直到达[æy],再后化成[ay]。

(35) 路径 1

中古英语 ī ➤ iy ➤ ey ➤ εy ➤ æy ➤ ay

但是正如多布森(Dobson 1968:660)所指出的,

> 这种观点是完全不可能的。如果音变照那样发展进行,那么中古英语 **ī** 本应该与中古英语 **ai** 发展为[æi]和[εi]的路径相交;而大多数认为中古英语 **ī** 是[ei]的正音学者仍然把中古英语 **ai** 读作双元音。

于是,*die* 本该已经跟 *day* 合并,而 *my* 与 *may* 合并,但是这都没有发生:从来都没有出现这两个元音混淆的趋势。另一个由卢伊克(Luick 1903),叶斯帕森(Jespersen 1949)和萨克里松(Zachrison 1913)所采用的方法(还包括乔姆斯基和哈勒)就是双元音作为前元音的低化只到半途,然后发生央化,再进一步低化:

（36）路径 2

中古英语 ī → iy → ey → əy → ay

但是这样将不能消除位于中点/ey/的合并。多布森讨论的解决方案是中古英语 **ī** 的双元音化从一开始就遵循了一条央化的路径：①

（37）路径 3

中古英语 ī → iy → ɨy → əy → ay

斯托克韦尔支持这个央化的路径，认为这不但在语言历史上更加真实，而且更加符合英语方言学中的长期音变发展（Stockwell 1964a，1972，1978；Stockwell and Minkova 1990）。斯托克韦尔（Stockwell 1972）引入[±外缘性]特征来说明带有[＋外缘性]的自然类是前不圆唇和后圆唇元音；这一特征同样允许上面这种央化的[－外缘性]路径在更形式化的框架下进行描述。林道 147
(Lindau 1978)把这种特征加入描述元音音系特征的语音基础的一种普遍框架之中。

对于元音大转移所提出的各种选择在图式(38)中显示出来。每一条路径上都标出一个数字，便于查找。虚线表现中古英语 **ai** 应该遵循的相反方向的路径，并且标示出预测与 **ī** 合并的地点。

（38）元音大转移的选择

路径 1 和路径 2 显示了中古英语 **ai** 高化路径中遭遇的问题。路

---

① 多布森是语文学家中唯一将这个问题的解决与现代方言的路径联系起来的人；我们将在第 6 章中回顾他的见解，即，把进行中的音变的资料应用在这个问题上。

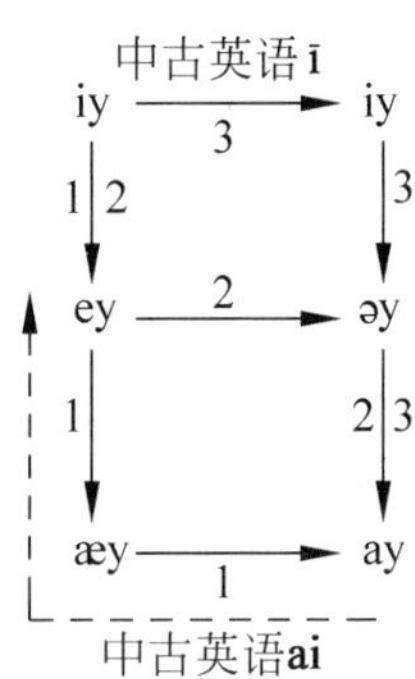

径 3 则避免了这个问题。但遗憾的是,路径 3 与正音学者和语法学者所提供的证据不一致。乌尔夫抱着同情的观点为斯托克韦尔的假说做调查。但是在仔细回顾了四种 16 世纪的文献资料(Hart,Bellot,Bullokar,Mulcaster)以及十三位 17 世纪的作者的论著之后,她得出结论:"正音学者对于央化先于低化的论点没有提供任何证据"(Wolfe 1972:171)。她发现在霍奇斯(Hodges 1643)之前,所有的正音学者都是把 *die*、*my* 等词的音核确认为前元音,尽管有许多学者细心地把音核与滑音区分开来;而在霍奇斯之后,所有人都倾向于把音核听为是 *nut* 等词中的央元音。

因此,问题已经非常清楚,但是争论还是未能解决。路径 1 和路径 2 的支持者如何解释中古英语 **ī** 和 **ai** 没有合并呢?在罗曼语后元音的讨论所列出的各种可能性中,在这种情况下,除了引入一个"紧"的新特征没有更多的相关理由;也没有更多的理由声称是语言交替保留了两个词群的区别。直接从/iy/跳到/ay/就如同写出从/ɔ/到/u/的超级跳那样简单,但是并没有多少吸引力,因为已经有太多的证据证明过渡阶段的存在。反向变换(flip-flop)机制才是进行描述的首选类型,当然也要用来描述元音大转移:

{元音大转移}　低化逆转 148

$$[\alpha\text{低}] \rightarrow [-\alpha\text{低}] / \underline{\quad\quad} \begin{bmatrix} +\text{后} \\ +\text{长} \\ +\text{重读} \end{bmatrix}$$

这条规则具有取得实效的全部优点，因为它同时解决了我们这里涉及的双元音问题和中古英语 **ǣy** 高化为 **ē** 的问题。为了表示赞同，我们当然应该接受对瓦莱话后元音讨论后给出的理论观念。如果我们不愿意接受这些，那么我们仍会面对中古英语 **ī** 没有与中古英语 **ai** 合并就低化为[ai]，而 **ai** 则高化为[ei]的悖论。同样的问题也适用于前面讲到的依地语的变化。

元音大转移Ⅱ中出现在/r/前面的元音

英语的拼写中带有 **ea** 的单词在语音表现上显示出大量的不规则现象，看起来好像不可能预测它的音核是在 *great*、*break*、*wear*、*bear* 和 *tear*[动]等词中的[e]，还是在 *meat*、*seat*、*fear* 和 *tear*[名]等词中的[i]。对于 *meat* 和 *break* 的一般情况会在第6章中讨论。本节只考虑单词以/r/结尾的这种特殊环境，这会比先前的研究方式得到更多的规则性。

单词的拼写对于这里涉及的词群并不是一个可靠的指导依据。为了遵循演变的模式，有必要把带有 **ea** 并以/r/结尾的单词的历史嵌入现代英语中全部带有在/r/前面的长前元音的单词(即内滑元音/ihr/或/ehr/)的历史。图式(39)展示了全部的变化，显示出作用于古英语中/r/前的长前元音而产生现代系统的不同的过程。(39)所示的很多过程最好是理解为历史上一系列有序的规则{E5.1}—{E5.8}拼合而成的结果。这将涉及那些通常包含在元音大转移中的其余的规则,在前一小节中只是对转移的第一阶段做了分析。我们需要审视所有的这些规则,尽管我们的焦点只是它们如何应用在以/r/结尾的单词。

在中古英语时期开始以前,古英语内滑双元音 **ēo**、**ēa**、**ĕa** 失去了内滑音,这一过程通常称为“平滑化(Smoothing)”[①]:平滑化的过程扩大了(39)中描述的以/r/结尾的其他词群。双元音 **ēa**(语
149 音为[æ:ə]或[ɛ:ə])失去了它的滑音并与 **ǣ** 合并,使得 *téar*‘tear[动词]’与 *fǣr*‘*fear*’合在一起。双元音 **ēo**(语音为[e:ə])与长元音 **ē** 合并,使得 *déar*‘deer’与 *hér*‘her’合在一起。

(39) 位于/R/之前的前元音的高化

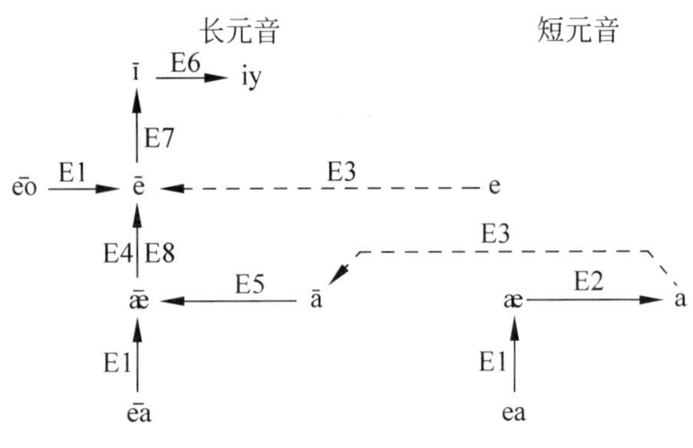

---- 只限于开音节

{E5.1} 平滑化

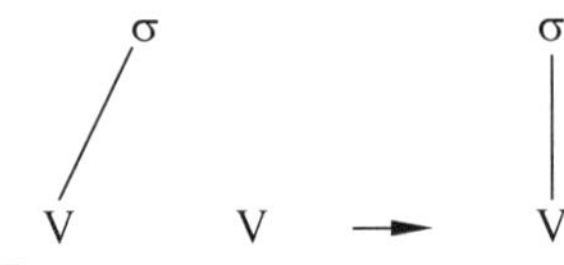

① 短双元音在语音上的实现是很有争议的,但是如果我们假设它们就像这里所讲的那样与 **ǣ** 的发音表现合并,那么所有这些双元音后来的历史就将十分简单。

在中古英语时期的开始阶段，短前元音央化或后化，所以当演变追溯到这里时，**æ**、**ea** 和 **a** 没有差别，都标写为 **a**：

{E5.2}　æ 的后化

$$[+\text{低}] \rightarrow [-\text{舌前}] / \begin{bmatrix} \_\_ \\ -\text{长} \end{bmatrix}$$

在 11 和 12 世纪，英语经历了一个开音节中的元音普遍加长的变化，央化的过程与这里所述的问题相关[①]。有大量的短元音 **ǎ** 受到这个过程的影响。动词如 *faran*‘travel(旅行)’和 *sparian*‘spare(节省)’都被长化，因为它们通常跟带有后接词干/r/的元音一起出现。双元音名词的词干如 *hara*‘hare(野兔)’和 *snara*‘snare(陷阱)’也都被长化。另外，很多单音节的名词和形容词被加长，其中倾斜 150
的屈折形式被当作基本部分。对于元音间软腭辅音的脱落，如 *fæger*‘fair(公平的)’和 *stæger*‘stair(楼梯)’，会有一些额外的补偿性加长。在这一点上，没有一个原始的长 **ā** 和这些加长的形式合在一起，因为在古英语时期 **ā** 已经都无条件高化为 **ɔ̄**。于是这些加长的形式创立了一个新的长 **ā** 类别[②]。

{E5.3}　开音节中的长化

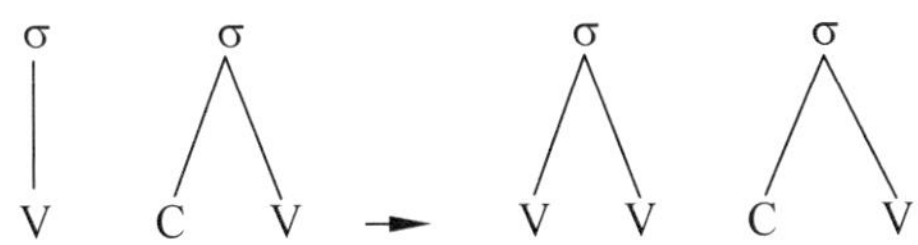

① 对斯托克韦尔“开音节长化”的描写所涉及的许多问题有一个更好的解决方案，见明科瓦(Minkova 1982)和斯托克韦尔(Stockwell 1985)。涉及的主要问题并不跟这里对/r/前的低元音和中元音的分析相交叉，但是将与第 15 章的内容相关。

② 对于 **ā** 的重建将在第 15 章中起到重要的作用，其中对于词汇扩散的规则音变的讨论导致了关于大西洋沿岸中部各州短 **a** 分化的起源的调查。

同时,在开音节中的长化影响了短 **ĕ** 类别。因此,**ĕ** 在四个动词 *beran*‘bear(负载)’、*teran*‘tear(撕裂)’、*swerian*‘swear(咒骂)’和 *werian*‘wear(穿戴)’以及在名词 *bera*‘bear(熊)’和 *pere*‘pear(梨)’中都长化为 **ē**。

通过 12 到 14 世纪的大规模借用,使得涉及的词群得到扩充。这些借用首先来自诺曼法语,后来是法语、挪威语、荷兰语和其他来源。借入的 **ar** 一致加入了古英语 **ār** 类,如来自法语的 *pare*‘pare(削减)’和 *scars*‘scare(罕见的)’,来自古挪威语的 *snara*‘snare(陷阱)’和 *skerre*‘scare(恐吓)’,来自阿拉伯语的 *tare*‘tare(皮重)’。借入的 **er** 和古英语中的 **ǣr** 和 **ēr** 类统一合并,如法语的 *appere*‘appear(出现)’、*spere*‘sphere(球形)’和 *cler*‘clear(清楚)’,挪威语的 *gere*‘gear(齿轮)’。

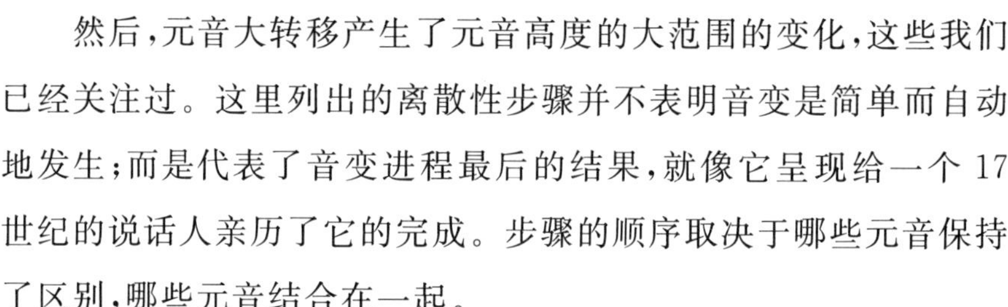

然后,元音大转移产生了元音高度的大范围的变化,这些我们已经关注过。这里列出的离散性步骤并不表明音变是简单而自动地发生;而是代表了音变进程最后的结果,就像它呈现给一个 17 世纪的说话人亲历了它的完成。步骤的顺序取决于哪些元音保持了区别,哪些元音结合在一起。

第一个逻辑上的步骤是 **ǣ** 的高化:

{E5.4} **ǣ** 的高化

$$[\quad]\rightarrow[-\text{低}]/\begin{bmatrix}\overline{\quad\quad}\\ +\text{长}\\ -\text{后}\end{bmatrix}$$

151 前低长元音位置的空缺伴随着一个大的词群的形成,其中包括了 **ǣ** 类和 **ē** 类以及上文讲到的扩充那些词群的很多借词。

下一个步骤是 **ā** 的前化填补了由于 **ǣ** 的高化而产生的空位。这种前化被包含在叶斯帕森的图式(34)的元音转移中，但是正如先前指出的，它现在一般表现为元音对称转移的前提。

{E5.5}　**ā** 的前化

$$[+\text{低}] \rightarrow [-\text{后}] / \begin{bmatrix} \text{——} \\ +\text{长} \end{bmatrix}$$

关于元音大转移的步骤顺序有许多不一致的观点。卢伊克(Luick 1903)认为第一步应该是中元音的高化——一种链式音变。[①] 这里我采用了叶斯帕森(Jespersen 1949)，马丁内(Martinet 1955)，斯托克韦尔(Stockwell 1964a)，斯坦珀(Stampe 1972)等多数人的观点，即高元音的双元音化是元音转移序列的第一步。

{E5.6}　高元音的双元音化

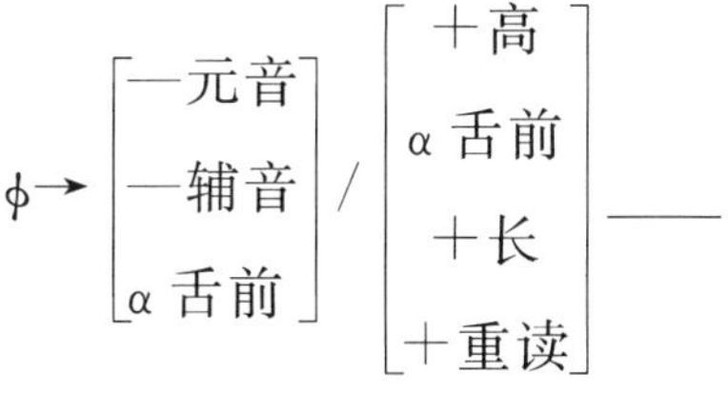

我们不需要沿着先前讨论过的各种可能的路径再探讨这条规则。包括前元音和后元音的长中元音的普遍高化，都遵循这种逻辑顺序。这里所显示的规则是通常限定长元音的后特征和圆唇特征保持一致，因此它的运作不包括/oy/。这条规则应当用于(39)中的 **ēr** 类，它的组成有六个来源：古英语原来的 **ē** 类，如 *hér* ‘here(这里)’和 *wérig* ‘weary(疲倦)’等；古英语平滑化的 **ēo** 类，如 *déor* ‘dear(鹿)’和 *dréorig* ‘dreary(凄凉的)’等；长化的古英语短

① 支持卢伊克观点的一些有趣的争论，见小仓美惠子(Ogura 1990:45)。

ĕ 类,如 *bera*‘rear(负载)’和 *werian*‘wear(穿戴)’等;古英语 **ǣ** 类,如 *fæ:r*‘fear(害怕)’和 *ræ:ran*‘rear(扶养)’等;古英语平滑化的 **ēa** 类,如 *téar*‘tear(撕裂)’和 *néar*‘near(靠近)’等;在中古英语中很多从法语借用的词,如 *appere*‘appear(出现)’和 *spere*‘sphere(球形)’等。

{E5.7} 中元音的高化

$$[\quad] \rightarrow [+\text{高}] \,/\, \underline{\quad\quad} \begin{bmatrix} +\text{长} \\ +\text{重读} \\ \alpha\,\text{后} \\ \alpha\,\text{圆唇} \end{bmatrix}$$

152 这个系列最后一个规则{E5.8}通过前低 **ǣr** 类移动到{E5.7}空出来的中元音位置完成转移音变。这个类别现在包含了古英语长化的短元音 **ă**,如 *faran*‘fare(车费)’和 *bear*‘bare(赤裸)’等,以及中古英语的法语借词 *chaere*‘chair(椅子)’和 *feire*‘fair(公平)’等。

{E5.8} 低元音的高化

$$[\quad] \rightarrow [-\text{低}] \,/\, \begin{bmatrix} \underline{\quad\quad} \\ +\text{长} \\ +\text{重读} \end{bmatrix}$$

到目前为止,在规则{E5.1}—{E5.8}之下,**ēar**、**ǣr** 和 **ēr** 的变化显示出规则性。在我所能追溯的单词中已知有两种不规则性,都与功能词有关。*their* 来源于斯堪的纳维亚语带有 **ei** 的模式,按照规则进程本来应该高化到/ihr/。*there* 来自于古英语 *ðǣrðēr*,通常本该同样高化到/ihr/。这些单词松音形式的类推影响最有可能是它们例外的原因。在下面将要讨论的例外的子集中，所有中古英语 **ǣr** 和 **ēr** 词群在现代英语里变成了/ihr/，所有的中古英语 **ā** 词群变成了/ehr/[①]。

例外子集

在规则{E5.7}的描述中，**ēr** 类形成的过程中有一种奇怪的前后矛盾：例词“bear”和“wear”现在并不像这个类中其他成员那样读作/ihr/。拼写为 *ea* 的单词发音的不规则性并不意外；第 6 章将会讨论人们熟知的 *meat*、*leak*、*pea* 与 *great*、*steak*、*yea* 的不同。然而我们在这里所探讨的情况则完全不同。在/r/前的单词的例外情况完全集中在一个有着特殊历史的子集里面：经规则{E5.3}中长化的原来短 **ěr** 组的单词。根据已知的语言学原理和这里所提出的规则，它们本来都应该和中古英语 **ē** 类的其他词一起高化。但是这并没有发生。

研究中涉及九个短 **ě** 类的单词。其中六个最常见的仍然读作/ehr/，而其他三个不那么常见的读作/ihr/：

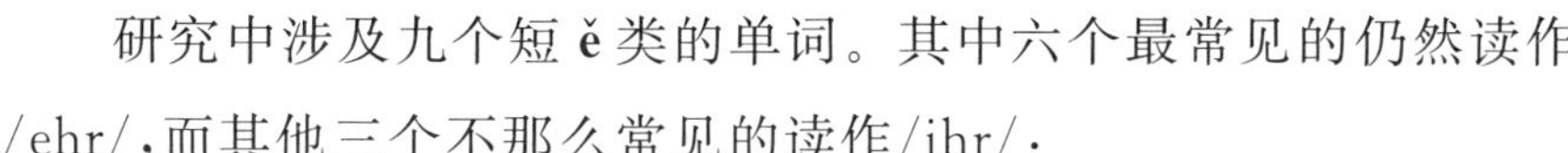

153

/ehr/		**/ihr/**	
bear［动］	< *beran*	smear［名，动］	< *smerian*，*smeru*
bear［名］	< *bera*	spear	< *spere*
tear［动］	< *teran*	weir	< *wer*，*werian*
pear	< *pere*		
wear	< *werian*		
swear	< *swerian*		

① 这种说明对于开音节中元音的长化没有实证性的影响力，因为它们变长的主要证据是它们最终发展为/ihr/或/ehr/。

长化后的 ĕ 的演变表现的不只是有点不规则:它明显地不同于 **ǣr** 和 **ār** 的一致性演变。那么为什么长化的 ĕ 没有遵循 **ēr** 类其他词的路径呢?而 **ǣr** 类又是怎么穿越这个长化的 **ĕr** 却没有与它合并呢?这些资料和这个问题,向我们提出了另一个悖论。

解释

对于这些彼此矛盾的资料,我们能够做出怎样的解释呢?

有一种办法是声称长化根本没有发生过,或者只是一部分发生了长化,或者长化发生得非常晚。但是在早期中古英语里开音节长化过程非常普遍。它都是在这同一个时期影响了许多词群。低元音没有出现这种不规则性:没有长化的短 **ă** 的例子。而且,长化过程在元音转移开始进行之前就已结束,并且(除了苏格兰方言以外,)闭音节短/e/成为中央元音,并且与/ir,or,ur/合并,产生了在 *person*、*serve*、*fir*、*world* 和 *fur* 中相同的元音。如今,位于/r/前的短元音/e/只出现在开音节的词干中,如 *merry* 和 *cherry*。在闭音节 *tear*、*bear*、*pear* 等词中,只有长的内滑元音或短的中央元音。如果当初长化没有作用于 *bear*、*tear* 和 *pear* 等词,那么今天它们就该读作[bər,tər,pər]等,并与 *her* 和 *per* 同韵。相反地,它们显然保持了它们在长元音类别的成员身份,并且最终与高化的中古英语 **ā** 合并,产生了现代的/ehr/类。

超级跳越这个概念在这里不太有用。中古英语 **ǣ** 类可能跳越过中元音,这样就避免了与长化的中古英语 ĕ 词群合并。但是长化的中古英语 ĕ 同样没有与原来的中古英语 **ēr** 以及平滑化的中古英语 **ēo** 合并,后者是在上升为/ihr/之前位于中间位置的。

最后,反向变换规则对解决这个特殊的问题没有任何帮助。

的确，规则{E5.7}和{E5.8}可能和其他过程联合起来，产生出逆高化或逆低化的规则，就像在{GVS1}那样。但是这根本不能解释为什么长化的中古英语 ĕ 没有跟其余的长中元音合并。

因此，传统的发音学构架和离散的形式音系学提供的机制都 154
不能解决这第四个悖论。

155

第 6 章　进行中的链式音变

第 5 章阐述了已完成的音变研究中链式音变的单向性原理。[①] 除了简单的短元音的链式音变以外，大量的例证支持了这些原理。链式音变的原理并不是绝对的。即使是最具有说服力的原理Ⅰ和Ⅲ，也发现了逆向演变的例外。然而，这里关注的主要问题不是这些例外，而是那些本应该合并却没有合并的链式音变的悖论情况。本章将考察英语方言中进行中的链式音变，探讨对真实应用语言的即兴言语中进行实验分析后能够得到哪些更多的信息。这些研究将提供大量的数据来支持这三条链式音变的原理。数据的总量也比历史记录提供的资料更加丰富；并会在元音在音系空间的路径、音位变体的区分、词群的一致性和语境的作用等方面提供更多信息。在这些额外信息的帮助下，我将试着举例说明并解决第 4 章中提出的问题。在这种努力成功的程度上，本章将在本书的主要计划中取得进展：用现在解释过去。

① 在实际的发展进程中，排序是另一种可用的方法。链式音变的原理源自进行中的音变的研究，然后通过历史记录的研究来证实。（见 LYS：第 3—4 章。）

6.1　研究进行中音变的普遍方法

说话人的社会地位

第 3 章通过追溯虚时轨迹的程序概括了研究进行中的音变的普遍方法。本章的数据来自于运用这些方法的研究，包括的范围从纽约、底特律和费城对城市人口的高度系统性的取样，到伦敦、格拉斯哥、悉尼和亚特兰大的探索性研究[①]。所有数据都来自于 156
即兴言语，用田野调查条件下最好的设备录音，采用社会语言学访谈的办法来减少观察所带来的影响[②]（Labov 1984）。对于整个言语社区的代表性调查为那些更为广泛的缺少系统性研究的言语社区提供了进行中音变的模板。这里更为重要的是确定音变中走在最前面的发音人在社会层级中的位置。现在，这个模式看起来清楚了，至少对美国的城市来说是这样。在自下而来的音变进程中，最领先的元音系统出现在更年轻的说话者中：年轻的成年人和青春期后期的青年人。并且这些创新者属于“内部群体”——位于社会层级的中间位置（见第 3 章和 Labov 1990）。从社会阶层的标

① 大部分探索性研究是我自己做的。对这个数据做出贡献的还有本吉·瓦尔德（Benji Wald），马尔卡·耶格尔（Malcah Yaeger）和沙伦·阿什（Sharon Ash）。

② 几乎所有例子的录音都是用 Nagra 磁带录音机，使用了最大信噪比的微型话筒。作为 LYS 和 LCV 基础的录音使用的速度为每秒 $3\frac{3}{4}$ 英寸和动态话筒，比如 Sennheiser 214。近期的录音用以研究芝加哥、伯明翰，以及别处的跨方言理解，通过更高质量的语音信号获得，以每秒 $7\frac{1}{2}$ 英寸的速度录音，使用了电容话筒如 Sennheiser 415 或带有 Sony EC＝55 话筒的 Panasonic DAT 录音机。

志来看,指上层工人阶级和下层中产阶级;从职业方面来看,有技术工人、技术员、职员、老师、商人和当地组织及政党的领导人。在这些社会群体中,有活力的新音变的最初发起者多为当地最有声望的说话者:来自于进入这个社区已有三代或四代的族群中地位在上升的个体。我们将看到,在多数元音转移中,女性的变化超过男性相当大的程度。

因此,系统性的社区研究中的发现会指导我们在探索性研究中如何选择带有特点的说话人。[①] 进行中音变的观点,是遵循第 3 和第 4 章的逻辑,基于在很多城市选择代表进行中音变最快阶段的说话人,以及他们的家庭和邻居中代表较早阶段的其他说话人进行社会语言学访谈而得来的。在大部分地区,我们有年龄从 70 到 80 之间的老年工人阶级的说话者的录音,他们代表了能用语音实验仪
157 器进行分析的最年长的社会阶层。这里报告的探索性研究通常不包括上中阶层或下层谈话人,因为他们表现出更为保守的模式。[②]

均变论原理

本章每节都运用了 1.2 节中出现的均变论原理。贯穿全章的

---

① 在有些例子中,探索性研究覆盖了 10 到 20 个家庭若干年的录音,这能够为进一步确认上述社会分布的普遍原理提供足够的对照基础。我在 20 个英国城市展开的一系列探索性研究足以作为休斯顿(Houston 1985)对(ing)历史重构的基础。我们现在对芝加哥的研究跨越了 20 年,并且阿什展开的 CDC 研究访谈结果包括了广泛的社会阶层。

② 在美国许多城市,社会底层的说话者多是黑人和西班牙裔社区的成员。正如纽约城的第一次研究显示的(Labov 1966:第 8 章;见第 2 章),它们可能一开始是当地元音系统保守的代表。进一步的研究表明他们并不趋向当地话的发展,而是趋向在非白人族群中的一种柯因内(koine)模式。在英国,正如我们的研究所示,非白人族群更多地参与当地方言的语音系统。然而,本书中所有英国和美国英语语言系统的描写均来自白人社区。

假设就是我们能够通过研究发生在我们周围的音变来了解过去语音变化的机制,并一直牢记历史性悖论告诉我们只能这样做,别无选择。尽管如此,用现在解释过去并不是一个通用的策略。原因之一是语言学家一般都不大愿意进入社区去研究日常生活中的语言。另一个原因就是人们相信语音变化本身是过去的事情。下面的资料将会表明真实情况远非如此。

语体

这里提供的资料来自社会语言学访谈,包括各种不同的语体。最接近本地话的方式是**随意言语**(casual speech),说话人对于言语形式的注意最少,尤其是兴奋的、情感投入的谈话最能体现这种语体。无论刚开始的考察看起来多么随意,访谈的主体部分必须归为**谨慎言语**(careful speech)。[①] 同时,随意言语和谨慎言语都被视为**即兴言语**(spontaneous speech),跟朗读中的**受控言语**(controlled speech)相对立。语体连续统的最末端是朗读单词——词表或最小差异词对(minimal pair),其中说话人的注意力直接集中在发音上。[②] 在每一个社区中,都能够发现有少数人表 158

① 有人可能想知道为什么进行中的音变不能够用说话人群体互相交流中获得的样式来描写。只有社会语言学的访谈能够提供大量完整的语言系统的分析需要的言语、社区的取样所需要的说话人个人历史的完整确认,以及对语音形式的精确分析所需要的高质量语音记录(Labov 1984)。

② 贝尔(Bell 1984)认为对言语的关注不应是语体变体的组织原则,而应是讲话的听众。这个观点的主要证据是同一名电台播音员对不同听众所说的言语。虽然这证明了听众的重要性,但是更多的证据显示出了说话人对于同一批听众讲的很多的语体变体。开放类和封闭类言语间所发现的较大的语体差异(Prince 1987)加强了对言语的关注作为在研究设计之外的语体组织原则的重要性。显而易见,语体变化与许多独立的变量有关,但它们都不能被认为是"必不可少的"或是"控制因素"。然而,对于言语的关注是研究进行中的音变的一项有用的组织原则,因为它区分了出现在第 2 章的不同音变层次。

现出很小的语体变化且范围很窄;对他们而言,在留意的朗读中,单词的语音实现基本上与随意言语的模式没有差别。由于语体的有序异质性是社会语言学结构正常的功能性表现,那么这种说话者就不得不被认为是言语社区中的另类,甚至是有缺陷的成员。这里提供的数据来自正常说话者的即兴言语。

使用跟朗读词表对立的即兴言语意味着在一些情况中,不太常用的音位如/oy/和/u/不能很好地表现出来。但是只有在即兴言语中,我们才能够发现进行中的语言变化最领先的发音,而我们正需要这些来确定音变的方向和路径。如果我们用朗读词表的发音填充语言模式,我们会使这些音位与语言系统的其他音位的位置模糊不清而不是一目了然。在这样正式的语体中发现的音变类型通常很不连贯,也不清楚它与即兴言语中发现的变体分布之间的关系(LYS:图 3-3;Yaeger 1975;Labov 1989a)。

对于每一个被分析的说话者而言,即兴言语的资料会提供的元音发音分布较为分散,在音变的路径上排列着从最领先的到较落后的各种发音。我们有理由相信这种分布排列与社会交往中元音变体的使用相互关联,甚至在自下而来的音变早期阶段也是如此。欣德尔(Hindle 1980)研究一位费城说话者在各种不同社会环境下的说话录音,表明更为领先的发音出现在与同辈人进行热烈的社会交流的过程中。在我们将要采用的访谈数据中,最领先的变体发音典型地出现在个人叙事的强调重读单词中。这对于寻找启动问题(actuation problem)以及将在第 2 卷中涉及的语音变化的社会动因而言尤为重要。对于我们现在研究的音变的路径和机制而言,很好地描述即兴言语中所使用的变体的范围就足够了。

实验测量

为了获得测量结果采用了多种实验技术。LYS 的图表是基于对窄带语谱图中共振峰频率的测量。LCV 费城元音的研究中，谐波分析借助于一台硬连线的频谱分析仪，而线性预测分析则是根据频率域的数据展开。在最新的费城、芝加哥和伯明翰的语言调查中，线性预测分析直接在数字化的言语波上进行。所有测量 159
方法的设计都是估算元音共振峰的中心趋势，在选定的时间点上表现出音核或滑音的特征值。[①] 本章的图表，和第 3、第 4 章的图表一样，把每个音核的位置在双线性两个共振峰图上标示出来。在参考文献中给出的各种技术报告中，有实验方法的详细报告。

音系空间的概述

第 5 章中表现链式音变原理的是在一个离散的音系空间中，由区别特征定义的。因为本章的数据是对共振峰频率的实验测量，所以链式音变在这里也有必要以一种不同以往的方式来描写：它们被看作是发生在一个连续的语音空间中。这个空间的形状和内部结构是本章关注的重点之一。

图 4.9 和图 4.13 展示的三角形声学图就是基于这种测量的典型结果，给我们提供了音系空间的轮廓。这个空间是三角形的，而不是主观语音印象中的四边形。[②] 三角形的维度见(1)所示，是

---

① 共振峰可能表现为稳定状态，或经常是一种与相对的最大值或最小值一同出现的连续轨迹。选择测量元音音核的时间点的常规办法见 LYS(第 2 章)。

② 一些说话者确实显示出了四边形的声学空间，但这是相对少见的情况，其中涉及开口度最大的央元音的缺位。

由发音的声学限度构成的。三角形的顶部以[i]和[u]的最低 F1 值确定——通常男性 300Hz,女性 400Hz。三角形的底部由系统中开口度最大的元音的 F1 值确定,大约为男性 900Hz,女性 1100Hz。因为我们将要比较三角形内部定性的关系,所以男女之间 F1 数值的差别无关紧要。

(1) 元音三角形

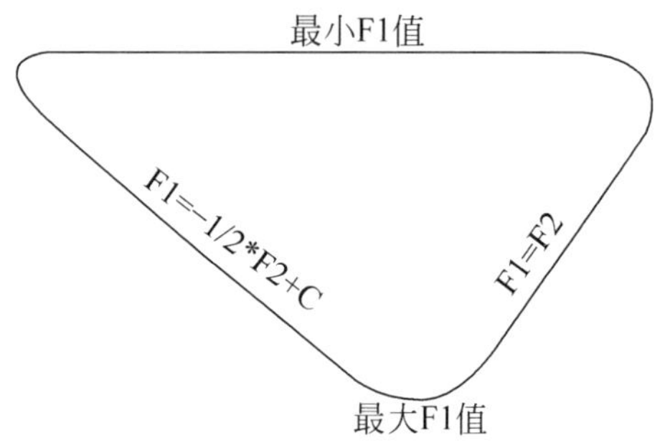

160 三角形两侧斜边的确定方式大为不同。在第 4 章中,沿着前斜边的高度被定义为$\sqrt{F2^2-(2*F1)^2}$。在实际经验中,我们发现绝大多数的高化都不是 F1 的单一变换,而是在这个维度上 F1 和 F2 结合的变化。于是语音空间的外部界限被定义为(2):

(2) F1=−1/2 * F2+常量

这条线的斜率−1/2 是前元音高化过程中遵循的路径的特征。在这种轨迹中,F1 每增加一个单位都会伴随着 F2 双倍单位的减少。范围稳定在男性约 2800Hz,女性约 3400Hz。后斜边的形成简单表示为(3),

(3) F1=F2

根据定义,F1 低于 F2,并且一个元音不可能占据这条线右面的空间，因为那里就是 F2 低于 F1。在三角形内，当元音 F2 变低而 F1 变高时，可能会接近这条线，这样声谱图可能只显示出一束加强的谐波，而理论上在这里我们预料会有两束。

现代英语元音系统

英语方言里各种进行中的音变基本上是在元音大转移模式 1 所输出的系统上进行，可是这只是发生在 17、18 世纪的一个相当重要的外加音变之后：即长元音/iː，eː，uː，oː/的双元音化。这个音变把英语元音重新组织为有三个子集的系统，这个系统在本书第 3 章中第一次出现。其中一个子集有六个短元音，另两个子集各有四个上滑元音，如(4)所示：

(4)

短元音		上滑元音			
		前元音		后元音	
i	u	iy		iw	uw
e	ʌ	ey	oy		ow
æ	o		ay	aw	

这个标示方法提供了一种整体模式，是我们将要研究的链式音变的共同起点。它并不适用于所有英语方言。例如，高元音和中元音的双元音化并未在英格兰北部、苏格兰和爱尔兰的各个社区发生，以致双元音系统的范围更为有限。在英格兰南部、美国和其他地 161
区，链式音变的动态变化就是表(4)中结构关系的结果。我们将要研究的链式音变大多发生在这三个子系统内部，而不跨越子系统。

这里用/o/来表示位于后低位置的短元音。在绝大多数美国方言中，/o/已经低化和非圆唇化为[a]，与中古英语没有前化到[æ]的

短 **a** 在/w/后面的音位变体合并,比如 *want*、*watch*、*watt* 等[①]。对于我们的研究目标,/o/的标写由不同的两组语音事实确立:(1)在 *tone*/*tonic*,*telephone*/*telephonic*,*bio-*/*biology* 等词中与/ow/之间的能产性形态音位的替换;(2)与保留圆唇短[ɔ]的英国方言,以及用一个圆唇元音合并长的开元音 o 的加拿大和新英格兰方言(见下文)之间的方言联系。对于使用[ɑ]的各种变体来代表这个元音的大多数美国方言和少数英国英语方言而言,这将表明非圆唇化、低化和央化的低层规则已经在元音[a]上应用[②]。

有人可能会提出使用抽象性较小的/ɔ/作为一个与前/æ/平行的标写形式。但是标写的一般原理是,不到迫不得已,避免使用特殊符号。短的开/o/和长的开/oh/配对(见下文),而/ɔ/只用于在/r/前区别/o/和/ɔ/的少数方言中[③]。

直到最近,与长元音相比,短元音相当稳定,并且离它们的中古英语原位都不远。跨方言变异主要来自于低元音的紧化,伴随着/æ/和/o/词群分化。但是正如我们将看到的,一些变化最快的近期音变影响了短元音,在北方城市中系统性地循环出现。确定

---

① 并且在许多央低元音并不保留区别性音长或内滑音的方言中,/a/也包括 *father*、*calm*、*pajama*、*rajah*、*pa*、*ma* 等词中的元音。

② 历史上这种不圆唇发生在 19 世纪初的美国。1832 年,拼写改革者迈克尔·巴顿(Michael Barton)在比较自己的上层社会的纽约州方言和波士顿方言时首先注意到这一点。

③ 有人可能会问,更抽象的标写/a/能否用于我标记为/æ/的前低短元音。下文将说明把短元音和长内滑元音联系起来时,这种难度增大了。在许多方言里,/æ/分裂成松/æ/和紧/æh/。几乎所有方言里都把它跟 *father*、*pajamas* 等词中的长的央低内滑元音/ah/相区别。

这个短元音子系统一致性的最重要特征在结构上：这些元音只出现在闭音节位置，从不出现在开音节位置。

(5) /i/ pit, sit　　　/u/ put, soot
/e/ pet, set　　　/ʌ/ putt, but
/æ/ pat, sat　　　/o/ pot, sot, watt, want

上滑前元音的类别相当简明： 162

(6) /iy/ be, beat
/ey/ say, bait　/oy/ boy, Hoyt
/ay/ buy, bite

除了上文提到的英国北方方言之外，还有一些美国方言在其他方言用/iy/和/ey/的位置上还保留着单元音，即使在开音节位置上也是如此。长期以来，这种情况作为具有很强非英语底层的方言的特征：在加勒比、爱尔兰和宾夕法尼亚-德裔地区（Reed and Seifert 1954; Kurath and McDavid 1961），以及在中北部各州的斯堪的纳维亚裔占优势的地区（Allen 1973）[①]。然而，本章将讨论的影响 Vy 类别的链式音变即使在闭音节位置也全都明显地具有双元音。

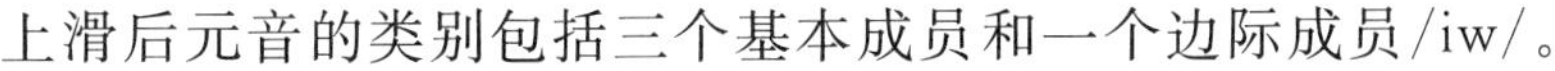

上滑后元音的类别包括三个基本成员和一个边际成员/iw/。

(7) /iw/ fruit, dew　/uw/ boot, do
/ow/ boat, bow
/aw/ bout, bough

双元音/iw/大量出现在法语 **u** 的发音中，在它已经有一些前化的

① 最近几十年这些地区经历了一些显著的新变化，超出本章考察的资料范围。长单元音已经显示出演变为内滑元音的趋势，尤其表现在闭音节位置中。

时候被借入英语,同时也出现在中古英语 *few*、*dew* 等词中。在许多方言中以[jü]或[jɪu]实现,可以分析为含有/juw/。/iw/的音位区别性是在舌尖音后失去制约性/j/滑音的结果,产生了 *dew* 和 *do*,*crude* 和 *croon* 以及 *lute* 和 *loot* 的对立。这种对立在很多方言中已经消失,另外的方言中只有边际性保留,所以并不妨碍这里展示模式 3 的变化。

中元音和高元音的双元音化在系统中留下了两个长元音。两个都是由几种不同的类别形成的音位。在大部分方言中,长/ah/是一个有限的类别,由几个在开音节中没有前化的央低元音组成,比如 *father*、*pa*、*llama*、*pajama*、*rajah*、*calm* 和 *salve* 等。在英国南部和新英格兰的各方言中,长/ah/类别中已扩充了一个宽 **a** 类别。长开元音 **o** 是三种不同变化过程结合的结果:在 *hawk*、*caw* 等词中/aw/的单元音化;在 *talk*、*all* 等词中/l/的元音

163 化;在 *lost*、*coffee* 和 *dog* 等词中短 **o** 的紧化(主要在美国方言中)。产生了宽 **a** 类别并扩大了长开 **o** 类的这些紧化过程都有一个基本语音条件(鼻音和清擦音前的紧化),而现在这同样的因素出现在大西洋沿岸中部各州短 **a** 的紧化中。(这三种类别的形成在第 11 章探讨词群分化和第 15 章规则性音变中有详细的考察。)

在许多方言中,新的紧[æ:]和[ɔ:]发生高化,当它们达到中元音位置时形成明显的内滑元音,第 5 章回顾的几种历史音变反映出这一过程。这些紧元音的长度主要跟内滑音紧密相连,并且归入内滑双元音的有限集合,如 *idea*、*yeah*、*boa* 和 *skua*。这些边际词群后来被扩充,并发展成与上滑元音的重要对立面。比如在

纽约，*low*[lʌʊ]和 *law*[lʊə]的双元音轨迹在语音空间中相同的区域，但是方向相反。英国南部和美国东部方言中，同音节的/r/元音化为中性元音（shwa），得到的内滑元音和其他元音一起低化，产生了数目庞大的同音异义词①。内滑元音子系统标为 Vh，用半元音/h/表示内滑音②。缺少 r 音的大西洋沿岸中部方言的保守系统，比如纽约市的系统，如(8)所示：

(8)	/ih/	beard，theatre	/uh/	moored，skua
	/eh/	bared，yeah	/oh/	baud，bored，boa
	/æh/	bad，salve，baa	/ah/	bard，father

我们了解到语言演变的过程通常导致/æh/和/eh/的逐渐合并，以及与/ih/的合并，同时还伴随有/oh/和/uh/的合并。

因此，构成我们链式音变讨论基础的元音总表如下所示：

(9)	短元音		上滑元音				内滑元音	
			前元音		后元音			
	i	u	iy		iw	uw	ih	uh
	e	ʌ	ey	oy		ow	eh	oh
	æ	o		ay	aw		æh	ah

① 在纽约市，短 **a** 紧化与高化的组合作用和/r/的元音化产生了 *bad* 和 *bared* 的同音异义词，并最终产生了 *bad*、*bared*、*beard*，以及 *law*、*lore*、*lure* 和 *laud*、*lord*、*lured* 的同音异义词（Labov 1966）。

② 这是一个方便的传统标记法，并且最终它将具有相当大的理论意义。这种标记的可能性在于元音前的/h/与元音后的/ə/呈互补分布——虽然在这里的讨论中这个论据不如在美国结构主义语言学家那里起到同样决定性的作用（Trager and Smith 1957）。

164 这种标写法将贯穿在本书下面所有的讨论中[①]。

词群的概念

词群这一表达法已经在前面的章节中自由地使用,主要使用于具有历史联系的音变语境中。一个典型的词群是中古英语的 ū 词群:即,拥有 ū 的发音形式或直接传承于中古英语 ū 元音的所有单词。在探讨音变规则性的章节中,这种概念将起到更加重要的作用,因为词群和规则性互相包含。只要是关系到历时描写,用词群这一概念就没有问题。

然而,本章将在元音系统的共时描写中也使用词群概念。进行中的链式音变的描写是以个体元音系统的共时观点为基础。正如我们在第 3 章所看到的那样,由于先前的实时资料通常无法进行比较,时间深度(time depth)通常是通过言语社区内不同年龄说话人的对比获得的。根据表(9)定义的词群标准集合使我们可以进行跨方言的比较,并通过方言之间的逻辑关系来推断语言的发展。这些元音图将表明,并非有关方言中的音位,而是表(9)定义的词群的语音实现,将被运用于描写所有美国方言和大部分英国方言。它们并不代表任何一种方言的最为恰当的语音或音位标写,而是代表了使我们得以对方言进行比较的一个框架。

① 因为我们分析的是重读元音,其中没有中性元音和央元音,尽管如果我们的目的在于完整地分析一些英国和美国方言,这将是一个严重的遗漏。*her* 和 *bird* 里的央、中元音将排除在我们探讨的所有元音系统的经济性之外,并在现在的研究目标中予以忽略。

这些是相对晚近的词群。它们不是形成于中古或古代英语时期，而是在 18 世纪末或 19 世纪。在这个时期，元音大转移和随后的中、高紧元音的双元音化已经基本完成。在大部分美国方言中，短开 **o** 已经非圆唇化为[a]，而一些带有短 **a** 音的单词已经紧化为[ε:ə]。

对任何一种现代方言而言，一个指定词群的语音实现可能与音标的符号相去甚远。我们标记成[i]的音可能会低化成[ε]或[æ]；我们标记成/ey/的音可能高化成[i:˔]或后化为[ʌi]。通过保持表(9)确定的模式，我们就保留了从音变的近期起点追溯它们发展过程的能力，也保留了展示相同的成分在不同地域方言里逆向移动的能力。在讨论第 10 章到第 13 章里的语音合并时，同样的方法在追踪进行中的音变时会大有助益。

在许多情况下，一个给定词群，在所有方言中只是一个简单的音位，在完全不同的分布中已经分离成了一个或多个音位变体。165
于是/ay/分离为在词末清辅音前的央化变体(ay0)和余下的在浊辅音与停顿前的(ayV)。我一直在用的标写法是一种尝试，一方面是为保留已确认的词群，另一方面也显示导致分裂的音位变体在语音史上的那些本质差异。在这些实例中，用附加的辅音标明了所讨论的音位变体。

实验元音图的体例

在接下来的章节中，进行中的链式音变的模式以元音音核的实验测量为基础通过双共振峰图表现。垂直维度是 F1，水平维度是 F2。两个维度均为线性,即使采用大约在 500Hz 接近对数的美(mel)或巴克(bark)标度,能更准确地反映出感知距离。虽然对 F2 的高频部分进行对数压缩符合以下章节的语音感知的数据,可是在线性显示中能最清楚地看出语音产出的区别,这对我们音系空间观念是最为重要的[1]。

元音音质通常用一个点表示,代表这个元音的中心趋势。在大多数情况下,元音轨迹有拐点。这种拐点最常见的情况是在词首或词尾辅音的影响最小时,F1 达到的最大值。比如像 *man* 中的[eːə]这样紧的内滑前元音,中心趋势就是 F2 的最大值在 F1 的最大值之后出现。对于对应的后元音比如 *lost* 中的[oːə]或 *paul* 中的[oːɤ],时间上的测量点就是 F2 的最小值。在没有这样的拐点区分出长时稳定状态的情况下,选择没有明显的辅音影响的最早的点。单点的选择并不意味代表这个元音所有的重要感知信息,双元音就是明显的例子。一个给定单词的元音代表点可以跟同一词群的另一单词的元音代表点相比较,这样就可以把这个词群或音位的整体分布标示出来。如果在不同说话者中观察到同样的测量规则,我们就可以用这些成群的点来追踪虚时语音变化的进程,就像在第 3 章那样。

下面将要展现的图表不能完全代表元音系统,但是有意提取了与链式音变原理有特别重要的关系的部分。我们所关注的词群

166

① 更倾向于线性显示的进一步原因是它弥补了 F3 在图中的缺位。对于 F3 在 F2 以上 500Hz 以内的前高元音,有理由相信感知效应是 F2 和 F3 的结合,虽然没有一个公认的表示这种结合的公式。

将以个体的发音表现出来，通常形成椭圆形，而显示音系空间轮廓的其他词群，只用代表平均值的圆圈来标示。在本章和后面各章中用于代表元音的符号见(10)。

(10) 元音编码

V	Vy	Vw	Vh	Vhr
○ i	iy	iw		ihr
◇ e	ey	aw	æh	ehr
□ æ	ay	ow	æhN	ahr
■ o	oy	uw	ah	ɔhr
◆ ʌ			oh	ohr
● u				uhr

用于构建符号的普遍体例见(11)。

(11) 构建元音符号的体例

高低

高元音	圆形
中元音	菱形
低元音	正方形

前后

前元音	空心
后元音	实心

双元音

上滑元音	向前上方和向后上方的箭头
内滑元音	三角形、十字形等

6.2 进行中的音变的模式

5.3节介绍了历史记录中最常见的链式音变的基本成分的结合。本节将更为详尽地研究这些进行中的音变的模式,借助于实验分析即兴言语,然后将补充第四个模式——它可能在目前的英语方言中最为普遍,而在历史记录里却没有发现。

167 模式1和它的扩展

模式1的显著对称性在目前任何英语音变中都没有实例。所有进行中的音变都显示出原理Ⅲ对后元音的影响,使它们比模式1所允许的更加前化。

元音大转移的对称性依靠中古英语ī和ū对称性低化到中元音和低元音位置。许多保守的英语方言现在停留在了这一进程的终点,表现为上滑双元音/ay/和/aw/以同样的央低音核[a]成双对称。这是北部新泽西(我自己的方言)以及大多数北方城市说话者的情况,其中包括奥尔巴尼、罗彻斯特、布法罗、底特律和芝加哥。在其他很多方言中/aw/和/ay/还在继续移动,见(12)所示的模式。

(12) 模式1的扩展

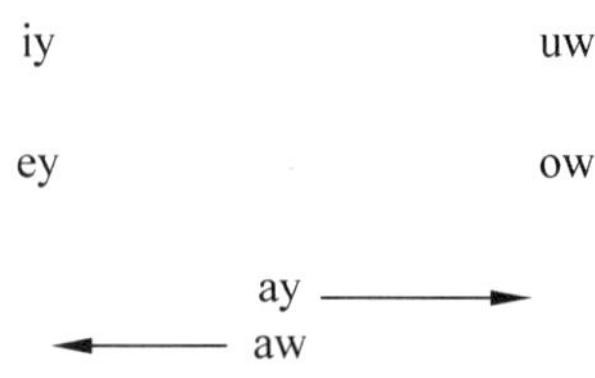

一些学者已经认识到原理Ⅱa 的普遍性，并且提出将它理解为区分音核-滑音的一种形式（Stockwell 1978；Stampe 1972；Donegan 1978）①。原理Ⅱa 的双元音音核的低化必然会导致音核与滑音语音距离的增加。这一趋势在模式 1 的扩展中加剧，并且最终导致低化进程的扭转。图 6.1 是说话者克里斯·安德森（Chris Andersen）的语音模式，他 73 岁，是 LYS 用仪器分析的 10 位纽约人中最年长的一位。(æh）和（oh）平行的半低位置清楚表现出该系统的保守特点。在安德森的言语中，纽约话/æh/词群相当有规则，在 *man*、*pass* 和 *half* 之类的单词中长化，并且比其他单词更具有外缘性；而年轻说话人的高化到中、高位置的特点还没有真正开始，并且（oh）也是同样的保守。(ay）和（aw）的保守性趋向都同样清晰。它们都是稳固地处于央元音位置，没有前化或后化的趋势。作为对比，图 6.2 显示了上层工人阶级说话者，37 岁的苏·帕尔马（Sue Palma）的已发生变化的纽约市方言。她的上滑长元音/iy，uw，ey，ow/显示出和克里斯·安德森一样保守的平行位置；而紧的内滑元音/æ/和/oh/现在移到了半高位置。最近的纽约市音变已经影响了她的双元音/ay/和/aw/的发音。除了在清塞音之前的发音，/ay/已经移动到/o/的后面，/aw/已经前化并且采用了松音/æ/为音核。

① 第 7、第 8 章中将更细致地考察这些研究成果的意义。多尼根（Donegan）提出的功能性原理比音核-滑音的区分更为具体，包括使色度（chromaticity）和响度最大化的对立需要。

168

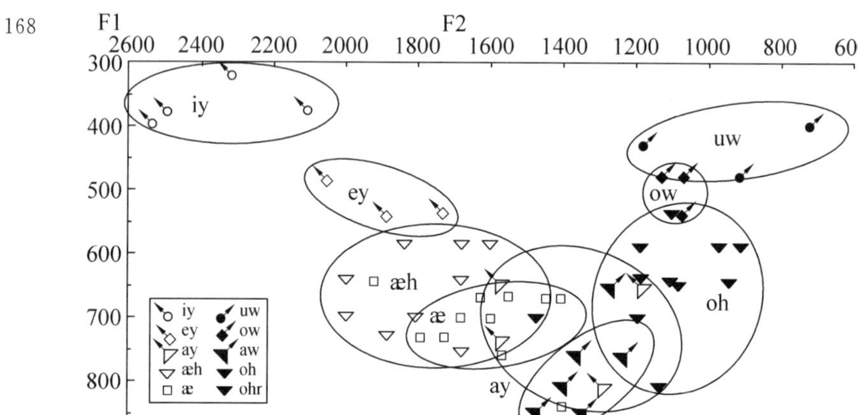

图 6.1　克里斯·安德森的上滑元音,73 岁,纽约市[1963]

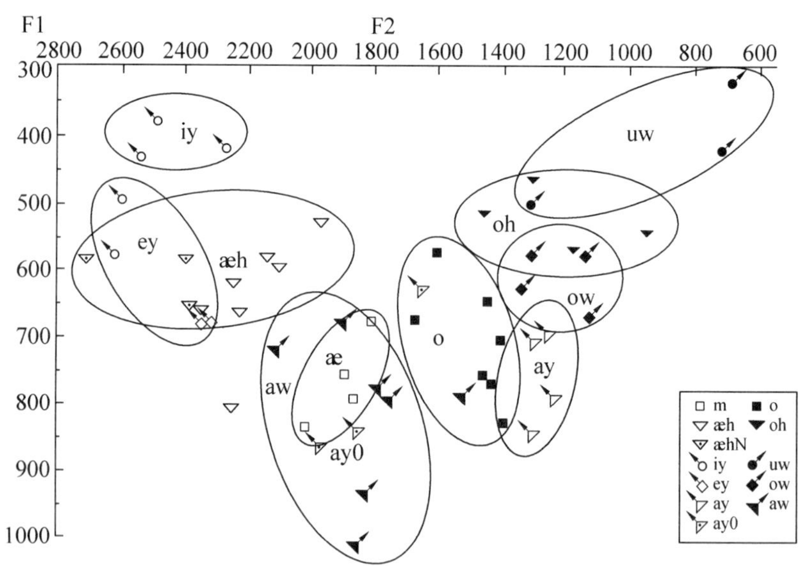

图 6.2　苏·帕尔马的元音系统,37 岁,纽约市[1962]

169 /aw/的一种更极端的前化出现在费城话中,其中保守的说话者使用[æʊ],与音变中领先的纽约人在相同的位置上。而这里年轻的说话者显示为一个前化半高音核的并有向后低位置滑音的[e:ɔ]①。

许多美国南部和英国南部方言的/aw/表现为有前化音核的[eü],/ay/则表现为一个完全后化和高化的[ɔɪ]。图 6.3 是一位伦敦女性玛丽·科尔维尔(Marie Colville)的上滑元音系统,1968 年她 39 岁的时候在哈克尼接受访谈。她出生在贝斯纳尔格林附近,认为自己是“标准的伦敦音,没有一点其他腔调”,并且表现出经典的伦敦元音系统(Sivertsen 1960)。在这个元音系统中,/aw/ 170
的音核更加前化和高化,所以清楚地位于前中位置,比双元音/ey/

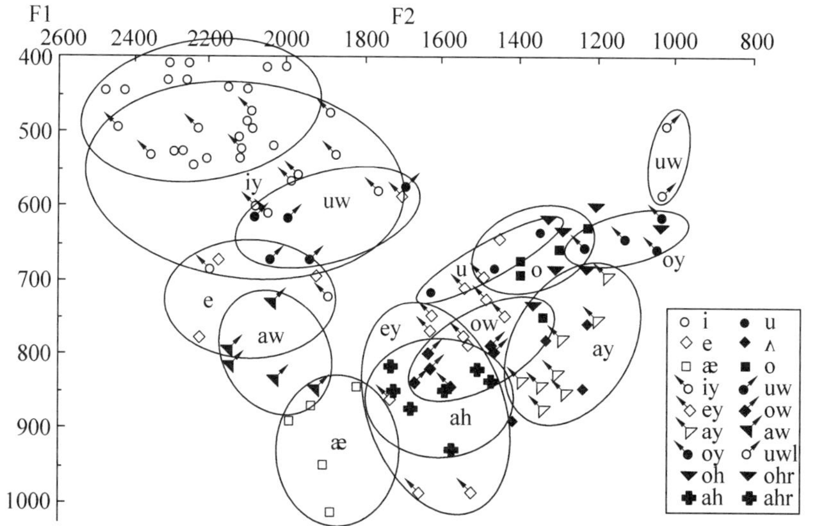

图 6.3　玛丽·科尔维尔的元音系统,39 岁,伦敦(1968)

① 虽然这是一个不寻常的语音发展,但它可能已经被第 5 章讨论的古英语 **ēa** 的发展预测到了。这是一个从一种更古老的日耳曼语 **au** 中发展出来的内滑元音。斯托克韦尔(Stockwell 1978)认为这是贯穿在英语史中的持续不断的趋势。

更高。与此对称，/ay/已经移到后中位置，比/ow/还高。更为甚者，它参与了/oy/的链式音变，高化为[ʊɪ]。对于模式1这种扩展的抽象模式不是简单的(12)，而是(13)。

(13) 模式1链式音变的扩展

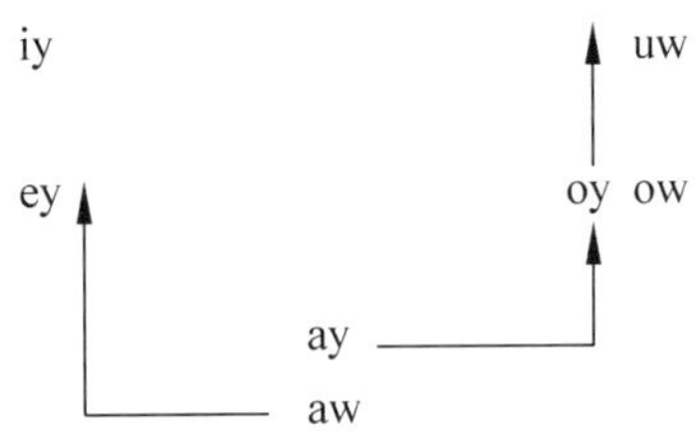

如果/aw/的这种扩展音变是链式音变模式的一部分，它破坏了模式1符合原理Ⅱ的原则：它的上滑双元音的音核高化而不是低化。毫无疑问，/ay/和/oy/的移动构成了链式音变，并且音核高化。这表明，我们把链式音变的普遍原理应用于进行中的音变的最初努力产生了一个显著的反例。

外缘性

最初的反复并非由于原理本身有弱点，而是由于不适当的描写框架。伦敦元音转移最终会成为元音大转移在现代条件下的最接近的复制品(见下面的模式4)，并会遵循相同的普遍原理。然而，只有我们从语音记录中得到更多信息，并且建立一个能反映更多语音数据结构的框架以后，这种结果才会显现。

图6.3中对玛丽·科尔维尔的系统的语音分析表明，/aw/的发音明显比/ey/靠前。与此对称，/ay/也比其他后元音更靠后：在它的较低部分，比/ow/更靠后；在它的较高部分，比短/u/和短/o/更靠后。在更高的位置上的/oy/，同/ohr/在一起，也比其他后元

音更靠后。但是在(13)这类图中没有显示这种信息的空间:那里只有一个前元音和一个后元音的位置。

这种信息看上去和链式音变的原理并没有直接的关系。然而,图 6.3 的模式是重复出现的,在我们的音系空间观念中必须加以考虑。它不只出现在伦敦话里,也出现在很多其他方言中。与美国南方方言的比较能说明这个普遍的现象。伦敦方言和大部分南方各州方言[SSE]之间的主要区别就是/ay/的表现。在美国南 171
方各州大多数方言中/ay/单元音化,它或是停留在央元音位置或是移动到前元音位置,而不像在伦敦方言中那样向后移动。无论如何,整个 SSE 模式复制了我们讨论中最为关键的那些音系空间的特点。

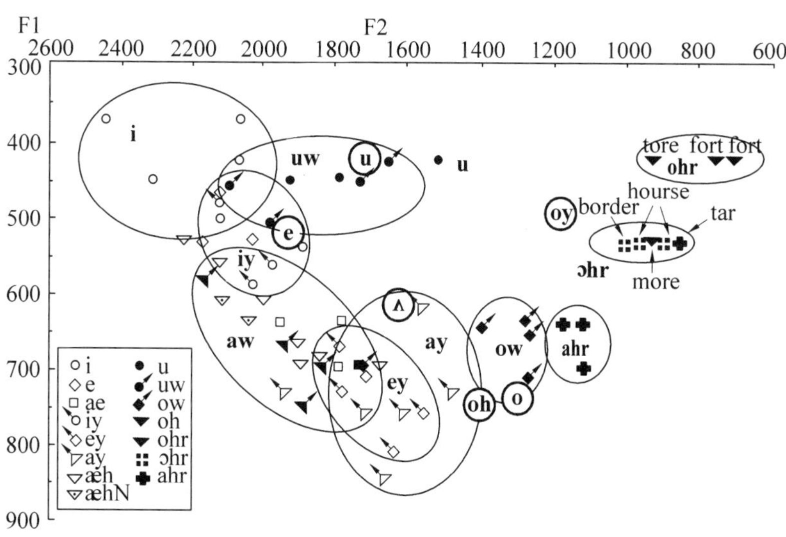

图 6.4 杰里·思拉舍的元音系统,20 岁,得克萨斯州(1969)

图 6.4 是得克萨斯州中南部 20 岁的发音人杰里·思拉舍

(Jerry Thrasher)的元音系统。这个由元音音核形成的模式在许多方面和玛丽·科尔维尔的模式相似,只有单元音化的/ay/例外,它还停留在央低位置。在上滑后元音中,/uw/完全前化,但是/ow/音核没有前化,而是低化。如同在伦敦那样,/ow/占据着后面的位置,但是也不像其他元音那样很靠后。和伦敦音一样,在得克萨斯中部,极靠后的元音中不包括/ay/,但是包括/r/前的元音[①]。在前元音中,/aw/的范围是从半低到半高,在一个位置极靠前的长椭圆形中。与此对立,前上滑双元音/iy/和/ey/的音核占据着更靠央元音的位置,这和伦敦音相同。

这些图和下面的其他元音图显示出,英语元音占据的音系空
172 间用四个二分的区别特征或者第5章中的3×2图表来描写是不够的——至少在音变发生的层面是如此。这些方法导致了相互矛盾的描写,并且无法解释实际发生的合并与链式音变。(1)中的三角形语音空间也不能令人满意,因为它不能提供把链式音变的普遍原理和已观察到的链式音变联系起来的规则:在这样一个空白的空间里,任何事情都可能发生。然而这种空间确实为我们提供了建立一种满意解决的基石。

在5.5节,曾引入了**外缘性**这一术语来描述元音大转移中高元音的路径。正如斯托克韦尔(Stockwell 1966)最先察觉到的,非

① 在伦敦,/ohr/已经移动到后高的位置。在得克萨斯有一种链式音变,/ahr/高化,与/ɔhr/重叠合并,而/ohr/与伦敦音同样移动到高的位置。这些相似点特别显著,因为伦敦的/r/元音化,而得克萨斯中南部的/r/还是辅音性的。总的来说,尽管会跟其他元音出现明显的语音合并,元音化的/r/前的元音还是保持了这种极靠后的语音位置(见第12章)。

外缘元音不像外缘元音那样区分明显，所以不容易分析。前圆唇元音和后非圆唇元音是非外缘的。事实上，这样的元音在双共振峰空间里占据的位置粗略地与图 6.3 和图 6.4 中/ey/和/ow/的低化音核位置相同。我将会用术语非外缘性(nonperipherality)和特征[－外缘]来描写这种元音音核，它们共振峰的平均值和分布区与音系空间边缘的距离明显比相同高度的另一个元音更远。然后，我们可以详细地阐述关于音系空间的观点，见(14)。

(14) 前元音和后元音的外缘性和非外缘性路径

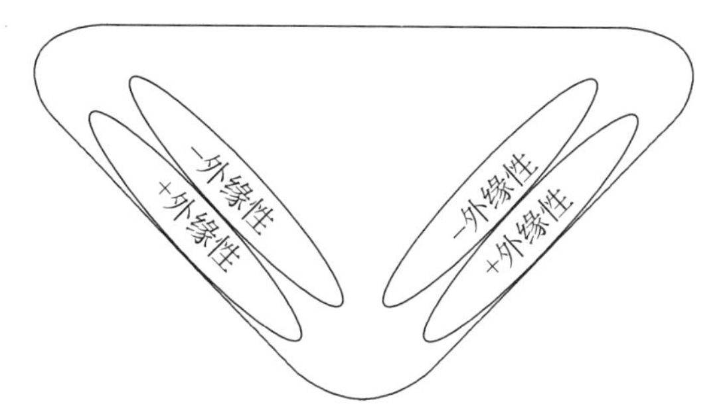

元音空间(14)总结了上文对伦敦和得克萨斯的模式 1 扩展的考察。前元音和后元音各有两个椭圆，一个更接近元音空间的外缘，一个更接近中心。双元音/ay/和/aw/沿着外缘性椭圆上升，而其他上滑元音位于非外缘性椭圆上。其他链式音变分布在后面的椭圆里，包括/r/前面的后元音高化(模式 3 的一部分，见下文的讨论)。

这些事实是怎样跟链式音变的普遍原理相联系呢？因为原理Ⅰ规定了长元音的高化，意味着长度和外缘性有一定关联。这种关联不难发现：我们知道一般情况下较长的元音位于元音空间的 173
外缘，较短的元音更靠近中心(Liljencrants and Lindblom 1972)。

通常的解释是短元音无法到达它们的预期目标,因为它们来不及从一个辅音的过渡中完全摆脱出来,就又进入下一个过渡音。于是我们可以说,长元音沿着外缘轨道高化,是因为它们自动地位于这条轨道。这就不难再向前一步,提出对原理Ⅱ的第二种调整:短元音沿着非外缘轨道低化。

令人遗憾的是这一简单观点并不合适。在音变发生的平面上,英语元音中的长度和外缘性之间没有直接的关系。确实,在语音上/aw/和/ay/是长音:在开音节位置上,它们的长度是150—300毫秒,跟短元音的50到100毫秒形成对比。但是在图6.3和图6.4中还有同样长度的其他元音——/ey/和/ow/——它们清楚地位于非外缘轨道上。

到目前为止,我们只谈到了六个主要上滑元音中的四个:/ey, ay, ow, aw/。对于另外两个上滑元音,其中/uw/与此无关,因为它明显受控于原理Ⅲ,并且遵循另一种动态变化。但是/iy/的问题至关重要。发音人玛丽·科尔维尔和杰里·思拉舍的/iy/活动范围都是从前高位置到央半高位置。/iy/是在外缘还是非外缘的椭圆上呢?这个问题的答案在图6.5中,图中更为详细地分析玛丽·科尔维尔的/iy/音位。在双共振峰空间的中心位置之外,还显示了每个元音的音段环境和重音模式。

图6.5表明/iy/的目标值不在元音空间的外缘,而是分布在中央最低位置。这就是强重读元音和开音节元音所处的位置。另一方面,具有第二重音和第三重音的元音位于左上方,靠近外缘。代词中的元音位于最外缘。结果是通常外缘位置和长度的关系对于玛丽·科尔维尔的/iy/元音正好相反。说话者发元音的时间越

长，音核越靠近元音系统中心。

原理Ⅰ规定长元音高化，这些元音当然都是长元音。然而跨方言和方言内的比较都得出了这样的结论：上滑元音/iy，ey，ow/的音核没有高化，而是低化（见 LYS：第 4 章）。于是这个普遍原理不得不用这些术语来重新阐述：在链式音变中，一些长元音沿着外缘轨道高化，其他长元音沿着非外缘轨道低化。这道出了事实，并且从长远考虑极其有用；但是，现在它没有给我们怎样区分那些高化元音和低化元音的办法，所以原理Ⅰ和原理Ⅱ的主要贡献失去了意义（Stockwell 1978：344）。

174

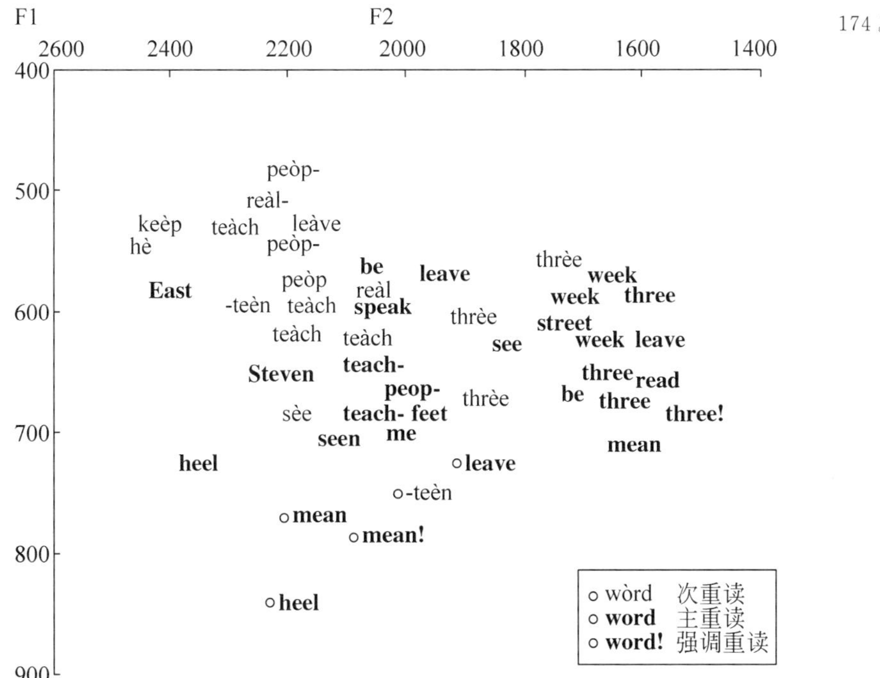

图 6.5　玛丽·科尔维尔/iy/音的细节观察

贯穿于本章的术语**长**有必要在两种不同的意义上使用。一方面它指中世纪英语和古代英语中的长元音，以及它经过规则音变得到的后代。另一方面，它指一种物理长度，通过测量共鸣部分的持续时间得出。原理Ⅰ中的术语**长**指的是抽象的、历史性范畴。如果把这种抽象的长度与我称作外缘和非外缘的物理位置清晰地联系起来，就需要有一个中介范畴。这个就是[＋紧音]，它在这里使用的方式与乔姆斯基和哈勒在1968年的著作中所采用的方式相同：即把英语元音归入主要语音集合的一个抽象范畴。**紧**这一名称是指一种可能基于对发音肌肉紧张程度的测量做出的定义，但是我对它的使用是基于更为间接的声学证据。特征[紧]将会作为若干语音特征的一种抽象集合而出现；它不会应用于整个元音，而是用于音核或上滑元音作为区别性音段。在多数现代英语方言中，紧音核区别于松音核有以下各项：

175 • 在双共振峰和三共振峰的元音空间里，更靠近外缘
- 相对较长
- 振幅相对较大
- 常常通过比音核或滑音的振幅低很多过渡段，跟后面的滑音分隔开
- 如果在中元音或高元音位置，会发展为内滑元音

现代英语方言中经典的紧音核是大西洋沿岸中部各州的*man*和*law*那些单词中的元音，经常听上去感觉是低俗化的极端的声音（“刺耳”“鼻音”）。然而，紧音核也经常出现在上滑双元音中，如在伦敦、纽约和费城发现的/ay/和/aw/极端地演变成为[ɒ:i]

和[ɛ:o]。在这里音核是外缘的、长的，具有相当大的振幅。它们也在音核与滑音之间有低振幅的中点，这样在极端形式中它们听上去像是两个音节而不是一个音节。图 6.6 显示了玛丽·科尔维尔发音时开音节/ay/的轨迹特点：单词 *I* 的完全重读形式。所显示的每一个测量点都代表 10 毫秒；元音长 180 毫秒。它开始于从中央略往前一点的央、低位置到后、低位置的过渡，有一个特定的 60 毫秒稳定状态。随后它继续向下到达一个央、低位置的折点，此后不断
向上到达滑音目标[ɪ]。这个/ay/用严式记音法可能标为 176
[^{a}ɒ:ɑ$^{\perp}$ɪ]①。纽约和费城的/ay/表现出同样的复杂移动轨迹。

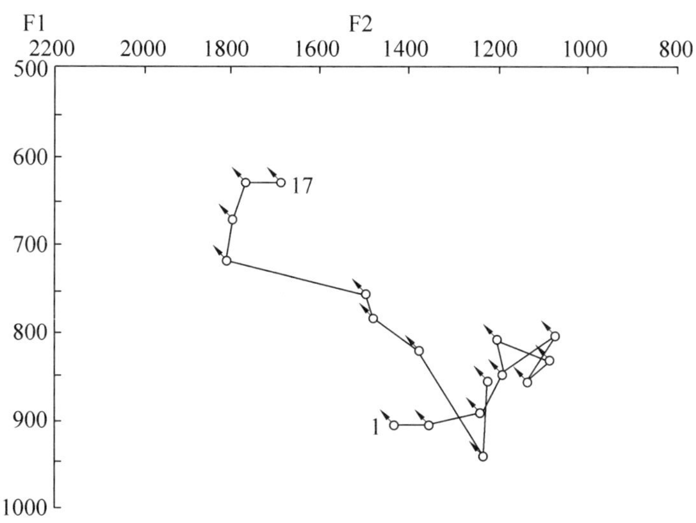

图 6.6　玛丽·科尔维尔的重读 *I* 的移动轨迹

---

① 稳定状态和断开的折点的结合，不是只出现在/ay/里，而是同样可能出现在/ey/元音中。主观听感的记音不能发现这种复杂性，还有一个没能解决的问题：跟听到的音核中心对应最为紧密的，是稳定段还是折点？

这种对松/紧区别所做的复杂描述清楚表明，外缘性/非外缘性不是一种简单的术语替换。构成[紧]范畴的各种特征的复杂性使我们能够独立地在双共振峰空间的位置来识别紧元音，并以此为相关的原理提供了经验的实质。举例来说，假如把两个具有不同内滑音的长元音放在非外缘轨道上，并且在链式音变中向上移动，那么它的移动将会对这里提出的普遍原理构成一个明显的例外。

于是我们就可以将链式音变的前两条原理重新阐述如下：

(15) 原理Ⅰ

在链式音变中，紧音核沿着外缘轨道高化。

原理Ⅱ

在链式音变中，松音核沿着非外缘轨道低化。

这两条原理描述了模式1的现代扩展状态，也将应用于接下来将探究的各种其他模式中①。但是我们还没有回答这样的问题：双元音如何从一个范畴移动到另一个范畴。根据上文的定义，/iy/、/ey/和/ow/的音核是松音。但是我们怎么把松和紧的概念应用到央低元音上？模型(14)没有提供任何线索。外缘化的概念可以很容易地按照逻辑扩展到央低元音。在保守方言中，/ay/和/aw/显示为对称的央低元音[ay]和[aw]，其中[a]音核通常不是开口最大的或者是系统中非外缘性元音。在图6.1中，纽约市老年人发的/ay/与/aw/两个音相对居于中央，而他的语音系

① 斯托克韦尔(Stockwell 1978)用一种更简单的公式表达了这两个原理：在Vh中的V高化，在Vy/w中的V低化。当所有模式的数据都展示出来时，我们将回到这种方式。

统中最极端的元音是 *father*、*God*、*bomb* 等中的紧音/ah/①。但是当/ay/后化和/aw/前化时，它们就有规则地作为系统中开口度最大的元音出现，见图 6.2。因此在双元音低化为/ay/和/aw/以及这些音核沿着外缘轨道高化之间的中间步骤就是音核的紧化。177
这样的紧化是音核自动地进一步低化到靠近外缘的结果，这就使低双元音变成系统中开口度最大的元音②。

这一论点导致了如(16)所示的音系空间的观念。

(16) 外缘和非外缘轨道

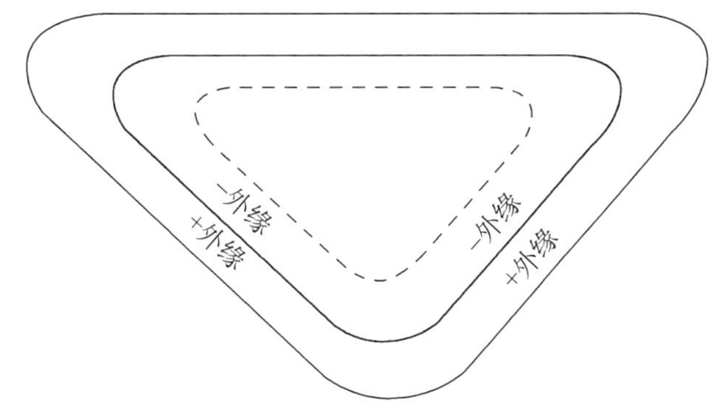

(14) 的椭圆形反映的只是单个音位的移动。在(16)中，英语音系空间被拓展为两个不同的轨道：沿着音系空间外部界限的外缘轨道，和与之平行的靠近系统中心的非外缘轨道。余下的空间

① 在纽约市，央、低元音中还有一个后加的紧/松分化，*not*、*body*、*hog* 中的/o/和 *God*、*bomb* 中的/ah/对立(Cohen 1970)。

② 这里的情况与纽约市和其他地方/æ/和/oh/的紧化和高化发展相似，这不是链式音变的一部分。LYS 表明这个过程的第一步不是/æ/的高化，而是/æ/的低化。也就是说，/æ/的紧化本质上是松音核从非外缘轨道向元音系统的外缘移动，同时增加音长，[æ]变成[æ$^{<}$:]。

是中心。

(16) 把两种轨迹的定义延伸到央高元音[ɨ]、[ɯ]以及与他们相对应的松元音。这是对外缘性定义合理的延伸,也会在把松和紧的范畴应用到滑音和它们的目标值的过程中发挥作用[①]。林道(Lindau 1978:558)指出的“松元音倾向于在紧元音之内”清晰地体现了外缘性的普遍概念。

模式 2 与北方城市音变

把外缘化概念扩展到央低元音有助于我们探讨模式 2 音变的当前实现,并把它们与链式音变的基本原理联系起来。尽管历史记载中模式 2 的情况相对少见,但是它已经是当今美国英语方言的主导力量,也是近年来最密集的调查研究的焦点。

 178 模式 2 在当前英语方言中最清楚最完全的实现是北方城市音变,这是现在美国最活跃的进行中的音变之一。它把原理 1 和原理 2 结合起来,充分表现了外缘性和音变方向的相关性。这是目前为止记录的一个子系统内最复杂的链式音变,在一个持续的彼此连接的模式中包含英语元音系统中的六个成员。这也是英语音系中一个显著的新发展:在过去的一千年中,大部分循环都是影响长元音,而短元音则保持相对稳定。

北方城市音变的早期证据可追溯到整个北方方言地区,库拉斯和麦克戴维(Kurath and McDavid 1961)、马克沃德(Marckwardt

① 央高元音的紧、松区别在接下来的链式音变原理的讨论中只起次要作用,但是在第 8 章对音系空间更彻底的修正中,它将作为一个关键因素重新出现。

1957)和艾伦(Allen 1964)的语言地图都有记录。法索尔德(Fasold 1969)未发表的一篇文章最先清楚明确地认定这种音变,他从舒伊、沃尔弗拉姆和赖利(Shuy, Wolfram, and Riley 1966)对底特律 24 位说话者的调查报告中追踪了/æh/的高化、/o/的前化和/oh/的前化。准确地说,法索尔德是美国英语元音这种特殊的循环变化的发现者。

作为第一次在虚时内对进行中的北方城市音变的阐述,我们将考察 1970 年收集的资料,分析纽约州布法罗郊区的元音系统。我们的目标是把各种词群目标值彼此之间的关系变动作为一个整体,来追踪北方城市音变在音系空间中的路径。但是随着音变的进行,语音条件的制约加大了较快和较慢语音成分之间的差距,结果音位变体的差别也随之扩大。由于对语音条件的理解也非常重要,我将指出它的主要特征①。

奇利镇

北方城市音变实质是一种城市现象。卡拉瑞(Callary 1975)指出这种音变的发展(作为对它的主要成分紧/æh/高化的测量结果)跟言语社区的规模紧密相关。城市越大,变化就越快。因此最保守的系统可以在小镇里老年说话者的语音模式中发现。图 6.7 显示出弗兰克・休伯(Frank Huber)的元音系统,1970 年的时候他 81 岁,住在纽约州奇利镇(Chili),是罗切斯特附近的一个小镇。稳定的元音用它们的平均值的位置来标示,而音变涉及的元音

① 第 15 章将详细考察这种语音条件。

/æh/和/oh/的分布呈椭圆形。与上文考察的伦敦和得克萨斯情况相反的是,元音/iy,ey,uw,ow/在中元音和高元音位置上表现
179 出稳定的外缘性音核①。这正是北方城市音变最主要的特点之一。相对应的短元音/i,e,u,ʌ/相对较低并央化。然而/oh/在后、半低位置,/o/在央、低位置,稍有一点靠后。最后,音位标为/æh/的紧化短 **a** 处于高化的过程中②。元音沿着前侧外缘分布在一个大而宽的椭圆形中,音位变体的范围从半高到央低,在这里它与/a/邻接但不重叠③。对于当前讨论最为重要的,是它在外缘位置,比系统中其他元音都显著地更加靠前。

图 6.8 扩充了图 6.7 的数据,标示出所测量的 136 个/æh/的发音和 23 个/o/的发音。带/æh/单词中变化最快的和变化最慢的发音都进行了标记,并且可以查看主要的语境制约因素。很显然,后接鼻辅音产生了很大的影响,*hand*、*and* 和 *chance* 这样的单

---

① 多数情况下,/iy/、/ey/和/uw/在闭音节中是单元音;在有些地区,它们在开音节中是单元音。这是莱西斯特和彼得森(Lehiste and Peterson 1961)报告的基础,报告中提出美式英语 *bead* 和 *who'd* 有单一的长音核,而 *hayed* 和 *node* 有着复杂的音核和单一的目标值。莱西斯特的研究对象是芝加哥北部地区受过教育的说话人。

② 本章始终都将用符号/æh/标示 *hat*、*pack*、*last*、*bath*、*man* 等词中紧的、短 **a**。在大西洋沿岸中部和南方方言中,松/æ/和紧/æh/分化。而在其他方言中,只有一个音位/æ/及其在鼻音前高化的音位变体。符号/æh/用在其他紧化符号(音长,上加线)位置上,把它与底层紧元音进行区别,并且强调在它到达中元音和高元音位置的高化中总是伴随着一个内滑音的发展。这个内滑音是保持/æh/和/ey,iy/区别的重要的成分,因为在北方城市中它们的音核重叠,只有滑音的方向能区分它们。因此对北方城市更喜欢标写为/æh/而不用/æ/。

③ LYS 仔细考察了高化的语音条件。像其他方言中一样,这里鼻音前的元音变化最快。与/a/相邻且变化最慢的是词首为流音丛(*flat*),或者后接软腭音(*bag*、*back*)的那些类别。

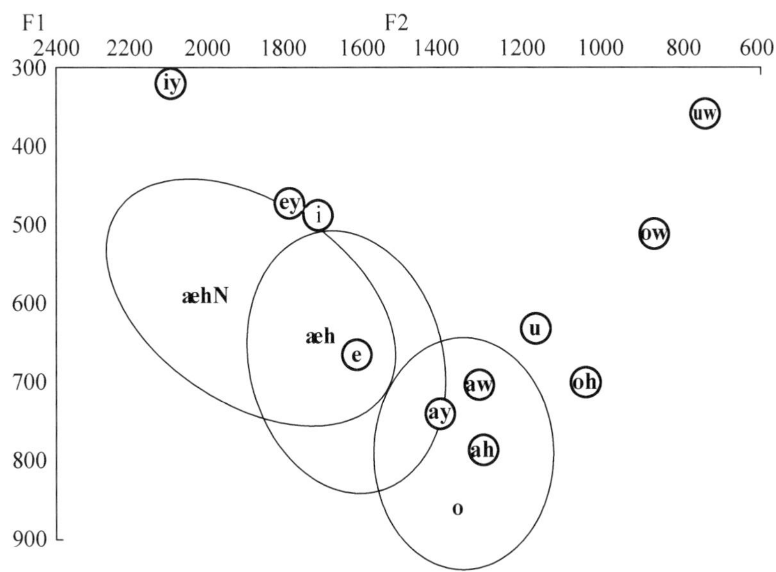

图 6.7　弗兰克·休伯的元音系统，81 岁，纽约，奇利〔1970〕

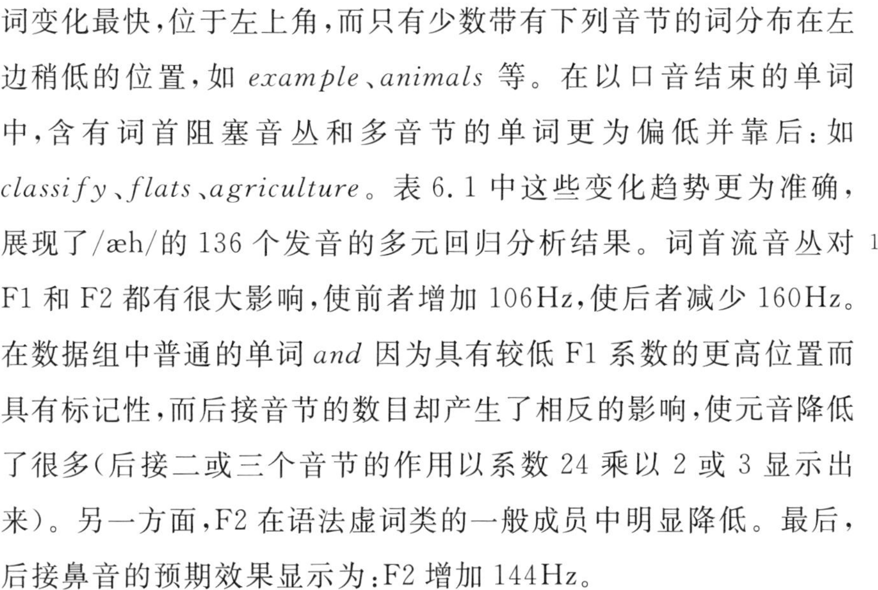
词变化最快，位于左上角，而只有少数带有下列音节的词分布在左边稍低的位置，如 *example*、*animals* 等。在以口音结束的单词中，含有词首阻塞音丛和多音节的单词更为偏低并靠后：如 *classify*、*flats*、*agriculture*。表 6.1 中这些变化趋势更为准确，展现了/æh/的 136 个发音的多元回归分析结果。词首流音丛对 181
F1 和 F2 都有很大影响，使前者增加 106Hz，使后者减少 160Hz。在数据组中普通的单词 *and* 因为具有较低 F1 系数的更高位置而具有标记性，而后接音节的数目却产生了相反的影响，使元音降低了很多(后接二或三个音节的作用以系数 24 乘以 2 或 3 显示出来)。另一方面，F2 在语法虚词类的一般成员中明显降低。最后，后接鼻音的预期效果显示为：F2 增加 144Hz。

180

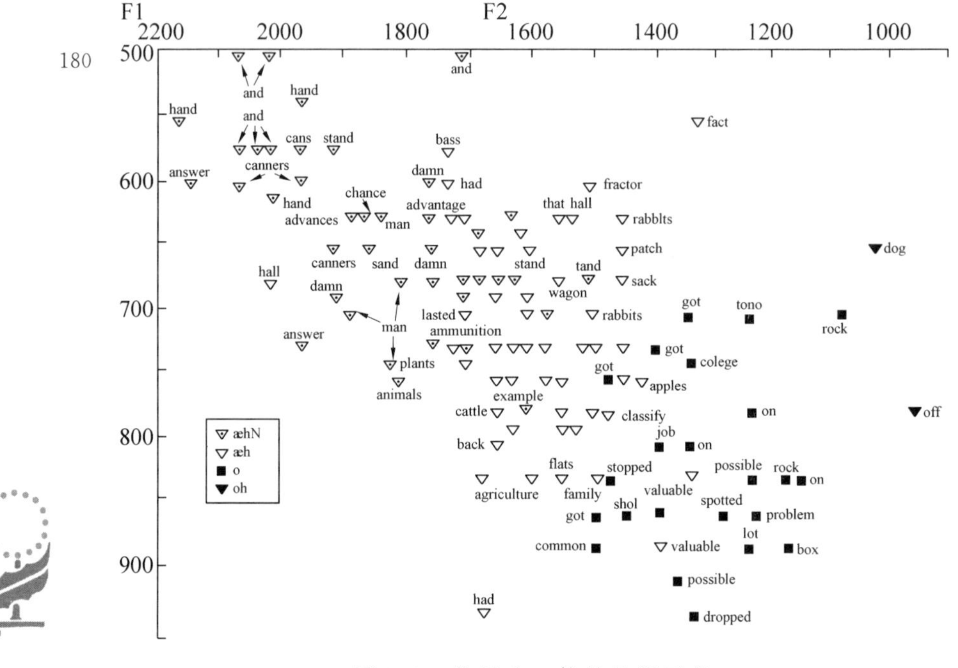

图 6.8 弗兰克·休伯的低元音

表 6.1 纽约,奇利,81 岁,弗兰克·休伯的(æh)
高化和前化的重要回归系数及语言和语法制约条件[1970]。

	系数	*t*	*P*
F1			
位于阻塞音+流音丛(*flat*、*graduate* 等)之后	106	3.11	0.002
单词 and	−136	−2.77	0.006
后接音节的数目	24	2.17	0.032
F2			
位于阻塞音+流音丛(*flat*、*graduate* 等)之后	−160	−1.80	0.074
语法形式(that、had、am 等)	182	2.88	0.005
后接鼻辅音(*man*、*stand*、*family* 等)	144	2.93	0.004

图 6.8 同样显示出有标记的语境对/o/前化的作用,这是在这个系统中刚刚出现的现象。以软腭音开头并以舌尖音结尾的单

词，如 *got*，总是出现在最前和最高的位置；而后接软腭音的单词，如 *rock* 和 *box*，则处于最后的位置。

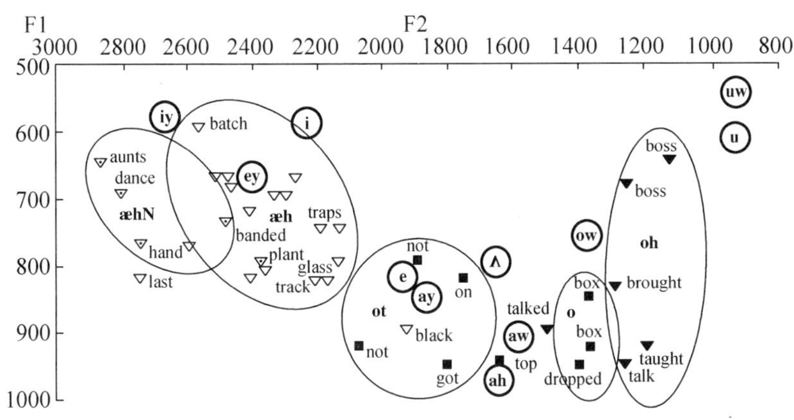

图 6.9　亨利·奥德的元音系统，60 岁，纽约，奇利〔1970〕

图 6.9 展示了来自奇利的亨利·奥德（Henry Ord）的元音系统，他比弗兰克·休伯年轻一辈，1970 年是 60 岁。两个系统的主要差异是/æh/的前化和高化，现在它的移动范围是从高——跟/iy/一样高且更靠前——到半低。变化最快的/æh/的发音是如 *can* 和 *hand* 一样后接鼻音的那些词。而词首是流音丛的那些词除外，如 *plant*。变化最慢的/æh/的发音是那些带有词首流音丛和有后接音节的词（*tractor*、*apple*）；尽管从[æ]上升了一段距离，并跟这个链式音变的第二个成分——前化的短/o/——有很好的分隔。

布法罗 182

LYS 项目中关于布法罗市的图表包括一位 76 岁的女性，她有着和亨利·奥德相似的语音系统。北方城市音变的第二阶段如图 6.10 所示，这是布法罗居民比·怀特（Bea White）的元音系统，1970 年时他 54 岁。尽管其中的/æh/不像亨利·奥德的那么高，

但是它也不低于半高位置，即使带有词首流音丛的单词，如
183 *plant*、*traps*、*track* 和 *glass*① 也是如此。短/o/分化成两个音位变体：变化更快的，在舌尖辅音（*not*、*on*、*got*）前面的前化发音，其中强调重读的 *not* 是变化最快的；而位于软腭音和唇音之前的音位变体，依然在后低位置（box、dropped）。与此同时，出现了音变的第三个成分：/oh/的下降变化。像/o/一样，这个音位已经开始在保守和领先的发音形式之间显示出一个正在加大的间隔。在这个实例中，那些不参与低化的就是保守的发音——以舌尖音结尾的词，如 *boss*。以软腭音结尾（*talked*）的/oh/是更为领先的发音形式，已经向前移动，有一个发音形式与/o/重叠。

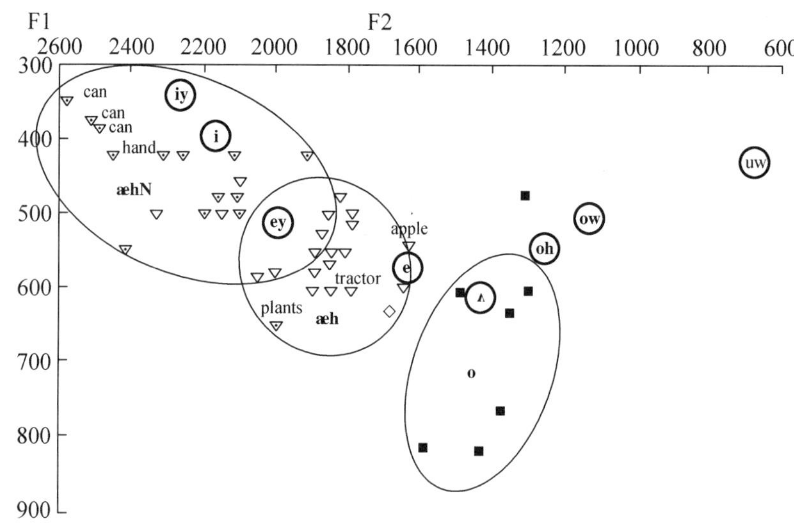

图 6.10　比·怀特的元音系统，54 岁，布法罗〔1970〕

① 有一个更加深远的低化作用出现在 *black* 中，它呈方形分布在[æ]的区域，现在那里有了/o/的发音。在其他方言中 *black* 是最为保守、甚至怪异的单词，且经常和/a/重叠，如在费城话那样。

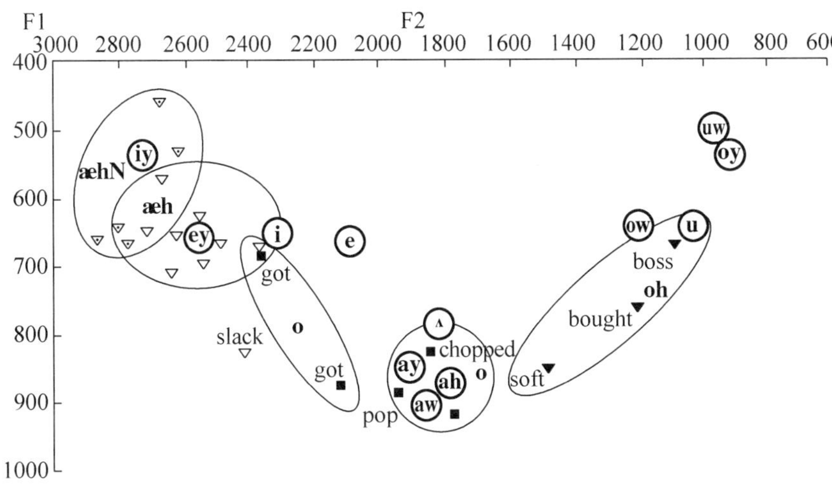

图 6.11　弗洛・达诺斯基的元音系统，39 岁，布法罗〔1971〕

图 6.11 展示了北方城市的音变在布法罗的下一个步骤，这是 1971 年 39 岁的弗洛・达诺斯基(Flo Danowski)的系统。在这里，/æh/几乎完全进入高元音(在鼻音前)和半高元音位置(其他位置)[①]。/o/类词(与/ahr/和/ay/的音核一起)已经整体移动到前低元音位置。更领先的/o/的发音现在已经越过了前低元音的目标值。单词 *got* 是它们中最有特点的：它是/o/前化的领跑者，词首为软腭音，以/t/结束。实际上，*got* 中的短/o/已经移动到了前中位置。在听音实验中，单念时它能被听为[ɛ]；在语境中，它被听成[æ]([gæt])。同时，/oh/继续向央低位置移动，这种趋势在年轻说话者中达到了极致。

这种在音系空间的变化表明了第 5 章讨论的对称结构问题。184
既然如果一个子系统中的一个成员上升，其中另一个就必须下降，

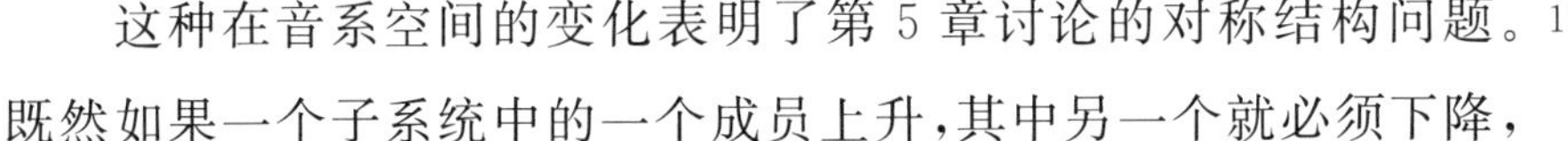

① 这里又有一个例外，词首为辅音丛且后接软腭音的词：*slack*。

那怎么能把二者都说成是服从原理 1 或是都服从原理 2 呢?在北方城市音变中我们看到这个过程是以短 **a** 的紧化并按照原理 1 高化开始,接着是短 **o** 的前化,其中的动因既有对原理 3 的服从,也有在链式音变中填补短 **a** 空缺的趋向。正如马丁内所提出的(Martinet 1955),长的开 **o** 下降是链式音变基本原理本身作用的结果。这个原理现在可以用第 5 章和第 6 章结合的术语做出陈述:

(17) 链式音变原理

当一个子系统的两个成员之间的语音空间因一个成员(离开成分)的移动而增大的时候,另一个成员将移动自己的语音位置去填补那个空间(进入成分)。

这个原理背后的机制将在第 19 章和第 20 章中关于功能性解释的讨论中进行探讨。在这点上,对称结构的不确定性可以通过这样的说法得以解决:离开成分的方向服从原理Ⅰ—Ⅲ,而进入成分的方向是由链式音变的基本原理支配。这种不对称是动态事件的时间顺序的反映;它将作为下面两章内容的背景,那里我们要考虑反映系统整体的功能节省的规则。

(18) 显示了北方城市音变的第一阶段在外缘/非外缘模式的音系空间中的表现。

(18) 北方城市音变Ⅰ

185 底特律

在第 4 章中,通过底特律一位父亲和他的儿子的元音系统图,介绍了北方城市音变模式在底特律的表现。图 4.9a、b 反映了父

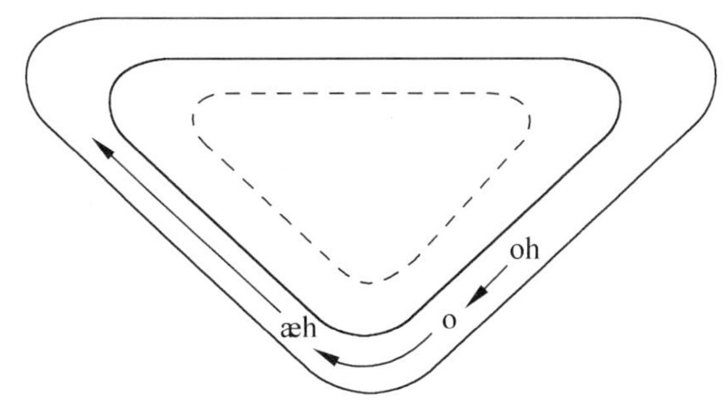

亲詹姆斯(James)和儿子克里斯·阿达莫(Chris Adamo)音变的路径，这是 1965 年舒伊(Shuy)、沃尔弗拉姆(Wolfram)和赖利(Riley)访谈的结果。这些图示表明两代人之间出现的变化，/æh/大幅度高化，同时/o/发生前化。LYS 对另外三个底特律发音人进行了分析，其中包括一位 15 岁的女孩凯西(Kathy)，我在 1964 年对她访谈。尽管法索尔德(Fasold 1969)可能是第一位注意到北方城市音变的语言学家，可是访谈结束时凯西说的话表明她的观察更早一步。她说：

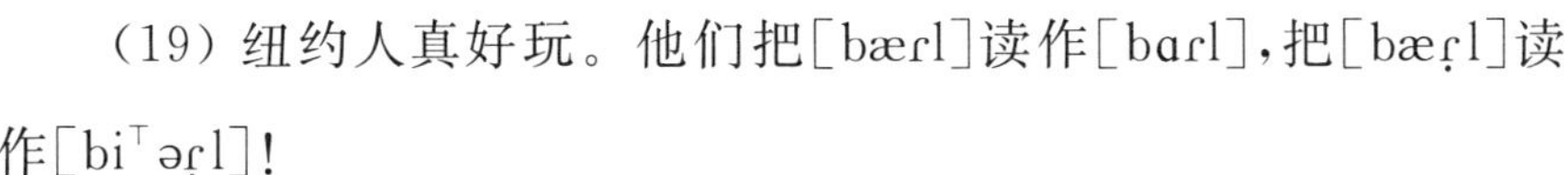

(19) 纽约人真好玩。他们把[bæɾl]读作[bɑɾl]，把[bæɾ̩l]读作[bi˔əɾ̩l]！

她的/æh/发音形式在前高位置，/æhN/与/iy/在同一个高度并且更为靠前。

芝加哥

北方城市音变在北方方言区的所有主要城市中都可以观察到。从佛蒙特州的白山山脉(White Mountains)向西，包括罗切斯特市、西拉丘斯、布法罗、克里夫兰、底特律和芝加哥。芝加哥是其中最大的城市。根据卡拉瑞(Callary 1975)的逻辑推理，预计我们

能够在芝加哥找到最领先的音变形式。① 幸好,我们对芝加哥的音变研究有相当大的时间跨度,拥有从 1968 年到 1991 年的访谈录音[包括本吉·沃尔德(Benji Wald)和我从 1968 年以来所做的探索性的访谈以及从 1989 年到 1991 年阿什所做的和 CDC 有关的近期访谈]。通过这个 23 年的时期,我们能观察到北方城市音变的虚时发展。这里考察的说话人大多来自上层工人阶级或者下层中产阶级,年龄从 13 到 21 岁,并且多数是女性。

186 1968 年,在对芝加哥一群 16 到 18 岁的男孩的访谈中我第一次接触到北方城市音变。他们当中有一名叫托尼(Tony)的男孩,要给我介绍他的朋友[ǯæn]。我以为他说的是"Jan"〔1〕,我就四处寻找一个女孩的身影。而后我意识到他在说他的朋友约翰(John)。随后,托尼给我讲他的朋友马蒂(Marty)乘小舟去密歇根湖的事情。

(20) 托尼:Well Marty, we went in the [læks]... and he got stuck in there, and they had to tow him out. [General

① 由于采用各不相同的方法使得城市与城市之间的对比复杂化。底特律的变化是现有记录中最保守的,但是这些记录都是基于访谈录音的声学分析,是 1965 年由舒伊、沃尔弗拉姆和赖利带领的研究小组进行的(Shuy, Wolfram, and Riley 1966)。这些访谈由几位田野工作者完成,当时还没有很好的社会语言学的方法。早在 20 世纪 80 年代(1986,1988)埃克特(Eckert)在底特律郊区进行田野工作时首先发现了一些最新的音变特征。在芝加哥,我们第一次探索性调查是在 1968 年,最近的一次是在 1986 年。我会利用这个时间跨度,在可以做出比较的访谈记录和测量数据中,追踪这种链式音变的发展。这里再一次反映出变化最快的业已完成的链式音变总是出现在近期的访谈中。彼得森(Pederson 1965)没有发现任何关于北方城市音变的成分,甚至在青少年中也没有找到。而语音记录中这些特征的缺失可能是采用的方法和主观的记音符号二者都非常保守造成的。

〔1〕 通常用于女孩名。——译者

laughter.]

拉波夫：What do you mean... in the where?

托尼：In the [læ$^{>}$ks]. [Laughs]

拉波夫：Whassat?

佛罗伊德：For a boat, you know.

/o/移动到前低位置的变化如此彻底，令人吃惊，致使其他方言区的绝大多数人都很难听懂上面的对话[1]。图 6.12 显示了托尼读词表和读短文的元音系统。我们能看到北方城市音变的前两个成分即使在控制的话语中都会清楚地呈现出来。在所有芝加哥说话人中，我们都看到引发北方城市音变的最初事件——/æh/上升到
半高位置。芝加哥的高化并不如图 6.10 和图 6.11 所示的布法罗 187
那么高。托尼的话语中，紧/æh/集中在半高位置，而短/o/都在中部靠前。同时，短/e/相当低，刚好位于短/o/上方。更为系统的短元音沿着非外缘轨道的低化出现在卡罗尔·米厄(Carol Muehe)的元音系统中。她 16 岁(1969 年)的时候在芝加哥的长春公园区接受了本吉·沃尔德的采访。卡罗尔·米厄表现出音变的重要倡导者的很多社会特征，我们将在第 2 卷详细讨论。卡罗尔·米厄是同辈中的语言创新者，正如这里考虑的许多元音系统的被访者那样，她们集中在向上流动的社会族群中，在一代或两代人之前已经到这里定居。[2]

---

① 我们已把这篇短文用于下文中将描述的跨方言理解的实验，听者中把[læks]听为 *locks* 的百分比非常低。

② 卡罗尔·米厄(Carol Muehe)的大部分访谈内容是叙述一场争吵，她的一位朋友被一个名叫 Red [ræd]的女孩骂作是妓女，她站在自己的朋友一边。

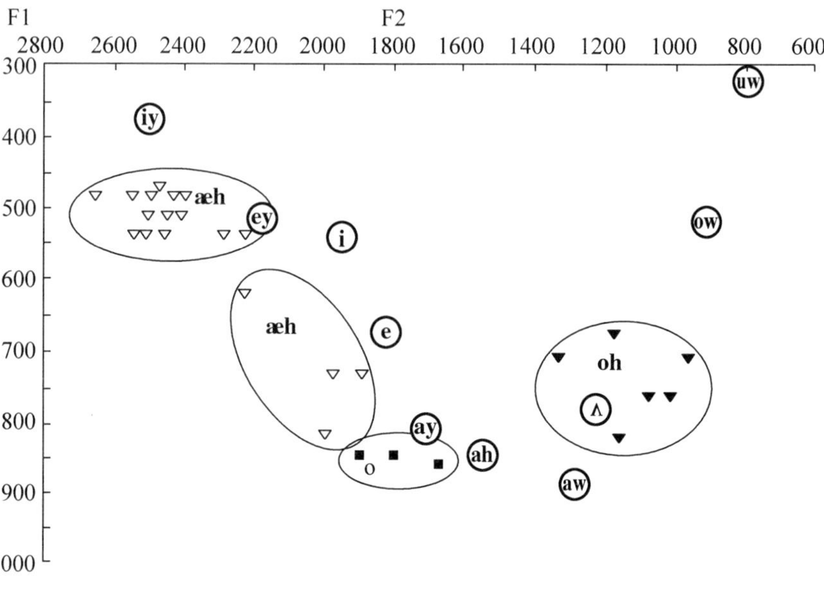

图 6.12 托尼的元音系统(朗读和词表),17 岁,芝加哥〔1968〕

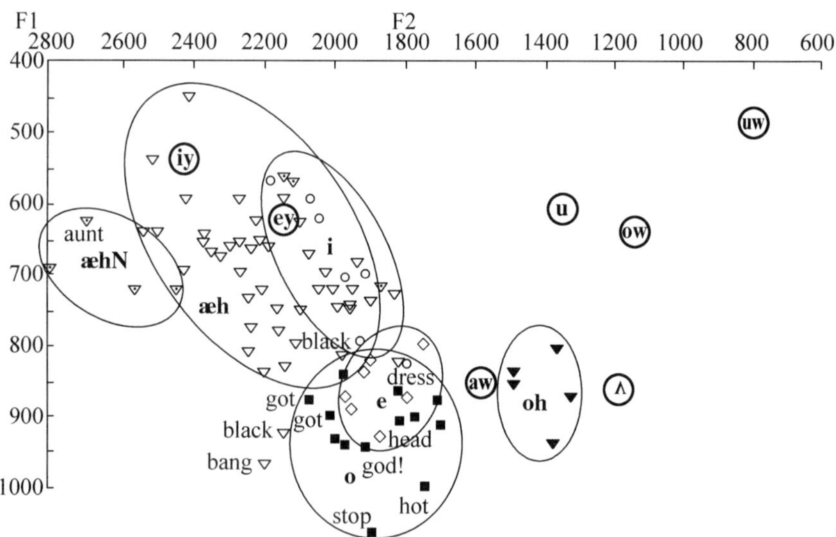

图 6.13 卡罗尔·米厄的元音系统,16 岁,芝加哥,长春公园区〔1969〕

图 6.13 反映了卡罗尔·米厄元音系统中/æh/和/o/的详细分布。/æh/音的范围几乎遍及整个前侧外缘，其中几个发音，如 *aunt* 分布在上高位置，而且特别靠前；最保守的语境中（*black*、*bang*）的几个发音在前低位置，接近/o/。变化最快的/o/类词（又是 *got* 的发音形式）最靠前同时略为央化。/oh/没有发音低化和央化的现象。短/i/和/e/的低化非常明显。短/i/没有出现在高位，而是低化到了中位上（或者甚至到半低）。单词 *dress* 中的短 188
/e/低化，并且和/o/的区域重叠。强调重读的短/e/，如 *head*，开口度最大，和开口度最大的/o/在一起，这种音变模式 2 的扩展见(21)。

(21) 北方城市音变Ⅱ

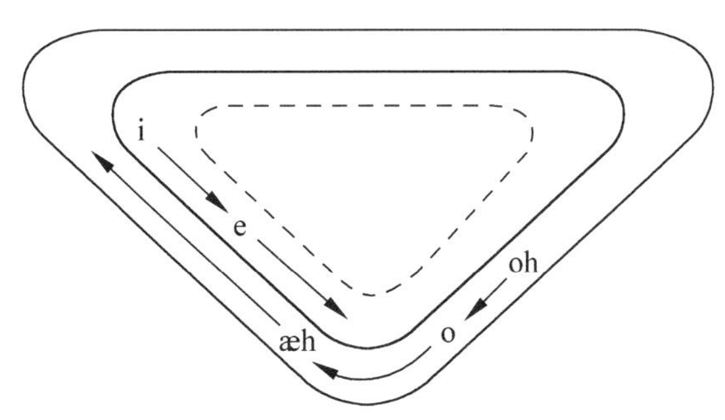

对模式Ⅰ的完善：/E/和/ʌ/的后化

1976 年，我在芝加哥一个最近迁入的向上层社会发展的斯拉夫和犹太族群的工人阶层居住区采访一群年轻女孩。这段采访非常生动，汇集了街区内占主导地位的大部分同辈人，兴致勃勃地谈论着睡衣派对中的降神会（seance）。CDC 研究采用这段对话进行了最初的解码实验。黛比（S. Debbie S），录音的时候 13 岁。被试者要对说话人黛比从(22)中 a 行到 n 行的叙述进行解码。每一行都是分开放音,同时,符号/的前后也都是分开念的,这样听者总是能很好地注意上下文的内容。

(22) 拉波夫:Did you ever do ouija boards?

黛比:

a　No,we have seances.

b　And so,at this one party,we had a seance an'-

c　Well,my ma said we shouldn't be in 'em 'cause they're dangerous

d　I just watched / what everybody did

e　An' so when they were callin' [kɔ< n] this one person

f　And they said,"If you're here,/ knock on the wall."

g　So all of a sudden / they here a knock and they

h　And they all come screamin',/ run into the bedroom [bE> drum],

i　And turn all the lights on

j　/ But then they did this other thing

k　That [ði^{ə}t] they would ask the candle a question

189 l　an' if it was yes,/ they would tell the candles to movem and if it was no,they would have [heəv] it sand still.

n　And so,nobody really got scared of that[ði:ət].

初步研究中有些惊人的结果,显示在解码过程中以下这些频繁出现的错误。

1　(22k)行中的单词 *that* 经常被听成 *yet*,这说明/æh/的前化发音的音节性变化并非罕见。

2　(22m)行中的单词 *have* 经常被听成 *hear*。

3　(22n)行中的单词 *that* 经常被听成像 *the act* 或者 *the fact* 的两个词。

4　(22e)行中的短语 *they were callin'* 经常被听成 *here comes*。

5　(22h)行中的 *bedroom* 被听成 *budgeroom* 或者带/ʌ/音核的一个无意义的单词。

第 1、2、3 条是/æh/极端高化的结果：音核到达高元音位置后显现出分裂为两个音核的趋势，在最前化的位置上（F2 最大值）有一个低能量区。这可以预测第 5 章高卢-罗曼语曾观察到的中元音高化的音节性变化的类型。

第 4 条实际上并不是元音系统的问题，而是 *callin'* 中在元音之间的/l/元音化[1]的结果。这一现象有时会在芝加哥发生，不过在费城则是大量出现，这也是费城话被听错的一个重要因素。

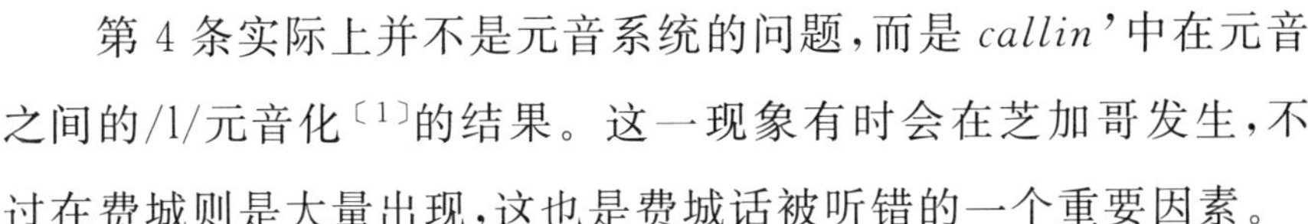

第 5 条显示了一种新的趋势：/e/后化而不是低化。在这次访谈的说话人中是普遍的模式。*Debbie* 通常发音为[dʌbi]。

图 6.14 显示了黛比的整体元音系统，并把她讲述降神会的发音列入其中。(22n)行中的 *that* 确实只是/æh/高化中最极端的一个例子，但是(22m)行中的 *have* 都只是位于较低的高位，并且

〔1〕 语言学中的/l/元音化是一个/l/音被一个元音或半元音代替的过程。——译者

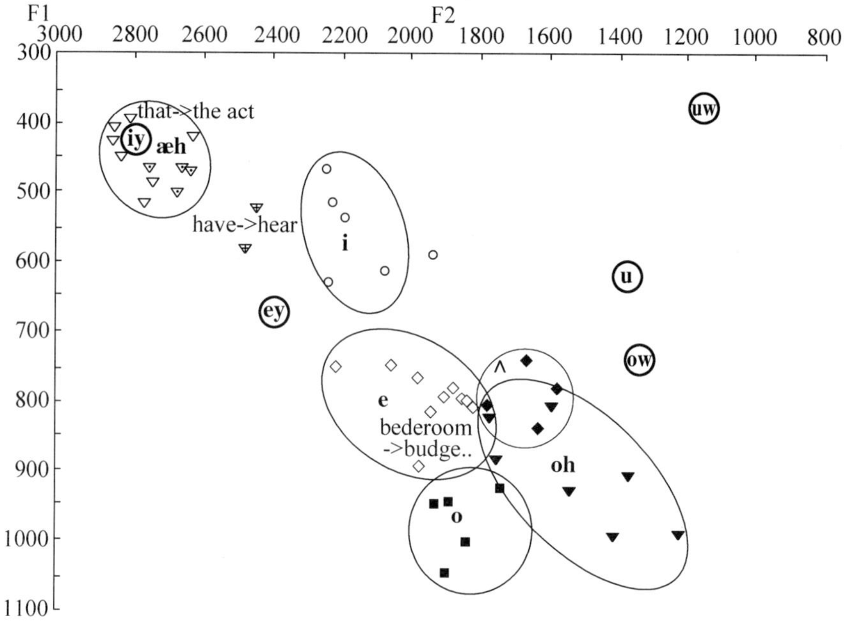

图 6.14 黛比的元音系统,带有降神会讲述中极端发音的位置,13 岁,芝加哥〔1976〕

bedroom 中/e/的后化并不是最极端的。/e/后化的范围延伸到/ʌ/的位置,在图 6.12 和图 6.13 所显示的其他芝加哥元音系统中并不是这样。

20 世纪 70 年代后期,埃克特在底特律郊外的一所高中进行音变研究。她详细记录了北方城市音变第一、第二阶段中的社会分布。在一个早期的报告(Eckert 1986)中,埃克特指出这种音变在高中学生里地位上升家庭的女性最为领先。这种类型的人在社会上称为乔克斯(Jocks)。在乔克斯群体中,那些把语言作为衡量社会声誉的基础的人具有变化最快的语言系统的特征:他们热衷于学生会组织或者表演艺术活动,从原型角度讲,

他们就是在高中的各个团体中传播信息的中间人。埃克特从群 190
组角度做的研究进一步支持了 6.1 节报告的费城研究对音变革新者的观点。

埃克特(Eckert 1986,1988,1989,1991)详细阐述了北方城市音变的最新阶段。短/e/表现为两个不同的模式:(1)向[æ]低化,类似于图 6.13 中卡罗尔·米厄的发音情况。(2)向[ʌ]后化。这些发现在 LYS 和 CDC 对罗切斯特、克里夫兰以及芝加哥等其他北方城市的研究中得到证实。埃克特的调查数据显示,与乔克斯相对的高中群体伯闹兹(Burnouts)主要引领着/e/向[ʌ]的后化,而乔克斯则更热衷于/e/向[æ]的低化。[①]

埃克特最先观察到北方城市音变中的第六个成分,完成了这条音链的循环特征。她发现/ʌ/向后移动,朝向先前长开元音
/oh/曾占据的位置。结果就是一个完整的链式音变,如(23) 191
所示。

(23) 北方城市音变Ⅲ

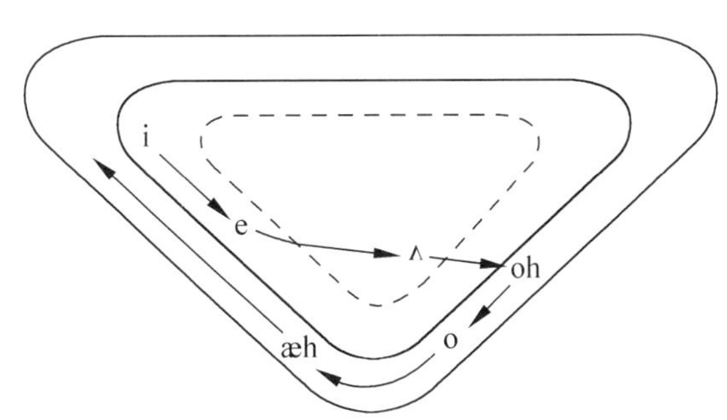

① /e/的后化也是 1976 年芝加哥访谈发现的特征。*Debbie* 的名字 *Deb* 经常被发成[dʌbi,dʌb],*bedroom* 发成[bʌdrum]。

CDC 项目最近在芝加哥的访谈已经在听感层面和发音层面证实了埃克特的观察(Labov 1989c;Labov and Ash,即将发表)。20 世纪 60 年代或者 70 年代以来的资料中一直还没有发现/ʌ/后化的证据,并且其他信息中也同样没有这样的证据,我们推断这是 20 世纪 70 年代末期和 80 年代北方城市音变所特有的新阶段。

从 1976 年又过了 12 年到 1988 年。图 6.15 显示了杰基(Jackie H.)的元音系统。杰基被访于 1988 年,当时 18 岁,是芝加哥地区伊利诺大学的大一新生。她的元音系统代表了最完整的北方城市音变。[①] 图中标出了大多数元音的主重音(用黑体表示)和次重音(用普通字体表示)。把(23)元音三角形的抽象图式叠加于这个元音系统上:从外向内的第一个内三角形的面积是外三角形面积的 66%,第二个内三角形的面积减少至 33%。在四个长的上滑元音中,/iy/、/ey/和/ow/稳定地留在外缘轨道。第四个元音/uw/却显示了前化的趋势,现在影响着大部分西部和北部的方言。有一组密集的音核位于央低外缘位置:/aw/、/ay/、/ah/,它们都有着共同的音核。主重音平均值的位

① 在 CDC 研究项目中,杰基·H 接受了阿什的访谈,作为一系列访谈中的一部分,为切音实验(Gating Experiments)提供测量刺激。她是被访者中的一个原型,即:当地的年轻女性,来自下层中产阶级背景,地位在上升中,她们在同辈中是言语的引领者,以语言作为她们取得社会地位的主要工具。大量的社会语言学研究表明这一人群总是显示出进行中的音变的最新形式(Eckert 1986;Labov 1980,1991)。这些录音的声学音质是非常好的。音量相当高,而 LPC 分析和听感印象密切相关。因此图 6.15 为我们提供了这幅北方城市音变声学发展的最精确的图画。

置最清楚地反映了北方城市音变模式。(1)/æh/在外缘轨道上，192
高化到平均的中间位置；(2)/o/的平均位置移到其他外缘性央低元音之前；(3)/oh/移到/o/后面的外缘性后低位置；(4)/i/沿着非外缘轨道后化(和其他受访者的系统一样，没有低化)；(5)/e/既低化又后化，到非外缘轨道最低的位置，与/o/和/ʌ/邻接；(6)重音/ʌ/又移回外缘轨道，到达先前/oh/曾占据的位置。因此，图 6.15 和普遍模型(23)有两方面的不同：/i/已经后化而不是低化，/e/按照(21)低化比按照(23)后化程度更大。[埃克特在底特律地区的研究(Eckert 1988)表明，这是一个受群体中社会地位影响的选择。]

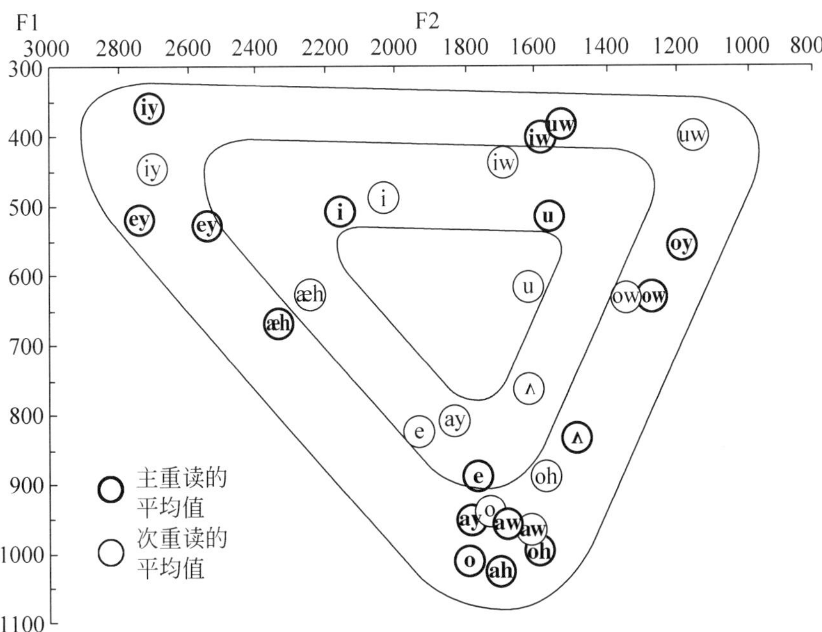

图 6.15　杰基的元音系统，18 岁，芝加哥〔1989〕

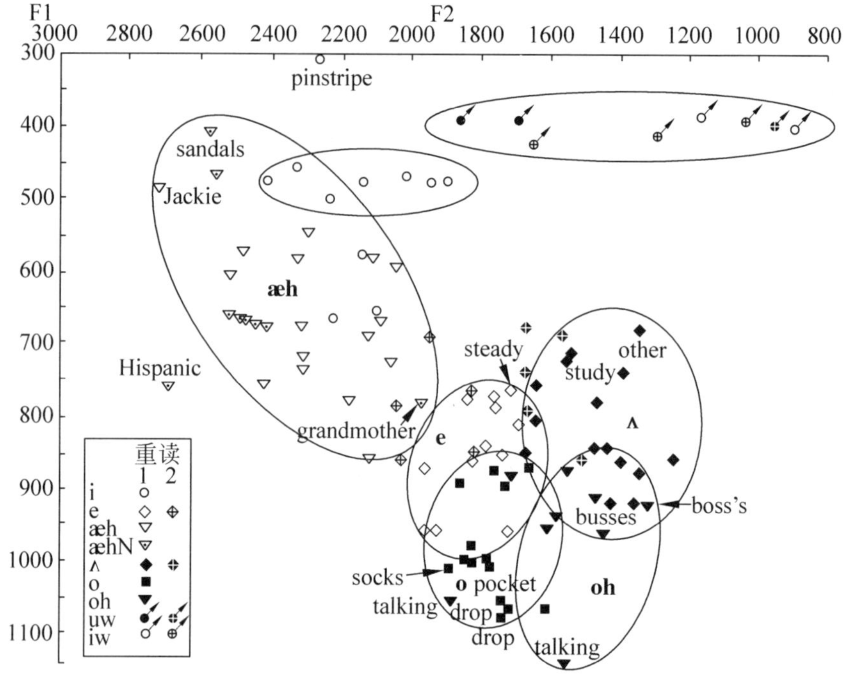

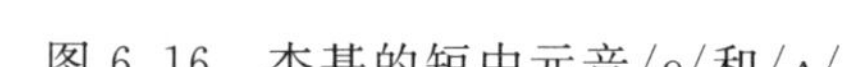

图 6.16　杰基的短中元音/e/和/ʌ/

次重音平均值的位置给人启发。它们照例比主重音的平均值更靠近中央。但是对于最活跃最新变化的两个元音,可以看到次重音在音变轨迹中落在后面。这就是/e/和/oh/的情况——很快有经过感知理解结果的检验。

193 图 6.16 显示了音位变化中单个元音的分布。/æh/呈现出预期的长椭圆形:鼻音前的元音(如 *sandals*)和词首硬腭音后的元音(如 *Jackie*)处在最领先的位置上,而词首辅音丛并后接多音节的元音(如 *grandmother*)处于最落后的位置。短/o/在前低位置形成了收缩的群集:下文总结的感知实验很好地显示了实际的前化程度。长的开/o/分布范围比较广,其中有些音(如 *boss's*)还留在原来的位置。最领先的发音是 *talk* 和 *talking*，后者显示出独特的前化。但是/o/和/oh/之间的区别一直清晰地保持着 F2 上 200HZ 的差别(/o/平均值 1802；/oh/平均值 1603；$t=3.11$, d. f. 27，$p<0.001$)。

最有意思就是/e/的分布。它和/o/有重叠部分，但在 F1 保持明显的差异(/e/平均值 874，/o/平均值 993；$t=3.57$，d. f. 34，$p<0.001$)。/e/和/ʌ/接近并列，但是在 F2 有明显的差异(/e/平均值 1778，/ʌ/平均值 1485；$t=3.81$，d. f. 25，$p<0.001$)。重音/e/与/ʌ/分布上的近似是这一时期所有芝加哥说话人的显著特征。

元音三角底部的横向 F2 物理距离非常小，所以这些声学变
化的语音结果只能从感知实验中得到。图 6.16 同时把杰基在 194
CDC 控制实验中读的单词列于其中。项目要求被试者标写出所
听到的单词——先是孤立词，然后是在词组中，最后是在句子中。
(24)是一个完整的句子，包含的测试单词是 *socks*，它在图 6.16 中
表现为短/o/类词的最前位置。

(24) Y'hadda wear [sæks], no sandals.

1990 年进行了 CDC 项目的第二系列切音实验，在 157 名被试者中，只有 7%的人把孤立的词[s ____ ks]听成 *socks*(其中除一人外都是来自芝加哥)。63%的被试者写成了 *sax* 或者 *sacks*，另有 26%写成了 *sex*(其中除一人外都来自芝加哥和费城，那里的/e/低化为/æ/)。尽管在句子的完整语境中清楚地指示出'socks'的意义，但是这个元音听起来太像一个前元音以至有 18%的被试者没有写出/o/的发音。(其中有 12 人写下"wear slacks"的答案，他们大多数来自费城。)

在(25)中有北方城市音变所涉及的三个单词。图 6.16 显示了单词 *drop* 中的/o/是/o/类词中位置最低的。因为没有"drap"这样的单词,会增强写出"drop"的倾向。然而还是有 58%的被试者在孤立词中用短 **a**。(25)中也包括 *steady* 词中的后化/e/。83%的被试者在孤立词中把 *steady* 听成了"study"。在听短语"[stʌ<di] for a minute"时,仍然有 74%的被试者听成"study"。

(25) And I didn't know there was such a thing as an [ɛr pa<kɩt]. And we kept going up and down in the air and uh you get to a point where you're [stʌ<di fər mɪnɪt]. All of a sudden you just take this [mɛsɪv dra<p].

切音实验项目显示的(26)包含单词 *busses*,在图 6.16 中表现为/ʌ/类词最低位置,并且离杰基发的 *boss* 不远。157 个被试者中七分之六的人在孤立词中把"busses"听成"bosses",占 83%。令人吃惊的是,在听短语"[ðəbɔsɪz]with the uh like the an Tennas on the top"时,这个百分比竟没有变化。听完整句时,依然写为"bosses"的被试者下降到 57%。在这个方面,芝加哥人与其他方言区的人并没有显著不同。

(26) I can remember vaguely when we had [ðəbɔsɪz] with the uh - like the antennas on the top that were attached
195 to um - like, some kind of like a wire. From, like, street pole to like, you know, like from street lamp to street lamp.

切音实验项目表明,在物理声学和感知现实两方面,北方城市音变都从一个音位范畴到另一个音位范畴实现了完整的循环。

时间排序

北方城市音变的相对年代不能像第 4 章记载的费城音变的年代那么精确，但是/æh/的高化当然是最早的音变。从虚时数据以及与数据中的实时差异的有限证据中，我们得出以下要点：

即将完成的音变：

1　/æh/的高化

半程音变：

2　/a/的前化

3　/oh/的央化和前化

活跃的新音变：

4　/i/和/e/的低化

5　/e/的后化

6　/ʌ/的后化

前三个音变无疑形成了一个拉链(drag chain)：

1　　　　　　　　/æ→ih/

2　　　　　/o/→/æ/

3　/oh/→/o/

/i/和/e/低化的顺序虽然还不太清晰，但很有可能构成另一个拉链：

4　　　　　　　　/e/→/æ/

4’　　　　　/i/→/e/

/e/和/ʌ/的后化构成了另一个链条，从各种已有证据表明是一个推链(push chain)。

5　　　　/e/→/ʌ/

6　　　　　　/ʌ/→/oh/

在图 6.16 主重音和次重音的元音分布中有证据表明步骤 5 先于步骤 6 发生。正如我们在图 6.5 和很多其他图表中已经注意到的,在进行中的音变方向上,最强的重音移动得更远。

196 ### /æh/和/i/,/e/和/o/的链式音变连接

北方城市音变的要点列出了三组独立的进入成分和离开成分。那么北方城市音变是否像最初定义的那样是一个整体的链式音变呢?问题的中心在于步骤 1 和步骤 4'的连接,也就是/æh/→/i/→的联系。因为各在不同的轨道中,紧内滑元音/æh/的音核并没有移动到先前由/i/占据的位置。更重要的是,因为/æh/具有显著的内滑音,和/i/区分开来。不管/i/是向下移动还是向后移动,它跟/æh/的距离似乎都在增大。若没有预先的功能解释问题(第 19 章),似乎有必要考察这种连接关系来了解它是怎样跟链式音变的结构定义相联系的。

根据定义,北方城市音变的其他阶段都是进入成分和离开成分成对出现的。然而,因为/æh/没有直接对/i/的安全边界产生影响,高化的/æh/和低化的/i/似乎没有直接的联系。[①]

---

① 这个可能不够全面,所以麦肯齐(McKenzie)考察了七种语言的内滑双元音化现象[罗曼语、古爱尔兰语、芬兰语、拉普兰语(北欧)、拉脱维亚语、冰岛语以及古高地德语]。结果表明上滑元音 **ei** 不能直接变成内滑元音 **ie**,而是必须经过一个单元音化的阶段。然而,我们并没有在哪种语言中发现/ie/[iə]和/iː/[iː]的对立或是/iy/[ɪi]和/iː/[iː]的对立。

在成对的紧/松元音/o/和/e/之间有一种平行的联系：它们同时移向由于/æh/的紧化和高化而在模式中出现的空位。在图 6.13 中，/o/和/e/在这个位置上有重叠。短/e/词群刚好位于/o/词群的中后部，因此/e/在非外缘轨道上，而/o/在外缘轨道上。但是每个群组都在双共振峰空间中的各个方向上出现偏离值，可能会有其他的语音特征把它们区分开来。最终的结果是/e/重新定位，朝向/ʌ/后化，而不是降到和/o/重叠的位置。

北方城市音变不同阶段之间的联系可以从结构和功能两方面来考虑。音变涉及了所有三个原理的运用：按照原理Ⅰ，紧音/æh/沿着前外缘轨道高化；根据原理Ⅱ，松音/i/、/e/和/oh/沿着非外缘轨道低化；/o/的前化是遵循原理Ⅲ。这三个原理的共同作用把各个阶段联结成一种结构，重复出现在北方各个城市中，这种联结不是明确地来自直接的交流或者扩散。如果各地变化是独立平行的，那么它们可能更需要本章末回顾的“自然语音”解释，而不 197
是马丁内(Martine 1955)提出的范例的功能解释。

本章的讨论已经假设：在外缘和非外缘轨道上的相邻元音彼此施加结构性压力，从而引发或至少是部分引发音变后续阶段的进行。如果真是这样，那就是说元音[±外缘]的划分并不像元音[±高]的划分那样具有完全的区别性。第 12 章将表明在外缘和非外缘轨道上的相邻元音实际上有很多社区成员听为“一模一样”，即使它们的发音在声学上有不同的成分，而且直到被进一步音变分开为止，它们也都保持着不同。

与 CDC 项目相联系的自然误解研究(the study of natural misunderstandings)有助于阐释这种情况。在高化的/æh/和其他元音之间可能的链式音变关系能够用误解出现的类型来加以证明。在目前为止收集到的 697 项误解数据中,有 188 项或 27%可以追溯为方言的差异。其中有 15 项或以不同方式涉及(æh)。由于鼻音前的/æh/上升到最高位置,并且几乎所有方言中的短 **a** 都高化到了这个位置,因此这项研究涉及的说话人和听话人代表了全国的很多地方。表 6.2 总结了出现误解的情况。

表 6.2　跟/æh/相关的自然发生的误解

发音为	听音为	数目	
/in/	/æh/	3	Gillian⇒Joanne
			cinnamon⇒salmon
			Ian⇒Ann
/æh/	/ih/	1	Ann⇒Ian
/ih/	/i/	1	Ian⇒in
/i/	/æh/	2	singles⇒sandals
			Linda⇒Landis
/æh/	/i/	5	sample⇒simple
			and⇒in
			Kodak⇒coding
			Ann⇒incoming
			Levan⇒Levin
/æh/	/e/	1	pans⇒pens
/eh/	/æh/	1	ANC⇒Nancy
/æh/	/iy/	1	Levan⇒Le Van

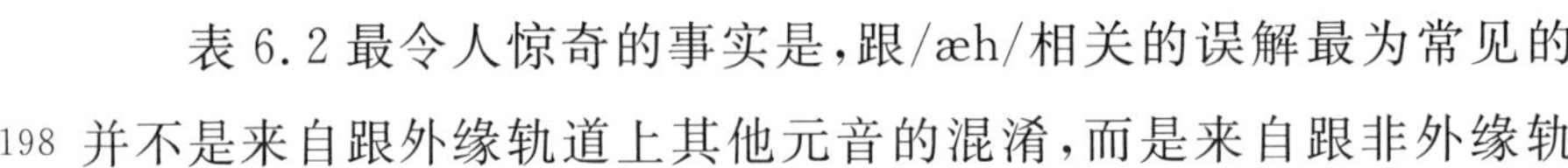

表 6.2 最令人惊奇的事实是,跟/æh/相关的误解最为常见的
198 并不是来自跟外缘轨道上其他元音的混淆,而是来自跟非外缘轨

道上的短元音的混淆。为了探究原因,有必要进一步分析实例。

对于思考误解问题的语言学家来说,最主要的误解类型涉及 *Ian* 和 *Ann* 这样的最小差异词对(minimal pair)。这确实是一种非常有可能发生的误解。那些给孩子起名 *Ian* 或者居住在 Ann Arbor 的人成为我们收集例子的对象。我们在数据中发现了两个这样的例子。然而,像这样的最小差异词对并不很多。当/æh/被误听成另一个内滑元音时,这通常是跟另一种语音误解结合起来造成的结果。(27)就表明/n/的元音化如何导致了这一结果。

(27) 夏洛特 · T. [弗吉尼亚]:Cinnamon carrot cake—that sounds good.

罗宾 S. [长岛]:误听为⇒　Salmon carrot cake.

那些名字里含有内滑元音的人常常遇到这样的误解。我的同事吉利恩 · 桑科夫(Gillian Sankoff)指出(28)中记录的情况并不少见。

(28) 理发师:What's your name?

吉利恩:Gillian.

理发师:OK,Joanne. We'll see you at 11:00.

内滑音发音经常跨越词的边界,导致/eh/和/æh/发生混淆,如(29)所示。

(29) 比尔:The ANC promised to use their influence...

吉利恩:Nancy? Nancy promised them?

在后面的小节中,我们将会发现在南方城市中,/æh/与/i/之间的距离远远小于它们在北方城市的距离,这是由于那里/i/音核紧化并发展为内滑元音。虽然我们没有说话者的录音,但是下面的例子能大致描述/æh/和内滑元音/ih/之间的混淆状况。

(30) 一位非得克萨斯人告诉一位得克萨斯人她的儿子名叫伊恩(*Ian*)。

这位得克萨斯人颇为费解，怎么会有人把自己的孩子叫作介词 *in* 这么一个古怪的名字。[由费金(C. Feagin)观察记录，选自鲍(J. Baugh)的谈话]

(31) 夏洛特·T. [弗吉尼亚]：Is Ann coming?

玛丽贝斯[雄鹿公司]：Incoming? Incoming from where?

199 在这些例子中，内滑元音/ih/实际上本应该有一个位于外缘轨道的音核，并且混淆发生在同一子系统的成员之间。但是表 6.2 中有八个例子，误解出现在外缘元音和非外缘元音之间。

在我访问康奈尔大学时注意到北方城市(æh)的高化最突出的混淆实例。组织访问学者报告会的是一位年轻女性，名叫 Linda Le Van，出生于纽约州的一个小城镇。我第一次听到她的名字是在电话语音信箱中，录音回放为 *Linda Levine*。有一些康奈尔心理学系的研究生，包括 12 个参加报告会的人中有 4 个也都以为她名字是 Levine。Linda 自己说在高中时她的名字就被误叫为 Levin 或者 Levine。但她进入俄亥俄州的雅典(Athens)后才真正注意到这一点，这样的误解在纽约州的伊萨卡(Ithaca)非常普遍。

现在的所有例子中都涉及鼻音前的/æh/。我在纽约州遇见的北方城市音变模式最为极端的代表者是在西拉库斯大学。她说

的柯达 *Kodak*，被一个长岛的被试者误听成 *coding*。

这里的关系很微妙。没人会说/æh/在向/iːə/高化过程中将与/e/和/i/合并。实验绘制的图表显示音核遵循的路径跟松元音截然不同。另一方面，那些区别松紧元音的各种语音特征本身的区别性并非都是可靠的。在语流中，内滑音经常被吸收、被抵消或者被忽略。随着/æh/的高化，高度的差异被明显中和。这样就仅仅留下了[±外缘性]这一个区别特征。我们将用足够的证据来说明这个区别特征足以支撑一种语音产生的差异。但不一定是感知的区别——我们所见到的/æh/和/i/混淆的数目，以及/i/和/e/的低化跟/æh/的高化相联结的可能性成为使它们之间的差异最大化的一种方式。

推链的语音证据

在讨论链式音变的过程中，关于音链中进入成分和离开成分之间的关系提出了很多抽象的论点。这个问题和功能性解释无关（见第19章），因为这些解释要么适用于推链（其中的进入成分首先移动），要么适用于拉链（其中的离开成分首先移动）。引发讨论的理论性问题和音变本身的性质有关。那些认为语言变化只能通过离散的（可能是二元的）规则的音变研究者只接受拉链概念
(King 1969)。在这种框架下，不会想象一个音位能侵犯另一音位 200
的空间（或者用马丁内的术语，减少音位的安全边界）。在/e/的后化中，[−后]或者是变为[+后]，或者是不变为[+后]。但是对那些和我一样认为音变发生于连续的语音和音系空间里的研究者而言，会认为拉链和推链的问题需要以实证为依据。要把两种不同

种类的数据联系起来。我们当然要考虑有关音变成分时间顺序从虚时或实时角度的所有信息。例如:瑞典语链式音变[第5章(18)]的历史证据告诉我们短/a/的长化是音变的第一步(Benediksson 1970)。此外,在任何时间发音形式的语音分布都能反映当时正在发生的变化。推链发生的第一阶段,进入成分的分布和离开成分的分布十分接近,但事实上移动可能完全没有开始。主重读元音和次重读元音的分布尤其重要。正如在我们分析图6.15所指出的,进入成分的主重读元音对于进入成分来说,将是最领先的,但是如果离开成分还没有开始变化,对于离开成分就不是这样了。

实时证据确认/e/的后化具有推链地位的迹象。图6.12的托尼和图6.13中卡罗尔·米厄的元音系统是20年前记录下来的,显示/e/和/ʌ/之间距离很远。图6.17展示了1970年本吉·瓦尔德记录的迈克·斯宾塞(Mike Spencer)的元音系统,当时他18岁[1]。他的元音系统和所有20世纪70年代人的元音系统一样,没有特别显示出/e/低化和后化的迹象,/e/和/ʌ/之间的距离也和在其他方言一样远。在这些音变中男性比女性更保守[如法索尔德(Fasold 1969)所展示的底特律北方城市音变的早期阶段],我们可以推断/e/向/ʌ/的接近发生在过去的20年当中。而/ʌ/的后化,如(25)中的那些单词的发音区域造成的结果,是更为晚近的变化并且还完全不能作为普遍的变化。

〔1〕 此处与图示有差异。——译者

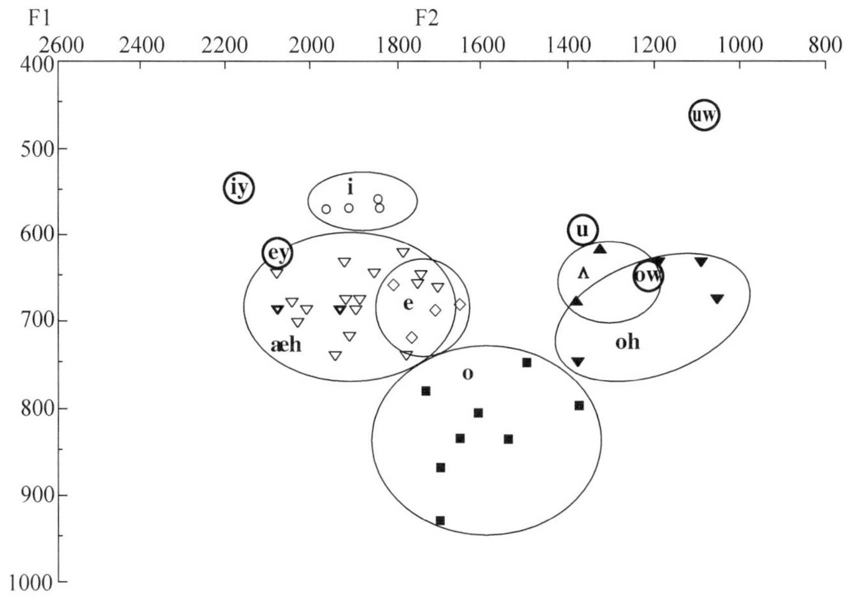

图 6.17　迈克·斯宾塞的短中元音/e/和/ʌ/，16 岁，芝加哥，长春公园〔1969〕

原理Ⅲ综述

北方城市音变的最新发展为原理Ⅲ得出了一个反例。两个元音，/e/和/ʌ/，向后移动而不是按原理Ⅲ预测的向前移动。这一反证比第 5 章指出的例外更有说服力。实际上，北方城市音变在前/后维度上包括两种相反的运动：/æh/、/o/和/oh/前移，/e/和/ʌ/后移。因此得出以下更为充分的表述：

(32) 原理Ⅲ’

在链式音变中，紧元音沿着外缘路径前化，松元音沿着非外缘路径后化。①

① 在目前的讨论中，非外缘性有两种含义。一种指(14)中的[－外缘]路径。另一种指[＋外缘]以外的任何位置。在接下来的讨论中，我将使用前一种含义。

201 这一表述能够解释一些链式音变中的例外情况。第 5 章(26)的韩
国语链式音变显然代表了松元音(也包括高元音)沿着非外缘路径
后化的情况。第 5 章(25)中新西兰英语/i/的后化也是同样的情
况。然而,这个新的表述却不能解释紧元音通过中心前化的情况。
如,在第 3 章和第 4 章讨论的费城英语/ow/的前化。以下将详细
考察这种前化问题并提供充分的机会考虑(32)能否作为对原理Ⅲ
满意的表述而保留。

模式 3 和南方音变

第 5 章历史记录里最普遍的链式音变都遵循模式 3。这个
模式联合运用了原理Ⅰ和原理Ⅲ,即:低元音高化和后化,同时
中元音和高元音前化[见第 5 章(16)]。北方城市方言中没有模
 202 式 3 的变化,在那里/ow/保持稳定①,/oh/低化而非高化,/ah/前
化而非后化。模式 3 确实应用在一系列英语音变中,这些音变
甚至比北方城市音变更为普遍,并且跟它刚好相反。这就是支
配南方英语元音系统的南方音变(Southern Shift)。南方音变包
括英格兰南部、澳大利亚、新西兰、南非、大西洋沿岸中南部各
州、(美国)上南方和下南方、中部南方、墨西哥湾沿岸各州和得
克萨斯州。

伦敦

图 6.3 玛丽·科尔维尔和图 6.21 约翰·盖尔的伦敦方音仪

---

① 虽然/uw/最初是相当稳定的,可是我们将看到,近年来其实情况已经发生了变化。

仅显示了模式 3 的两个成分。*nor*、*or*、*four*、*fort* 和 *cord* 等的/ohr/词群出现在后高位置。这当然是一种缺少 *r* 的方言,但是这里/r/并没有被内滑音替换。相反,/ohr/发展成为上滑元音,加入了 *law*、*cawed* 等/oh/词群,所以这些词都具有[o˔ʊ]。先前占据这个位置的/uw/现在变成了一个带有前圆唇上滑音的前圆唇元音[ü^{ɥ}]。正如我们看到的,/ow/音核并没有发生类似/uw/的音变,相反它是沿着[±外缘性]路径降低到半低位置。于是伦敦音变代表了一种混合模式,具有模式 1 的对称与模式 3 的不对称。毫无疑问,这是一个链式音变,因为/ohr/现在和/oh/处于上滑元音的子系统中,并且如果/uw/没有前化,那就会跟它混淆。

费城

在费城能看到模式 3 更完整的版本。图 3.6 中的平均值和矢状线描述了这种类型链式音变的后元音运动。音变的第一部分涉及在/r/前的元音,它们沿外缘路径向上移动,以/ohr/和/uhr/合并而结束:/ahr/→/ohr/→/uhr/。/oh/有一个平行的上升,而/ah/没有。同时,/uw/向前移动。对于最为领先的说话者来说,/uw/的不圆唇音核和伦敦的/uw/在同样靠前的位置,但是滑音朝向/u/,而不是朝向/ü/。在中间位置上,/ow/前化,跟/uw/平行前移。正如第 3 章显示的,/ow/落在/uw/后面相当远。

得克萨斯州中部

南方音变中的其他很多方言有一种类似的链式音变模式。杰里·思拉舍的得克萨斯州中部的语音模式(图 6.4)显示:/ahr/位于相似的后半低位置,/ohr/在后高的位置,二者都沿着[+外缘性]路径运动。第三个后元音/ɔhr/出现在中间过渡位置上(例如 *Ord* 和 *horse*),与 *tore*、*four* 和 *fort* 中的/ohr/对立。由于得克萨
203 斯州这一地区介于/ahr/跟/ɔhr/合并的地区与/ɔhr/跟/ohr/合并的地区之间的地带,所以这三个词群的单词会有一些变动:*more* 和 *far* 出现在/ɔhr/词群中。/uw/再次出现在前高位置;而/ow/和伦敦音一样,降为非外缘的后半低位置。

LYS 同时提供了西得克萨斯的四位说话人的元音数据,都表现出同样的/ahr/→/ohr→/uhr/变化模式,同时/ow/保持靠后的位置,/ɔhr/和/ohr/分布在不同的位置。

纽约市

图 6.18 显示了纽约市音变/ah/→/oh→uh/的四个发展阶段。涉及的两个元音有 *father*、*calm* 和 *pajama* 等词中的/ah/以及 *law*、*salt* 和 *coffee* 等词中的/oh/。它们的上、下两翼各有一个元音没有参与音变,而是标记音系空间的端点。一个是央低位置
204 上的/o/,在纽约市发音为/ɑ/。另一个是后高位置上的/uw/;当/oh/高化时,/uw/并没有相应地前化①。在最后一个阶段,/oh/音核和/uw/音核完全重叠,但是由于两个滑音的方向相反,当然不会发生合并。因此内滑元音的高化和上滑元音的前化之间没有必然联系。LYS 也展示了一系列相同的在/r/前发生的链式音变图示,即:/ahr/→/ohr/→/uhr/。这种模式更有规则,并且/uw/与/uhr/在变化的结尾重叠。

---

① 链式音变在运作中并非完全有规则,正如我们在这里将看到的,在/ah/的系列变化中,第四位发音人保留在低位,甚而第三位发音人的/ah/在/oh/后面到了半高位置。/ahr/没有发现不规则性。

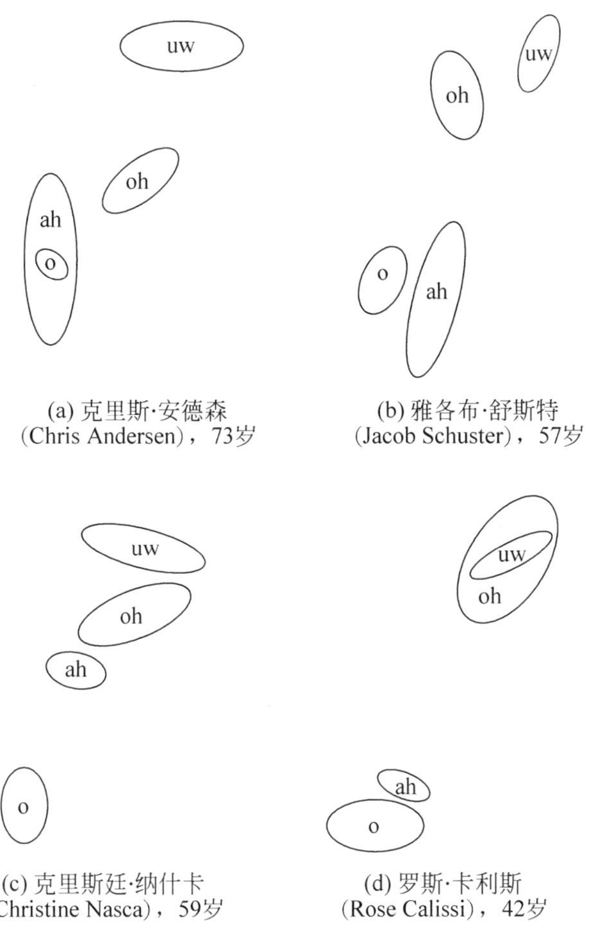

图 6.18　纽约市后内滑元音变化的四个阶段

如果模式 3 中的两个部分(一方面是高化和后化,另一方面是前化)之间没有必然的联系,那么我们就应该对奥德里古尔和尤兰德(Haudricourt and Juilland 1949)报告的欧洲语言模式提出疑问:它是否跟英语和德语大量的双元音化的模式相同？如果我们否定这种联系,我们还要考虑为什么/uw/的前化这样经常地跟后元音的高化联系在一起。

诺里奇

诺里奇是英格兰东部诺福克郡的主要城市,是研究链式音变以及社会语言学学者极为关注的地方。特拉吉尔(Trudgill 1974a,1988)对诺里奇英语的社会层级研究极大地增长了我们对进行中音变的社会定位以及音变的音系机制方面的知识。LYS对我在1973年采访的五位诺里奇人的元音系统进行了实验分析:得到的模式与特拉吉尔提供的诺里奇语音系统和那里进行中的音变密切对应。

在(9)中所列出的元音表并不适用于诺里奇,那里保留的一些区别在任何美国方言中都找不到。其中有两个后中元音词群的区分,在其他地方它们是合在一起的。中古英语 **ow** 的对应形式,如 *snow*、*row*、*know*、*grow* 和 *show* 在诺里奇英语中读作/ɔw/,是一个带非外缘后低音核的上滑双元音。它们跟现代英语多数方言中的表层形式为/ow/或者/oː/的 *soap*、*go*、*toe* 和 *boat* 等的词群相对立,这是中古英语 **ɔ** 在现代英语中的对应形式。在保守的诺里奇英语中,它们显示出朝向[uː]继续高化的作用。与此同时,中古元音 **ō** 的对应形式在其他大多数方言中表现为/uw/或者/uː/,在这里却变为前高圆唇的[ü],带有一个滑音向前移动到前圆唇半元音[ɥ]的位置。

图6.19显示了赖斯·布兰森(Les Branson)即兴言语的元音系统,1971年访谈时他42岁。我们这里只关注南方音变从模式3角度的后元音和高元音的变化,在这方面布兰森在诺里奇人中是
205 非常保守的。在[一外缘性]轨道上有/ɔw/音核,/o/、/ʌ/以及位于清辅音前的/ay/。在[+外缘性]轨道上有位于词尾的和位于浊

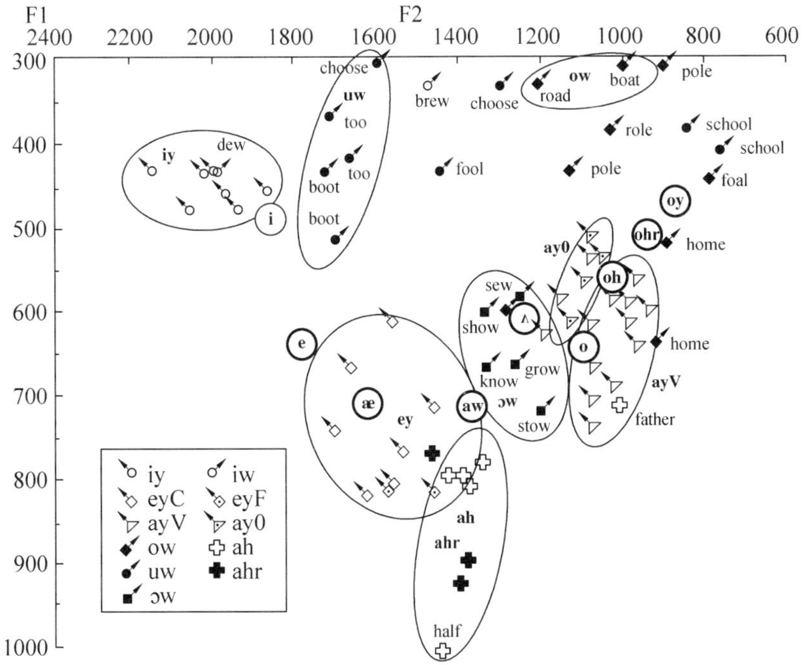

图 6.19　赖斯·布兰森的元音系统，42 岁，诺里奇〔1971〕

辅音前的/ay/和位于/l/前的/ow/、/uw/、/oy/。除了一个闭音节词 *choose* 和位于/l/前的音位变体外，/uw/的前化已经完成。

图 6.20 显示了赖斯·布兰森 14 岁的儿子戴维(David)的元音系统。他们后元音的音位系统相同。单词 *throw*、*blow* 中诺里奇特有的低上滑元音/ɔw/位于后半低的位置，接近短音/o/的平均值(尽管戴维所发的 *know* 在/ow/的分布中)。/ɔw/类词似乎移动到了外缘轨道上。/ay/的平均值位于半高位置，又在前后位上占了较大范围，同时清辅音前的音位变体占据了非外缘位置。戴维和他父辈的元音系统最大的差异就是元音/ow/。/ow/类词的重要群体，如 *coast*、*know*、*note*、*go*，明显位于/u/的外缘高位

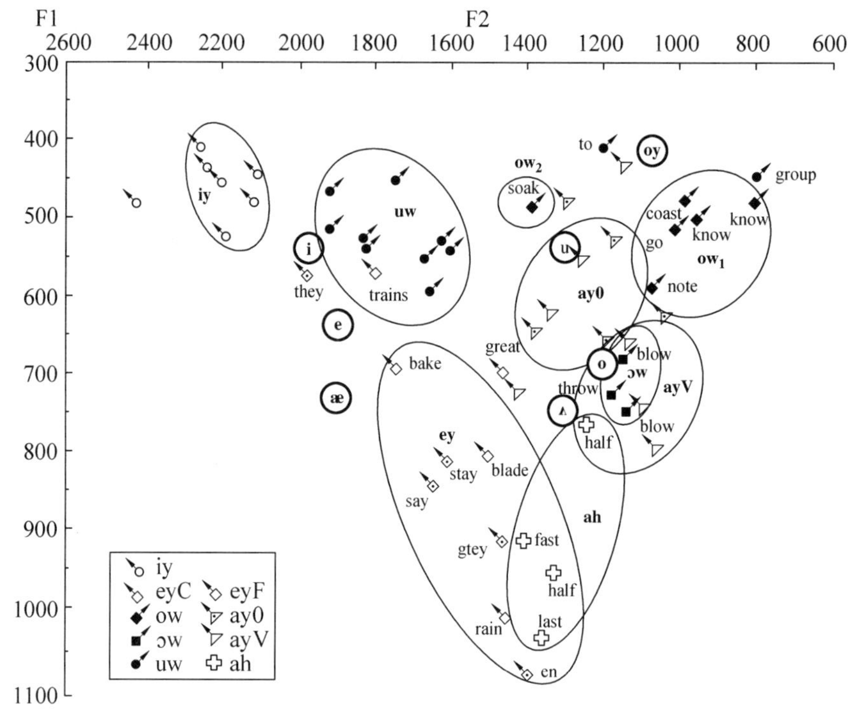

图 6.20 戴维·布兰森的元音系统,14 岁,诺里奇〔1971〕

上。不过至少有一个词 *soak* 代表了第二种模式,它朝向/uw/的前化已经超过一半的距离。即兴言语中的这种趋势让我更加关注/uw/和/ow/在最小差异词对以及交互听辨测试(commutation
206 test)中的对立:这里 *toe* 音核的前化和 *too* 音核的前化程度几乎一样(更详细的讨论见图 12.4)。/uw/类词的主体聚集在非外缘的前元音/ü/[①]位置。这样,诺里奇显示出一种对模式 3 前化的双重应用,这与瑞典语中一对高前元音[y]和[ü]的情况相同。在前化

① 完全重读单词 *group* 位于后高位置上,又一次显示出词首流音丛的影响。

的过程中，/ow/跟/ɔw/和/uw/一样，完全双元音化；前化仅限于这些音核，所有的滑音都朝向[u]后移。

(33) 表现了模式3在音系空间中的图示，所有相关元音都沿着外缘路径移动。图6.19—图6.20的诺里奇数据和这一模式吻合。进入成分和离开成分呈现出一条清晰的链式音变的连接：把后高元音的前化和中元音的高化联系起来。前两个阶段明显是一个拉链：

1　　　　　/uw→ü^{ɥ}/

2　　/ow/→/uw/

3　　　　　/uw→üw/

(33) 链式音变模式3

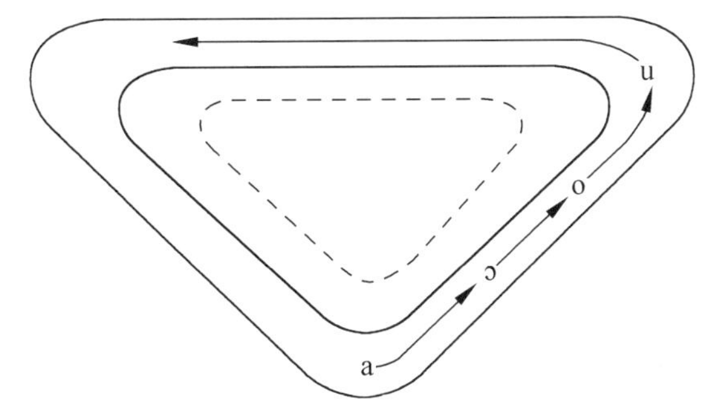

最初整齐的诺里奇模式由于最年轻的说话人的第三阶段的音变而变得令人困惑(图12.4中将详细描述)，这威胁到原来/uw/的安全边界。这个阶段是另一个推链效应而不是拉链的例子。瑞典语中，是通过音核的外圆唇化或者通过低化和松音化，使原先的/uw/对第二阶段的前化做出回应(Nordberg 1975)。如果/ow/高化的趋势是后高位置空缺的结果，那么这个音位继续前化又是哪种力量造成的呢？这是重复出现的功能性解释应该解答的问题。

/OH/和/UW/之间的联系

毫无疑问/ahr/和/ohr/相互关联的移动代表了一种链式音变。但是/uw/的前化和这些演变的联系是一种链式音变关系吗?按照原先链式音变的定义,/uhr/作为一个离开成分,它移向中心从而避免与/ohr/合并。而/uw/的移动却跟避免合并的倾向没有什么关系,由于/uw/和/ohr/的滑音是朝着不同的方向滑动,当然也因为/ohr/有/r/结尾。因此,我们也许可以说费城模式和欧洲范例(法语、葡萄牙语、瑞典语、希腊语等)的相似性是偶然的。不过,先分析其他一些例子,有助于我们得出这个结论。

中元音的平行前化

在模式2讨论的结尾,提出原理Ⅲ的早期讨论可能无法辨别
208 紧元音和松元音的移动。有一些证据表明,外缘性在原理Ⅲ所起到的作用跟它在原理Ⅰ和Ⅱ中所起到的作用一样,即:元音沿着外缘路径前化,沿着非外缘路径后化。而外缘性/ow/的前化被称为对这一普遍性直接和明显的反例:模式3的音变中提供了这种前化丰富多样的实例。

LYS中最早对模式3的描述包括后中音核(/o:/或/ow/)的前化,因为这通常和/u/的前化联系在一起。但是进一步的思考表明/o/的前化跟链式音变和链式音变原理都没有关系。/o/从来没有直接跟一个后元音高化联结以避免和中元音合并,而是代表了后高元音前化的普遍性。目前考察过的英语方言中,/ow/是17世纪的/i:,e:,u:,o:/双元音化产生了带松音核的/iy,ey,uw,ow/的结果[①]。当/ow/前化时,它总是和/uw/平行并落在后面较

① 尽管要强调的是在很多英语方言中这些元音中只有一部分是双元音,即使是在开音节中也是如此。

远的位置上(见图 3.6 的费城音系)。在其他一些方言区,如伦敦或者得克萨斯,/ow/的音核低化到后低[—外缘性]的位置。尽管这和元音大转移中的中古英语 ū 的移动类似,但它与任何链式音变都没关系。作为替代,它似乎代表了/ey/音核下降的一种普遍化,那是模式 4 将讨论的链式音变的一部分。前/后的平行变化显然比高元音向中元音移动更为普遍。比如在纽约市/æh/和/oh/以及/ay/和/aw/的平行移动(Labov 1966)。

我们没有/ow/的松音核参与链式音变的例子,从而可以与第 4 章中引述的列托语/ey/的后化,或者模式 2 中松元音/e/的后化做比较。与链式音变相联系的后元音的前化要么发生在较高的外缘轨道上,如/u/,要么在较低的外缘轨道上,如模式 2 中的/o/。毫无疑问,北方城市的/o/是一个外缘元音。/uw/的音核/u/是松音还是紧音,是外缘音还是非外缘音,还有待进一步观察。[①]

南方音变的模式 4

本章最后讨论的模式 4 并不是第 5 章中链式音变历史记录的继续,尽管可以找到对于它的历史证据。第 5 章(23)东列托语方言的链式音变预示了这个模式,其中的一些方言中,/ay/高化为 209
[oy]。在本章前面对(12)的模式 1 扩展的讨论中可以看到更为扩展的音变/ay/→/oy→uy/。在纽约和费城,这似乎是一种孤立的链式音变,但是在其他很多方言中,这个音变和前上滑双元音的全部移动结合成一个整体,它是南方音变中现代英语方言上滑元音

① 更为广泛的链式音变中发生前化的例子出现在诺里奇的音系中,进一步的语音学研究将解决这一问题。

链式音变的主要模式。

模式 4 从/iy/和/ey/音核的松化开始,这样它们就清楚地位于[—外缘性]轨道上。基本的移动是这两个音核低化的链式音变。/ey/的音核通常是低化到开口度最大的位置,/iy/的音核跟在后面下降。模式 4 有两个交替的形式,取决于当/ay/低化到元音系统底部时的变化情况。

在墨西哥湾沿岸各州、得克萨斯以及上南方和下南方的很多地区,/ay/单音节化并且前化成长/aː/。在英格兰南部、澳大利亚、新西兰以及美国东部的沿海地区,/ay/和/oy/沿着后[+外缘性]轨道高化。(34)显示了这些方言的音系空间的总体变化模式。

(34) 链式音变模式 4

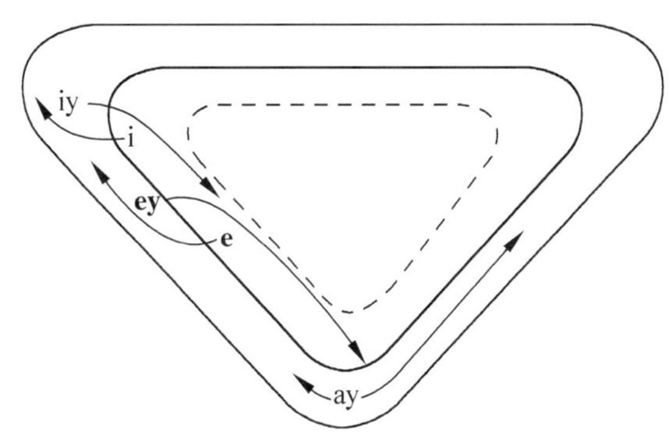

英格兰南部的模式 4

通过对伦敦和得克萨斯的模式 1 扩展的研究,本章提出了外缘性概念。在图 6.3 玛丽·科尔维尔的元音系统中,我们观察到/aw/比/ey/更靠前。又如图所示,/ey/低化直到跟低元音/ah/重叠,而它现在的分布表明它是沿着非外缘轨道低化。在 LYS 描述的所有其他南方英语元音系统(诺里奇和伦敦)中,/ey/以相同的路径低化。对于很多年轻人来说,/ey/占据了系统中最低的位置。图 6.21 显示了另一个伦敦人约翰·盖尔(John Gale)的上滑元音。1968 年他 23 岁时在切尔西(Chelsea)接受访谈。尽管他的 210
/ay/、/oy/高化没有达到玛丽·科尔维尔那样的程度,但是/iy/和/ey/的低化却更为彻底[①]。/iy/和/ey/越是强调重读就越是变长,它们的位置就越变央、变低,这表明它们的移动目标位于模式 4 变化的最前沿(如图 6.5 详细描述的玛丽·科尔维尔/iy/的分布)。在前元音中,我们又一次看到高化和前化的/aw/最清晰地定义出外缘轨道。同时,短元音/i/和/e/也很明显是外缘元音,这是南方音变机制中最重要的趋势。

在对模式 4 的应用方面诺里奇人和伦敦人表现一致。布兰森父子的发音可作为模式 4 的几个发展阶段的范例。对于比较保守的莱斯·布兰森(图 6.19),/ey/延伸到半低位置,并且明显不如短元音/i/和/e/外缘化,不过/iy/没有明显地表现出任何离开前高区的移动。如上文讨论所指出的,/ay/位于后部的半高外缘区域。戴维·布兰森(图 6.20)显示出前元音区的短元音/i/、/e/和/æ/明显位于最外缘。在父亲的元音系统中,我们看到/iy/稳定地保留在前高区。但是在非外缘轨道上,/ey/占据了一片特别的区域。211
代词 *they* 和单词 *trains* 在中间位置,其他的/ey/类词分布在一个长椭圆中,开始于较低的位置并一直向下延伸——*bake*、*say*、*stay*、*blade*、*gray*、*rain* 和 *eh*。开口度最大的元音是语气词 *eh*,它

---

① 这不应自动地成为进行中的音变的迹象。事实上,音变模式 4 的伦敦版已经在 100 年前就已建立。

甚至比开口度最宽的 *last* 中的 **a** 还要大。这说明了一个普遍的事实:/ey/是南部英式元音系统中最敏感的社会语言变体,它在虚时内的分布最有可能是因为公认的和长期建立的社会模式化的年龄阶变。[①]

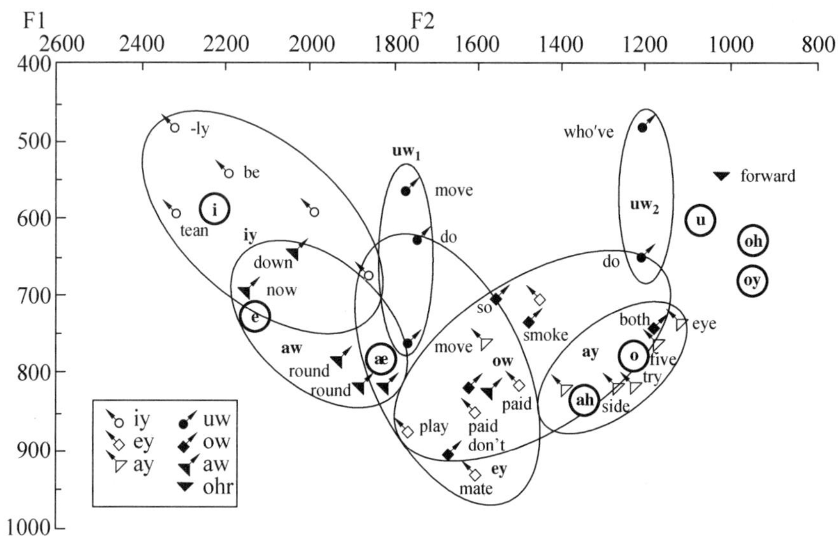

图 6.21　约翰·盖尔的元音系统,23 岁,伦敦,切尔西〔1968〕

美国的模式 4

模式 4 也是南方音变的一部分在美国方言中运作。费城是最北的南方城市,曾经全部参与了音变过程。塔克(Tucker)1944 年指出费城的/ey/是系统中有最大开口度的元音;在这个方面,费城的模式和伦敦东区相似(见第 4 章)。费城的/oy/实际上已经高化

① 大多数美国人通过萧伯纳所写的《皮革马利翁》和音乐剧《窈窕淑女》了解到这个变体。当伊莉莎(Eliza)练习 *The rain in Spain lies mainly in the plain* 时,/ey/在训练伦敦方言中便成为一个重要的突破口。

到高元音位置，甚至超过了它：/oy/的音核如此高以至常常被听为半元音，发生了音节性变换，于是 *choice* 和 *twice* 就可能混淆。/ay/的后化和高化并不如其他地区那样普遍(但是可参见图 4.10 和表 4.3 珍妮・罗塞蒂的发音)。费城有四分之三的/Vy/型元音都跟南方音变和模式 4 有历史联系。然而由于近年来/ey/在闭音节中转为上升变化(图 3.6)，这种联系出现了倒退。

在美国东南地区的一些方言中，/ay/发生后化使链式音变模式 4 开始启动。北卡罗来纳州的外滩群岛(Outer Banks)残留着这些早期的和扩展的发展过程。图 6.22 显示了蒙提・奥尼尔(Monty O'Neill)的前上滑元音系统。蒙提是来自北卡罗来纳州旺奇斯(Wanchese)的捕虾船船长，1973 年接受采访时 31 岁。他的元音系统清晰地表明/iy/和/ey/在非外缘轨道上的央化，/ay/和/oy/在后部沿着外缘轨道发生链式音变。/ay/的后化和高化是这里的显著特征：来自外滩群岛的人在这个州其他地方被称为"Hoi Toiders"，把高化的/ay/读作[ɔɪ]是带有自我意识的旧习惯，当地人也常常纠正它们。

模式 4 中短元音的紧化

到目前为止，对模式 4 中前元音的讨论集中在上滑双元音的音核央化，它们是中古英语原来的前长元音的对应形式。展示的 212
这些元音系统并没有归一化为一个绝对的参考框架，不过：[－外缘性]轨道是相对于占据[＋外缘性]轨道的一些其他元音定位的。在经历了北方城市音变的方言中，紧化的/æh/、/iy/和/ey/占据了外缘位置，而短元音则集中分布在相对的[－外缘性]轨道上。在完整的模式 4 的发展中，最高的 F2 值出现在原来的短元音/i，e，

æ/中。根据定义，它们位于说话人所用的元音空间的外侧，所以应该在[＋外缘性]轨道；实际上，我们还没有找到一种方言在基本元音[i，e，ɛ，æ]范围内没有几个带紧音质的音核。

模式4最清晰的实例发生在伦敦、诺里奇、北卡外滩，以及美国南方其他一些地区，原来短的松元音变为[＋外缘性]。在伦敦、澳大利亚、新西兰，它们语音上保留了短音的特征，于是它们显然是短而紧的[＋外缘性]元音。在美国南方，这些原始短元音变成了长的内滑元音。有些南方方言中的短元音表现为松的内滑元
213 音，这种发音对所有方言都有可能[①]。但对美国南方大多数说本地话的人而言，这些元音音核是紧的，在北卡外滩、亚特兰大、伯明翰、杰克逊、得克萨斯州东部和中部、诺克斯威尔的南部内陆地区以及布卢菲尔兹等地的探索性访谈都显示出这一点。图6.22中蒙提·奥尼尔的元音系统中，原始元音的音核松紧逆转清晰可见，通过元音分析得到了与先前相似的模式，说明模式3和模式4在南方音变中的结合。图6.23显示了跟主观描写对应的内滑音的物理轨迹。短/i/的前化程度范围很宽，包括最高、最前位置上的一个最强调的形式。单词*skiff*以软腭前辅音开头，从外缘[i]平稳地滑向[ə]。单词*best*以一个唇音过渡开头，从更央化位置上移动到外缘的中间位置，然后向中央滑动。总体来说，新的紧内滑元音是沿顺时针轨迹滑向目标音[ə]，松的上滑元音/iy，ey，ay/是沿逆时针轨迹滑动的。

---

① 《美国语言地图集》的记录在这方面非常保守。库拉斯和麦克戴维(Kurath and McDavid 1961)对前内滑元音全部都转写为[ɪə]这样的松音核，而不是本卷声学分析所表现的[iə]。

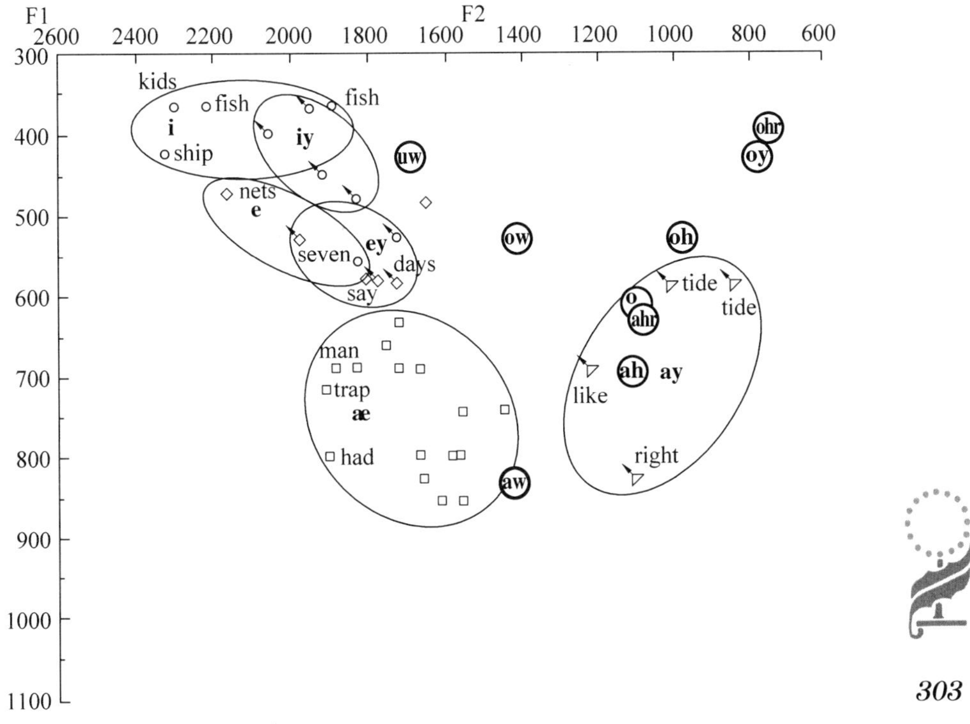

图 6.22　蒙提・奥尼尔的元音系统，31 岁，北卡罗来纳州，旺奇斯〔1969〕

新的短元音的“紧”特征导致了在/l/前的广泛合并。中古英语的长 ī 在/l/前变为/ih/，这是一个包含紧[＋外缘性]特征的音核和松[－外缘性]滑音的双元音。总体来说，这是原始短/i/发展 214
的语音一致性，并导致了原始短 i 和长 i 在/l/前的合并：如 *hill* 和 *heel*，*still* 和 *steel* 在所有短元音变为[＋外缘性]的地区都成了同音异义词。

南方各州英语的模式 4'

南方各州英语的一个最普遍的特征是/ay/的单元音化，变成长央低元音[a:]。这一般是发生在开音节以及浊辅音前的情况。

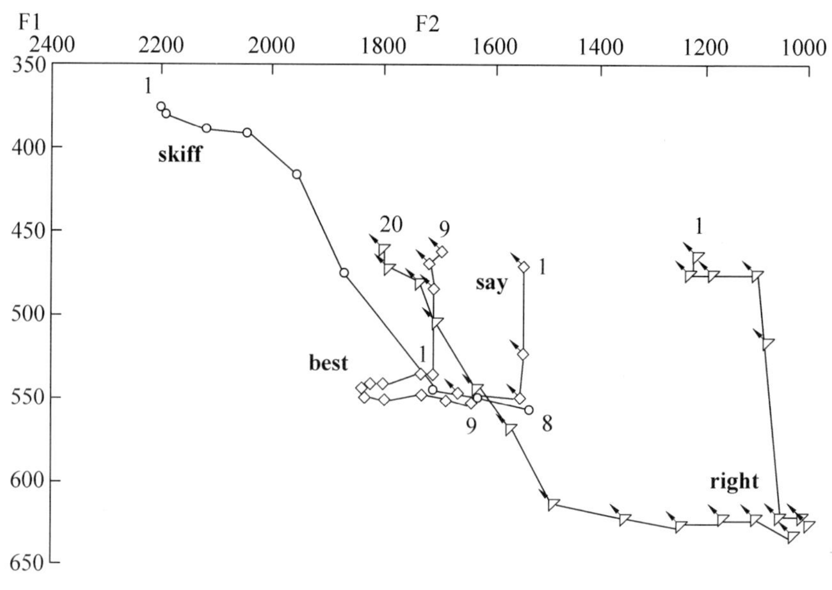

图 6.23　蒙提·奥尼尔的短内滑元音和长上滑元音的变化轨迹

这也影响到清辅音前的元音，比如 *nice*、*night*、*like* 等，但这通常受到社会因素的制约。在南方城市，受过高等教育的上中阶层说话人多是在清辅音结尾的前面发[a^e]，在别的地方发[a:]；而在工人阶层中/ay/一致地单元音化。

这种单元音化的作用使得模式 4 的后半部分被切掉，于是这个音变就限制为/iy/→/ey/→/ay/→/ a:/→。我们可以把这种代替的路径称为模式 4'，已经在(34)对/ay/的前化短分支有所说明。图 6.4 展现了杰里·思拉舍的得克萨斯中部的元音系统中模式 4'的实现情况。/iy/和/ey/很明显是沿着[－外缘性]轨道低化。/iy/和/i/的相对位置调换了。/ey/的低化使它远离了短/e/：它从半低位置向系统中最低的位置延伸，与单元音化的/ay/(开音节及浊辅音前的)完全重叠。当然没有合并，因为/ey/是完全双元音化的，而/ay/已经单元音化了。

伯明翰的模式 4 跨方言研究

CDC 项目关注本章概述的这些链式音变的认知结果。我们已经看到北方城市链式音变在 CDC 切音实验中的影响，这个实验把音变中领先的单词发音放在孤立的单词、短语、句子中给听者辨认。CDC 选择了亚拉巴马州的伯明翰作为原始目标城市，一些伯明翰的年轻人接受了这一项目的访谈。图 6.24 是温迪（P. Wendy）的发音系统中重读元音的平均值，她在 1989 年接受访谈时是 18 岁。这是用与芝加哥杰基（Jackie. H.）的访谈相同的设备并以相同的技术分析的，因而图 6.24 给我们展现的是南方音变的原型图，与之前的图 6.15 北方音变的后期图形成对比[①]。

这个元音系统令人最为惊奇的特点是：向前极度偏移，这是链式音变模式 3 作用的结果。/uw/、/u/、/ow/的前化表现为一个椭圆形分布，在后高的位置上没有任何元音表现。甚至/ohr/也是向前移动到央元音前面。图 6.24 也清晰地表现了模式 4 的变化。

前侧外缘轨道被原有的短元音/i，e，æ/占据，它们是带紧音核的内滑元音。短元音分布的第二个特征是/e/的平均值跟/i/的平均值非常接近；如果我们保持在北方城市的词群的相同定义，它们会更为接近。然而，*get* 在大部分南方方言中发/i/（即口语形式是 *git*），并且鼻音前的/i/和/e/的合并非常彻底，使我们不能把 *center* 和 *member* 计算在平均数中，那是/e/在口辅音前的情况。

① 还没有一个南方城市的研究能确定是否任何包括南方音变的各种链式音变都会涉及进行中的音变。本章对南方音变的分析表明了元音系统的链式音变普遍原理的结果，但是还没有直接应用于音变机制的问题中。

215 

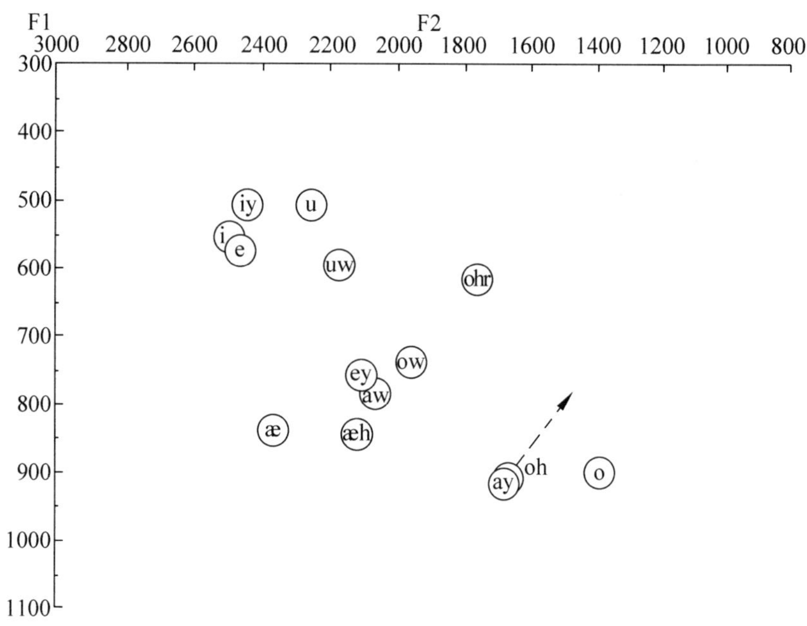

图 6.24　温迪的元音平均值,18 岁,伯明翰〔1989〕

/ey/音核的平均值远远低于/e/的平均值,显然,/ey/已经在非外缘轨道上央化并低化了。

216 图 6.24 还有一些其他特征,让我们意识到正在面对与北方和大西洋沿岸中部模式完全不同的元音系统。/æh/表现一种相分离的平均值——在大西洋沿岸中部地区是代表紧音环境的——*ask*、*after*、*half*、*aunt*。但是这些元音并不比其他的/æ/分布更前更高,它们反而更后更低。/oh/的音核不是沿着后侧外缘分布,而是和/ay/一起处于低央的位置:事实上,它已经不是一个内滑元音,而是[ɑʊ]形式的后上滑元音。

图 6.25 展示了短元音和前上滑双元音的实际分布,揭示了平均值背后隐藏的南方音变的一些动态趋势。短/i/有一个很宽的

分布范围,就像蒙提·奥尼尔的例子,包含了很多音核远高于并前于平均值的元音。我们看到,*hit*[hiət]在极端的前高位置上,*sttin'*在央高位置上——这种语境作用是斯利德(Sledd 1966)在证明特拉格和史密斯(Trager and Smith 1957)的"带横杠的-i"(ɨ)仅仅是元音变化作用下连续序列的一种极端情况时提出的。/iy/有相似的平均值,也表现出音核分布在较宽的F2范围,但是,/iy/的单词分布并不能显示跟/i/相同的语境作用:开音节和闭音节形式在前和央的位置上都能找到。

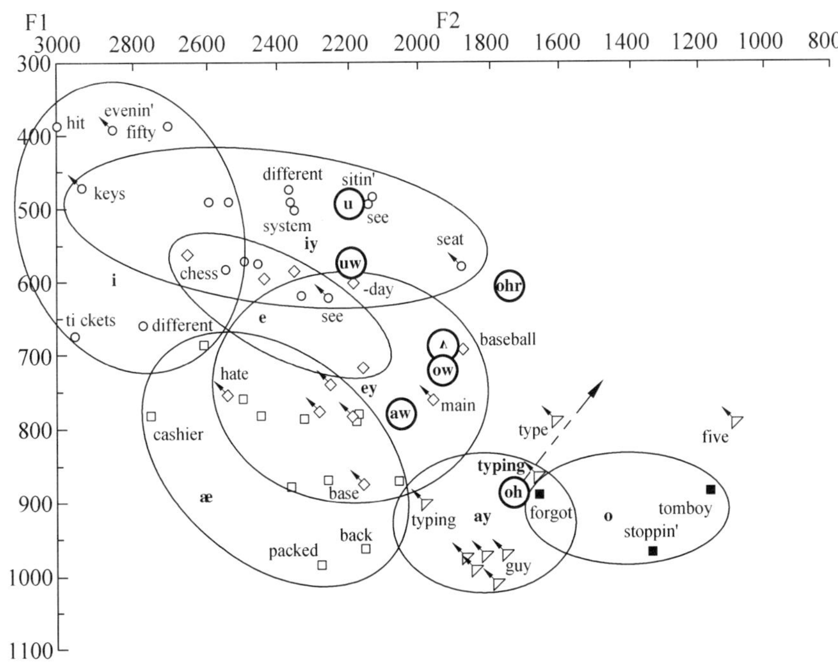

图 6.25 温迪的模式 4'链式音变

尽管/i/的音核在大部分优势位置上是极为紧化的,但/i/和 217
/iy/之间没有合并的趋势。/i/已经移动到内滑元音/ih/类中,并

和上滑的/iy/形成对立,后者接着发展为一个非常不同的音核。/i/和/iy/的移动轨迹方向相反:/i/是内滑的,而/iy/是上滑的。这在 CDC 切音实验中得到明确的展示。伯明翰的实验词项之一:短语 *a bunch of kids* 中的 *kids* 这个词。67 个伯明翰被试,包括大学生和高中生,没有一个不能分辨出这个元音是/i/(或者我们的术语/ih/)。而在芝加哥和费城的 133 名被试中,只有 91 人能分辨出来,有 42 人,或 32%,大部分听成带有内滑音的/iy/:*keys*、*Kiev*、*peer*、*P. S.* 等。

有些/æ/的发音形式非常前化,清晰地占据外缘轨道。它的分布跟北方城市音变在语音方面具有相同的方式。最高最前的词是在舌尖浊塞音和后清擦音之前;最低最后的元音是在软腭清塞音之前。

低音核的平均值并不能提供应有的信息。/ay/的实际分布显示出两种主要的语境作用。以清塞音结尾的词如 *type*,可能央化,而不是单元音化。单词 *five* 表现为例外的后化,这在很多英语方言中经常发生。

如上所述,这个系统最明显的事实是在非鼻音前的短/e/沿外缘轨道上升与/i/重叠。这不仅是在兴奋的话语中极端发音的一种特征,而且在读词表的留意发音中也能发现。在 CDC 受控元音辨析实验中,温迪读出/k __ d/框架中的一系列元音。她在 *ked* 中/e/的发音为[kiəd],比在 *kid* 中发[ki˕əd]的/i/稍低。把这个元音听为/e/的比例为:费城 5%,芝加哥 12%,伯明翰 25%。其他人绝大部分把温迪的/e/听成/i/。

模式 4 中链式音变的联结

模式 4 中[+外缘性]和[-外缘性]轨道的分隔表现得比其他

链式音变更为清楚。而且，每一步都似乎表明同质并列的类型，这与链式音变的功能解释最为一致。以模式 4 的形式表示/ay/的后化，步骤如下：

1　/oy→ uy/

2　/ay/→/oy/

3　/ey/→/ay/

4　/iy/→/ey/

下面是/ay/的单元音化： 218

1　/ay→aː/

2　/ey/→/ay/

3　/iy/→/ey/

从图 6.4 和图 6.24—图 6.25 可以明显看出：从/ay/单元音化而来的新[aː]保持为一个区别性音位，比/æ/靠后，比/o/靠前，实现为[ɑ]。斯利德 1962 年（Texas Conference 1962）认为这个/aː/是一个独立的新音核，应该加入到特拉格和史密斯（Trager and Smith 1957）的九个元音音核的序列中——换句话说，建立九个元音的全面模式的努力失败。以自主对比音位学的观点来看，这似乎是一个理由充分的论点。然而，CDC 在伯明翰所做的南方元音系统的听辨指出了另一个方向，在修改这个对称的范式之前，必须要考虑第 3 卷中将讲到的跨方言理解的证据。

6.3　链式音变原理的一些可能的解释

在讨论音链联结时，我努力关注进入和离开成分之间的结构关系以及它们与链式音变基础概念的联系。本节将考虑对链式音变普遍原理提出解释。目前这一方向的研究大多强调功能解释——从说话人到听话人信息流动的最大化趋势。我将首先对这些进行讨论。

马丁内（Martinet 1952，1955）是最早从功能角度解释链式音变的研究者之一。他提出的**分散场**（field of dispersion）和**安全边界**（margin of security）的基本概念在任何音变机制的讨论中都有一席之地。马丁内认为，系统的省力功能应理解为对称性的认知需求与声门上声腔的非对称生理器官之间辩证对立的结果。如我们在第 5 章中已看到的，奥德里古尔和尤兰德（Haudricourt and Juilland 1949）把这个概念应用于模式 3 的音变，并且建立了模式 3 和后元音高度在三度以上的存在之间明显的相互联系。因此，模式 3 被视为一种缓解后元音拥挤状态的功能性反应——在这个过程中建立一个非对称系统。毫无疑问，正如图 6.24 所示，南方英语的模式 3 链式音变的结果无论在音系学上还是语音学上都呈现
219 出极端的非对称性。预测后元音高度有三级以上的语言会发生模式 3 音变的逻辑同样可以预测在后元音分级减少的情况下不会发生模式 3 音变，比如在很多美国方言中/o/和/oh/在 *cot*、*caught* 等词中的合并。而且，在/oh/表现为松、短、前元音的北方城市，这种音变同样不可能出现。

直到最近，这种预测似乎还很有效。20 世纪 60 年代和 70 年代早期对北方城市说话人元音系统的文献记录表明，在稳定的外缘位置上的音核/iy，ey，uw，ow/没有后元音前化的迹象。可是自 20 世纪 70 年代后期开始，具有后低元音合并的方言中开始出现

/uw/和/ow/的前化。这种前化首先出现在流行歌手穆恩·扎帕(Moon Zappa)所唱的“山谷女郎”(Valley Girls)中的发音,引起了公众的注意,不久就明显地更为普遍。20 世纪 80 年代后期,旧金山湾区方言的研究报告了/ow/的前化(Luthin 1987);在宾夕法尼亚大学语言实验室,对洛杉矶方言的考察表明/uw/前化到前高非外缘位置[①]。而且北方城市的说话人开始表现出标记性的/uw/前化到至少是中央位置。20 世纪 80 年代记录的所有芝加哥说话人中都明显地表现出这一特征(把图 6.15 和图 6.16 跟没有出现前化的图 6.12—图 6.14 对比)。在西部和东部城市方言中,/uw/的前化并不是链式音变的一部分。然而它的产生引发了对马丁内的解释的逻辑性疑问,因为它提出了可能同样适用于模式 3 的链式音变的一种独立起因。

模式 4 介绍了链式音变关系的其他方面,远超出移动和替换的问题。短元音的紧化和原先的长元音音核的松化引起了语音表现上的巨大逆转,并增大了这两个系列的差异。这些语音变化为我们已看到的链式音变模式建立了步骤,吸引我们努力在音变本身和更普遍的模式之间建立联系。

斯托克韦尔(Stockwell 1978)介绍了说明和解释 LYS 项目确认的这些模式的普遍性论点。根据英语中一个特定类型的链式音变的重现趋势,他把原理 Ⅰ 和原理 Ⅱa 缩减为两条令人称赞的简单陈述:

---

① 汤姆·维奇(Tom Veatch)研究了他妹妹的元音系统,给出了这方面最清楚的证据。

(35) Vh 中的 V 和非同一发音部位的 Vy/w 高化。

同一发音部位的 Vy/w 中的 V 低化。

220 他用音核-滑音距离最大化的单一趋势来解释这些原理(原书第 343 页):

(36) 最适宜的滑音倾向于使滑动距离最大化的单一感知原理预测[LYS 的]原理Ⅰ和原理Ⅱ将成为具有英语元音系统类型的语言特性。

因为斯托克韦尔把外缘性/非外缘性的区分视为一种形式的设计而不是实质的描写,(35)的陈述显然能被接受。他把这些原理与自然的感知趋势联系在一起,而不是与这里所举的音系空间的特定结构相衔接。

斯坦珀(Stampe 1972)对元音转移的分析采用了多尼根(Donegan 1978)的更为复杂的框架,这一框架根据元音音质、响度最大化的趋势,原则上采用了外缘性/非外缘性的区分。多尼根认为紧元音是半音性的(chromatic),松元音是非半音性的(achromatic)。因此,/a/作为最响亮的元音,具有最佳音节性和负载声调的能力,而/i/和/u/有最佳的半音性和最大的区别性。斯坦珀和多尼根对元音转移的论述依赖于这个基本原理——“如果语境的因素不介入,元音倾向于将[唇音性,腭音性,响音性]这三个基本特征进行极化”(Stampe 1972)。因此,在语言变化过程中,紧元音倾向于增加其半音性(Donegan 1978:118)。同时,它们失去了响音性。另一方面,松的或非半音性的元音,主要以响度为特征,它们倾向于通过低化增加响度(原书第 136 页)。因为非半音性元音不存在音质的增加或减弱,它们在这一过程中没有任何损失。多尼根(Donegan 1978)并没有特别研究链式音变,而是在整体上强调音变中这些关系的蕴含特征:如果紧元音下降,那么松元音也下降;如果松元音上升,那么紧元音也上升。当然,这些过程中最自然的组合是紧元音上升而松元音下降。

这些观察使这里涉及的音变进程更加清晰。它们以一种初看起来似乎是目的论的方式来陈述:说话人改变他们的元音是为了听得更清楚,或者是为了把元音相互区分开来。斯托克韦尔和多尼根认为这些变化是自然的。然而,这种自然的概念和功能启动的概念在我看来,跟现有的数据资料所能支撑的程度相比,观念形式的成分更多些。第 19 章将继续讨论语音变化和形态变化的功能性论点。在本章的结论之前,我将探讨与本卷的普遍性发现更 221
为一致的链式音变原理的机制性解释。

西弗斯原理

西弗斯(Sievers 1850:279)为第 5 章中普罗科施在(17)中列举的长元音和短元音相反的变化趋势提供了一种普遍解释。

> 众所周知,短元音和长元音经常因相反的移动方向而互相区别……这是基于以下定律的频繁运作,越是有意强化的发音,语音就更加有力而完整,即,它的振幅和长度越大。这说明,在发长元音时,不仅舌的特定发音状态要提升(位置和紧度),而且圆唇程度也会增加。另一方面,短元音只包括舌的简短移动,不能使舌从其他位置达到特定的移位程度或紧张程度,即这会引发较强发音的元音向更中性发音的变化,涉

及舌和唇的位置及紧度。

普罗科施(Prokosch 1930)发现这对日耳曼语的情况很有说服力，但是他认为这并没有解释为什么这是日耳曼语特有的趋势而不是其他语言的特点。我们已经看到这里的原理事实上更为普遍。这些原理在日耳曼语中比其他语言更显著的原因是日耳曼语采用的是一种前侧和后侧都有外缘和非外缘轨道的音系空间，而其他语言并非如此。普罗科施指出了关于日耳曼语的另一个重要事实(原书 77—78 页)：

> 西弗斯对底层原因的定义从抽象角度是正确的，但是这种作用只有在长元音和短元音的对立被言语意识明确划分出来的情况下才有效，正如后来的语言史所表明的那样，这主要是在日耳曼语言中的情况。

普罗科施重新倾向于功能一边，把元音转移的原理与增强对比的趋势联系在一起。但是在我看来，西弗斯立场的本质是机制性的：即发长元音时，说话人倾向于发音过分而超越目标值；而发短元音时，他们倾向于发音不足而达不到目标值。当然这还不能说明松元音低化到低外缘位置的情况。本书第五部分在将对功能论点更为普遍的评价中，再来讨论这些问题。

第 7 章　悖论的解决方案 222

7.1　简介：本章的范围

本章将把第 6 章对进行中音变的发现用于解释在第 5 章回顾历史记录中发现的问题和悖论。由于外缘性概念已经明确用于解释已经完成的链式音变，许多解决办法已经清楚可见。但是陈述这些解决方案的机制还不够清楚，尤其是处理在连续语音空间中的音变。在标写形式背后的基本驱动力是追求简单——通过相同的规则表述很多不同的现象。我们经常看到，形式化和简单化的过程倾向于无限延续，特别是在形式学者的独创性发明中。本章只在特别情况下才会采用这种办法。下一章将涉及进一步简化和缩减链式音变规则。

链式音变规则的形式化

要解决第 5 章的悖论需要重新阐述那里提出的规则。本章的一个附加目标就是要以描写链式音变自身进程的形式来重新阐述元音转移的规则。这样就需要依照第 6 章的发现来调整这些规则，通过在连续语音空间测量的证据重新考察进行中的音变，并修改对于英语方言所用的空间性质的见解。因为语音空间不同于先前描写英语音系中假设的语音底层(phonetic substratum)，音变需要把音系结构和语音事实联系在一起的规则形式。这里提出的规则源于对乔姆斯基和哈勒(Chomsky and Halle 1968 *SPE*)构架的调整，并总结前几章的研究结果来做出修改。改写 *SPE* 型的规则最初有着严格的限制，但近年来音系理论的发展克服了这些
223 困难。尤其是音节结构不再直接认定，而是用 CV 标写法的精细公式来表达。这里，有关音节结构的规则，其中包括长化和短化的规则，会在自主音段音系学的框架下陈述。然而，那些描写链式音变本身的规则，包括高化、低化、后化和前化的移动，似乎最好是作为转写规则来陈述。将要使用 *n* 值标记法，以及引入把链式音变作为单一过程的规约，作为对于音系转写规则的修改。

据我所知，还没有用一套规则来代表链式音变过程的尝试。例如，对元音大转移的很多描写都是不同种类的规则的汇集。从规则陈述的角度来看，在第 6 章引用的对于这个主题的一般处理方法(Stockwell 1978；Stampe 1972；Donegan 1978)并不是高度形式化的。[①] 因此这里对转写规则的修改，是尽可能准确表述在第 6 章实证研究结果的一种努力。

尽管测量音变的空间是连续的，但是音变本身并不需以连续

---

① 斯坦珀(Stampe 1972)和多尼根(Donegan 1978)给出的规则在结构上与变体规则相似，例如：

$$\begin{bmatrix}\text{半音阶} & ! & \text{低}\\ \text{元音} & ! & \text{紧}\end{bmatrix} \rightarrow \text{更高}$$

其中陈述的是半音阶元音变得更高；元音就越低越紧，就越会受到这个过程的影响。但是鉴于变体规则在特定言语社团的发音量化研究中会证实或证伪，应用一种跨语言、跨方言、跨时代的可信原理来进行可靠的链式音变的详细调查会有很多困难。下面的这些规则是为了描写一个言语社区中随时间推移所发生的真实情况。

方式来描写。事实上，它们可以在几个不同层面上加以形式化：在语音变化的连续层面上；在高低、前后、甚至圆唇这些用 2 到 7 个值的线性维度来描写的 n 值层面上；或者在每个范畴只用两个值的维度来描写的双值层面上。

第一种方法似乎最适合研究进行中的音变。然而，把连续的数据纳入链式音变的描写并不是简单的事情。回顾第 3 章、第 4 章和第 6 章的图表，可以发现在任何一个时间点上音变的不同单位总是以不同的速度移动着。例如，图 3.6 显示/ahr/在虚时内完全不动，而/ohr/却依然缓慢的上移。最终，利用定量数据的连续模型将会展示音变顺序和因果联结。表 6.1 列出的北方城市音变回归系数正是表述进行中音变的内部条件，并制定容易区分言语社区的语音规则所需要的典型数据(Liberman and Pierrehumbert 224
1984)。但是链式音变本身，元音在保持彼此区别的同时进行移动，需要某种程度的离散性。能简单直接地记录链式音变现象的是离散的 n 值层面，而不是双值层面。

人们可以通过一系列的观察用一组双值规则来描述链式音变现象。英国凯尔特语在元音之间的辅音变化的历史，就是一个最对称且最系统的辅音链式音变的实例(Martinet 1955:266—267)。

(1)

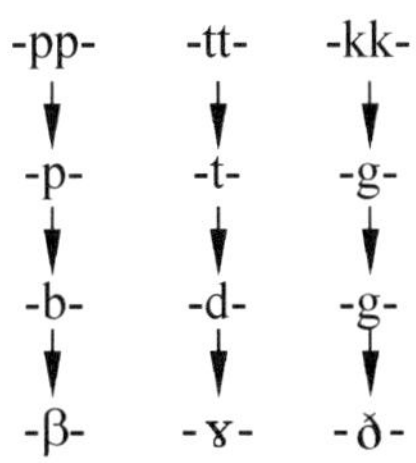

这些音变可以描述为三个双值音变的序列:

(2) a. [－紧] → [－辅音]/V _ V(松塞音变成擦音)

b. [－长] → [－紧]/V _ V(单塞音浊化)

c. [ ] → [－长]/V _ V(连音简化)

人们还必须明确一个外在的顺序:2(a)→2(b)→2(c)。[1]然而这些规则和这种顺序并不足以把这个过程在形式上确认为链式音变。还必须进一步观察,如果这些规则没有按照给定的外在顺序发生,结果就可能在这过程中会出现一种或多种合并。

把链式音变表现为单一过程的更简单的方法是写出单一的规则。为此,我们必须确认这三个子规则(2a→c)是同一个音变过程的组成部分,沿着一个维度朝一个方向移动,例如响度等级,或者是相反的——阻塞维度。如果我们把[±响音]改变为[n-响度],其赋值跟上述顺序一致且逐步减少,将会是以下的形式:

(3) 连音/长塞音>清塞音>浊塞音>浊擦音

于是我们可以得出一个转写规则,在箭头两侧都用[响音]特征,在右侧有一个增量。还可以有一个变量在两侧重复出现,而在右侧加入增量或者减量。

225 (4) [z 响音] → [$z+\alpha x$ 响音]/……

在这个公式中,变量 z 可以取任意值,离散的或连续的,建立辅音标记等级。这里我们可以建立一个离散的 7 度序列:清连音 0,清塞音 1,浊塞音 2,浊擦音 3,流音 4,半元音 5,元音 6。我们知道,通常的二分标记[±特征]是[±1 特征]的简写,±值表示在 $+1$

〔1〕 此处似有误,应为 2(c)→2(b)→2(a)。——译者

和-1之间的选择。希腊字母α和β变量代表$+1$或-1。在对称规则的情况下，α由某种语境特征赋值。为了描写(1)中列举的历史变化，α的值设定为$-$，因为这是一个弱化的过程：

(5) [z 响音]→[$z-x$ 响音]/……

因为z出现在箭头两边，所以这个规则不会消除任何区别。无论在规则应用之前分开这两个音段的z赋值是多少，在规则应用之后仍将分开这两个音段。因为无论是增加还是减少，x对两边的作用相等。如果两个辅音在规则应用之前相隔一个响度级，那么规则应用之后也将相隔一个响度级。表述这种链式音变现象不需要对元条件或外部条件的讨论。

元音的链式音变也可以用类似的方式，采取n值维度来表述前化、后化、圆唇。LYS采用下面的标记法来描述元音大转移及其现代的后续变化：

(6) [z 高]→[$z+\alpha x$ 高]/……

通过共振峰空间的功能来描写进行中的音变，z和x是实际的数字，高度特征采用连续数值。在这里使用的表达式中，z和x采用n值维度设定3到5个离散的高度等级。① 如(4)中的形式一样，变量α只有$+1$或-1两个值，与决定链式音变是高化或低化的其他特征保持一致。这个链式音变表达式可以进一步简化：$x=1$（即这个特征维度上的任何单位都不能超越这样的指令）。这将是下面讨论的元音转移的基本规则形式，要时刻记住这种可能性，对 226

① LYS用5个等级的高度来描写与之相关的元音大转移和音系规则。0代表低央[a]，1—3表示低、中、高元音，4代表滑音。

x 较少制约性的说明会在以后用到。于是，规则将呈现为以下形式：

(7) [z 高]→[$z+\alpha$ 高]/……

回顾第5章的悖论

5.5节提出了解释链式音变的历史记录中的四个问题。在每种情况下，已经出现的音变显然会导致的合并，事实上却没有发生。考虑到在这些描述中关于音系空间和规则公式的假设，其中保持的区别是不可能的区别。原始罗曼语开元音 **o** 和闭元音 **o** 的区别在瓦莱语中本应已经消失。原始依地语 **ei** 和 **ai** 的区别在现代依地语中也应早已消失；中古英语 **æy** 和 **iy**，**ǣr** 和 **ēr** 之间的区别在现代英语中本该已经合并。我们并不认为这些实例是一种规则的例外，因为它们违反了两个比我们研究的链式音变规则更为稳固的原理：具有同一组特征的两个音段不可区分的原理，以及合并不可逆转的原理。这些原理的运作本该产生合并，但是却没有发生。当然我们可以认为这些原理有误，甚至抛弃它们。然而，这四个实例并不足以驳倒或质疑这些原理，因为它们在许多语系的历史中都有着广泛大量的证据。这个悖论与语言原理的本质相关：语言原理是怎样可以用于普遍情况而不可以用于特殊情况？换句话说，它们是怎样能够同时适用而又不适用？

第5章中证据的本质

这四个实例中合并的意外失败在一个重要方面具有相似性。在每种情况下，问题都不出在证据或原理上，而是出在用于最初描写的音系空间的概念上。一旦音系空间的观念因加入**外缘性**的概念而扩展，并且以此反观过去的情形，那没有合并的两个音段显然可能并不曾共有同一组特征。在这种音系空间的几何图中，如果一个音段在[＋外缘性]轨道，而另一个音段在[－外缘性]轨道上，它们的音变就会有足够空间在前侧或后侧相互超越。第 6 章的图示展现了音段上升和下降的这样一种声学空间，并且目前在进行的音变过程中，通过[±外缘性]特征保持了一些区别：

- 北方城市音变中上升的/æ/和下降的/e/没有合并。 227
- 北方城市音变中下降的/e/和前化的/o/没有合并。
- 在费城方言中，上升的/aw/和前化的/ow/没有合并。

这个扩大了的音系空间观念具体落实了[±紧]的区别，应用于上升的紧/æh/和下降的松/e/所经过的不同路径。我们习惯用靠前和靠后来区分紧[i，e]和英语松[ɪ，ᴇ][1]的不同位置，而且我们设想中古英语的长元音比短元音更靠前。在元音大转移的过程中，长 ē 上升经过短 ĭ 时没有与它合并，人们对此并不奇怪。[2] 第 6 章的证据远远超出这些普通的观察。我们看到/oy/和/ay/沿着[＋外缘性]轨道高化，/iy/和/ey/沿着[－外缘性]轨道低化，这与链式音变的普遍原理一致；而用常规的音标记录这些元音则不可

---

① 虽然很多英语方言有/iy/和/ey/的松音核，很多其他方言却用外缘性[iː，eː]作为单元音变体，甚至在开音节位置也如此。我们更常见的双元音化的形式具有的音核比对应的松短元音更前更高，却还是不如正则元音[i，e]那么前和那么高。

② 尽管在罗曼语中的音长区别消失后，短 ĭ 和长 ē 曾经一起低化。这可能表明拉丁语在一段时期内曾有过跟日耳曼语、斯拉夫语、波罗的海语言相似的音系空间，但是现在它已经消解为一种更为简单的形式。

能预示这样的测量结果。事实上,对上滑双元音很少有区分紧音核和松音核的情况;而若是区分,通常是归于时长而不是前后。在文献中偶尔记有轻微靠前和靠后的观察,但是所有英语的前元音和后元音音核分别在两种轨道中的系统性定位是语音实验的结果。

一旦进行实验测量,经过训练的人耳对许多元音音核的前后区分就变得敏锐,并且能够预测第 6 章中用实验得出的区别。但这并不是方言学的普遍做法。方言学家的记音法对舌位高度有 16 种区分,而舌位前后却只分 3 级。① 比起人耳对 F1 的区分,人耳对 F2 的区别不敏感,这是在第 5 章的那些悖论及其解决方案背后的主要因素——物理的或者心理的。

音系空间的多样性

音系空间更为抽象的类型完全是通过规则运作的特征来定义

228 的。但是由[±外缘性]和[z 高]表达的特征类型却是在一种更为具体的语音空间中定位的;随着讨论的进行,我将探讨这些语音定位的蕴含意义。在这些特征之上运作的规则本身,就是从这个空间中抽象出来的。随着规则越来越抽象,它们也越来越简化,越来越普遍,并在这种抽象过程中有了规则转写的主要动因。我们由此被推动使用最抽象的特征来描写所讨论的语言变化。

① 例如,《法国语言地图集》(*Atlas Linguistique de France*)的标记法包括前元音[i,é,è,á]的 4 级高度的字母标记。每一个音标又可以采用下标句号表示更为关闭,或采用下标逗号表示更为打开。

[±紧]对[±外缘性]

考虑到这种研究分析的方向，人们可能更喜欢用传统的[±紧]来标记这些区别而不用更具体的[±外缘性]。这样做并非不合情理，并且在后面规则中的[±外缘性]都可以写为[±紧]。在英语方言中，[+紧]实现为[+外缘性]，[−紧]实现为[−外缘性]。但是这种对应并不是一对一的。一个紧元音可以位于非外缘的空间的中央位置。英语标准发音的 *girl* 和 *fur* 的中央单元音当然会以其音长和稳态音质而定为紧音，并且它的音系分布（开音节和闭音节）与紧/Vhr/类中的其他成员如 *fear*、*fair*、*four* 等词同样具有/r/的交替。

现代英语方言中紧音和外缘性的这种密切关系也可以在日耳曼语族的其他分支和印欧语系的其他语族中看到，尤其是波罗的海语言和斯拉夫语。但并不为全部语言所共有：罗曼语、希腊语以及凯尔特语没有显现出具有外缘和非外缘路径的模式1和模式4的音变。对法语元音系统的分析表明在音系空间中有三个而不是四个音位目标：前元音区、后元音区和混元音区（前圆唇）：

(8) 巴黎法语的元音空间（选自 Lennig 1978）

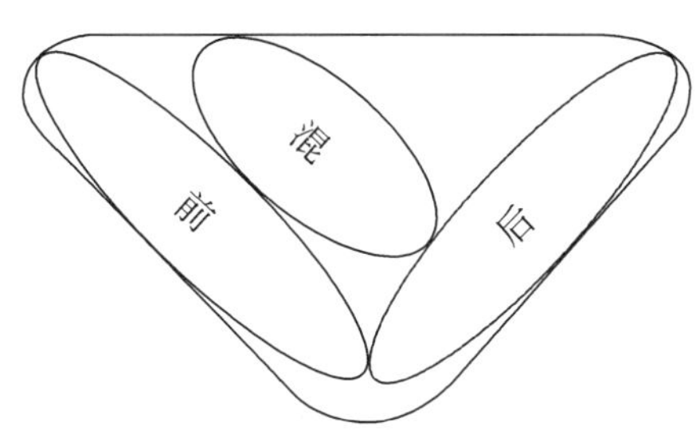

跟罗曼语言的这种音系空间类型相一致，是没有带[−外缘性]音

229 核/iy/的双元音化。这种普遍现象中有一个明显的例外,出现在第5章对罗曼斯语(Romansh)中模式1的扩展讨论中(Grish 1939; Camenish 1962)。罗曼斯语有很强的外缘和非外缘轨道的表现。然而具有这种特征的这个罗曼语言被讲德语的人所包围,并跟德语有密切的双语接触的事实(Weinreich 1968),加强了外缘性不是罗曼语结构特征的观点。于是这只能归为一种外部语言深度接触的结果。

当罗曼语言中的元音上升到/i/,它们就常常会跟/i/合并。在印欧语系的许多其他分支中都是如此。希腊语提供了最好的例证。第5章的(14)评述希腊语前元音在一组垂直特征中的合并;失去长度特征以后,八个元音最终汇合起来成为一个/i/音位。在我们现在的音系空间观念中,这种变化如(9)所示。

(9) 希腊语元音汇集为/i/

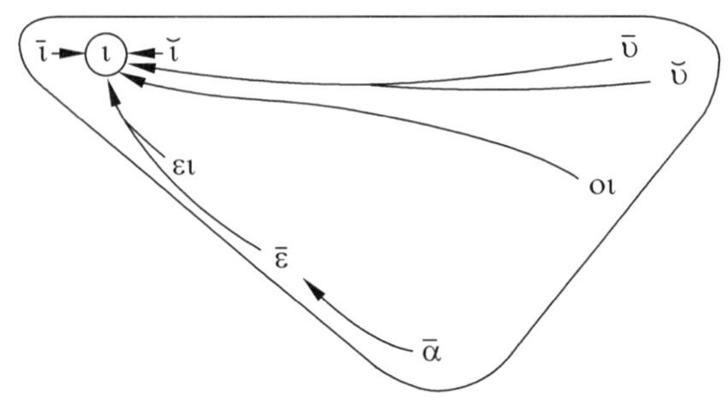

[±外缘性] [±紧] [±长]

紧音这个术语在历史记录中并不常见。现有方言中我们看到的外缘性和紧音的紧密结合通常是指一系列长元音。在相当长的时期内,希腊语具有稳定的长元音和短元音系统。音长和外缘性是否曾经相互关联?外缘性区别是否随着音长区别的消失而瓦解？没有证据指向这个方向——没有出现 ī 和 ū 的双元音化。而且，古典希腊语的长中元音比短元音更低（Sturtevant 1940）。另一方面，拉丁语长元音和短元音的关系与我们今天在北欧语言中发现的长短元音的关系相同。后期拉丁语中发现有进行中音变的证据：如上文所述，重要事实是当音长的区别消失，短 ǐ 和长 ē 一起低化，短 ǔ 和 ō 一起低化（Pope 1934：89）。不是长中元音高化就是短元音低化。外缘性这种辅助性（冗余的）特征的缺位可能曾促使音长区别的消失。然而似乎唯独在印欧语系南欧分支中的拉丁语，不具有我们在日耳曼语中考察的这种音系空间的类型。

没有理由认为音长区别与外缘性普遍相关。例如，匈牙利语 230
的长、短高元音之间没有音质的区别。[①] 长、短/e/之间以及长、短/o/之间有很大的音质区别，但这是沿外缘分布的高度区别。匈牙利语似乎跟法语一样，具有一种三条轨道的系统，并且没有任何元音向中央元音弱化。

紧音类型

在很多语言中，外缘/非外缘的对立是区别元音子系统的最为主要的方式之一，但是它绝不是普遍支持[紧]这个表面特征。在具有类似于印欧语系以紧/松区分元音子系统的语言中，有可能完全不涉及外缘性。斯图瓦特（Stewart 1967）指出阿肯语（Aken）有一个严格的元音和谐系统，其中对立的两套元音如(10)所示。

① 尽管我们确信，对很多匈牙利人而言，这是一种边缘地位的不稳定的区别，匈牙利语的打字员可以忽略不计。

（10）西非语元音空间

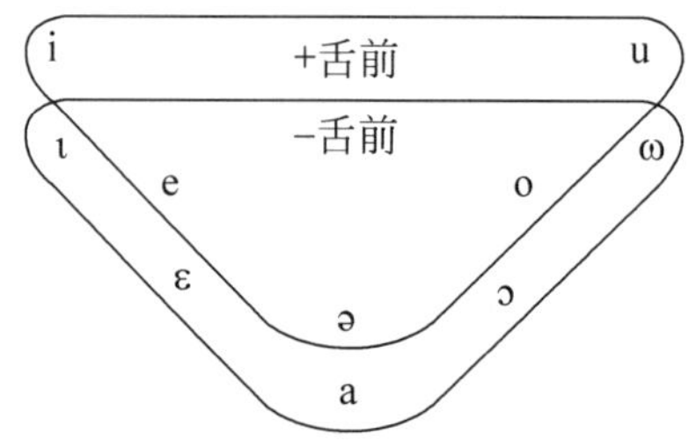

当紧/松对立应用于这个系统的时候，位于上面的一套元音被标记为[＋紧]，显然不是[＋外缘性]，因为其中有中央元音/ə/而没有/a/。靠上的一套元音/ i ，e，u，o，ə /曾被称为**高化**。然而，一些研究表明这两套元音之间的差异来自咽腔大小的变化，由舌根和喉部的位置所控制。斯图瓦特指出靠上这套元音的特征来自舌根的前移和喉头的降低，而靠下的/ι，ε，ω，ɔ，a/的特征来自舌根后缩和喉头上升。自从斯图瓦特的论文发表以后，很多语言中用[前舌根]或[舌前]特征来代替[紧]，而没有像斯图瓦特为阿肯语提供的
231 那种 x 光摄影资料的支持（Perkell 1971）。[舌前]描述英语紧元音的方式引人注意；它使我们回想起斯威特对长、短元音所采用的**窄**和**宽**的术语。然而，林道（Lindau 1978：558）指出德语和英语中舌根的位置与舌的高度相关，因此在这些语言中舌根不能作为独立的特征来区别长、短元音。她认为尽管没有一个单独的语音特征可以定义紧/松的对立，但是外缘性/中央性的应用最为普遍，并支持采用[±外缘性]作为[±紧]特征的主要语音实现。对于西非的这种元音和谐系统，林道建议采用**扩展**/**收缩**的对立而不是**紧**/**松**的对立。

对于链式音变原理，如果只是连接到一种具体的物理量，紧特征的价值会减小。我们所关注的紧度和外缘性之间这种特定关系，在大部分语言中是明确的。其中[±紧]对于一般跟发音用力相关的各种对立来说，是一个有用的表层术语。外缘性是这种用力程度的特定表现。然而如上所述，考虑到长央元音的可能性，它并不能严格地与紧度相联系。外缘性比物理测量更为抽象，因为它是一个相对的术语——是指一个元音的目标值比另一个元音目标值相对更接近于元音外缘。我们还没有用元音空间的百分比和比例为[+外缘]和[−外缘]轨道建立范围边界。然而，外缘性可以通过对各种元音集合的客观测量来展示，并且与所研究的音系空间的特性息息相关。在日耳曼语和波罗的海语族，以及受日耳曼语影响的罗曼语中，外缘性是决定紧和松两个子系统移动方向的主要特征。在大部分罗曼语言中，同样发生后化和圆唇化的那些元音行为与模式 I 相符，而其他的“混元音”则并非如此[①]。

如果我们写出的规则最终要从物理和心理行为来理解，最好就是使它们保持接近物理证据；如果要把它们跟音变的变体和不稳定过程连接起来，最好就是使它们保持接近特定语言的属性。出于这两个原因，我将在链式音变规则的子系统中保留[±外缘性]特征。第 9 章将探讨跨越子系统之间的链式音变。

---

① 有证据表明在链式音变中这些混元音低化，如瑞典语的埃斯基尔斯蒂纳方言(Eskilstuna dialect)(Nordberg 1975)；再如英格鲁-爱尔兰的贝尔法斯特方言(Belfast dialect)中带前圆唇音核的双元音低化。

7.2 悖论的解决方案

瓦莱语的元音高化

第 5 章给出的瓦莱语后元音的图示可以在第 6 章的音系空间中重现:

(11) 后元音的高化

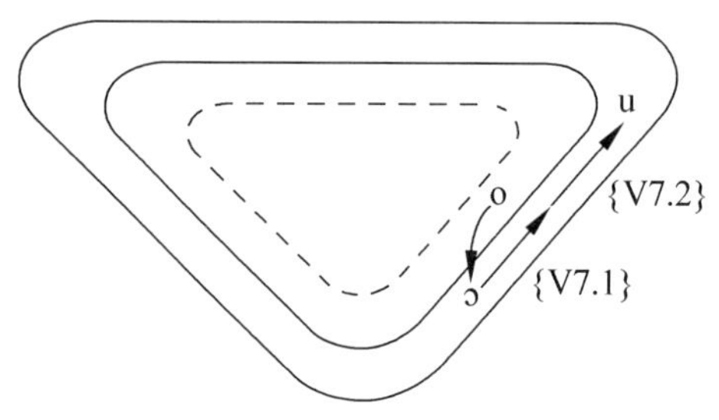

作为对/o/和/ɔ/如何保持区别的一种解释,第 5 章曾提出它们是以[±紧]特征彼此区分。在法语音系中没有证据支持这一观点。然而,第 6 章分析的数据得出一个推论:瓦莱语的语音空间确实包括[±外缘性]特征。这个推论用几何图形表示为(11)。基本的链式音变可以用下面的规则进行描述:

$$\{V7.1\}[z\ 高] \rightarrow [z+\alpha\ 高] / \left[\begin{array}{c}\overline{\quad\quad} \\ +后 \\ \alpha\ 外缘\end{array}\right]$$

如果我们把高度(保守地)分为 3 级,即/ɔ/是[1 高],[o]是[2 高],[u]是[3 高]。[+外缘]元音/ɔ/将从[1 高]上升到[2 高],而[−外缘]元音/o/将从[2 高]下降到[1 高]。无论规则的两部分以怎样的顺序排列，在这个过程中两个音段都不会有相同的特征集。

在这个特殊的链式音变中，有一个音段上移，一个音段下移，这样用二元特征[±低]，就可以替换为通常用于反向变换的规则形式：

$$\{\mathrm{V7.1'}\}[\alpha\text{低}]\rightarrow[-\alpha\text{低}]/\begin{bmatrix}\underline{\qquad} \\ +\text{后} \\ \alpha\text{外缘}\end{bmatrix}$$

这就是说，我们不需要把瓦莱语的这种移动视为链式音变；而把它 233
看作是一种位置的互换。这个结果使我们重新考虑反向变换规则的地位及其与音变过程的关系。引进外缘性的概念使我们丢弃反向变换规则那些令人困惑且充满悖论的特征，好像孩子们要向没有这种规则的父母那里学习这些瞬间的逆转。它们现在是作为链式音变的特定子类型，仅限于一个阶段中相反方向的移动。反向变换的规则，跟其他链式音变规则一样，可以作为对已完成音变的总结性陈述，或者是对这些音变进行中实际路径的简化解释。

为便于讨论，我将采用更为普遍的{V7.1}形式，因为它表明了瓦莱语后元音移动跟其他链式音变的关系。

需要考虑把从日耳曼语音系空间得出的特征应用到一种罗曼语中是否有意义。前面关于音系空间的讨论已经建立了一种有力的实例来反对这一观念。而具有四个轨道系统的罗曼斯语的特殊地位是那个讨论的重要部分。瓦莱语也是在一个紧靠说德语地区边界的说法语的地区。尽管罗曼斯语中没有明确的双语交融的记录,瓦莱语作为有[±外缘性]区别的一种法语方言似乎也并非不符合逻辑。其他法语方言并没有闭元音/o/和开元音/o/的互换。

瓦莱语中还有原来的/ɔ/从[o]到[u]的进一步高化:

$$\{\text{V7. 2}\}\quad [-\text{低}]\rightarrow[+\text{高}]/\begin{bmatrix}\_\_\_ \\ +\text{后}\end{bmatrix}$$

{V7. 1}和{V7. 2}是否能够或应该合并为一条规则?一种观点认为是应该的,因为整个过程以高元音[u]结束。链式音变有某种条件要求尽可能沿着原来的方向持续移动,进入音系空间的空白区域。这种扩展规约(Expansion Convention)可能曾用于中古英语 **ī**,确保它完全下降到/ay/。那是一个有吸引力的可能性,将会简化对链式音变中很多移动的解释,但是有很多困难阻止我们接受它。8.2 节将讨论赞成或反对这个扩展规约的争论。现在,我将保留{V7. 2}为独立规则。

英语大转移中的双元音化

现有的悖论中最著名且争论最广的是中古英语 **ī** 在元音大转
234 移中双元音化的路径。第 5 章曾说明,如果按照语法学家提出的全部证据的证明,*my* 和 *ride* 的音核是前元音,那么这个词群就不会有明确的方式避开跟源自中古英语 **ai** 的 *may* 和 *maid* 中的双元音/æy/发生合并。我们提出的解决方案是回到 16 世纪,早期现代英语的音系空间和今天的英语方言是相似的,这就是图示(12)的模式。

(12) [±外缘性]音系空间中的元音大转移

在这个音系空间中,显然中古英语 **ī** 的映射可以双元音化为带有

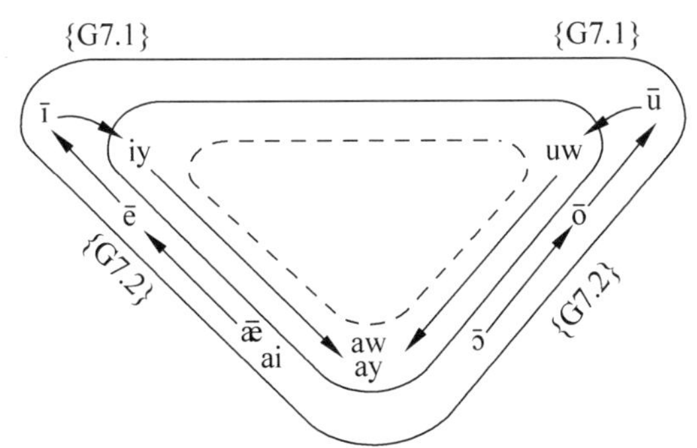

[一外缘性]松音核的/iy/，并作为前元音低化到/ay/，而不跟中古英语 **ai** 的映射合并。

第 5 章引用了多布森对元音大转移的这个基本问题的观察：如果不与中古英语 **ai** 合并，中古英语 **ī** 作为前元音就不可能双元音化和低化。另一方面，历史证据一致表明，中古英语 **ī** 在全部中古时期都是前元音，而不是曾标写为 **u** 的那种央元音类型。尽管多布森没有清楚地追溯这个路径的语音基础，但他相应地联系到早期正音学者（Palsgrave，Smith，Lodwick，Bullokar）为什么没有报告 **ī** 具有双元音特征：

> 这个失误是一种经验性的语音分析……现在的澳大利亚和伦敦有一种完全相同的情形，那里的人们都没有觉察到他们常常把 StE[iː]发成[əi]（或者是[ɪi]；语音学的理论训练通常不能改进他们的声学感知）。（Dobson 1968：659）

图示（12）表明规则{G7.1}和{G7.2}应用于前元音和后元音的情况。规则{G7.1}所描写的高元音的双元音化，被普遍视为元音大

转移的启动因素(Martinet 1955:248—256)[①]。这是使高元音的
235 两个相同莫拉发生异化的双重过程:第一个莫拉变为[－外缘性],自动发生低化和央化;第二个莫拉变为[－元音性][②]。

{G7.1}　高元音的双元音化

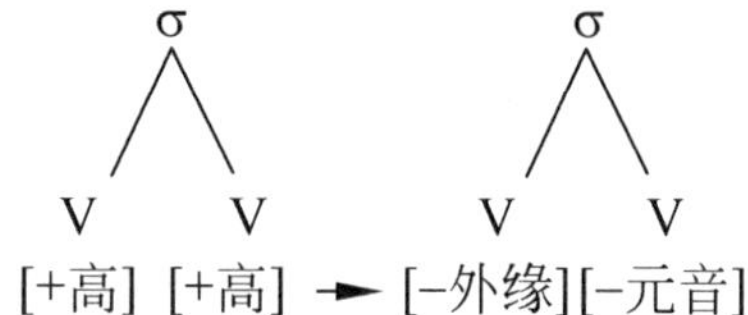

有了高元音的这种变化,随后就发生元音转移。

{G7.2}　元音转移

$$[z\text{高}] \rightarrow [z+\alpha\text{高}] / \begin{bmatrix} \overline{\quad} \\ \alpha\text{外缘} \\ \beta\text{圆唇} \\ +\text{重读} \\ +\text{长} \end{bmatrix} [\beta\text{圆唇}]$$

规则{G7.2}采用圆唇协同(roundness agreement)来表明元音转移规则不适用于/oy/或/iw/(例如 *fruit*、*rude* 等的长高元音):这里音核和滑音的圆唇特征不一致[③]。斯托克韦尔(Stockwell

---

① 正如第5章所述,卢伊克(Luick 1903)持相反观点,他认为元音大转移开始于中元音的高化;英格兰北部方言地理学有证据支持这一观点。中古英语的 ō 前化为 ē,阻止了 ū 的双元音化。然而,斯托克韦尔(Stockwell 1978)有力地论证了高元音的双元音化可以追溯到中古英语。斯坦珀(Stampe 1972)独立地表明中古英语的 ī 在硬颚音前面的短化意味着前滑音被硬颚音吸收。

② 不必进一步用任何特征来阻止把这一规则应用于 *fruit*、*tune* 等的长元音。有理由相信这个元音在早期现代英语的底层形式跟现在一样是双元音/iw/。

③ 当这个规则运作的时期,链式音变中可能还没有/aw/,因此没有必要说明音核跟滑音在舌位前后和圆唇方面要一致,只需继续沿用{G6.1}的圆唇协同,这最早是在{E5.7}标示的。由于先前规则确定相关的[－外缘性]音核后的滑音应为圆唇协同,因此这一限制自动应用于这个规则的另一半。

1978)把这个条件转换为元音转移的一种积极需求：它只用于“同一发音部位”的双元音。这可以用来区分音核-滑音，因为部位不同的双元音已有更好的区分。这一元音转移规则也是只应用于重读元音，因此它不会让 *window* 和 *follow* 中的非重读元音 **ō** 高化。另外，{G7.2}应用于全部外缘性元音，包括双元音 **ai**(/æ: 236
y/)，正如它的现代形式应用于/ay/和/oy/。{G7.2}的运作可以按照(13)进行，其中标明了在 β 为负值的前元音中所有变量的设定值。

(13) 输入	*z* 高	α	β	*z*+α 高	输出
ǣ	1高	+1	−1	2	[eː]
ē	2高	+1	−1	3	[iː]
ɪi	3高	−1	−1	2	[ᴇ> ɪ]

这个规则对于 α=+1 的外缘性元音增加了一个高度单位，使前元音 **ǣ** 变为[eː]，**ē** 变为[iː]。当 α=−1 时，先前的规则输出为[−外缘性]的[ɪi]；这里则是低化的[ᴇ> ɪ]。这样就使这些元音停留在17世纪早期的位置。*my*、*ride* 等词的音核现在位于中间位置，而在正音学者的描写中却是与此不同的前元音。然而，它以非外缘性特征与 *may*、*raid* 等词的音核区分开来。后来的一条规则又使[ᴇ> ɪ]的音核移到低位。

[α 外缘性]的使用

元音转移规则{G7.2}的运作主要依靠在它平行运作中使用[α 外缘性]。对过去和现在链式音变的所有回顾都表明，在双元音的音核低化中，松特征和[−外缘性]的联系。这种联系可以解

释为什么 *die* 和 *day*,*ride* 和 *raid* 没有发生合并,链式音变的过去与现在之间的全部连接,就是这里调查研究的基础。

对于这类对称规则来说,关键问题是如何防止它应用于原来的短元音/i,e,æ/。《英语语音格局》(*SPE*)具体说明了[+紧]特征的意义,因为中古英语 ī 和 ū 双元音化的对应形式以这个特征跟短元音相区别。那么,为什么对称的元音转移规则{G7.2}没有使短松元音低化呢?

由于这个规则影响后接滑音和后接阻塞音的全部[+外缘性]音核,但是只影响后接滑音的[−外缘性]音核,这种规则应用显然相当不对称,可能需要一个笨拙生硬的条件(如果[外缘]=−,并且[−辅音],那么……)。然而英语有一个单独的音系特征来认定原始长元音和双元音的集合(现在形成上滑元音、长元音和内滑元音的子集;见第 6 章)。尽管现代英语中原始短元音加长以及原始长元音缩短的情况有很多可是[±长]特征的抽象范畴还完整地保留着。这个范畴依靠连接各种底层韵律结构出现的优势,而不是在表层语音形式中。把原始短元音从所有其他元音中区分出来
237 的最普遍的接续性特点,是它们在底层表达式中不出现在词尾和词干尾的位置[①]。这个范畴的成员在很多结构层次上影响着元音系统的音系结构。在第 6 章所用的表现层级上,英语对底层形式有普遍的限制,排除(14)所示的序列。

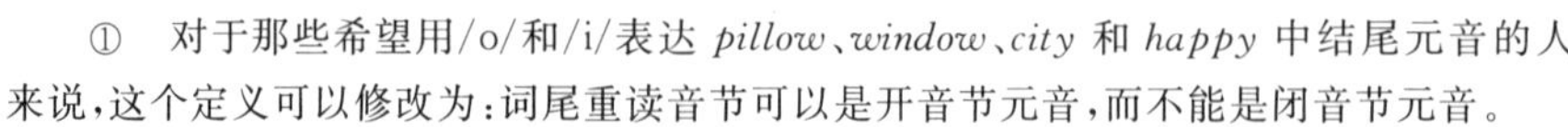

① 对于那些希望用/o/和/i/表达 *pillow*、*window*、*city* 和 *happy* 中结尾元音的人来说,这个定义可以修改为:词尾重读音节可以是开音节元音,而不能是闭音节元音。

（14）

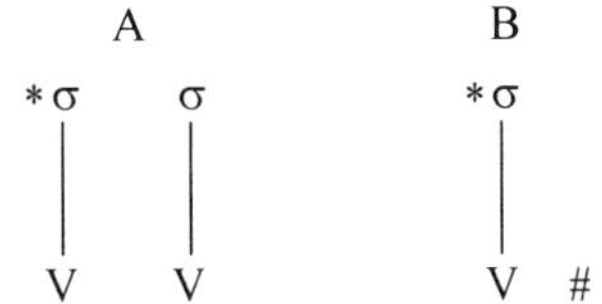

或者反过来说，(15)这样的一种羡余规则：一个元音性音段的后接音段不是[+辅音]就是[−元音][①]。

（15）

$$[\quad] \rightarrow \left\{\begin{matrix}-\text{元音}\\ +\text{辅音}\end{matrix}\right\} \Big/ \begin{bmatrix}+\text{辅音}\\ -\text{元音}\end{bmatrix}\rule{2em}{0.4pt}$$

因此，原始长元音和双元音是开音节类别，而原始短元音都在闭音节。我将继续依照规约采用[±长]作为最抽象的特征来划分英语元音(Halle and Mohanan 1985)[②]。规则{G7.2}利用[+长]特征将原始短元音排除在外。[±加长]特征与音长的物理实现联系更为密切，留给较低层级的运作。

元音大转移的链式音变联结

元音大转移的对称性特征允许规则{G7.2}充分利用两类对称：前/后，外缘/非外缘。第一类对称带有很明显的普遍性，简化 238
了规则的表述，同时自身又不介入链式音变机制。第二类对称类

① 据我所知，这个强势限制的唯一例外发生在纽约市方言的语音中，重读的 *her* 被读为[hʌ]；更为少有的是，其他带/ əhr/韵的词尾都读作[ʌ]。

② 在一种不同于[±紧]的抽象分类特征的需要中有普遍的共识，在更低的抽象层级运作。像/ æ/这样的元音从松类变为紧类，而不失去它作为[−开音节]的元音，因为它的出现优势没有变化。

型确实跟链式音变有一种连接。离开的元音是 **ī**;进入的元音是 **ē**。如果单元音条件下的高元音变化规则中不包括{G7.1},那么前元音的三个步骤就会被相同的因果机制联系在一起。但是由于中古英语的 ī 首先变为/iy/——窄的[ɪi]——似乎没有直接原因说明为什么在[e<]向[i:]移动的时候它不能留在那个位置上。于是,[±外缘性]的对称不会从任何结构的趋势出发,以避免合并。

这个问题在讨论模式 3 音变中的高化和前化之间的联系时就已经提出来了。正如/u:/和/uw/,/i:/和/iy/各不相同;但是彼此并无区别性。我们没有高的单元音/i:/和双元音/iy/之间具有稳定区别的例子。然而我们却发现内滑音/ih/对上滑音/iy/,长音/i:/对短音/i/,单元音/i:/对中双元音/ey/的对立。外缘性不像高度那样容易被听觉器官辨识确认,尽管二者同样都是由言语发音机制产生的。在功能方面,规则{G7.1}的输出结果的音位区别强度还不足以提供一种安全边界来跟从/e:/上升的新/i:/相区别。于是,在保留区别性的意义上,允许所有相互连接的链式音变序列/æ:/→/e:/→/iy→ey/具有相同的地位。在每一个连接中,如果箭头左边的成分已经移动到箭头右边成分的位置上,而右边的成分本身还没有移动,那么这两个成分就会彼此无法区分。

形式化的{G7.1}和{G7.2}没有表达这种观念。这两条规则无论在形式上还是在功能上都非常不同,没有表现出任何因果关系。如果把它们合并为单一的规则,其中的关系就会变得清楚明白——这将是第 8 章要探讨的问题。

依地语的双元音化

原始依地语的双元音化引发了跟元音大转移相同的问题。从语音形式得到的信息不多,但是从这种语言的演化使我们假设图示(16)的发展。把我们在现代方言得到的各种可能性的知识用于梳理依地语的早期历史,就会得出原始依地语的 **ei** 位于外缘路径。从现在运行的原理跟支配过去的原理相同的角度,这个位置说明两个事实:(1)在原始依地语 **ī** 的音核按照模式 2 沿非外缘路径低化的时候,没有跟[+外缘性]的 **ei**(或者更确切地是 **ēi**)合并;(2)双元音 **ēi** 没有加入低化的过程。

(16) 依地语音系空间中的双元音化 239

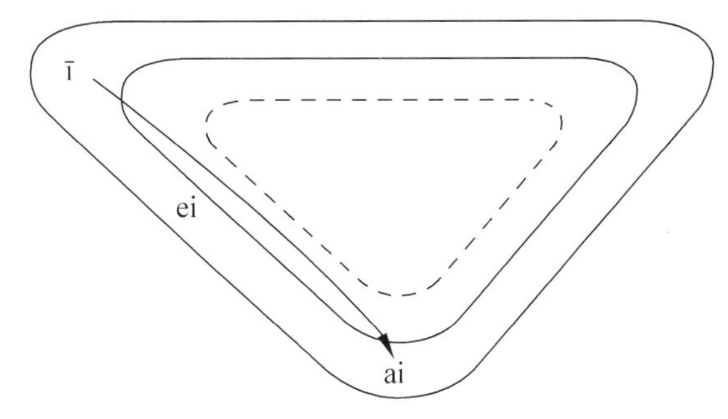

另一方面,我们必须为中古高地德语设定一个[−外缘性]的 **ĕi**,作为 **ei** 与 **ī** 合并为/ay/的现代德语方言的原型。

英语/r/前元音的高化

第 5 章中提到的第四个问题可能最难处理。在传统的构架中没有办法解释为什么长化的古英语 **ĕr** 在现代英语的对应形式没有跟古英语 **ǣr** 和 **ēar** 高化到中位又到高位的后代发生合并。从 *bear*、*tear* 和 *pear* 等词在早前和晚近的历史中可以清楚地看到,(1)它们曾经发生长化;(2)这种长化出现在元音大转移开始之前很久的时期。

第 6 章所讲的音系空间提供了一种可能来说明第 5 章所述的

实际情形。古英语 **ĕr** 在开音节中长化,但是还留在非外缘位置。在图示(17)中,所有原来在第 5 章的图示(38)中出现的音变都展现在新的音系空间中。

(17) 影响在/**r**/前的前元音的音变

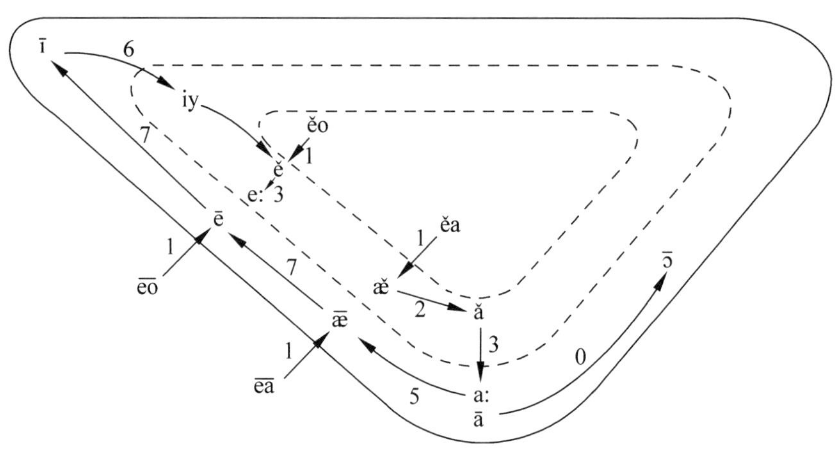

338 240 图中数字标示的步骤对应于在实时中产生现在结果的规则序列。第 5 章给出的大部分规则仍保持不变。古英语后期的平滑规则{E5.1}使 **ēo**、**ēa**、**ĕa**、**ĕo** 从一个分离的内滑元音子系统进入到元音三角中。同样的平滑规则,在这里重现为{E7.1}。

{E7.1} 平滑化

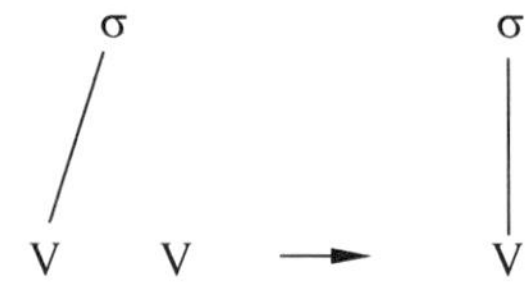

尽管我们现在用[−外缘性]取代了[−长],规则{E5.2}所表示的从古英语到中古英语的 **æ̆** 的后化在本质上是一样的:

{E7.2} **æ̆** 的后化

[＋低] → [－舌前] / [＿＿ －外缘]

规则{E7.3}表明在开音节中的长化，把 CV 前的 V 延展为 VV，与第 5 章的{E5.3}一样。在这里重现为{E7.3}。

{E7.3}　开音节中的长化

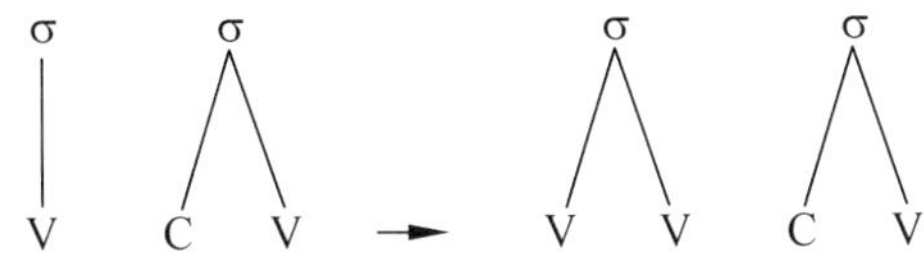

如在(14)和(15)中所说明的，这并不违背对 VV 的限制，即禁止这种序列在两个相连音节中出现，而不禁止在单一音节中出现。于是[＋长]特征会跨越 CV 结构中的两个成分，如(18)所示。

因此规则{E7.3}等于把[－长化]逆转为[＋长化]，同时也描写一个[－开音节]元音到[＋开音节]元音的逆转，因为图示(19)结构中的所有元音都是[＋开音节]元音，这是英语中的一个事实，并且 339
图示(18)蕴含了图示(19)。

(18) 241

σ = σ

V = V V

[+长] = [+长] [+长]

(19)

σ = σ

V X = V

[−辅音性] [+开音节]

当然，开音节中的长化不是在词尾，只是在词中位置，因为古英语的词尾没有短元音①。带辅音尾的元音按照规则{E7.3}长化就需要具有[＋开音节]的特征，但它们可能实际并不出现在开音节位置。相反，它们可能是开音节元音分布的缺失，在词末位置上没有对应的变体。如果它们已曾被确认为具有这种变体的其他某个音位，问题就解决了。

图示(17)表明长化的 **ěr** 并没有这样的解决结果。正如后来的情况清楚表明的，新的/eː/保持了与古英语 **ēr** 的对应形式的区
242 别。按照规则{E5.4}的表述就得不到这种结果。相反地，却把新/eː/与旧的 **ē** 和 **ǣ** 合并在一起。而重新表述为规则{E7.4}时，合并的就只是 **ē** 和 **ǣ** 了。

{E7.4}　**ǣ** 的高化

$$[\ \ ] \rightarrow [-\text{低}] / \begin{bmatrix} \_\_\_ \\ +\text{外缘} \\ -\text{后} \end{bmatrix}$$

我们已经看到，开音节按照规则{E7.3}长化也影响央低元音 **a**。通过规则{E7.5}得出新/aː/，再次用外缘性替代长度。

{E7.5}　**aː**的前化

$$[+\text{低}] \rightarrow [-\text{后}] / \begin{bmatrix} \_\_\_ \\ +\text{外缘} \end{bmatrix}$$

元音大转移就在这时发生了，原来的三条规则{E5.6—5.8}现在

① 如果有人接受明科娃(Minkova 1982)的观点，即“开音节中的长化”其实是对尾部央元音脱落之后在闭音节中的补偿性长化，这个论述依然可以成立，尽管规则将会表述为不同形式。

被{G7.1—7.2}取代。它们的作用在图示(17)中,标示为步骤 6 和步骤 7。

为什么长化的 ĕr 不与 ēr 合并?

在图示(17)中长化的短元音[eː]和[aː]没有用表示原始历史记录的加粗型和长音符标注,而使用音位/eː/的音标,因为这里关注的焦点是原始形式的变换性质和它们的音位地位。分析的主要目的是找到一个合理的音系框架,使我们可以用连贯的方式描述语言事实——不会违背音系学和历史语言学的基本假设和原理。引入[外缘性]特征以及外缘性和元音长度之间的区别,达到了这个目的。但是跟往常一样,新的解决方案会产生新的问题。我们还要解释/eː/为什么会有这么少见的变化方式。在前面几章中,我们已经看到三种[－外缘性]元音转移到[＋外缘性]轨道:现代美国方言中/æ/和/o/的紧化;北方城市音变的短/a/紧化;当然元音大转移是最直接的类似变化,即长化的 **ǎ** 进入外缘位置,并且随后高化。如果在/r/前的长化低元音进入外缘轨道,为什么相对应的中元音不同样变化呢?

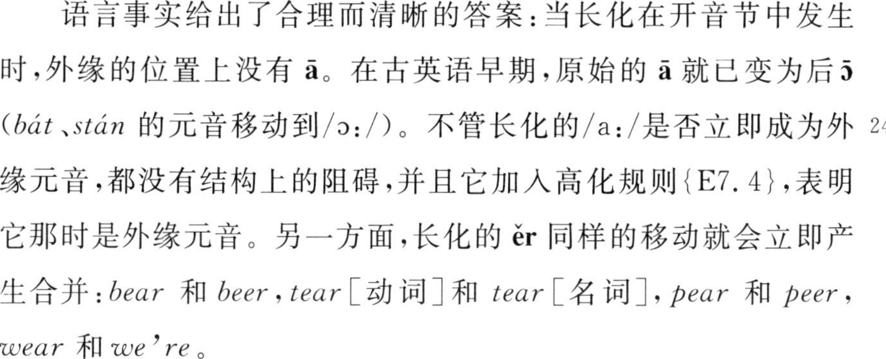

语言事实给出了合理而清晰的答案:当长化在开音节中发生时,外缘的位置上没有 **ā**。在古英语早期,原始的 **ā** 就已变为后 **ō**
(*bát*、*stán* 的元音移动到/ɔː/)。不管长化的/aː/是否立即成为外 243
缘元音,都没有结构上的阻碍,并且它加入高化规则{E7.4},表明它那时是外缘元音。另一方面,长化的 **ĕr** 同样的移动就会立即产生合并:*bear* 和 *beer*,*tear*[动词]和 *tear*[名词],*pear* 和 *peer*,*wear* 和 *we're*。

第 5 章指出这些长化的 **ĕr** 类词最终与其他词合并:*bare*、*bear*

与 *bare*,*tear* 与 *tare*,*pear* 与 *pare*,*wear* 与 *ware*。如果用功能性论点解释了在一个实例中合并的失败,那么它如何解释下一个实例中合并的出现呢?

从后接音段的作用可能会找到一种解释。我们知道在古英语后期,位于元音间的/r/不是插入成分,而是一个音节首音/r/,“开音节”正是由此而来。不论这个/r/是闪音还是某种其他发音形式,都还不是现代英语中翘舌的(humped)或卷舌(retroflex)的[ɚ]。相当多的证据表明,在/r/前的元音可用的音系空间一直受到压缩,区别也相应减少。在闭音节的/r/前面,原始短的高元音和中元音已经全部合并:*bird*、*herd*、*word* 和 *worm* 都显示为同一个元音。在/r/前的开音节中,许多方言把/ey/、/e/、/æ/,甚至/ʌ/,合并在一起,如 *Mary*、*merry*、*marry* 和 *Murray* 等词。原始长元音在/r/前有了内滑音,并且同样有大量的合并。

在现代苏格兰英语中保留着强辅音性甚至颤音[r],位于/r/前的短/e/跟其他短元音之间的区别也都保存着。所以我们能清晰地区分 *kernel* 与 *colonel*,*person* 与 *purse in*。

然而,音节尾的/r/的作用并不对称。现在大多数/r/的发音显示出标记性的 F3 和 F2 的降低。同音节/r/前的元音移向[−外缘性]位置,这是由于在/r/前的元音变体通常有 F2 降低的趋势。这个趋势用在后元音,就会导致[+外缘性]位置,并且/r/前的元音有更大的倾向加入高化的链式音变,正如我们在模式 3 的讨论中看到的一样。

因此,推测出原始的长化在开音节中发生的时候,/r/前的元音跟其他塞音前的元音有着同样的音系空间;这并不是稀奇的事情。推测在元音大转移的时期，音系空间并没有大幅度压缩；而在17 和 18 世纪，同音节的/r/已经大量加入前面的音核中，并严格限制了区别的数目。进而，音系空间的压缩导致在/r/前的前元音移向[－外缘性]轨道。因此，长化的 **ĕr** 在几百年中没跟邻近的 **ē** 244
合并是有其原因的，但是它们会随着前元音的[－外缘性]和[＋外缘性]的区别越来越小而最终合并。①

① 位于/r/前的音系空间的压缩，不是一个单向的变化。当词尾/r/在 18 世纪末发生元音化，*beer*、*bare* 等单词的元音有可能再次变为完全[＋外缘]。纽约市的/ihr/、/ehr/和/æh/的高化（Labov 1966）证实了这种情况。

245 第 8 章　规则和原理的简化

8.1　规则系统的简化

第 7 章在解释和解决第 5 章所展现的链式音变的四个悖论的过程中，应用了第 6 章所论述的音系空间的概念。这三章都遵循了本书的中心模式——用现在解释过去。我们得到的结论是，在瓦莱语中，/ɔ/作为内滑元音沿后侧外缘轨道高化，而/o/则沿非外缘轨道低化。在现代英语早期，双元音/iy/的松音核沿非外缘轨道低化，而双元音/æy/的紧音核沿前侧外缘轨道高化。在伊地语的历史中，双元音 **ei** 依靠同样的机制保持了独立性。最后，我们推断中古英语 **ĕr** 在开音节中长化，但是直到发生元音大转移之后，还没有前移到外缘轨道。这意味着，音长和外缘性尽管在英语音系中联系密切，二者还是保留彼此区别并可以分别实现。

尽管上述解决方案可以满足于这些具体的语言现象，但这些规则和原理的表述还有待改进。元音大转移的描述需要两类完全不同的离散规则。链式音变的三个原理显得相当的冗余和重复。本章将寻求对这些规则和原理做出更为简单的表述。

元音大转移规则的异质性

第 7 章的四个问题中有三个跟元音大转移有关或跟它的过
程类似。尽管描述这个音变过程所需的规则在先前的说明中已
大为压缩，但事实还是如此：{G7.1}是双元音化的韵律规则，跟
链式音变基本规则{G7.2}在形式和特征上都差别很大。对于
那些把高元音的双元音化作为元音转移初始条件的研究者来
看，这是有意义的，常规的理解是 ī 的移动给 ē 的高化留出了空
间。然而如第 7 章所述，双元音化的[iy]实际上并没有产生一个
区别于[iː]的音段。随后为 ē 高化成[iː]，需要再加一个变化过 246
程来进一步区分[iy]，这是由受[α 外缘性]支配的元音转移规则
{G7.2}的对称性完成的。虽然这个解决方案已经很简洁，但还
留下两种不同的现象，双元音化和元音转移。如果双元音化作
为初始条件，是元音转移的起因，那么双元音化的起因又是什
么呢？

斯托克韦尔(Stockwell 1978)认为长元音的高化和双元音的音核低化这两种对立趋势在本质上是相同的现象。在第 5 章图示(38)中对二者的表述如此相似，很容易被人看作是音核-滑音异化过程中的两个侧面。这种对称可能部分源于斯托克韦尔一贯坚持的立场，即英语起初就有内滑元音，元音大转移中的长单元音可以在结构上视为 Vh 型内滑元音。在这种观点下，双元音化被视为一种不同的过程——英语音系在元音大转移之前和之后的一

个长期趋势。考虑到低元音多次前化；紧化、高化和内滑化；松化、低化和上滑化[1]，斯托克韦尔认为英语结构具有跨时代的同质性的观点是有说服力的。我们是否接受早期现代英语的 Vh 假说，取决于我们如何看待高和半高的长元音第二个莫拉的性质。然而通过确认第一个莫拉的松紧，就能够接受松化和紧化过程的对称。下面我们将以第 6 章和第 7 章阐述的音系空间的观点，来讨论斯托克韦尔简化理念的精神。

如果我们把这两个过程缩减为一个，就有可能把元音大转移和很多其他音变都看为跨越时代重复出现的单一事件，根据最早的元音表发生的变化。在英语历史中，长元音的高化趋势并不是仅限于 16 和 17 世纪的一种孤立现象。最初是在古英语中发现，
247 原始 **ā** 高化到 **ō**。叶斯柏森认为元音大转移的第一步是在开音节中长化的新 **ā** 发生高化（见第 5 章(34)）。虽然我们在第 5 章搁置了这个观点，随着论述的发展，本章将再加以介绍并评述。发生在元音大转移之前和之后的其他高化过程表明，将原理 Ⅰ 应用于长元音是英语音系不断更新的一个方面。

---

① 如果早期现代英语有 V：和 Vh 的自由替换，那么在 17 或 18 世纪的某个时期，英语肯定会有一个彻底的音节结构的重组。当然现在的情况完全不同。在许多美国、英国和加勒比的现代英语方言中，上滑音在闭音节和开音节中替换或取代长的单元音。美国英语说话人能够很快听出长的单元音是上滑元音的变体。另一方面，短元音常常替换为内滑元音。大多数美国说话人都熟悉图 6.23 的内滑短元音，且很容易把它们听为这些短元音的变体。所以现在是 Vh 替换为 V，V：替换为 Vy。20 世纪 70 年代，在威斯康星州的方迪拉克和附近乡村地区的年轻人中，我发现一种单元音 V：向内滑音发展的趋势。*pole*、*motor* 和 *boat* 中，长的单元音变为内滑的[po：əl，morɚə，boət]。这样的发音几乎不可能被其他地区的人所理解和接受。最近的研究表明这种趋势并没有普及和扩展。

不受限制的元音转移

我们首先探讨元音转移规则{G7.2}的公式，目的是使它进一步普遍化，能够覆盖{G7.1}描述的双元音化过程。规则{G7.2}把元音高度的等级设定为从 1 到 3 的 *n*-值系列。本章中，我们将改进这种 *n*-值系列，对开口度最大的元音 **a** 增设[0 高度]（见表 8.1）。

表 8.1　元音转移的特征赋值

	二分		多分
	高	低	高度
[i,u]	+	−	3
[e,o]	−	−	2
[æ,ɔ]	−	+	1
[a]	−	+	0

元音转移规则在这里重现为{G8.1}。

{G8.1}　元音转移

$$[z\ \text{高}] \rightarrow [z+\alpha\ \text{高}] / \begin{bmatrix} \overline{} \\ \alpha\ \text{外缘} \\ \beta\ \text{圆唇} \\ +\text{重音} \\ +\text{长} \end{bmatrix} [\beta\ \text{圆唇}]$$

这个规则能够应用于什么样的取值范围呢？第 7 章中对外缘元音用[1 高度]和[2 高度]，对非外缘元音用[3 高度]。然而，对待这个规则的最简方式是完全不加限制。如果我们严格执行这个原则，元音转移规则就应该把[3 高度]跟用于松元音一样，同样用于外缘元音，即，跟用于[æ，ε，ɪ]一样，也用于[iː]。

248 如果这个规则用于一个[3 高度，+外缘性]元音，其输出必定是[4 高度]。对这个输出如何进行语音学上的解释呢？这并不难，因为根据响度（sonority）和发音学的各种原理，比[i]再高就是[j]，比[u]再高就是[w]。这样，特征[4 高度]显然就是指半元音。

把元音转移规则用于[iː]和[uː]将使音节性音核缩减为一个边缘成分，产生的结果小于一个音节核所需的最低响度。[①] 在这些音变的实际发展中，会补充一个响音音核。于是，前元音将会这样派生出来：[iː] →[j] →[ij]。

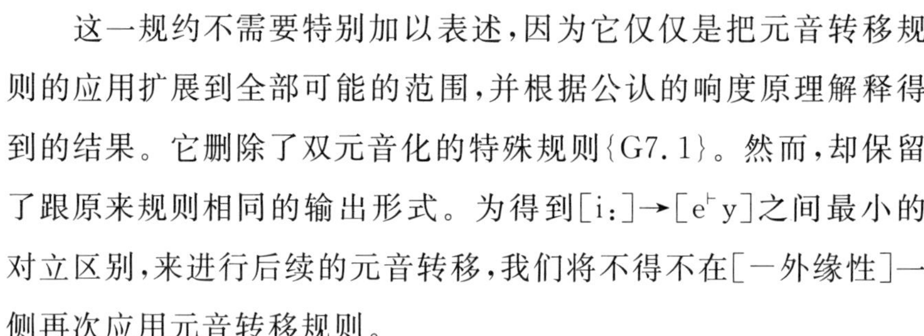

这一规约不需要特别加以表述，因为它仅仅是把元音转移规则的应用扩展到全部可能的范围，并根据公认的响度原理解释得到的结果。它删除了双元音化的特殊规则{G7.1}。然而，却保留了跟原来规则相同的输出形式。为得到[iː]→[e˫y]之间最小的对立区别，来进行后续的元音转移，我们将不得不在[－外缘性]一侧再次应用元音转移规则。

这个问题的解决使我们向双元音化概念的正式规则更为接近。

---

① 这个观点很容易被夸大其辞。世界上许多语言都有耳语元音和带有嗡音、摩擦音色的央高元音（汉语普通话）。科茨纳斯（Kotsinas 1991）指出现代斯德哥尔摩市区土话的长高元音/iː，yː/已经变到带有大量摩擦的极端位置。文献记录有在某些语境中后化，而在其他语境中清化为非响音音核的实例。凯泽（Kaisse 1992）在评述[+辅音性]特征的扩展时，引用了维吾尔语中/ʔit/和/ʔuka/发展为带擦音音核的[ʔšt]和[ʔϕwka]的演化（Hahn 1991）。我们不能由此认为更多的响音核会自动得出高化到一个比高元音更高等级的元音的结果，但这确是那些具有非外缘轨道音系空间的语言最主要的反应方式。

莫拉的区分

元音转移的普遍规则{G8.1}保留了明确的[+长]特征,认定中古英语在语音上为长音而结构上为开音节的原始元音的集合。长元音都有两个莫拉,并且长的单元音有两个相同的莫拉。这是元音转移规则输入成分的语音特征。除了我们正在研究的这种情况,所有其他情况下,这个规则都有效地同时应用于两个莫拉。尽管有人会形式上把这个规则依次应用于每个莫拉,结果会跟同时应用于两个莫拉是相同的。但是在输入成分为[3 高度]的时候,情况就不同了。如果一个莫拉变成[4 高度],那么另一个莫拉就不能同样变化,除非音节核缩减响度变为一个滑音。高化的直接结果是两个莫拉之间关系的质变。当一个莫拉高化到[4 高度],就会失去[+元音性]的特征;而另一个莫拉还保留这个特征。这 249
个高化的莫拉跟没高化的莫拉相比,外缘性更强。像所有音系特征一样,外缘性也是相对的。没高化的莫拉会自动变成[-外缘性]。异化作用 1{DE1}标示出这两种变化。

{DE1}　异化作用 1

一个[4 高度]莫拉的变化伴随着邻接莫拉的松化。[1]

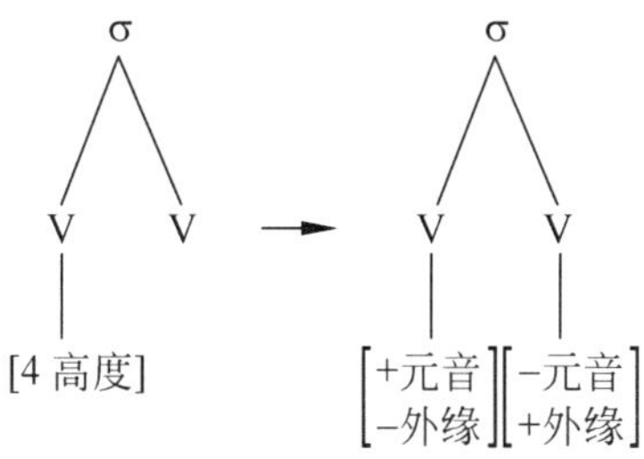

[1] 此图疑有误,标为"4 高度"的似应为第二个莫拉。——译者

这个[4 高度]莫拉改写为对应的上滑音,[+元音性]就变为[-元音性]。它还保留[+外缘性]特征。前一个莫拉保留了[+元音性]特征,但是变为[-外缘性]。尽管每个音段只是各改变了一个值,我还是把两个音段的[元音性]和[外缘性]的两种赋值都标写出来,以显示这个异化作用的特征变化。

双元音化通常被看作在一个音核上添加一个滑音。这种类型的音变有很多,最常见的是条件音变(如位于软腭音前的硬腭滑音,或流音前的内滑音),也有非条件音变(如元音转移之后的普遍双元音化)。作为元音大转移一个组成部分的高元音的双元音化则不属于这一类型。相反,它是两个莫拉异化的结果,由元音大转移背后的高化趋势作用于高元音所导致。异化作用 1 对中古英语 **ī** 和 **ū** 的作用就是回应这种元音大转移规则使外缘元音高化的压力。其结果是单元音分裂为两个部分:一个最大外缘化,另一个最大非外缘化。在系统的作用下发生最小的音变使[4 高度]的成分既可听到也可发出,这实际上正是使可听度得以保留的历史途径。

如果一条规则用于两个莫拉,我们的第一直觉是先用于第一个莫拉。事实上古英语 **ea**、**eo** 和 **io** 裂化为内滑元音,以及晚近的 *man*、*bad*、*law* 和 *lost* 中短 **a** 和短 **o** 的紧化和高化,都是在这种情
250 况下发生的。元音大转移的长高单元音的变化,则显然是先作用于第二个莫拉。如果第一个莫拉已经先高化,那么输出形式就该成为内滑元音。在这个时候,我们必须记录已经高化的是第二个莫拉的历史事实。①

---

① 研究这个问题的一个方法,是注意长元音的轮廓范围把元音的[+外缘性]特征扩展到第二个莫拉,这正是内滑元音不会发生的情况。现在音变中内滑元音的发展是一种条件性紧化,而元音大转移则是组合性无条件变化。

元音转移规则随后会应用于先前没受影响的那个莫拉。因为它现在是[—外缘性]，降为[2 开口度]。于是长高元音的高化，按照 *n*-值特征构架的分析，包括了三个步骤，如表 8.2 所示（在表 8.2 中，异化特征用粗体/斜体表示）。像{7.1}那样的双元音化规则，通常的输出形式是写为[iy]或[ɨy]的双元音，[y]一般作为前上滑音的标记，它实际的音位性多于语音性。当然，有很多这样的双元音和很多这样的双元音化规则。但是经多方考察，尚无证据表明一个元音系统在[iː]和[iy]或[iː]和[iːə]之间有区别性对立。由于元音转移规则的全部作用是把中古英语的 ē 高化为[iː]，这是保留最小区别的一个真实的链式音变规则而不会产生跟中古英语 ī 音变的结果一样的高的双元音[ɪy]。全部的结果是单元音和双元音的最小对立的集合：

(1) 元音转移规则{G8.1}的输出结果

[iː,uː] → {G8.1,DE1} → [e$^{>}$y,o$^{<}$w]

[eː,oː] → {G8.1} → [iː,uː]

[æ,ɔː] → {G8.1} → [eː,oː]

表 8.2　{G8.1}对长高元音的应用

	莫拉		{G8.1}	莫拉		{DE1}	莫拉		{G8.1}	莫拉	
	1	2	{→}	1	2	{→}	1	2	{→}	1	2
[长]	+	+		+	+		+	+		+	+
[高]	3	3		3	**4**		3	4		**2**	4
[外缘]	+	+		+	+		—	+		—	+
[元音]	+	+		+	+		+	—		+	—

在这个表格中,元音转移规则的单一应用方式产生输出形式——
251 有待于在后来几个世纪中再加上双元音的低化。这里**单一应用方式**并不意味着这个规则会把中古英语立即变为早期现代英语,或者通过连续处理得出早期现代英语。相反,这个规则的单一应用的陈述,总结了影响这个言语社团几个世纪的进程。通过单一应用陈述来描写整个演变过程,它把离散的语音成分跟元音转移的普遍原理联系起来,并由此得到单一因果关系。我们目前还不知道这个原因是什么,但是我们对变化的说明越简单、越统一,就越有可能解释它是如何形成的。

对音变的这种说明怎样适合那种认为元音大转移从高元音双元音化起步的观点呢?受运算符 $z+\alpha x$ 支配的链式音变规则的基本标记法,是同时应用于所有音段,即定义范围内全部 z 的赋值成分。如我们已经看到的,一种适合元音转移全部特征的现实定义,就是 z 在实质上不予定义——即这个规则会影响设定的 n-值维度内的所有元音。

如果这个规则不是同时作用于所有 z 值,那它不过只是一组规则的简化,而这些规则的顺序只要不会造成合并,可以是任意的。但是我们实际研究每个进行中的音变就知道,元音变化的速度是不同的,并且有起始的和最终的移动。在费城后元音的链式音变中,/ahr/在虚时内不再有任何变化,而/ohr/还在继续朝向/uhr/高化(见图 3.6)。链式音变规则并没有描写链式音变的**过程**,而只给出了最后结果。它不应该看作一个撬动音段的杠杆,而是适合音段进入的模具。因此它或者跟所有元音的一种渐进的同时移动相对应，或者跟一系列离散的接续移动相对应，同时必须注意这些连续音变的排序必须保证到达元音转移规则描写的最终结果。这种排序会以双元音化开始，接着从高到低发生变化，以 **ǣ** 和 **ɔ̄** 的高化作为最后结束。

双元音化规则确实给了 **ī** 和 **ū** 音变一个特殊地位。在 $z+\alpha x$ 中，我们已设定 $x=1$，尽管 x 可以设为任何一个真值。但是异化作用建立了一种分立的特征变化，只要第二个莫拉外缘性比第一个更强，立刻就会发生从[iː]到[ɪy]的转换。即使第一个莫拉从[i]到[y]和第二个莫拉从[ɪ]到[e˃]的音变是渐进的，这一规约反映了感知的离散性：在听为双元音的音核和滑音之间有着最小差异。

元音转移规则控制单个元音变化的方式将会在 8.2 节扩展规约的讨论中进一步探讨。不过首先对两个莫拉的差异做更深入的 252
考察会有帮助。

双元音化的替代模式

初看起来，元音转移规则对连续莫拉的应用不过是为得出期望的统一结果而在形式上的设计。它与语言结构的关系因我们的以下几点考虑会变得更为显著：(1)它表现了音节构成的基本运作，即选取音节的音核；(2)它同样能够表现重要的音节重组的过程；(3)处理两个连续莫拉有两种已在语言学史中实际出现的可供选择的模式。

长单元音变为双元音有两种不同的方式。第一种是在元音大转移和模式 1 的其他构架中，第一个莫拉变成音核(一个“低化”双元音)并很快跟滑音的目标值区分开来。在前面的描写中,这是第二个莫拉的高化,即紧元音持续高化,使第二个莫拉首先到达最高点。第二种是在某些情况下,第二个莫拉甚至在达到高元音位置或[3 高度]之前,就在第一个莫拉之后低化。在罗曼语、德语、立陶宛语等语言中,当长元音从中位上升到高位时,通常会有这种情况发生(LYS:第 3 章)。**ie**、**ia** 和 **uo**、**ua** 在字母拼写中直接反映了这个事实(LYS:3.8.1;Rauch 1967)。[①] 我们现在最好就是把它解释为一个内滑双元音,其中第二个莫拉央化。

许多进行中的英语音变表现为内滑音的产生,与以往相比,这种变化现在似乎更加成为英语的特点。[②] 当/æ/开始长化和紧化为/æh/时,基本的发音已趋向于内滑音,尽管还没有立即显现出来。随着元音高化到[ɛ:ə]和[e:ə],长化元音的两个莫拉的外缘性和非外缘性差异会越来越明显。而且元音的声学轨迹变得完全不同。图示(2)显示 *bad* 带有紧元音和松元音特征的声学轨迹。右边的松元音只有一个简单的 F1 最大值,表现出音核的央化趋势。左边半高的紧元音 F1 和 F2 都有最大值。而且与声学印象的最高点相联系的 F2 最大值,似乎也是振幅的最低点。随着元
253 音上升到高元音位置,听起来越来越像两个不同的音核。[见第 6 章的(22)中对降神会的讲述,其中 that[ði:ət]被其他方言的说话人听成是 *the act* 或 *the fact* 或音节构造变化的 *yet*。]

① 对这些拼写有几种不同的解读方式,例如对于一种硬腭前滑音的添加。德语中较早的拼写法如 *heer*、*hear* 和 *hiar* 先于 *hier* 出现的情况,有力地反对这种解读。

② 目前紧/æh/和/oh/高化中双元音化的方向显然有其结构上的动因:这种语言已有上滑双元音/ey/和/ow/。

（2）*BAD* 的紧元音和松元音特征轨迹

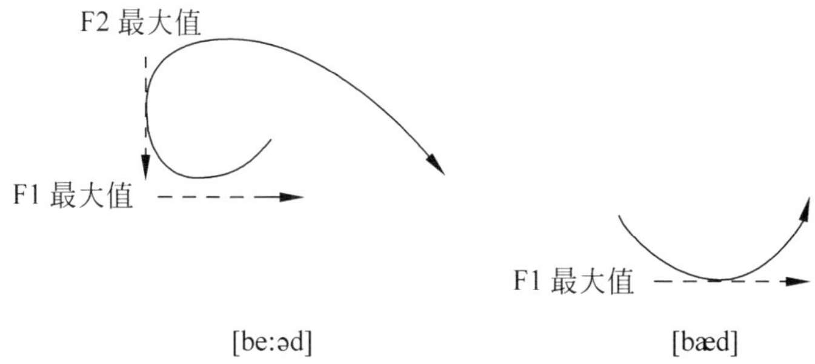

当内滑双元音到达最高点，音变的下一步发展就是改变音节结构产生一个高化的双元音，以及随后的双元音音核的低化。这就是早期原始罗曼语的发展历史，从中产生了下面的开音节低元音 **e** 和 **o** 的词形对照表（Pope 1934；Brunot and Bruneau 1949）：

（3）	拉丁语	法语	意大利语	西班牙语
（石）	pĕtram	pierre	pietra	piedra
（脚）	pĕdem	pied	piede	pie
（蛋）	ŏvum	oeuf	uovo	huevo
（火）	fŏcum	feu	fuoco	fuego

尽管对这些高化双元音的来源众说纷纭，但标准的说法认为它们起初是低化的，因第一个成分逐渐高化而产生。这一观点得到含有最早的拉丁语双元音化词例的阿尔及利亚碑文的支持，如 *ee* 和 *ie*（*meeritis* 变为 *meritis*），这正跟德语的词例相同。

瓦莱语的证据也很重要。标准法语和大部分北部法语方言都表现为词形表（3）的模式，内滑音在前面，而后面的元音都是前化的单元音。在东部瓦莱语中没有发生前化，如我们所见的，那里开音节中的低元音/ɔ/很像是单元音/u/。先前我们讨论这种情况的

内部逻辑,认为/ɔ/必定是沿着外缘路径上升,同时闭音节的/o/沿非外缘路径下降。瓦莱语肯定参与了原始罗曼语的这个开音节低
254 元音的演变,并且一定曾表现有相同的内滑音。这个内滑音在今天已经消失,但是内滑元音的消失是最常见的影响[uᵊ]的音变之一。因此,最有可能出现的是,开音节的/ɔ/高化成为一个有外缘音核和央化内滑音的长元音。

罗曼语高化双元音的变化表现了异化作用1{DE1}的镜像应用,这能够跟规则{DE1}叠合而得出一个更具包容性的版本:

{DE1'}　异化作用1(修订)

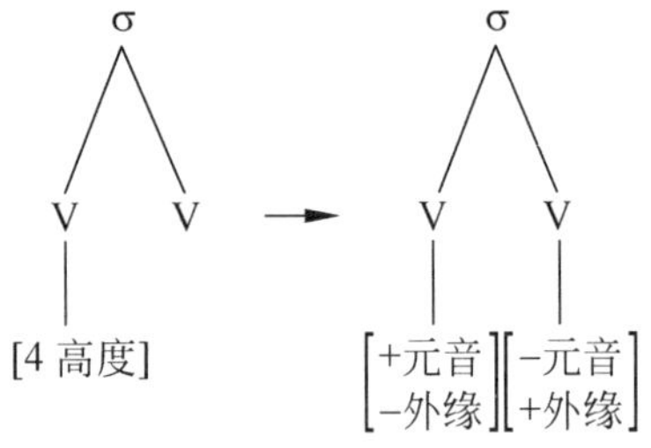

这里当然不需要两个公式。这个规则把一个具有[4 高度]莫拉的双莫拉音节分为一个半元音和一个松音核,而不考虑[4 高度]的定位。应用镜像规约时在输入项标写星号,我们可以表明两种次序都是可行的。

当{DE1'}首先应用在具有[4 高度]的内滑元音时,这条规则把后接音段的[－元音性]变为[＋元音性],并保留前面的[－外缘性]。于是,两个音段的异化产生了音节结构变化,从低化的双元音成为高化的双元音。

在高单元音的双元音化中,对于第二个莫拉高化的历史事实,

我们还不清楚这种选择的动因。对于内滑紧元音，则是无可选择的。第一个莫拉要比第二个莫拉高出很多，并会首先高化到[4 高度]。对于长单元音，我们必须指定第二个莫拉首先高化。目前，我们还没有链式音变中高元音裂变/iː/→[iə]的实例，尽管在东列托语音变中已有反例（见第 5 章）。这里需要注意的重点是，高元音高化到[4 高度]和异化作用规则只能应用于具有[－外缘性]特征的语言。在其他语言中，具有输出运算符 $z+\alpha x$ 的规则不能应用于[3 高度]的元音。

对低元音的异化作用

到目前为止，分析的问题集中在把高元音的双元音化整合为单一的元音转移规则。如果提出的解决方案在那里有效，那么在音系空间另一端，把规则{G8.1}应用于高度最低的元音，也应该同样有效。在这个讨论中，将按照第 6 章所显示的：[a]在音系空间中最低，比[æ]和[ɑ]更低，其他元音都比它们高。因此，我们有理由把[－外缘性]的/a/记为[1 高度]，把[＋外缘性]的/a/记为[0 高度]。当/ay/或/aw/的音核到达[0 高度]时，就会根据这个特征的定义自动变为[＋外缘性]。

第 6 章已经指出链式音变规则中下一步骤的明显的逻辑性。一个[0 高度]的上滑双元音的音核，在一个[z 高度]→[$z+\alpha x$ 高度]的链式音变规则作用下，将上升到[1 高度]。正如我们已见到的，这使/ay/移动到[ɑy]、/aw/移动到[æw]。音核-滑音异化的趋势显然在这里起到作用。可以直接表述为异化作用 2{DE2}：

{DE2}　异化作用 2

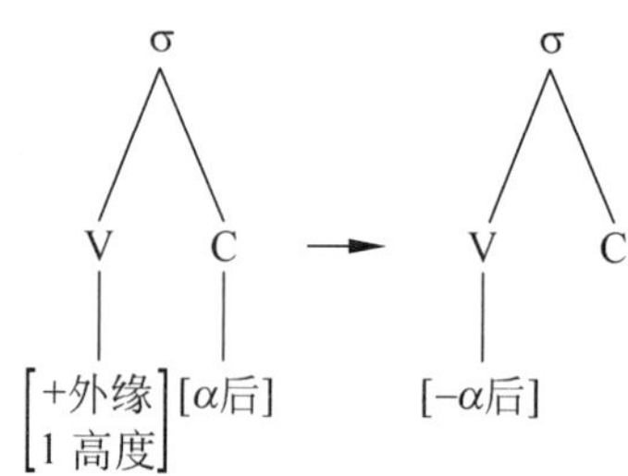

当拥有[＋外缘性]音核的双元音开始高化时,{DE2}会自动把/aw/的音核移为前元音,把/ay/的音核移为后元音。而[0 高度]的位置作为链式音变路径的分叉点,这是唯一可能的路径。另一条路径不在元音转移规则之内。不是按照音核-滑音异化的路径,而是滑音随音核的前后发生弱化和同化。于是/ay/单元音化为[a:]是元音转移过程的一个终点,正如{G8.1}所示的情形。

8.2　原理的简化

正如我们对规则所预期的,元音转移规则{G8.1}具有经济性,并采用了符号标记法来描写音链的高化和低化两部分之间的联系。但它也提示了原理 1 和原理 2 有些像是相同的原理。毫无疑问,任何适用于其中一个原理的解释,反过来肯定会适用于另一个,因为毕竟它们起初就是对称的规则。原理 3 却是从一开始就
256 是不对称的。在第 6 章的图示(32)曾对原理 3 提出一个对称性的修订:后元音沿着外缘路径前移,前元音沿着非外缘路径后移。我在本节中将探讨这样的概念,即修订后的原理 3 与结合在一起的原理 1 和原理 2,是同一原理的不同版本。很可能链式音变只有

一个原理，而不是三个。

本节将始于把三个原理简化为单一原理的提议，并相应调整音系空间的模型。这将使得正式的陈述更为经济，用简洁的方式表述复杂的链式音变。这些链式音变造成四种语音模式和现代英语方言的两个主要趋势：北方城市音变和南方音变。由于北方城市音变是最复杂的现代链式音变，在变化初期有许多变体，因此仔细地考察不同成分之间的逻辑和因果关系是非常重要的。

音系空间的不对称性

尽管原理 1 和原理 2 在前-后维度上是对称的，但它们本质上是不对称的原理。外缘和非外缘音核的反向制约是不可逆的——假如它们可逆，那么这些原理将失去意义。把原理 1 和 2 与原理 3 结合起来的可能性就在于把它们的两种不对称性结合在一起。为什么外缘元音按照原理 1 高化并按照原理 3 前化；而不是按照原理 1 高化并按照原理 3 后化？前化和高化之间以及后化和低化之间肯定有某种联系。因此我们首先要探寻底层音系空间中的所有不对称性，至今它还被描述为几乎是对称的：后侧外缘线的斜度比前侧外缘陡峭，但是在水平方向的所有等级边界：高、中、低，在前-后维度上都是平行的。

[i]和[u]的不对称性

我们在本书的发音三角形设定[i，a，u]为音系空间的三个对等的顶点。但是第 5 章和第 6 章评述的音变类型中，并不是对等地指向[i]和[u]。当一个音沿外缘轨道高化到[iː]时，我们已经看到，对于进一步的变化只有一种选择。如果不发生双元音化，不变为一个松音核,它就会留在原位与那些变为[iː]的新音合并。由于这种选择依靠有[一外缘性]轨道的音系空间的存在,又由于大多数语言系统没有这样的空间,所以[i]就常常起到音变终点的作用,如在希腊语中的情况[见第 7 章(9)]。在后高位置上,情况
257 大为不同。如果一个音高化到[u],它可能会双元音化并变为一个松音核;但也可能前化为[ü]。这种前化并不依靠音系空间的任何特定结构,因为根据定义,所有语言系统都有一个高的外缘。不管前化的元音是否直接朝向[ʉ]、[i]、[ü]、[iu]或[i],需要依靠系统中的许多因素;而基本的事实是:[u]的前化打开了多种可能性。

于是,在音变的联系中,[u]可能作为一个中途站,而[i]则是一个终点站。

[a]的摇摆状态

开口度最大的元音[a]与元音三角上方的两个顶点元音的地位有所不同。它是低化的非外缘元音进入外缘轨道的主要枢纽。从这一点出发,有些元音沿前外缘路径高化,而其他元音沿后外缘路径高化。我们已经看到,古英语的长 **ā** 发生后化和高化,而早期中古英语开音节中新长化的短 **ǎ** 发生前化和高化。有人会认为音变的方向可能取决于元音开始移动时是靠前一点儿还是靠后一点儿。然而有的音位会停在[a]的中心位置不动,如果其他音位要向前或向后变化,这就会产生一个问题:它们是怎样到那儿的?在纽约市最早的英语变体中,/aw/和/ay/的音核相同,但随着系统的演化,/aw/沿外缘轨道前移,而/ay/则后移。

决定外缘[a]的变化方向有两个明晰的原理,并且二者都有功能的解释。

1. 邻接音位的前/后平衡是使/a/音位进行语音性前移还是后移的决定性因素。莫尔顿(Moulton 1962)有力地论证了瑞士德语方言/a/的语音位置与/æ/或/ɔ/音位的存在相联系。邻接音位系统的任何偏离都会反映到/a/音位的变体:在有/æ/无/ɔ/的系统中显示为/a/的后移变体;而在有/ɔ/无/æ/的系统中则显示为/a/的前移变体,诸如此类。

2. 音核-滑音异化趋势是一种普遍现象。只要/aw/和/ay/还是双元音,它们就会表现出音核和滑音之间距离越来越大的语音变化。如 8.1 节所讨论的,这已经纳入元音转移规则{G8.1}。

因此,沿外缘轨道移动的音变主要有两种类型,都是从[a]变到[i]:一种是沿前侧轨道,从[a]到[æ]再到[i];另一种是沿后侧轨道,从[a]到[ɔ]到[u]再到[i]。在公认的离散语音目标项的数

目上,第二条路线要比第一条路线要长很多。两者的距离可以用 258
开口度的等级来表示:

(4) 5　4　3　2　1

a → æ → ɛ → e → i

8　7　6　5　4　3　2　1

a → ɑ → ɔ → o → u → ʉ → ü → i

这种 *n*-值的设定法与此前表述的完全不同,前侧外缘的开口度有五个等级,而后侧外缘则有八个等级。这就是音系空间不对称性的另一方面,即本节的主要论题。

[开口度]特征

音变的不对称性可以如(4)那样,通过用单一的开口度特征描述的元音转移总结出来。开口度并不是基于声学的特征,因为从

259

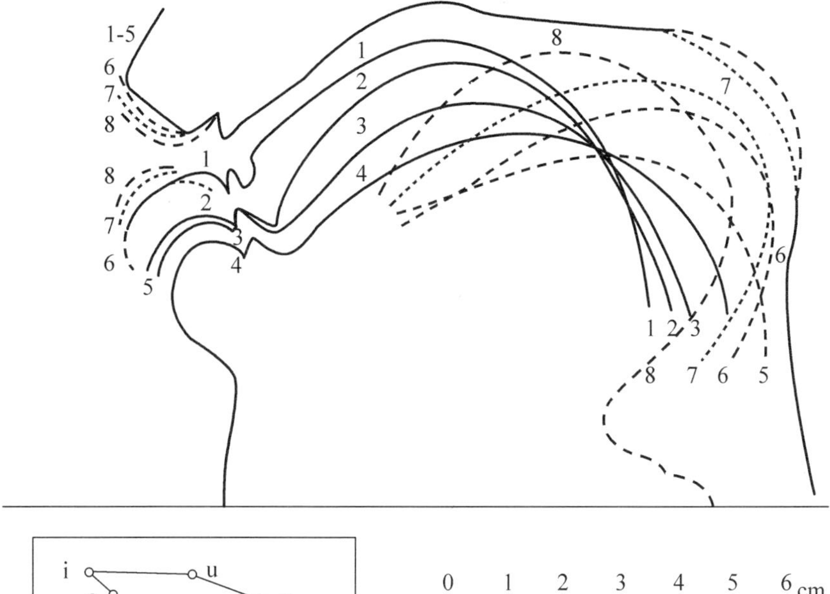

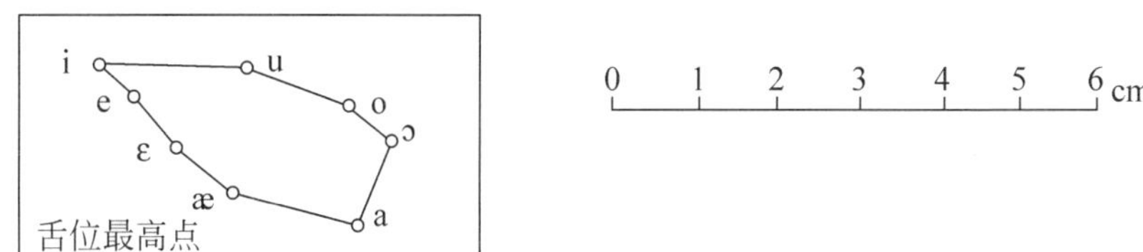

图 8.1　Ngwe 语的 8 个主要元音的舌位图

[1=i,2=e,3=ɛ,4=æ,5=a,6=ɔ,7=o,8=u](摘自 Ladefoged 1964)

整体上,[i]和[u]的不对称并不反映在两个共振峰的空间内。[①] 另

---

① 在第 3、第 4、第 6 章里的图表中呈现的没有归一化的声学包络图,并非完全有规则的和一致的。其中有的是规则性三角形,/iy/和/uw/音核分布在 F1 的同一层级;其他的则表现出不同方向的倾斜。在 LYS 分析的 54 个语音系统中进行比较,查看最高前元音(/iy/、/ihr/或/æh/)是否高于、等于或低于最高后元音(/uw/、/oy/或/ohr/)。其中有 25 个系统是前高元音比后高元音高,有 3 个是没有差别,有 26 个则是前高元音比后高元音低。不同的方言会出现一些颇有意思的偏差,而这些偏差与音变的实际方向并不相符。在北方城市,底特律、罗切斯特和布法罗显示大多数/iy/高于/uw/(11/1/2),而芝加哥则与之相反(1/0/5)。伦敦和诺里奇中大多数/iy/低于/uw/(2/0/8),而在得克萨斯/iy/高于/uw/(4/0/1)。这些语言现象与年龄和性别并无明显联系。

一方面，对于发音器官的所有研究都一致显示[u]是位于[a]和[i]之间的过渡位置。没有一种发音研究认为[u]能够占据后高的顶点。如果我们用声道最狭窄的位置来决定元音的相对后位，那么最靠后的元音显然不是[u]，而是[ɔ]。图 8.1 是接近正则元音舌位的 X 光的典型轨迹——这是尼格维语(Ngwe)的元音(Ladefoged 1964)。中间插入的舌位最高点显示为[u]，这与我们讨论音变时的中途站类型相符。图 8.2 是尼尔瑞(Nearey 1977)对美式英语元音舌体位置的动程归一图。图 8.3 是桥本和佐佐木(Hashimoto and Sasaki 1982)基于珀克尔(Perkell 1971)的 X 光摄影资料制成的美式英语舌位图。所有的元音呈椭圆形分布，从[ɑ]到[i]有两
条路径，一是在后，一是在前。毫无疑问，舌位图呈现的椭圆形分 260
布，与声学数据的三角形或不规则四边形分布完全不同。现在还不完全清楚怎样把这种发音的不对称性跟我们研究的链式音变的不对称性联系起来，因为我们过去的共识几乎全部是以声学数据或感知印象(本质上也属于声学)为依据的。我们可以通过林道(Lindau 1978)对元音特征的研究数据，进一步了解这个问题。那是基于五位男性发音人说的美式英语的实验分析。把彼得森-巴尼(Peterson-Barney 1952)序列中的 10 个元音放在/h __ d/语境中发音[①]。图 8.4a 显示的是用发音人的平均值做出的第 6 章中那

① 把这些发音人和第 6 章的模式联系起来并非易事，因为他们简单地被称为“来自中西部的人”，加上三位语言学家一致认为他们所说的是相同的美式英语变体。根据图 8.4a 的数据，我们能推测这种方言没有受到中部地区参与模式 3 的音变趋势的强烈影响，而是出现了/uw/的最小前化。

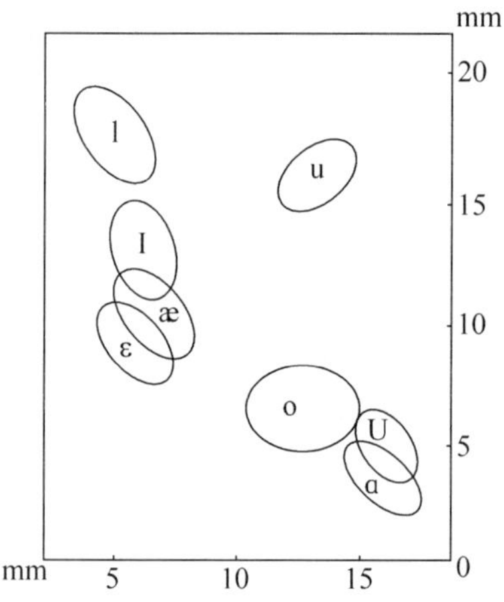

图 8.2　美式英语的元音舌体位置(摘自 Nearey 1977)

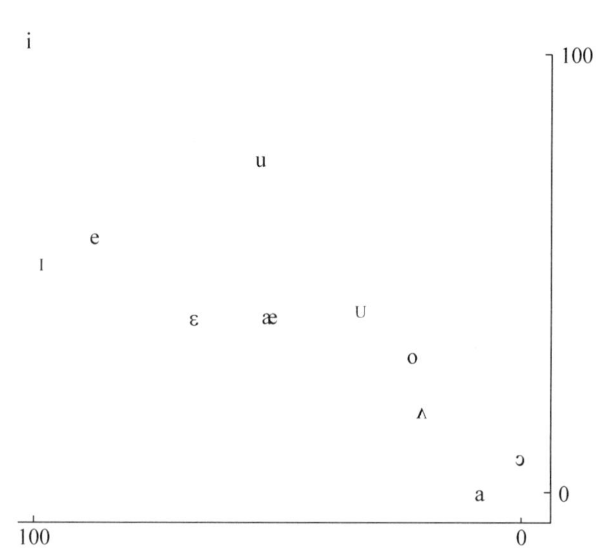

图 8.3　桥本和佐佐木(Hashimoto and Sasaki 1982)用珀克尔(Perkell 1971)提供的 X 光摄影的数据制成的美式英语舌位图

种线性标度的 F2×F1 图。图 8.4b 把这些数据还原为林道的最初图形,横坐标用 F2－F1 的值。这样的声学图形中,元音[u]前移，后高顶点开始消除。图 8.4c 是林道对 X 光摄影进行测量的数据结果。横轴是通过舌位最高点跟硬腭平行的直线；纵轴是在上齿端点跟这条直线相垂直的距离。这里的音系空间又回到图 8.1—图 261
8.3 所显示的椭圆形的模式，其中[u]并没有占据后高位置。

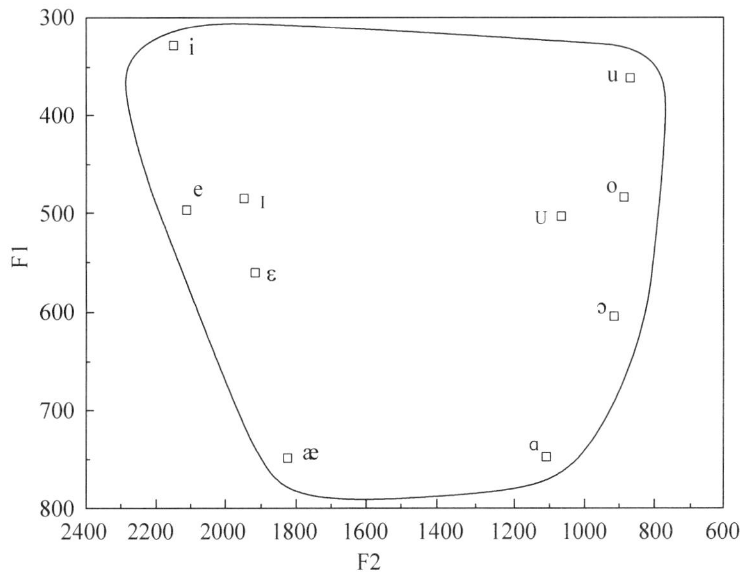

图 8.4a　美式英语元音在/h_d/语境中的平均值（摘自 Lindau 1978）。F1 和 F2 的平均归一值

在第 6 章结尾曾简要说明了解释子系统内链式音变原理的最有把握的基础：西弗斯（Sievers 1850）早期认为，发音更长更强的元音会显出一种更夸张或更极端的趋势，距离静止位置更远些。多尼根（Donegan 1978）认为，音质最大化的趋势有赖于音系空间的四边形或三角形概念。西弗斯所论及的这种简单的发音机制跟图 8.4c 的椭圆形音系空间非常吻合。西弗斯对音变机制的观点基本是生理方面的，而多尼根则是声学方面的。

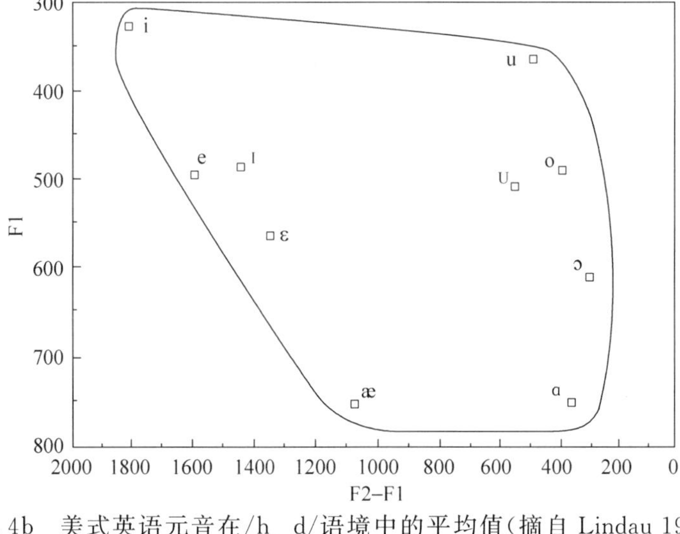

图 8.4b 美式英语元音在/h_d/语境中的平均值(摘自 Lindau 1978)。

F1 和 F1—F2 的平均归一值

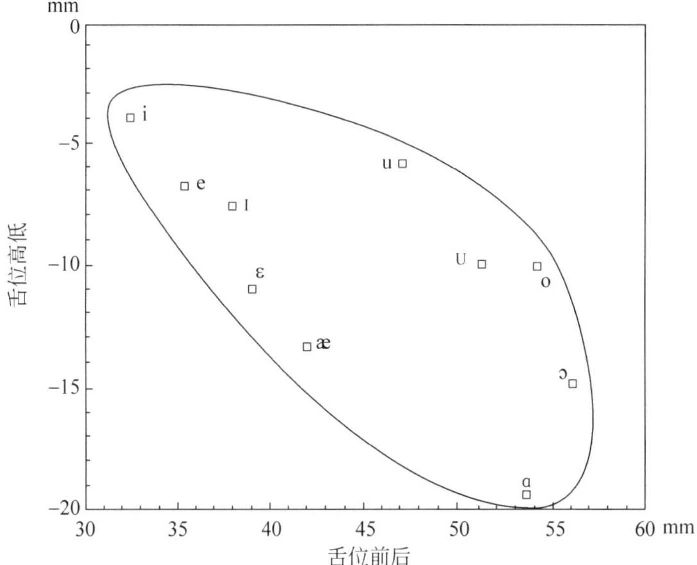

图 8.4c 美式英语元音在/h_d/环境中舌位最高点的平均归一化位置

(摘自 Lindau 1978)

因此我们更有信心采用具有最坚实生理基础的开口度这个维度来改写链式音变原理的公式，用更紧密的形式重新表述高化、低化、前化、后化之间的关系。我们可以把链式音变的几个原理总结为单一的原理，在外缘性和开口度的变化之间建立起一种逆向关系：

(5) 在链式音变中，外缘元音变为开口度更小，非外缘元音变 262
为开口度更大。

于是在诺里奇英语中起作用的模式3的音变就可以用(6)的规则来描写，因为它现在把后元音的高化和高元音的前化结合起来了。

(6)

$$[z\ \text{开口度}] \rightarrow [z-x\ \text{开口度}] / \begin{bmatrix} \underline{\quad\quad} \\ +\text{外缘} \end{bmatrix}$$

北方城市音变的模式2可以用(7)的规则进行描写。

(7)

$$[z\ \text{开口度}] \rightarrow [z-\alpha x\ \text{开口度}] / \begin{bmatrix} \underline{\quad\quad} \\ \alpha\ \text{外缘} \\ +\text{舌前} \\ -\text{开音节} \end{bmatrix}$$

这条规则只用于原为短元音的前元音——即，用于[−开音节]元音，而不用于外缘元音/iy/、/ey/等。它将把紧/o/前化为[æː$^{<}$]，
把紧/æ/高化为[ɛː]，把松[ɪ]低化为[ᴇ]，把松/ᴇ/低化为[æ$^{>}$]。263
目前，我们对/æ/继续高化到[iə]还没有普遍的规约，并且无法预测何时松/ᴇ/将后化到/ʌ/而不是低化为[æ$^{>}$]。

模式1和模式4的链式音变将不受这条规约的影响。模式1的对称性并不需要开口度特征来达到完全的普遍化。其实，在

{G8.1}中用[开口度]代替[高度]会导致一个错误的结果:在中古英语 ū 双元音化之后,[ʊu]的音核不是下降到[a],而是会前移到[ü]。由此我们得出,以开口度作为整体特征支配的音系空间不曾在早期中古英语中运作。

随着/ay/的紧化而出现的模式 4'的前/后对称性,不需要[开口度]特征。然而二者并不矛盾。模式 4'的一条规则,如在诺里奇起作用的那条规则,将会有如下形式:①

264 (8)

$$[z\ 开口度]\rightarrow[z-\alpha x\ 开口度]/\begin{bmatrix}\underline{\qquad}\\ \alpha\ 外缘\end{bmatrix}\begin{bmatrix}-辅音\\ -后\end{bmatrix}$$

这条规则将使/iy/和/ey/的音核低化,使/ay/和/oy/的音核高化。当开口度最小的外缘元音在音变中到达[uy]的位置,这个规则预测它将会前化。②

扩展规约

此前所制定的规则都是显示单个语音单位的变化,也就是在第 7 章的最初的图示(7)中,x=1 的情况。7.2 节提出一个问题,链式音变是否有可能在扩展规约的支配下,使音变尽量延展而不

---

① 一定量的冗余度仍然要从这类规则中剔除。标记—α…α 是多余的,因为根据(5)的原理,开口度总是逆向地跟外缘性相联系。

② 这在诺里奇并没有出现。但罗曼系语言的历史表明,当拉丁语的 ē 双元音化为[e>i],后化为[ɔi],并且高化为[ui]时,音节结构发生了变化,双元音高化的结果又显示出音核前化为[wə]。这个更早的演化过程提出了一个问题:元音转移规则的这种修订是否适用于音系空间的前侧和后侧都没有[±外缘性]特征的罗曼语言。上文曾指出,在没有紧/松或长/短对立的语言中,[+紧]被视为无标记的系列。因此罗曼语的元音就是沿外缘高化的。[外缘性]特征是必然出现的,因为如果只有一个系列,那么必是定义为外缘。

会导致合并。尽管在很多方面来看这是一个很好的想法，但是会遇到一些严重的困难。

促使这种语言条件的建立存在两方面的原因：**强制力**（“使尽全力走得更远！”）和**规避性**（“遇到合并，马上停下！”）。两者都指出音变应该既要有远景又要有目的，这与雅各布森的目的方向论不谋而合（见第 1 章）。在后面的章节中（第 19—第 20 章），我们将会讨论语言是否在事实上以保留意义的方式对语言变化进行反作用，如果真是如此，那又是怎样实现的呢？然而我们在这里暂且不讨论这个话题，而用一种客观的方式制定扩展规约：

(9) 扩展规约

设定一个音变过程描写为下列规则

$$[z\ 特征_i] \rightarrow [z+\alpha x\ 特征_i] / \cdots\cdots$$

可以把这条规则应用于任何一个音段，通过递增 x，直到得出一个带有$[z+\alpha(x+1)特征_i]$的音段与另一音段没有区别，或直至 $z-\alpha x=0$。

重要的是，规约(9)强调的链式音变规则不是支配个体行为的规则。个体无法完成链式音变并使一种分布最大化。这条规则是描述随时间推移的一个言语社团的行为的普遍性，并试图统合可能 265
持续三代人的几个不同的音变阶段或语言现象。先不去讨论这样一个规约如何通过言语社团说话人而发挥作用，让我们对目前所发现的这种普遍性的例子进行回顾。

强制力

我们看到许多元音转移的实例，已经超出了本章中的规则所预测的单一成分的变化。它们可以分为三组：低化、高化和前化。

1. 在英语的元音大转移、中古高地德语和伊地语中,中古英语的 **ī** 从[ey]到[ay],**ū** 从[o< w]到[aw]的进一步低化的演变。
2. 布法罗、罗切斯特和芝加哥等地的北方城市音变中,紧/æh/从[ɛ:]到[i:ə],以及瓦莱语的/ɔ/到[u][①]的进一步高化;
3. 费城等地的南方音变中,/uw/从[ʉw]到[üw]会进一步前化。

另一方面,所有的音位都不是立即去填充中间的空位。据历史记载,捷克共同语中,**ī** 双元音化为 **ei**,**ū** 双元音化为 **ou**,而音核并没有进一步低化。在古普鲁士语中也能观察到同样现象。但是我们缺少这些语言系统中其他变化的足够信息来清晰地评述上述变化。第 6 章的图表显示出许多方言的模式 4 的音变中,即使/ey/降到低位,/iy/仍保留在高位(例如诺里奇,图 6.19—图 6.20)。虽然我们肯定这是一个过渡阶段,/iy/最终会下降到中间位置来填补空白,但这些方言并没有表现出过分强制使它立即发生。很有意义的是,上述 1—3 的例子都是涉及音核-滑音的异化。我们不能说在链式音变过程中所有的双元音都显示出音核-滑音的最大区别,但是有很强的趋势发生这种现象。

以上对扩展规约的讨论,似乎已间接假定从低位到中位、再到高位的单个目标或规范。但这具有误导性。扩展规约的最重要的证据来自进行中的音变的音位分布。在我们研究的大部分音变

① 上文指出,瓦莱语的/ɔ/很可能高化为一个外缘内滑元音,这与北方城市音变中/æh/的高化类似。

中，一个已知音位的多个音位变体会沿着可能的空间扩展，并随着 266
语境的影响表现出差异性。北方城市音变的大部分图表显示，/æh/是从高位到半低位的长椭圆形，其中一端是位于鼻音前的高/æh/，另一端是位于流音丛后的半低/æh/（见图 6.8，从 *hand* 到 *flats*；图 6.9，从 *aunts* 到 *glass*、*track*；图 6.10，从 *can* 到 *tractor*；图 6.16，从 *sandals* 到 *grandmother*）。同样的音位变体的扩展无疑也曾在元音大转移中高元音的双元音化中出现过。随着音变的完成，这些延伸的音位变体聚集起来，大多分布在最前列，聚集为一个紧密制约的音丛（如/æh/，见图 6.2、图 6.11）。因此一个语音穿越一段空白的音系空间的机制，不是一个从 A 点到 B 点的稳定的进程，而是或快或慢的音位变体扩展到这个空置的区域。

规避性

扩展规约的后一半是为区别性需要而规定的。因为我们采用的是 n-值标注，这个规约可以预测 $n+1$ 的情况。因此在模式 4 中，/ay/最先延伸经过[ɑi，ɒi，ɔi]。当/ay/在[oi]而/oy/在[ui]位置上时，达到全部的可用空间。当音位延伸到音系空间的极限时，它们会受到发音器官及其声学对应等生理和物理因素的制约。当/æh/延伸到[iːə]时，不能再继续升高，仍然是个元音。然而即便如此，仍然存在不同的路线使这个元音进入其他元音所占据的领域。内滑元音[iːə]可能在感知上会听为单元音[iː]，从而占用/iy/的空间；或变短移到/i/原先的空间；或发生音节性变化成为/ja/。为了表明哪些路径是优先的，哪些是可能的，哪些是不可能的，应当研究跨越元音子集的音变原理。一般说来，任何一个音位的音系空间都是通过其他音位所占据的空间而限定的，任何超越界限的扩展将会导致合并。

我们如何估测这种音变趋势的力量从而避免合并呢?大家知道,链式音变的功能性解释(Martinet 1955)的缺陷之一,就是只考虑到解释链式音变,却忽视很多实际已发生的合并现象,例如第7章图示(9)所显示的希腊语/i/的大量合并。完成一种有说服力的研究来平衡链式音变与语音合并并非易事。列举链式音变要靠我们搜集大量不同语言和方言的资料。北方城市音变仅是单一的现象吗?我们是否分别研究了芝加哥、罗切斯特和布法罗是如何回避合并的?元音大转移常常被描述为一种单一集合的变化。然
267 而《英语方言调查》(Orton and Dieth 1962—1967)表明,它在不同地区有许多不同的阶段,以及在许多言语社区中存在着多种合并的可能性(第17章)。模式3的链式音变出现在很多罗曼语方言中:这些是同一个音变事件还是平行的语言现象?对这些问题并没有简单的答案。所以对合并与链式音变的定量调查看起来有点儿遥不可及。

有一种不同的策略是调查那些跟普遍趋势背道而驰的语言现象,并考虑有可能怎样做出解释。这些情况分为两类:(1)偏离普遍原理的预测路径的链式音变;(2)预测应该继续链式音变的地方却发生了语音合并。

本章其余的部分将讨论在第5章至第7章的链式音变中可能出现的所有例外情况。

异常链式音变　在模式1和模式4正常音变的过程中,音核开口度最大的双元音——/iy/或/ey/——低化到[ay]和[+外缘性]的位置。在这一模式中出现了三个例外。

罗曼斯语(Romansh)是罗曼语系中的一个例外,/i/双元音化为/ɪi/。我们在不同言语社区中考察罗曼斯语的变化,俗拉丁语 **ī** 和 **ō** 的对应形式在一些方言中表现为[i]和[u](例如在 Surselva, Sutselva; Grisch 1939),但是在索则斯(Sotsés)地区,出现了双元音。前双元音没有按照通常的过程低化为[ay],而是后化到[oy]。[①] 另一方面,平行的后元音确实是低化到[aw],然后遵循模式 1 扩展的全程路径继续移动到[ɛw]和[ew]。通过俗拉丁语 **e** 同样会双元音化并占据[ay]的位置这一事实,我们可以说明这种平行变化的缺失。在图示(10)中,我假定罗曼斯语中那些双元音化的方言已经获得了日耳曼语的音系空间,并且显示为好像这种音变中双元音的音核是松的,这种假设有待实验测量的验证。(10)的变化其实不是链式音变,而是相当于模式 1 扩展的平行音变。然而,这些变化体现出了回避机制,阻止了俗拉丁语 **i** 的对应形式与俗拉丁语 **e** 对应形式的合并,这不同于预测的跟后元音平行的变化。

(10) 罗曼斯语索则斯地区的双元音化

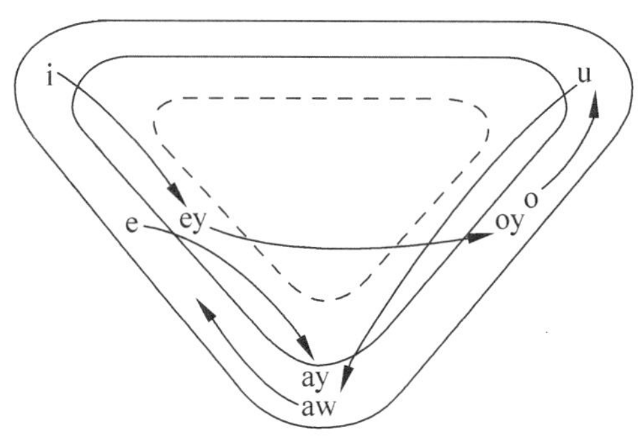

① 在原理Ⅲ的最初版本中,这曾作为例外;但在修正版本中,松音核的后化是规则而不是例外。

一个相似的音变发生在瑞典南部(Swenning 1909;Hedström 1932),其中预期的音变是日耳曼语的双元音化沿着[一外缘性]轨道变化。在斯莫兰(Småland)省及其邻近地区,单元音/e:/被双元音化:在有些地方低化为[ay],而在别的地方变为[oy]。在/e:/
268 变为[oy]的那些地方,长元音/a:/和短元音/a/都再次发生双元音化,见图(11)。

(11) 瑞典南部双元音变化

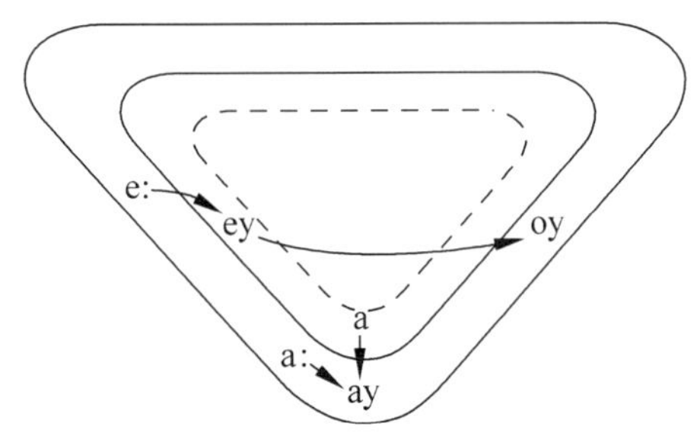

这又是平行移动而非链式音变的实例,但也同样表现出对典型路径/ey/→/ay/→/oy/的背离。

第三种回避的情况是中古英语长化的 **ĕr** 没有到达预期的外缘位置。全部的情况都可以从第 7 章图(17)显示出来,由于古英语的长元音 **a:** 没有作为原始后化和高化的结果保留下来,**ăr** 类词被长化并沿着外缘路径上升产生出 *bare*、*fare* 等词。这里给出的解释是,**ĕr** 类词仍保留在[一外缘性]位置①。

链式音变中的合并　与考察链式音变的功能解释同样相关的是在音变过程中发生的合并。合并历来是不容易解释的,因为合并很

---

① 在这种情况下,后接/r/的语境必定有助于回避,因为它和 **ĕ** 在其他语境中不会同时出现。

明显地参与了音位的主要职责——对词进行区分[①]。但是链式音 269
变过程中发生的合并却是很明显的，因为它们周围的事件都是起相反的作用——保留区别性。

这里考虑的那些链式音变只包括很少的合并情况。最显著的例子发生在模式 3 的音变过程中，尤其是发生在/r/之前。在伦敦、纽约、费城英语中，我们发现了(12)的音变，其中有后两组词群的合并。

(12) /ahr/→/ohr/→/uhr/

可以通过引用少量最小区别词对来尝试解释这个现象。实际上对这样限定语境的例子还不在少数，见(13)所示；当然，也有大量近似最小区别的词对或同韵词。具体的数目取决于有没有像 *lure* 这样的硬腭前滑音的单词，和像 *poor* 这样在很多方言中低化到[o]的单词。

(13)	dour	door	boor	bore
	lure	lore	spoor	spore
	sure	shore	tour	tore
	moor	more	poor	pour

为解释这种合并，我们需要寻找更为普遍的链式音变原理。令人奇怪的是，此前我们所讨论的方言中都没有出现/uhr/前化的例子。外缘后高音核和央化滑音的结合显然不符合导致前化的条

① 通常人们会用区分的功能承载量来解释哪些发生了合并，哪些没有发生合并。但这种功能承载量并不容易测量；现在的 CDC 对日常生活中误解的研究表明，如果只检测单个单词中的前接和后接辅音将严重低估它的功能负载量(King 1969)。第 6 章误解的例子表明要想象发生混淆的语境非常困难。

件。在伦敦、纽约和费城方言中,这一制约又可用于后接的流音/r/和/l/。它似乎可用于词末的/l/为暗的或元音化的那些方言,而不适于词末的/l/相对清晰的美国南部方言。在这种情况下,像 *school* 这样的词就会表现出一个前化的[ü],并参与到模式 3 的整个链式音变过程中。但以/r/结尾的词则不是这样:在这种情况下,/uhr/和/ohr/都可以低化,并且内滑音常被截短(*four* 读作[foə]或[fo],*poor* 读作[pʊə](没有合并)、[poə]或[po])。

因此,这种普遍性就是后接央化滑音的外缘后高元音不参与原理Ⅲ的音变,或是按照图示(5)修订过的普遍原理把开口度变小。

270 另一个在链式音变过程中合并的例子可见于元音大转移,在单词 *mate*~*meat*~*meet* 的中古英语长元音 **ā**~**ɛ̄**~**ē** 之间的三类区别减少为两类。这是如何发生的以及产生这种现象的机制将在下面的章节中详细阐述。

因此研究链式音变并不能提供很多预想不到的合并的例子,而预料之外的回避的例子却较容易发现。这种情况有利于链式音变的功能解释。但却不能回答这种功能作用是如何产生的,这将是第 20 章的主要论题。

第 9 章　跨子系统的链式音变 271

此前，链式音变原理的探究主要关注简单的 F1/F2 空间内的语音移动：前化、后化、高化和低化。但是很多图表显示其他的音变类型和这些链式音变融合在一起：单元音化、双元音化、滑音的产生、平滑化、长化和短化。但是跨子系统的链式音变的普遍原理却并没有像以前讨论的原理那样被全面研究过。然而，它们对于全面了解链式音变的运作又至关重要。因为如果原理 1—3 和第 8 章(5)中修正后的普遍原理预示着音变的单向移动，那么，是什么阻止了语音系统向高度偏斜的发展？例如，是什么阻止了原理 1 把所有长元音压缩到/iː/和/uː/？如果链式音变的循环保留了系统功能的经济性，那么一个确定的链式音变的入口和出口对于保留整个系统的经济性尤为重要。如在希腊语中，这种出口关闭了，我们能观察到的就只有合并。

第 8 章把元音转移规则扩展到单元音向上滑双元音的转变，并且简略说明了双元音向单元音的转变。但是这些只是跨子系统的音变所有方式中的两种。完整地回顾这些资料和全面讨论问题会超出本书的范围。但本章中我们会借助于一些单向移动的实例来考察所涉及的一些论题，并提出支配跨子系统链式音变的补充性普遍原理。

9.1 子系统的概念

“子系统”概念与语言结构中的层级概念息息相关。如果所有的特征都是在同一抽象的层面上,那么就不存在子系统。但是有理由认为,发音位置的变化(之前讨论的主要话题)是最具体的音
272 变类型,并与特定的声学维度和发音动作紧密相连。在第 3 章中首次提出,并在第 6 章中进一步阐述的英语元音结构表在本章作为图(1)再次出现。这是一个相对抽象的音系空间的描述,每一个子系统都有双向对称性和三个高度等级。

(1) 英语元音的系统

短元音		上滑元音				内滑元音	
		前		后			
i	u	iy		iw	uw	ih	uh
e	ʌ	ey	oy		ow	eh	oh
æ	o	ay		aw		æh	ah

许多语言都有一个发展完善且范围更广的元音子系统:高化双元音子系统(韩语),鼻化元音系统(法语、葡萄牙语),喉化元音系统(阿卡语)等。

图示(1)的系统来自于大量关于结构的论据。对于研究语音变化而言,最为重要的是探讨混淆和合并的分布。子系统可以定义为:最易造成语音成对混淆的元音集合,而跨子系统的混淆并不常见。无论从逻辑上还是实证方面都遵循这样的语言事实,即同在一个子系统内的元音只用一个音系特征与相邻的元音区分开。

而不同子系统之间相应的元音，如/i/、/iy/和/ih/，只有在这种抽象层面可以通过一个音系特征彼此区分，可是在更多的情况下，却要通过多种语音特征相互区分，如/i/和/iy/在发音长短、滑音有无、音核外缘性(这也相应涉及 F1 和 F2 的区别)、音质(Di Paolo and Faber 1990)、能量曲拱等方面各有不同。因此，实现任何一个语音特征的变化很少造成子系统之间的重叠。这就是某些特征的**抽象性**的含意。如果内滑长元音和上滑前元音的区别取决于它们之间的多个语音差别，那么与“内滑长元音”的标志对应的就不会是任何一个语音特征。相反的，它只是对一个范畴的抽象标志。

这种跨子系统的高区分度并非适用于所有对应的成员之间。在子系统内的某些位置上，相邻系统的语音差别会缩减。在链式音变的入口和出口位置上，子系统内部成员之间的变化最为普遍。而确认这种出口与入口的位置对于理解支配音变过程的音系经济性尤为重要。

9.2　自然发生的误解的证据 273

在我们开始着手寻找这种入口和出口的位置时，回顾一下由 CDC 收集的自然语境下对于图示(1)的系统发生的误解的证据会大有启发。这些材料收集于 1984 到 1990 年间，由 697 例观察数据组成，最先是用在第 6 章考察链式音变中各成分之间可能存在的功能性联系。收集的目的是为了比较日常生活中的语音误解与跨方言理解层面上的控制实验结果，此结果将在第 3 卷中全面介绍。

我们可以利用这些数据来了解英语子系统的性质。首先，我们可以按照上文讲到的逻辑性通过比较子系统内部及子系统之间出现误解的频率,来检测图示(1)系统的有效性。其次,通过找出给定子系统的成分与其他子系统的成分最容易混淆和最不容易混淆的地方,来确定入口和出口的位置。这样就可以测得区分两个子系统中对应成分的相对语音距离。最后,通过减少不同子系统中音段间的语音距离,来确定产生混淆的语音环境。

这些自然误解的数据并非是用在这里论证它们是导致音变的原因。实际上,从这个角度来看,这些证据显得模棱两可。这些数据还包含了进行中的音变所产生的误解,像芝加哥的紧/æh/向/iːə/的高化和/e/向/æ/的低化。由方言差异而引起的误解的比例在很长一段时间内都相当稳定:略多于四分之一,为27%。而大多数都来自相对稳定的元音之间的重叠,如费城的/i/、/e/和/æ/。

几十名观察者被请来收集这些数据,其中大部分为语言学者。他们对照标准答案,一发生误解就记录下来。同时,还要记录下日期、说话人和听话人的方言背景以及误解所在的尽量完整的语境。然后再估计误解发生到纠正之间的时间。另外,还要记录纠正是如何进行的:在话语进行中,通过听话人的疑问或手势,通过随后的话语轮替或是后来的非言语事件。不可避免的是,有的观察者会偏向于他们感兴趣的语音事实,如合并的结果。因此,由方言引起的理解问题的比例就因为CDC调查项目的兴趣而可能被夸大。
274 然而,我们要求观察者尽其所能来记录所有的误解,包括那些不是由于语音的差异,而是因结构因素或指称的模糊性而产生的误解。最大的困难不在于对一种误解的偏离,而是误解如果不及时记录下来,容易被观察者遗忘。

在嘈杂环境中的讲话，用线路不通畅的电话，或是隔很远的喊话，都会增加误解的数量，因此要把这些情况排除在外。不过，区分那些相对嘈杂时的发音和那些清晰的发音并不困难。一旦语音环境真的不好，会出现大量的误解，原始发音中只有少量重读音节保留下来。其余的部分则需要颇费心思进行再分析。这种整体误解如(2)—(4)所示。

(2) A［说］：The mayor found an answer for the Eagles.

B［听］：Ralph Nader found an answer for the needles.

(3) A［通过无线电话说］：This is A from the Linguistics Laboratory.

B［通过电话听］：This is A from cystic fibrosis.

(4) A［说］：You could have acetate sheets that flop over each of them.

B［听］：You could ask the cheese to flop over each of them.

相反的，局部误解则是对一个具体音段的错误理解，而其余部分则忠于原来的发音。虽然这可能是由于听觉的错误，但是更可能是因为具体音段的语音实现不同，以下的两例局部差异集中在/æ/和/e/的关系。

(5) A［说］：I'd go to the Acme and bag.

B［听］：I'd go to Acme and beg.

(6) A［说］：The house has a yellow door and lattice windows.

B［听］：The house has a yellow door and lettuce windows.

探讨英语元音的子系统时，考察哪些因听错元音而引发的局部误解最为有效。这将排除大量类似于(2)—(4)这样的整体误解，以及 45 种因结构和非语音要素引发的误解。另外，还要排除音位总数不同的情况，如有 20 种是由于短 **o** 和长开 **o** 合并的情况。这样就剩下 154 种是有关的局部误解类型。

275 **子系统内部及跨子系统的整体差异**

考虑到跨子系统的元音之间有更大的距离，有人会觉得子系统内部的误解总量可能要比跨子系统的多出很多。然而，这种看法并不正确。实际上两种情况的数量几乎一致：子系统内的误解数量有 78 种，而跨子系统的有 74 种。有人可能因此得出结论认为子系统的概念在自然误解中不是那么重要。但是，对两者分布情况的进一步分析表明，两种类型间存在本质上的区别。

研究英语元音系统进行中的变化，会发现某些辅音环境对元音音核和滑音的实现有重要的影响。

- 带后接/r/的元音的音系空间的外缘性会缩小，从而导致元音系统中的区别减少：只有一个短元音（*fir*、*her*、*fur*、*world*）；三到六个长元音（*fear*、*fair*、*far*、*for*、*four*、*boor*），在不同方言之间这些区别的数量和结构有相当大的差别。
- 后接鼻辅音会使音系空间的外缘性扩大，但是鼻音的声学作用使音核和滑音的音系区别减小（不仅减少了 *pin* 和 *pen* 等的区别，也减少了 *think*、*thank*、*song*、*gong*、*time* 和 *Tom* 等的区别）。
- 后接边音如果发音是暗的，F2 会大幅度下降。美国方言进行中的/l/元音化将引发其他方面的作用从而严重影响理解。音节尾的/l/成为一个滑音，这个滑音有时会被听成后的圆唇[o]或[u]（如 *goal*、*people* 等），有时会被听成[ə]（如 *call*、*sale* 等），有时又会和鼻音相混淆。当元音间的/l/元音化的时候，滑音就会和前面或后面的音核结合在一起形成一个完全不同的元音，且常与/aw/相混淆，因此使 *bounce* 和 *balance* 成为同音词。

- 词首塞音流音丛对后接元音音核，尤其是对前元音的共振峰影响较强。F2 明显降低，导致元音在物理属性方面比音位的正常分布更靠后。这使前元音的音系空间压缩：*green* 和 *grain* 的区别变小，*black* 进入到 *block* 的范围。

如果我们对自然发生的误解在这四种语境中的分布进行分析，会发现子系统内部的误解与跨子系统的误解存在本质的差异，如图 9.1 所示。跨子系统的误解有超过四分之三是发生在这些特

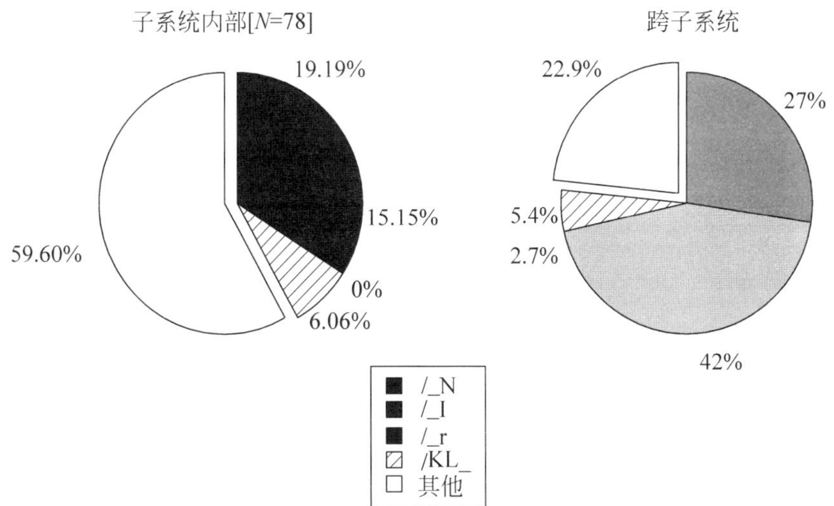

图 9.1　子系统内部和跨子系统元音局部误解的分布

276 定的语境中,其中差不多半数误解来自后接/l/的影响。子系统内的误解只有五分之二是来自这些特定的语境中,余下的五分之三大部分出现在塞音结尾的单音节词(*jag*→*jock*,*bad*→*bed*,*bugs*→*box*,*hicks*→*hex*,等等)或是多音节词(*lattice*→*lettuce*,*loaner*→*lunar*,*mother*→*model*,等等)。

跨子系统误解的这种特别的分布有何重要性呢?这四种特殊的语境具有缩短相邻音位之间的语音距离的作用。比如,在词尾/l/前的滑音会缩减或被吞并(或与完全元音化的/l/相融合)。其结果是,位于/l/前的/ay/或/oy/的单元音化要早于在其他语境中的单元音化(并且是它们暗示的)。/aw/的情况也是同样。如上所述,后接鼻辅音的作用是减少元音区别的数量,同时导致在前鼻音前面的/i/和/e/的普遍合并。虽然这些合并的作用没有包括在上述154种实例中,但后接鼻音的总趋势是缩短相邻元音的语音距离。

子系统内部误解分布的模式十分有规则,如图9.2中的短元音的情况。元音间的误解由斜线分隔开的四个数字标示。第一个代表一般无标记的情况(相当于图9.1中的"其他"部分),第二个是鼻音前的元音。第三个为滑音前的元音,第四个为滑音丛后的
277 元音。元音之间的直线代表相邻元音间的误解。两条曲线则代表由两个特征区分的元音/i/和/æ/、/u/和/a/间的误解。

相邻的成对短元音间误解的数量大致相同,跟/u/相邻的元音除外,很明显这是因为它的出现频率低。从每一组相邻的元音对来看,显然大多数误解都在无标记语境发生:40例中有28例,大约占

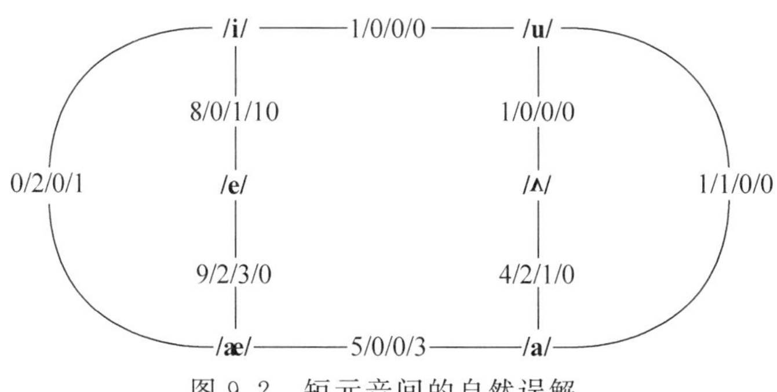

图9.2 短元音间的自然误解。

/w/x/y/z/=无标记/鼻音前/流音前/流音丛后

70%。但是对于由两个特征区分的元音之间的5例混淆中,只有1例是在无标记语境,其他的4例都是在特定语境。由于/i/和/æ/是这个子系统内由两个语音特征所区分,因此只有在特定语境使语音距离大幅度缩短时,混淆才有可能发生。

交叉位置(crossover locations)

子系统内部短元音混淆的有规律分布与跨子系统误解的不对称分布形成鲜明的对比。这种不对称将为支配在子系统之间语音转换的原理增添证据。历史音变的研究表明,子系统之间的语音转换并非随机发生,也不是在所有的联结点上平等地发生,如/i/和/iy/之间的关系与/a/和/ay/之间的关系并不相同。

表9.1集中关注上滑双元音并显示了它们与其他子系统的音位发生混淆而自然产生的误解。有些误解反映出在发音或听辨中滑音的丢失(或在紧度上或在长度上),其中上滑双元音被当成单元音。

表 9.1　自然误解中的单元音化和双元音化

	单元音化				双元音化			
	一般语境	/_N	/_l	/KL_	一般语境	/_N	/_l	/KL_
iy					1		1	
uw			2			2		
ey	5	3			2		1	
ow			10	1			1	
ay	5		3			2		2
aw	3	1	4		1	2	4	
总数	13	4	19	1	4	4	9	2

(7) A [说]:Why do you have a frown on your face?

B [听]:Why do you have a fanon your face?

(8) A [说]:...because of the pine trees.

B [听]:There are no palm tress in Canada!

其他例子反映出在无滑音的位置听辨为有滑音的倾向。①

(9) A [说]:Is that ladder still downstairs?

B [听]:Is that liner still downstairs?

表 9.1 中第一个最明显的事实是现在英语例句中的高元音/iy/和/uw/在子系统间很少混淆。在/uw/的例子中,所有的误解都是由于后接/l/的影响,这反映出很多美国英语方言中在/l/前面的高元音正在进行中的合并趋势。

中元音和低元音最易发生混淆。/ey/被听成/e/有 8 例,其中有 5 例不是出现在特定语境条件下的。

(10) A [说]:The DSM loudspeaker doesn't have spatial effects.

① 原文缺第 8 例。——译者

B［听］：The DSM loudspeaker doesn't have special effects.

不过，另外 3 例是受后接鼻音的作用。而/ow/的情况是，在与单元音的 11 例混淆中有 10 例是因为后接/l/的作用。

上滑低元音/ay/和/aw/中，大量与单元音的混淆是发生在一
般语境下，而几乎所有与双元音的混淆都是在特定语境中。这在 279
后接滑音/l/与/w/的混淆中最为明显。有三个费城的例句中包
括了 *balance* 和 *bounce* 之间的混淆：

(11) A［说］：You meet two kinds of people in life, some can balance their checkbooks and some can't.

B［听］：You meet two kinds of people in life, some can bounce their checkbooks and some can't.

很可能这类特定的语境条件在推动更为普遍的音变中具有催化作用。但我们这里研究的链式音变更多地是关注无条件音变。我们可以对于自然误解的语境做出总结，从产生和感知方面说明上滑低元音（和前中元音）表现出单元音化的普遍趋势，而没有双元音化的普遍趋势。

9.3　外缘性的变化

9.2 节的特定语境条件通常是通过影响音核的外缘性程度进行运作的。因此，后接/r/的强力制约缩小了音系空间，造成一个区别更少的非外缘性子系统。后接鼻音的作用则与此相反，使音核的位置更为极端。在本书第四部分，词汇在音变中的规则性和

不规则性研究中,我们将看到,这些特定语境或作为领先因素或作为保守因素,都对跨子系统的音变机制起着重要作用。在英语的发展史中,最重要的音变之一就是开音节的长化,这种影响/r/前的元音发展的复杂过程已经在第 7 章和第 8 章中做过研究。本章主要探讨导致音系空间扩大或缩小的非条件变化。这将会反过来涉及外缘和非外缘轨道的关系,以及元音之间的变化。如果没有改变的机制把一种单向趋势改变为另一种趋势,那么原理Ⅰ—Ⅲ的不对称性最终就将使得所有外缘元音都集中到元音空间的顶端,而所有非外缘元音都集中到底部。子系统的音变与这个问题密切相关,只因为大多数的子系统不是外缘性的,就是非外缘性的(见表 9.2)。因此,一个从短元音到内滑元音的变化必然伴随着
280 外缘性的增加,这种增加可能是逐渐的或是离散的;而从长单元音到上滑双元音的变化则不一定涉及外缘性的变化[①]。外缘性变化反映更高层级的松化或紧化,出现在子系统内部的特定位置,这就是上文提到的出口与入口的位置。这些出口和入口又涉及音变中一个元音的语音范畴的改变:音变之后,它变为另一子系统的成员。为简单起见,我把这种音变类型称为子系统音变,即包括有跨越子系统边界的音变。由于子系统音变必然涉及外缘性的变化,因此制定子系统音变的原理首先要做的就是要弄清具体支配这些元音位置的原理。

① 在第四部分的分析中将表明不规则音变或词汇扩散都具有子系统中其他成员松化和紧化的特征。

表9.2　子系统外缘性分布

	外缘性音核	非外缘性音核
短元音	否	是
长的单元音	是	是[a]
上滑双元音	是	是
内滑双元音	是	否

[a] 虽然长的单元音通常是外缘性的，但仍有很多元音系统拥有非外缘性的长元音，一般都是中央元音或混元音。我们在这里讨论的链式音变并不涉及这类非外缘性长元音，且支配他们移动的原理也还不清楚。

外缘性原理

第一个外缘性原理涉及原理Ⅱ中低化的结果。

(12) 原理Ⅳ：

低出口原理

在链式音变中，非外缘性低元音变为外缘性元音。

如上所述，这个原理不是必定导致子系统的变化。它主要经常应用在上滑元音的非外缘性音核。如早期中古英语的 ī 按照原理Ⅱ从[ɪi]下降到[ᴇ>ɪ]，然后再到[ɐɪ]和[aɪ]（见图6.1）。或者代表现代英语中/ey/的[ᴇ>ɪ]低化至[aɪ]（图6.3、图6.19、图6.20）。原始[ᴇ>ɪ]的非外缘性音核变成整个系统中开口度最大的元音[a]， 281
这具有典型性。如果还保留滑音，音核就会遵循原理Ⅰ继续高化和后化到外缘的[ɒ>ɪ]和[ɔ>ɪ]，与此同时，原来的[ɔ>ɪ]则向上移至高位（图6.3、图6.19、图6.21）。在其他例子中，元音脱离上滑双元音的子系统而变为一个长的单元音[aː]或[a<]。这两条路径都会空出[aɪ]的位置让别的元音通过链式音变来占据它（图6.4、图

6.25—图 6.26)。

对称性的成对选项也存在于中古英语 ū 的对应形式中。它首先双元音化为[ʊu]再低化到[ʌʊ]、[ɐʊ]和[aʊ],然后或者朝[æʊ]转变,或者单元音化为[aː][1]。

当上滑音保持不变时,/ay/和/aw/就按照原理Ⅰ的方向继续链式音变,即紧音核分别沿着前侧或后侧外缘轨道向上移动。

当低出口原理用于短低单元音时,如果低元音继续链式音变而不合并,就只有一种选择:离开非外缘性的子系统,这通常意味着[a]长化为[aː][2]。第 5 章图示(18)中瑞典语的音变模式 3 可以总结如下:

(13) /a/→/aː/→/oː/→/uː→ü/

很显然这个音变开始于短元音/a/的长化(Benediktsson 1970)。[3]

低出口原理呈现出单向性。我们讨论的链式音变中没有一种涉及外缘性低元音的短化,尽管这作为一种单独的音变是很常见的。

低出口原理的存在意味着应有一个高出口原理,如下所示:

(14) 原理Ⅴ:

高出口原理

---

① 伦敦、费城、纽约、得克萨斯、伯明翰都存在/aw/的前化(图 6.3、图 3.6、图 6.1、图 6.4、图 6.25),尽管伦敦音中有大量的单元音。这里还没有提到的匹兹堡方言中也存在/aw/向[aː]的持续性单元音化。

② 在格拉斯哥英语中,/i/低化到[ɨ],/e/低化到[æ˔]。但是只有少量的/e/类词在这个位置上得以实现。大多数则紧化并高化到[ɛːə]或[eːə]。

③ 大多数低元音的长化都伴随着大量的词汇非规则变化(见第 18 章),因此,这个过程似乎发生在更高的抽象层面,而不是这里讨论的其他机制。

在链式音变中，两个外缘性高莫拉中的一个变为非外缘性。

相对于第 8 章中描写元音大转移中双元音化的异化作用 1，这个 282
原理更为简单，且更有普遍性。异化作用显示为高化到[4 高度]的范畴性结果，而高出口原理描写了使一个成分脱离长单元音子系统的一种单向路径。在图示(15)中，它并不依赖于这种[4 高度]或镜像化的概念。左图是典型的长元音构造，假定有一个规则使[＋高]扩展到两个莫拉。右图是简单地表明两个莫拉中的一个会变成非外缘的，从而使这个元音脱离长单元音的子系统。

这个规则包括两种情况：

(a) V：→[－外缘][＋外缘]

(b) V：→[＋外缘][－外缘]

(15)

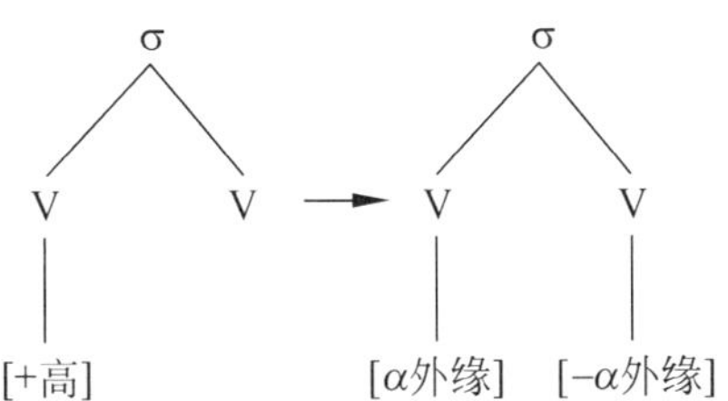

在第 5 章中我们已经看到，(a)作用于模式 1 的所有实例中：在某种意义上，这是那一章最基本的条件。它为继续把原理 Ⅰ 应用到留下的长单元音，把原理Ⅲ应用到留下的后单元音，把原理Ⅱ应用于由上述规则产生的双元音建立了条件。

如果高出口原理仅局限于(a)，那么它的应用比其他原理更受限制，因为它可能只能应用于语系中一个特殊的语群——那些允许/i/音核松化的语言。(a)在波罗的海语言和日耳曼语言中应用自由[①],但并不适用于印度语、希腊语、意大利语、凯尔特语以及印
283 欧语系的阿尔巴尼亚分支。在这些语言中有很强的倾向保留/i/,尽管受到其他语言中的合并的强大压力。如我们所见,只有在罗曼语族中,有着跟具有这类松音规则的语言紧密接触。因此正是波罗的海语言和日耳曼语才显示出符合高出口原理的复杂的音系空间结构:在音系空间的前侧和后侧都有外缘和非外缘轨道。其他的语言或者只有一个包含五到七个或更少成员的简单元音系统,或者只有后元音、混元音、前元音的三分音系空间。对于其他这些语言中的大多数,(b)都能自由运作而产生内滑元音,第5章的全部内容已有说明。

这个高出口原理是不是单向的呢?对于(a),它可能是。没有记录显示链式音变涉及/iy/或/uw/的单元音化,尽管这同样是一种常见的独立音变现象。大多数有长高元音的方言都是语言接触的结果(盎格鲁-爱尔兰,加勒比海方言,西南部的西班牙方言,得克萨斯、宾夕法利亚和北方与中部各州受日耳曼语影响的方言,北方中部地区受斯堪的纳维亚语影响的方言)。某些苏格兰和北英格兰方言保留有单元音,是由于没有发生元音大转移和早期现代英语双元音化的结果。但是,没有记录显示存在着与(a)反向的链式音变。另一方面,(b)明显是对称的。内滑双元音平滑化为单元音的现象十分普遍[见第5章英语平滑化规则{E5.1}和图示(23)东列托语的链式音变]。

① 虽然这样的语音结构在斯拉夫语中也存在,但并没有可以跟波罗的海语言进行比较的链式音变记录。因此,尚不清楚斯拉夫语为何有这样的二分情况。

考虑到这种对称性的差异，我们应该重新陈述高出口原理：

（14’）原理Ⅴ：

高出口原理（修订）

在链式音变中，两个高莫拉中的第一个莫拉会改变外缘性，第二个莫拉会变为非外缘莫拉。

由于无条件裂变也包含在高出口原理中，我们可能尝试着进一步修改这个原理以便能包含从中位到高位的长单元音高化中很多裂变的情况。这个过程非常普遍：中古高地德语、东列托语、维格里奥特语（Vegliote）、第5章讨论的其他链式音变，以及第6章评述的美国英语的模式3链式音变中都能发现。如同子系统其他的变化一样，这个过程也必然涉及外缘性的变化。有人可能想修改高出口原理来包含[eː]和[oː]的裂变，但是这样一来可能会增加若干复杂性。反而会削弱高出口原理的影响力，增加裂变和松化的不对称性。更重要的是，中元音的裂变似乎是一个动态的现象，只 284
发生在高化的过程中，而高出口和低出口原理却是作为一种音变的起始成分。因此，最好是单独为此制定一个原理：

（16）原理Ⅵ：

中出口原理

在链式音变中，外缘元音从中位高化到高位会产生内滑音。

这里相关过程的动态特点见（17），其中[－高]变为[＋高]。有人可能为突出这个特征再写一个 n-值的链式音变规则，表明当[2高度]变得更高时，就发生裂变；但这只是把一种不合理的准确性强加到我们现有的知识上。

(17)

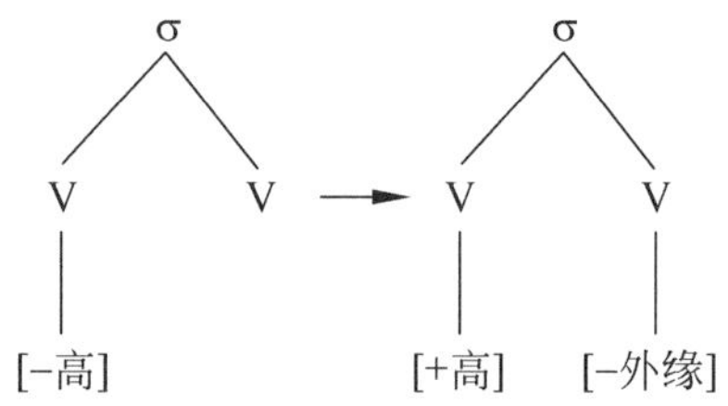

在美国英语中，这个原理反映了一个已知的趋势，即当紧元音/æh/和/oh/在高化过程中超过中位时产生内滑音。鉴于我们一直在使用子系统这一术语，但是这并不属于子系统的音变；相反，它是内滑音子系统中的一个滑音的发展。美国英语中/Vh/系列元音就是在低位时为典型的单元音，而在中位和高位时为内滑元音（Trager and Smith 1957；Stockwell 1978）。中出口原理应用于美国英语的这种语音实现，主要用来描写子系统音变中的长单元音变为内滑元音的区别性组别。

平滑化与裂变相对立，确实曾经应用于古英语的长元音，所以内滑长元音 **ēo** 和 **īo** 与它们相对应的单元音 ē 和 ī 之间的区别都已消失。但是，这个变化过程并不属于链式音变的一部分。从链式音变的角度看，中出口原理显示有不对称性。

第三个调整子系统音变的外缘性原理是语言单位相对性的简单推论：

285 (18) 原理Ⅶ：

重新定义原理

外缘性是相对于元音系统的整体定义的。

外缘性并不是在音系空间中一种绝对的位置，而是与高低或前后一样，是由系统内各成分共同决定的一种关系。和非外缘性成分相比，外缘性成分更接近元音系统的外部界限，见第 6 章(16)的定义。随之而来的结果是，由于其他元音的音变，一组元音可以不用改变语音位置而被划归为不同的子系统。之所以称之为重新定义原理，是因为这个原理支配着把一个或多个元音重新定义为外缘性或非外缘性而引起的音变。这个原理运用于维格里奥特语音变就是一个证据，其中外缘内滑元音 **ie** 和 **uo** 的产生导致原来无标记的元音集合被重新定义为松元音，并且在链式音变中低化[见第 5 章(15)]。在南方方言音变中更为明显。上滑双元音音核的松化，以及它们后来的央化和低化，导致原来的短元音被重新定义为松元音。在英国、澳大利亚和新西兰英语中，这一变化导致短紧元音的高化(图 6.3、图 6.19—图 6.21)。而在美国南方英语中，这个变化导致紧内滑元音的出现，其音核的分布从先前的短元音到极端的前位，即从[ɪə]到[iːə](图 6.4、图 6.23—图 6.25)。

9.4　跨子系统的复杂音变

9.3 节中支配跨子系统音变的原理都是作用于音核或滑音的外缘性的变化。在第 5 章到第 8 章讨论的很多元音系统和音变规则中都可以看到这些原理的运作。例如，在 9.3 节中已看到的，高出口原理就是用来描写元音大转移中双元音化的一种异化作用的普遍化。然而，第 5 章和第 6 章讨论的链式音变大多只是用来说明子系统内部的变化。本节将评述两个主要涉及跨子系统的复杂链式音变，看这些原理是如何应用于这样的情况。

中部伊地语

在中部伊地语中已经记录的链式音变（Herzog 1965）系统地展示了跨子系统的音变。

在图示(19)中，类似于模式 4 的若干成分加入模式 3 的后位
286 链式音变，但主要的结构包括两类跨子系统的音变。这个过程最早发生的是 **ō** 双元音化为/oy/（第 1 步），随后是 **ā** 高化为[oː]（第 2 步）。但却没有必要立即继续高化到[u]。这是因为 **ū** 已经占据了那个位置。然而整个模式 3 的链式音变接着进行：**ū** 前化为[ü]（第 3 步），然后是[oː]高化为[uː]（第 4 步）。由于 **ā** 高化造成的空位由 *mayn*（矿井）中的 **ai** 单元音化为[aː]填充（第 5 步），而 *meyn*（想）中的 **ei** 低化为[ay]（第 6 步）；*betn*（问）中的长闭元音 **ē** 则双元音化为[ey]（第 7 步）。

(19) 中部伊地语跨子系统的链式音变

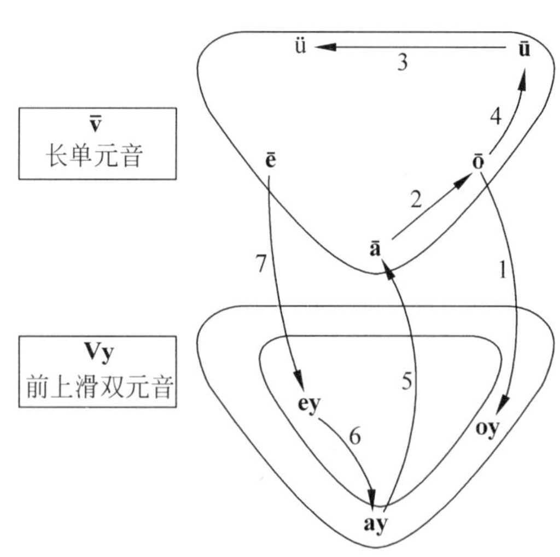

这一系列错综复杂的音变可以看作是几个不同链式音变的结合。但为了进一步抓住链式音变中的整体特征，我们需要寻找描述这些变化内部联系的方式。第 2、第 4、第 5、第 6、第 7 步都与按照第 6 章(17)的链式音变普遍原理的前面的步骤相联结。只有第 1 和第 3 步不受这种支配，它们都是启动链式音变的离开成分。第 3 步就是已见过的启动模式 3 链式音变的前化，而第 6 步则是已见过的模式 4 中/ey/的低化。第 1、第 5、第 7 步都是子系统的音变，其中只有第 5 步是受到链式音变普遍原理中的低出口原理的支配。第 1 步和第 7 步是在链式音变普遍模式的作用下两个长中元音平行的双元音化。

东列托语

中部伊地语的复杂性远远比不上东列托语发生的链式音变(Endzelin 1922)，在第 5 章(23)中第一次做过介绍。东列托语的音变几乎包括了所有现在观察到的元音音变原理。实际上其中大 287
多是跨子系统的音变，而非子系统内部的音变。图示(20)分别列出这些子系统，四个元音三角形各表示一个子系统的相对外缘性。两个外缘三角分别为内滑元音和长元音，非外缘三角为短元音，既有外缘也有非外缘的三角是上滑双元音。从这个框架中我们可以看到，/ey/低化为/ay/是唯一改变音核外缘性的变化。

(20) 东列托语的跨子系统音变

代表 **ie** 和 **uo** 的内滑元音/iə/和/uə/的变化，是这个系列音变中关键的一环，普遍存在于立陶宛语和拉脱维亚语中。在东列托语方言中，它们都分别单元音化为[iː]和[uː]。在前侧位置，原来

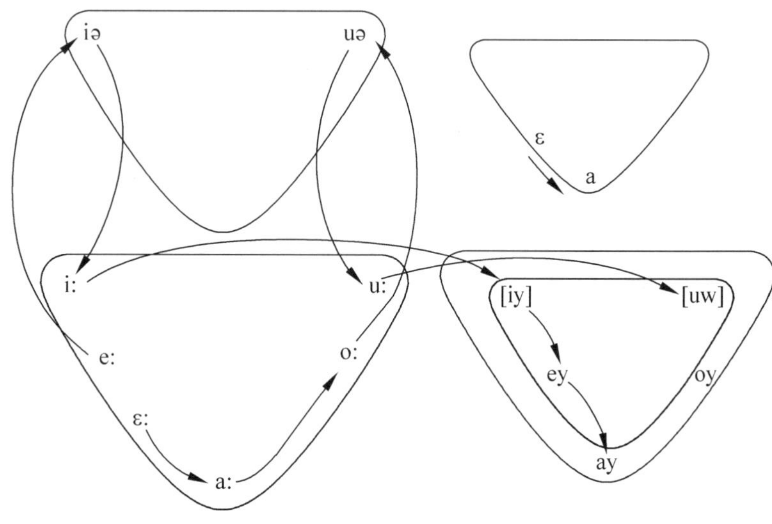

的/i:/通过/iy/低化到/ey/；先前的/ey/则移动到[ay]。而在一些方言中（例如在车臣），早前的/ay/则会移动到[oy]。当原来内滑音/uə/的位置被/o:/取代时，/e:/高化为另一个紧内滑元音，占据了/iə/的位置。在前元音中，/ε/的长短元音都低化。如果不联系到接下来长元音在后侧的高化，这个长元音的低化就可能被认为是普遍原理的一个例外。

在不同子系统中的这些音变完全对称：

(21)

	前	后
a. 双元音化	i:→ey	u:→ow
b. 单元音化	iə→i:	uə→u:
c. 裂化	e:→iə	o:→uə

288 这些都是高度模式化的语音事件。(21a)体现了(15')的高出口原理(a)，而(21b)则是高出口原理(b)的逆向变化。我们可以看到(21a)和(21b)具有对称性。(21c)以最直接的形式表现了中出口原理。

9.5　喉音和鼻音子系统

在印欧语系中进行链式音变的研究，我们更多关注的就是长、短元音之间的转换，而不是子系统的其他对立。在其他语系中，就会有更多涉及喉化的、紧喉浊音的和鼻化的元音子系统之间转换的实例。我们会更多关注这些标记性的元音集合跟无标记的或普通的元音集合之间的转换。有的学者会考虑建立链式音变原理Ⅷ来把这种音变作为常规路径，因为它几乎是自动地按照标记性关系进行的。

(22) 原理Ⅷ

无标记原理

在链式音变中，有标记系统中的成分变为无标记的。

第 5 章展示了阿卡语链式音变的两个阶段[见第 5 章(21)和(22)]。这里把第二个阶段再现为(23)，显示这个无标记原理的运作。在阿卡语中，元音的两个集合具有普通调(无标记范畴)和喉化调(标记性范畴)的对立。在模式 3 的构架中，先有喉化调的中低元音无标记化，随后是普通调的中低元音高化。

(23) 阿卡语中的无标记原理

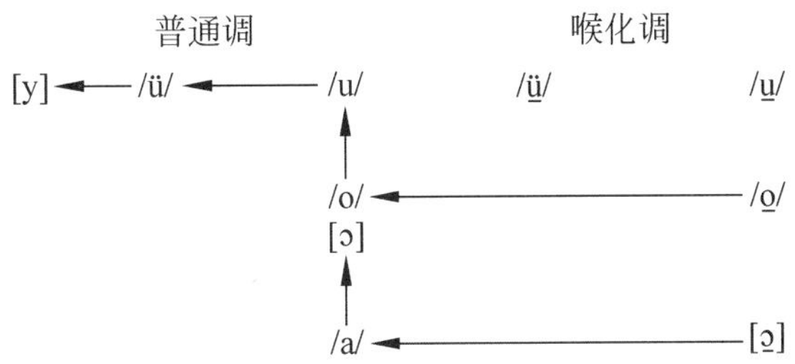

我们把这个标记化原理应用到印欧语系长、短元音的集合中，
289 应该是长元音（无标记范畴）的短化比短元音的长化更为常见。对于我们前面已经讨论的那些链式音变，确实如此。但是在第 5 章和第 6 章中讲到的英语或其他日耳曼语言的音变中，低元音的长化却是常见的内容。瑞典语中短音/a/的长化引起了瑞典语模式 3 的链式音变[见第 5 章(18)]。在北方城市音变中，英语短元音 **a** 的紧化和高化伴随着短元音 **o** 的紧化和前化。

口元音和鼻化元音的关系可以在图皮-瓜拉尼语言（Tupi-Guarani）中进行探讨，这类语言的普遍特点是有口元音和鼻化元音的平行集合。索尔斯和莱特（Soares and Leite 1991）确立六对口元音和鼻化元音作为这种原始语言的特征，形成高低、前后和圆唇都分为两级的 2×3 式元音系统：

（24） 原始-图皮-瓜拉尼语言的元音系统

i ɨ u ĩ ɨ̃ ũ

e a o ẽ ã õ

索尔斯和莱特表明在这个语系中的大多数语言都受到一系列高化移动的影响，由此带来中低元音的央化，在有些情况下，这种高化的继续会造成中元音与高元音合并。这些移动并没有直接涉及链式音变。塔皮拉佩语（Tapirapé）典型地显示出在鼻音前的/a/到[ə]的有条件高化，以及/ã/到[ə̃]的无条件高化。这两种过程可以缩减为单一的规则(25)。

（25） [－圆唇, －舌前, <－鼻化>] → [－低] / ___ [－音节, <＋鼻化>]

但是我们可以假定这个复杂的结合是一种先行同化规则的结果——鼻辅音前的口元音鼻化。(25)然后可以分解为两个简单的过程，都在低层的语音运作，不涉及音位表的音系结论，可以写为(26)和(27)。

(26) [＋低]→[＋鼻化]/___[＋鼻化]

(27) $\begin{bmatrix} \text{－圆唇} \\ \text{－舌前} \\ \text{<＋鼻化>} \end{bmatrix}$ →[－低]

图皮-瓜拉尼语言的这些音变向链式音变的发展是通过塔皮拉佩 290
语把规则(26)扩展到所有低元音都鼻化而引发的。这可以看作是与北方城市音变中短 **a** 全部紧化相类似，跟新英格兰或西海岸只是鼻辅音前的短 **a** 才发生的条件性紧化相对照。一方面，这种扩展可能是对无标记原理的反例，因为鼻化元音显然是有标记的子系统。另一方面，在不同时期的很多语言中，重复出现低元音鼻化，是低元音发音时软腭下降的普遍趋势促成的(Chen and Wang 1975)。LYS 研究发现在英国卡地夫(Cardiff)方言中，元音化的/r/前的/a/不仅前化和长化，还发生鼻化，形成跟口元音的音系对立，于是[hæːš](*hash*)就与[hæ̃ːš]对立(*harsh*)。在波士顿有一个与此类似但发展不充分的趋势。基于对以上情况的考虑，这个无标记原理应加以改进，相对于元音特征和有关标记的具体配置来定义标记性和无标记性。

塔皮拉佩语的链式音变包括/o/移动到/a/空出来的位置，以及/u/低化到/o/的空位的移动。

(28) 塔皮拉佩语链式音变

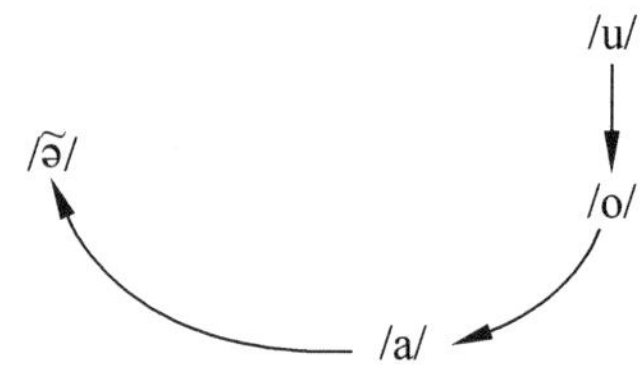

第5章介绍了链式音变普遍原理Ⅰ至Ⅲ,并且规定,即如在罗曼语中,单一系列的元音应视为长短对立系列中的长元音,并且在链式音变中遵循长(紧)元音的音变模式。在罗曼语族中,口元音总是多于鼻化元音,鼻化元音是近期在鼻辅音前的口元音鼻化后,制约条件脱落的结果。而在图皮-瓜拉尼各语言中,没有证据表明鼻化元音是这样产生的,同时口元音和鼻化元音的数目相同[①]。在这种情况下,鼻化元音的功能相当于印欧系语言中的长或紧元音。

291 图示(28)显示了两个元音的低化和一个元音的高化,但这可能是人为的音位标写。在图皮-瓜拉尼语言中,包括塔皮拉佩语,/o/在大多数环境中表现为[ɔ],同时主要的音变过程为前化。这个音变的语音图示如(29),与美国北方城市音变的模式2构架极为相似。

(29) 塔皮拉佩语链式音变的语音模式

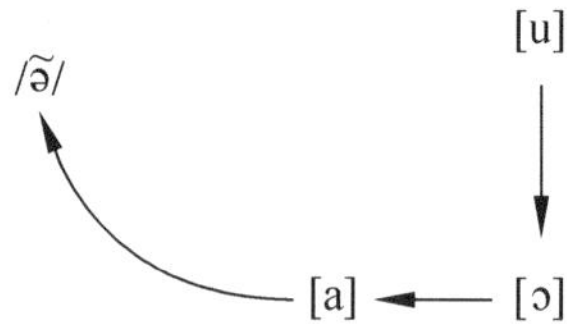

---

① 但阿苏林语(Asurini)和瓜加加拉语(Guajajara)例外,这两种语言中的鼻化元音都已去鼻音化。

本章以阐述自然发生的误解的证据开始，加强了我们提出的音系子系统的概念和音系结构层级性的实证基础。在肯定子系统的重要性之后，问题就在于如何具体描述移动的成分从一个子系统到另一个子系统变化的路径。在先前的章节中，我们对链式音变原理的观点都只限定在原理Ⅰ—Ⅲ以及它们相互结合时形成的模式。这一章又增加了五条外缘性原理，主要用来描写一个子系统中的元音如何转换到另一个子系统。这些原理都最大限度地利用了研究进行中的音变所得出的音系空间观念，并有着合理的实际证据。然而，对跨子系统音变的研究远不如子系统内音变的研究那样详尽。这里所阐述的原理是为了有利于进一步研究所涉及的问题。随着更多实例的研究，需要做出大量调整和补充。

第三部分

合并与分化

第10章　一些不可能的分化 295

影响一种语音系统的变化可分为三个互为补充的范畴:循环、合并和分化。循环保留了差异,合并消除了差异,分化则创造出差异。此前的三章已经分析了循环或链式音变以及支配这些音变的普遍原理。通过研究进行中的音变,我们能够解决预料已经发生合并的时候却还保持着区别的这种自相矛盾的问题。接下来的四章侧重于语音合并的研究,将扭转这种观点。

本章将介绍一些没有预测到的合并的矛盾性报道,并提供语言实例。第11章将检验音位合并和分化的普遍属性以及合并是否会逆转。第12章研究当代方言中的相似情况,并引入"近似合并(near-merger)"概念。最后,第13章会用现有方言中的证据解决历史记录中的矛盾,并采用其他的证据来支持提出的解决方案。

10.1　预想不到的差异的保留

1962年,哈勒发表了一篇论文有效地开创了生成音系学的领域。他把音位学研究提升到了形态音位学研究的层级,并成功地反驳了两个系统性表现层级的存在,即用两套规则联系的底层形式和表层表现。这就意味着,出现在基础形式中的区别性音段表要比结构主义语言学家预设的抽象得多,范围更广的选项被用来确认这些区别。

在把这种推论应用到历史语言学研究时，哈勒分析了众所周知的英语三大词群之间的变化关系，这通常以 *mate*、*meat* 和 *meet* 举例说明，他所讲的总体情况[①]大致总结如下：

296 (1)

类型	中古英语词群	中古英语音值	16 世纪	17 世纪
meet	**ē**	[e：]	[e：]	[i：]
meat	**ēa**	[æ：，ɛ：]	[ɛ：]	[i：]
mate	**ā**	[a：]	[ɛ：]	[e：]

每一个词群都有一个相对复杂的变化历史，在中古英语中，不同的来源通过平滑化、高化、开音节中的长化等几个过程的分合，形成上述的三个范畴。

中古英语长 **ē** 词群直接源自古英语 **ē**（*meet*、*sweet*、*beet*、*deed*、*heed*、*he*）和 **ēo**、**īo**（*she*、*be*、*flee*、*weed*、*deep*）。

中古英语中 **ēa** 词群源自于古英语 **ēa**（*flea*、*leaf*、*seam*、*steam*、*team*、*heal*），古英语 **ǣ**（*sea*、*read*、*lead*、*meal*、*steal*），和古斯堪的纳维亚语 **ǣ**（*seat*），以及短的开 **ĕ** 在开音节中长化的结果（*meat*、*eat*）。

中古英语长 **ā** 词群代表了在开音节中长化的短 **ǎ** 类词语：*hate*、*ate*、*late*、*lame*、*game*、*wade*。在发展过程的某一时间点，**ā** 词群与源自古英语 **æ**（*day*、*maid*、*laid* 等）的中古英语 **ay** 词群合并，正如第 4 章讨论元音大转移时所讲到的。这是何时发生的，又

① 以凯泽（S. J. Keyser）提供的信息为基础。

是怎么发生的，并不影响现在讨论 **ā** 和 **ēa** 之间的关系。

在中古英语中，这些词群由于大量借词的引入而得到扩充：这些借词主要来自于盎格鲁-法语和古法语，还来自于荷兰语、德语、拉丁语和斯堪的纳维亚语。通过从各种语言的借用，**ā** 词群得以大幅度增加（如 *fade* 来自法语，*mate* 来自荷兰语，*fate* 来自拉丁语）。而 **ē** 词群和 **ēa** 词群则引入了很多带有不同 *e* 音质的法语词：闭元音、开元音、长化元音、长元音、双元音（*treat*、*treason*、*reason*、*preach*、*cream*、*veal*、*seal* 等）。究竟有多少这样的词被借入 **ēa** 词群不得而知。很多拼写中带 *ea* 的情况并不能一概而论。很多来自不同词源且跟 **ēa** 词群没有任何关系的词在拼写中也带有 *ea*：*dear*、*breast* 来源于古英语 **ēa**，*beadle* 来源于古英语 **y**。相反地，词群 **ēa** 中很多词的拼写又不带 *ea*：*greed*、*greet*、*leech* 来源于古英语 **ǣ**。借词最初分配进入一个特定的本地词群必须要看它们后来的历史发展：它们要参与到本地词群所经历的变化中。但是只有从古英语中继承的原始词群的行为得到确定，这个调查才能进行。我们在这里将关注上述定义的原始词群，并且引入的中古英语借词一定要有文献的论证。由于现代拼写法不能作为这些词群成员的可靠证据，确证一个特定单词的地位，必须追溯到它进入这个语言时的情况。

如（1）所示，这三个词群在中古英语中相互区别为 **ē**、**ā**、**ēa**；到
了 16 世纪，**ēa** 与 **ā** 相同；到了 17 世纪，**ēa** 却因某种原因与 **ā** 分离， 297
并且跟 **ē** 合并。哈勒解释这种逆转只是为了实现 **ē**、**ā** 和 **ēa** 在底层形式作为同一集合而进行的规则重组。哈勒未加讨论就假定这三种底层形式在整个 16 世纪都保持着区别性，但在这段时间里，**ǣ** 和

ā 显然都实现为[ɛː]。我们自然会问这种现象会是怎样发生的。

通常认为在音变外表之下底层形式的保留是以交替作为基础的。我们可以为 *sane* 和 *sanity* 建立一个类似的表格,并认为 *sane* 和 *sanity* 的底层身份得以保留是因为 *sane/sanity*、*spain/spanish*、*stable/establish* 这种有规则的替换。尽管 *sanity*、*spanish*、*establish* 和 *man* 在表层都共有一个相同的元音,可前三个词的底层形式却截然不同。

(2)

类型	中古英语词群	中古英语	16 世纪	17 世纪
sane	**ǣ**	[aː]	[ɛː]	[eː]
sanity	**ǣ**	[æ]	[æ]	[æ]
man	**ǎ**	[æ]	[æ]	[æ]

我们可以用同样的策略来尝试,确定 **ea** 类单词的交替形式。其中有少量单词与短 **ĕ** 交替:*break/breakfast*、*clean/cleanliness*、*mean/meant*。如果短化的 **ea** 类单词都用这种方式替换,那么 16 世纪的说话者就有可能在底层形式中既把 *break* 与 *brake* 区分开,又与 *breek* 区分开。然而这个办法仅用于少数显示出这种交替的单词。它对区别 *beat* 和 *bate*,或者 *meat* 和 *mate*,或者 *feat* 和 *fate* 没有任何作用。

乔姆斯基和哈勒(Chomsky and Halle 1968)以一些元音的交替为基础,设定了全部长元音类别的底层形式①。但是并没有涉

① 然而对于是否应该这样做有相当多的不同看法。另有学者认为只有具有交替形式的单词才能这样做。

及语音合并：只是长元音集合根据语音规则进行循环，与短元音集合的底层形式相匹配的一个实例。因此交替可帮助我们解开链式音变的作用。但是，语法上的交替在解释合并的逆转中没有什么价值。相反，正是由于存在着 *break/breakfast*、*clean/cleanliness*、*mean/meant* 的交替，引发了 **ēa** 词群的分裂，其中 *break*、*clean* 和 *mean* 加入长 **ē** 词群，其余的仍留在 **ā** 词群。动词系统中的一种少数交替—— *break/broke*、*speak/spoke*——竟然没有足够的影响保留 **ēa** 词群的身份，这多少有些使人惊奇。*break* 是 **ā**～**ēa** 合并中五个有名的反例之一。从古英语晚期，*speak* 和 *break* 同属于短 **ĕ** 词群，在开音节中长化并加入 **ēa** 词群。尽管 *break* 和 298
speak 在交替中关系密切，而现在它们却出现在两个不同的词群中。

据我所知，生成理论的文献中还没有关于交替对于合并的恢复的相关性讨论，并且哈勒论文关于底层形式保留的看法仍是一种缺乏动因的主张。

问题依然没有得到解释。在找到问题的答案之前，我们必须更详细地考察历史情形。**ā** 和 **ēa** 合并是否真的有足够的证据？**ēa** 词群是否作为整体从 **ā** 中分离出来加入 **ē** 词群而没有失去它的词群完整性？

10.2　*meat* 和 *mate* 合并的报告

语文学家一致认为 **ē**、**ēa** 和 **ā** 三个词群在 16 世纪早期区分为三种不同的长前元音，有些学者认为这种区别持续了整个世纪。

然而,还有证据表明存在着另外两种前元音系统:

(3)

Ⅰ	Ⅱ	Ⅲ
ē	**ē**	{**ē**
ēa	{**ēa**	**ēa**}
ā	**ā**}	**ā**

对基于同质言语社区模式的语言理论来说,这实在是个困难而又复杂的难题。这个问题涉及我们现在从正常的异质言语社区的研究中已经熟悉的诸多特性:固有的系统变异、城市言语社区的地域方言,以及社会阶级分层。

合并的证据和反证

在这种情形下,最可信赖的证据类型是基于言语产生的研究。在历史文献记录里,相对应的是单词误拼、双关和押韵的研究。这是怀尔德(Wyld 1936)和科克瑞茨(Kökeritz 1953)着重强调的证据类型。例如,怀尔德引用过下面的单词误拼:

(4) *to spake to her* (C. Stewkley in Verney Memois, iv, 464, 1695)

maneing ‘meaning’ (Lady Brill Harley, 40, 1639)

299 *St. Jeamsis Park* (Later Verney Letters, 1:37, 1697)

to have her bed mead (Later Verney Letters, 1:75, 1700)①

前两例用 **ā** 拼写代表**ēa** 词群,后两例是用**ēa** 拼写代表 **ā** 词群。这种对称性的拼写错误模式是语音合并的典型情况。同时,这还不

① 第一例引自怀尔德(Wyld 1936:211),其余三例出自怀尔德(Wyld 1936:401)。

是我们在言语社区量化研究中所习惯的那种可靠的证据类型。按照可靠性原则，怀尔德和科克瑞茨原本应该提供有区别的元音误拼的比率以及没有区别的元音误拼的比率。而他们所提供的是只能指向一个方向的定性证据。

正音学家和语法学家提供的证据中，叶斯柏森、卢伊克和多布森的证据平衡得更好一些，不足之处是多为主观描写：通常是代表较保守的过去曾确认并讨论过的系统；是最为正式的、深思熟虑的、听觉监控的言语模式；是最权威最为显赫的社会阶层的言语行为。有 16 世纪晚期的四位作者的著作证实存在着(3)中的系统Ⅱ。雷海姆(Laneham 1575)、布洛卡(Bullokar 1580)、贝洛特(Bellot 1580)和德拉莫特(Delamothe 1592)都表明**ēa** 类和 **ā** 类同音或者押韵。

另一方面，哈特(Hart 1569)则报道了系统Ⅰ，即所有三个词群都彼此区别。马尔卡斯特(Mulcaster 1582)和怀托恩(Whythorne Palmer 1969)持相同意见。

系统Ⅲ也有言语产生的证据。例如莎士比亚用 *teach thee* 和 *beseach thee* 押韵(《维纳斯与阿多尼斯》*Venus and Adonis* 404，406)；斯宾塞(Spenser)用 *seas* 和 *these*，*streeme* 和 *seeme* 押韵。诸如 *spyking*(Henry Machyn 1550)和 *birive*(Harvey Letters 1573)这类的拼写，也证明 **ēa** 与 **ē** 是一样的[①]。

到了 17 世纪，语法学家不再有系统Ⅰ或Ⅱ的报告。弗洛里奥

① 引自怀尔德(Wyld 1936:209)。注意此处 *streeme* 的拼写与押韵都证明这里的元音都相同。

(Florio 1611)、吉尔(Gill 1621)、沃利斯(Wallis 1688)莱纳特(Lehnert 1936)、普赖斯(Price 1665)、米耶热(Miège 1688)和库珀(Cooper 1687)的著作都出现大量**ēa**类与**ā**类的区别。17世纪末期，**ēa**类词除了位于/r/前的**ēa**之外几乎全部都归入**ē**类。

面对这些证据，英语史学家对这些元音发音的年代做了截然不同的建构。传统观点认为第一种合并不可能发生，因而就没有过。叶斯柏森(Jaspersen 1949)，卢伊克(Luick 1921)和多布森(Dobson 1968)就是这样断定**ā**和**ēa**从没有合并过，根据的原则是如果曾经合并，后来就不可能再分开。他们据此编排了语言变化的历史。萨克里松(Zachrisson)起初持同样的观点(1913)，后来
300 又认为当时在某些方言中曾发生过合并。怀尔德(Wyld 1936)和科克瑞茨(Kökeritz 1953)也接受语法学家的记录，认为至少在某些方言中**ā**和**ēa**曾发生过合并。

> 在一个读音相同但拼写各异的词表(Voces quae eandem habent pronunciationem)中，库珀包括了*meat-mate*。当然，如果这其中有什么意义，那就意味着我们尝试建立的观点，即中古英语$\bar{a}$和中古英语$\bar{e}^2$在17世纪(如果不是更早的话)具有相同的读音；而且，如果我们能从正音学家那里有所了解，我们可以知道这个音是中元音而不是高元音。(Wyld 1936：210—211)

怀尔德和科克瑞茨认为第一种合并事实上从来没有逆转过，而是他们看到一种方言读音替代了另一种方言读音。系统Ⅲ被认为从

东南部引入，随着来自肯特郡和艾塞克斯郡的说话者的到来，逐渐超出原来的伦敦方言而更占上风。东南部方言在长紧元音普遍高化方面发展更快；古英语中的 **ī**[1] 和 **ǣ**[2] 在肯特方言里都高化为紧中元音[e:]，通常拼写成如 *gier* 和 *cliene* 中的 **ie**（Wyld 1936:41）。

社会因素

本卷一直集中讨论音变的内部机制，有关音变的社会因素的问题留给第 2 卷。然而内部和外部机制无法截然分开。在此，我们必须考虑更大的背景与上面总结的语言事实之间的相互影响。

415

怀尔德是主张社会因素在语言演变中起重要作用的主要倡导者，他记录了伦敦不少区域性特征成为社会语言变项（sociolinguistic variable）的例子。他的看法与斯特蒂文特（Sturtevant 1947）非常接近；斯特蒂文特认为一个音变的过程与它在社会冲突中的象征作用密切相关，这在玛莎葡萄园岛、纽约市及费城的音变研究中得到详尽的说明（Labov 1963，1965，1980）。在这个体系中，跨言语社区的音变轨迹可以概括如下：

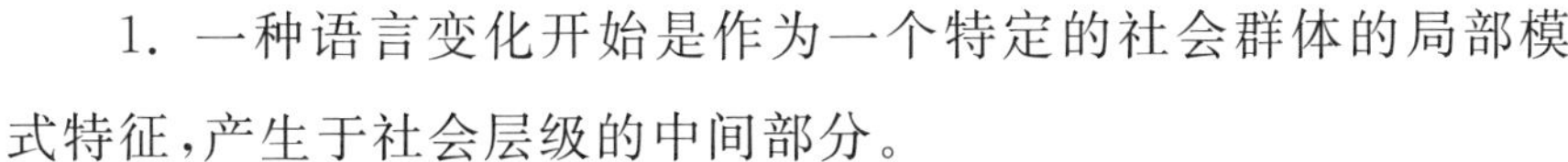

1. 一种语言变化开始是作为一个特定的社会群体的局部模式特征，产生于社会层级的中间部分。

2. 这种音变可能会作为对本地权利和特权的象征性诉求而得到强化，维护原有群体对抗新加入群体的诉求。

3. 随着这种音变在社会群体中普遍被接纳，它就跟具有这个群体社会价值的其他事物联系起来了。

4. 然后这种音变逐渐扩展到把第一个群体作为社会价值参照的相邻人群中。音变常常会被那些首次进入社会结构的群体重新解读并加速演变[1]。

5. 随着两种语言形式持续对立,有可能会分别代表社会价值的明显对立。语言与社会价值的这种联系可能会提升到社会觉察水平之上,成为一种惯例,受到不定期的社会修正;或者可能保持在社会觉察水平以下,结果成为一种无意识的标记。

6. 最终,二者之中的一种形式胜出。随后在很长一段时期,那种正在消失的形式还可以作为陈旧的形式听到,成为一种已逝的特权或低俗的象征;用作幽默打趣的来源直至完全消亡。

7. 当音变完成之后,旧的发音会保留在地名或固定语形式中,作为无意义的不规则发音。

ēa 的演变情形与上述模式十分吻合。这种音变应该看作是英语在千余年来一直在时断时续进行的变化的一种加速过程。主要过程是遵循原理Ⅰ的紧元音高化。大批东南人口的到来加速了伦敦的这种高化的过程。他们的言语显示出比基本链式音变发展更快的程度。有力的证据表明,17 世纪的伦敦存在过带有社会标记的方言,那是音变到达第 6 阶段的情况。当时系统Ⅲ已作为一种标记性群体的惯例。在一则有名的引语中,吉尔(Gill 1621)贬称讲"东部方言"的莫泊萨(Mopsae)人矫揉造作、在说 *capon* 时不是"kāpn"而是"kēpn"(见吉尔本人的标注)。17 世纪后期,我们可以从库珀(Cooper 1687)等正音学家的论著中看到词汇扩散促使

① 有些群体居住在社区中,却并未能完全参与其中。如玛莎葡萄园岛的葡萄牙人和印第安人;在纽约市和费城中 19 世纪的爱尔兰人以及现今的黑人和拉丁美洲人。当这些群体的第三代或第四代成员得到其先辈不曾得到的工作职业、政治地位或社会权势时,他们往往以更极端的形式采用当地身份的语言象征(见 Labov 1980;Poplack 1978)。

音变的推进，倾向于采用更高音值的**ēa**。这种对立在 18 世纪依然存在。据图特（Tuite 1726）报告，当时英语很多**ēa** 类词都有高元音或低元音的不同发音，伦敦人领先使用高元音。今天这个问题已不复存在了（第 7 阶段）。**ēa** 词群的早期读音残留在人们熟知的不规则词（*great*、*break*、*steak* 等）中，下文将对此加以讨论，同时还残存在个别地名里，如新泽西州的 *Preakness*（读作［preɪknɪs］），得克萨斯州的 *Leakey*（读作［læɪki］）。

社会对立方面的证据必然是滞后的，因为这需要依赖于音变
基本结束之后的反应模式。尽管如此，这种证据还是进一步证实 302
了伦敦当时存在相互竞争的不同系统。

然而怀尔德关于系统Ⅲ的出现的解释并不能令人完全信服。在明显的一点上就站不住脚。无论是伦敦从前的系统Ⅰ还是东南方言的系统Ⅲ都没有发生过 **ā** 与 **ēa** 的合并。那么伦敦人是怎样获得这种合并的呢？

要探索这个问题，我们必须继续借助均变说的方法，并应用对进行中的音变做社会语言学研究所得到的原理。运用这些原理，我们可以提供一些可行的解释，并且用现在的研究说明过去的情况，正如我们用过去的研究来记录现在一样。这里将用到的基本原理来自我们最初观察到的社会层级的弧形模式与年龄范围的单一模式之间的一种关联。虚时（apparent time）中的变化很规则地与具有变化最快的、位于社会阶层中间的群体相联系：不是最高的领导阶层，也不是最低的贫困阶层，而是处于次高地位的群体（商人、公务员、店主、教师、地区政治家）和已立足的技术工人阶层（工艺师、机械师、领班）。

在伦敦,**ēa** 和 **ā** 的高化发展最领先的是在商人阶层,而不是在社会最高层。哈特本人拥有土地,兼作法庭传令官:他所记录的 **ā** 是个低元音,**ēa** 是半低元音。证实 **ēa** 和 **ā** 合并的人,诸如布洛卡和曼海姆,都是商人的儿子。我们从这里可以看出中等阶层与上等阶层发音模式对立的大致情形。如果我们这种对社会言语模式的理解行之有效,便不能指望在两者之间找到一条截然的分界线而把它们分为不同的方言。商人阶层在元音高化过程中所起的这种主导作用是一种量化模式,可以与费城音变是上层工人阶层起主要作用(Labov 1980)的情况相比较。

在这个区分社会阶层的框架中,还需要第二条原理来启动所报告的语音合并:

(5) 结构性重新解释原理

当一组相关的音变从一个群体扩展到另一个群体时,相关成分的相对位置发生改变。

在玛莎葡萄园岛上,北方人中是(ay)的央化为主,(aw)的央化处于次要的伴随地位。当音变向葡萄牙裔和印第安裔扩展时,(ay)和(aw)的相对地位反了过来,(aw)处于主导地位(Labov 1963)。
303 在 16 世纪的伦敦,**ā** 类的高化显然是占主导的社会语言变项,见吉尔后期(Gill 1621)对此问题的反应。我们没有关于 **ēa** 的高化受人耻笑的记录。**ā** 和 **ēa** 的合并是伦敦人的语音特征,他们受到东南模式的影响,加速了 **ā** 的高化,却没有高化 **ēa**。最终,**ēa** 类还是得以高化,但这个过程一直延续了一个世纪以后才宣告结束。

为 16 世纪伦敦的语音变化编一个年代史肯定会遇到一些矛盾。这些矛盾令人迷惑,正如试图描述纽约市语言的语言学家所遇到的情况一样，其结果只能把它描写成一大堆“自由变异”(Lavov 1966:第 2 章)。这种对于同质性的偏爱还导致把大多数说话人的语言行为视作变化莫测、毫无道理、有害国家而加以排斥。因此 16 世纪伦敦拼写改革家、最坚定的捍卫者多布森强调考虑“好英语”的正规发音，而排斥进行中的语音变化的新形式。

> 当然，改革者们基于他们所认为的好英语发音——即通常他们自己的——作为语音拼写的基础，并且作为一个原则，避免记录俗语的发音，除非是为了批评这些发音。(Dobson 1957:193—194)

尽管多布森表现出一定程度的阶级偏见，但是目前的研究表明他的评价并非完全脱离事实。导致这种情形的过程看来的确涉及社会群体间的冲突，大多数社会领域的独立学术观察者肯定会认为冲突是破坏性的。然而这些过程还涉及同化、模仿、向上的社会流动性，以及言语行为外在标准的获得——这些现象对说话者人生机遇的影响并非都是负面的。一个平衡的观点必须考虑到语言从很多方面为使用者服务的事实。如果我们给音变赋予社会动因是正确的，那么我们就很难指望它们会完全被保留区别的需要所主导。许多语言的区别性依然能保持下来的确令人惊讶，整体而言，本研究的一项主要任务就是说明这个事实。

在这种情况下，我们必须接受这样一种可能性：16 世纪伦敦大多数人无论从拼写上还是有意观察中都不能区别 *meat* 和 *mate*、*heat* 和 *hate*、*feed* 和 *fade*，并且在双关和押韵中很容易接受两者同音。最终我们必须面对一个更为深入的问题：假定合并

真的发生过，那么又是怎样逆转过来的呢？但首先我们要问是否真的发生过一种成功的逆转，或者如某些人的看法，是否只是原来的词群大体上被近似地保留了下来。

304 不规则音变的规则性

英语的很多不规则拼写中，有些最为明显的就与 *ea* 有关。尽管拼写并不能绝对可靠地完全代表有关的词群，但它确实反映了追溯历史音变中大部分具有可解释性的问题。在第 5 章里，我们发现有些在/r/前的 *ea* 有不规则表现：*wear*、*swear*、*tear*、*bear*[名词]、*bear*[动词]和 *pear* 位于中元音位置，而 *spear*、*smear* 和 *weir* 却不是这样。在这种情况下，最常用词表现是有规则的，三个例外词对整个语言来说无足轻重。可是我们在考察源自中古英语 **ēa** 的更大词群时却发现有一些最常用词变为例外。这组词被塞缪尔斯(Samuels 1965)称为“传统语言学中那些折磨人的小孩子”：

(6) great, break, yea, steak, drain

无论是否与 **ā** 类合并，单单这些例外的存在就向传统新语法学派的音变规则性观点提出了困难的挑战。在地名和生僻词、古雅词中出现不规则性尚可理解，而这五个词却是普通的常用词，它们的不规则性令人费解。假如 **ēa** 高化的演变是不规则的方言混合的结果，为什么除了这五个词以外所有的词都很有规则？另一方面，如果音变基本上是规则的，为什么如此多的音变都有类似的残余现象，让新语法学派教条的反对者得到助益，感到鼓舞？这五个残留单词对规则音变模式来说是太多了，若用于随机混合的解释却又太少了。塞缪尔斯(Samuels 1965：150—153)回顾了人们为解释这些词所付出的很多努力。他归结为功能因素——避免同音的需要——只能部分地解释这个问题。他还赞同沃克（Walker 1791）的看法，即 *great*（大）和 *break*（折断）的中元音是一种语音象征的影响，开口度越大的声音越“深沉且更能表达大的含义”并且“（折断）动作的表达力更强”（引自 Jespersen 1949：388）。

我们将在本书第四部分回到音变规则性的普遍问题。但是在这个特别的例子中，不规则问题似乎被过于夸大。对于历史证据的再考察，以及现在对进行中音变的语谱研究数据表明，不规则性大部分源于错觉。

首先 *yea* 这个词的形式可以作为完全不同的现象放在一边。305
它似乎在 17 世纪按规则高化变成[yiː]，但是后来与 *nay* 一起改变成[yeː][①]。

剩下的词中有三个词——*great*、*break*、*drain*——是以辅音加上/r/开头。当然历史语言学家已经注意到了这个情况，可是他们很快排除了这种解释，因为有大量**ēa** 类词在词首的/r/后发生高化：

（7）*r* 后面为[iː]的词有 *read*、*treason*、*breach*、*grease*、*cream*、*preach* 等。（Jespersen 1949：338）

这个列表还可以加上 *ream*、*real*、*reap*、*rear*、*dream*、*bream*、*scream*、*treat* 等词。叶斯柏森并未就此停止，他对于 *yea*、*great* 和 *break* 进行类推的论证，花费更大的力气来减少这些不规则现

---

① *nay* 本身也不规则。它源于古英语的 *nei*，本应跟 *yea* 一样高化。这两个元音都发生低化的事实表明社会语言学过程影响了表示肯定和否定的词。在这个过程中，本地话倾向于使用开口度更大的形式。可比较 *yes* 的变体形式[jeə，jɛə，jiə]和法语的 *oui*，读作[wɛ，wæ]。

象。可是反对语音制约的观点被过分夸大,而赞成语音制约的主张还未消失。

叶斯柏森的主张有三个局限。首先,他列出的前面带/r/的词表仅仅依据拼写角度着眼。或许因为他处理问题在匆忙之中,或许他过于相信拼写系统。叶斯柏森(和其他许多人一样)似乎认为这里所说的“ea”词群就是一组拼写中带有 *ea* 的词。另一方面,这些学者肯定知道英语有些古怪的拼写法既是上述文献记录中的系统混杂,也是很多历史事件的结果。我们讨论的词群是源自古英语的 **ǣ**、**ēa** 和长化的 **ɛ̆** 演变而来的凝聚集合。而叶斯柏森的词表里只有一个词属于这个词群。中古英语的 *breach* 在古英语中来源不详,只能追溯到含短 **i**、**y** 的早期形式。其他单词都源自法语,在不同时期进入英语中,具有不同的元音音质和时长。

(8)	古英语	**ǣ**	read
	中古英语	**e**(<? 古英语 **y**,**i**)	breach
	古法语	**e**	grease
	古法语	**e**:	cream,preach
	古法语	**ai**	treason

如前所述,描述**ēa** 词群的音变行为不能根据分配到的词群中的借
306 词,因为借词分配是否适当要依据它们与这个词群的变化是否保持一致。

其次,叶斯柏森对词首的/r/和复辅音中的/r/未加分别。目前在进行中音变的研究中,这种区分至关重要。对进行中音变的实验研究已为阻塞音/流音型复辅音对于/æh/高化的平行现象所起的特别作用提供了丰富的证据——见图 4.9、图 6.8、图 6.10、

图 6.13、图 6.16 及表 6.1。后面，我们还会详细地利用这些数据来重新考察 Kr 复辅音问题。这里，我们足可以指出所探讨的同音词群并不是在/r/后的元音，而是带/r/的复辅音：/br，dr，gr/后面的元音。在**ēa** 高化的五个例外中，*break*、*drain* 和 *great* 代表了一种复辅音类型。目前，我尚未找到一个带有这类复辅音的**ēa** 类元音高化的词。所有源于这个词群带/r/的复辅音的都是中元音。

我们已经看到，*yea* 并不是音变主要过程的例外，而是实际曾高化为[iː]。剩下的一个词是 *steak*，它是在中古英语晚期借自古斯堪的纳维亚语的 *steik*。尽管传统的讨论中把这个词放入这个词群，按这里的定义说它为**ēa** 词群的成员并不合适。正像叶斯柏森（Jespersen 1949：339）指出的，[steɪk]是古斯堪的纳维亚语中 **ei** 的有规则的延续；只是在拼写上是不规则的（比较 *they*、*their*、*bait*、*swain*、*raise* 这些词都来自古斯堪的纳维亚语中的 **ei**）。

当然我们也已经注意到 **ea** 词群的另一种不规则方式：/d/前的短化。这里暂不探讨这个问题，留待第 18 章再讨论。就 *meat*/*mate* 的情形而言，我们可以简要地总结为下述规则：

(9) 在 17 世纪，**ēa** 词群的成员或者短化为/e/，或者高化与 **ē** 词群合并；只有那些词首复辅音带/r/的词，与 **ā** 词群合并。

如果**ēa** 的确曾与 **ā** 合并，那么它的逆转既清楚又完整。

10.3　*loin* 和 *line* 的实例

至此，双元音/oy/还没成为我们讨论英语音变的主要论题。

在模式 4 的链式音变中,它和/ay/一起沿外缘轨道移向高位。然而这并不属于元音大转移。元音大转移只适用于音核与滑音中在舌位的前后和唇形圆展方面具有相同特征的元音。在许多方面,
307 /oy/是英语音系中的一个孤立成分。它仅在个别情况下与/ʌ/发生交替,如 *point*/*punctual*。/oy/不同于所有其他 Vy 型双元音,因为它的滑音轨迹通常是从音核到前高目标值的全部距离。

本节将追溯文献记载的中古英语的 **ī** 和 **oi** 在 17 和 18 世纪合并,又在 19 世纪逆转分开的历史。

古英语里没有与现代/oy/相对应的音位。中古英语里的 **oi** 来自于中古英语时期的几个不同来源:

1. 源于拉丁语 **au**+**i**,如 *joy*。
2. 源于拉丁语短 **ǒ**+**i**,如 *oil*。
3. 源于早期法语 **ei** 派生的晚期法语 **oi**,如 *loyal*。
4. 源于拉丁语 **ō** 或 **ǔ**+**ī**,如 *most* 和 *point*。
5. 来源不明(未知),如 *boy* 和 *toy*。

传统看法,得到斯威特的支持,他认为直到 17 世纪中叶,第三组都是以/uy/跟其他组相区别,当音核[u]非圆唇化,并和短[u]一起低化为[ʌ]时,就与中古英语 **ī** 的对应形式合并为[ʌy]。

然而/ay/与/oy/的混合似乎先于/u/的低化。最初的迹象出现于 15 世纪的误拼。科克瑞茨(Kökeritz 1953:216)引用莎士比亚的一些押韵显现出这个趋向,也表现出拼写的颠倒,如"smile"拼作 *smoil*,"employ"拼作 *imply*。此外,/ay/和/oy/的早期合并不限于/oy/类。把/uy/词群中的词分别指定为"开口"或"闭口"元音,表明在 16 世纪/oy/与/uy/的区别曾发生混淆。例如,哈特

(Hart 1551)表明 *coin* 和 *voice* 带开音核/o/,而 *join* 带/u/音核,这些都属于/uy/类词。/oy/类词 *boy* 在哈特的说明中带/u/音核[①]。其他正音学家记录的/uy/和/oy/的分配表明,16 和 17 世纪初期有大量类似的例子(Nunberg 1980)。

在 17 世纪晚期这种合并得到普遍认同。当时科尔斯(Coles 1674)认定 *line* 和 *loin*、*bile* 和 *boil*、*isle* 和 *oil* 分别同音,其中既包含/uy/类又包含/oy/类。库珀(Cooper 1687)、艾肯(Aicken 1693)和琼斯(Jones 1701)肯定了这些观察。那个时期的语音学家把大量不同的词列为同音词。德赖登(Dryden)、巴特勒(Butler)和波普(Pope)的诗韵里出现了/ay/与/oy/的自由交替。如波普在《论批评》(*Essay on Criticism*)中的两行诗:

308

And praise the easy vigour of a line
Where Denham's strength and Waller's sweetness join.

到 18 世纪末,这种合并已经变成一种主要的惯例,受到拉德(Rudd 1755)、肯里克(Kenrick 1773)和内尔斯(Nares 1784)的指责。肯里克承认有些词已经完全合并,以至现在再逆转回去也会让人感觉不自然:

> 一种恶习正在蔓延,尤其出现在日常交谈中。这便是把第一个宽元音完全吞没,或甚至把两个音变成 *i* 音或 *y* 音;于是 *oil*、*toil* 往往读得与 *isle* 和 *tile* 一模一样。诗人用这样的词相互押韵,更助长了这种错误的风气。并且有些单词竟然

① 正如通常注意到的,这种高化可能是受 *boy* 中词首唇音的影响而产生。

> 照此拼写,使用时间久了,使真正的发音几乎丧失殆尽。诸如 *boil*、*join* 和很多其他的词,现在如果读作 *bile* 和 *jine* 以外的音,听起来就显得矫揉造作。(引自 Ellis 1874:1057)

然而就在同一时期,合并已开始减弱。作家们笔下的同音词对越来越少,一直到 18 世纪末。1799 年,亚当斯(Adams)在举例/oy/类词读作/ay/时,仅引用了 *bile* 和 *jine*。

大多数现代英语方言中保持着/ay/和/oy/的区别,各地口语中仅有很少的交叉现象。现今,有些美国方言中 *boil* 读作[bail][①]。而在其他情况下,来自中古音 **ī** 的单词与构成中古英语 **oi** 的词群泾渭分明。一度合并了的音位怎么可能会再分离开来?通常认为这是受到了拼写的影响:

> 在礼貌社交中用 *ai* 替代 *oi* 现象的消失,无疑是受到了拼写的影响。(Jespersen 1949:330)

卢伊克(Luick 1903)、怀尔德(Wyld 1936)和科克瑞茨(Kökeritz 1953)也持同样的看法。这个论断之所以能提出来,是由于这是唯一可想到的解释。确实,正字法的影响可能会比 **ēa** 和 **ā** 例子更大,后者流传到现代的拼写法仅仅提供了有关词群的一种不确定的线索。在/ay/和/oy/混淆的主要时期单词拼写更为规范。尽管如此,仍有很多理由怀疑拼写是造成这种清晰的分离的手段。

---

① 尤其是意思为"小而湍急的溪流"时这样读。

关于合并的记载颇为普遍,并不仅限于伦敦的社交礼仪。然而在现代伦敦口语里/ay/和/oy/却分得很清楚。图 6.3 中玛丽·科尔维尔的元音系统是 LYS 分析的许多伦敦语音系统中的一种,显示出/ay/后化,并沿着外缘轨道高化到/oy/[ɔɪ]的原来位置,而 309
/oy/则上移到高位。这种方言是因/ay/和/oy/合并而受到肯里克指责的“通俗话”的直接后代。多数英国南部方言都表现出清晰的区分,如 LYS 发现的伯明翰、曼彻斯特和南安普敦这些广泛的具有分离的地域。模式 4 的链式音变可以追溯到第 6 章所述的其他系统:诺里奇(图 6.19—图 6.21)和北卡罗来纳外滩群岛(图 6.22)。英国仅有一个地区的现代方言出现/ay/和/oy/的合并:东南部的艾塞克斯郡。

在对拼写是否导致/ay/和/oy/的再分离做出任何结论之前,先回顾语言合并与分裂的一般特性会很有帮助,下一章将主要讨论这个问题。

310

第 11 章　合并与分化的普遍特征

链式音变从根本上旨在避免合并，然而在语言的历史上，合并却比链式音变更为普遍。我们现在转向分析支配音变的其他方面的普遍原理。虽然在现代语言学里支配合并扩散的普遍原理已经有了显著的论述。但是在社会语言学研究中，合并本身的机制还是一个相对较新的论题。本章将概述有关合并的一般特征，并增加一些在社会语言学研究中的新发现。本章也将分析合并的逆转现象：新区别特征的出现和音位分化的发生。

我们对于分化的认识与对合并的认识刚好相反。更多地关注分化机制，而几乎不考虑音变扩散的结果及其对语言学习者的认知影响。这是可以理解的，因为乍一看，合并的机制十分简单，而分化的发生则需要解释。在合并的情况下，我们常会简单地说“两个元音合在一起”。但是，对分化的出现肯定涉及更为复杂的因素。另一方面，合并的扩散显著可见，普遍存在，已经吸引了大量的注意力。因为导致合并扩散的原因十分相同，但分化却并非如此。因而致力于研究语言的合并变化看起来微不足道。但是在上一章所报告的合并的逆转，如果真的发生了，那将是一种分化，意味着区别的习得以及它的扩散。为了认真地评价这些报告，我们必须注意这些区别的可学习性和这类学习的传播情况。

一些语言学家喜欢区分语言变化的最初形式和扩散形式。在此有必要重述文莱奇、拉波夫和赫佐格(Weinreich，Labov and Herzog 1968)的观点，即弄清二者之间的区别没有任何意义。第9章讨论到自然发生的误解时，避开了个体在发音和感知方面的错误跟音变过程直接联系的影响。一个人可能说出一个异常的词语，并且反复多次，这并不会影响到语言。当其他说话人采用了这 311
种新的特点，并在交际中习惯于使用这种特殊的形式和意义时，语言变化就发生了。虽然语言创新可能会起始于重要个体的影响，但这不是创新的行动，而是影响的发生改变了语言。因而音变与音变的最初扩散同时发生。

把这些条件记在心里，让我们首先来看对研究语言演变的学生来说，合并的最显著特点——单向性特征。

11.1　合并的不可逆转性

普遍认为，合并是不可逆转的：一旦合并，就总是合并。合并的这个第一和最重要的性质因为第 10 章讲到的两种逆转的报告而陷入悖论。这个原理是加德在斯拉夫语词形变化的历史评述中首次被清晰阐明。

> 在一种语言里实现的合并并不一定在另一语言里实现，通常是语言存在创新的结果。创新能创造合并，但是不能逆转合并。如果两个单词通过一种语音变化成为相同的发音，那么它们就再也不能通过语音方式区分开来。(1961：38—39[作者译])

因为词群被定义为音系学单位而不是形态学和句法学的单位，这就是说，它们不可能依靠语言结构的任何操作而被逆转。我们可以把这个意义改写为更普遍的原理，作为几个支配合并的原理中的第一个：

（1）加德原理

合并不能通过语言学方式逆转。

一个词群是一个历史事件。它由大量原初事实组成，它们没有其他语言事实的解释和联系。/piyk/，意为‘顶点’，包含了元音音位/iy/，这是第一次学习单词 *peak* 时就应该知道的一个语言事实。语言学习者的行为表明，最初是把这种强制的特征应用到整个话语中，然后随着对语言规律的认识和了解，逐渐限制到单词和语素。选择/t/、/d/或/əd/作为英语过去时态没有任何任意性。如果一种替换被清楚地识别出来，那么这个原初事实就会以更抽象的形式被学会。例如，如果 *sing* 中的/i/与 *sang* 中的/æ/之间的替换被清楚地确定为是-ed 过去式的替换，那么，{sing}语素被

312 描写为/sVng/＋/i-æ/的元音交替。当然这种类推有其局限性。正如我们在第 10 章看到的，*speak*/*spoken* 和 *break*/*broken* 之间的联系并不足以把 *speak* 和 *break* 保留在同一词群。但是，不管我们发现多少种这类替换，词汇的音位组合的绝大多数事实都是源自语言历史的任意分配，并不能用任何其他事实解释。① 这就是所谓语言符号任意性的影响。

合并的不可逆转性与更普遍的语言学原理紧密联系。构成历

① 语音象征意义存在的证据表明了这种说法的局限以及语言符号任意性的局限（Fónagy 1979）。

史上的词群的语言符号是任意的这一事实就意味着要把一个合并还原回去就需要重新学习词群中的每一个词。如果/ay/和/oy/合并成一个音位/ay/，那么语言学习者就要学会把 *joint*、*point*、*pint*、*boy*、*by*、*bye*、*buy*、*spoil*、*oil*、*cloy* 读作/dʒaynt, paynt, bay, spayl, ayl, klay/。把这个合并还原回去就意味着要知道 *joint* 包含了/oy/，*point* 包含了/oy/，*pint* 包含了/ay/，*boy* 包含了/oy/，*by* 包含了/ay/，*buy* 包含了/ay/，*spoil* 包含了/oy/，*oil* 包含了/oy/以及 *cloy* 包含了/oy/。我把这些事实完全写出来是为了强调无法通过把单词组合成词群来加快学习进度。

有人会说/oy/是相对小的词群，但是努力学习新区别的学习者只有在学会了它之后才会知道这点。新范畴的划分不得不对已合并的/ay/词群所有成员都要重新学习。在那些努力学习自己母语方言中没有的音位区别的人们当中，矫枉过正的形式频繁出现是难以避免的。

接下来的是，分化一个合并的范畴远比学会语言中一种全新的词群要困难得多。非母语的学习者只需记住列出的语言事实；母语的学习者则必须摒弃从他们父母那里习得的旧事实，而学习一个新的集合。学会 *joint* 包含了/oy/，*point* 包含了/oy/，*pint* 包含了/ay/等是远远不够的。母语学习者必须学的要远比这些更为烦琐：*joint* 不包含/ay/但是包含/oy/，*point* 不包含/ay/但是包含/oy/，*pint* 不包含/oy/但是包含/ay/等。

逆转合并的**困难**还要从语言普遍原理中演绎出来。加德原理建立的不可逆转性不是一种演绎，而是基于实证观察。加德原理并没有说一个人准确地逆转一个合并在理论上是**不可能**的。它是

建立在经验观察之上，在语言史上的已知时间里，没有任何这样逆转得以实现，即有足够多的个体说话人在给定的语言中整体上还
313 原了两组原始的词群。下一节将列举支持这个原理的证据。

合并的扩展

合并不可逆转的最强有力的证据来自大规模的方言调查，其中言语社区的研究有很多合并逆转的机会。第 3 章和第 4 章展示了虚时的和实时的研究作为追溯音变进程的方法。方言地理学提供了第三种方法。当前，变异的空间分布可以联系到音变在某个特定时间发源并向外辐射扩散。例如，在最初发现音变的城市中心地区周围，会发现音变的扩散模式（Trudgill 1974b）。音变通常是沿着语言交际的轨迹推进，就像河流峡谷一样，在山区则会落后。新形式叠加在旧形式的模式上，在偏远的地区留下同样的形式。这些模式有利于解释随时间变化的语音在空间上的扩散，其结果就是通过当前的资料解释过去的语音现象，使得方言地理学成为最强有力的可利用的工具。赫佐格（Herzog 1965）利用这一证据建立的原理，可以视为是加德原理的必然结果：

（2）赫佐格原理

合并的扩展以消除区别作为代价。

赫佐格采用自己在波兰北部伊地语研究中收集的资料来说明他的普遍性原理。在这个地理区域，有两组语音合并影响了伊地语的高元音。

1　在伊地语东北部方言里元音长度的区分已经普遍消失，邻近立陶宛的波兰方言里表现出原始/iː/和/i/，/uː/和/u/的合并。

（3）东北部伊地语的合并

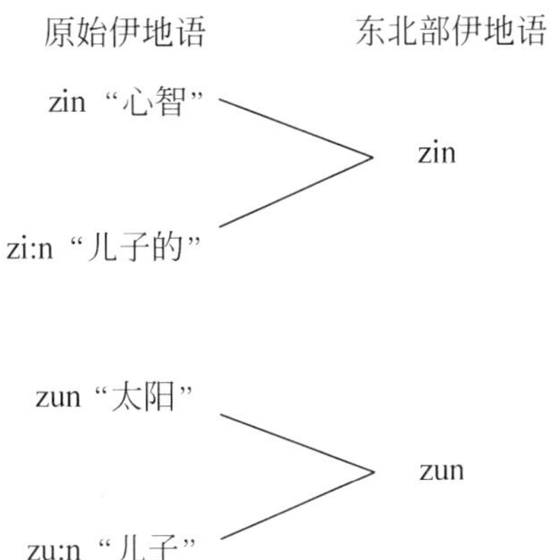

2　在波兰中部地区保留了元音长度的区别，后高元音/u:/和/u/前化到/ü:/和/ü/，并成为不圆唇元音，跟/i:/和/i/合并。这种中 314
部伊地语合并中链式音变的终止在前面第 6 章中已有说明。

（4）南部伊地语的合并

原始伊地语　　南部伊地语

zin “心智”
zi:n “儿子的”
zun “太阳”
zu:n “儿子”

zin
zi:n

在波兰北部的一个地区，这两组音变发生重叠。实时资料和方言构造都毫无疑问地表明，这种重叠是元音前化向东扩展和长度区别丢失向西扩展的结果。赫佐格提出了假设的疑问：在前后元音合并加上长度区别丢失的情况下，/i:，i，u:，u/之间还留下多少区别?根据各自对语言中哪种区别最重要的看法,语言学家做出了各种回答。但是,赫佐格原理给出了清晰的结论:没有留下任何区别。因为合并的扩展是以牺牲区别为代价的,在东北部和南部伊地语之间的地区,两个音变过程的交汇结果是只有/i/保留了下来。这就是实际发生的情况(见 Weinreich, Labov, and Herzog 1968:136 的地图)。[①]

美国方言地理学中合并的扩展

美国东部重要的方言边界线之一是中部和北部的分界线:这条分界线穿越宾夕法尼亚,把国家北部和其他地区划分开来。同时这也是一条重要的地质、农业、降雨以及人口的分界线。同样地,紧沿着这条分界线划分不同的语言特点是很自然的。图 11.1

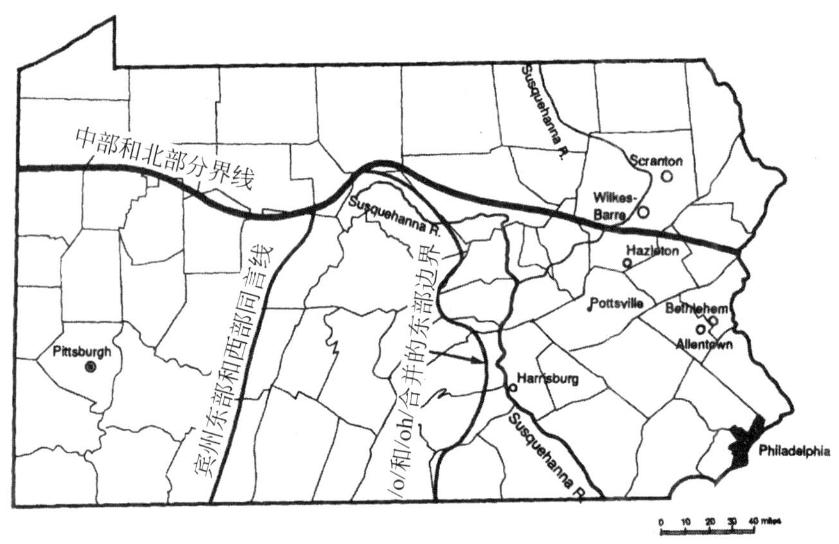

图 11.1　宾夕法尼亚同言线

① 除了作为赫佐格原理的影响力以外,这还是许多音变机制特征中音变实例中的一个。我们在第 19—20 章会再评价它的功能性原理。

中，沿着宾夕法尼亚从西向东的加粗黑线就是依据北部和中部词汇差异建立的一组同言线（Kurath 1949），同时与两条重要的音系同语线一致（Kurath and McDavid 1961）。

首先，清音/ʍ/和浊音/w/的区别保留在北部，而在中部却消失了。在前元音之前它是一个很重要的区别，并表现为很多最小区别词对：[①]

(5)　wheel/weal　　which/witch 315
　　whit/wit　　whither/wither
　　Whig/wig　　whale/wail
　　whey/way　　where/wear
　　while/wile　　whine/wine
　　when/wen

区别的消失使合并的扩展加快速度。第 6 章中提到在北方城市方言研究中，还没发现有人使用纽约州所保留的语音区别（罗切斯特市、锡拉丘兹、布法罗）。

其次，历史上位于/r/前的闭元音[o]和开元音[ɔ]之间的区别，现在作为一组音位对立仍在英格兰北部许多发 *r* 音的方言中保留着，但在英国南部已经消失。在美国，据所有语言地图集记载，南部和北部方言区至今还保留着，但在中部地区却发生了合并。在第 6 章(1)对英语元音的一般描写表明：/ohr/～/ɔhr/的对立是[o]和[ɔ]之间唯一需要的区别。它在结构上的孤立加速了这

① 通常在英语中，后元音前面没有/ʍ/，在圆唇元音前以/h/的形式出现，如 *who*、*whore* 等词中。在不圆唇后元音中仅有的对立是 *what*/*watt* 和 *Fuan*/*wan*，且只存在于少数说话人当中。

种对立的消失。尽管还有少量的最小区别词对，但这种区别已在词汇中大面积减少。[①]

316 (6) 最小区别词对 不可预测的模式

最小区别词对		不可预测的模式	
/ohr/	/ɔhr/	/ohr/	/ɔhr/
four	for	pork	storm
mourning	morning	port	porpoise
oar,ore	or	porch	
borne	born	fort	fork
fourth	forth	store	stork

这些区别在北方方言区正快速消失。在北方城市方言研究中，没有一位说话者保留这种区别。但它还明显地保留在新英格兰东部[见 LYS 图 27，以及拉芙丽尔（Laferrière 1979）对波士顿的研究]和南方地区。LYS 研究表明七位外滩岛（outer banks）的说话人和三位亚特兰大的说话人中存在/ohr/和/ɔhr/不重叠分布。但是一位亚特兰大的年轻人表现出北方的合并特征。还有一些其他研究表现出这种区别在南部正在减弱。（见图 6.4 显示，在得克萨斯中部有两个/ahr/的发音形式和一个/ohr/的发音形式出现在/ɔhr/区域中。）

单词拼写清晰地标记出/ʍ/～/w/的区别。在美国学校教学中仍保持这种区别。[②] 但是这样的事实并不能阻止这类区别的迅

① 凯尼恩和诺特（Kenyon and Knott 1953）记录了这种区别的词汇分布。具有低元音的单词在一些方言中都采用/or/和/ɔr/，在其他一些具有较高元音的方言中，其单词只采用/or/。

② 1962 年一位纽约市的工人阶层的说话人在访谈中说，高中英语课最感兴趣的是老师告诉他 *which* 和 *witch* 之间的区别。尽管在采访的时候，他并不能确认二者之间的区别是什么（Labov 1966：493）。

速消失。/ohr/～/ɔhr/的区别并不是关于拼写那么简单。虽然有些/ohr/单词有长元音的拼法(*fore*、*ore*),但是很多是没有的。[①] /ohr/～/ɔhr/在拼写上的差别没有反映出发音差别的消失速度,它的消失速度慢于/ʍ/～/w/。

美国英语后低元音的合并。美国英语中最大的单项音变是历史上包含有长开元音 **o** 和短开元音 **o** 的词群无条件合并,在大部分东部方言中音位化为/oh/和/o/。这种音长的对立在英语所有方言中都显示出不稳定性。在很多方言里,这两个音位有进一步的语音区分。在英国南部,长元音/oh/趋向于一个后高、过于圆唇的位置,而短/o/仍是稳定地作为央化的、后低圆唇元音。在除新英格兰东部和查尔斯顿的大多数的美国方言区,短/o/低化和非圆唇化为[a]。[②] 而在其中很多地方中,长元音/oh/高化并变为内滑元 317
音。第三种可能性是,把二者合并起来,在美国北方的四个主要地区:新英格兰西部,宾夕法尼亚西部,远西地区以及加拿大已经得以实现。[③] 据 1966 年对有关地区长途电话话务员答复的研究表明,合并正在所有这些地区扩展,尤其是在西部地区。围绕着远西

① 不要期望一般的发音人都能掌握/ohr/的规则,即出现在唇音后,尤其是/p/的后面,如 *port* 这种单音节词或者从单音节词派生的单词(*portal*)中,但是不出现在多音节词中,如 *porpoise*。

② 见特拉吉尔(Trudgill 1974)记录的在诺里奇的这种变化。当/o/非圆唇化时,通常与各种小的元音词群合并,这些小的元音词群在开音节中长化和从/a/到/æ/的前化过程中保留并发展下来:如在/w/后的单词(*watch*、*wash*、*walrus*),在宽 **a** 词群中的短化成员(*father*、*pajamas*、*llama* 等)中。

③ 这种合并一定发生在 19 世纪早期。来自纽约州达奇斯县(Duchess County)的美国拼写改良者迈克尔·巴顿(Michael Barton)在他的著作(1830—1832)里对比提供了强有力的证据。他把自己以这种形式的发音和新英格兰的正字者相区别,并且批评了沃克(Walker)"使得 *not* 中的/o/和 *far* 中的/ɑ/发音不同"。

地区的过渡带是一条穿越明尼苏达州、艾奥瓦州、堪萨斯州、得克萨斯州的潘汉德尔、亚利桑那州南部和新墨西哥州南部的狭长地带（Labov 1991）。在主要城市旧金山和洛杉矶，反应不一致。据特雷尔（Terrell 1975）在洛杉矶更为系统的调查表明：这种可变性存在于老年人中，所有年轻人都采用合并形式。

图11.1还表明划分宾夕法尼亚东西方言的分界线取决于词汇的边界（Kurath 1949）。第二条方言分界线位于偏东部的一段距离：这是/o/和/oh/合并为后低元音向东扩展所能到达的界限。研究宾夕法尼亚密集的交通流量，取决于高速公路的日常交通流量，标示出词汇分界线落在自然交通的低谷处。把宾夕法尼亚东西方言界线和交通线相联系的一种方式是对比跨越分界线的交通流量和分界线内别的地方的交通流量。图11.2标示出了12个穿越宾夕法尼亚州南北方向分界线的中转点，对应于每英里每日通过那条分界线的最小交通流量。库拉斯（Kurath）发现的词汇分界线位于这个图的最小值位置。这说明跨越那条线的人比较少，较多的是在更远的东部或西部平行于同言线的旅行（Labov 1974）。然而实际上，/o/～/oh/同言线位置更靠东方，在图中处在交通模式的斜率上。我们能够得出结论，在合并扩展的压力下，合并的界线已经向东推移。这个例子违背了语言边界线遵循交通网络最小值的自然趋势。

赫罗尔德（Herold 1990）对于后低元音合并的研究集中于宾夕法尼亚东部的发展。她首先对该地区的中心地区全部进行电话访谈，并追溯这个合并的进程，然后对处于过渡地带的特定语言社
318 区集中展开研究。第一个结果显示，这种合并已经显著扩展到斯克兰顿（Scranton），威尔克斯－巴里（Wilkes-Barre）和黑泽尔顿

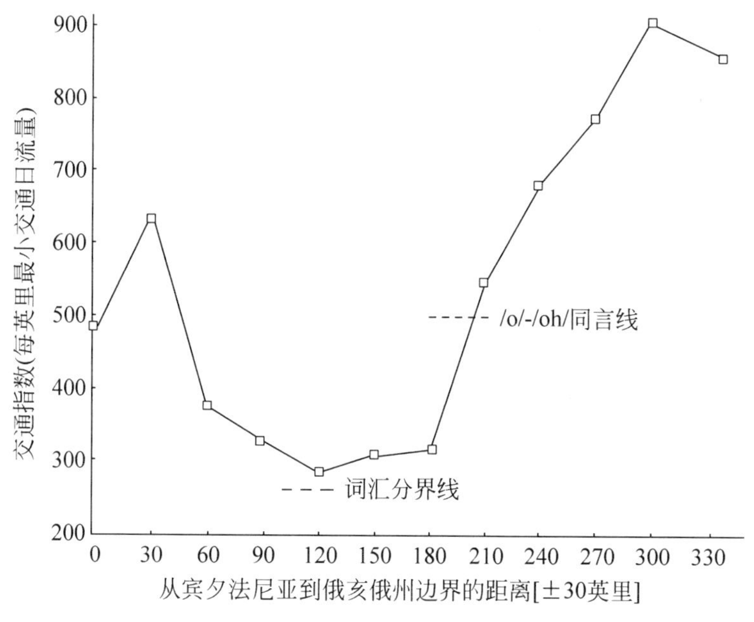

图 11.2　宾夕法尼亚同言线与交通线的关联

(Hazleton)一带这些先前没有合并的地方。一开始认为这只是宾夕法尼亚西部的合并向东部边缘扩展的结果。然而,进一步的研究得出了不同的解释。图 11.3 把赫罗尔德的发现叠加到 1940 年语言地图集记录的后低元音合并的图上(Wetmore 1959)。语言地图的记录显示这种合并的最外延向东延伸到萨斯克汉那河(the Susquehanna River)。但是向北和向南的扩展却停止在靠近州边界的一排县市。这个区域的周围正是赫罗尔德 1988 年电话调查得出合并的最外缘地带:包括了南部和北部的地区,越过了很有影响的北部-中部的边界线,但向东实际上并没有越过萨斯克汉那河。从图 11.3 看到,东部合并的新地区是孤立在先前的西部地区之外的。赫罗尔德证实了合并程度与煤矿业之间的紧密相关,并追溯到这种合并向东部扩展的起源归因于20世纪初期从斯拉夫语地区移民过来的煤矿工人使东部人口迅速增加的结果。她认为,这种合并是一个独立现象,是言语社团的结构成分发生巨大变化创造出来的一种新方言。

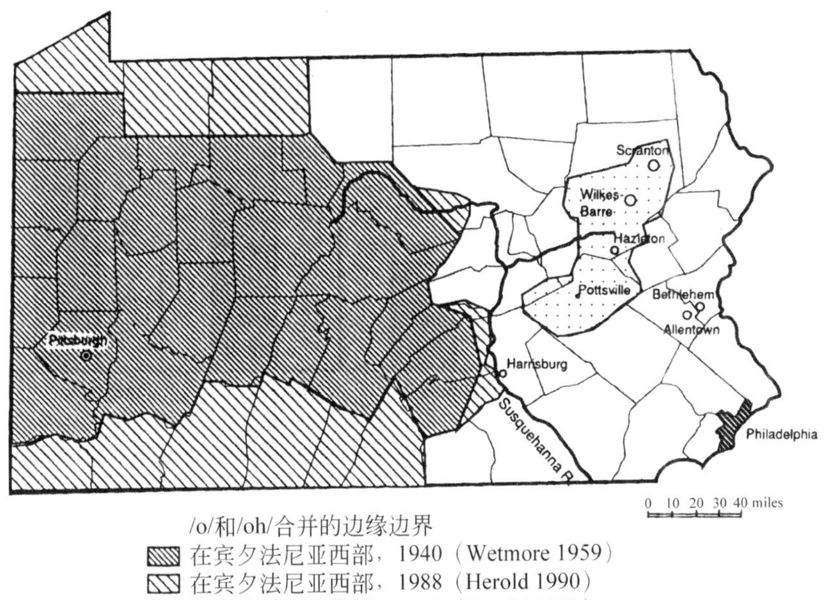

图11.3 1940年和1988年宾夕法尼亚/o/和/oh/合并地区的外缘边界(引自Herold 1990)

在东部地区内部,这种合并迅速地从最初的矿业城镇向其他
319 社区扩展。这种快速扩展最显著的证据发现于波茨维尔(Pottsville),位于北方中心地带的一个城镇,拥有18,000人。1977年7月,LCV项目的成员调查宾夕法尼亚东部城镇的若干项音变的进展情况,他们对年龄在12—14岁的13名青少年进行了最小区别词对测试。1988年7月,赫罗尔德重返波茨维尔,收

集了相同年龄段的 16 名青年人的最小区别词对测试的结果。图 11.4 显示了两组最小区别词对 *cot*～*caught* 和 *Don*～*dawn* 的结果。显然,合并在 11 年里有了惊人的进展。赫罗尔德的数据还显示出合并过程的两个特征:女性领先于男性,感知的范畴化或做出的判断领先于发音。

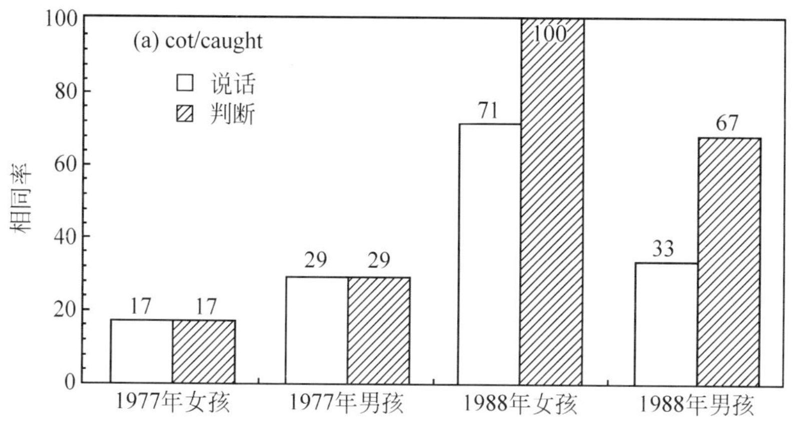

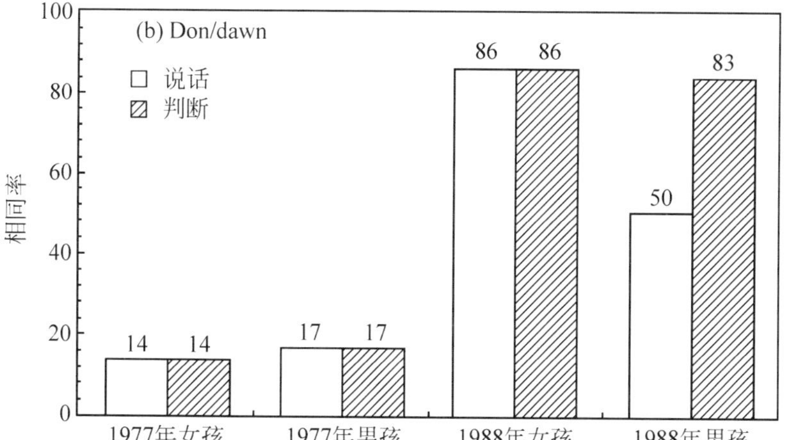

图 11.4　1977 年和 1988 年波茨维尔不同性别的最小区别词对显示的/o/～/oh/合并进程。(引自 Herold 1990)

条件合并的扩展

一些条件合并也会发生在美国英语中,并且显示出合并扩展的证据。近期研究显示,鼻音前的/i/与/e/的合并是20世纪的现象。在许多地区,年轻人的语音合并比年长者更完全(Brown 1990,Bailey and Rose 1992)。在美国南部的很多地区,包括得克
320 萨斯州中部,有一种同音节/l/之前的/iy/与/i/的条件合并,因而*feel*和*fill*、*steel*和*still*都读作紧内滑元音[iə]。[①] 在西南部,/uw/和/u/在/l/前通常会合并,因此*fool*和*full*、*pool*和*pull*发音相似。(这种以"近似合并"形式出现的现象是12章主要讨论的论题之一。)由于位于/l/前的这两种合并都在扩展,所以在亚利桑那州和犹他州的一些社区中它们都是一起出现的(Di Paolo 1988)。

美国的方言地理学对近期形成的新方言、链式音变以及正在
321 进行的合并非常关注。在其他传统更悠久的地区,也发现了合并的稳步扩展。

合并机制

本节讨论关于合并的过渡问题的内部方面。问题在于确定两个音位通过怎样的路径变成一个音位:个体的词语和音位目标是怎样相互联系在一起进行移动的。近年来,这个问题获得了广泛关注[②]:特拉吉尔和福克斯克罗夫特(Trudgill and Foxcroft

---

① 当然这是音变模式4的结果之一。在图6.18和图6.20—图6.23中,很显然音核/i/和/iy/的位置重叠,在/l/前,区分/iy/的上滑音消失了,合并随之而来。

② 关于这个问题的讨论,我深受赫罗尔德(Herold 1990)第2章的启发。

1978)、哈里斯(Harris 1985)、赫罗尔德(Herold 1990)和沈钟伟(Shen 1990)已经建立了若干模式并提供了实际证据的支持。

近似合并

与链式音变特征最接近的是**近似合并**(merger by approximation):两个音位的语音目标逐渐靠近,直到二者没有区别。合并可能是两个元音的结合,如法语中的/a/和/ɑ/(Lennig 1978)。在这个例子中,产生的元音可能显示出介于原来两个元音之间的音值。但是据我们所观察的链式音变最后阶段的合并,如希腊语/i/的合并[见第 7 章图示(9)]或纽约市/ohr/和/uhr/的合并(见图 6.17),并没有显示出这种中间的形式。合并后的音位与合并成员中的一个音位有相同的平均值,只是增加了词群成员的数量。

迁移合并

迁移合并(merger by transfer),是一个音位范畴的单词逐渐地向另一个音位范畴迁移的单向性过程。作为一个规则,它不以中间过渡语音形式为最后结果。迁移合并是稳定的社会语言学变项的特征,其中一种语音形式被赋予了社会评价的尊或卑,换句话说,它们是来自于社会上层的音变特征。特拉吉尔和福克斯克罗夫特(Trudgill and Foxcroft 1978)提供的这种机制的实例说明占主导的标准语言中长期确立的合并的传播。贝尔法斯特(Belfast)的/a/和/ɑ/的合并是这种逐词进行音变机制的典型(Milroy 1980)。在对上海话本地说话人的/ã/与/ɑ̃/合并的相同听感的研究中,沈钟伟(Shen 1990)发现了逐词进行的迁移模式。

扩展合并

赫罗尔德(Herold 1990)对宾夕法尼亚东部塔玛卡镇(Tamaqua)/o/～/oh/的合并机制做了详尽的研究。她检验了从 322

9 岁到 91 岁的 28 位居民的即兴谈话和最小区别词对,并对其中 10 人的发音进行声学分析。由于词群形成的方式不同,/o/和/oh/的语音条件很不对称。在 19 世纪,短 **o** 经历分裂,紧/oh/已经归并到长开元音/o/的词群中,剩余的则变为松/ɔ/。就像现在短 **a** 的分裂,紧音显示出语音条件的高度影响,对常用词的后接后鼻音和清擦音都发生作用,而/o/音位中仅有一些不常用的词(含有/o/的 ping-pang 和 King Kong 相对于含有/oh/的 strong、song、wrong 和 long;含有/o/的 Goth、doff 和 foss 相对于含有/oh/的 cloth、off 和 loss)。为了明确判定说话人的即兴谈话中存在区别,需要对实验结果采用多元分析,用以说明语音条件的影响和词群成员的资格。这里进行的多元回归分析程序,跟第 6 章中弗兰克·休伯(Frank Huber)(见表 6.1)的分析相同。在这个研究中,对每一位说话人分别进行分析,确定每一种词群系数,显示/o/或/oh/词群的成员资格的作用。分析完成后,可清晰地看到 83 岁、81 岁和 74 岁三位年纪最大的说话人在第一共振峰(F1)和第二共振峰(F2)上都得到相当大的词群成员系数,显著水平都在 $p<0.0005$。没有一位年轻说话人达到这种程度,尽管他们之中也发现有词群成员的作用。

从合并的机制来看,最有启示作用的数据来自 81 岁的 J. 霍根(J. Hogan)和他 46 岁的儿子 W. 霍根(W. Hogan)的录音对比。父亲有着高度显著的词群系数:F1 124,F2 209,这意味着所有其他条件相等的情况下,/o/词群的成员比/oh/词群的 F1 高出 124Hz,并且 F2 靠前 209Hz。对儿子来说,相对应的数据是 22Hz 和 26Hz,这都没有统计学意义。图 11.5a 和图 11.5b 分别显示了在父子二人即兴讲话中/oh/和/o/的发音分布情况。对父亲来说,两个词群的元音很少有重叠;对儿子来说,则是完全重叠。无论是近似合并还是迁移合并的模式都不会有两组元音系统占有相同语音空间的情况。这里新音位的语音范围大致相当于两个合并的音位的总合。

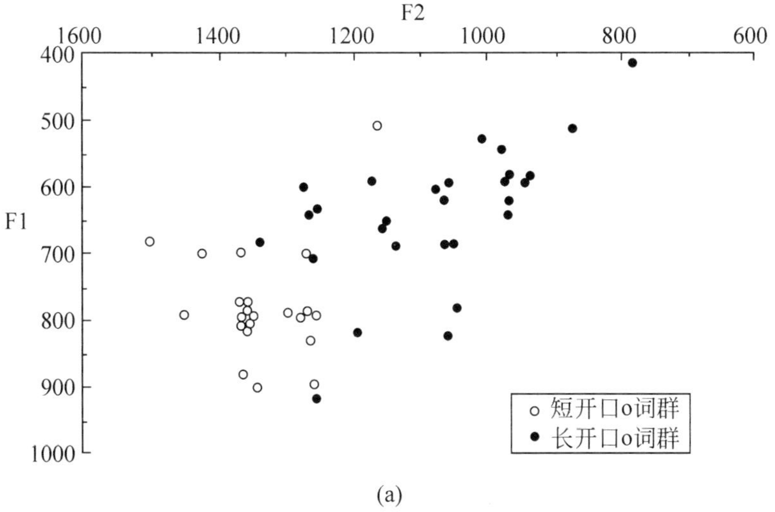

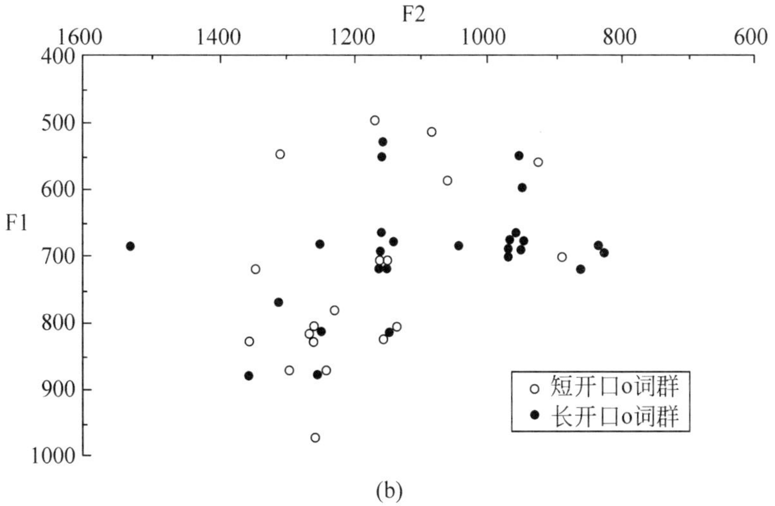

(a)

(b)

图 11.5　宾夕法尼亚州塔玛卡镇，两代说话者在自然口语中的/o/和/oh/。(a)J. 霍根，81 岁，(b)W. 霍根，46 岁(源自 Herold 1990)

从那些表现出合并系统的塔玛卡镇说话人中得到的结果都非常典型。赫罗尔德在这种合并过程中没有发现中间的过渡阶段。所有语音已经合并的说话人发出的音有的像[ɑ]、有的像[ɔ],还有的音质为中间状态。在这种扩展合并中,词汇在先前两个音位分
323 布上的限制被取消,从前用于划分两个音位的范围现在被用于新的音位,在这个新的范围中音位变体各自分布在适当的区域。

显然,合并不是只有单一的机制,而是存在几种迥然不同的机制。未来的研究不是去证明哪一种机制是正确的,而是要确定发生的合并是这种机制还是另一种机制。我们当前的问题是弄清楚这些机制怎样跟合并的稳定扩展相联系,要知道它们是以不同的速度运作的。迁移合并是速度最慢的,近似合并可能要经历三、四代人,而扩展合并在一代人中就能完成。

324 误解和音位对立的中止

为了使这个主题富有成效,我们必须考虑在合并的内部机制以外的直接原因。有什么因素可能导致一个言语社区的成员以一种突然而范畴化的方式取消原有的词汇界定?

考虑到语言系统区别意义的功能,合并就意味着信息的丢失。合并的单向扩展可能导致那些接受的人丢失这一部分的交际功能。赫罗尔德(Herold 1990)提出对合并过程的看法,扭转了这种常识性观点。她指出如下一系列事件的发生:

1. 通过言语社区人口的变化或是相邻社区的人口变化,有音位区别的说话人跟没有音位区别的说话人有大量的广泛

接触。

2. 有两个音位的说话人经常误解有一个音位的人说的话，因为他们把其中的一个音位变体当作一种音位区别。
3. 另一方面，有一个音位的说话人不会误解有两个音位的人说的话，这并不是因为他们会使用音位的区别，只是因为他们在判断所说的内容时并不注意它。对于区分同音异义的词 Don 和 dawn，他们依靠自己语言中所用相同类型的句法、语义、语用的信息。
4. 经过一段时期之后，有两个音位的说话人自己就停止了这种音位区别，因为这种区分并不可靠。
5. 这种决定可能产生区别的突然瓦解，就像在塔玛卡镇的情况。另一方面，有两个音位的人可能继续区别一段时间，只是不把它们用于语义的理解。

因此赫罗尔德提出的合并扩展的机制表明，在有两个音位的人这一方面是信息的获取，而不是信息的丢失。他们认识到有人不区别这两个音位，因此做出相应的调整，消除了和那些人的误解。有人可能会问，人们是否有能力只是在需要的场合进行系统的调整——在跟有一个音位的人的谈话中。有两个理由可以说明这似乎是不可能的。首先，随着合并的进行，同一个社区中存在着不同系统的紧密混合体。不去听懂说话人在说什么，听话者是不能把不同类型的说话人区别开来的。其次，社会语言学研究表明，合并很少会上升到明显的社会觉察水平之上。听话者能够感觉出其他说话人特殊的语音，但不会分辨出有几种区别。

325 赫罗尔德从 CDC 项目的结果中为她的理论找到了支持。其结果表明，依据特定语音形式的说话人在那个形式由于音变而发生变化时，就会频繁地、持续地误解别人说的话（Labov 1989c）。带有赫罗尔德提议影响的 CDC 数据来自于对自然发生的误解的研究，在第 6 章引用来说明（æh）的高化而引起的混淆，在第 9 章引用来说明子系统的层级性质。在收集到的 188 个因方言引发的误解实例中，有 35 个涉及合并。这些合并都已经在前面的章节提及：/o/～/oh/、/in/～/en/、/iyl/～/il/和/uwl/～/ul/。说话人之间可能存在的四种关系与赫罗尔德的假设有关，并由此产生了表 11.1 中的四个单元。如果赫罗尔德是对的，最多的误解次数就会在听话人有两个音位而说话人有一个音位时出现。

我仅用了 27 个当地的误解实例形成这张表格，只涉及一、两个音段；其中大多数是最小区别词对。(a)单元是有两个音位的说话人和听话人，只有 2 个误解事件；这是偶尔的技术事故，而并非方言引起的，用以说明这种情形出现的低概率。(d)单元是有一个音位的说话人和听话人，只有 1 个误解事件；这能很好地说明实际误解频率之低。这些数据大多收集于费城宾夕法尼亚大学，尽管这个学术社区包括了很多来自南部、西部和加拿大的说话人，但是他们只占少数。如果在蒙特利尔（Montreal）或丹佛（Denver）收集数据，我们可以期望有更多的数目。关键是(b)单元和(c)单元对比中的不对称。这里发现的悬殊差别并非是由于收集数据时有偏差。在 24 例误解中只有 1 例是涉及有两个音位的说话人与有一个系统的听话人，有 23 例是出现在前面预测的有一个音位的说话人与有两个音位的听话者之间的情况。

表 11.1　说话人和听话人的音位系统导致自然发生的/o/和/oh/误解的分布

	听话人			
	两个音位		一个音位	
说话人				
两个音位	a	2	b	1
一个音位	c	23	d	1

28 个因合并产生的误解事件中的大多数——21 个都涉及/o/和/oh/。有一些人们认为不像是最小区别词对的，如 *awed* 和 326
odd、*pa's* 和 *paws*。但是实际上还是出现了以下的误解：

(7) 广播员 1，夏威夷[说]：...and how did the people react to the eclipse?
(人们对日食怎样反应?)
广播员 2，夏威夷[说]：I'd say they were awed!
(我会说他们很敬畏。)
Patricia Donegan，巴尔的摩[听]：I'd say they were odd!
(我会说他们很奇怪。)

(8) K. Parks，威斯康星[说]：Well，I can call auto repair places.
(我可以打电话给汽车修理厂。)
Ruth Herold，康纳狄格[听]：I can call Otto... repair places.
(我可以给奥托打电话(问)修理的地方。)
[认为说话人是建议去给 Otto Santa Ana 打电话，因为 Otto 可能知道修理地点在哪里]

另外，大部分类似最小区别词对也确实是经常出现的。在记录中

有四例关于 *Don* 和 *Dawn* 的误解。[①] 而最引人注目的误解中的一对词并不是最小区别词对:*coffee* 和 *copy*。对于有一个音位的说话人而言,这个元音是位于唇音/p/前的一个圆唇的、靠后的音位变体;而对于有两个音位的说话人而言,这是个非预期的与/oh/一样的圆唇化。而元音间的/p/跟元音间的/f/区别并不足以阻止二者之间的混淆。[②]

(9) Carl Roberts,波士顿:How did the coffee machine work out?

(咖啡机用得怎么样?)[指借给 Penn Colloquium 的一台咖啡机]

Sherry Ash,芝加哥:[开始讲述她的复印机出了哪些问题直到被打断;一位在场的费城的人听到的是 *coffee*,但是当 Ash 开始回答的时候又觉得是自己听错了]

(10) Gillian Sankoff,蒙特利尔:[经过复印店,11/28/86:] This is too far, if we're in a hurry we won't save any time to come here for a copy shop.

(太远了,如果我们赶时间就不花时间来复印店了。)

William Labov,新泽西州北部[知道他们已经过了一个复印店,四处张望找咖啡店]:Coffee shop?

---

① 部分的原因在于有两年时间中宾夕法尼亚大学的语言学系同时有一个名为 Don Ringe 的教员和一个名为 Dawn Suvino 的研究生。

② 在学术会议上,*copy* 和 *coffee* 两个词一起出现,使这种误解收集的数量又有增加。最近 copy shops 与 coffee shops 常常一起出现,但是列举词项的范围超出了这个例子。

（咖啡店？）

（11）Gillian Sankoff，蒙特利尔：［经过复印店，6/21/90］Oh! Copy shop! Here it is!

（复印店，在这儿。）

William Labov，新泽西州北部［寻找咖啡店，想知道为什么 G. 要找咖啡店，因为他们刚刚喝过咖啡；而且知道他们在找复印店］

（12）Gillian Sankoff，蒙特利尔：I wonder if there's a copy [kɔpi] place near the airport.

（我想知道机场附近有没有复印处。）

William Labov，新泽西州北部［想］：Why would she 327
need coffee?

（为什么她要喝咖啡？）

（13）Gillian Sankoff，蒙特利尔：It's time to make copies.

（现在是复印的时候了。）

William Labov，新泽西州北部：But I've already had my coffee.

（可我已经喝过咖啡了。）

（14）Gillian Sankoff，蒙特利尔：I'll get your copy right now.

（我现在就去拿你的复印件。）

William Labov，新泽西州北部［想］：Why is he getting us coffee?

（他为什么要给我们弄咖啡？）

（15）Ann Taylor，温哥华：Do you have the copy key?

(你有复印的钥匙吗?)

Don Ringe,肯塔基:Is there a key to the coffee?

(咖啡有钥匙吗?)

(16) Ruth Herold,康纳狄格:These are copied from Maurice Sendak.

(这些都是从莫里斯·森达克复制的。)

Woman,背景不详:I thought you said you were getting coffee for Maurice Sendak.

(我以为你说你要给莫里斯·森达克拿咖啡。)

这种模式的频繁重复可能不会使大多数讲话人认识到合并的作用,但是这也许可以很好地使他们较少地依靠区别性并最终完全抛弃区别性。这里对语言产生的作用不是那种采用非语言因素意义上的外在因素。没有涉及关系到社会荣辱的来自上层的变化。但是在不同言语社区之间接触的意义上,它又是外部启动的。赫罗尔德对这两种维度进行了区分,指出这三种机制中的每一种在哪里最可能出现(见表 11.2)。在考察语言学文献中更多的音变之后我们将重新回到这个论题。

表 11.2 音变类型和启动的合并机制

	外部启动	内部启动
来自上层的音变	迁移合并	
来自下层的音变	扩展合并	近似合并

合并的相对可能性

本章的引言部分探讨在“语言变化”和“语言变化的扩散”之间

没有意义方面的差异。在此意义上，赫佐格原理——合并必定扩展——自身也成为合并的起因，而上文说明的机制只是决定合并速率的实施方式。但这是源于这样的语言事实，即一种特定的音位区别至少在一个言语社区中已经合并。还有另一种意义的“原因”存在于链式音变和合并之间的重要对立之上。为什么在音变 328
过程中，有些元音合并在一起而另一些元音却保留差别？第 5 章至第 9 章的很多讨论都已经触及这个问题。已给出的各种回答可以用下面的方式归类：

(a) **对立的功能负荷**。这是通过一种音位对立而分化出的不同词项的数量，相反的，又是因这种音位对立的消失会产生的同音词数量。很多研究者都已探索过这一系列的论证，其中金(King 1969)最突出，另可参见王士元(Wang 1967)。对于功能负荷探讨的进一步评价，见本书第四部分。对于当前的目标，非常重要的是区分两种不同类型的功能负荷：

(a_1) **基于这种区别的最小区别词对的数量**。这会决定当合并发生时将产生的同音词的数量。这种测量依次取决于词群的规模和历史偶发事件——可能有的空格有多少恰好被填上。如果只有极少量的最小区别词对，那么即使很大的词群也只有非常少的词会变成同音词。因此，/o/和/oh/的合并只有几个高频词成为同音词：*cot*/*caught* 和 *Don*/*dawn* 是最突出的。然而正如我们所看到的，主要的误解却源自 *copy*/*coffee*，不计入最小区别词对数量中的一种对立。我们可以把这个因素更具体地看作一种**词汇对立**程度的测量。

(a_2) **这种区别对于最小区别词对的依赖程度**。这与分布的可预测性等同。如果一个或者两个音位在分布上都显示出非对称性,而这种非对称又是互补的,那么只有少数词项会保留这种音位区别。于是这种分布在很大程度上可以预测。我们可以把这个因素作为**词汇可预测性**(lexical predictability)的一种测量。词汇可预测性程度高意味着词汇对立的程度低,但是不能逆推。

(b) **同一语音维度已有的区别数量**。这是马丁内(Martinet 1955)、奥德里古尔和尤兰德(Haudricourt and Juilland 1949)提出的解释链式音变与合并的一个主要因素。那些可能在任一维度上稳定对立的数量根据音系分析的类型而不同,但是就元音高度而言,显然是三个,极少数有四个。就元音的前后或者圆唇而言,一般是两个,极少数有三个。有人主张后元音的最大程度是三级高度,而前元音是四级。[①]

329 (c) **对立所依据的语音特征的数量**。一般认为包含有几个特征的对立要比只有一个特征的对立更稳定。因此,在匈牙利语里,音长的区别在高元音中不稳定,由于只有这一个特征区别/i-iː/和/u-uː/;但是它在中元音和低元音里是稳定的,由于是音质和音长一起区分长元音和短元音。

① 第6章表明,后位只有三级高度的存在并没有阻止美国西部和北部城市地区/uw/的前化。

(d) 对立所依据的语音特征的可区分性。某些固有的特征要比其他的特征更有效地保持音位对立。陈渊泉和王士元(Chen and Wang 1975)指出，音长特征本身在保持对立时表现较弱。相对于发音位置、鼻音性等，任何仅仅建立在音长特征基础上的区别都不稳定。第 6 章介绍了从自然发生的误解得到的证据说明外缘性也是这样的一种弱特征，第 12 章和第 14 章将就此展开讨论。

(e) 避免合并的移动范围的限度。第 6 章里概述的音系空间的观点说明了下述启动元音合并的情况：(1)一个单向变化过程已经达到任何一个子系统的声学或者发音空间的极限，并且(2)进入到其他子系统的移动并不是所涉及的语群的特征。为什么/i/→/iy/的变化路径对日耳曼语、波罗的海语和印欧语系的斯拉夫语支开放，而对其他语言则是关闭的，这个问题至今没有答案。然而，这个事实证明这样的论证没有普遍性，只是与特定语系的系统性特征相联系。在同音节/r/前的/o/和/u/广泛合并，这是后圆唇元音在央内滑音前不再前移的结果。

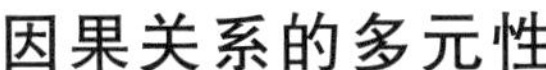

因果关系的多元性

能够产生合并的全部配置无疑是一种多元的情形，包括这些因素的结合。因此，当中古英语长化的 **ĕr** 词群最终和中古英语长化的 **ǎe r** 合并在一起，*bear* 与 *bare* 就成为同音词。(c)只涉及一个特征(外缘性)，(d)这是一个弱特征，(a_1)其中只包含少数对立。在/uhr/与/ohr/合并的例子中，(a_1)只有少数几个对立把/uhr/

和/ohr/词群区分开来，(c)区别它们只有一个特征——高度，(e)两条路径/uhr/→*[üɚ]和/uhr/→*[ʊ^{u}ɚ]都不能实现。对于古英语中的短双元音 **ea**、**eo**、**io** 的音位状态存在着相当大的争论(Stockwell and Barritt 1951; Kuhn and Quirk 1953)。如果它们曾经跟/æ, e, i/之间是音位的区别，通过平滑化消除这种区别就
330 联系到(a_1)词汇对立程度低，(a_2)词汇可预测性程度高，(c)内滑音的单一语音特征，这很少单独保持一种区别性。

考虑到因素的多重性，不同的合并可以按照主要因素或者相关因素的结合来进行区分。我们现在重新回到这章开头提出的主要问题：导致合并的原因的类型是否与这个合并逆转的可能性相关。

逆转的相对难度

如果两个音位彻底合并，那么根据定义其功能负荷为 0。如果最初的合并是由一种低的功能负荷所引起，那么这会给逆转的可能性带来什么不同？词汇对立程度低(a_1)不会造成差别，因为逆转不仅意味着音位差异在最小区别词对的重建，也是两种原来词群的整体恢复。而词汇可预测程度高(a_2)会同样有利于合并与逆转，因为原来状态的恢复只须学会几个最小区别词对即可。

过度集中于一个特定维度(b)引起的合并会比其他类型更难逆转，因为恢复那种过分集中状态会威胁到所有相邻音位的边缘安全。目前尚不清楚，(c)语音区别规模的大小如何影响到合并的逆转。从发音的角度来看，学会发出几种新特征是不容易的。例

如:为了学会东部/o/与/oh/的差异,加州的说话人不得不去学习发出一种紧的过度圆唇的后高内滑元音来区别松的央低非圆唇元音。但是区别重建恢复的,不是最初的语音,而是最初的分布。然后最主要的困难来自听辨方面。使有一个音位的说话人把整个范围感知为“相同”的那些因素可能被消除。如果已合并的方言的说话人努力去学习的是一种细微的语音区别,这种区别不易察觉,学习就更为困难。同样的论证适用于(d)语音区别的可辨别程度或感知力。

如果促使合并的因素是(e)链式音变终点的封闭路径,那么逆转必定是最为困难,因为这意味着整个系列变化的逆转。

这样我们就有了表 11.3 展示的这种层级,其中根据原来合并背后的起因把逆转的难度分级。任何跟(d,b,e)一系列因素相联系的合并都是最不可能违反赫佐格原理和加德原理的。另一方

面,如果一个合并遵循的区别具有高度的词汇可预测性,而没有 331
(c,d,b,e)的特性,就最有可能被逆转。

表 11.3　导致合并的因素与逆转可能性的关联

级别		导致合并的因素
有利		高词汇可预测性(a_1)
中性		低词汇对立(a_2)
	最小	单一语音特征(c)
不利	↓	弱语音特征(d)
		拥挤的语音维度(b)
	最大	封闭的链式音变路径(e)

在我们把这种结果的逻辑应用到已有的反合并的实例之前,

我们必须考察合并的对立面:音位分化的特性和它们在语言历史中的起源。

11.2 音位分化

大多数音位变化的报告都涉及合并:音位总数的缩减。这个简单的事实会引向一个奇怪的结论:大多数的语言都在稳定地减少自己的元音总数。然而纵览语言历史却并非如此,因此有理由认为音位分化与合并的数目是一样的。虽然目前原因还不完全清楚,言语社区的习得者要确定正在创造的音位区别并非易事。但是历史记载中有足够的实例提供了分化的详细类型。分化的特性在调查研究中颇为重要:不仅关系到合并的逆转,而且关系到第四部分讨论的音变规则性。为了避免重复这个论题的广泛讨论(参见 Hock 1986),我将尽力总结与本章以及后面内容相关的分化的主要特性。

分化是把已有的音位分开从而创造出新的音位区别。这并不是新的音位区别产生的唯一途径。新音位可以通过音位借用的整合,从而产生出这种语言中先前不存在的带有新的音位结构的音段。在第 10 章中已讨论过的/oy/融入英语中就是一个实例。

332 制约因素的丢失

最经典且最常见的分化形式的出现是两个音位变体通过制约它们差异的环境因素丢失而变成为区别性的差异。[①] 在美国非南

① 这种模式在被俄国语言学家首次描写之后常常被称为"波利瓦诺夫(Polivanov)"因素。

部方言中出现/uw/和/ow/的前化，这个过程在/l/和/r/前被禁止。以下听到的是典型发音：

(17) too[tüᵘ]　　　tool[tu˃ ɫ]

go[gᴇ˃ᵘ]　　　goal[go˃ ɫ]

在许多这样的方言里，尤其在宾夕法尼亚西部，制约这种区别的暗/l/在词尾经历了元音化。在后圆唇元音后面，如(17)中的词，暗/l/可能会完全消失，从而产生如下的表层对立：

(18) too[tüᵘ]　　　tool[tu˃ ː]

go[gᴇ˃ᵘ]　　　goal[go˃ ː]

在这个例子里，很多选项被保留下来，允许一种更为抽象的分析去重构底层的/l/(*tool*/*tooling*、*goal*/*goalie*)，没有理由在底层形式中认定一种新的音位区别。

第 5 章中第一次讨论了古英语晚期开音节元音的长化过程导致的更进一步的变化。长 **ā** 后化为 **ɔ̄**，因此在语言历史上的这个阶段没有长 **ā**。开音节中的长化不能创造出长的音位；只能是在开音节中有长的音位变体，在闭音节中有短的变体。长 **ā** 和短 **ǎ** 之间的音位分化是在持续不断的音变使制约因素废弃的时候发生的，首先是词尾元音弱化为非重读央元音，然后央元音失落。因此，*name*、*same*、*made* 词尾的元音-*e* 不断被弱化并最终消失，从而导致了在 *made*/*sad*、*same*/*Sam* 等词中/æː/和/æ/之间的一种重要的音位对立。

借用

在很多语言中，在逐渐向其他语言借用的过程中，引入新音位,通过一段“共存音位系统”时期(Fries and Pike 1949),有标记的语素历经本土化,最终融合进入单一的音位系统。最简单的情况就是借用的语言中不存在的音位。我们已经知道,现代英语的
333 /oy/没有古英语的来源,而是源自于不同的拉丁语和晚期法语,以及未知的和孤立的词根。更为常见的是,借词打破已有的音位变体模式并由此建立一种新的对立。古英语中没有[f]和[v]的对立:[f]从不出现在词中间,[v]从不出现在词首。现有几乎所有的对立都源自以[v]开始的借词,最先从法语借入(*vagatond*、*very*、*village*、*voice*、*vulgar* 等)。一旦大量的从法语借来的词建立起以[v]开头的新模式,从其他语言借来的词就拒绝被同化为本土的以[f]开头的模式。其中只有极少的词不是拉丁词汇。*vixen* 和 *van* 源自英国南部方言,在那里词首只有[v],没有[f]。viking 借用于近期的挪威语,代替了古英语的 *wicing*。

词汇分化

上述的新音位对立的两种来源在现有的词群里或多或少,重组或者加入其中。这里特别感兴趣的新音位的来源实际上把一种先前已有的词群沿着任何规则都无法预测的线分开。这类词汇分化在本章以及后面探讨词汇扩散与规则音变的章节中有着重要影响。

我知道没有一种词汇分化只是简单地把音位随机重新分配给两个不同的词群。这样的历史演变与我们已知的语言行为不符。我们没有发现无动因地重建词群成员这样的语言事实。相反,这样的词汇分化显示出高度的制约性,在最初看起来像一个复杂的分配规则。进一步观察这种情况发现规则并不能说明问题,熟悉掌握新的分布要求了解每个特定的词位(lexeme)。

这种词汇分化的特性可以总结如下。一个词群一分为二的典型词汇分化显示：

1　一套复杂的语音条件，可以预测大多数词汇的分配，但不是全部。
2　具体说明特定单词的若干语音条件。
3　多种语法条件，包括屈折和派生后缀、不规则动词变化表、助动词的状态、一般的语法算子。
4　派生词的各种变体，尤其是缩略语和后接词。
5　习得年龄所决定的专有名词和书面语的不规则模式。
6　词频的强烈影响。
7　动因不明的词汇例外。

英式英语宽音 a 334

英语中这类词汇分化的经典实例是英式英语的宽音 **a** 词群。宽音 **a** 位于鼻音前，最初从法语词中借来，拼写为 *au*，如 *dance*、*chance*，或者拼写为 *a*，如 *lance*、*France* 和 *plant*——以/n/加上清阻音结尾的大多数单音节词。它也出现在发音部位靠前的清擦音之前，如 *half*、*laugh*、*bath*、*pass*、*past*，具有语源学上独立的语音制约模式。语法观察可以帮助第二方言学习者发现这种规则，如宽音 **a** 会出现在双语素 *chancy* 而不是单语素 *fancy*，双语素 *can't* 而不是单语素 *cant*（‘俚语’或者‘使倾斜’），单语素 *class* 而不是派生的 *classic* 中。[①] 但是没有语音的、语法的或语源的规则

① 当然，*-ic* 词尾一贯是短化元音的，如 *tone*/*tonic*、*placate*/*placid*。

会告诉二语习得者,宽音 **a** 用于 *class* 而不是 *mass*'质量、聚集'[①],两个都源于法语,尽管有一个源自古英语的变体是指基督教的弥撒(mass);用在 *pastor* 而不是 *pastern* 中,二者也都源于法语;用在源于古英语的 *plaster* 而不是源自拉丁语的 *plastic* 中。一个非常聪颖的语言学习者可以通过推断宽音 **a** 只出现在辅音丛前而从不出现在单独的鼻音前,使鼻音前这一条件更为明确。如果辅音丛以/m/开始,那它必须进一步具体为/__ mpl/,这样宽音 **a** 就出现在 *sample*、*example* 而不是 *camp*、*lamp* 等中。遗憾的是,学习者必须把 *ample* 读作/æmpl/而不是/ahmpl/。带有/n/的辅音丛更加困难,宽音 **a** 出现在 *demand*、*command*、*slander*,而不是 *land*、*grand*、*pander* 中(Jones 1964;Ferguson 1975)。在每一个例子里,都有着引人去找出解释的倾向——在某一些例子中暗示着宽音 **a** 以高语体与短 **a** 音的低语体对立,宽音 **a** 的旧模式与短音 **a** 的新模式对立——但是这些趋势仅仅是趋势,解释要基于事实。学习宽音 **a** 词群的一条真正途径是要像母语学习者那样把它作为一套无理据的事实吸收过来,如果不能这样做,那就在童年时代的早期进入一家英国公立学校。

大西洋中部短音 a 的分化

最近关于词汇分化的很多讨论都集中在大西洋沿岸中部各州短 **a** 词群的表现,包括纽约、新泽西州北部、费城、巴尔的摩和更远的南部城市方言。我们已多次探讨了这种音变:从/æ/紧化到

① 参考《埃欧兰斯》(Iolanthe):"Bow, bow, ye lower middle classer, bow ye tradesmen, bow ye masser。"英国人在合唱时,第一行用宽音 **a**,第二行用短音 **a**。

/æh/又高化到[ɛːᵊ，eːᵊ，iːᵊ]。尽管整个短 **a** 词群在北方城市中都受到影响，在大西洋沿岸中部州市都显示出一种复杂的选择。[①]
新泽西州北部模式首先是乔治·特拉格(George Trager)根据自 335
己的发音做出详尽的描写。特拉格在一系列的文章中(Trager 1930，1934，1940)，对于这种分布的见解越来越深入，开始认为是复杂的音位变体分布，最后做出了这是一种词汇分化的清晰结论。[②]

科恩(Cohen 1970)对纽约市的短 **a** 音变模式做了精细的描写，其中表现出上述所有特征：

1 在闭音节的浊塞音、清擦音和清化前鼻音前紧化。

2 在开音节的浊擦音前有不同的变化(*magic*、*imagine*)。

3 在开音节的屈折性边界前类推紧化(紧：*planning*、*passing*，松：*planet*、*passive*)，在功能词中松化(*an*、*am*、*had*、*have*、*can*)。

4 在派生性边界前(*classify*、*passable*)和缩略语中(*gas*、*math*)有变体。

5 在文言词中不规则松化(*alas*、*adz*、松 *mad*‘精神错乱’对紧 *mad*‘愤怒’)。

6 在多音节常用词的词首位置紧化，如 *after*，但在多音节非常用词中不紧化，如 *Afghan*。

---

① 这一现象也发生在南部，虽然还没有对此展开详细的调查。

② 哈勒和莫汉南(Halle and Mohanan 1985)在他们对英语音系学的研究中参考了特拉格的第一篇文章，但遗憾的是他们没有看到他别的文章。对短 **a** 分化的有限信息导致他们提出短 **a** 分化是由语音规则控制的看法。

7 绝对的词汇性例外，如紧的 *avenue*（所有其他的短 **a** 在 /v/前的情况都是松音，尤其是在开音节和词首位置上）

尽管我们现在倾向于把短音 **a** 的状况作为词汇性规则而不是音位分化，然而这种词汇性制约规则中有很多特征是音位的再分布。

词汇分化的争议性和古英语短双元音

根据词汇分化的一般特征把它们分析辨认出来总是不容易的。当然幼稚的说话人直到分化发生很久以后才能辨认出来，由于音位对立是逐渐建立起来的，而语言的传统会把新音位认为是旧音位的变体。如上所述，乔治·特拉格花费了很多年的分析、做出三次研究才分析辨认出在自己的方言中短 **a** 分化的音位地位。确实，词汇分化的标志之一就是语言学家对两个新音位的地位展开争论——也就是说，他们通常对于是否已经发生词汇分化各持
336 己见。在美国语言学史上历时最长的争论之一就是古英语短双元音 **ea**、**eo**、**io** 的地位（Stockwell and Barritt 1951，1955，1961；Kuhn and Quirk 1953）。这些图解形式都是在日耳曼语言前短元音 **ă**、**ĕ**、**ĭ** 的对应形式，在上下语境中通常导致"裂化"或者是发展为内滑元音，尤其在同音节的流音前，如 earm'贫穷'、bearn'儿童'、eall'全部'、miolc'牛奶'。这些短双元音的分布显示了很多词汇分化的特征。然而实际的语音条件很独特，有很多细节的分布，并且同样包括软腭音/h/之前和之后的元音。斯托克韦尔（Stockwell）和巴里特（Barritt）认为短双元音和对应的短元音存在音位区别，有两个基本理由：音位原则引导我们希望只描写记录音位区别，而音位分布的事实又证实了这一点。库恩（Kuhn）和夸克（Quirk）不同

意，指出在最初的论据中有许多事实方面的限制。这个争论持续了数十年并见诸很多论文。

边缘性和可逆性

关于古英语短双元音一个最有趣的事实，就是在中古英语早期它们就已经从语言中淘汰了，古英语的图解惯例中也让位于单元音 **ǎ**、**ě**、**ǐ**。如果 **ea**、**eo**、**io** 确实标志一种音位分化，那么这种分化已被逆转，并且最初的词群已经整体恢复。由于这种逆转是一种合并，合并扩展又以区别消失为代价，因此这并非是一种不可能的事件。事实上，这种情况的逻辑表明，词汇分化的结果比其他的音位区别更可能被逆转，因为它们只是依靠极少数的对立成分。

短双元音的平滑化只是在古英语末期的普遍平滑化过程中的一部分。在第 4 章和第 6 章，我们看到这种平滑化使 **ēa** 和 **ā** 合并、**ēo** 和 **ō** 合并，因此短双元音的消失并不能被认为是它们特有的不稳定性的结果。不过还是给人一种感觉，主要的历史词群中词汇分化的结果缺乏完整的音位对立特征。在我们的术语中，合并显示出很高的词汇预测性和很低的词汇对立。因此，它们应比其他音变更容易逆转。

11.3　区别的不可学习性

加德原理实证基础的第二种方法是考察一种语言的母语说话者相对成功的习得另外一种方言系统。到目前为止所得到的所有证据显示合并在不断传播。很显然习得另一种方言中的合并是非 337

常容易的,我们几乎不需要更多的事实证明。但是加德原理的力量就在于逆向推论:那于那些已有合并的说话人在习得一种区别的困难。本节将考察这一方面的证据。最有力的证据是自然情形,即当人们迁入到一个新的方言区,他们和他们的孩子置身于不同的语言系统之中。信息也可以从田野调查和实验分析得出,要求被试者去模仿、辨识或者确认另一种方言的模式。

词汇分化为人们提供了战略性研究场地来研究区别的可学习性——合并的可逆转性的对立面。研究分化的优点之一就是所有其他社区中接触过分化的说话人是从"合并方言"的立场来面对一种区别。一般情况下,他们不会去学习它,并且我们也会期望他们的影响将销蚀或者减慢这种分化的过程。这种情况可能会出现在两个社区间的边缘地带。但是如果我们把少数使用合并方言的说话人安置在具有分化的社区的中心,远离他们原来的社区,不再有任何接触,那又另当别论了。

费城方言的习得

语言接触的地点为普鲁士王村(King of Prussia),这片城郊地区是第3章中佩恩(Payne 1976,1980)研究费城方言习得的关注点。这种语言的学习者必须学会费城方言的一系列广泛的语言变异,同时还有上文概述的那个类型的词汇分化。

这片被普鲁士王占领的土地一直专用于农耕,直到1945年。在以后的25年里,工业园区吸引了化学、汽车、电气和计算机工业的到来。这些工厂和实验室的技术人员和专业人员住在就近的郊区而不是在40分钟车程之外的费城市。这些新兴工业的人员大约有一半是费城本地人搬迁到市郊，另外一半是来自其他州市。在佩恩调查研究的地区，大多数家庭都是中产阶级和天主教徒，一般都有3到7个孩子。这很适合研究孩子们习得费城模式的能力。对孩子们来说，社会环境提供了强有力的学习动机，同时这种家庭结构对于孩子们进入社区时的年龄以及在社区中度过的岁月进行比较提供了广泛的可能性。

普鲁士王村研究的重点之一是家庭和同龄人对于语言习得的相关影响。在先前对纽约市的研究中发现，第二代纽约人与第三 338
代、第四代的纽约人拥有相同的语音模式。父母说伊地语、波兰语、意大利语或者德语的事实，并不影响他们的孩子以那些与父母都说纽约本地话的孩子相同的方式，参与纽约本地话的演变。[①]但是这种作用可能是由于父母的外语腔调处于较低的社会地位；孩子们可能已经得到社会的提示：这不是一种语言习得的合适模式。普鲁士王村的语言环境给予父母们更大的优势。在这个调查研究中的移民家庭来自纽约市(3)、马萨诸塞州(3)、纽约州北部、西宾夕法尼亚、克利夫兰和堪萨斯。至少在成年人的世界里，他们自己的土话比当地费城本地话更有声望。

也许有人会认为某一地区纯粹来自外省的家庭的数量会加强自身的影响力，使得费城模式不能像对于孤立家庭那样发挥正常

① 在纽约市，可以对第一代和第二代本地说话人的两类群体进行有效的统计比较：上层工人阶级的意大利裔男性和下层中产阶级的犹太裔女性。在每一组中这两代人之间都没有明显的区别，从而证明父母的母语是意大利语或者伊地语对孩子们没有明显的影响。不同族群的影响表现为意裔偏于高化(æh)，而犹太裔偏于高化(oh)，但是这与父母的言语模式没有直接联系(Labov 1976)。

的影响。为了平衡这种影响,佩恩的取样包括了主要是费城人的两个街区,另有两个街区中一半是外地人,还有两个街区主要是外地人居住。在这三种居住类型之中没有发现显著的差别。

语音变量的习得

在第 3 章已经提到,外省的成年人习得费城方言的意向最低,他们都保留了各自完整的基本语音和系统。另一方面,他们的孩子却迅速并准确的习得了费城方言的语音。为了测量这种作用,佩恩选取了跟其他方言区别最大的五个费城音变:(aw)、(ay0)、(oy)、(ow)和(uw)[1]。对于除(aw)之外的其他所有变量,大多数外省孩子表现为完全习得,这也就是说,他们与本地孩子的说话没有可觉察出的差异。所有外地孩子至少都表现出(uw)和(ow)的前化,甚至对于最难习得的变量(aw),都有 80%的孩子不同程度地习得。

图 11.6 根据孩子们到达普鲁士王村地区的年龄,显示出他们
339 完全习得的百分比[2]。图例标示出每个年龄段孩子的总数,但是实际用于比较的外省方言变体的实际数量只是其中的一部分。[3]

---

① 例如,由于所有的方言都或多或少高化了/æh/,因此把(æh)作为语音指标没有任何意义。

② 对于习得和未习得的划分依靠定性而不是定量的差异。孩子们的数据进入统计,必须是父母的方言与费城本地话有质的不同[例如,(uw)没有前化或者(ay0)没有央化]。因此佩恩的完全(complete)和部分(partial)范畴所指的不是语音形式发展的相对程度,而是费城话中任一种形式的使用频率。事实上,孩子们的语音变体发展更快。对于那些正在学习这种模式的孩子们而言,它们的功能是费城语言社区的标志,而不是进行中的音变的标志。这里把它们放在括弧里来表明社会语言学的变体。

③ 不是所有的变量都适用于所有地区来的孩子,因为在有些情况下没有跟费城方言的对立。例如,纽约市和费城具有相同的(oy)到(uy)的高化。每一个变量的实际应用的数量是:(aw)20,(ay0)34,(ow)25,(oy)20。

在每个变量实例中，5 岁之前到达的孩子表现出最高的习得水平，在 5 到 9 岁之间到达的孩子接近这个结果。而在 10 到 14 岁到达的年龄稍大的孩子中，得到的这些数字只是依据 3 个实例的情况，我们应该期望会有更大的数字显示更高习得的水平，并且根据三个孩子中两个人的表现得到的(ow)的高水平结果将会降下来。

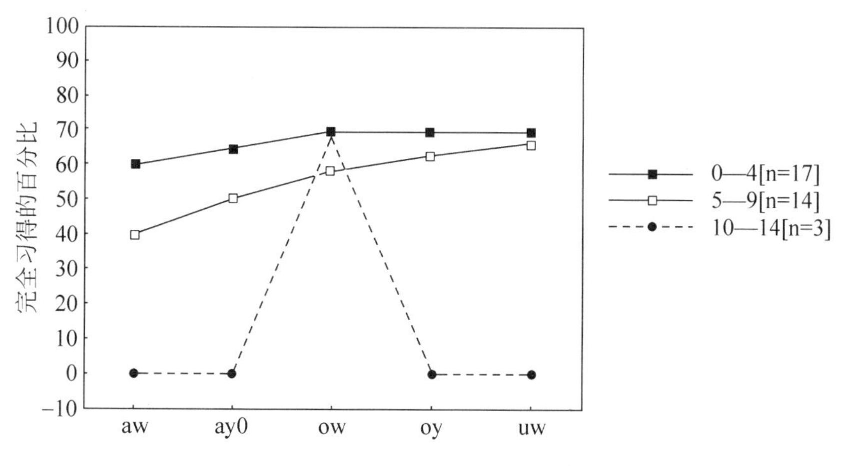

图 11.6　根据到达普鲁士王村的年龄，外地孩子完全习得费城语音变体的百分比

在第 2 卷关于音变传播的讨论中，将会采用多元变异方法重新检查这种情况，并且表明：在费城语音模式习得中，实际上社交网络中的成员身份要比到达本地时的年龄有更强的影响。

变量的顺序反映了第 4 章总结的音变在社会和年代方面的轨迹。有活力的新音变(aw)和(ay0)社会显著度最低，同时显示出最低的习得率。中间阶段的音变(uw)和(ow)则是最显著的。三 340
个稍大的孩子中有两个习得(ow)的事实表明，(ow)要比(uw)更显著。这一点也与其他证据相符合：公众对费城音的讨论中经常提到(ow)而从未提到过(uw)。[尽管(oy)是一个很领先的音变,但它在纽约市或者费城都不显著,甚至在最正式的演讲里都从未出现发音的纠正。]

对费城变量的完全习得不仅是指使用的语音形式,也包括语音分布。支配这些分布的规则都非常简单。对于(aw)和(oy),没有限制条件:所有情况下的变量都受到相同方式的影响,费城本地话也没有音位变体的差异。变量(ay0)只在词尾清音前出现。(uw)和(ow)有同样简单的规则:在非流音结尾的音节中音核都前化。[1] 这些语音变量都是较低级的表层规则界定,没有更多的规则对它们的输出进行运作。

紧/松区别的习得

当我们转向习得表层规则应用的底层范畴时,出现了完全不同的情形。习得费城音系结构的最敏感的指标就是一种词汇分化:历史上的短 **a** 词群分化为紧/æh/和松/æ/。费城分化具有与前述的纽约市分化同样的全部复杂性。这种分布首先是以语音变量/æh/高化的讨论引入,在接下来的几章中它会成为更加集中考察的论题。从 20 世纪 40 年代开始对它就已经有一定程度的研究了(见 Ferguson 1975,LYS 1972,Payne 1976,以及 Labov 1989a)。[2] 本章只涉及不变的"核心模式",因为研究习得的最直

① 有人也许会加上需要开音节的平均值大于闭音节,并不是所有显示这种前化的方言都是如此。但是佩恩的研究没有这么严格,因为这样的区别没有主要的变量那么明显。

② 其中最后一项研究是来自 LCV 社区研究的对 100 位费城人的即兴言语中短 **a** 的完整描述。

接的方式就是看学习者是否习得了一种不变的模式。后面的章节将关注与音变规则性相联系的短 **a** 分布区域。

尽管在结构主义传统中/æh/和/æ/的对立是一种音位分化，但它最终还是作为一种词汇音系学的复杂规则，从词汇方面，按照规则所产生出的不同结果，用[＋紧]或[－紧]特征去划分具体的单词。图 11.7 标出了费城方言中通常在紧/æh/之后起制约作用 341
的辅音。实线围起来的是前鼻音和前清擦音，标明在闭音节中的元音位于这些辅音之前时紧化。表中并没有展示出我们预期的鼻音和浊塞音的关系，也没有表现出清擦音和浊擦音之间的紧密联系，相反却把两种没有共同特征的辅音结合在一起。虚线表明 **a** 在三个词(*mad*、*bad*、*glad*)中的/d/前位置上是紧的，而在所有其他词(*sad*、*dad*、*brad*、*fad* 等)中是松的。表中这种奇怪的分布现在对于那些研究美国方言的人来说已经相当熟悉了，但是它仍然对于语言演变和一般音系学提出了一个困难的问题：这种变化是怎么产生的，它又是怎样表现出来的。这些问题将在第 15 章和第 18 章中做详细的讨论。

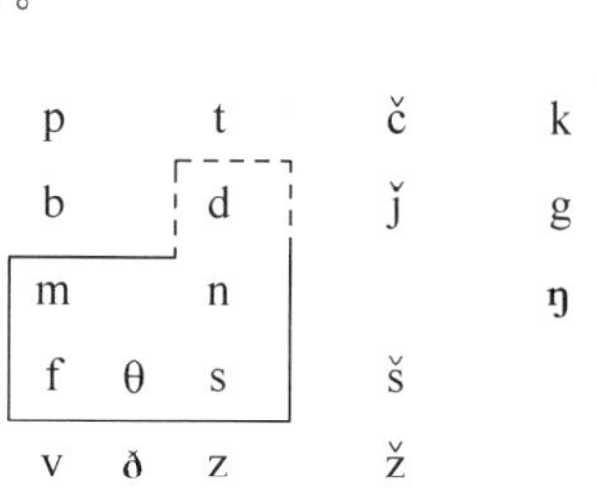

图 11.7　在费城制约短 **a** 紧化的后接辅音

来到普鲁士王村的外地孩子必须学会费城方言中三种基本形

式从而能复制这种核心模式:

1 短 **a** 在任何后辅音(硬颚音或者软腭音)前松化。

2 短 **a** 在闭音节中的前鼻音和前清擦音之前紧化。

3 短 **a** 在三个以/d/结尾的特殊词中紧化。

其中每一种分布都给具有不同短 **a** 分布系统的孩子们提出了不同的难题。但是整体结果具有可比性。在 34 个外地孩子中,没有一个人可以复制全部的模式,只有一个人可以复制核心模式。[①]

342 语音规则习得方面的对立要比这个更为极端。唯一表现出核心模式的孩子的父母是在费城地区出生的。我们得出这样的结论:底层范畴作为儿童习得语言的最初词汇形式,是不容易重新再学的。因此,方言学家对于底层形式的传统观点是正确的:一个言语社区语言结构的同质性取决于那些父母(还可能是祖父母)是在这个社区长大的人们,并且在他们自己的成长期里一直都在这个社区里生活。这种看法并不适用于语音或词汇的输出规则:我们在这里发现第二代说话者(以及那些在 8 岁之前到达这里的孩子)与第三代、第四代说话者的一致性(参见脚注 19)。

普鲁士王村所反映的这种情况可以在很多其他言语社区中发现。在中国,国家规定的标准语言是普通话,定义为具有北京音系和北方官话语法的一种方言。北京音系的舌前辅音包括两个系列:齿音和卷舌音。但是其他多数中国方言和语言或者没有这种

① 关于他们的这种部分成功的具体情况见第 15 章。

区分或者没有保存跟北京一样的词群。那些必须把这种标准作为第二方言来学习的大多数人并没有习得对齿音和卷舌音始终一致的控制(Lehmann 1975;Escure 1987)。在法国,中部和南部区域的人们也面临相似的问题,他们在半高元音和半低元音之间没有标准的音位区别把/e/和/ɛ/、/o/和/ɔ/分别建立为单独的音位。这些说话人具有跟标准语言的说话人相同的语音范围,但是他们的这两个系列呈互补分布。前元音区别的一个重要部分依据未完成式 *trouvait* [truvɛ]和假定式 *trouverait* [truvərɛ]与分词 *trouvé* [truve]之间的听感对立。尽管有很多教师热心的努力,事实证明这是种极难习得的对立,同时我们并不清楚有多少说话人取得了成功。

社会语言学的力量

到目前为止,似乎加德原理好像是绝对的:在一种绝对的观念下,区别不可学习,合并也不可逆转。这肯定会是个错误。我不相信,宣称有些事情因为人类天生就不会,所以学不到,这样会是现实的并会有什么成果。我们已经看到,在学习区别的困难中有着一种逻辑的层级。在适当的社会条件下,考虑一种区别能够以统一的方式重新引进到一个言语社区中是合理的。

什么样的社会条件可以实现这个可能性呢?首先应该注意音系表中我们认定的合并和分化的音变确实低于社会觉察水平。但是与个体音变和链式音变的语音运动不同,它们停留在这个水平 343
上,没有社会声望或者社会排斥,在音变完成后长期延续。对于导致合并发生逆转的社会压力必定有公开的运动引起社会的注意,并为这种区别赋予威信。这还不是一种通常的发展方式。作为一个规则，合并和分化与社会影响无关。

社会影响的缺失

有大量的证据说明合并和分化不受社会的影响。然而从另一个方面来看，它又几乎全部都是否定性的。对于社会分布和社会影响的系统研究已经指向实际显示社会分布和社会影响的变项，就像纽约市新的威望标记(r)的发展(Labov 1966)，波士顿短/o/的使用(Laferrière 1979)，诺里奇短/o/的不圆唇发音(Trudgill 1974a)。还没有人对变项合并或者分化的社会反应进行实验或调查研究，因为还没有一份初期的报告证明花费如此巨大的时间和努力的意义。然而，这种研究已经在社区中进行，作为更大规模的研究进行中音变的一部分，其中有些音变是合并，我们可以利用这个事实去比较社会影响对于音变本身以及相关音位的合并或分化的情况。

我们在很多地方提到了纽约市和费城/æh/和/æ/的高化，以及内滑高元音[i:ə]和[u:ə] 高内滑的发展。在纽约市，这些语音一贯受到强烈的社会排斥，在正式的语体中被有力的纠正，如在主观反映测试、自我报告测试以及公开讨论中所显示的情形(Labov 1966:第7,第11,第12,第14章)。在费城，这些反应并不那么强烈，几乎全部集中于前元音，并且限于在中上阶层和上层阶级说话人中使用。但在这两个城市中，高化的/æh/都是社会评论的一个重点。这个违规的语音被认为刺耳的、鼻音的和恶心的。在纽约市，有一些说话人对高化的/oh/元音同样感觉不爽。

这两种音变的开始和结束都伴随着音位表的改变。如上所述，短开/o/已经分化成/o/和/oh/，哪些词保留为/o/，哪些词紧化为/oh/，加入 *talk* 和 *law* 的词群。都有不可预测的跨方言变异，短 **a** 分化为/æ/和/æh/，再一次以不可预见的变异在词汇中跨越。随着变化的进展，纽约市高化的/æh/与这个缺少 *r* 的方言中的/ehr/合并，然后又与/ihr/合并，于是 *bad*、*bared* 和 *beard* 都成为潜在的同音词。在音变最快的说话人中，/ohr/与/uhr/合并在一起，所以 *shore* 和 *sure* 成为同音词。在费城，/ohr/与/uhr/的合 344
并在大多数人中是标准形式，尽管还有相当多的变异。在社会语言学研究过程中，没有经过语言学训练的说话人不会把这些合并或分化当作纽约市或费城方言的特征，对此发出抱怨，或者看不起别人发出不同的语音。尽管很多费城人抱怨 *man*、*bad* 或者 *Camden* 的发音，但是没有人注意到 *mad*、*bad* 和 *glad* 的元音是紧的，而 *sad* 的元音是松的。没有人批评费城话，因为听话人不能把 *moor* 和 *more*、*lure* 和 *lore* 区别开来。①

在美国最普遍的不受条件限制的合并当然就是长短开元音 **o** 的合并，如 *cot*、*caught* 等。对于这个现象已经有许多研究没有显示出对它有明显的社会觉察，同时也没有任何关于说话人具有这种区别就得到赞赏或者没有这种区别就被看不起的报告。在西海

---

① 一个语言社区中敏感的成员，听到不同的短 **a** 组合可能会做出感兴趣的报告和准确的观察，但是这些并不是以音位对立的方式表述的。默里（Murray A.）就是一个典型的例子。默里出生在纽约市，高中的时候搬到费城，大学之后又回到纽约。他说费城人经常嘲笑他的纽约口音，直到他逐渐适应了费城系统。当我问他费城人是如何发短 **a** 的单词的时候，他对那些存在对立的单词发音总是正确的：例如，他很确定费城人在 *sad*、*ran* 和 *bag* 中发松/æ/而纽约是/æh/。但是他并不确定费城人在 *bad*、*man* 或者 *past* 等词中发的是什么元音，因为这些词在费城和纽约都发成/æh/（没有对立）。

岸,纽约人常常受到嘲笑是由于在 *lost* 和 *coffee* 中使用后高内滑元音/oh/,而不是因为具有 *cot* 和 *caught* 的区别。

一个相似的缺失社会影响的现象是对于在南方州市进行中的 *pin* 和 *pen* 合并的反应。评论报告总是列举[ɪ]出现在 *friend*、*remember*、*pin* 等单词,却没有在 *since* 和 *sense*、*pin* 和 *pen*、*tin* 和 *ten* 等单词之间的合并。

所有这些观察都证明在音系总表中的合并和分化通常不是社会关注的焦点,这种类型的音变并不带有社会影响。这一般是应用语言的抽象特征。语言和社会的接口是狭窄的。社区成员对单词的语音这类表层结构做出接收和回应。在上文提到的每一个例子里,社会注意都是在语音上而不是它们的关系上。而且它并非在于一般的语音,而是那些作为例证在特殊词语中出现的语音。纽约市的(oh)引用 *coffee* 作为发音例证。费城的(oh)经常引用 *water* 为发音例证——因为这个词在很多邻近方言中都用/o/代替了/oh/。

不能说人们对语言结构事实没有社会反应。在纽约市,反感
345 最强烈的发音是在 *third* 和 *first* 中的上滑央元音,语音上是[əɛ]但是通常被贬低拼为 *oi*,如"Toity-Toid Street"等。在年老的、更传统的纽约人中,/oy/以相同的方式发音,这种合并是很少被提到的变化之一,被认为是一种社会习俗。平常讲到这种结构事实的方式是说人们把 *oil* 发成 *earl* 并把 *earl* 发成 *oil*。由于没有字母拼写发音为[əɛ],社区成员们只能通过单词互相参照来说明这个音。另一方面,有些这种类型的社会习俗语词是准确的。在犹他州,乡村言语的标准习惯是"*put the harse in the born*",表明了

/ahr/和/ɔhr/的一种逆转变化。我起初认为这是一种合并音变的社会感知，而事实上，对几个洛干郡（Logan County）说话人的声学分析证明是这两个元音发生了逆转。

拼写和经典学习的影响

在逻辑上，学校系统是使合并发生逆转的社会程序的主要工具。在美国，大多数影响发音的教学效果都与拼写有关。考虑到叶斯柏森的看法，即拼写是使 *line* 和 *loin* 的合并发生逆转的主要途径。通过考察拼写与处理合并的教育程序之间的关系，我们能够得到同样的结论。美国教育系统对于合并音变的关注只是集中在辅音问题上，在拼写中最清晰的反映出来。/w/和/ʍ/的区别可以在 *w*-和 *wh*-的拼写中得到一致的反应，而元音间的闪音合并也能在-*t*-和-*d*-的对比拼写中得到准确的逆转。但是，没有证据表明教师为逆转合并付出的努力一直是有效果的（参见脚注 5）。

拼写当然会促进短 **a** 的词汇分裂，因为在大多数东部地区的学校里，老师在朗读课上介绍短 **a** 类单词发音都是前低元音[æ]。在费城和纽约市区中上阶层的孩子们中，学校和父母的联合努力成功地对/æh/的低俗发音进行了修正，使短 **a** 的紧化发生完全逆转。[①]

教育系统对于语言的强烈影响或许能够在阿拉伯文化的经典学习传统中得到体现。最近对阿拉伯言语社区的社会语言学研究显示，伊斯兰教育对于言语社区有极大的影响。阿卜杜拉·贾瓦

---

① 不顾我个人对这种修正的反对，我的几个在新泽西北部长大的孩子都一致使用[æ:]。

德(Abdel-Jawad 1981)在约旦首都安曼采用多阶层抽样考察了*qaf*即小舌塞音/q/的使用情况。在阿拉伯语历史上,据说很多世
346 纪以前*qaf*是与/k/、/g/或者/ʔ/合并的:/g/是贝都因方言,/k/是乡村农民的方言,/ʔ/是城里方言。但是在现代的安曼,*qaf*作为一个社会语言学变项出现,与性别、社会阶层和城市/农村背景相关联。它不是一种*qaf*出现或者缺失的情况,而是与其他音位/k/、/g/和/ʔ/替换,其中每一个音位都是按规则出现在它自己的历史词群中。*qaf*本身只是被人们用在很少的几个词中,比如*Qur'an*"可兰经"。

阿卜杜拉·贾瓦德的很多发音人整体上对*qaf*都表现出很低的百分比,在很多他们有可能使用的词语中也从来不用。但是*qaf*从来不出现在不恰当的词汇中,尽管与其他音位完全重叠,也没有矫枉过正的修改。这也就是说,所有抽样调查的安曼的阿拉伯语说话者,不管是受到何种类型的以及何种程度的教育,都保留了*qaf*词群的知识。于是安曼表现出*qaf*与其他音位的合并发生了一种明显的逆转。

在阿卜杜拉·贾瓦德的语料中,*qaf*的表现有一个特征指向另一个方向。这个变项没有显示音系条件,而确实显示了很强的词汇限制条件。在对开罗阿拉伯社区进行的社会语言学调查中,哈里(Haeri 1991)密切关注了*qaf*在城市的分布。她的结论认为*qaf*的使用不受一般的社会语言学规则控制,而是表现为从古代经典中的一系列词汇借入。从这个观点来看,*qaf*词群还没有被开罗阿拉伯语重新采用,而是增加了一个没有完全融入这一语言中的并行的系统,这可以与弗莱斯和派克(Fries and Pike 1949)

在最初处理共存系统所讨论的情况相对照。由于每一个 *qaf* 的出现都是在单独借入的词项中，也就不可能把这个音概括到其他词语中去替代/k/、/g/或/ʔ/。哈里(Haeri)把这种 *qaf* 的用法跟在开罗的一个新的进行中的变化，即舌尖塞音的腭化进行了对比。她指出后者的社会语言学变项显示出与开罗阿拉伯语的音系的高度融合，并且它的社会的和语言学的特征都跟 *gaf* 的情况有根本区别。

在任何一个词例中保留这种词群信息如此一致，可以归因于对古典阿拉伯语形式的熟悉，这是传统的穆斯林教育系统的结果。因此我们可以认为这是表明使合并发生逆转的限制条件的一个实例。这将需要对一种类型的大量的词汇交替具有强烈的社会评价，这在日本、韩国等的敬语系统中是常见的，但是这些交替的条件只限于给定的音素，而这个音素在普通词汇中不再有区别性。

英格兰的/ʌ/～/u/区别的习得 347

英式英语中/ʌ/和/u/之间的区别是 17 世纪词汇分化的结果。最初的过程是/u/的不圆唇和低化，发生在英格兰南部而不是北部。特拉吉尔(Trudgill 1986)注意到在北部地区地位上升的说话人中正在出现一种习得这种标准区别的趋势。由于还没有对他们的表现做出可靠的研究，我们并不知道他们在这个方向上能取得多大的成功。把他们面临的问题用一种测量习得词汇分化难度的方式来处理，也许会是有益的。

像早先讨论的词汇分化一样，这次的分化也显示出很强的语音制约作用，这对于那些想要习得这种模式的人会有帮助。最重要的因素是前置唇辅音的影响,有助于在 *pull*、*put*、*puss*、*bull*、*bush*、*full*、*bush* 等词中保留的圆唇。还有很多错综复杂的次条件需要学习:例如,/ʌ/出现在/g/和/dʒ/之前,甚至在唇音之后,如 *bug*、*mug*、*budge*、*fudge* 等,但是并不出现在 *sugar* 或者最近的 *boogie-woogie* 中。[①] 由于这种限制条件很不完全,这两个音位的出现是不可预测的,所以我们还不清楚这些规则是否有用。/ʌ/出现在一些以唇音开头以舌尖音结尾的单词里,如 *mud*、*but*、*butt*、*bus*,还有最小区别词对 *put*/*putt*、*puss*/*pus*。需要注意的是拼写无助于解决这种区别,而词尾辅音的重叠在每一组词对中作用为不同的方向。

源自中古英语 ō 的/uː/在 *oo* 词群中不规则的短化是更为复杂的情况,带有自身一系列复杂的不规则语音条件的影响。北部的说话人必须学会在很多单词的舌尖音前(*foot*、*soot*、*good*、*wood*、*hood*、*stood*、*could* 等)和/k/前(*cook*、*book*、*took* 等)保留/u/的发音。[②] 随着这些最小区别词对如 *stood*/*stud*、*could*/*cud*、*shook*/*shuck*、*look*/*luck*、*rook*/*ruck*,就产生了一系列新的对立。在这个集合中,拼写确实可以帮助那些想要习得这种区别的人,但是只会有一定的程度。北方说话人仍旧要死记硬背那些发音为/ʌ/的 *flood*、*blood*、*glove*、*done*、*shove*、*hover*、*cover* 和其他许多拼写为 *oo* 或者 *oCe* 的单词。

---

① 实际上源自长/uː/的短化。

② *blood* 和 *good* 的差异通常被认为是 *blood* 的短化发生在/u/不圆唇之前,而 *good* 的短化发生在/u/不圆唇之后,但是叶斯柏森(Jespersen 1949:334)指出在历史记录中没有这种先后次序的基础。

鉴于英语的标准发音在英格兰的重要性，约克郡、纽卡斯、利物浦和利兹有大量说话人在努力习得这种/ʌ/～/u/的区别。毫无疑问，有很多人取得了成功。但是就像瓦尔德（Wyld 1936：3—4）所指出的，说话人获得这种经典的方言不是通过教育，这里的教育是指通过书本学习或者任何其他形式的个人努力，而是通过“机会和经验”。事实上，瓦尔德建议英语的标准发音最好称为“公学 348
方言”。这种标准正是建立在这样的事实之上的，那些在公学（就是私立寄宿中学）受过教育的人都习得了这种区别，即使他们的家庭说的是没有这种区别的地区方言。如果不能发生这样的转型，那么标准发音就不会成为这种不受地理或者种族影响的统一表达形式。于是我们就有了间接证据，即在一种强调重建行为以消除所有社会变异的教育系统的控制下，完全习得一种词汇分化就成为可能。需要指出的是，能够在这些寄宿学校接受重新训练的孩子是少数，他们在多数方言环境中生长到 9 岁或者 10 岁，在青春期的时候开始他们的训练。

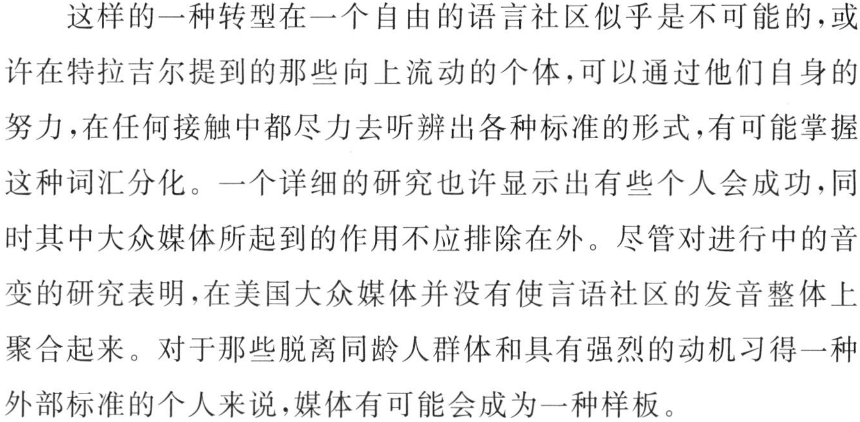

这样的一种转型在一个自由的语言社区似乎是不可能的，或许在特拉吉尔提到的那些向上流动的个体，可以通过他们自身的努力，在任何接触中都尽力去听辨出各种标准的形式，有可能掌握这种词汇分化。一个详细的研究也许显示出有些个人会成功，同时其中大众媒体所起到的作用不应排除在外。尽管对进行中的音变的研究表明，在美国大众媒体并没有使言语社区的发音整体上聚合起来。对于那些脱离同龄人群体和具有强烈的动机习得一种外部标准的个人来说，媒体有可能会成为一种样板。

349

第12章　近似合并

到目前为止，我们已经把合并、分化和对立的保留作为一组固定的可能性进行探讨，引入了结构主义的和生成语法传统共有的离散类别的基础概念。语言学最基础的概念就是语言学范畴分离成彼此相异的集合；没有这个概念，通常进行的语言学分析将无法实现。我将把这个观点看作为**范畴概念**。这并不是第二部分链式音变研究的侧重点。那种研究的基础概念是在非范畴观念的连续语音空间中运动，并且自动地把范畴观念应用到一种数目固定的范畴之间的循环交替。在这里的第三部分，合并和分化的研究已经纳入范畴的框架，至今的研究都没有对这个基础概念提出质疑。然而，本章遇到的研究发现范畴观念如不做某种修改，将难以继续维持。接下来，我们首先需要考虑音系学各派共有的对语言结构离散观念的假设和原则。

12.1　范畴观的概念基础

尽管范畴观支持离散性，语言学家们并没有忽略那些难于归入离散范畴的数据资料。音系学的历史显示出一系列长期关于边缘语言现象的争议。但是每一次解决争论都是通过创造新的离散范畴或者新的组织层级，或者抛弃旧的限制，从而保存了不同范畴之间离散的二元对立的观念。音系学家们曾经争论的问题如下：

- 除有少数词汇性对立音段的范畴是互补分布的。在“一旦成为音位，就始终是音位”的口号下，结构主义的方法是把这种情况与其他所有音位对比合并。对于古英语短双元音的研究采用了这一方法（Stockwell and Barritt 1951，350
1955；Kuhn and Quirk 1953）。生成派的解决方法通常是相反的：根据词汇层面的规则从单一的底层形式中导出这种对立形式，然后把这种对立的例外纳入词典中。第18章将会考虑对美国大西洋沿岸中部短 **a** 的分化从不同方法进行这种分析。
- 只在语法边界上形成对立的音段问题。莫尔顿（Moulton 1962）研究了德语中 ich-laut 和 ach-laut 的例子，当且仅当把后缀-*chen* 的语法地位加入分析中时，ich-laut 和 ach-laut 才可视为单一的软腭擦音的两个音位变体。结构主义的解决方法是在音位层忽略这个界限，只是在分离的、更为抽象的形态音位层来确认单一的软腭擦音。生成派的解决方法则是去除音位和形态音位的区别（Halle 1962）。
- 来自借词中的语音成分的地位，这些借词已经不同程度地融入本地词汇。这里通常的解决办法是把它看作一个分立的共存系统（Fries and Pike 1949）。
- 在两个音位的对立和语境中，语音上位于二者之间的音段的范畴化，例如英语中经常提到的位于/s/后的塞音或是元音间的闪音。一种解决方法是在不同结构层级创造

> 一个超音位的新音段。但是更为常用的方法是根据语音的相似性和简明性模式,选择其中一个音位作为底层表现。①

这里要考虑的边缘现象有些不同。作为语音变化的结果,在一些方言中有明显差别的两个词群在一个特定的方言中变得很接近。这些情况都没有在传统的范畴化和边缘性的争论中加以讨论。其中一个原因是,在文献中没有出现那些精细的语音观察或测量可以显示出这种近似现象。正如我们将看到的,这种事实反而是范畴观的影响力的结果,使语音学家受到压力把主观的语音记录音位化,也是由于在处理非离散性语音信息方面的一般理论的一种偏差。在本章的结尾,我们将会遇到一种更强大的偏见的

351 重要证据,这种偏见导致对于范畴观不一致的数据资料进行排斥和压制。不过,首先我们必须更深入探讨有力地造就了语言学家行为的这些理论原则。在音系学方面,范畴观可以分析为六个组成部分:

1 **对立概念**。结构主义语言学的音系学非常强调对立的概念,并大量关注跟语法信息分离的语音表层的一种特定语音差异是否存在对立。在生成音系学的架构中,目标是确定能够证实在最抽象层面上表现的底层形式是合理的。抛开表现层面的问题,确认所有语言学家共有的这一概念的普遍特征是有可能的。对立

---

① 海耶斯(Hayes 1992)基于丁森(Dinnsen 1985)英语闪音的研究以及巴里(Barry 1985)和诺兰(Nolan 待刊)鼻音同化的研究,质疑这类绝对中性化的存在。在这些例子里,言语产生中的任何微小差异都坚持保留底层形式的单独身份。海耶斯在音系学理论中采用精准的语音细节代表了与范畴观的断然分离。

存在于不同类型之间，以特定的形式作为例证。两种类型对立的条件为(a)至少在一种环境下二者之间的区别只是两个词语之间意义上的区别；(b)这两种类型的分布不能用任何普遍性规则预测；(c)本地说话人在言语行为的某个层面对于这两种类型之间的差异非常敏感，而对同一类型的不同发音之间的差异并不敏感。①

2　**区别性概念**。对立范畴中的成员资格取决于一个或多个区别性特征的出现或者缺失。任何没有区别性的特征都是羡余的，也与范畴的成员资格无关。

3　**边界离散性**。在两者之间不存在中间形式的观念下，范畴之间的边界极为明显。如果确定范畴成员资格的所有区别特征在一个给定的发音中全都出现，那么它就是这个范畴的成员，如果它们不是全都出现，那么它就不是这个范畴的成员。②

4　**语音的非相关性**。无论我们怎样探究音系学——看作为一种分布的、行为的或心智的模式——它只是语音材料的组构。所有的语言学家都会认同，不了解这组织起来的语音材料就不可能完全理解一种语音系统。然而一旦这个组织建立起来，大多数语音信息就被搁置一边；音系学分析最终是一种数据精减过程，对本地讲话人而言，其中大多数差异并不造成区别。在大多数音系学分析中
所提供的语音信息只限于作为区别性特征的抽象集合。元音是从 352

① 最精确的说法，如实验语音学文献所定义的，这是**范畴感知**(categorical perception)现象(Harnad 1987)。正字法的发展为这种现象提供了另一种反映(Stockwell and Barritt 1955)。

② 在不完全赋值理论(underspecification)中，区别性特征可能不出现在底层形式中，而从蕴涵关系推导出来。

高、低或者中来描写，而在前、后、高、低和圆唇中的细微差异均被忽略。甚至更少去查明共振峰轨迹、振幅曲拱或能量分布等信息。[①]

这种观念的另一个动因是不同范畴的语音表现之间的相对语音距离跟它们的范畴地位无关。这个观点来自于跨语言的经验：本地说话者轻易能辨别的语音差异对外来研究者一开始几乎不能听辨出来。随着熟悉的加深和练习的增多，这些差异变得越来越明显，到最后，描写语言学家就不能再捕捉到一开始那种不同范畴在语音上接近的最初的印象。这样的经验导致布龙菲尔德(Bloomfield 1926)做出了下面强有力的结论：

(1)“语音的微小差异”这种东西在语言中不存在。

5 言语产生和言语感知的对称性。在语言分析中普遍认为并且经常正式认定的看法是，从说话者和听话者两方面来看，语法和音系应该是中性的。支持这种看法的理据是，当我们说话的时候我们都是听话者，并且当我们听话的时候我们又都是说话者。从音系学的观点来看，这意味着对音位产生的实验测量分布图应该与范畴化或区分实验得出的结果表现出相同的结构。

6 直觉的可靠性。范畴观得到以下这种假设强有力的支持：本地说话人知道自己能说什么和不能说什么，而且他们对于这种知识无师自通。这作为一个工作原理，通过内省判断的迅速积累，促进分析的有效方法。当然，它只是一种工作假设：思考更周密的语言理论家已经认识到，说话人的直觉并没有一种先验的保证

① 当然，语音信息减少的一个原因，在于很多音系学分析是基于第二手资料，音系学家能用的只有原始研究报告所提供的部分语音信息。

(Chomsky 1964)。但实际上,这条原理控制了几乎语言学家所做的一切。这不只限于理论家的内省,还同样适用于从其他语言的说话者那里获得资料。沃格林和哈里斯(Voegelin and Harris 1951)曾批评主流田野语言学家的调查程序,认为他们的方法论原理[遵循鲍阿斯和萨丕尔(Boas and Sapir)]只是简单的"询问发音人";他们认为这种方法的可靠性和有效性取决发音人对他们的语言运用自如这种不确定的假设。

实验语音学和社会语言学田野调查的大量证据表明,母语说 353
话人确实把自己的语言看成是范畴性的。尽管对于范畴感知的最初证据(Liberman et al. 1957;Pisoni 1971)受到批评,但超出了语言的范围,并且进行了改写(Harnad 1987),它仍然是一个真实的现象,加强了我们在母语说话人直觉的可靠性方面的信心。但是在这种自信之下有一种深刻的循环性:因为范畴结构影响感知的趋势,同时也使得母语说话人很难认出那些不受这种结构控制的中间形式。

12.2　建立对比的实证程序

在言语社区中确定音位对立的状态所采用的实证方法,是考虑到说话人以范畴方式进行感知和回应的趋势而设计的。由于用这些方法获取的数据是本章的主题,所以很有必要对它们进行详细的描述。

最小区别词对测试(Minimal pair test)

最小区别词对测试是用来确定两种语音类型是否对立的手

段。方法很简单:询问一位本地说话人两个在意义上有区别的词语听上去是“相同”还是“不同”。这两个词语在语音上除了一个成分以外完全相同。这个成分表现为这对词的一个词的一类发音或另一个词中的另一类发音。例如被试者被要求读出单词 *four* 和 *for*,然后说出这两个词的发音是相同还是不同。

从结构语言学时期以来我没有发现任何对于最小区别词对测试的详细描写,而那正是描写语言的方法被广泛讨论的时候。在言语社区的研究中,最小区别词对测试越来越重要,对于获得可复制和可信赖的结果很重要的一些专门方法也已经得到发展。

1 研究者向被试者展示写出的两个词,或者两个物体或两种情景的图片。

2 要求被试者读出写下的两个单词或者说出两个物体或情景的名称。

3 研究者对这个发音做一个主观记音(在录音的同时或录音以后)。

354 4 不要以任何方式**表现出自己对这两个发音的反应**,研究者要求被试者说出这两个发音听起来是相同还是不同。

5 如果被试者对这两个发音的意义或者拼写上的不同表现出任何混淆,研究者就要被试者澄清,例如可以说:“如果你只是在电话上听到这两个词,你能分辨出是哪一个词吗?”

6 研究者记录被试者的全部反应。

7　如果言语和判断二者的“相同”和“不同”的模式不清楚或不对等，就要再用同一类型的更多发音进一步做最小区别词对测试。

8　分析人把“相同”或者“不同”（如果需要也可以按照中间程度）的结果作为言语产生和听感判断的数据进行范畴分类。

在不能获得最小区别词对的地方，可以使用近似最小区别词对，例如 *mirror* 和 *nearer*。然后研究对象被要求说出这两词是否押韵。尽管最小区别词对与随后将讨论的交际测试的关系更近，而至今并没有确凿的证据表明判断是否押韵的可靠性不如“相同”和“不同”的判断。

当最小区别词对测试顺利完成，就得出两种独立的信息：一种是关于说话人怎样说出这些单词，另一种是关于说话人如何评价这些词之间的差异。这两种观察决定了要填入四格表 12.1 中的内容。

表 12.1　最小差异词对测试的四格表

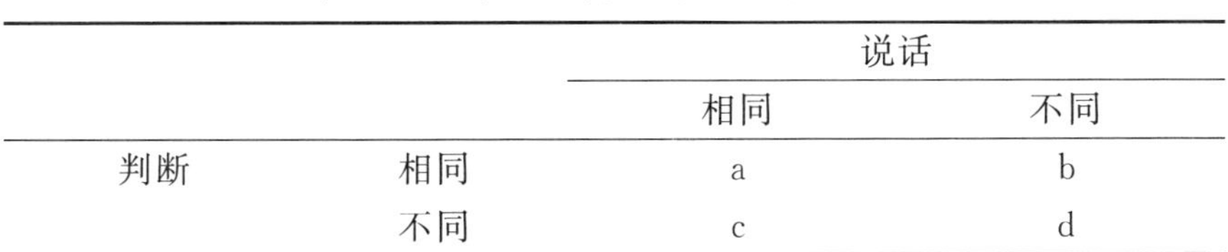

		说话	
		相同	不同
判断	相同	a	b
	不同	c	d

范畴观的六种成分结合在一起使我们会预测所有的结果都应在（a）和（d）两格中，在这两个位置上相同的言语的发出和判断互相匹配。这种期望与范畴观之中直觉可靠性的作用相关。

由于最小区别词对测试的目的集中关注言语,可以设想在测试的情境中,那些社会语言学变项会迅速转换为正式语体。当请
355 纽约人比较 *god* 和 *guard* 时,他们在发 *guard* 时表现出最大的趋势是有收缩的[r],而这很少在即兴言语中出现。社会语言学变项指的并非 *god* 和 *guard* 是否相同,而是/r/是否发作辅音。第 11 章论证合并和分化的结构事实几乎没有得到社会评价。因此人们就可能认为只用最小区别词对就可以得出一种给定方言的音位表的准确的看法,而不需要对它做详细的调查。然而,还有其他因素导致在最小区别词的测试的结果和即兴言语表现的模式之间的明显差异。说话人也许会受到拼写的影响;也许会无意识地吸收其他方言或者自己社区中年轻人的定型说法。对进行中的合并所做的研究表明,言语感知的变化先于言语产生的变化。在最小区别词对测试中,判断为相同的结果有规则地超出了发音为相同的结果(图 11.4;Di Paolo 1988)。对于同一个音,最小区别词对测试中的发音会更加趋向新出现的规范形式,而不是说话人实际上使用的系统。除了这些因素之外,在最小区别词对测试和即兴言语之间还存在着其他差异,更难解释清楚。

在讨论最小区别词对数据与即兴言语的联系的问题时,赫罗尔德(Herold 1990)列出的表 12.2 显示了 20 位来自安大略省伦敦市的加拿大人对最小区别词对测试的反应。根据这些被试者的即兴言语和有关这个区域所有的其他证据,我们知道他们的/o/和/oh/已经完全合并了。但是只有 75%被试者的反应符合表 12.2 中空格(a),即说和听都相同。空格(d)中有两个反应可以排除,因为被试者承认在测试中他的反应不自然,有意识地夸大了两者的

区别。空格(b)中对于 *Don/dawn* 的一个反应可以忽略掉,因为被试者在发音时,把 *Don* 读作[dɔn],*dawn* 读作[dɑn]。然而,空 356
格(b)、(c)、(d)中仍然剩下七个反应,在给出的框架中很难进行解释。①

表 12.2　/o/～/oh/最小区别词对的反应(来自 Herold 1990,表 1.2)
[被试为安大略省伦敦市的 20 名说话人]

表 12.1 的空格	说话	判断	*cot/caught*	*Don/dawn*
a	相同	相同	15	15
b	不同	相同	1	2
c	相同	不同	2	2
d	不同	不同	2	1

交互听辨测试(Commutation tests)

尽管所有预防措施都做到,最小区别词对测试提供的信息还是有限的和不确定的。"相同"或"不同"的判断会受到一些干扰变项的影响,而这些变项与言语模式的物理关联并无直接关系。交互听辨测试为分析音位对立的主要功能——传输信息的能力提供了更可靠、更有效的测量方式。结构主义时期的文献(Harris 1951)曾提到交互听辨测试,但第一个测试的具体结果是 LYS 研

① 当然,将最小区别词对测试和言语产生的更大模式联系起来很重要,因为空格(b)有可能被两个发音之间的随机变异占据,这是没有意义和不能规律性重复的。如最小区别程序第 7 步所示,这要使用相同的和不同的词项重复进行最小区别词对测试来检测。对最小区别词对结果做完整的解释需要在即兴言语中词群之间对立的详细研究的背景下进行。以后的研究报告中,占据表 12.1 空格(b)或(d)的任何发音区别都将与即兴言语的证据联系在一起。

究的报告(见第 6 章)。这些最初的研究相对来说不够正式,带有研究者和被试者间一定程度的事先商议;以后就改用更为周密控制的程序。

最初的交互听辨测试是请一位母语者朗读一个把最小区别词对的成员随机排列的发音表,请另一位母语者判断每一次所读的词是两个选项中的哪一个。在测试中,一种稳固的音位区别将得到 100%的成功率,而一种完全合并则是随机的结果,在重复测试中平均值将为 50%。这个程序的问题是如果社区内存在变异,实验者无法确定成功率应归为说话人发出音位区别的能力还是听话人对单词的发音的分辨能力。现在的办法中只采用一位母语者。请被试者朗读由 14、24 或 44 个词随机排列的发音,其中包括对立的词对中两个成员出现相同次数。把发音录下来。然后,实验者戴上耳机,将磁带转回到发音表中的特定的一个词(通常是第五个)而不让被试者知道。然后,从这个词开始播放,并请被试者来确认每一个词。由于实验的目的是检测音位区别传输信息的能力,反应的标示应该为语义层面而不是拼写层面。比如,在 *ferry* 和 *furry* 的对立中,可能要求被试者用'船'确认 *ferry*、用'动物'
357 确认 *furry*。然而,给被试者一份打印好的带有两列词对的词表,并请他们圈出正确词项时,错误率会低一些。

12.3 言语社区中的近似合并

直至 1972 年,人们普遍都认为表 12.1 的四个空格中的空格(b)理论上应该是空出来的。虽然,预料发音与判断反应会相互匹配，但也能理解并非所有的结果都将落在对称的空格(a)和(d)中。有时拼写的影响会导致空格(c)的反应：发音人常常认为*ladder*不同于*latter*，尽管他们对这两个词发音相似①。然而，通常都认为空格(b)是空白的：如果被试者发出的两个音是不同的，他们也会判断二者不同。这一假设是基于合理的想法：发音人如果不能听出这种区别，就不可能发出具有这种区别的音。这不仅是假设，实际上人们深信不疑。在空格(b)中的反应违反了布龙菲尔德原理(1)必然隐含的推论，表述如下：

(2) 如果一位母语说话人不能分辨两个语音，那么这两个语音在他(她)说话中将是自由变异。

纽约市的 *source* 和 *sauce*

最早表明推论(2)不成立的报告来自于LYS研究项目对纽约市/oh/和/ohr/发音的实验研究。如单词*source*中，位于辅音前的/r/通常发成内滑的央元音。而单词*sauce*中的高化紧音/oh/也是内滑元音，因此人们预测，*source*和*sauce*是不可区分的，除非把/r/发成一个辅音。对许多说话人来说，诸如*god*和*guard*这样的词对可能通过元音音质加以区别，因为/ah/的音核不如/ahr/的音核那样高或靠后，即[gɑd]和[gɒ:d]的对立。没有被试

① 这样的例子曾出现在我的纽约下东区研究(Labov 1966)中，当地一位发音人说他在学校学到的是位于两元音间的/t/和/d/不能合并。“在她教我之前我从没有注意语法规则。我很惊奇那种做作的发音方式……她把*butter*写在黑板上，问我怎么读，我说[bʌɾɚ]，她告诉我不对。那时我开始学着把*t'*发成*t*，我以前一直把它们发成*d'*。”然而，实际上这些词中发音人只发一种闪音(Labov 1966:348)。这与丁森(Dinnsen 1985)提出的两个闪音中和的问题应该是有联系的。

者和研究者认为 *source* 和 *sauce* 可能以元音音色①相互对立。但
358 是 1969 年对纽约市的资料进行实验分析时,重复地得到两个词群的区别性模式。

图 12.1 显示对于一名中下层犹太裔说话人/oh/和/ohr/在三种语体中实验测量的分布。三个图显示出以即兴言语模式背景的三种控制语体下的 *source* 和 *sauce* 音核位置。两个重叠的椭圆显示/oh/和/ohr/在即兴言语中的分布:它们是纽约市实验研究的典型。研究中的 20 个说话人有 19 人(ohr)的发音远比(oh)靠后,其中 16 人(ohr)的发音比(oh)更高(LYS 图 6.1)。图 12.1a 显示被试者朗读一段包含有 *source* 和 *sauce* 文章时这两个词的音核位置:

(3) "And what's the source of your information, Joseph ?" She used her sweet and sour tone of voice , like kitchup mixed with tomato sauce.

在这里 *source* 比 *sauce* 高得多。图 12.1b 表明最小区别词对发音中,高度差异消失了,但 *source* 明显更靠后。图 12.1c 表现了 *source* 和 *sauce* 在下面讨论中的发音。

(4) HL: [thoughtful]... *source* and *sauce*... [vehemently] Well when you say the *source* of your information you don't mean the *sauce* , tomato *sauce* ... [excitedly] I would *know*, I would know when someone spoke!

---

① 在哈贝尔(Hubbel 1962),韦特莫尔(Wetmore 1959),库拉斯和麦克戴维(Kurath and McDavid 1961)的研究中,已经实际预测了这种合并但没有相关研究报告。

WL：But the *sound* is all I'm interested in... 359

HL：[thoughtful] The sound is the same.

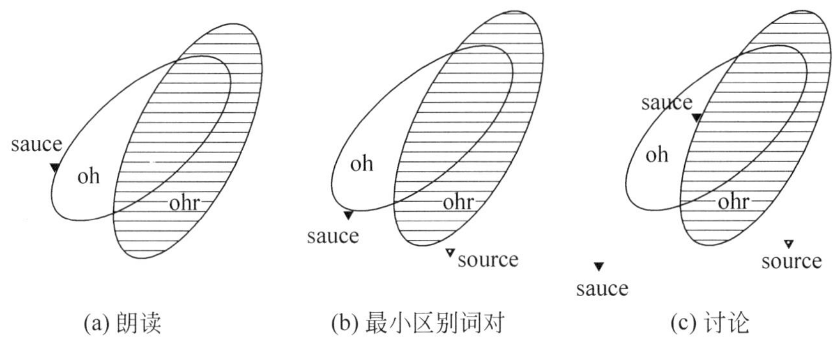

图 12.1　纽约市，42 岁，黑兹尔・拉佩尔(Hazel Lappert)即兴言语中/oh/与/ohr/的关系(椭圆形)以及 *source* 和 *sauce* 正式语体的发音[1962]

同样地，*source* 的音核明显地位于 *sauce* 音核的后面。尽管有许多个体变异而且这两种分布在相当程度上重叠，这种纽约市模式分布广泛：只要/r/的发音元音化，*source* 的音核就会比 *sauce* 音核更高和/或更靠后。更让人感到惊奇的是，这些数据的分布与 100% 有 *r* 发音的地区的分布相同，尽管纽约本地话已经有近两百年一直是缺少 *r* 音的。

对 *source/sauce* 最小区别词对测试的这种反应类型落入表 12.1 的空格(b)。说话人的两种发音带有明显的语音差别，但却判断为相同的音。如果这只是这类情况唯一的例子，当然可以看成偶然的波动。但是很快接连出现了另外五个例子，尽管这些例子在一致性和语音特征上差异很大，却都具有以下共同的特点：

1 区分对立音位的语音距离比通常情况更小。

2 这一差异最常见的是F2(第二共振峰)的单一前后差异，而不是F1和F2的共同差异。

3 社区内有相当数量的个体变异：有些个体显示为近似合并，另一些为完全合并，还有一些仍是对立的区别。

4 在即兴言语中始终保持差异的说话人经常在更受关注的语体中缩小这种差异。

5 在最小区别词对测试中说话人判断为相同，而在交互听辨测试中却没有成功。

6 与本地说话人相比，来自其他地区的语音学家能更好地听出这种语音区别。

LYS项目的研究铸造出“近似合并”这一术语来描述这种情况。LYS中讨论的这另外的五个例子中，有一个是涉及*fool*和*full*与*pool*和*pull*中位于词尾/l/前面的松、紧、后高元音的合并。我第一次发现这个合并是在盐湖城西部墨西哥裔美国年轻人中，同时还有很多在/l/前的其他对立的合并。然后研究发现/l/前面/uw/和/u/的合并在西南部最为普遍，与从远方的东部延展而来的/iy/和/i/在/l/前面的合并相重叠。LYS(236—237页)中概述了在西南部控制这些合并的各种因素。从那时以来，迪·保罗(Di Paolo 1988)在盐湖城，贝利(Bailey)的研究小组在得克萨
360 斯州(Bailey, Bernstain, and Tillery 待发表)更详细地调查研究了这些因素。近似合并的现象是1969年在阿尔布开克(Albuquerque)从丹·琼斯(Dan Jones)的言谈中首先发现的。

阿尔布开克的 *fool* 和 *full*

我第一次遇见丹·琼斯是在一次录音时，他与一群其他的高中生在一起；他们对/uwl/～/ul/对立的反应各不相同。丹·琼斯读了带有 *fool* 和 *full* 与 *pool* 和 *pull* 的最小区别词对发音表：他把它们发成相同的音，并判断它们为相同。当天晚上在一个更适宜录制随意交谈的情况下我又见到了丹，与他的女朋友 16 岁的迪迪（Didi）在一起，还有她的哥哥 18 岁的哈尔（Hal）。图 12.2a 显示他在即兴言语中保持的/uw/和/u/的差别（由于研究的区别很小，F1/F2 的标度为通常的两倍）。紧元音/uw/比/u/要高并且更为靠后。*too* 和 *shoot* 跟 *hook* 和 *good* 在 F1 和 F2 上都有不同。/uwl/与/ul/也有差别，但是这里只有 F2 来区分元音。这跟在上午和下午进行的最小差异词对测试的结果有很明显的对立（见图 12.2b），测试中丹判断 *fool* 和 *full*，*pool* 和 *pull* 相同。对发音的实验测量表明它们非常接近，在 F1 或 F2 上都有不同的差别。两个最小区别词对测试都显示出合并，而即兴言语中却显现出区别。

于是再进行交互听辨测试。丹读一个 *fool* 和 *full* 随机替换的 20 个词的发音表，其中，迪迪和哈尔来判断它们是“双 O”还是“双 L”的词，对丹来说，这些词听起来都是一样的，尽管他读的时候总体保持了即兴交谈中的差别。在那时的交互听辨测试形式中，他不用对自己的话语进行判断。迪迪和哈尔自己的话语中没有表现出相同的近似合并：当他们读词表时，所有的人都很容易区分这两个词。然而，当他们在确定丹读的词哪些是“双 O”哪些是

361

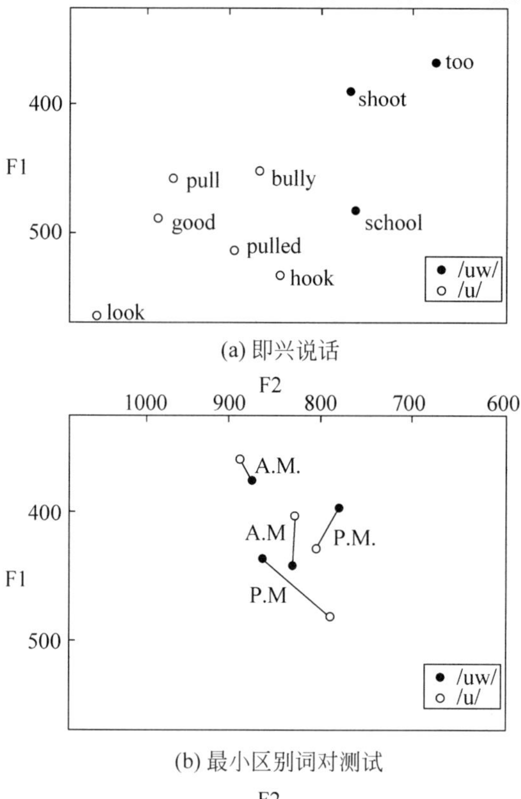

(a) 即兴说话

(b) 最小区别词对测试

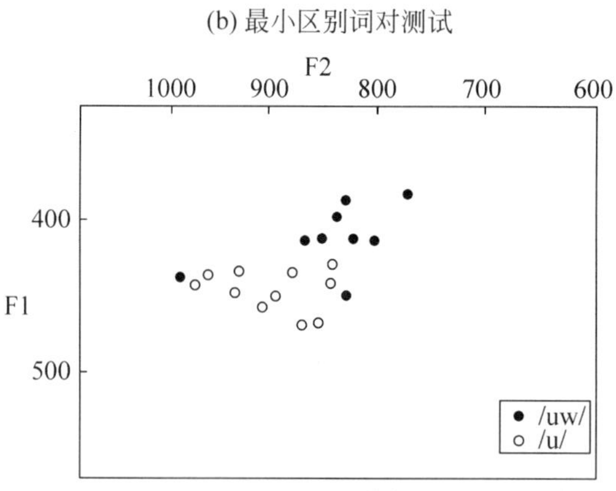

(c) 交互听辨

图 12.2　阿尔布开克,16 岁,丹·琼斯即兴言语、最小区别词对和交互听辨测试中/uwl/～/ul/的对立[1971]

“双 L”时却困难重重，尽管他们最后的正确率是 83%[①]。由于 100%正确率通常是交互听辨测试合格通过的标准，他们这样的结果应当作为是边缘性区别。

图 12.2c 显示出交互听辨测试中丹所读的 20 个词的音核位置。除了 *fool* 的一次发音，这两种分布非常近似但又有区别。要注意此处的标度是通常显示的两倍，因此显然这些音核之间的语音距离要比平常的音位区别小很多；这一点也反映在语音学家和 362
本地说话人在对它们进行区分时都遇到的困难。虽然丹·琼斯不是判断者之一，可他一直坚持这两个音对他来说是相同的。因此我们可以得出结论：

1　丹·琼斯在日常话语中是通过 F2 的差别来区分/uwl/和/ul/。

2　他把在____/l/语境中的两个元音归类为“相同”元音，并且在经过思考的话语中，失去了他习惯性的语音差别。

3　在交互听辨测试中他发出的只是一种边缘性区别，并且别人只是边缘性地分辨出来。

4　跟他亲近的人可以清楚地区别并能比他更好地听辨出这种对立。

盐湖城的合并音变

丹·琼斯的表现符合前述近似合并的普遍模式，虽然这基本

① 但四个来自东部的判断者(其中有三个经过良好训练的语音学家)听磁带时，他们的结果也并不理想：他们对发音的平均判断结果与印出的发音表相符合的只有 66%。

上是在阿尔布开克高中获得的各种反应结果中选出的某一个体的研究报告。正如先前所说,这种合并首先是在盐湖城观察到的,作为盐湖城山间地区语言调查的一部分迪·保罗 (Di Paolo 1988) 进行了更为广泛的调查研究。高中生和他们的家庭成员被招募为被试者,因此迪·保罗的被试者可以分为三代人:学生(第三代)、他们的父母(第二代)、他们的祖父母(第一代)[①]。

在元音范畴化实验中,被试者首先朗读一个带有10种类别的发音表,每个类别的空格中包含一个元音音位的三个词例。/uw/的空格中有 *moot*、*hoot*、*food*;/u/的空位中有 *could*、*book*、*hook*。接着被试者再朗读含有39个词的发音表,其中有 *cool*、*full*,*pool*、*pull*。并请被试者找出与单词匹配的元音并把单词写在带有这个元音的空格中。被试者对位于/l/前的所有元音都表现出普遍松化的趋势。表12.3显示了这个关于/uw/~/u/区别的实验结果。表中的数字表明范畴化与具有近似合并特点的发音之间的关系。最年轻的一代在发音的合并中领先并快速进展,尤其是女性。这一模式在得克萨斯州/uwl/的松化研究中(Bailey,
363 Bernstain and Tillery 待发表)也曾发现了。但是在父母和祖父母这两代中,还能看到早期阶段分类先于发音的情况。(这反映了演变过程的真实时间顺序,还是一种老年人迟缓的反应,将在接下来更详尽的费城研究中阐明。)但这里显示的分类和发音之间的关系

① 迪·保罗和费伯 (Di Paolo and Faber 1990)调查了盐湖城被试者/uwl/和/u/的发音差异。他们的结果可以帮助解释 F1/F2 图表中的一些异常现象,比如图 12.2c 中位于 *full* 分布区域左边的孤立 *fool*,通常被听成 *fool*。迪·保罗和费伯的图 9—图 18 显示了青少年在/l/前面的元音音核的 F1/F2 的位置:这些图表中的模式与 12.2c 中丹·琼斯的系统十分相似,/uwl/和/ul/两个词群极为接近。

与近似合并的普遍观点相符合。表 12.1 中最小区别词对的空格(b)的填充与表 12.3 中成人的模式相对应。

表 12.3　盐湖城不同年龄和性别的分类和/uwl/的发音(Di Paolo 1988,表 4)。对 *cool*、*school*、*pool* 反应为不是/uw/的百分比

	第三代		第二代		第一代	
	男	女	男	女	男	女
分类	20	27	17	17	8	27
发　音	20	47	0	8	0	0
人　数	15	15	12	12	12	15

宾夕法尼亚的 *cot* 和 *caught*:比尔·彼得斯效应

邓坎农(Duncannon)是宾夕法尼亚中部的乡镇,处在从西宾夕法尼亚扩展的/o/～/oh/合并区域的东部边缘。1970 年我在那儿访谈的一位有德国背景的 80 岁老人叫比尔·彼得斯(Bill Peters)。在即兴谈话中,他显示出/o/和/oh/之间差别明显;但在最小区别词对测试中,他显示为图 12.3 在后低位置上的近似合并,这在年轻人中更典型。很明显,他在最小区别词对测试中无意识地采用了新起的合并准则,但在即兴谈话中却没有表现出来。于是,这就成为在正式与非正式言语行为中进行同步转换的实例。赫罗尔德(Herold 1990:182—186)发现在过渡区的东部宾夕法尼亚城镇波茨维尔(Pottsville)和塔莫奎(Tamaqua)的一些老年说话人在最小区别词对测试中表现出相似的向新准则的转变。在塔莫奎访谈的 5 位 70 岁以上的发音人全部都能在即兴谈话中清楚地一致区分/o/和/oh/;然而只有一位 74 岁的男性在最小区别词

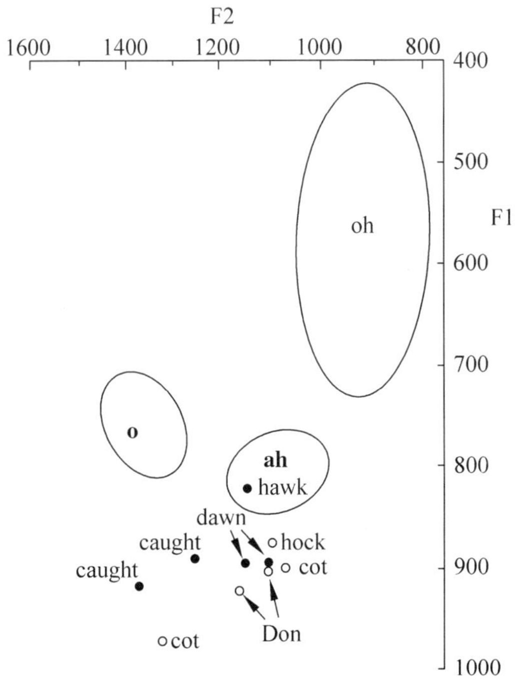

图 12.3　宾夕法尼亚，邓坎农，80 岁，比尔·彼得斯在即兴言语和最小区别词对的/o/和/oh/[1971]

对测试中没有表现出合并准则的影响。例如，75 岁的 V 太太能发出并听出 6 对词中有 5 对在/o/和/oh/之间有实质差别，但在 *cot* 和 *caught* 这一对词有所犹豫，开始说它们听起来一样，后来又改变了主意。在 *Don* 和 *Dawn* 这一对词，她的发音几乎无法区别，
364 她认为“有细微差别”。因此，“比尔·彼得斯效应”非常普遍，并且与盐湖城的成年人对于 *fool* 和 *full* 的表现没什么不同之处①。

① 需要指出的是，与这些其他发音人相比，比尔·彼得斯在两个方面表现更为一致：他说某一对词相同时从不犹豫，并且他的两类发音显示出稳定而细微的差别。与赫罗尔德记录的各种多变的例子相比，他的言语代表了更为清晰的近似合并的实例。

诺里奇的近似合并

TOO 和 *TOE* 的例子

自从特拉吉尔（Trudgill 1974a）在诺里奇言语社区的综合研
究报告之后，它的元音系统及诺福克（Norfolk）周围社区的元音系
统已经产生出有关语音变化和方言接触的一些重要发现。在第 6
章中，诺里奇用来举例说明模式 3 的音变，这与伦敦的模式 1 音变
截然不同（图 6.19—图 6.21）。中古英语 **ō** 在 *too*、*root* 等词中的
前化遵循了许多英语南部方言的变化路径：音核和滑音都是前圆 365
唇元音。此外，中古英语 **ɔ̄** 在 *so*、*stone*、*toe* 等词中的元音在保守的方
言中高化为[u:]。LYS 研究表明这个音核也发生了前化，尽管滑音
保持了其后高的目标。1970 年我所采访的诺里奇发音人中有两个
14 岁的男孩，戴维·布兰森（David Branson）和他的好朋友基思
（Keith）（戴维的即兴谈话模式见图 6.21）。在戴维读一个词表
时，中古英语 **ɔ̄** 和 **ō** 两词群的音核非常接近，尽管滑音移向相反的
方向（图 12.4a）。用单词 *too* 和 *toe* 进行交互听辨测试，其中一个
男孩做发音人，另一个当听辨人。虽然他们两人的话语中都存在 366
差别，但基思完全听不出戴维话语中的差别。而戴维在正确分辨
基思每一个发音 T-O-E 还是 T-O-O 时没有任何问题，虽然基思
话语中滑音的方向并没有他自己话语中对立得那么明显
（图 12.4b）。

在这里不仅仅是基思的错误很重要：更重要的是他在测试中表现出来的这种完全的混淆。他出错集中在那些音核最接近的词项上。很明显，他一直在努力想听出音核位置上的差异，而没有学

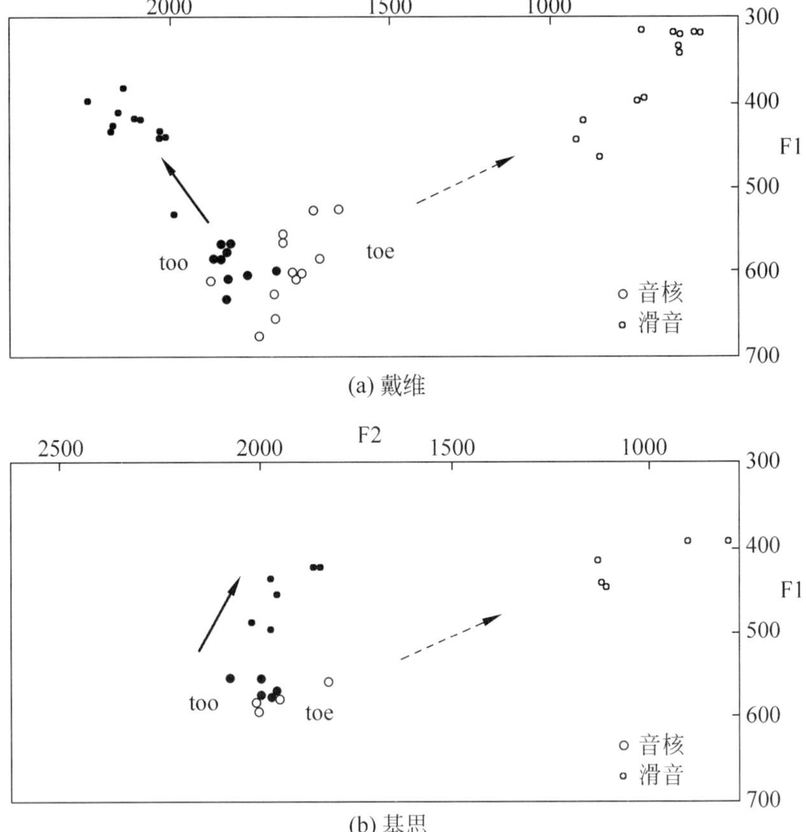

图 12.4　对 *too* 和 *toe* 的交互听辨中音核与滑音的位置

(a) 英国,诺里奇,戴维发音,14 岁〔1971〕

(b) 英国,诺里奇,基思发音,14 岁〔1971〕

会去听出滑音的方向和终点。更为出乎意料的是,他自己的发音却是只靠滑音区别的。因此基思证明了发音人能够发出一种可靠的区别而不能听出这种差别,或至少没意识到这种听感的差别。在某种意义上,基思在学习语言时一定“听到过”这种差异,尽管年仅 14 岁的他当时还不能注意到这一点。在某一非反应的感知层面，他一定是在监听自己的发音，但毫无疑问他的结论是 *too* 词群和 *toe* 词群在语言中感觉是相同的。因此他不能根据发音模式中的规律性差异来辨认并标示这两个音位，而这是在他自己和他的好朋友经常在说话中出现的差异。

关注音核与关注滑音的转换并非与语体的转换无关，这种语体转换会随着发音人越来越注意自己的话语而发生。随着戴维越来越明显地注意元音的发音，音核的 F1/F2 位置也越来越接近。他发的 *go* 的 F2 值由谈话中的 1400Hz 左右到读词表的 1750Hz。这正是图 12.4a 显示的 *toe* 在交互听辨测试中的位置。戴维和基思都表现出用滑音作为区别特征来分出/uw/和/ow/，而音核位置则成为多余的特征。但由于音核位置常用来区分大多数其他元音对，基思可能是受这种影响，也同样专注于用音核特征来区别这些元音，结果失败了。

BEER 和 *BEAR* 的例子

在评价 *too* 和 *toe* 的近似合并的证据过程中，特拉吉尔注意到 *beer* 和 *bear* 两个词群提供了又一个实例。诺里奇的所有被试者除了年纪最大的之外，都认为这两个词群完全相同（Trudgill 1974a），并且在方言诗歌中这两个音也是押韵的：

> Ah，more'n once I'a stopped there jus'to hear
> Their lovely songs that fill the evenin'air.

然而除了最年轻一代的发音人，/ihr/和/ehr/词群的实际发音在 367
全部发音人中差别都相当大。年长发音人的这两个音位表现出明显差异。这种区别是随意谈话的特征,而在最小区别词对测试中趋向于消失,如特拉吉尔的图 4.2 所示。这个情况与阿尔布开克的丹·琼斯的表现更相似,而不是邓坎农的比尔·彼得斯在最小区别词对中保留了非常小的差别的情况。如果在诺里奇对 *beer* 和 *bear* 进行交互听辨测试,我们可能真的发现与阿尔布开克或纽约相同的近似合并。

12.4 近似合并概念的阻力

我们已发现的近似合并的例子都是来自于对言语社区的现场调查过程中进行的实验分析。所列举的大量数据最主要来自于纽约市的研究,其中有 20 个发音人接受了测试。但最明显的例子来自于不同社区中单一的个体行为(阿尔布开克的丹·琼斯;邓坎农的比尔·彼得斯;诺里奇的戴维·布兰森)。支持近似合并的证据来自对言语社区的研究:迪·保罗在盐湖城、赫罗尔德在东宾夕法尼亚、特拉吉尔在诺里奇的研究。但是这些研究没有为每位发音人提供发音与感知之间清晰的分离,而这一分离正是对于上文刚提到的三例个体的近似合并的定义。第 13 章将举出最早在 LYS 中讨论的历史记录中可能是近似合并的两个例子,以及更多对应的现代方言中近似合并的例子,以及哈里斯和米尔罗伊(Harris and Milroy)在现代爱尔兰语研究中得出的结论性发现,这一发现解决了从现在到过去再到现在的循环论证。第 14 章将通过实验的方法更系统地探讨这些问题,目标是为了解决这个自相矛盾的发现:说话人发出了他们似乎不能感知的语音区别。

第一次观察到的近似合并无疑会被那些听到的人认为是自相矛盾的。在多次相关数据的口头报告中，语言学家和语音学家站出来表达他们对这一现象的怀疑，而不顾这些大量的数据资料以及不断积累的证据。虽然每个出现近似合并的言语社区也同样出现了大量的个体变异，能够表现这一现象的个体却并不难找到。在第14章中我们将看到一个语音系统中存在这类对立的社区，其中有保留这一差别的说话人、放弃这一差别的说话人、表现出近似合并的说话人，三者数量大致相同。

那么我们如何说明以前无人报告近似合并这一事实，因而语 368
言学家很难接受它们的存在。很明显，近似合并与12.1节列出的范畴观的四个成分不相符合。在这些近似合并的例子中，不可能保持第3点中描述的成员间的二分对立。违背第4点的是，近似合并证明了语音间细微差别的存在。近似合并的存在也引发了对第5点发音与感知对称的质疑。同时也表明了评价的内省方法的巨大困难，违背了第6点概述的看法。

近似合并引发的最大问题是，从发音的角度有两个范畴，从感知的角度只有一个范畴。这不单单是一个描写或术语规范的问题。如果一个人不能识别两种范畴之间的不同，他/她如何学会以一种方式发出某一范畴中的所有语音，又用另一种方式发出另一范畴中的所有语音呢？这是相当重要的本质问题。

现代语言学界存在一个普遍的观点，一种理论框架比支持它的事实具有更高的价值。而这是基于以下的论断：当已报道的事实与简单清楚的理论相矛盾时，只要更仔细认真地调查这些事实，最终会证实理论是正确的。人们还认为所有的事实都是理论的建构物，所有的观察都只能在理论框架内进行。在科学史上可以找到许多支持这一论点的例子。但是在我看来，相反的策略似乎更加适合当前的语言学现状，这就是所有现存理论都无法解释的稳固确凿的语言事实最有价值。本书对语言变化的研究报告了大量这样的事实——与所有预期相反的重复出现的观察结果[①]。本卷中普遍原理的发展就是从这种相反类型的事实中进行一系列反复推理的结果。在我看来，它们似乎为新方法的发展及对我们周围世界的理解提供了最有力的刺激。

“近似合并”的实例提供了最引人注目的榜样——理论框架是怎样阻碍了对语言事实的认识。1977 年 6 月 23 日，我收到了戴
369 维·德·坎普(David de Camp)寄来的一封信，他在两年后去世。信的开头提到了我 1975 年的一篇文章《论用现在解释过去》，那是我第一次尝试用现代近似合并的数据资料解决第 10 章和第 11 章中出现的矛盾。德·坎普说他还是一名研究生时曾尽力解决 *meat* 和 *mate* 的问题但没有成功，尽管解决问题的钥匙“就在我眼前：事实上就在我的书桌上。”然后他对此给出了如下的解释：

> 这个春天我偶然重读你的论文，这次阅读更加全面并真正领会了论文的第 840—849 页(现在对发音人的报告的再评

① 这些观察所依据的框架是：尽可能少地依赖记忆和直觉来报告我们对客观事物和事件的印象。在语言学中，最简单的观察可能相当复杂：话语的语音和母语者对它们的解释。通过仪器或书写把它们记录下来，它们就是稳固的、可信的。当观察和记录之间隔了一段时间，天真地依赖记忆和内省时，理论偏见就会干扰这些观察。这些观察程序在实验方法中是共同的基点，在很多领域中实行，却只是最近才应用在即兴言语的研究中。

估)，这是你解决问题的关键。蓦然之间，我被带回了1953年6月，那时我试图拼命为含有这个问题的博士论文准备答辩。在对旧金山音系的研究中，我的取样技术(跟1951年时人们采用的方法一样)并不精密，也没有带录音机，但至少我对我的语音学具有信心。我花了两年时间做了大量原始材料的转写工作，通过把其他人的转写跟我依据记录的重新转写对照检查。我在答辩过程中一直坚信自己的发现，直到整个伯克利语言学界的权威让我招架不住。

问题就在于我在访谈时做了一个词对的感知测试，四种数学上的可能性都出现了：可以听出并发出对立音的人，不能听出也不能发出对立音的人，能听出差别但发音没有差别的人，以及发音有差别但听不出差别的人。答辩委员会以及为此感兴趣而来的语言学家认为，尽管第三种情况可能不会发生，可以勉强允许它的存在。但是他们坚持认为第四种情况是绝对不可能的，并认定我的数据转写有误。那一刻，我真想把旧金山的一个发音人带进伯克利的实验室，那里有赵元任(Y. R. Chao)的早期型号的Kay语图仪，但考虑到委员们无论如何也不会被说服，我放弃了这个念头——我这样做可能是正确的。我用了许多“可能”“似乎”“也许”回避了这一点，论文最终通过了。在发表的版本中，我很温和地表达了这一观点，甚至用了一个自我辩护式的感叹号。我没有给你看过这篇论文，但是现在，我觉得你可能很感兴趣，只是作为历史中的一个章节，特别是对这个问题的处理(见第62—63页)。

然而，出于实际的目的，你所说的仍然是对的：“之前没有

研究显示……发音人在自然语言中通常表现出了差别,可他们依然认为两个音是一样的。”当时我被整个语言学界权威的顽强抵制吓倒了,开始怀疑自己耳朵的准确性,当然不会注意当时还困扰着我的 *mate*/*meat* 问题的价值。多年以后,普遍使用录音机和语图仪做研究,而且刻板的结构主义理论(Tragerian and Hallean)放松了,于是这种理论上不可接受的事实至少可以报告出来。奇妙的旧金山的资料一直被压制深藏,直至第一次粗略地读到你的论文时也没有想起来。很明显,对我们专业来说没有什么道德可言。对于现代理论家
370 来说,当面临数据与理论不一致时,本应该都会毫不犹豫地选择质疑理论而不是数据,可他们这样做了吗?他们这样做了吗?

第 13 章　对逆合并的解释 371

本章将应用第 12 章中对近似合并的观察来解决第 10 章和第 11 章提到的悖论。我们还没有完全理解被称为近似合并的现象。事实是完全不清楚，若发音人不能感知一种区别，又怎么能保留这种区别。因此我们处于一种奇特的境地，要用本身自相矛盾的现代言语行为作为手段来解决已报告的历史上的悖论。尽管如此，我们将对过去的文献进行再研究，希望对现在语音现象的深入研究可以阐明正在发生的事情，这也是第 14 章试图达到的目标。

13.1　*line* 和 *loin* 的明显合并

第 10 章中探讨了 18 世纪/ay/和/oy/的逆合并问题，第 11 章根据充分的理据建立了合并不可逆原理，使得最早出现在第 10 章的逆合并难以接受。基于/ay/和/oy/重新分离的最终结果，在 LYS 中使用“虚报合并”来描述这一现象。而第 12 章中的近似合并现象表明这种合并的报告可以是相当真实可信的。它们显示出母语说话人确实可以不具备感知有关两个词群之间物理差异的能力。在更多的音系可能性的观念中，可以对 *line* 和 *loin* 的明显合并以及逆合并展开更多的探讨。我们首先要了解隆伯格(Nunberg)以更多音系可能性观点对历史证据的再考察，这种观

点是源于现代近似合并的研究——用现在的信息解释过去的一个典型实例①。然后我们将回到现在,去找到一个现代方言中早期
372 情景直接延续的实例,并且通过它们的相似性来阐明现在和过去。最后,我们将利用从各种语言现象的现代延续中获得的新资料对16世纪伦敦方言中 *meat* 和 *mate* 的不可能的逆合并进行再考察。

隆伯格对已报告的合并的再分析

隆伯格利用 LYS 在现代方言中近似合并的数据开始对 *line* 和 *loin* 的研究,并利用这种信息来解释自己对现在所有可用的证据进行量化分析的结果(Nunberg 1980)。对他的分析做一个总结是我们努力解决这个历史记录中的明显悖论的第一步。

造成现代/ay/和/oy/音位的词群有着很不相同的历史。/ay/几乎全是中古英语 **ī** 的投射,这一词群的来源及其随时间持续发展的情况将在第17章详细阐述。正如第10章中指出的,/oy/主要是从法语借用的结果,基本来源有:(a)拉丁语的 **au+i** 如 *joy*、*cloister*;(b)拉丁语的 **ǒ+i**,如 *oil*、*oyster*;(c)拉丁语 **ō** 或 **ǔ+i**,如 *moist*、*point*;(d)晚期法语的 **oi**,如 *royal*、*loyal*;(e)各种来源不清楚的情况,如 *boy*、*toy*。作为这种历史的结果,/oy/只出现在舌尖辅音前,而从不在唇音和软腭音之前。

整个中古英语时期,这个词群的单词的音核既有高元音也有中元音,拼写为 **o** 或 **u**。隆伯格令人信服地论证[oi]或[ui]的出现更多地取决于语音环境而不是词源。因此我要指出这不是两个音位/

① 隆伯格的第一次数据分析出现在 LYS 的附录中。隆伯格1980年的阐述更为详细,而接下来的讨论就是以那里的材料为基础。

oy/和/uy/，而是具有高元音和中元音两个变体的单一音位/oy/。

在 17 世纪中叶，[ui]的变体位于半高的非外缘位置，跟已进入第 6 章所述的音变路径的中古英语 **ū** 的变化相对应。正是在这一点上，/oy/的语音表现开始跟正在变为/ay/音位的中古英语 **ī** 的语音表现相近似。为了追溯这个随时间推移的过程，隆伯格(Nunberg 1980)把从哈特(Hart 1569)到亚当斯(Adams 1799)之间的 19 种文献来源中的 24 个带有/oy/的单词形式列表作为证词。结果找到一批几乎有 200 例引证，归类显出/oy/的音核曾有 **u**、**o**、**i**(跟中古英语 **ī** 的表现一致)以及 **ə**(央元音，跟中古英语 **ī** 不一致)。

隆伯格首先分析从 1569 年到 1653 年央化之前时期的 6 个文献来源中的资料，其中 **u** 和 **o** 只作为双元音音核出现。表 13.1 显示出适于[u]出现的语音条件。第一种作用与现代方言的语音测量结果一致。后接鼻辅音通常与较低的 F1 值相关，历史演化显示后接鼻音倾向于使元音高化(Ecker 1980:191)。前置唇音的作用同样与/u/在后期的发展相符：低化以及很少出现在此环境下的不圆唇。[ui]在/l/前的百分比较高在现代方言中并不典型，这
显示出当时的词末/l/的音位变体比现代更清晰。“其他”类中包 373
括非常排斥音核[u]的词末位置。

表 13.1　在前央化阶段语言环境对/oy/音核高度的作用

环境	引例数	[ui]的比例
__ n(t)	15	0.76
p,b __	16	0.53
__ l	14	0.50
其他	18	0.14

下一步，隆伯格列入了从1687年到1799年央化时期的资料。当时有关合并的报告成为主导。对于央化与非央化引证的综合研究，使隆伯格改进了表13.1的语音分类，做出表13.2显示出前央化时期的[ui]和央化时期的[əi]之间的比例对照。由于开音节位置极为排斥高化和央化，所以把*boy*与其他唇音词区分开来。并且，把词首的硬腭塞擦音**j**从“其他”条件中删去，因为这与其他环境相比，更易央化。其结果就是两个指数之间99%的显著关联。

表13.2 语音环境对元音高度和央化的作用

	前央化时期 1569—1653		央化时期 1687—1799	
环境	[ui]的比例	N	[əi]的比例	N
__nt	0.88	13	0.82	18
__n	0.58	7	0.58	17
__l	0.50	14	0.57	48
p,b__*	0.63	12	0.64	35
其他**	0.04	11	0.06	18

R=0.99

* 不包括*boy*

** 不包括j__

因此，隆伯格的分析显示：导致/ay/和/oy/词群已报告合并的央化并没有同等地影响到全部音位变体。而是影响到了那时语音
374 学家、正音学者、语法学家所听到的作为[u]的形式。还不能马上弄清楚为什么这些音核一直与中古英语ī降到中元音位置的[əi]阶段同音，因为与[oi]相比，[ui]离[əi]更远。不过显然这种认同只是感知上的而不是发音上的。加德的合并不可逆原理，使我们相信：

如果/ay/和/oy/在后来的发展中有区别,那么它们在物理分布上从来没有完全合并过。这种重新分离或“逆合并”显然是完全的。有三个词由/ay/转到/oy/:*boil*‘肿块’源自古英语 *byl*,*groin*‘腹股沟’源自古英语 *grunde*,*joist*‘龙骨’源自古法语 *giste*。我们可以注意到这些都显示出表 13.2 提出的适宜高化和央化的环境条件,*boil* 同时包含了两种这样的条件。隆伯格进一步指出这都是 16 世纪的变化,发生于/oy/央化之前。在另一方向上,*eyelet* 从/oy/移动到/ay/,这是通过一个明显的俗词源的路径,来自于古法语 *oilet*。

隆伯格的分析中最后一步只是考察央化的后退,这表现在 1755 年到 1799 年的 7 种文献来源中。在这一时期,含有/oy/的 24 个词明显地分为两组:

A:*point*,*appoint*,*joint*,*join*,*boil*,*broil*,*spoil*

B:*coin*, *loin*, *foil*, *oil*, *toil*, *joist*, *poison*, *boy*, *joy*, *toy*, *oyster*,*noise*,*voice*,*void*,*loyal*,*voyage*

A 组包含了表 13.2 中两个最有利的环境条件。这个组中只有 *broil* 和 *spoil* 有两例带有[o]音,都是引自 1755 年拉德(Rudd)的研究,是这一时期中的最早的文献来源。接下来的三种文献来源中有 6 例跟中古英语 ī 的词群完全一样。其余的引例则是在中古英语 ī 和/oy/之间交替。除此之外,出现了一个新特征:被贬为低俗的“长 **i**”的发音,共有 10 个引例。

B 组的情况完全不一样。有 17 个引例表明是[o]音核,只有 3 例与带贬义的“长 **i**”交替。它们是 *oil*、*toil*、*poison*。所有词项都具有有利的环境条件。

隆伯格所澄清的，/ay/—/oy/“逆合并”的历程显然是沿着一条穿过社会、语音、语源领域的复杂路径行进的。/ay/和/oy/某些音位变体的相似显然是影响社会各界的语音变化的结果，还处于早期尚无社会评价的阶段。随着/oy/词群的“长 **i**”发音引起社会意识，重新分离开始了。后来它们被贬低为工人阶级的特点，上层和中层阶级退出这些语音形式。回顾第 10 章引用的肯里克
375 (Kenrick)的著名言论，我们可以看到观察者是从结构的观点分析这一问题（“都转为 **i** 或 **y** 的发音”），这还被认为是一种词汇迁移而不是普遍合并（“有一些这样拼写的词，经过长时间使用，几乎失去了它们最初的读音”）。

在整个发展过程中，人们观察到/oy/词群的两种不同的发音，其中只有一种与“长 **i**”相同。如果所有的词都被替换了，那么词群恢复原状就不会有理解上的困难。但作为一个规则，它最初跟“长 **i**”一样是高变体。这曾是一个变项规则，包含很多适于或不适于央化的语音模式的成分。但它具有将词汇分为两组的作用，如果央化形式实际上跟 **ī** 的投射相同，那么其中的一组将会永久并入/ay/词群。

然后，我们回到第 10 章的中心问题：如何解释永久合并没有发生这一事实？似乎/oy/的高变体音核移动的轨迹好像正是我们推断的元音大转移中的中古英语 **ū** 的轨迹，与第 6 章中的现代发展（图 6.3、图 6.21）相类似。当然，变化是从松音核开始，不是[u]而是[ʊ]，沿着后非外缘路径低化。现代语文学者倾向于把正字法 **u** 解释为[ə]，这是因为他们的语音空间概念限制于前后的三分：前、央、后。一旦我们认识到后非外缘轨迹的存在，/oy/这些音位变体的变化就可以很好预测。这并不意味着这里的音核低化

整体上就是元音大转移的简单延续，它至少是在双元音化基本完成之后一个世纪才发生的。然而，[ʊ]音核的低化稳定地持续了更长的时期。并且在许多现代方言中还没有降到[a]。因此，很可能南部英语方言的说话人用中古英语 ū 发展的双元音音核来认定/oy/的高变体音核。这种认定不是一个有意识的过程，但它在现代方言中非常普遍。在费城可以观察到，其中的/ʌ/沿着清辅音前的/ay/音核央化的路径开始高化和后化（见图 3.6）。

关于/oy/的变体[ui]演化轨迹的推断远远不仅是猜测。表 13.2 的压倒性证据表明这些变体从一个高位移到了一个比[oi]变体更加央化的中位。我们可以为这一结论添加第 10 章的两个事实：/ay/和/oy/曾被广泛报告为合并，而这种合并却没有真正发生。根据这三个观察，很明显中古英语 ī 的投射和/oy/最初的高变体跟我们在纽约市观察的/oh/和/ohr/都属于极为近似的同一类型。

图 13.1 在一个二维声学空间重建这一历史。其中显示/oy/的 376
高变体沿着中古英语 ū 的松音核在元音大转移中的路径移动到一个与低化的中古英语 ī 非常接近的位置。在这一阶段，它们跟/ay/的发音仍有差别，但已经如此接近，以致使大多数观察者判断为相同。在接下来的变化中，/ay/的音核继续低化，央化的/oy/变体的音核向后移动与词群中的其他成员合并。最终，/oy/的音核变为外缘性的，并在南部英语方言和美国方言中高化到了半高和高元音位置。

13.2　艾塞克斯郡 *line* 与 *loin* 的近似合并 377

前面的论证采取了本书从现在寻找更多证据解决过去的难题

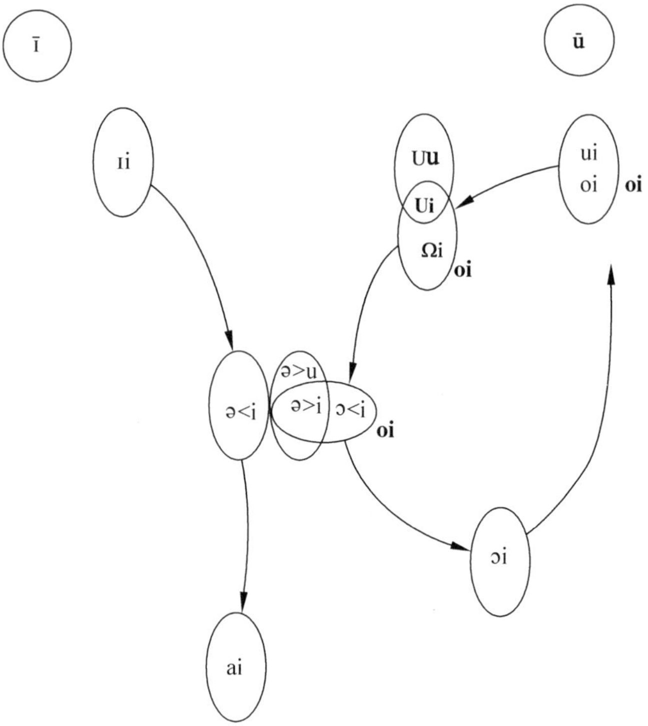

图 13.1　/oy/音位变体的路径

这一基本策略。然而到目前为止,还是相隔着一定距离来做出推论。第 12 章中呈现的近似合并的证据来自于其他方言地区的其他变项,在时间和空间上离 *line* 与 *loin* 合并的发生都很远。这种证据具有说服力,是因为它涉及了元音移动的普遍原理和音系学的普遍原理。然而,最具说服力的资料应是从 18 世纪以来的实际录音,这可以凭借在前后维度上更为敏感的现代实验技术来进行分析。这些测量也许会显示出/ay/和/oy/的物理表现确实存在区别,尽管库珀(Cooper),琼斯(Jones)和肯尼奇(Kenrich)都判断它们相同。虽然我们得不到资料,但是我们可以通过考察这种合并在现代英国方言中的延续来进行近似的研究。这些可以在英国南部的艾塞克斯郡找到(见图 13.2)。在这里,奥顿和戴思(Orton and Dieth)所做的《英语方言调查》(SED 1962—1967),显示/ay/与 /oy/的合并还在继续[①]。

图 13.2 《英语方言调查》的东部地区(Orton and Dieth 1962—1967)

① 在接下来的讨论中,我将讲到/ay/和/oy/两个词群,它们是被说成 18 世纪在艾塞克斯已经合并的音位,但现在英国和美国其他地区的方言中又表现出区别。

为了评估这些数据,我们首先要认识 SED 使用的语音转写方法的局限。已出版的调查记录使用了一种相当严格的窄式国际音标(IPA)转写法,尽可能标出元音的高低维度。元音高度有 5 个字母排序标记,每一个都可以使用舌位升高[ə̝]或降低[ə̞]的附加符号加以修正,这样就有 15 种可能的高度级别。在前后维度上有三个字母依序标记,并带有舌位稍前[ə̟]或舌位稍后[ə̠]的附加符号。但是这第二组附加符号很少使用。例如,东米德兰的单词 *core* 的 85 项转写中有 16 项使用了升或降的元音附加符号,而没有使用舌位稍前或稍后的附加标记。单词 *boil* 的转写中有 4 个表示舌位高低的附加符号,同样没有一个表示前后的标记。偶尔,把舌位稍后的符号用于低央元音[a̠]。但没有发现任何元音沿着这里被认定的非外缘路径移动。SED 的资料更普遍地使用一种央化标记如[ä](IPA 国际音标中用来标记与央元音位置相同的音,与[ə]对齐),可是,并非前后变化的更小的分级。简而言之,SED 与大部分方言地图集一样,只标识了前后维度的三个分级。我们没有理由指望用它来得出第 12 章所研究的极为接近的近似和区别。

378 这种局限不是任意的,它显示了人类对元音前后分级能力的实际限度。对完整的语言信号来说,这种局限似乎比根据稳定态共振峰实验建立的差异阈限更严格,其中人们能够分辨 F2 最小到 75 或 100Hz 的差异(Flanagan 1955)。第 12 章的数据表明那些第二共振峰相距差异低于 200Hz 的发音最有可能被听为“相同”。有关这一点第 14 章将提供更多的系统信息。

在 SED 的记录中,我们可以检查中古英语 ī 词群中 30 个词的表现形式。在多数其他方言中,它们都是/ay/音位的成员,另有8个词进入/oy/词群(见表13.3)。/ay/词项中有13个是在清辅音结尾的词素中,有12个是在浊辅音前,有5个是在开音节元音或后面有间断的词素中。8个/oy/的词代表了更为有限的环境条 379
件,使我们有理由只限于对后面是/z/、/l/、/n/的词进行比较。

表13.3　在多数南部英语方言中代表/ay/和/oy/音位的SED单词

/ay/			/oy/
_C^o	_C^v	_C#	
knife	ivory	fly	poison
hayknife	hive	eyes	deadly poison
fight	died	bos-eyed	very poisonous
white	hide	eyebrows	oil
whitish	spider	dandelion	boil
height	blind		boiling
light	tire		boiled
lights	tires		groined
firelighting	fire		
righthanded	fireshovel		
scythe	iron		
slice	style		
dike			

在SED标记法的范围里,我们发现艾塞克斯的两个词群完全合并。图13.2展示了SED调查者在艾塞克斯及周边地区的研究。艾塞克斯最东边也是最孤立的社区是蒂灵厄姆(Tillingham)(图13.2中的13号)。在蒂灵厄姆所有的词都被记作[ɔɪ],艾塞

克斯大部分地区也有基本同样的情况。通过表 13.4 列出的 *oil* (Orton and Dieth 1962—1967:Ⅴ.2.13)和 *boil*(Ⅵ.11.6)与 *stile* (Ⅳ.2.9)的对比可以做出最佳说明。

表 13.4 SED 对于艾塞克斯在/l/前的中古英语 ī 的转写

	区别		合并
stile	[aɪ]	[ɔ̈ɪ]	[ɔɪ]
oil, boil	[ɔɪ]	[ɔɪ]	[ɔɪ]

东部地区 1 和 8 两个调查点显示了/oy/词群具有高低、前后、圆唇方面的标准区别;但北部和西部的调查点 6、7、12 和 15 显示

380 了一种只包括前后([ɔ̈]表示一个完全央化的圆唇中音核)的较小区别。在其他九个社区,/ay/和/oy/完全合并。

对于表 13.3 列出的所有词,调查点 1 显示出一种稳定的区别,而其他调查点都出现了相当多的变异①。例如,我们把 *flies* 和 *eyes* 与 *poisonous* 对立时,又发现调查点 12、15 普遍对/ay/和/oy/都用一个央化的[ɔ̈ɪ],而调查点 6、7 则是继续区分央化的/ay/与靠后的/oy/。调查点 8 在这一方面是变化的。主观转写中出现一定数量的波动在预料之中。但在北部调查点 2、3、4、5,南部 14,东部 13,我们发现/ay/和/oy/都用了一致的 [ɔɪ]。在这些社区,18 世纪的合并一直延续下来并且几乎没有改变。

① 这些差异不是田野工作者之间的个人调查区造成的,因为刚刚提到的划分与田野工作者的社区分配并不一致。调查点 1、5 的转写由埃利斯(Ellis)负责,调查点 7、15 是巴里(Barry)完成的,调查点 11、12 由怀特(Wright)负责,其余部分由伯恩森(Berntsen)完成。

我曾听过 SED 的一个发音人的磁带录音，录音显示出这种已报告的/ay/和/oy/合并[①]。磁带中/ay/的几个发音在声谱图的语音空间中并没有出现在/oy/的同一区域。相反，它们朝向中心轻微移动。由于/oy/通常是后元音中最具外缘性的成分，这种情况提示了以下的可能性：/ay/和/oy/形成了一组外缘与非外缘的对立，这跟纽约的 *source* 和 *sauce* 以及阿尔布开克的 *fool* 和 *full* 的情况相似。

即兴言语与最小区别词对

1971 年夏天，我采访了蒂灵厄姆村，它位于已报告的合并表现最一致的地区。当时，我访谈了三位发音人：杰克·坎特(Jack Cant)，87 岁，退休的农场工人，一位 ESD 发音人的兄弟；雷纳德·雷文(Leonard Raven)，70 岁，退休的农场管理员；雷纳德· 523
雷文的太太，69 岁，家庭主妇，以前是家政服务人员。三位发音人都来自蒂灵厄姆家庭。尽管雷文太太在伦敦工作多年，但在本地语的形式转换中雷文先生比他夫人受到标准语的影响更多。如同所有社会语言学家的访谈一样，即兴言语作为主要的部分要设计得尽可能接近本地风格。由于知道/oy/形式很少见，我努力尽可能多地引导出这个词群中的词。对雷文夫妇的访谈是一个家庭谈话，有很多互动。在开始有关语言的讨论之前，我成功引导他们说出了词对 *voice*/*vice* 和 *loin*/*line*。然后我直接问他们这些词对是 381

① 我特别感谢霍华德·伯恩森(Howard Berntsen)提供了这一录音并指出了这一问题的本质。

相同还是不同。杰克·坎特和雷文太太认为相同,雷文先生则认为不同。

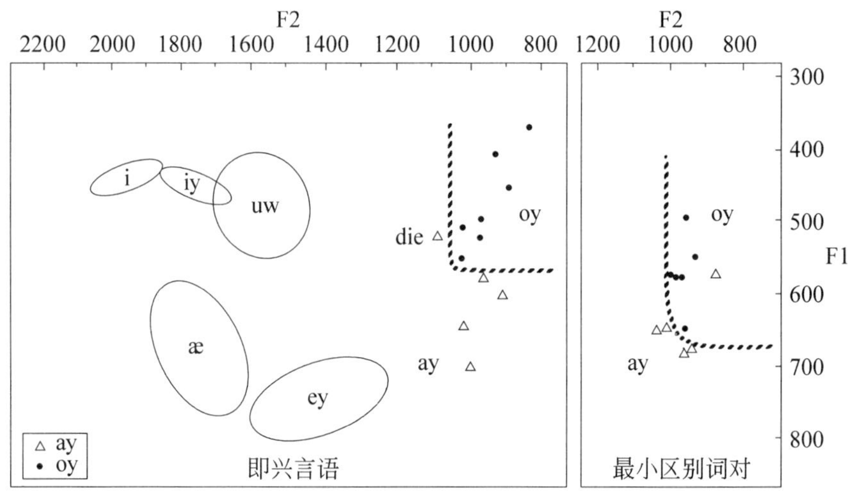

图 13.3 杰克·坎特在即兴言语和最小区别词对中发的/ay/和/oy/元音

图 13.3 左边部分列出了杰克·坎特即兴言语中的元音系统,带有/ay/和/oy/各次发音的表现。它显示出/ey/、/ay/、/oy/的模式 4 链式音变,与伦敦和诺里奇的形式不同。/uw/已经移到了前高位置,/ey/已降到央低位置。如通常一样,/ay/移到了后半低位置,如我们所料,/oy/更高了,从中位到了后高位置。/oy/的一些发音和/ay/接近,但并不比我们预想的一般邻接音位的重叠更多。/ay/有一个发音更高更靠中央,在高度上与/oy/的范围重叠。这个词是 *die*,它与 SED 原始录音中的 *die* 实验测量占据的位置相同。

图 13.3 右边部分显示杰克·坎特在最小区别词对提问中/ay/和/oy/的发音。这些比即兴言语形式更为接近,但是它们同

样是在高度上区分。这里的关系本应被描写为极为近似。杰克·坎特似乎也表现出“比尔·彼得斯效应”，在最认真的语体中的规范形式使两个音位如此接近以至于它们听起来一样。在这些最小区别词对测试中，杰克·坎特认为所有这些词都是相同的。

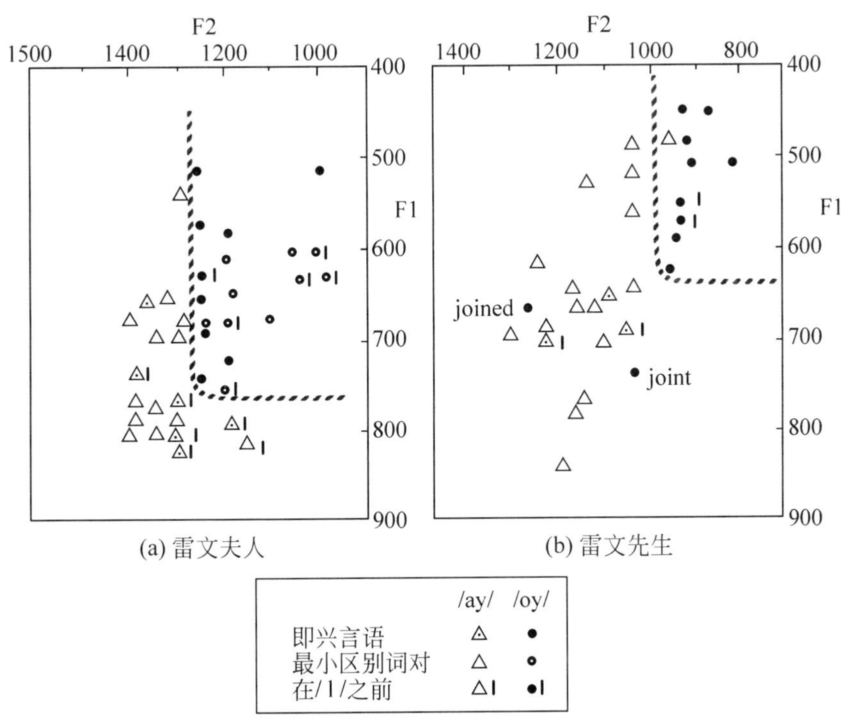

图 13.4　雷文夫妇的/ay/和/oy/元音

图 13.4a 显示雷文太太/ay/和/oy/的发音分布，图 13.4b 是雷文先生的。虽然雷文太太认为 *line* 与 *loin* 一样，雷文先生认为不一样，他们在即兴言语和最小区别词对中却呈现出相同分布。夫妻俩 382
都是/ay/比/oy/更低和/或者外缘性更小。两个发音人都是以/l/结尾的词外缘性更大，但是/ayl/和/oyl/之间的相对关系与其他音位

变体是相同的。尽管雷文太太有些/ay/的发音与/oy/的一样高,它们却是外缘性明显更弱;虽然有些/ay/的发音外缘性跟/oy/一样,它们却是明显更低。在两个集合之间划出一条界线并不困难。

在雷文先生的系统中有一个/oy/词根进入了/ay/词群——词根 *join-*。这是肯里克(Kenrick)(第 10 章给出的 1773 年的引文)曾经提到的,在 18 世纪已被/ay/接受的词根中的一个。除此之外,我们可以在这两个词群之间划出一条清晰的边界:基本上是一种外缘与非外缘的分离。尽管这里没有显示雷文夫妇的整个元音系统,它们的整体结构与图 13.3 中杰克·坎特的系统相同。外缘性差异不是后元音与央元音的区别:/ay/词群在后元音区,与央元音[ɔ̈ɪ]根本不同。在一种国际音标(IPA)记音中,它们本应是[ə̝]。同样,最小区别词对的形式比在连贯话语中更加接近。方言学家漏掉这些细小的差别是可以理解的,因为他们是在相对较慢的语
383 体中记下孤立单词的发音。而/ay/和/oy/极为接近,只在主观记音方法通常不用的一个维度上有差别。

交互听辨测试

1972 年夏天,我回到蒂灵厄姆又见到了前一年访谈的三位发音人。我用杰克·坎特的即兴言语录音设计了一个交互听辨测试。词项 1—10 是他即兴的不假思考的谈话中 *line* 和 *loin* 两个发音的随机交替,显示的位置如图 13.3 左侧图形中标黑的发音一样。尽管它们是选出来作为即兴谈话中最接近的发音,可是在高度上明显不同。词项 11—20 的发音选自杰克·坎特有意识的考虑这些词是相同还是不同的话语中。这些发音显示了通常在最小

区别词对测试中发现的细小差别[①]。

三人都没有通过交互听辨测试。杰克·坎特最初认为 *line* 与 *loin* 相同，慢慢觉得它们之间有一种小的差别。他的评论证实母语发音人会自然地违背布龙菲尔德关于语言中没有微小的语音差别的断定："有一种小的差别，但有时它们似乎是相同的。"但杰克·坎特不能识别他自己发音的 *line* 与 *loin*：他的实际得分低于随机值，听错 60%的发音。在后来的讨论中，他认为 *voice* 和 *vice* 是一样的，还坚持说 *file* 和 *foil* 之间不可能有区别。雷文太太判别杰克·坎特发的 *line* 与 *loin* 成功率最高，虽然最初她曾判断自己的两种发音相同。她前 10 个词项反应全部正确，尽管有些犹豫和修正。错误集中在后 10 个词项中，这些发音离得更近。雷文先生起初认为 *line* 与 *loin* 不同，可是听出差别的成功率要低得多[②]。

在随后的讨论中，雷文先生和雷文太太都认为测试发音的 *line* 与 *loin* 有区别，并且同样出现在他们自己的发音中。特别是雷文先生，为反映差别能夸大他的自然发音。

(1) 当你试图发 L-O-I-N([lo̱ːɪn])时，我觉得人们会努力把 *o* 384
加进来，这种情况多于他们平时只是随便说的 [lʌɪn]。

雷文太太在她自己的话语中没有产生这样一种强的对立，而是保持了图 13.4a 显示的轻微差别，但她坚持认为这种语音差别对区

---

① 用于交互听辨测试中的发音只在 F1 维度上有差别：前 10 项中，所有/ay/词项 F1 值为 645Hz 和 605Hz，而/oy/词项 F1 值为 510Hz 和 575Hz。后 10 项，/ay/发音 F1 为 685Hz，/oy/的 F1 为 575Hz。

② 雷文夫妇的不同结果可能是由于听力问题。雷文先生听力有困难，雷文太太则没有。当然，听力问题并不是近似合并这一普遍现象的原因，因为早期引述的大部分实例都是来自青少年发音人。

分这两个词很有用：

(2) “Loin of lamp,”（羊的腰肉）你这样说，[lọɪn]，“loin o' lamb,”（羊的腰肉），如果你要说[lə̣ɪn]，线，线或者其他类似的东西，你就要说“Put the linen line[lọɪn，lọɪn]。”（拴上晾衣绳。）

然而，跟她的预想相反，她不能利用杰克·坎特发音中的声学差异准确辨别词语。如上文提到的，对她来说，判断即兴言语的对立比最小区别词对测试更加容易，她对前者的反应更快、更准。这与阿尔布开克的丹·琼斯的模式一致：自然言语中的差别倾向于在最小区别词对测试中消失，被试者对自己的判断做出反应是两个词都一样。在更深入的讨论中，如果被试者能像丹·琼斯和雷文先生那样有意识地模仿其他方言，这种差异可能会重新建立或者被夸大。

艾塞克斯的证据支持了13.1节的推论，18世纪时/ay/和/oy/并未完全合并，而只是在一种近似合并中极为接近。对于蒂灵厄姆青少年发音人的访谈显示了这些元音间一种更大的差别，/ay/有更大程度的前化。这种从近似合并的后退明显正在进行，而且没有出现这两个词群混杂的趋势。

13.3 贝尔法斯特 *meat* 和 *mate* 的近似合并

第10章的证据充分说明 *meat* 和 *mate* 的合并在16世纪已有报告。[①] 毫无疑问这个合并已经逆转：第10章的内容还显示 **ēa**

① 哈里斯（Harris 1985），主要基于沃尔夫（Wolfe 1972）的研究，发现似乎只在怀尔德关于韵脚和误拼的论述中可以找到支持两个词类合并的唯一证据。然而第10章引用的16世纪下半叶四位学者的观点却报告了这种合并。

词群的变化远比大多数学者所了解的更有规律。长化的 **ĕ** 词群保留在中元音的位置，原来的长元音词群却高化并越过中元音位置，而没有跟它合并。这有力地证明了在 16 世纪英语的前元音中存在着非外缘的轨道。

LYS 和拉波夫（Labov 1975a）的研究提出，*meat* 和 *mate* 词 385
群并没有真正合并，但是因为这两个词群非常近似而被许多观察者报告为合并现象：事实上这种情况是近似合并的又一个例子。这种可能性引起了在贝尔法斯特从事社会语言学研究工作的米尔罗伊（Milroy）和哈里斯（Harris）的关注，他们注意到年长的发音人所发的 *meat* 和 *mate* 词群在语音上很接近，而且贝尔法斯特本地说话人认为是"同样的"。他们对此进行了细致的调查，并把结果于 1980 年第一次做了报告（见 Milroy and Harris 1980）。下面的讨论将综述米尔罗伊和哈里斯的资料，简要总结哈里斯（Harris 1985）的分析，表述我个人所理解的这个问题对于第 10 章至第 13 章的全部观点的影响。关于 *meat*/*mate* 在贝尔法斯特和其他爱尔兰、苏格兰、英格兰诸方言中发展变化的详细讨论，请参见哈里斯的研究（Harris 1985）。

比起许多其他英语方言，贝尔法斯特英语的历史更为人所知。帕特森（Patterson 1860）提供了含有 **ēa** 的映射或 *meat* 词群 100 个词的词表，其中有许多拼写为 *ea* 的词，但是也有一些如 *Jesus* 和 *decent* 这种在爱尔兰方言文献中常常拼写为"Jay-sus"和"day-cent"的词。这些单词中使用的元音显然被认为和 **ā** 的映射或 *mate* 词群的元音是完全相同的。*meat*、*please*、*weak* 常常写作"mate、plays、wake"。其他考察过爱尔兰英语的学者已经逐渐开始

认为 *meat* 和 *mate* 词群是“同样的”。哈里斯（Harris 1985：241）列出六种这样的文献来源，并引用了下面这首写于 1966 年的歌谣：

> The Roost is next and for a rest
>   you can take a seat
> Before proceeding further to the
>   good oul' Golden Gate.

有些其他历史资料支持这种看法：*meat* 和 *mate* 的合并是在 18 世纪以前发生，并且被使用传统发音的人们保留到现在。然而，*meat* 词群的词语数量已经明显地不断流入到 ē 或 *meet* 词群里。19 世纪帕特森列出的 *meat* 词群内的 100 个词语在今天的贝尔法斯特本地话里仅剩下 35 个。

在其他研究中用过的最小区别句对测试和交互听辨测试在贝尔法斯特并不适用，在这里说本地话是非常受歧视的。所有发音人都可以使用 *meat* 词群与 *meet* 词群合并的更为标准的语音系统，而在这些测试所提供的正式语境里，大多数发音人给出的都是
386 标准发音。[①] 因此米尔罗伊和哈里斯使用的语料只是从 50 名贝尔法斯特的内城区发音人中选取的 8 名：他们是使用本地话 *meat* 变体最多的人。这些发言人都是男性。从他们的语料中一共得到 60 个 *meat* 词群的发音和 99 个 *mate* 词群的发音。

---

① 哈里斯（1985：294）注意到似乎在整个北爱尔兰都是如此。而在纽约市的歧视程度甚至更大，因此 *source* 和 *sauce* 的语料仅限于前一个词中没有/r/的那些人。然而，跟贝尔法斯特发音人会一致地发出 *meat* 和 *mate* 的标准语音不同，纽约市发音人在发出/r/时有相当的差异，甚至在最小词对的测试中也是如此，所以可以有足够的合并的语料用于第 12 章的分析。

因此，我们选取用于测试发音人感知对立音位的信息，只限于在完成访谈后的更自然的讨论部分。哈里斯写到，“当（贝尔法斯特土语）发音人的注意力集中在非标准变项上时，普遍认为 *meat* 词群的元音和 *mate* 词群相同”（Harris 1985：241）。即使我们承认部分语音学家和本地发音人的观点普遍一致，两个词群的元音是“一样的”，仍还需要考察它们在发音上是否一样。因此，我们为这元音音核划分出四种高度的主观层级：

1　[ɪ]

2　[e]

3　[ẹɪ]

4　[ɛ]

上面三个等级的音核常常伴有一个内滑音；而半低元音[ɛ]没有内滑音，出现在这个变项的仅有两个词例。两个词群元音之间的差异是在高度层级和内滑音出现次数的分布中发现的。在表 13.5 中，*mate* 词群里超过三分之一的词例发音都含有一个高元音音 387
核，而 *meat* 词群里的词例发音中一个也没有。*mate* 出现最多的高度是[e]，而 *meat* 是[ẹ]。这种情况类似于纽约市，而跟艾塞克斯不同，因为在物理属性分布上似乎有相当数量的重叠。总的来看，[eə]这个发音最为常见；有三分之二 *mate* 词群里的词例发音和三分之一 *meat* 词群里的词例发音都是这个元音，因此在我们主观划分的层级中难以区分。另外，它们的总体分布是很不一样的（卡方检验得出 $p<0.01$）。*mate* 词群有三分之一是高元音，而 *meat* 词群没有高元音；*meat* 词群有三分之二带低化的中元音音核，而在 *mate* 词群里却很少出现。

表 13.5　贝尔法斯特本地话 *meat* 和 *mate* 元音高度和内滑音的分布

(引自 Harris 1985,表 4.2)

	词群		meat		mate	
			有滑音	无滑音	有滑音	无滑音
	音核					
1	[ɪ]		0	0	33	0
2	[e]		18	2	54	6
3	[ę]		18	20	4	2
4	[ɛ]		0	2	0	0
		总计	36	24	91	8

总结这个情况的另一方式是,注意在包含这些单词的话语中,大体上有一半是听话人仅凭语音就能猜出来这是哪个词的,而另一半就无法区分了。

这种重叠情况并没有阻止这两个词群之间的区别保留了近 300 年。对于爱尔兰英语中的合并最早的报告可以追溯到 1700 年,而根据加德确立的合并不可逆原理,如果在那时候或那以后的任何时期发生了完全合并,那么现在贝尔法斯特本地语中发现的区别就不可能保留下来。而且发音人可以感觉出两个词群如表 13.5 所示的出现频率,这种不同的分布是他们语言基本知识的一部分,保留着底层形式中的两个集合。

贝尔法斯特的情况跟 16 世纪伦敦的情况有直接联系。[①] 经

① 这并不是说现在的贝尔法斯特本地话是当时伦敦本地话的镜像反映。事实上,哈里斯表明在整个爱尔兰、苏格兰和英格兰找到了大量 *meat*、*mate* 和 *meet* 词群关系的多变现象。在这些系统中的任何一个都可能比当今的贝尔法斯特系统更接近 16 世纪的伦敦系统。

常有报告说贝尔法斯特 *meat* 和 *mate* 词群合并了，但是现在证实并非如此。如果现在不是合并，那么过去就从没有合并过。于是贝尔法斯特追溯到 1700 年的这些关于语音合并的报告，实际上是近似合并的报告，并且这意味着伦敦 16 世纪的报告也同样关系到近似合并。这些报告表明了两个言语社区共同存在发音和感知的不对称性，同时证实了我们基于现在的近似合并对过去所做出的推断。

外缘性的作用

在前面的章节里，许多音系问题是用英语的前元音和后元音
区域都存在外缘和非外缘轨道来加以说明。对于像日耳曼语言和 388
波罗的海语言这些有长元音 **ī** 上滑双元音化的语言来说，这是一种很普遍的音系空间模式。在艾塞克斯的/ay/和/oy/语料的声谱分析中，显示出二者在外缘性上的微小差异，本地发音人也难以感知，但是这些音位间的差异还是维持着，正如第 12 章中的几个例子一样。在第 7 章的讨论里，如果接受元音可以彼此跨越而不发生合并的可能性，即一个元音沿着外缘轨道高化，另一个沿着非外缘轨道低化，那许多历史悖论就可以得以解决。这是作为元音大转移的基本机制而提出的。这个推断随着仪器分析应用于各种语言得到了更多的支持，而以往对语言的描写只是通过主观方法进行的。[①]

本节的结论将考虑这种外缘/非外缘的区别在曾报告的 *meat*

① 例如，对荷兰语双元音的主观描写通常不能显示像 **ei** 这样的上滑双元音的音核是松的和非外缘的，而这在实验测量中却清楚地显现出来。

和 *mate* 的合并与分化过程中是否发挥了作用。第 6 章指出在现代英语中,紧元音在高化到中元音或高元音的过程中,通常会出现内滑音,在表 13.5 中得到清楚的展现。

前文对于 SED 记音的讨论表明,我们不能依靠主观的记音来确定那些保留一定区别的前化和后化中的微小差异。我们能够用内滑音的存在来推断音核位置的微小差异。标记性的内滑音一般指示音核的外缘性或紧的位置。比如第 5 章讨论的维格里奥特语,半低长元音的裂化形成 *ie* 和 *uo* 的拼写,标示着这些元音是在外缘轨道上,并且它们沿这条轨道上升,伴随着其他元音沿着非外缘轨道下降,这跟链式音变的一般原理是一致的。

贝尔法斯特的 *meat* 和 *mate* 词群的对立不仅是在元音高度上,还有内滑音的出现与否。然而,内滑音的发展显然与元音高度相关,而两个词群在这一方面并没有显著差异。这个事实告诉我们,这两个词群之间的区别并没有伴随着外缘性的差异,因为同样的出现内滑音的趋势标示出同等的外缘性程度。[①]

389 哈里斯(Harris 1985)讨论了在苏格兰和英格兰的不同方言中,区别 *meat* 词群和 *mate* 词群的长度特征系列。在多数方言里,元音表现为高度的差异,但是这种差异常常与两个词群历史上的关系相反,*mate* 显示为更高的元音。问题是 *mate* 词群是怎样

---

① 美式英语南方方言确实存在一系列从[iə]到[ɪə]的内滑元音(见第 7 章),但这是依靠重音和音节环境的一个连续范围。据我所知,没有任何两个内滑元音词群仅凭音核的外缘性彼此区分的例子。相当普遍的是两个词群通过滑音的性质得到区分:滑音的方向,如诺里奇的 *toe* 和 *too*;或是滑动轨迹的长短和终点的距离,如在变化最快的费城方言里,/æh/和/aw/区分为[ẹ̟ːə]和[ẹ̟ːɔ]。

变得比 *meat* 词群更高而又没跟它合并。

哈里斯只是在这些方言中的一种[东北部安格斯(Angus)的苏格兰语]当中发现了外缘性作为区别特征的证据(Harris 1985：269,表 4.6)。对于苏格兰方言的元音,更普遍的是通过长度来区分,按照长度重新分配音位变体的艾特肯(Aitken)法则,应用于 *meat* 词群却没有应用于 *mate* 词群。不管这种重新分配应用在哪里,位于/r/和浊擦音前,以及语素末尾的中元音都是长元音,而在其他位置的都是短元音。因此,苏格兰的 *meat* 词群的表现通常是短元音,而 *mate* 则是长元音。

另一方面,英格兰方言显示出 *meat* 或 *mate* 的上滑双元音发展的不同类型,使它们进入不同的子系统,有效地避免了合并。

因此,我们没有理由把外缘性差异设定为 16 世纪的伦敦英语中区分 *meat* 和 *mate* 词群的特征。这两个元音某个时期在高度上确实有差异,反映为[æː]对[aː]或[ɛː]对[æː]的最初区别。到它们被广泛报告为相同元音的时期(见第 10 章),可能这种高度上的差异没有保留下来。正如我们见到的,本地发音人对元音高度上的微小差异相当敏感,与感知元音前后的差异的情况正相反。可能早期现代英语的区别是一种长度的差异。如果是一种双元音化的差异,那么 *mate* 词群发展的就应该是内滑音,而不是上滑音了。哈里斯指出,所有的英格兰方言除了一种之外,都区分/eː/、/ɛː/、/æː/三个元音,这显示为内滑双元音而不是上滑双元音。[①]

---

① 哈里斯注意到库珀(Cooper 1687)明确地把 *mate* 词群描写为"e 舌音"后接"u 喉音"。这被认为来源于库珀的赫特福德(Hertfordshire)背景的地域特征,但它可能描写了区分这两个词群的伦敦特征。

与早期现代英语外缘性最为相关的事实是,长化的短元音 **ĕr**
词语作为一个独立词群保留下来了。第 5 章显示出 *wear*、*swear*、
tear、*bear*[名]、*bear*[动]和 *pear* 停留在中元音的位置,而 **ǣr** 词
群的成员已经越过它们上升到高元音位置。对此可做的唯一解释
是,这些元音发生了长化,但并没有前化到外缘位置。于是在早期
现代英语中就有独立于音长而存在的[±外缘]区别的证据。如
390 果 **ǣr** 词群沿着[+外缘]轨道移动,从旁边越过长化的[-外缘]
ĕr,那么表现为[ɛː]的 *meat* 词群可能也是[-外缘]。当 *meat* 词
群上升到高元音位置时,它就改变为[+外缘],并且加入到/iː/
音位。

这是贝尔法斯特 *meat* 和 *mate* 词群的区分发生逆转的一种可能的解释。但是在我们对贝尔法斯特元音系统进行实验测量以前,是不可能对这个问题做出决断的。

确定在 *meat* 和 *mate* 词群中运行的真正机制,对于完整地理解英语音系历史是非常重要的。然而,解释这两个词群逆合并的难题并不依靠确立这种路径。借助于米尔罗伊和哈里斯的研究,我们现在有信心推断 17 世纪 **ēa** 和 **ā** 词群之间的关系是一种近似合并。最重要的一点是,贝尔法斯特语料显现的发音与感知的不对称性证实了最初的推断,即,第 10 章总述的那些合并的报告就是跟第 12 章所描写的情况相同的一种近似合并的产物。

第 14 章　音位对立的中止 391

第 13 章已经增加了更多关于近似合并确实存在的证据，这让我们越来越难以接受那种未经认真修正的范畴观。如果第 12 章结尾戴维·德·坎普的证明还不足以确立这一点的话，来自埃塞克斯和贝尔法斯特的资料更让我们认识到近似合并的特征就是发音和感知的不对称性。然而，目前为止介绍的每一个近似合并的实例都是涉及少数个人的话语，确实不能作为社区中所有成员的典型代表。埃塞克斯的资料来自三位发音人，他们之间在 *line*/*loin* 对立的感知上就有差异。即使是给出 *meat*/*mate* 近似合并证据的八位贝尔法斯特发音人也只是选自年龄较大且较为保守的男性这样一个特殊的群体。在我们所研究的每一个实例中，对于边缘音位对立的反应有着很大的个体差异。这就假定了存在于人口中某一特定人群的一种近似合并的形式。发音人 A 存在的近似合并，是会影响完全合并的发音人 B，还是会影响做出清晰区别的发音人 C 呢？关于近似合并现象怎样影响整个言语社区，以及它在这个社区的言语经济性中所处的地位，我们都还没有明确的看法。

即使言语社区内的每个成员都表现出一种近似合并，要理解这里究竟发生了什么依然会困难重重。一些语言学家抵制承认近似合并的存在并非全无缘由。老问题仍旧存在，发音人怎么能够发出自己都不能听出差异的一种语音区别呢?如第13章所述,除非我们能够回答这个问题,否则我们将处于以一种更为自相矛盾的方式去解决一系列悖论的奇怪地步:似乎是一些发音人已经学会了发出一种自己感知不到的语音区别。

本章的实验结果,既能阐明这一问题,又能很好地充实近似合并的语料。大量的被试者将会参与进来。而我们对与这种现象相关的感知过程也会有一个更为全面的认识。在选取被试者
392 时,除了是这个言语社区的成员外,再无其他条件。以便每一批被试者都将在实验中跨越音位区别的对立关系的范围。这样我们就能够从整体上对近似合并与言语社区的关系有更为清晰的认识。

这里报告的第一个实验是托尔·詹森(Tore Janson)设计的关于瑞典语元音范畴化的方言差异的研究。在得出一系列令人惊讶的实验结果后,詹森意识到这与LYS报告中的近似合并现象有关,他把这个底层过程描述为“音位对立的中止”,此处借用这个表述作为本章的题目。本章的主要部分是最近在费城完成的两个系列的实验。这些实验似乎能给上文提出的问题提供清楚的答案。

14.1 瑞典语元音的范畴化

詹森和舒尔曼(Janson and Schulman 1983)报告的实验涉及一组瑞典语被试者对于23个合成元音的范畴化。他们的文章开始就是对于第13章已经讨论过的范畴观中那种音系结构的离散

二分观点的直接抨击：

> 如果一种特定的语音区别常常用以传递语义的区别，那它在音系上就是有区别的。因此区别性这个概念背后的预设之一就是，一种语音差异要么是区别性的，要么是非区别性的。这听起来极为直白：通常人们不会去考虑两者之间的情况。然而，至少有一种情况可能引起理论上的问题，就是在言语产生中，语音差异与语义差异相联系，但是这种语音区别并没有被听话人利用来区分意义。(1983:321)

最初引发这个实验的是瑞典不同方言之间短前元音数目的差异。斯德哥尔摩方言有三个长前元音/iː, eː, ɛː/，但是只有两个短前元音/i, e/。斯德哥尔摩现在的/e/是相对晚近的/e/和/ɛ/合并的结果。虽然斯德哥尔摩发音已经影响到许多北方沿海地区，但是内陆区域一般没有受到影响，还保持着三个短前元音/i, e, ɛ/的语音系统。这种北方内陆方言的典型代表是吕克瑟勒市(Lycksele)，被选为瑞典语元音感知的一个实验地点。

实验准备了 23 个合成元音用作刺激音。最先开始的是一位斯德哥尔摩发音人的自然发音[seːt]。然后用 OVE3 合成器来合成这些元音并调整共振峰的过渡，达到最大的自然度。这 23 个元音的 F1 和 F2 测量数值如图 14.1 所示。首先请被试者朗读 18 个瑞典语单音节词的发音表，其中包含 2 个 *sett* 的发音和 2 个 *sätt* 的发音。分析被录下来的 *sett* 和 *sätt* 的共振峰值就得到了发 393
音的测量数据。然后把这一系列的 23 个刺激音每个出现 5 次，随机排列放音,请被试者听辨进行范畴归类,分别归入瑞典语单词 *sitt*、*sett*、*sätt*、*satt* 中的一个。图 14.1 是具有四个元音系统的一位北部瑞典发音人的实验结果。这位发音人并非本次主要实验系列的被试者。在这 23 个刺激音的任何一点上,如果被试者的得分达不到 5 个全对,那么就把这一点用"+"号标记为"过渡音"。如果这些元音的区别在发音和感知上有任何一致的话,那么这种清晰的四个元音的范畴化就是从吕克瑟勒被试者那里所预期的模式。

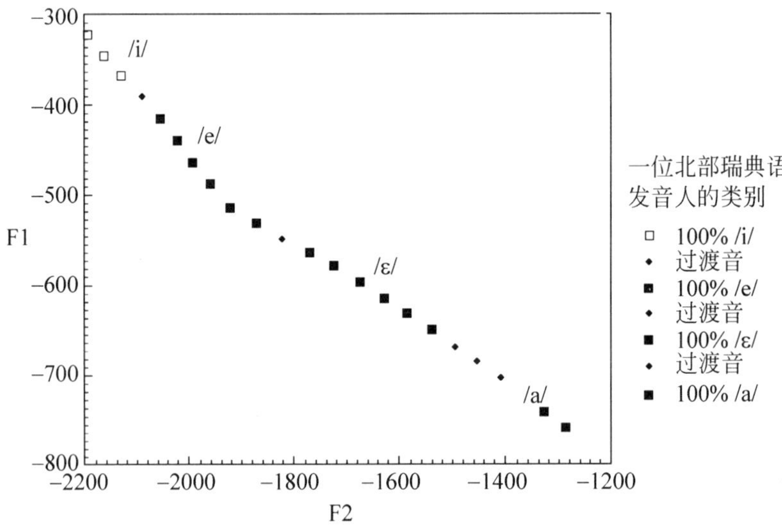

图 14.1 瑞典语被试者范畴化实验的合成元音及 100%范畴化区域(引自 Janson and Schulman 1983)

第一个实验包括在斯德哥尔摩市内或郊区出生长大的 15 位居民,还有吕克瑟勒市一所高中的 43 名学生。从言语产生方面来看,结果并不出乎意料。斯德哥尔摩发音人在 *sett* 和 *sätt* 之间没有表现出显著差异。43 名吕克瑟勒学生中随机选出 10 名,其中的 9 名在 F1 和 F2 值上都有显著差异,第 10 名在 F2 值上有显著差异。所以，斯德哥尔摩被试者是三元音系统，而吕克瑟勒被试者是四元音系统。

感知测试结果

詹森和舒尔曼感知测试的结果表示为每个边界不确定区的宽度。不确定区是指在被试者完全确定或能 100%辨认的两个区之间的连续刺激元音的数目。所以，在图 14.1 中，/i-e/边界之间的 394
不确定值是 1，/e-ε/边界的不确定值是 2[1]，/ε-a/边界的不确定值是 3。表 14.1 显示的是第一个实验中两组被试者不确定的平均值。我们有各种理由预测表 14.1 中两组被试者会在/e-ε/边界上表现出相当大的差异，但是相反，他们几乎完全一致。两组被试者的不确定区都很宽，几乎占据了这两个中间音的全部空间。图 14.2 是另一个瑞典语北部方言（非吕克瑟勒）发音人范畴化的完整表现，图 14.3 是一个吕克瑟勒被试者的典型的反应。对这位吕克瑟勒被试者来说，似乎在两个中元音之间没有感知区别。换句话说，尽管吕克瑟勒学生与斯德哥尔摩的被试者的发音中的系统完全不同，但是在感知实验中的反应却是相同的。

表 14.1　瑞典语元音感知不确定区的宽度（引自 Janson and Schulman 1983:327）

	边界		
	/*i-e*/	/*e-ε*/	/*ε-a*/
斯德哥尔摩（N=15）	2.9	7.1	1.5
吕克瑟勒（N=43）	3.7	6.9	2.5

〔1〕 图中是 1。——译者

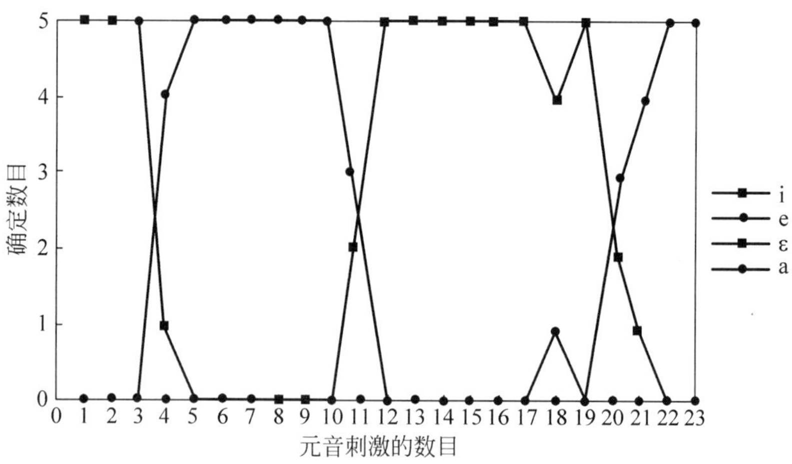

图 14.2 北部瑞典语被试者,47 岁,/s ___ t/连续统的范畴

(引自 Janson and Schulman 1983)

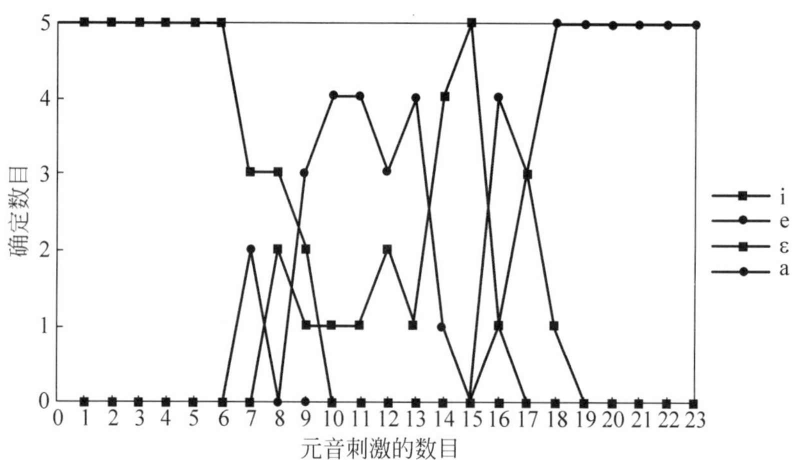

图 14.3 吕克瑟勒被试者/s ___ t/连续统的范畴

(引自 Janson and Schulman 1983)

虽然这些合成的刺激音都具有系统性,并且受到周密的控制,
395 但是被试者可能失去了自然言语中的线索,或在无意识中被说服

发音人是来自斯德哥尔摩。为了解决这些问题，第二个实验的刺激音就使用六位吕克瑟勒发音人自然发出的 *sitt*、*sett*、*sätt*、*satt*，并且讲明发音人来自吕克瑟勒。被试者是 34 名吕克瑟勒高中学生和 34 名斯德哥尔摩本地人。结果反映的仍然是总体相同。对于 *sitt* 和 *satt* 的辨认，吕克瑟勒的平均错误率是 1.1%，斯德哥尔摩是 1.0%。对于 *sett* 和 *sätt* 的辨认，吕克瑟勒的错误率是 21%，斯德哥尔摩是 36%。这与我们其他关于发音与感知的不对称性研究最重要的相似之处是被试者行为的异质性。表 14.2 显示的是两个城市的被试人对这两个中元音感知错误率的分布。因为六位发音人对四个单词都在测试磁带中读了两遍，所以对每一名被试者来说，可能听错的总数是 48 次。在吕克瑟勒，有 7 位被试者的感

知结果完全没有错误，这与他们的发音模式相匹配；只有 4 位被试 396
者表现出很高的错误率，接近随机概率。另一方面，许多斯德哥尔摩发音人都处于随机水平，并且没有一个人全对。所以，吕克瑟勒社区和斯德哥尔摩社区对于中元音的感知并不对等，而是如我们在其他社区中所发现的那样，表现出各种不同的反应。

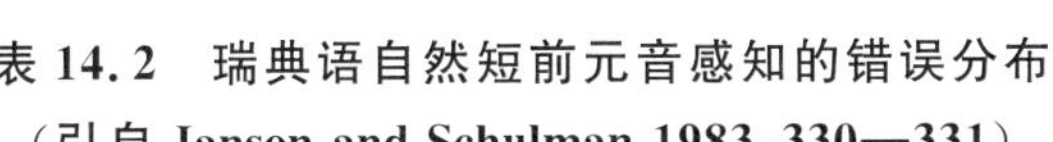
表 14.2　瑞典语自然短前元音感知的错误分布

（引自 Janson and Schulman 1983:330—331）

	吕克瑟勒	斯德哥尔摩
第 1 组（0—3 次错误）	7	0
第 2 组（4—18 次错误）	23	17
第 3 组（19 次以上错误）	4	17

也许本研究最值得注意的方面在第三个实验。给另外一组斯德哥尔摩被试者播放 23 个合成元音的测试磁带，并请他们区分出

英语词 *sit*、*set*、*sat* 和 *sot*[①]。*set* 和 *sat* 之间的不确定值仅有 3.8 个元音,比第一个实验中的 7.1 小了近 50%。所以,区分中元音的困难并非是由于实验任务有生理的或声学方面的困难。干扰的因素似乎是[e]和[ɛ]在语言学上定义为“相同的”,这被斯德哥尔摩和吕克瑟勒被试者所接受,并且在他们对范畴化任务做出反应之前,这种语言学定义的干扰就开始了。很显然,不论是有社会因素的负载还是社会因素的中立,语言的规范标准都能够以独立于发音系统的方式影响实验任务。

在评价这种情况时,詹森和舒尔曼直接跟 LYS 中近似合并的数据联系起来。他们认为,被试者“在他们的言语发音中保留了一种区别,而这种区别在他们自己或听话人的感知里并不用于词语之间的语义区分”(Janson and Schulman 1983:333)。他们进而更普遍地调查非区别特征的功能,并且认为吕克瑟勒的[e]和[ɛ]之间发音的区别可能具有本地人身份的标记功能,并不用于区分词语。那这些发音人为何在感知时不区分[e]和[ɛ]呢?詹森和舒尔曼将这种情况描述如下:

> 原本使用一种普通的音系区别的语言使用者面对另一种没有这种区别的方言和(或)语体之中。他们对于这种情况的反应就是在感知上停止使用这个区别来区分语义,这是合情合理的,因为在这种情况下区别并没有多大作用。(1983:335)

① 实际上这个系列不包括英语的[æ],因为在半低元音范围中,它处于一个更央化的位置。当我听这个音时,尽管有些词比其他词更为接近 *sat*,但我还是不能确定自己会把哪个词作为原型的 *sat*。这个问题可能与斯德哥尔摩发音人丝毫无关,不管他们的英语语音的知识有多优秀,都会受到自身斯德哥尔摩语音系统的影响。

于是他们对赫罗尔德(Herold 1990)语义对立中止的推断做出了预测,这是赫罗尔德在她关于宾夕法尼亚东部 *cot* 和 *cought* 合并的研究中提出的,在第 11 章中已经进行了总结。

詹森和舒尔曼的实验大大拓展了之前我们研究言语社区中的 397
近似合并现象的观念。然而,他们关于语义对立中止的推断基于感知实验,这与语义理解的过程不是直接联系的。有一些证据说明在正式的实验中,斯德哥尔摩方言的社会标准会受到吕克瑟勒发音人使用自身母语的干扰。发音人在日常生活中无意识地理解言语时,使用"非区别"特征来进行区分,而在正式场合则不使用,这是不是有可能呢? 在费城进行的一系列实验更为直接地回答了这一问题,并且对于言语社区中标志"近似合并"的行为范围给出了更为详尽的描述。

14.2　费城的对立中止

在近似合并的研究探索中,LCV 项目有幸找到了费城言语社区内的一个相关实例:对立的短元音/e/和/ʌ/在元音之间的/r/前发生的近似合并。

这个位置上对立的元音数目有许多众所周知的变异,如表 14.3 所示。这些系统在地理上的分布还没有完整地描述过。系统Ⅰ有四个不同的元音,出现在纽约市、南方地区及新英格兰地区。系统Ⅱ中 *Mary* 和 *merry* 发生了合并,这是缅因州和新泽西北部的特征。系统Ⅲ分布很广,遍布整个中部和西部地区。系统Ⅳ出现在西部的一些地区,带有很强的/r/的紧缩。系统Ⅴ出现在

398 费城,其中 *merry* 中的短元音/e/央化,这与 *Mary* 和 *marry* 中的元音有很大区别,而与 *Murray* 中的元音合并,或者非常接近。

表 14.3 美式英语位于元音之前的/r/前的短前元音的对立

Ⅰ	Ⅱ	Ⅲ	Ⅳ	Ⅴ
Mary	{Mary, merry}			Mary
merry		{Mary, merry, marry}	{Mary, merry, marry, Murray}	{merry, Murray}
marry	marry			marry
Murray	Murray	Murray		

在 LCV 的费城音变研究中,我们发现被试者有把/er/–/ʌr/对立完全合并的,有清晰区分的,也有近似合并的。不管他们的音系模式怎样,大多数费城人/er/词群和/ʌr/词群的元音之间只是在 F2 值上有很小差异。在即兴话语中,如平常的 *very* 和 *terrible* 以及郊区名 *Merion*,听得最多的是一个央中元音。对 *ferry*/*furry* 和 *merry*/*Murray* 进行最小区别词对测试时,常常是四个空格中填上三个。最小区别词对测试只是从语音产生的角度提供了一个或两个词项来判断是"相同"还是"不同",并且通常很难说这些发音是否在物理属性上是"相同"或"不同"。为了更准确地测量合并、近似合并和区别三者各占的比例,我们可以使用交互听辨测试中的发音信息,这能为在不同平均值之间进行差异显著性的 *t* 检验提供足够的信息。CDC 项目近期的一系列实验把交互听辨测试的信息与最小区别词对测试的判断结合起来,结果如表 14.4 所示。在城市里,21 位说话人中有 6 位显示出"近似合并"现象。

郊区的被试者表现的模式与非费城人更相似，虽然我们将看到，他们也确实表现出费城言语社区成员的某些影响。一位外地的被试者认为 *ferry* 和 *furry* “相同”，这肯定只是暂时的混淆，因为在交互听辨测试中判断自己的发音时，他和其他所有外地人一样都达到了 100%的正确率。

表 14.4　/er/～/ʌr/的对立分布

		交互听辨测试中的言语发音					
		费城		费城郊区		非费城	
		相同	不同	相同	不同	相同	不同
最小区别词对	相同	4	6	1	0	0	1
判断	不同	0	11	0	3	0	13

和许多其他的近似合并一样，*ferry* 和 *furry* 在 F2 维度上非常接近，在 F1 维度上也没有显著差异。位于元音间的/r/前面的 401
短/e/向中心移动，停留在紧靠/ʌ/的地方，表现出不重叠或部分重叠的分布。图 14.4 显示的是四位发音人在交互听辨测试中的 *ferry*/*furry* 发音。在每一幅图中，分别用白色和黑色的菱形来表示每一个/e/和/ʌ/发音的位置，用音位符号的圆圈表示平均值。图表的标尺是通常所用的两倍，所以在图上不同发音之间的距离是通常看到的两倍。被试者标识正确的发音用实心的菱形，标识错误的在中间加上十字。中间有点的图形是只在词表朗读，而没有用于交互听辨测试的发音，它们用于计算平均值。在每幅图底部的表中，给出了每个词群 F1 和 F2 的平均值，以及它们的差和 t 检验的平均值差异显著度。我们应该还记得，对于非费城人来说，/e/和/ʌ/并不像/i/和/e/那样是相邻的词群。即使是在/r/前面，它们

的平均值也分离较远，而且没有位置接近的单个发音。所以，非费城人的模式类似于20世纪70年代早期芝加哥的模式，而不是20世纪80年代的模式(图6.12、图6.17与图6.14、图6.16的对比)。

图14.4a是能清晰区别的发音人F.卡罗琳(Caroline F.)的表现，两个词群的F2平均值相差513Hz，并且/e/的发音离最近的/ʌ/发音都大于300Hz。没有带十字的菱形，因为她是在交互听辨测试中得分100%的两位费城人之一。

图14.4b是一种典型的近似合并模式，是发音人R.凯利(Kelly R.)在交互听辨测试中的情况。/e/和/ʌ/之间是一种无重叠的分布，而且F2的平均值显著相差161Hz。虽然这个差异从心理声学的角度来看大于刚刚能听出的差异度，但是它显然要小于一种可靠的语言区别需要的差异度。[①] 对立的词群中有几个词例发音分布非常接近，显然不能彼此区分。然而，按照这种模式来看R.凯利的表现更为糟糕。她把10个词全都猜成了*ferry*。

近似合并的第二种类型如图14.4c所示，被试者为W.马特(Matt W.)。F2的平均值有一个在0.003水平的显著差异，而差异度现在减为120Hz，并且有一些重叠的发音。这种情况类似于图12.1中纽约市的*source/sauce*模式。虽然W.马特在10个词中只选对7个，但是他对/e/和/ʌ/最极端的发音都标识正确。在这个方面，他对自己发音的范畴化能力要强于R.凯利。

402 最后，图14.4d是T.尼娜(Nina T.)在交互听辨测试中表现出来的完全合并的模式。两个词群的平均值没有显著差异，而且

---

① 这种重叠的类型类似于图12.4b中诺里奇的基思的情况。

399

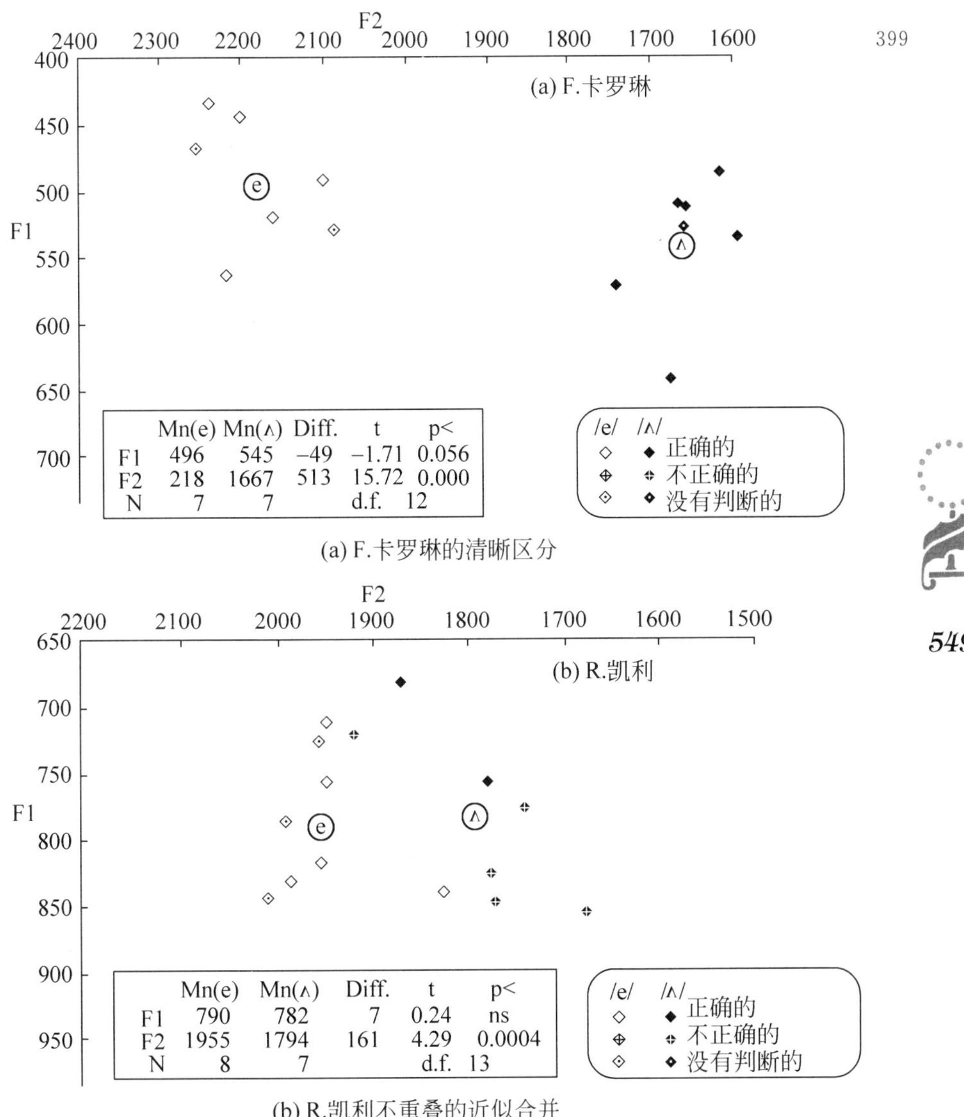

(a) F.卡罗琳的清晰区分

(b) R.凯利不重叠的近似合并

图 14.4　四位费城人的交互听辨测试图

400

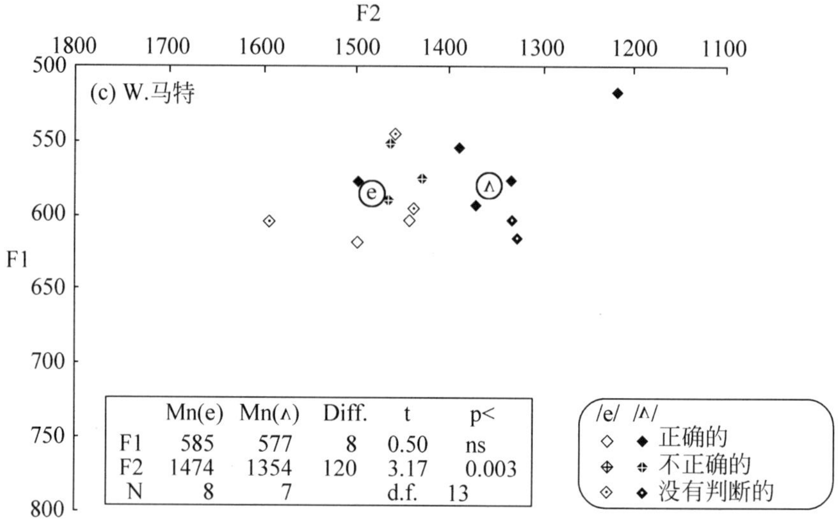

F2

(c) W.马特

	Mn(e)	Mn(ʌ)	Diff.	t	p<
F1	585	577	8	0.50	ns
F2	1474	1354	120	3.17	0.003
N	8	7		d.f.	13

/e/	/ʌ/	
◇	◆	正确的
⊕	⊕	不正确的
⊙	◆	没有判断的

(c) W.马特重叠的近似合并

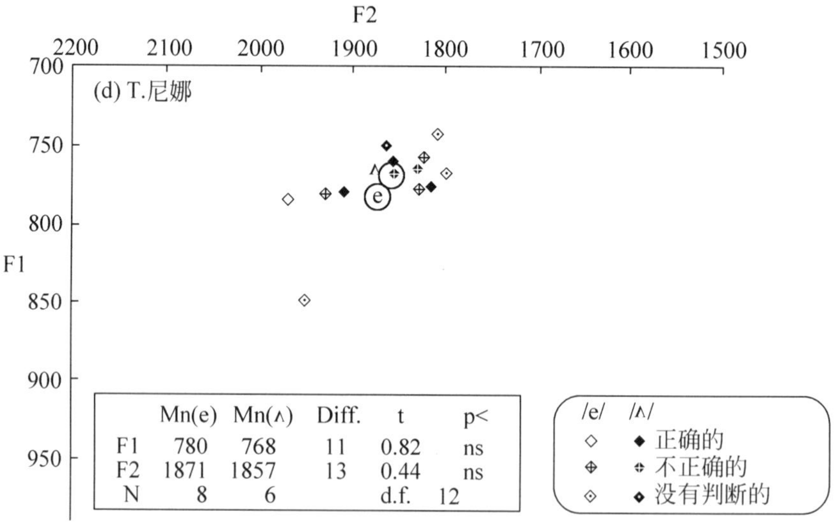

F2

(d) T.尼娜

	Mn(e)	Mn(ʌ)	Diff.	t	p<
F1	780	768	11	0.82	ns
F2	1871	1857	13	0.44	ns
N	8	6		d.f.	12

/e/	/ʌ/	
◇	◆	正确的
⊕	⊕	不正确的
⊙	◆	没有判断的

(d) T.尼娜的语音合并

图 14.4 四位费城人的交互听辨测试图(续)

/e/正好在/ʌ/的前后都有分布。

这些图显示的是与近似合并情况相关的物理表现。这在费城社区是最常见的构成类型。正如我们将会看到的,有许多在最小区别词对测试中报告为有区别的被试者却不能通过交互听辨测试,所以在表 14.4 中列出的 11 位表现为有区别的被试者中只有 5 位能够做出像图 14.4a 那样清楚可靠的区别类型,而这是非费城人的一致特征。

标识功能与言语感知

上文刚刚提供的数据更加证实我们的发现:说话人在言语中有能力保持一种很小的区别,这种区别可以被称为"语音的微小差异"。我们仍需了解这种差异在语言系统中起什么作用。由于我们对链式音变的研究完全是依据即兴言语的数据,而近似合并的一个共同特征就是,关键的证据不是在即兴情况下发现,而是在最大注意力都集中在话语上的高度正式的语体中得到的。由于许多重要的变体差异会被剔除,因此在受控制的语体中得到的证据不是那么可靠;再者,依赖于特定的社会语言学的结构,平均值可能朝后向已被修正的陈旧值移动,也可能朝前向变化的明显目标值移动。虽然可以对这些正式情况下的被试者行为做出社会语言学的各种解释的说明,而基于这种数据的描写显然不如基于即兴言语的描写具有内在效度。

于是问题就出现了,在近似合并中发音与感知的不对称性是否是交互听辨测试和最小区别词对测试中人为的结果。这些正式

的情况要求发音人表现出一种元语言行为,即标识语言范畴:具体而言,他们被要求使用诸如“animal”“double-L”“Merry Christmas”“*sett*”这样的标识,把一个口语形式和一个范畴联系起来。这种情况跟对特征或对立的感知截然不同,感知在话语理解中主要是一种潜意识的行为。①

403 人们不能认为在最小区别词对和交互听辨测试中研究的言语行为跟语言结构无关。纵观本章,我们会发现,发音人有物理区别并且明确分开音位范畴的发音人在进行标识时没有任何困难,并能以100%的得分成功通过交互听辨测试。因此,标识功能的减弱跟音位区别的边缘性有关,这是三个因素综合而成的:(1)目标值在物理上近似,(2)在社区中广泛存在个体变异,(3)标识功能本身的缺失。但是由于我们的数据只是来自涉及标识的方法,所以我们无从得知正常的音位功能——在潜意识的理解中使用音位区别来区分词语——是否也会受损。

教练测试

由于我们不太可能在即兴话语找到 *ferry* 和 *furry*,*merry* 和 *Murray*,*Kerry* 和 *curry* 以及其他任何最小区别词对之间的区

---

① 在回顾本章所讨论的问题时,首先引起我注意的是利·李斯克(Leigh Lisker)提出的标识和感知之间的区别。赫尔罗德(Herold 1990)进一步区别了标识和正确辨认。被试者很有可能会形成一种一致而可靠的标识策略,而与那些保留区别的人的实际用法并不相符。这就是赫尔罗德研究多伦多发音人处理纽约市/a/-/oh/区别的能力时的情况。虽然他们中确有一些人表现出一致的100%的标识功能,但是他们之中有近四分之一的人对词语做出相反的标识:把发音人的 *cot* 听成是 *caught*,反之亦然。因此我们可以分出三个层次:感知、标识、正确辨认。

别，这就有必要设计一个实验，能够测出被试者在潜意识的语义理解的行为中使用/er/-/ʌr/区别的能力。做这件事很重要的一点是，要使被试者丝毫不会注意到这种区别，并且他们只能对语言描述的事物做出反应，也就是说，要对语言的内容而不是语言的形式做出反应。

这个实验的普遍形式是从以往的实验发展而来的（Labov 1975b，1988），其中的被试者在不知不觉中使用自己的语言能力，应用语法规则来理解自然语境中的句子。这种语义消歧的实验设计包括以下程序：

1　请被试者听一段叙述，其中的一个人物必须做出一种选择，并判断出所做的事情是否正确，或者所做的决定是否正确。[①]

2　在叙述快结束时，要有一个由某个语音、形态或句法变项的交替形式组成的关键句子。这样设计的目的是根据所听到的关键句中变项的不同，被试者会对所描述的事件做出完全不同的理解。被试者随机分为两组。第一组听一个版本，第二组听另一个版本。

3　这个叙述中的其他句子都基于这个关键句而具有两种含义，必须使被试者的理解方式与关键句的理解一致。 404

4　请被试者说出他们的观点，调查者继续这种讨论，直到弄

① 从这个方面看，这些实验与科尔伯格（Kohlberg）在研究道德判断时提出的“道德困境”极为相似（Kohlberg 1981）。

清楚被试者是如何理解关键句为止。

这些实验中研究的语义理解经常是很微妙的。当要求人们听一个单独的句子,并在没有上下文的情况立即讲出自己的理解,其结果往往不可靠,也不稳定。但是在这种语义消歧的实验里,这种理解被固定在一种语境里,并作为进一步理解的基础,因此当实验者介入时,被试者从测试中获取的语义通常是没有疑问的。**教练测试**(coach test)就是这种类型的实验,用以检验被试者在潜意识的语义理解中使用/er/-/ʌr/区别的能力。实验设计要用到一个最小区别词对,而又不作为最小区别词对向被试者显示。我不使用通常的最小区别词对 *merry*-*Murray*,而是用了一个更微妙的对立:*Merion*(费城的一个郊区)和 *Murray in* 两个单词的结合。这样做的原因是这段叙述中设计一个女生的绰号为 *Merion*,并且要在一个男生和一个女生之间做出道德选择。故事是关于费城高中棒球队的一位教练的,他们的球队因为总是屈居第二而被称为"落选者"。有一名队员叫 *Murray*,他是一个认真但是无用的接球手,总是接不到击向他的球。教练把他称为自己的"第一替补队员"来宽慰他。校董事会后来宣布女生也可以来棒球队一试身手,然后就有一个刚来学校的女生来参加选拔。她虽然不会击球,但是接球很好。她的母亲是一位来自 *Merion* 上层的咄咄逼人的女人,她总是不断地数落教练不用她的女儿。教练被激怒了,就开始把那个女生叫作 *Merion*;但他最终为了安抚女生的母亲,也把那个女生称为"第一替补队员",当然是他永远不会用的那一个。但是在一场关键比赛中,球队有望获胜,他的

中场手绊了一跤摔倒后，被抬出赛场。于是教练就面临一个困难的决定：

(1) "I just don't know," he says, "If I put Murray in there and they hit one ball to the outfield, we come in second again. The Council will nail my hide to the wall. But if I put a girl in there it will break the kid's heart. But if they hit something out there, that Merion might just catch it."（"我真的不知道，"他说，"如果我让 Murray 上场，对手向他击球，我们就又输了。理事会肯定会扒了我的皮。然而如果我让女生上场，就会伤了男生的心。但是如果对手把球击出来，Merion 可能会接到。"）

So he thought about it a minute. "That's it."（所以他想了一会儿，"就这么办"。）

A　I gotta play Merion there.（第一版本：我要 Merion 上场。）

B　I gotta play Murray in there.（第二版本：我要 Murray 上场。）

So that's what he does. So our pitcher gets hot, right. And none of them hit the ball out of the infield. And we 405
were really ahead. But Coach wasn't happy. He was sittin' there all worried. He says to me, "Do you think I did the right thing?"（这就是他所做的。所以我们的投手情绪高涨，判断准确。他们没有一个人把球击出内场。我们真的领先了。但是教练并不高兴，满脸愁容地

坐在一边,对我说,"你认为我做得对吗?")

Anyway, we won. And everybody was cheering away, but I didn't see Coach. He just disappeared. But I often used to wonder about that. You know: did he do the right thing? (不管怎样,我们赢了。每个人都在欢呼,但我没有看到教练。他不见了。我常常想这件事。你认为他做得对吗?)

被试者或者听到一个版本使用 A 句,教练选择了女生;或者听到另一个版本使用 B 句,教练选择了男生。每一个被试者都被问道,教练做的是对是错,在讨论过程中,访谈者要弄明白被试者理解的是教练选择了男生还是女生。

这个教练测试开头的指示说明如下(2)。

(2) I'd like to play a story for you that was told us by a Philadelphian. It's about a problem that came up a few years ago that has to do with the right thing to do in a difficult situation, and we'd like to get your opinion about it. (我将给你播放一段一位费城人告诉我们的故事。这是若干年前的问题,与如何在困境中做出正确选择有关,我们想知道你的观点是什么。)

然后播放这个故事,在结束的时候,访谈者问道,"你是怎么想的?这件事做得对吗?"在被试者讲出自己的观点后,访谈者说:

(3) Let me play the coach's argument again, so you can get an idea of what his thinking was. Do you agree with him? (我再播放一遍教练的取舍,让你了解他是怎么想

的。你同意他的想法吗?)

然后访谈者重新播放从“I just don't know”(我真的不知道)开始,到最后关键句“I gotta play Merion/Murray in there”(我要Merion/Murray上场)结束。在重放的时候,刺激词被替换了,就是把*Merion*换成*Murray in*,反之亦然。具有清晰的/er/和/ʌr/区别的非费城人通常会很快改变他们的理解,以为是第一次没听对。偶尔有被试者感觉有歧义,但是他们从没意识到关键词已经被替换。/er/和/ʌr/发音的转换为对立的音位功能提供了最严格的测试:如果在这一语境中/e/和/ʌ/被听辨为不同的音位,那么即使在已经做出一种理解的这种最不利的情况下,另一个形式的出现也将使听话人改变他的理解。

这个教练测试的故事是由宾夕法尼亚大学的一名研究生戴维·德·皮尤(David De Pue)朗读的,他是费城本地人。[1] 我们用 406
他的*Merion*和*Murray in*的自然发音各准备了一个样本。如大多数费城人的发音一样,戴维·德·皮尤这两个词也非常近似。我还请他模仿我发出的区别更大的音,他可以发得非常准确自然。我们也用这些区别的形式准备了两个样本,分隔的距离为250Hz的F2值。我们决定先用区别更大的形式来进行尝试,只有在当地被试者能够准确区分第一套发音时再使用自然形式。因为这种情况并没有出现,教练测试的所有数据都是从区别更大的测试刺激音中获得。

① 我非常感激戴维·德·皮尤,他不仅有真实的令人信服的表现,而且增加了很多口语形式,有些是费城特有的,使教练测试更有趣、更可信。

当1976年首次设计教练测试时,它就被用于LCV项目的街区研究中的15名费城被试者。所有测试中,使用的刺激音都是教练选择女生的句子A形式。结果显示,50%的被试者认为教练选了男生,50%认为教练选了女生。我们得到暂时性的结论是费城人在进行潜意识的语义理解时,不使用/er/-/ʌr/区别。1988年,DCD项目开始/er/-/ʌr/区别跨方言的有控制的研究,把费城人与非费城人对比。在这次研究中,使用了A、B两种情况,并且把教练测试与最小区别词对和交互听辨测试结合起来,以得到对发音和感知的一个完整的认识。

费城/er/和/ʌr/的对立

实验1

实验1包括以下程序:

1 把人口统计学的调查用于被试者的地理的和语言的背景。
2 教练测试。
3 包含 *ferry*/*furry* 的最小区别词对测试。
4 交互听辨测试。为每一位被试者用磁带录音机录下随机排列的七个 *ferry* 和七个 *furry* 的发音词表。然后调查者在发音表中被试者不知道的一点开始播放录音,请被试者通过把词语"animal"(动物)与 *furry*(毛皮的)相连、"boat"(船)与 *ferry*(轮渡)相连的方式来辨认10个词语(5个 *ferry* 和5个 *furry*)。

测量[①]所有 *ferry* 和 *furry* 发音中音核的共振峰位置，然后根据每一名被试者/er/与/ʌr/的重叠程度做出分类。

有 36 名被试者参加了这一连串的测试，他们都是宾夕法尼亚 407
大学或德雷赛尔大学的学生；21 名来自费城言语社区，15 名来自外地。另外，有 22 名被试者的实验组在德雷赛尔大学进行了书面反应测试，其中 12 名来自费城地区。

实验结果说明了言语产生、自我评估、交互听辨测试中的表现与在语篇中的区别感知之间的关系。

交互听辨测试结果　交互听辨测试显示费城人和非费城人之间存在很明显的差异。如表 14.5 所示，这种差异几乎是范畴的。在这个测试中，“通过”指 10 个词全对。考虑到非费城人可以轻松做到这一点，这个标准是合理的。当交互听辨测试中包含带有正常安全边缘的正常音位区别，发音人要做出完美的表现没有丝毫困难。另一方面，费城人只有 2 位达到了通过水平。然而他们不能分辨并不是他们都表现出合并。如我们在图 14a—d 所见，费城人在范畴化（最小区别词对测试）和言语产生（交互听辨测试中的发音分布）两方面都表现出各种差异。如表 14.6 所示，21 位费城人中有 10 位认为 *ferry* 与 *furry* 不同，这种差异反映在交互听辨测试的正确率上。他们的平均得分明显高于那些认为 *ferry* 和 *furry*“相同”的费城人（$t=2.38$，$p=0.014$），尽管他们明显要低于非费城人的得分（$t=3.90$，$p<0.001$）。

① 使用 GW12 比特数字转换器，并用 Macintosh SE 电脑上的 MacSpecch Lab I 程序绘出窄带语图。用 LYS（见第 2 章）中所述的数字程序确定共振峰的集中趋势，由此产生的测量数据最大误差范围在四分之一个音高周期内。

表 14.5 *ferry*/*furry* 交互听辨测试结果

	通过	未通过
非费城人	15	0
费城人	2	19

在交互听辨测试中表现的差异可以直接跟被试者接受的任务相关。对交互听辨测试中被试者的发音进行实验分析,结果显示他们有半数与图 14.4c 和图 14.4d 中 W. 马特或 T. 尼娜的表现相似:
408 在/r/前的/e/和/ʌ/出现重叠,因此不可能获得 100%的正确率。[①]另一半人没有重叠,与图 14.4a 或图 14.4b 中的 F. 卡罗琳或 R. 凯利类似。不考虑图 14.4a 和图 14.4b 之间安全边缘的大小或图 14.4c 和图 14.4d 之间的重叠程度如何这种更细微的问题,我们会问这种重叠的简单事实是否能够预测交互听辨测试中的成功。表 14.6 的下半段显示这是可以的。发音没有重叠分布的 10 位费城人与发音有重叠分布的费城人相比,能够更好地把元音范畴化(t=3.34,p=0.0017)。然而同样的,比起非费城人他们显然又是相差很多(t=3.85,p<0.001)。根据最小区别词对反应给被试者分组情况与根据发音模式的分组结果一样,这确实是很自然的事,因为这两组被试者除了一名被试者以外都是同一批人。[②]

① 通常认为如图 14.4 中音核的 F1 和 F2 是感知元音集中趋势的轨迹标示。当然还有区分词群的其他特征。虽然我们还没有发现系统地区分/er/和/ʌr/的其他声学特征,但是这种特征是可能存在的。

② 这名被试发音时能清楚区分 *ferry* 和 *furry*,但听辨时却认为都是"相同"的。他的两套元音是对角的对立分布:/ʌ/的发音不是 F2 较低,就是 F1 较低。有一个 *ferry* 的发音在 F2 轴上与 *furry* 的集中区域相距不到 50Hz,但是它要低得多,在 F1 轴上的差距超过 100Hz。这说明至少对这名被试来说,F2 是一个比 F1 更重要的维度。

表 14.6　最小区别词对反应与交互听辨测试成功的联系

	交互听辨测试 平均正确率%
非费城人[N=15]	100
费城人中最小区别词对反应“不同”的[N=10]	78
费城人中最小区别词对反应“相同”的[N=11]	24
费城人中元音格局不重叠的[N=11]	79
费城人中元音格局重叠的[N=10]	51

言语产生中的发音分布成功预测辨认结果这一事实意味着，我们不必再研究费城人和非费城人感知系统的差异。如果照费城人那样去发音，非费城人可能也不会在交互听辨测试中表现得更好。同样，如果费城人发音像非费城人那样区别明显，那他们未必不能很好地区分 *ferry* 和 *furry*。到目前为止，实验结果
证实了费城存在着广泛的变异，但并不表明语言系统中有任何 409
基本的替换。为了进一步探求这个问题，我们必须考察教练测试的反应。

教练测试的结果　教练测试给费城人和非费城人播放同样的录音内容。结果应该回答两个问题：

1　费城人区分/er/和/ʌr/能力的减损对潜意识的语义理解有作用吗？

2　费城人和非费城人在这种能力上有任何差异吗？

表 14.7 对这两个问题都做出了肯定的回答。在教练测试中，费城人理解/er/和/ʌr/分别代表一个女生和一个男生的能力比非

费城人要差。[①] 非费城人在教练测试中表现非常出色,15 人当中只有 1 人出了错。费城人要差一些,但是他们的表现远远超出随机选择,而且差异的显著性水平处于 0.05 以上。[②] 与交互听辨测
410 试不同,教练测试跟自我评估或元音发音之间没有明显的相关性。表 14.8 显示了教练测试中被试者的回答的分布情况,按照本人在最小区别词对测试中的发音和自我评价结果进行划分。

表 14.7 费城人与非费城人教练测试的结果

	正确	错误
非费城人	14	1
费城人	14	7

$\chi^2=3.6, p=0.06$

表 14.8 费城人的教练测试回答在自我评价、发音、交互听辨测试得分中的分布

	正确	错误
最小区别词对		
报告合并	8	3
报告区分	6	4
元音发音		
有重叠	7	3

① 此处“正确”指第一次反应。在测试的第二部分中词例被替换,我们不认为坚持同样的理解趋势会给被试的语言系统提供明确的信息,因为还有非语言的因素可能导致人们忽略输入语料中的变化。测试的第二部分确实显示了非费城人判断输入语料的变化来改变看法的能力,他们对区别的敏感度更高,但这种作用较小。

② 将教练测试进一步应用到被试组中,得到了更大的样本数,以及费城人和非费城人之间的显著性差异。要记住被试者判断的发音 *Murray in* 和 *Merion*,其中/er/和/ʌr/之间的差异已经被费城发音人按照非费城人的发音方式夸大了。F2 的差异是 250Hz。

续表

	正确	错误
无重叠	7	4
交互听辨得分		
高	4	2
中	1	2
低	9	3

实验 2:标准化交互听辨测试

虽然实验 1 的结果清楚显示出费城音位对立的中止,但是交互听辨测试的结果却有力地阻止了我们发现当地发音人感知系统的差异。在交互听辨测试中,对测试词项范畴化的成功是被试者自己发音的直接产物。实验 2 允许我们比较费城人和非费城人对同一系列元音的发音进行范畴归类的能力,其结果将证实并扩展这些已有的观察。[①] 实验 2 使用与实验 1 相同的步骤,但是增加了两项交互听辨测试,将对所有被试者播放相同的刺激音。

这种标准化的交互听辨测试使用两位发音人的录音:都是在费城话特征范围内,一位发音人的/er/和/ʌr/很难进行范畴归类,而另一位的发音相对较容易做出范畴归类。图 14.5 显示对 M. 411
劳拉(Laura M.)的交互听辨测试发音结果,她朗读了包含 42 个词例的扩展发音表。*ferry* 和 *furry* 有很大程度的重叠,而我们还不能把这个系统称为合并。F2 平均值的差异较小但是显著

① 设计实验 2 最初是为了比较被试者运用语言范畴化的能力对语音进行区分的心理声学能力。全部实验的完整结果将在第 3 卷呈现。

($\chi^2=2.48, p=0.009$),尽管这里的差异不超过 100Hz,约有一半/er/的发音位于所有的/ʌr/之前。交互听辨测试选用图 14.5 中画方框的两个发音各重复 5 次,随机交替排列。虽然这两个发音分别靠近 M. 劳拉发音 F2 范围的最两端,但还是很难让被试者做出一致的标识。

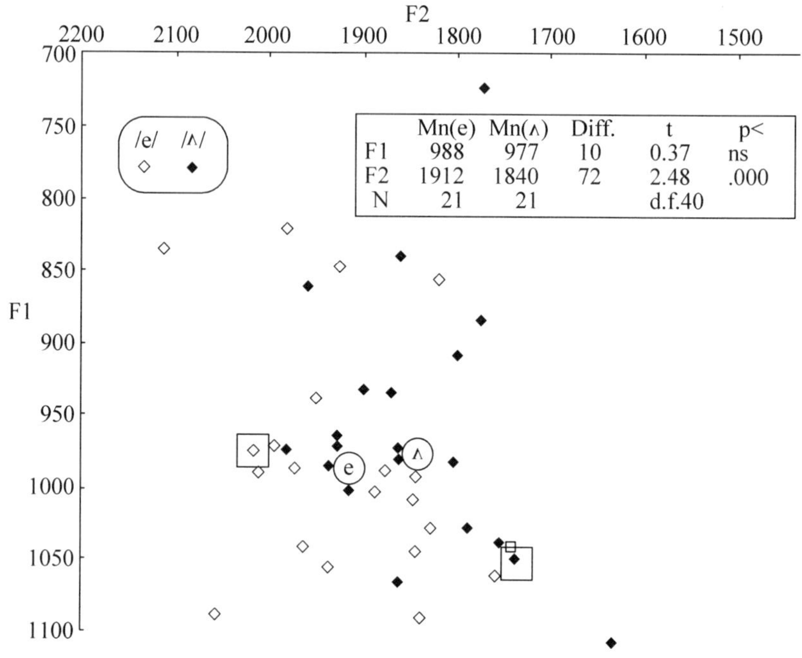

图 14.5 M. 劳拉交互听辨测试发音(重叠的近似合并)

图 14.6 显示 F. 杰德(Jed F.)的 *ferry* 和 *furry* 的发音,他是具有清晰区别的费城郊区人,F2 的平均值相差 281Hz。虽然这个差异不如大多数非费城人那么大,却是费城具有清晰区别类型的代表。没有一个发音靠近相邻词群,并且两个词群之间的分布距离也较大。交互听辨测试选取了图 14.6 中画方框的两个发音。

其中/ʌr/发音是 F. 杰德本人唯一标识错误的那个。尽管如此，他在短暂的犹豫后就改正了。这个/ʌr/发音最靠近/er/发音的分布，但是它与/er/的平均值仍然有 200Hz 的距离，非费城人把它范畴归类为 *furry* 毫无困难。

412

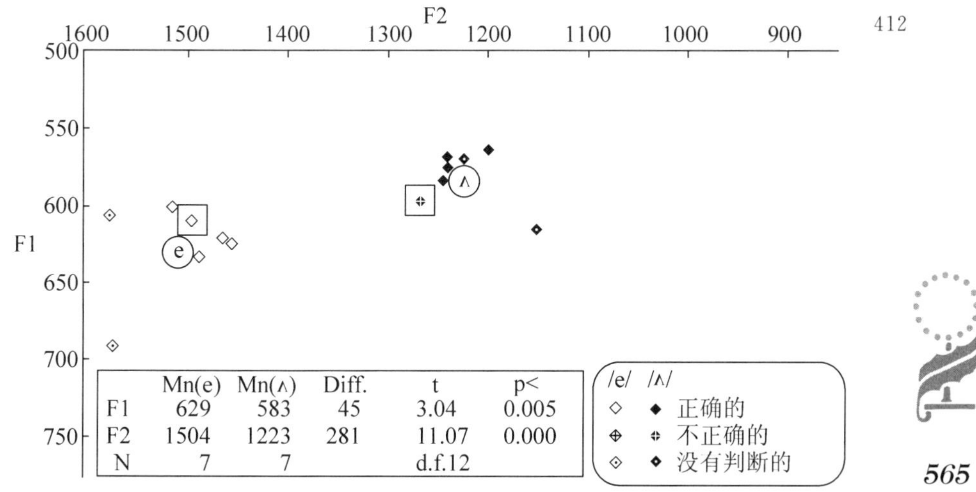

图 14.6　F. 杰德的交互听辨测试发音(清楚且精确的区分)

与实验 1 的被试者相比，实验 2 的 53 名被试者成员是一个更为多样化的群体。[1] 17 名被试者来自费城以外的地区，5 名来自郊区，31 名来自费城。其中大多数被试者来自宾夕法尼亚大学社区，但是有 8 名是来自费城北部的工人阶层地区。[2] 还包括 14 名黑人被试者，其中 11 名来自费城地区，3 名来自外地。正如在其他研究所示，黑人被试者被证明是一个完全不同的言语社区的成

---

①　被试者由 CDC 项目的科里·米勒(Corey Miller)负责召集和进行测试，同时他还完成了交互听辨测试和最小区别词对测试结果的实验分析。

②　他们是反犯罪志愿组织“守护天使”的成员。

员。他们没有一个人显示出/er/和/ʌr/合并的任何趋势。[1] 5 名来自费城郊区的被试者。除 1 人之外，其他人都能清楚区分/er/和/ʌr/，很可能是郊区发音人总体上不同于城区群体。因此，我们将要比较 20 位费城白人和 14 位外地白人被试者的表现。[2]

表 14.9 显示的是实验 2 中自我交互听辨测试的结果。其反应与表 14.5 实验 1 的结果极为相似。非费城人的表现非常完美，而费城人中只有 20%完成测试时没有犯错。

413 **表 14.9　实验 2 中 *ferry/furry* 交互听辨测试**

	通过	未通过
非费城人	14	0
费城人	4	16

表 14.10 显示的是教练测试的结果，这又是与实验 1 的结果非常接近。（有一位费城人的反应无法确定。）图 14.7 通过图表显示出实验 1 和实验 2 交互听辨测试和教练测试结果的相似性。

表 14.10　实验 2 教练测试结果

	正确	错误
非费城人	13	1
费城人	14	5

$\chi^2=4.00, p=0.05$

---

① 费城黑人在对自己发音的交互听辨测试中表现比白人更好，但是在对 M. 劳拉和 F. 杰德发音的交互听辨测试中的范畴化，以及基于 M. 劳拉发音的进一步区分测试中的表现要比白人差。黑人被试者的范畴化和区分模式将在第 2 卷和第 3 卷中讨论。

② 6 位来自北部城市，2 位来自大西洋沿岸中部地区，4 位来自中南部，1 位来自得克萨斯东部，1 位来自最西部地区。

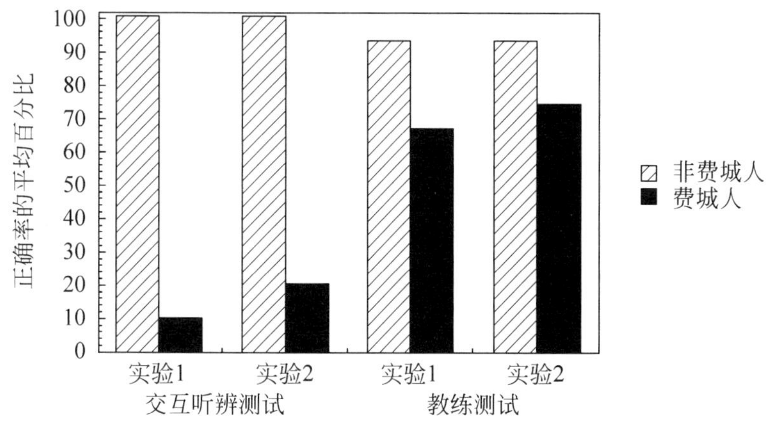

图 14.7　比较实验 1 和实验 2 的交互听辨测验与教练测验

教练测试的结果似乎清楚地表明费城人整体上并不以/er/ 414
和/ʌr/的差异来区别词语。教练测试的结果高于随机选择，然而在表面看来，教练测试的表现要比交互听辨测试的表现差。那就是说，如果我们假设教练测试和交互听辨测试测量的是同一种能力，那么交互听辨测试相当于重复了 10 次教练测试。但是将实验 2 的费城人的成功率[1]自乘 10 次，得到 0.737^{10} 或 0.047。这意味着预测交互听辨测试的成功率小于 5%，而不是已经得出的 20%（或是实验 1 中的 10%）。

这种合理的方式是假定所有费城人区分/er/和/ʌr/的程度相同。但是交互听辨测试的得分表明有些费城人是能够利用这个区别来区分单词的。我们假设在自我交互听辨测试中得分达到 100%的少量费城被试者也能够在教练测试中与非费城人有同等的表现。这将意味着在实验 2 的教练测试中给出正确答案的 14

〔1〕 14/(14+5)=0.737。——译者

名被试者中应包括已通过交互听辨测试的那4名。事实也确实如此。如果我们把这几位被试者放在一旁,就可以把其余的称为“普通费城人”。那么普通费城人在教练测试中给出正确答案的比例就不是14/19,而是10/15,或者是0.67。(随机选择表现为7.5/15,或0.50)。如果我们假设交互听辨测试中听辨10个发音的每一次成功概率都与教练测试相同,为0.67,那么这15名被试者中的每一位通过交互听辨测试的概率就是0.67^{10},或0.018。假定教练测试反应的.67是普通费城人的平均成功率,那么我们就不能期望他们中有任何人能通过交互听辨测试,而这也完善了我们的看法。大多数费城被试者不能利用/er/-/ʌr/的对立来区别单词。反过来说,在教练测试中67%的成功率与标准的交互听辨测试0%的成功率并非是不相符合的。我们正在观测同样的行为方式。

现在让我们把交互听辨测试的视野拓宽,应用于范畴化测试的发音人包括表现出近似合并的M.劳拉和表现出费城式区别的F.杰德的发音。表14.11显示了自我交互听辨测试(如表14.9所示)和这两个标准化交互听辨测试的成功率。在每一次测试中,都是通过的分数为100%正确。①

415 **表14.11 对于自我、M.劳拉和F.杰德发音的交互听辨测试结果**

	自我		M.劳拉		F.杰德	
	通过	不通过	通过	不通过	通过	不通过
非费城人	14	0	2	7	7	2
费城人	4	16	0	18	3	18

① F.杰德和M.劳拉测试中被试者的人数不同,是因为他们是在这一系列实验已经开始之后才加入到实验2计划中。

对于 M. 劳拉发音的测试确实非常困难。没有费城人能通过，即使已通过自我交互听辨测试的那 4 位也没通过。但是仍有 2 位非费城人得到了 100%正确率。如果被试者只是随机猜测听到的语料，成功的比例将会是 0.5^{10}，或者大约为 1/1000。这意味着 M. 劳拉的发音有足够的信息，能够让听感敏锐的人一致地找出这种语音模式。

F. 杰德的情况有相当的不同。对于非费城人来说，判断这些发音似乎比判断他们自己的发音更难，虽然二者的差异并不显著。费城人的表现明显不如非费城人，这并不足以为奇。而让人惊讶的是费城人判断 F. 杰德的发音并不比判断自己的发音更成功。我们考虑到超过半数的费城被试出现了合并或近似合并，这意味着他们并没有从 F. 杰德带有清晰区别（虽然较小）的发音中得到好处。当我们把 4 名郊区被试者加入到城区被试者中，被试者达到 25 人，情况多少清楚一些了。① 有 7 名被试者的/er/和/ʌr/发音有距离不少于 200Hz 的清晰区分，其中 4 名被试者在自我交互听辨测试中成功率为 100%。但是在这些人中，只有 1 位在判断 F. 杰德的语音时达到 100%正确。显然费城人不能使用 200Hz 的最小差距来一致地区分/er/和/ʌr/。②

① F. 杰德是 5 名郊区被试之一，所以此处只能讨论其余 4 人的情况。

② 如果我们看看这两类发音的分布范围，就能明白把 M. 劳拉和 F. 杰德语音范畴化的难度有明显差异。关键的 F2 维度没有差异：M. 劳拉两个发音相差 228Hz，F. 杰德相差 221Hz。如果考虑到 F1，M. 劳拉的 *furry* 要高 81Hz，F. 杰德只低了 13Hz。然而，如果我们观察图 14.5 和图 14.6 中二者的分布模式显然差异很大。F. 杰德的发音形成两个聚合，这似乎跨越了心理上的实际边界。M. 劳拉的发音在相当高的 F1 和 F2 范围内形成连续分布。M. 劳拉较高的 F2 范围不仅仅因为是女性声道的发音：她的所有发音对大多数听者来说都要靠前。尽管我们倾向于给出答案是两个交替形式有相等的数量，但只有 6 名被试做出了这样的判断。27 名被试者听到的 *ferry* 比 *furry* 多（其中 5 名被试者认为只听到 *ferry*）；只有 7 名被试者听到的 *furry* 更多。40 名被试者的平均反应是 6.3 个 *ferry* 和 3.7 个 *furry*。区分 M. 劳拉发音形式的最大困难是/ʌ/发音分布到了/e/的范围内。

到目前为止,我们在实验 2 中只考虑了 100%正确率这一条
416 严格标准。如果我们考虑到交互听辨测试中的实际正确率,会得到有关被试者对于/er/与/ʌr/区别能力的更为详细的标示。表 14.12 把这三项交互听辨测试中给 *ferry* 与 *furry* 范畴分类正确的百分比和受试者在他们的自我交互测试中的区别类型联系起来。第一行是非费城人的数据,他们都能做出清楚的区分。第二行是 9 位能清楚区分的费城人(包括 4 位郊区的被试者)的实验结果。尽管费城人有很好的表现,但他们的平均得分明显比非费城人低很多($p=0.0147$)。用 F. 杰德的录音测试的结果表明两组被试者成绩都略微下降:费城人的表现再一次显著更糟糕($p=0.0008$)。而用 M. 劳拉的录音测试,两组人的表现都急剧下降,而且这一次两组被试者之间没有显著的区别。这说明,在较容易的听辨任务中,那些能做出区别的费城人对元音分类的能力会减弱,而在更为困难的听辨任务中,他们分类(和辨别)的能力并不比其他人更差。

表 14.12 根据自我分类的发音类型对实验 2 中 *ferry/furry* 的范畴化对照

	%正确率		
	自我评估	F. 杰德发音	M. 劳拉发音
非费城人			
清晰区别	100(14)**	96.7(9)**	78.9(9)
费城人			
清晰区别	91.7(9)*	82.5(8)	73.8(8)
非常接近的不重叠	74(5)	76(5)	66(5)
F2 平均值有显著区别的重叠	68(5)	78(4)	56(4)
合并	40(4)	77(3)	56(3)
全部清晰区别			76.5(17)***
全部合并和近似合并			57.5(12)

显著性区别:* $p<0.05$, ** $p<0.01$, *** $p<0.001$

我们再来看费城人之间的差异，在那些能做出清晰区别的费城人与那些两类音极为近似的费城人（$p=0.056$）之间在自我分类测试中有明显影响。尽管其他组的结果也是按我们预想的那样分级的，但差别并不明显。在 F. 杰德的录音听辨中，所有费城人 417
的表现基本一致：那些能明确区分的费城人与其他人之间有微小的差别并不显著。而在 M. 劳拉的录音听辨中，出现了逆转。费城人内部之间没有明显的差异，但是如果我们把那些能明确区分的费城人与非费城人合为一组，他们与所有其他费城被试者之间具有显著差异（$p=0.009$）。

我们可以对详尽细致的实验 1 和实验 2 交互听辨测试结果总结得出三种发现。大约三分之一的费城人能清楚区分；三分之一强的费城人表现出近似合并；另三分之一弱的费城人表现出完全合并。

- 完全合并类型的费城人对自我交互听辨测试显示出预期的随机反应，并且对清晰区别的发音进行分类的能力严重减弱。

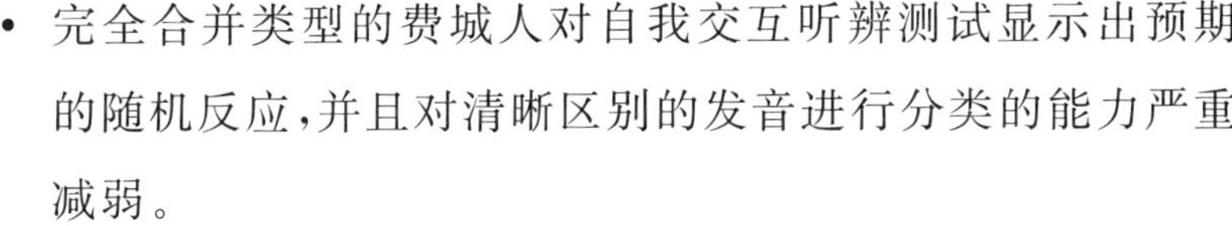

- 近似合并类型的费城人，或是发音分布重叠的或是发音不重叠的，他们在范畴化分辨中比起具有完全合并的说话人并没有表现出明显改进。
- 清晰区别类型的费城人给自己的发音进行范畴分类中比其他费城人的表现显著好转，但在给有明确区别的费城发音进行分类中并不比其他费城人表现更好。他们在给近似合并的发音进行分类的表现却比其他人更好。
- 无论是在判断自己的发音还是标准的清晰区别时，所有费城人都比非费城人表现更差。

这些发现表明,音位区别的语义作用总体上对于费城人比对于非费城人要小很多。即使是那些报告有区别并在发音中保留元音区别的费城人预料会在教练测试和交互听辨测试中做得更好,在测试中的得分也比非费城人显著更低。

因此,伴随着/er/和/ʌr/的近似合并的是这种语义对立的减弱。这种变化最为显著的特点是,语义区分作用的逐渐减少影响到整个社区。这也部分证明了詹森和舒尔曼(Janson and Schulman 1983)以及赫罗尔德(Herold 1990)的研究成果。他们认为,那些本来能区分的说话人在与那些不能区分的人密切接触中发现这种区别没有用处,因而停止使用这种区别去分辨单词。费城音位对立的中止还没有完成,而是在一定程度上削弱了说话人音位系统的相关部分。因此我们观察到的是费城地区的动态过程,其中我们可以揭示出合并的机制。这一过程的实时状况还不
418 明显:如果真的出现,我们不知道合并进行的速度有多快。然而,有一点很清楚,近似合并现象在这个过程中已经稳固地确立。尽管先前关于近似合并的报告只涉及每个社区的少数个人,但是近似合并影响到费城说话人中可靠的多数,并且似乎是语言经济性的一个组成部分。

问题依然存在,费城人怎么能在保持不重叠分布的同时,却还显示出对自己的发音进行分类的能力有如此严重的局限?这实际上是一个有关分辨的问题,而不是分类的问题。第3卷将报告的进一步的系列实验,是考察费城人沿物理连续统鉴别词项的能力,并与心理声学、感知与识别的检测结合起来,分析在语言学上把 *ferry* 与 *furry* 判断为“相同”的方式。

第四部分

规则性的争议

419

第 15 章　词汇扩散的证据 421

本卷余下的两部分内容将论述 19 世纪后半叶新语法学派语言学家着重关注的普遍原理。如莱斯金(Leskien)、奥斯特霍夫(Osthoff)、布鲁格曼(Brugmann)、保罗(Paul)。其中至关重要的是一个传统的问题:在语言演变过程中,语音变化有没有规律,意义是怎样保留下来或被改变的。1.2 节对奥斯特霍夫和布鲁格曼的引文已经清楚表明他们强烈主张侧重以现存的语言(living language)为研究对象,以及用现在解释过去的研究方法。他们自己并不掌握直接调查言语社区所需的技能,通过对于个体作用和个体心理的过分强调,他们使自己离这样的研究目标渐行渐远(Weinreich,Labov, and Herzog 1968)。他们对方言地理学的信心在那时不能得到所需的数学方法的支持,用来恢复看似混乱的表层数据下面的底层秩序(第 17 章)。尽管如此,他们关于语言演变本质的基本观点确实成为本卷的言语社区的研究和演化观的进展的可靠指导。以下章节中的许多发现将有力地证实新语法学派的原理。如果说本书的研究具有积累性特征,那是因为它是建立在新语法学派思想的坚实基础之上。第四部分将讨论新语法学派对音变的词汇规则性的看法;第五部分探讨新语法学派的主张,即音变只是由语音环境决定而不是由传达信息的需要来决定。

15.1 规则性的争议

在第一章里,新语法学派关于音变规则性的争议已经作为长
422 期悬而未决的原理争论的经典范例[①]。双方——音变是词汇规则或者不是——都有足够的证据加以证明。而在这种情况下,人们只有在排除或忽视一方的证据时才能坚定地支持另一方。我们会看到一些语言学家承认双方都有证据,却在实践中在单一理论体系下进行。历史语言学家假定音变作用于声音,而非词汇。词汇扩散理论的支持者则坚持认为音变作用于词汇,而不是声音。

本卷提出的语言学研究方向采用不同的思路探究这些争论。首先尊重前辈的智慧,也认同使他们得出自己的结论的那些证据。仔细思考相互矛盾的主要证据使我们得出这样的结论:需要更高层级的理论——这种理论能够同时考察并解释争论双方的发现。只有立足于对立双方的观点都有道理的条件下,这种综合性研究才能实现。这绝不是对已积累起来的资料进行简单的洗牌,或是对他人已讲过的话进行摆弄和重组——一句话,努力尝试超越前辈的才智。这种综合性研究需要利用更广泛、更丰富的资料数据,要从更宽广的多种多样的来源中汲取,并要使用更精确的实验技术来测量。

第四部分正是以这样的理念致力于解决新语法学派的争议。这已是超过一个世纪以前的,或许是语言学史上论述得最清楚的争议。在语音系统的演变中,音变的基本单位是词汇还是语音?

---

① 本章和接下来的章节包含拉波夫 1981 年第一次提出来的观点的修订和改定。增加了大量新的语音事实,以及文章发表 10 年后对这个问题的讨论。

我们关注的焦点是音变规则性这个问题，正如奥斯特霍夫和布鲁格曼（Osthoff and Brugmann 1878）以范畴形式所论述的：

> 每种音变，因为都是机械性地发生，所以都遵循无一例外的规则进行。（翻译自 Lehman 1970：204）

这种“无一例外”的对立面是词汇规则性，即：当音变发生时，同一语音环境中的每个词都会受到影响。

由奥斯特霍夫和布鲁格曼构建的新语法学派学说最重要的成分隐藏于短语**因为都是机械性地进行**（inasmuch as it proceeds mechanically）中。这一短语用无一例外来包括两种例外的类型。第一种是**类推音变**（analogical change），这涉及不是机械性（语音的）特征的概念关系。而多为人们认可的新语法学派观点的主要优 423
势之一就是赋予类推系统性的作用（Kiparsky 1989：364）。第二种是**方言借用**（dialect borrowing），人们普遍认为这涉及相对权威的社会关系，而非语音的机械性。许多关于新语法学派观点的讨论都关系到对这两种过程的确认。方言借用将是下面讨论的主要部分。

在音变的规则性方面，直到最近，似乎很明显新语法学派曾占据上风。[①] 尽管方言学家和音系学家一般仍在用事实证实这一口

① 近年出现了大量关于新语法学派研究的再版、翻译和重新评价的著作。大多数美国语言学家是通过佩德森（Pedersen 1962）的介绍了解到新语法学派。莱曼（Lehman 1967）包含了一些重要的新语法学派文章的翻译。1977 年，威尔伯（Wilbur）重印了关于新语法学派争论的最重要的文章；在书中前言部分详细介绍了争论的学术背景。关于最近学术界对此争论的回顾，我参考了柯尼希斯瓦尔德（Hoenigswald 1978），马尔基尔（Malkiel 1967），福纳吉（Fónagy 1956）。

号“每一个词都有自己的历史”,在争论的第一个世纪里,语言学理论的主流一直是新语法学派的。不仅是美国结构主义学者支持这一理论,如布龙菲尔德(Bloomfield 1933)和霍凯特(Hockett 1958)都坚持这一绝对立场,而且近来的主流理论家同样如此。在将生成音系学应用于历史语言学的诸多努力中,与新语法学派的争论主要体现于语法制约条件的问题,而不是音变规则性(Postal 1968;King 1969; Kiparsky 1989)[①]。霍凯特认为新语法学派的假说是语言学四个重大突破之一,能与生物学的进化论相提并论。从事于印欧语系、南岛语系、汉藏语系和其他语系的比较构拟的学者们不断认识到音变规则性作为基本原理使他们的研究活动成为统一的、合理的和正当的。

然而,支持音变进程是逐词进行的证据并没有消失。新语法学派理论的经典反对者的研究一直在坚持,这开始于舒哈特(Schuchardt)[②]。进而以中国学者为首的研究不断积累词汇扩散
424 的证据。只有忽视这些语言学家以及他们的研究成果,才能维持传统上对音变规则的坦然接受。本章将回顾王士元、郑锦全、陈渊泉、谢信一和克里希那穆提(Krishnamuriti)关于词汇扩散理论的最初研究,同时加入李壬癸(Li 1990),王士元(Wang 1989)和沈钟

① 凯帕斯基(Kiparsky 1989)出版了近年来对这些问题的最全面的研究著作。她先讨论新语法学派“无例外假说”,认为(1)它是一个凭借经验的说法,(2)它并非与每个词语都有自己的历史这种事实不相容,(3)它与很多语法制约和词汇扩散的证据相矛盾。凯帕斯基的观点基于本章中1981年首次提出的立场,同时是对它们的部分回应。本章和以后的章节将尝试考察并回应凯帕斯基关于方言借用,词汇扩散和语法制约的观点。

② 1977年威尔伯重印了舒哈特的宣言“*Gegen di Junggrammatiker*”(反对新语法学派的语音规律)。舒哈特观点更加完整的表述请见舒哈特(Schuchardt 1980)。

伟(Shen 1990)最近的研究成果。

15.2　词汇扩散的最近的证据

王士元(Wang 1969)指出,规则音变的例外可能是由于属于泻出关系的两种规则重叠运作的结果。从新语法学派假说的立场来看,这是一个新的思路:不规则现象是两种规则音变的结果,而不是音变和类推竞争的结果。当王士元开始为这种看法收集实际证据,他发现了对新语法学派的观点有更为严重影响的资料——数量可观的新发现使他开始怀疑语音规则性变化的整个观念。

1962 年,北京大学出版《汉语方言字汇》,这是 1950 年大规模语言调查工作的成果,记录了 17 种现代汉语方言共 2444 个语素的语音转写。与中古汉语词典和日语汉音的文献来源(sino-Japanese source)一起,这些材料构成了计算机词典,即 DOC(dictionary of computer)的基础(见 Streeter 1977)。王士元和谢信一、郑锦全、陈渊泉以及其他人一起,用这个数据库追溯汉语音变的轨迹。正如王士元指出的,用汉语资料对于检测新语法学派的假说特别有效,因为在屈折模式中干扰音变规则的形态类推实际上在汉语中不存在。

很快就做出证实:音变无例外的特点在汉语资料中得不到支持。王士元和郑锦全(Wang and Cheng 1977)对这一脱颖而出的理论做出了一种最简明的表述。他们分析新语法学派的观点,将布龙菲尔德派断定的“音位变化”(phonemes change)概括为两个部分:音变是**语音上渐变的**(phonetically gradual),是察觉不到的增长的过程,但是词汇上突变(lexically abrupt),同时影响到所有相关的词。然后他们指出这一模式不适合广泛存在的离散语音变化:对向音变(flip-flop)、换位(metatheses)、增音(epentheses)、减音(deletion)和发音部位的变化(changes in point of articulation)。鉴于这种局限,再加上许多竞争性形式和例外现象的存在,以及对于方言借用的很多人为的解释,他们提出一种不同的模式:

> 我们认为单词改变它们的发音是通过离散的、可感知的数目增长(即,语音上突变),但是每一次改变几个词(即,词汇上渐变)……(第150页)

425 王士元、陈渊泉、郑锦全和谢信一的这种强有力的观点与极为怀疑新语法学派语音规律概念的最为激进的罗曼语言学家形成一致。[①] 在他们看来,音变进行不是依靠语音,而是单词。他们称这种概念为词汇扩散(lexical diffusion)。他们不否认音变可能是有规则的:在这方面,词汇扩散预测最后的规则性不会比新语法学派原理的预测更少。

> 然而,不同之处更确切地是在音变机制的描写(和最终的,解释)中,即:音变实际上是如何进行的。(第151页)

---

① 戈沙(Gauchat)认为"语音规律并不是同时影响所有词项:有的词注定变化较快,其他的保持跟在后面,还有的给予有力的对抗,并成功地阻止了转变的努力"(引自Dauzat 1922,拉波夫翻译)

潮州话的声调分化

在王士元和郑锦全看来，词汇扩散显然不仅只是一个工作原理：它是音变问题的一种根本解决方案。他们用潮州话的实例支持了他们的理论。他们令人敬佩地展示出潮州话的中古汉语第三声的映射所发生的词汇分化(Cheng and Wang 1977)。无论在多么有限的语音环境中，分化成为现代的阳上调(2b)和阳去调(3b)的进程持续存在。无论是中古汉语声母辅音或韵母元音，还是现代的声母或韵母，都不能解释这种词群的大规模分化。表 15.1 展示了潮州话声调对现代声母的分布情况。郑锦全和王士元搜集了 12 对在中古汉语曾是同音词，而在现代以这种方式分化的实例。

表 15.1　基于中古汉语声母的中古汉语声调第三声在现代潮州话的分布（源自 Cheng and Wang 1997:94）

中古汉语声母	潮州声调	
	2b	3b
b	6	7
v	1	3
d	11	14
dz	6	2
z	3	3
ɖ	3	4
dʐ	1	3
ʐ	3	5
dj	2	1
g	6	4
ɣ	14	15
总数	56	61

潮州话语料提供了一个典型的实例,证明一种对等的分化没有语音动因,也没有类推或语法动因。在对这一研究的回应中,一些汉藏历史语言学家接受新语法学派的观点:他们指出这些资料不会对音变规则性产生影响,因为对他们来说显然13世纪的潮州话中一定存在大量的方言借用[①]。当时我个人认为这是对方言借用概念的一种违规使用。这些反对者不提供方言混合的过硬资料,而是声称由于已知音变是有规律的,所以那里就一定曾存在方言混合。这种反应与某些新语法学派学者对于戈沙研究的沙尔梅资料(见第4章,第16章)的那种自动回应(automatic response)

426 似乎没有区别。他们认为沙尔梅资料中/l'/和/y/在中间一代人的波动变化一定是说话者的语言形式从父母那里借用一半并从子女那里借用另一半的结果。在我看来,方言借用似乎不适合作为中古汉语第三声分化的特定因素。

泰雅方言词尾辅音转移

1982年,李壬癸出版了关于台湾泰雅诸方言变异的调查数据,调查发现一种词末辅音变化的蕴涵标度(implication scaling)类型,如15.2表所示,这是10位斯其昆(Skikun)方言发音人的资料(尽管李壬癸报告了许多其他音变,这种软腭/唇音音变涉及的

① 这一回应是1975年在旧金山召开的美国语言学会的会议上发出的,当时在会上陈渊泉和谢信一首次发表了潮州话研究成果。从那以后,在易家乐(Egerod 1976,1982);蒲立本(Pulleyblank 1978);陈洁雯(Chan 1983)文章中继续发展。最初反驳回应的意见是这一批评没有考虑到这种分化和假定的借用的具体位置。这种分化在词汇中的分布不是任意的,而是集中在某些词源性类别中。

词最多并且发音人也最多)。李推断这证明了泰雅方言中词尾音段特征简化的一种普遍趋势,这种变化为语音突变,词汇渐变:“80—32 岁之间的斯其昆方言说话人把规则-p>-k 和-m>-ŋ 应用在不同的词项中,他们在规则应用的词项数目上也是各不相同的,很大程度上取决于发音人的年龄和性别”(Li 1982:186)。

表 15.2 的蕴涵标度中,竖列表示 10 个被试者的读音,每一横排代表一个不同的语境,在这里就是一个特定的词。其中最保守 427

表 15.2　斯其昆方言软腭音/唇音替换的词汇扩散(源自 Li 1982)[1]

	S.T.	*S.P.Y.K.*	*B.M.*	*P.S.*	*Y.S.*	*M.W.*	*Y.N.*	*H.Y.*	*Y.K.*	*W.B.*	
	f84f80	*f71*	*m65*	*m61*	*m54*	*m50*	*f55*	*m46*	*m36*	*m32*	
qciyap	-p	-p	-p	-p	-p	-p	-p	-p	-k		“对岸”
ʔiyup	-p	-p	-p	-p	-p	-p	-p	-p	-k		“山鹰”
qatap-	-p	-p	-p	-p	-p	-p	-p	-p	-k		“剪刀”
tgtap	-p	-p	-p	-p	-p	-k	-p	-p	-k		“扇”
ghap	-p	-p	-p	-p	-p	-p	-p/k	-p	-k		“种子”
qurip	-p	-p	-p	-p	-p	-p	-p/k	-p	-k		“生姜”
hmap	-p	-p	-p	-p	-p	-p	-k	-k	-k		“刺、捅”
pshup	-p	-p	-p	-p	-p	-p	-k	-p	-k		“吮吸”
hmop	-p	-p	-p	-p	-p	-p	-k	-p	-k		“变魔术”
talap	-p	-p	-p	-p	-p	-k	-p	-k	-k		“屋檐”
tgiyup	-p	-p	-p	-p	-p	-k	-k	-p	-k		“下沉”
miyup	-p	-p	-p	-p	-p	-k	-k	-k	-k		“进入”
qmalup	-p	-p	-p	-p	-p	-k	-k	-k	-k		“打猎”
mgop	-p	-p	-p	-p	-p	-k	-k	-k	-k		“分享一杯”
qmuyup	-p	-p	-p	-p	-p	-k	-k	-p	-k		“折叠”
kmiyap	-p	-p	-p	-p	-p	-k	-k	-k	-k		“捉”
mnep	-p	-p	-p	-k	-p	-k	-k	-k	-k		“捕鱼”
msuyap	-p	-p	-p/k	-k	-p	-k	-k	-k	-k		“打哈欠”
qom	-m	-m	-m	-m	-m	-m	-m	-ŋ	-ŋ		“食蚁兽”
syam	-m/ŋ	-m	-m	-m	-m	-ŋ	-m	-ŋ	-ŋ		“猪肉”

〔1〕 十位发音人名字缩写字母下面的 m、f 表示男、女性别,数字表示年龄。——译者

续表

S.T. S.P. *f*84*f*80	*Y.K.* *f*71	*B.M.* *m*65	*P.S.* *m*61	*Y.S.* *m*54	*M.W.* *m*50	*Y.N.* *f*55	*H.Y.* *m*46	*Y.K.* *m*36	*W.B.* *m*32	
qmtam	-m	-m	-m/ŋ	-m	-m/ŋ	-ŋ	-m	-ŋ	-ŋ	“燕”
rom	-m	-m	-m	-m	-ŋ	-ŋ	-m	-ŋ	-ŋ	“针”
qinam	-m	-m	-m	-m	-ŋ	-ŋ	-ŋ	-ŋ	-ŋ	“桃”
hmham	-ŋ	-m	-m/ŋ	-m	-ŋ	-m	-ŋ	-ŋ	-ŋ	“摸索”
yuhum	-ŋ	-m	-m	-m	-ŋ	-ŋ	-m	-ŋ	-ŋ	“粗鲁”
prahum	-m	-ŋ	-m/ŋ	-ŋ	-ŋ	-ŋ	-ŋ	-ŋ	-ŋ	“嘴唇”
tmalam	-m	-m	-m/ŋ	-m	-ŋ	-ŋ	-ŋ	-ŋ	-ŋ	“尝”
mtlom	-m	-m	-m	-m	-ŋ	-ŋ	-ŋ	-ŋ	-ŋ	“燃烧”
lmom	-m	-m	-ŋ	-ŋ	-ŋ	-ŋ	-ŋ	-ŋ	-ŋ	“燃烧”
mktlium	-m	-m	-m	-ŋ	-ŋ	-ŋ	-ŋ	-ŋ	-ŋ	“跑”
cmom	-m	-m	-ŋ	-ŋ	-ŋ	-ŋ	-ŋ	-ŋ	-ŋ	“擦”
mnkum	-ŋ	-m	-m	-ŋ	-ŋ	-ŋ	-ŋ	-ŋ	-ŋ	“黑暗”

的发音人是年龄最大的两位发音人 S. T 和 S. P,在最左边一栏:他们词尾的辅音和这栏中所提供的单词的完整形式相同。表格的第一部分显示了软腭清塞音逐步替代双唇清塞音的过程。词尾
428 /p/最保守的语境是 *qciyap*,除了最年轻的以外其他所有发音人都保留原来的唇音。最革新的是 *msuyap*,有五位发音人是软腭音/k/,另有一位在/p/和/k/之间变化。蕴涵标度表明,在年龄维度上,如果一个给定年龄的发音人有软腭音,就意味着所有更年轻的人都有软腭音;如果一个发音人有唇音,就意味着所有年龄更大的人都有唇音。从词汇维度看,如果一个给定单词有唇音词尾,那么在表中所有在它之上的词韵尾都将是唇音;如果词尾是软腭音,所有在它之下的词尾都将是软腭音。这个表呈现的并非是一个完美无缺的蕴涵标度:其中有“标度误差”(scaling errors)。如第四个词项 *tgtap*,显示出 Y. N. 的误差/k/,尽管两位更年轻的 H. Y 和 Y. K 都使用唇音词尾,会预测她应该同样发作/p/。然而这个

模式总体上的规律性确实很明显，从而支持了这一结论：音变的重要语境是个体的单词。

表 15.2 的下半部分显示相对应的词尾软腭鼻音替换双唇鼻音的过程。

上海话的元音合并

1990 年，沈钟伟发表了关于上海话一种元音合并的进程的类似的调查结果。这种合并使得如北京话的/-ang/和/-eng/以及上海话前/- ã/ 和后/-ā/这样反映中古汉语的区别特征最终消亡。沈钟伟从 376 个上海说话人中得到了分辨的数据(discrimination data)，他给被试者一系列词项，每一组有三个仅元音不同的词，请他们判断三个词中哪一个词发音跟另外两个不同。存在着大量的词汇变异：音变与词频的相关性为 0.67。此外还有大量的同音词分化：历史上有相同元音的词在现代有大约 20% 都不相同了(Wang 1989：21—23)。

其他语系的词汇扩散

词汇扩散的证据当然不仅仅局限于汉藏语系。王士元(Wang 1977)的文章中提供了瑞士德语、古藏语、古威尔士语和瑞典语的证据，以及有关英语、汉语习得的研究。陈渊泉和王士元(Chen and Wang 1975)从谢尔曼(Sherman 1973)对英语中源自动词的名词前重音(forestressing of nouns)的历史发展的研究中进一步做出词汇扩散的论证。第 16 章将会考虑小仓(Ogura 1987)论证英语元音大转移是通过词汇扩散而进行的研究。克里希那穆提

(Krishnamurti 1978)追踪德拉威语辅音丛的发展,使用数学方法来分析伯罗和埃曼尼奥(Burrow and Emeneau 1961)的调查资料。他的结果毫无疑问地表明,这些音变的基本单位都是词汇,而不是语音。

429 15.3 言语社区中的词汇扩散

除了沈钟伟的上海话的实验以外,目前的证据都是基于那些已经完成了很长时间的音变。本节将回到在言语社区内部语言的即兴使用研究中词汇扩散的证据。我们将要研究的进行中的音变是短 **a** 紧化,在大西洋沿岸中部各州,特别是费城方言中的变化进程。在美国方言中,这个词群的元音一般表现为前化和高化,已有

586 一些章节用不同的形式分析了这种机制。

短 **a** 前化和高化的持续过程始于 10 世纪。早期从长 **ā** 到 **ō** 的高化(如 *boat*、*stone* 等)留下的空位被开音节中长化的短 **a** 填补。前化、高化以及参与元音大转移,导致 *name*、*gave* 等与若干其他词群合并为现代的/ey/。留下来的短 **a** 词项,都在闭音节中,现在正在受到美国的英语方言的影响。最常见的高化出现在前鼻音结尾的单词:*hand*、*man*、*ham* 等,几乎所有这些条件下都会高化。在北方城市音变中,所有短 **a** 的单词都紧化和高化。但是在大西洋沿岸中部各州,高化和紧化只影响部分短 **a** 词,遵循一套复杂条件,从纽约到费城再到巴尔的摩,各有系统性的改变。第 3 章和第 4 章把这种太平洋沿岸中部的情况作为费城元音系统描写的一部分。第 11 章把费城这种松/紧对立看作是音位分化的范例。

短 a 的紧化

有大量的文献记载了大西洋沿岸中部各州短 **a** 的高化，以特拉格（Trager 1930，1934，1940）的一系列文章开始，科恩（Cohen 1970）对纽约市和周边的新泽西州的分析，以及费格森（Ferguson 1975）对费城音系的描写。佩恩（Payne 1976，1980）研究语音高化过程的习得和发生高化单词的分布模式。哈勒和莫哈南（Halle and Mohanan 1985）以及凯帕斯基（Kiparsky 1989）把这些数据和他们文章中的音系框架联系起来。哈里斯（Harris 1989）把贝尔法斯特的资料与纽约市和费城的报告对比，进行了词汇音系学理论的分析。拉波夫（Labov 1989a）对 100 个费城人语料中的松/紧对立现象进行了详细的量化研究。在第四部分结束前，我将尝试澄清在所有这些对于短 **a** 的研究中提出的一些悬而未决的问题。

在大西洋沿岸中部方言中，带有非外缘的短低元音[æ]的词与带有前化到外缘位置的音核的词对立——这些音核通常是由中元音到长、高元音，带有一个央化内滑音（即[e:ə]）。和前面一样， 430
我把这种对立看作是松音和紧音的对立。图 15.1 是图 11.7 的扩充；它展示了纽约市和费城产生紧元音的一系列后接辅音（当下一音段是[＋辅音]或是一个二级屈折词缀或词边界）：外线是纽约市的系统，内线是在费城为紧化条件的辅音，这正好是纽约系统的一个子集。费城系统接近英语中普遍的最小的或核心的低元音紧化条件——前鼻音和清擦音。[1]

---

[1] 如费格森最早指出的那样，这种奇怪的组合特征也是宽 **a** 词群的特征（尽管鼻音环境更为有限）。当我们把前鼻音明显地改为后鼻音，它还可以应用于短开元音 *o* 的紧化。

除了后接辅音的基本制约条件外，还有一套特定的语音、语法和词汇的很多条件应用于紧化的产生。在这里把主要的费城语音演变的子条件跟新语法学派的音变在词汇上有规则并机械性运作的假说联系起来考虑是有用处的。

1　紧化的运作。只有在闭音节中短 **a** 才会在图 15.1 中的那些辅音前紧化。因此 *ham*、*hand* 为紧元音，但 *hammer* 为松元音。这是一个简单的语音条件。但如果后接音节是一个二级(Level 2)屈折后缀，元音保持紧音，如在 *hamming it up* 中。同样，*man* 作为名词和动词都是紧音，而 *manner* 是松音(由于一个元音直接跟在辅音后面)。但是 *manning*(如 *who is manning the store?*)是紧音，因为这只是由于有屈折后缀-*ing* 才成为开音节。这显然是语法信息，但对新语法学派原理没有影响，因为这种作用平常可以被看作是类推作用：紧元音/æh/从简单动词 *man* 经过类推，出现在分词 *manning* 中。

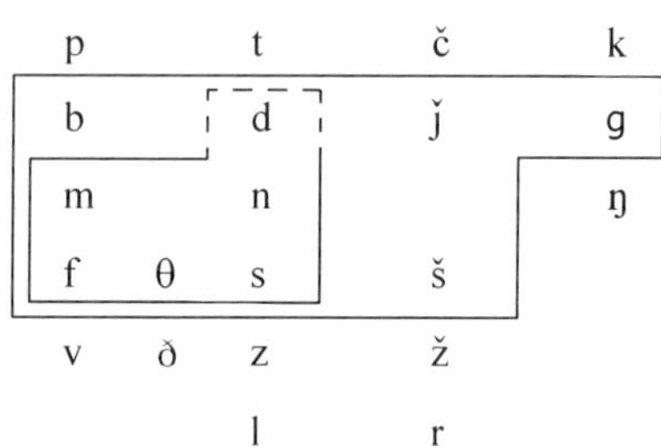

图 15.1　费城(内线)和纽约市(外线)制约短 **a** 紧化的后接辅音

431　2　弱读词条件。一个短 **a** 元音如果紧化，就不能出现在“弱读词”之中，弱读词即仅有的一个元音可以读为中性元音(shwa)的词。这个条件的表述仿佛是语音的条件，其实弱读词当然是属于“功能词”的一部分：助动词、冠词等。典型的对立是紧的 *tin can* 和松的 *I can*。但这种条件的任何语法意义都可以通过类推来分析。如 *am* 这样的助动词和 *an* 这样的冠词通常是在非重读位置，而中性元音是一个松元音。有标记的重读形式可以说成是由非重读的松音形式类推而来的。

3　派生后缀。如果元音后面的辅音紧跟着一级派生后缀，紧化的频率会差异很大。我们发现分布广泛的差异是在 *Lassie* 中的[laesi]或[le：əsi]，以及 *plastic*，通常是[plaestik]，也可能是[ple：əstik]。第一种可变性可以说是孤立词 *lass* 作为 *Lassie* 的前半部分以 *Pat*：*Pattie*：：*lass*：*Lassie* 方式类推的变体认同。但是没有自由形式 *plast* 可以支持对于 *plastic* 的同样论点。

4　强势动词。以鼻音结尾的强势动词仍然是松音，违背了普遍规则。因此费城人的 *ran*、*swam*、*began* 发松音，而 *man*、*Dam*、*slam*、*understand* 等发紧音。在 *ran*、*swam*、*began* 词群中有些变异；但是把鼻音结尾的不规则动词从普遍规则中排除出去的条件还是强有力的。在费城话中动词 *win* 的过去式通常发作松元音[wæn]。这种语法信息当然不能在新语法学派的理论构架中处理。根据图恩（Toon 1976）对于古英语文献中西日耳曼语的短 **a** 在鼻音前高化的可变性的研究，这种特点也不能看作是一种独特的例外。图恩在研究的三个文献来源——林迪斯福音（the Lindisfarnane Gospels）、拉什沃思福音（the Rushworth Gospels）和达勒姆仪式（the Durham ritual）——中发现，除了第三类（class Ⅲ）的强势动词还都是松音之外，其他的音变都已经完成。林迪斯福音中 106 个这样的动词都是松音。表 15.1 的语境中，费城话的

ran、*swam*、*began*、/wæn/是这个词群中仅存留下的成员。

5 *mad*、*bad*、*glad* 词群。所有在浊塞音前的元音都是松音,只有 *mad*、*bad*、*glad* 通常为紧音。这三个词都是常见的情感形容词,所以我们想建立某种普遍规则来解释它们。但另一个常见的情感形容词 *sad*,与所有其他以/d/结尾的短 **a** 词一样是松音[①]。这在整个费城言语社区都有广泛的规则性——一个词汇扩散的典型实例,在过去的某一时刻,在音变的半途被中止。

432 因此我们必须承认并不是所有的费城音变都遵循新语法学派理论:上述这样的进程,至少在过去,并不具有新语法学派的综合特征。为了进一步理解什么时候规则性音变开始运作,什么时候音变过程逐词进行,我们将必须更深入地观察费城的短 **a** 音变,探究是什么类型的规则在起作用。

不可预测的词汇分布

特拉格在自主音位的框架中探讨了紧/æ/和松/æ/究竟是一个音位还是两个音位的问题。最小区别词对(如 *can*[名词,动词]和 *can*[助动词])或者词汇例外(如纽约市的 *avenue*)并不是仅有的证据。事实上,人们无法预测 *jazz* 或 *wagon* 对于任何一位发音人来说是紧音还是松音,这使特拉格把他自己 1940 年的文章标题命名为"一个音位实体变为两个:'短 **a**'的实例"。科恩(Cohen 1970)在纽约市和新泽西规则的边缘部分发现这种广泛的不可预

---

① 费城话中 *sad* 的稳定性将在表 15.5 中展现。这个音变的进一步发展有可能有利于明显的普遍化。在读词表中有种倾向发为紧 *sad*,佩恩在费城郊区话的研究中已经发现了这种现象。

测的不规则现象——在多音节词中的浊擦音和软腭塞音前面——他认为完全无规则可言。如上所述，费城话中某些词群的发音也无法预测。如，短 **a** 后接一个-stV-序列（*master*、*plaster* 等）出现了大量的个体变异，不能轻易简化为规则。在纽约市和费城中，很难预测如 *alas*“唉”、*wrath*“惯怒”、*Gath*“迦特”和 *adz*“锛”这些“书卷词语”的发音。这些词在生活中较晚习得。

目前费城话中紧/æh/和松/æ/的布局中可以得到有力的推断，词汇扩散的运作在这种重新分布的历史中处于较早的状态。到目前为止，词汇扩散的观点最直接的就是从 DOC 研究得到的看法。然而，在分析音变的其他方面时，LCV 研究发现，追溯变化机制的最有效的策略是考察进行中的音变，而不是考量不再运行的音变过程的残留。因此，发现在费城话短 **a** 的词汇扩散的一个分区中，词汇扩散仍在发挥作用，这确是一个令人欢迎的消息。

正如前一节所提到的，紧化的一个次要条件是辅音音段或边界必须接在短 **a** 后的第一个辅音之后。于是，即使短 **a** 后接最有利于紧化的/m/和/n/时，我们还会发现松/æ/：*manner*、*camera*、*planet*、*damage*、*flannel*。在早期对费城的拉德诺（Radnor）郊区做语言调查时，我曾非常惊讶，有一群 12 岁的发音人把词表中的 *planet* 读作紧音，其他的词都读作松音。这并非个别现象。在城里的各个地区，LCV 都发现有发音人打破早期分布模式的相同趋势，把 *planet* 读作紧音。对 31 名来自普鲁士王村的费城人读词 433
表的语料分析的结果见表 15.3。紧元音呈现出遍布＿NV 子群的趋势，其中 *planet* 在词表的最前面，出现频率是其他词的两倍：三分之二的人把它读作紧元音。

表 15.3 普鲁士王村开音节中短 a 的紧化(见 Payne 1976)

		发音人数	%紧音
__NV			
	planet	62	68
	damage	31	35
	manage	31	32
	flannel	31	23
	camera	31	19
	family	31	19
__LV			
	personality	30	20
	pal	31	6
	algebra	30	0
	California	31	0

LCV 也发现了__LV 子群中的词汇扩散。在纽约市,后接/l/是最不可能发生紧化的语境。但在费城,元音后面的/l/通常发为一个不圆唇的中后滑音,并有后接松滑音的音核成为紧音的普遍趋势。无论是成人还是儿童,都把 *pal* 和 *Powell* 发成同音词:两个词都是长紧音核后接一个后滑音。表 15.3 是同一批 31 位普鲁士王村发音人读词表的语料:对比 *personality*、*pal*、*algebra* 和 *California*。这里 *personality*,也许也包括 *pal* 是词汇扩散的典型代表。即兴言语中的数据也显示出相同的方向。①

① 在词汇扩散进程中选择 *planet*、*pal* 和 *personality* 当然绝非任意。在短 **a** 规则的早期阶段,频率起着重要作用。这种影响 *mad*、*bad* 和 *glad* 的作用,再次出现在 *pal* 和 *personaliyt* 中。语音条件规则也可以察觉到,但不是像/ow/的前化那样的输出规则的精确形式,而是一种大体相似:如,词首为钝音的 *mad*、*bad* 和 *glad*。和词首为非钝音的 *sad* 相对。其中的词首流音丛 *gl* 好像很难解释,因为这种环境的语音输出 F2 和 F1 都会降低(见图 6.10 中 *glass*、*traps* 和 *black*)。而 *planet* 还是再次选择这个流音词首在音变中成为领先成分。更重要的是 *planet* 中后接的/ɪt/使第一个元音紧化,这就如同 *flannel* 中暗/l/对前面元音起到相反作用一样[贝利(C.-J. N. Baily)首次对我讲到]。这正好与斯利德(Sledd 1966)的亚特兰大方言中的元音变音规则相应,其中有 *pillion* 和 *pillow* 对立。

通过加入即兴言语的数据，并把儿童（年龄 9—15）和父母（年龄 37—52）分开。表 15.4 更深入地显现了实际情况。显然词汇扩散模式不是朗读词表的人为结果[①]。无论是成人还是孩子，在这两种语体中，*planet* 的领先地位都保留下来。孩子在 *planet* 的紧化中表现出压倒性的倾向；只有两个孩子一直使用松元音。其他词也在变化，但 *planet* 明显占领先地位。 434

表 15.4　普鲁士王村短 a 的紧化在不同年龄和不同语体的表现
A/B/C＝全部紧音/紧音和松音兼有/全部松音（源自 Payne 1976）

	成人，37—52 岁		儿童，9—15 岁	
	即兴言语	朗读词表	即兴言语	朗读词表
planet	1/2/4	1/0/8	12/1/2	17/2/2
damage		0/0/9		10/0/11
manage		0/0/9		9/0/12
flannel	0/0/9	2/0/5		7/0/14

工人阶层社区的词汇扩散

LCV 研究的元音变化是由社会结构中特定的人群启动并作为先导的（Labov 1980，1990）。但是上述报告的词汇扩散在普鲁士王村的中产阶级郊区并不局限于任何一个社会群体。肯辛顿（Kensington）和南费城的工人阶级社区的调查数据显示出相同的模式。这些数据描写了非常稳定的核心模式：即子条件 1 和子条件 5 支配着单词。拉波夫（Labov 1989a）曾在 LCV 的街区研究

---

① 在普鲁士王村的访谈中，佩恩采用了特殊技巧使 *planet* 集中出现在即兴言语中。

(Neighborhood Study)中测试100个工人阶层发音人在即兴言语中的短**a**词,发现只有一个不符合图15.1和子条件1支配的紧化普遍模式的例外。更为显著的一致性出现在列出具体词汇的子条件5中,如表15.5所示:在*bad*、*mad*、*glad*、*sad*和*dad*的259个即兴言语的用例中,只发现了一例违背了前三个词是紧音,后两个是松音的规则。

表15.5 费城即兴言语中/d/前短a的紧化和松化

	紧音	松音
bad	143	0
mad	73	0
glad	18	1
sad	0	14
dad	0	10

表15.6显示出普鲁士王村在元音间的辅音前的边缘分布中稳定性大为减弱,呈现出词汇扩散。__LV组的词例提供了最多的数据。从中可以观察到一种稳定的变化:从年龄最大的发音人
435 中0%的紧化,到40—50岁的轻微紧化趋势,再到20—30岁的发音人中大约30%的紧化,青春期和少年期有几乎50%的紧化。这种变化不是均匀地出现在所有的词中。表15.6中展示出最常见的四个词:*alley*、*personality*、*Italian*和*Allegheny*。显然紧化是集中在前两个词。在普鲁士王村,结果表明*personality*迅速变成了一个紧元音词。同样的模式在__NV组中也可以观察到,然而在个体词语中还不是很常见。

表 15.6　费城即兴言语/l/前短 a 的紧化和松化( )=不确定词例

		年龄			
		8—19	20—39	40—59	60+
全部__LV 单词					
	紧音	7	6	(1)	0
	松音	8	15(3)	7	10
个体单词					
alley	紧音	5	(1)	(1)	0
	松音	6	3	3	3
personality	紧音	2	(1)	0	0
	松音	2	3	(1)	0
Italian	紧音	0	1	0	0
	松音	4	3	4	2
Allegheny	紧音	0	0	0	0
	松音	0	4	0	1

/æ/在儿童中的进一步紧化 436

1990 年,罗伯茨(Roberts)在南费城的白人社区进行了一项对 3—4 岁的儿童习得的社会语言变体调查(1993)。发展了盖伊和博伊德(Guy and Boyd 1990)以及拉波夫(Labov 1990)早期关于儿童很早就习得了特定的费城方言变体的研究。罗伯茨在这个研究中运用各种技术尽可能多地从这个年纪的儿童获得语言数据,使之与通常成人访谈 1—2 小时所获得的数据一样多。录音在日间托儿中心完成,包括了同一个孩子的 13 次调查(session)。为了扩充特定变体的数据,罗伯茨采用游戏和木偶表演介绍它们的名字都带有在费城方言发展中特殊意义的语音特征。其中包括这些短 **a** 词,尤其是那些已经表现出进行中的词汇扩散的词:带有位于元音间的边音和鼻音前的短 **a** 的词,以及包含 *mad*、*bad* 和 *glad* 的一组。研究结果使我们得以把费城方言 1973 年在成人和青少年中的状态,与 1990 年 3—4 岁儿童的语言发展进行对比。这些孩子模仿成人对于核心模式的统一使用方式:如 *mad* 这个词 31 例发音中有 30 例是紧音,*bad* 这个词 42 例发音中有 42 例都是紧音,相反的是 *sad* 这个词 43 例发音中有 42 例是松音。[①]

罗伯茨通过三个词的发音(*sally*、*Allen* 和 *alligator*)收集到位于元音间的/l/前的短 **a** 的发音数据,通过五个词的发音(*planet*、*Janet*、*animals*、*camera* 和 *hammer*)收集到位于元音间的鼻音前的短 **a** 的发音数据。表 15.7 中显示的是获得数据最多的 11 个儿童的数据。第一栏是全部 11 个儿童的情况。第二栏是用 *giraffe* 这个词的发音来区分这些儿童中完全习得费城方言和没有完全习得的人。这 7 个完全习得的儿童的模式比全部 11 个儿童的模式更为一致。

表 15.7　费城儿童位于元音间的边音和鼻音前的短 a 的紧化

	全部儿童 [N=11]		*giraffe* 都为紧音的儿童 [N=7]	
	紧音	松音	紧音	松音
Sally	19	16	11	9
Allen	10	8	5	5
alligator	19	5	12	3
planet	87	5	57	1

① 有趣的是 *sad* 紧化发音的儿童的父母有一方是黑人。在其他的方面也是如此,他的语音模式不同于绝大多数孩子。

续表

	全部儿童 [N=11]		*giraffe* 都为紧音的儿童 [N=7]	
	紧音	松音	紧音	松音
Janet	14	14	8	6
animals	0	34	0	21
hammer	1	15	1	7
camera	0	41	0	24
giraffe	27	11	23	0

这些证据证明，元音间的/l/前短 **a** 的紧化有了相当大的进展。这三个词 *sally*、*Allen* 和 *alligator* 的紧化率都超过 50%，虽然他们没有给我们足够的证据表明先前的词汇扩散模式还在继续发展。①

位于元音间鼻音前的短 **a** 紧化的结果更有希望。在表 15.3 中的两个词：*planet* 和 *camera* 中，获得了这些儿童发音的完整的数据。在 1973 年普鲁士王村的研究中，*planet* 的紧化率在朗读词表的语料中是其他词的两倍，占 61%左右。在青少年的即兴言 437
语中，比例更高，达到 80%左右。1990 年南费城 3 岁儿童显示出 *planet* 几乎是范畴化的紧化。从全部 11 个儿童来看，比率达到 94.5%；当我们只考虑那些显示已经掌握费城系统的儿童，比率将高达 98.3%——录音中只有一个例外。另一方面，后接/ər/音节的词，*hummer* 和 *camera*，几乎是范畴化的松音。在这个子集中，好像紧化是一个两级化的现象，而不是普遍性进展。

① 无法得到在成人言语中已经出现词汇扩散的 *Italian*、*personality* 和 *Allegheny* 的可靠数据，因为这些词不是 3 岁孩童主动使用的词汇。

这种分布可能是语音制约的结果吗？斯利德（Sledd 1966）对南方英语短/i/的分析表明非重读的-/ɪt/将限制前面音节中更亮的元音（brighter vowels）。*planet* 和 *camera* 之间的不同可以用这种方式说明。*animals* 中紧化缺失可能联系到这样的事实，即以短 **a** 开头的多音节词已经有利于在后接清擦音时的松音化，如 *aster* 和 *aspirin*。但 *Janet* 和 *planet* 的区别很难用语音动因来解释。*Janet* 被选来在语音上与 *planet* 相互对照；*Janet* 以硬腭音/dʒ/开头，本应比以塞音-流音丛开头的 *planet* 更有利于紧化。然而两个词的紧化差别很大：*planet* 接近 100%紧化，*Janet* 是 50%。因此，最近关于费城短 **a** 的研究支持先前的发现，对于紧化词群的赋值是通过个体单词的词汇再分配进行的。

438

15.4 直至目前的证据的总结

现在看来，没有一个理智的人会坚守新语法学派的所谓信条：音变总是渐进的，总是有规律的，在同一时间作用于所有单词。现在的问题是新语法学派的观点是否还有实质上的价值。是否有些音变是语音上渐变而在词汇上突变？陈渊泉和王士元（Chen and Wang 1975：257）是接近于否定：

> 音变的词汇渐变观在原则上讲，跟结构主义观察音变的方式互不相容。

王士元（Wang 1979）后来的表述更加温和："新语法学派的音

变概念可能有一部分依然是正确的。”为回应在这些章节中采用的方法的最初陈述(Labov 1981),一些代表词汇扩散的表述曾开始承认新语法学派的规则性和词汇扩散二者都存在。而在过去的十年里,已经明显看到,词汇扩散论者不接受规则音变的存在,认为那是新语法学派设想出来的:由语音驱动的一个发音目标的改变会影响到每一个在那个目标出现的词。王士元和连金发(Wang and Lien 即将出版〔1〕)重新解释新语法学派的观点是作为对音变结果的一种描写,而不是变化过程本身。他们回到陈渊泉和王士元(Chen and Wang 1975)的立场,认为词汇扩散是“音变实现的基本机制。”据我所知,没有哪位词汇扩散的支持者给出过规则音变的证据。① 在每个实例考察中,论述变化的基本机制都是单词的迁移,逐词的变化,从一类到另一类(Barrack 1976;Toon 1976,1978;Hooper 1976;Krishnamurti 1978;Milroy 1980;Bauer 1982,1986;Phillips 1980,1984;Fagan 1985;Ogura 1987;Shen 1990;Wang 1977,1989)。这一长串发表的文章会使外部读者有这样的印象,支持词汇扩散原理的证据正在无情地增长。但在提交什么样的报告时有一种令人遗憾的偏向。那些致力于历史比较语言学框架的人继续坚信规则性。尽管他们发表了批评某些词汇扩散看法的论文,但没有一个历史语言学家写出一篇文章报告最近的调 439
查发现规则音变。的确如此,没有人会发表这样的文章,因为那不

〔1〕 1993 年出版。——译者

① 王士元和连金发提到王洪君一个尚未发表的关于山西闻喜方言的研究(H. Wang 1990),其中确实表现出认同规则音变和词汇扩散。她指出“制约性的和扩散性的音变”,其中“包括音位范畴中的一种变化受制于语音条件,而不是单词和语境。”

会带来任何新的认识。

下一章将尝试通过回顾到目前从新语法学派观点的研究资料,从而使研究恢复平衡。将给出支持新语法学派观点的一些直接证据,即,变化的是语音,而不是词汇。

第 16 章　扩展新语法学派的观点 440

16.1　新语法学派观点的现状

第 15 章提出了我们是否可以找到一种新语法学派音变的确凿证据的问题:语音驱动而导致的整个音类的转移,并同时影响含有这个语音的所有词汇。在我们进行研究之前,应该很好地考虑对于新语法学派争议的研究是否已经过时。因为柯尼希斯瓦尔德(Hoenigswald 1978)也许实际上已经解决了这个问题。那篇文章清楚地阐明了他已经重述多年的观点:新语法学派的假说并非音变本质的表述,而是定义音变的工作原则。

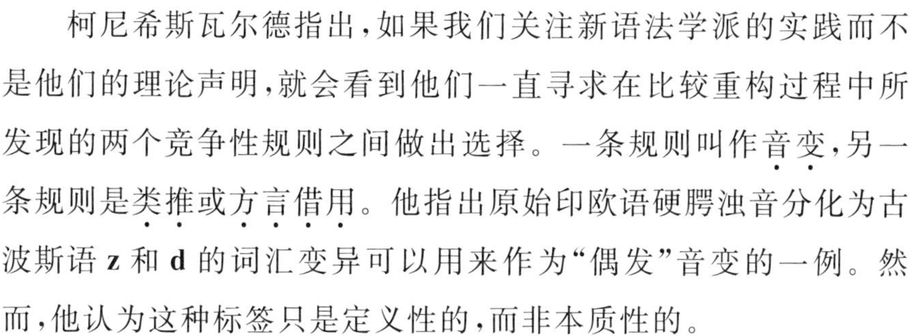

柯尼希斯瓦尔德指出,如果我们关注新语法学派的实践而不是他们的理论声明,就会看到他们一直寻求在比较重构过程中所发现的两个竞争性规则之间做出选择。一条规则叫作音变,另一条规则是类推或方言借用。他指出原始印欧语硬腭浊音分化为古波斯语 **z** 和 **d** 的词汇变异可以用来作为“偶发”音变的一例。然而,他认为这种标签只是定义性的,而非本质性的。

> 完全从严谨性考虑,如果这只是一个案例的标签,那些具有非类推来源的规则性,我们不能命名和关注构建一个合理

> 的历史背景。……“偶发”仅指“某种竞争”并且是不置可否的。……似乎偶发音变是自相矛盾的说法,或者仅仅是传统上不是专业收集的主流渠道以外的语料。

因此音变被定义为某种对象。争论好像循而复还;但正如柯尼希斯瓦尔德提出的,这是一种有意义的循环,可以更清楚地理解我们在历史的重构中所做的工作。

441 根据上述证据,这种分析似乎特别适合于词汇扩散作为音变的主要机制。如果这代表了底层过程,当所有的词遵循一种音变最终聚集为单一词群,新语法学派假说仍可以作为确认这种结果符合规则的一种方式,然后还可以作为利用这种规则为基础建构语言关系的一种方式。

那么新语法学派的争议剩下些什么呢?我们是否要将一长串大力支持或反对新语法学派原理的文章视为误入歧途而置之不理?一边是柯歇斯(Curtius)、莱斯金(Leskien)、德尔布鲁克(Delbrück)、奥斯特霍夫(Osthoff)、保罗(Paul)、索绪尔(Saussure)、布龙菲尔德(Bloomfield)、霍凯特(Hockett);另一边是舒哈特(Schuchardt)、吉列伦(Gilliéron)、叶斯柏森(Jespersen)、斯特蒂文特(Sturtevant);双方都有数不胜数的评论者。如果柯尼希斯瓦尔德是对的,那么对新语法学派(Lautgesetzfrage)花费的大量笔墨就是一种误解。

事情也许是这样:但在我看来,还有一个本质的问题未能解决。在布龙菲尔德(Bloomfield 1933)的构想中,我们是讨论关于语音实际是如何变化的一种理论。

> 音变只是说话者发出音位的方式的改变，并且相应地影响了音位每次出现的状态，而与任何特定语言形式的性质无关，音位只是碰巧出现其中……整个假设可以简单概括为：**音位变化**。（第 353—354 页）

我认为，这种构想实在可说是一个理论名称而非仅仅是一个工作原理。理论的表述不能决定实际研究，甚至不能反映实际研究，但它确实促使我们构建各种观察和原理能够证实或证伪。人们会认为规则音变和类推一直存在，甚至共现；但是，正如马尔基尔（Malkiel 1967）在他对竞争的原理“每一个词都有自己的历史”中肯的评论中所指出的，我们无论拥有 90%这一类型，还是 90%另一种类型，都会使情形有很大不同。

> 在这种环境里，经典的“语音法则”没有必要废除（事实上，规则的残留可能对谱系重构倍加重要），但在心理上，它们会失去大量的直接吸引力，如果没有受到严重损失，当然也将不再主导语言研究领域。（第 140 页）

遗憾的是，新语法学派原理经常被宣传为好像是一种理论思想，而不是一种科学程序的一部分。第 15 章讲到这种在理论思想上利用新语法学派原理来回应进行中音变研究最早的例子——戈伊达尼奇（Goidanich 1926）批判戈沙对沙尔梅的进行中音变的描写（Gauchat 1905）。戈沙的音变报告不符合新语法学派的音变概 442
念；如，在/l’/弱化过程中，最年长的一代人用[l’]，最年轻的一代用[j],而中间的一代则两者都用。戈伊达尼奇认为戈沙没有观察到[l']弱化为滑音的真实的音变。他认为因为音变定义为语音从一个目标向另一个目标的逐渐变化,所以戈沙观察到的离散波动(discrete fluctuations)一定是方言混合的结果。同时由于沙尔梅是一个孤立的村庄,来源于外界的方言混合几乎不可能,因此方言借用一定是发生在社区内部。第一代人和第三代人的[l']和[j]相互对立,显然是说不同的方言。戈伊达尼奇认为中间一代的波动现象一定是因为他们有些形式是从父母那里借来,又有些形式是从孩子那里借来!

这种对方言地理学成果的抵制附和了德尔布鲁克(Delbrück 1885)早期悲观主义的观点:他认为难以评判"在同质语言的语音中一致性有多大"(第117页),并且他推断无一例外的语音法则只会源于演绎,绝不是归纳。

> 从一个人一生中一个特定时刻说的话和将要说的话来看,如果他让所有的词都通过他的发音器官,我们必须减除所有那些被认为是借用的(从广义上看),然后还要减除所有那些依靠类推的语音形式。(第129页)

实证研究的任务被认为是不可能的。按照70年之后的并行逻辑,霍凯特(Hockett 1958:44)认为语音变化太慢而无法观察,音系变化太快而无法观察(Weinreich, Labov, and Herzog 1968)。

必须承认,这种消极的看法成功地影响了语言学研究的课程。正如任何导论性课本将展示的那样,方言学实际上被从普通语言学中分离出来。虽然布龙菲尔德本人从事词语历史研究，而他在方言地理学中的观点与语音演变中的看法有相当大的区别(Malkiel 1967)[①]。学者们继续通过探究孤立的案例来探索普遍性原理——从现有资料中减除，而不是增加。

这并非新语法学派的本意。如 1.2 节的引文所示，奥斯特霍夫和布鲁格曼对实证研究的热情远超过他们对温特勒(Winteler 1876)的赞同。他们曾面对的方法论问题和我们今天面对的问题 443
之间有着显著的相似。我们可以从他们对“真切现实的清新空气”的强调，和他们号召“永远放弃……那种只从书面材料观察语言的调查方法”得到启发。

在我看来，奥斯特霍夫和布鲁格曼是在正确道路上——德尔布鲁克的悲观的声音，以及霍凯特和其他许多人的附和，都为时过早。通过研究进行中音变的大量数据资料打开的领域，我们可以给新语法学派的思想注入新的生命。这确实就是凯帕斯基对无例外假说的实证内容评价的要旨。在回应柯尼希斯瓦尔德时，他认为“任何借用假说都必须符合已知的方言学和社会语言学现实”(Kiparsky 1989:371)。由于对已经消亡的语言的方言学研究(如柯尼希斯瓦尔德对古波斯语的研究)已不可补救，所以接下来“新语法学派坚持以现有语言的证据作为探索音变理论的基础，完全是正确的。”

规则音变的实证研究方法

王士元、郑锦全和陈渊泉提出了词汇扩散的实例，他们的理论

① 但是，凯帕斯基(Kiparsky 1989:371)脚注表述了对这个问题的不同看法，又见本书第 17 章。

框架与文莱奇、拉波夫和赫佐格(Weinreich, Labov, and Herzog 1968)接近一致:语言变化理论的实证基础必须包括具有能力处理"有序异质性(orderly heterogeneity)",这是语言的基本特性。第15章中列出的词汇扩散的证据,当然就是这种变体有序分布的令人难忘的实例。

然而,词汇扩散的支持者批评新语法学派的观点更多的是关注在争论过程中发表的新语法学派的口号或理论观点,而较少关注最先使新语法学派建立其理论的证据。但是已经有学者为检验这些证据和评估这些证据的影响等做出了大量努力。最有益于我们当前目标的是福纳吉的出色研究(Fónagy 1956,1967)。

福纳吉发表了60多项对进行中音变的研究资料——集中在法语、英语、德语和匈牙利方言——还包括他自己对法语和匈牙利语元音长化和短化的实验测量。他还检验了大量已经完成的音变。福纳吉高度重视方言学证据对新语法学派理论进行的批判。他对新语法学派的许多批评扩充了戈沙的观点:他们把音变描绘成一种在同质社区中的一致的渐变的过程,其中旧形式让位于没有波动和变异的新形式。福纳吉也发表了许多关于词汇扩散和音变的语法条件的研究。同时,他告诫相反的口号——音变从一个
444 词到另一个词进行——在现有证据中只有很少的支持。他指出词汇制约比较少见,音变在大多数情况下一开始就包括全部相关的词汇(1956:218—220,1967:109)。事实上,他表明同质假设可以导致方言学家夸大词汇制约的情况;当考察言语社区中更广泛的数据时,那些显出例外的词汇可能结果只是新变项使用的频率不

同(1956:219)。

福纳吉给出的典型例子是里马克(Remacle 1944)关于(比利时)雷涅比安的阿登列各斯(Ardenne Liègois of Regne-Bihain)位于元音间的/h/和零音位交替的研究。最初对一位 11 岁男孩的研究表现出词汇变异。但随着访谈的进行,这很显然是语体变异影响了所有单词。/h/在谨慎的发言中最常用,而有些单词在随意语体中更常见。里马克的调查资料引发了更多对言语社区中语体变化的系统性研究,从拉波夫(Labov 1966)以及舒伊、沃尔弗拉姆和赖利(Shuy,Wolfram,and Riley)1966 开始。/h/的删除已经确认为是一个社会语言学变体而不是进行中的新音变。也有可能里马克曾分析的是方言混合,本地语音形式与保守的标准形式的交替。总之,我们必须注意,其他词汇扩散的报告有可能是有限的数据或方言混合的结果。

16.2　词汇扩散证据的再检验

考虑到这些预防方法,我们回到第 15 章中的词汇扩散的例子,从那些曾极力主张实证研究的新语法学派的观点来考察。我们将重启方言混合问题的研究,并在似乎是词汇的变异中考虑可能的语音条件。

泰雅方言中辅音转移的再调查

表 15.2 显示了李壬癸(Li 1982)关于台湾一种泰雅方言中经

历发音部位从双唇到软腭变化的词汇项的蕴涵标度，作为词汇扩散引发的音变证据。[①] 词汇扩散并不排除语音制约的可能性，的
445 确如此，一个词的选择常常起因于它的语音组合(Chen and Wang 1975)。关键在于语音条件并不能完全决定单词的连续选择：词汇本身的不可无视的事实反映在数据中，因为音变的基本机制是把单词从一个范畴中选择出来，加入另一个范畴。

如同许多蕴涵标度一样，这个表也是第一次看上去比起重复检查时更令人印象深刻。表格的上半部分显示的是从/p/到/k/的转移，一半的单词显示为标度误差。通常表现标度误差的方法是计算全部单元的百分比：这可能是 9/180 或者 5%。然后可以说这个表显示了 95%的可测量性。[②]（即使 10 人中只有 6 人显示出变异，这个进行中变化的误差率实际上是 9/108 或者 8.3%。）这可能导致人们相信一个特定的词选择/p/或/k/确实是由词汇本身所决定。

表中下半部分即从/m/到/ŋ/的变化的标度误差数量是上半部分的两倍：14/130，或者 10.8%。从总体上看，各个单词在垂直方向上的位置并不固定，多种重新排列会得到同样的规则性结果。然而，这些重新排列将会是局部性的：明显可以看出有的词强烈地倾向于变化，而另一些词却相反。问题在于是它们的词汇身份还

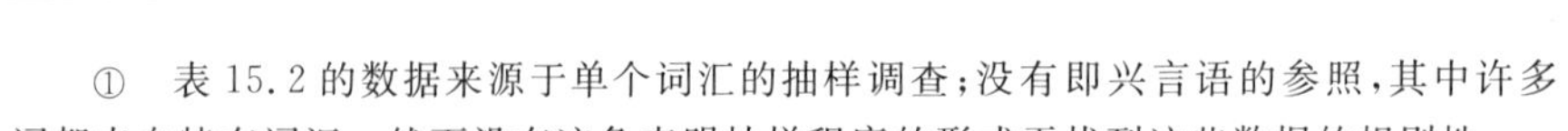

① 表 15.2 的数据来源于单个词汇的抽样调查；没有即兴言语的参照，其中许多词都来自特有词汇。然而没有迹象表明抽样程序的形式干扰到这些数据的规则性。

② 见里奇福德(Richford 1991) 关于蕴含量表的统计显著性的评估方法的综述。可测量性标准参照古特曼(Guttman)的原著“可重复性的指数”，但是后来的批评者要求更加严格的测量。

是其他因素决定了它们的位置呢？第 15 章中我们看到语音因素大致与进入费城紧元音范畴中的短 **a** 词的选择有关，但任意性的词汇选择也在起作用，这是词汇扩散的基本特征。泰雅方言的资料也会是这样的情况吗？

当然，我们必须首先承认没有一个无例外的分类规则可以描写这些数据：它们所显示的恰好是那些被武断的新语法学派学者如戈伊达尼奇（Goidanich）拒绝承认的波动变化。我们用社会语言学的统计方法重新考察这些数据，探讨是否有语音因素在数据本身所允许的狭小范围内影响每个词的位置分派，或者是否有不能在语音上进行解释的显著的词汇性例外。

表 15.2 中显示出前置元音对软腭或唇音的选择没有显著影响。词尾音节的首辅音也与这种变体没有紧密关联。但如果我们转回去检查词首辅音，就会发现软腭和唇音的选择明显受到这些辅音，特别是塞音的发音部位的影响。除了喉音/h/以外，擦音、
流音和滑音不影响变异。变化最小的出现在词首小舌塞音/q/，变 446
化最多的出现在词首唇音/m/。具有中间发音部位（软腭或舌尖）的词首塞音和塞音丛表现出中等频率的词尾软腭音。换句话讲，表 15.2 表现出系统性的异化形式，词首的发音部位与词尾的发音部位尽可能大地区分开来。

词尾鼻音变到软腭发音很显然比词尾塞音更快。因此表 16.1 单独检验了词首塞音的次范畴中软腭词尾的百分比。数据包括表 15.2 全部 10 个发音人。许多词首塞音出现在组合中，每个组合所在的标度位置与各单项的联合作用成比例对应。

表 16.1 词首发音部位对软腭词尾的百分比

		塞音尾	*N*	鼻音尾	*N*
小舌,声门	q-, qc-, ?	11.25	4	20.0	1
软腭+喉	gh-	15.0	1		
软腭+舌尖	tgt-, tg-	20.0	2		
双唇+喉	psh-	20.0	1		
舌尖	t-	30.0	1		
小舌+鼻音	qm-, qmt-, qin-	35.0	2	36.7	2
无塞音	r-, sy-, y-			41.6	3
喉+鼻音	hm-, hmh-	30.0	2	55.0	1
舌尖/软腭+鼻音	tm-, km-, mg- mtl-, mktl-, mnk-	40.0	2	61.2	4
双唇,口音	pr-			65.0	1
双唇,鼻音	m-, mn-, ms- cm-, lm-	51.6	3	70.0	3
总计		28.6	18	52.9	15

引人注目的是相同的次序同样出现在较小的以鼻辅音结尾的组别和较大的以口辅音结尾的组别中。这让我们相信整个过程是由相同的普遍性语音因素所控制的。由于数据是以二元的形式出现(软腭特征出现或缺失),用变量规则程序进行多元变量分析将使我们能够验证这种可能性。表 16.2 展示了斯其昆唇音-软腭音

447 **表 16.2 通过性别、年龄、词尾辅音、词首辅音丛,对于斯其昆唇音-软腭替换的变量规则分析;因变量:软腭词尾**

	%软腭音尾	多项变数权重
性别		
男	41	0.90
女	38	0.32
年龄		
70—	12	0.01
60—69	15	0.21

续表

	%软腭音尾	多项变数权重
50—59	42	0.55
30—49	74	0.97
词尾辅音		
口音	24	0.29
鼻音	56	0.76
词首辅音		
小舌，声门	5	0.04
双唇＋喉	12	0.22
软腭＋舌尖	12	0.24
软腭＋喉	19	0.35
无塞音	42	0.35
舌尖	25	0.48
小舌＋鼻音	41	0.57
喉音＋鼻音	38	0.59
舌尖/软腭＋鼻音	56	0.77
双唇，口音	75	0.87
双唇，鼻音	60	0.89

交替变量规则分析的结果。性别和年龄各为独立的因素组。第三个因素组是看词尾辅音是口音还是鼻音，第四个因素是表 16.1 中的词首辅音的发音部位。

从这个分析中得出一个与观察预测良好的拟合，每单元卡方为 1.08。这个变量规则分析仅从 10 位发音人中选取了 8 个人的数据，因为最年长和最年轻的发音人的发音是无变异的。在表 16.1 中，同时表示唇音和软腭音的那些单元被计为 0.5 软腭音；在这个变量规则分析中，它们归入软腭音的单元分组，以便使表 16.2 的因变量代表任何一个软腭发音的变化。

社会因素的结果显著而清晰。尽管只有两位女发音人出现了变体,男发音人的高数值符合这样的事实:两位不变的保守者和变化最保守的发音人都是女性,而全都发为软腭音的一位发音人是男性。年龄分阶则落差很大。80 岁的发音人都是保守的,30 岁和 40 岁年龄组跟其他组的差别更为明显,那位全都发为软腭音的发音人正是 32 岁。

448 我们主要关注的是语音环境。尽管人们不指望总的百分比和多元变量分析的顺序相同,但主要的作用已经得到很好的保留(见表 16.3)。在 11 种语境列表中,第 1、第 3 项和第 8—第 11 项都是在两个表中有相同的排列,而其他各项有一定程度的重新排列。重要的事实是同一组语境作用能够同样对口音和鼻音词尾都发生
449 影响。图 16.1 展示了变量规则对于语音环境的权重。图的两端分别是最不利和最有利的环境。中间是中立的舌尖音。软腭音落在不利环境的一边。所有其他组合都定位在各组成分的预测位置。

表 16.3　表 16.1 和表 16.2 发音位置顺序比较

	表 16.1 百分比	表 16.2 多元变量分析
1	小舌,声门	小舌,声门
2	软腭+喉	双唇+喉
3	软腭+舌尖	软腭+舌尖
4	双唇+喉	软腭+喉
5	舌尖	无塞音
6	小舌+鼻音	舌尖
7	无塞音	小舌+鼻音
8	喉+鼻音	喉+鼻音
9	舌尖/软腭+鼻音	舌尖/软腭+鼻音
10	双唇,口音	双唇,口音
11	双唇,鼻音	双唇,鼻音

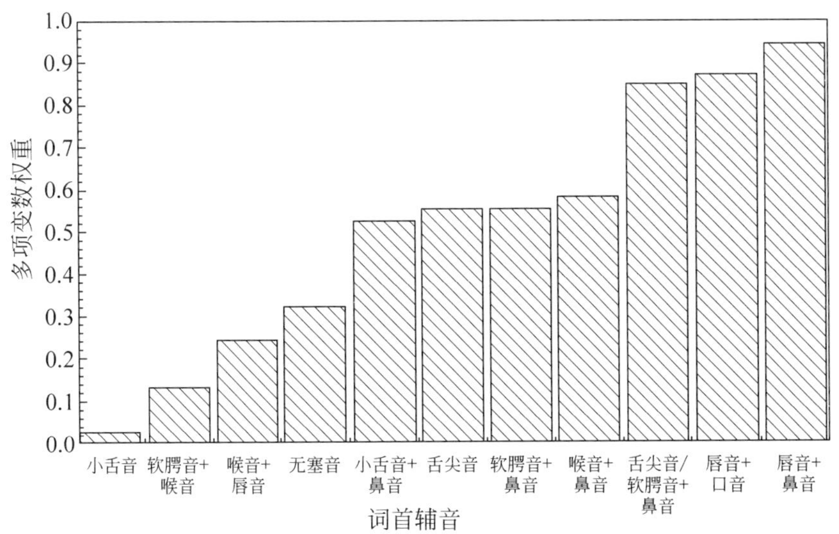

图 16.1　斯其昆唇音–软腭替换中词首辅音组的多项变数权重

我们能够从图 16.1 中推断，导致软腭化的积极因素是词首辅音的鼻音性和唇音性；舌尖和软腭辅音几乎没有影响，尽管软腭音稍微更保守一些；喉音、声门音和小舌音都非常保守。这些推论可以通过变量规则的分析变得更为精确。分析中提取词首辅音序列的所有相关特征作为单因素组：小舌音、喉音、软腭音、舌尖音、唇音、鼻音。因此在 *prahum*（嘴唇）一词中，唯一的因素组标记为唇音，因为 *p* 是唯一的词首塞音。对于 *mktlium*（跑）这个词而言，唇音、鼻音、软腭音和舌尖音都作为标记因素来表现。

图 16.2 展示了这种变量规则分析的结果，用这六个特征群代替前面分析中的一个总的环境因素组。每一个特征的数字显示为出现此特征的权重与不出现此特征的权重之间的差。六个特征的作用清晰明确，详尽地证实了普遍性异化假说。最不利的因素是**小舌音**特征（这里包括了“小舌音”和“声门音”的术语），而最有利

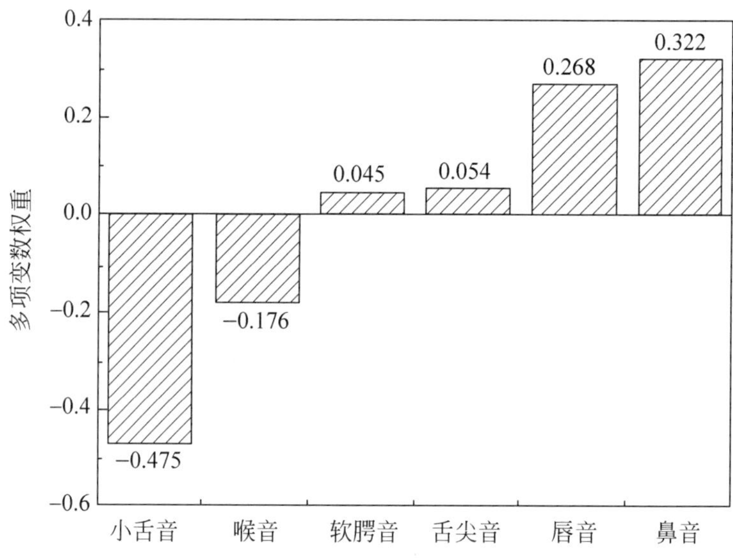

图 16.2　词首辅音特征对斯其昆词尾辅音软腭化的作用

450 的因素是唇音特征。软腭音和舌尖音在我们所预测的中间位置。正如我们看到的,喉音特征有不利的影响:显然它不是塞音的事实因为后位发音而使它失去平衡。

我们同样注意到鼻音不是作为发音部位而是作为发音方法的特征。由于同样有利于口音和鼻音的软腭音词尾,它显然不是一个异化特征。鼻音作为词首辅音特征的有力影响与作为词尾辅音的最有利的影响相互一致:在图 16.2[1] 中权重为鼻音 0.76 与口音 0.29 对立,或者 0.47 的差别。

把图 16.1 和图 16.2 结合起来能够清楚地看到语音环境的运作。最强的保守特征是小舌音/q/(和声门音/ʔ/)已经很明显。现在也很清楚,喉音/h/尽管不是塞音却也非常保守,影响力约为

〔1〕 原文有误,应为表 16.2。——译者

/q/的一半。在与最为积极的唇音特征的组合中，导致了一个极低值，尽管仅涉及一个单词——*pshup*。它在与积极的鼻音和唇音成分组合的 *hmap*、*homp* 和 *hmham* 中，导致软腭化显著降低。除了在单词 *pshup* 中的明显表现，喉音/h/的消极作用在与小舌音组合中更是显而易见。如果在这里主要的运作因素是异化，而/h/特征的模棱两可——喉擦音和口部的清化元音——与这种弱的消极作用相互一致。软腭音的影响较弱，图 16.2 中它与其他特征组合的数值相当低。舌尖音是中性特征；与这个因素的组合影响不明显，并不是软腭音造成的。

对泰雅语数据的再研究表明，一个最初作为词汇扩散的明确例证的音变，却可能成为新语法学派规则性的证据。当然，新语法学派的观点必须修正以接受随机规则性来代替绝对规则。同样有
可能的是，有限的数据集隐藏了费城短元音 **a** 的研究中发现的词 615
汇性不规则类型。因此这个例子不是词汇规则性的表现，而是需要进一步检验的词汇扩散的证据。李壬癸富有价值的泰雅语资料表明了新语法学派所预料的词汇观的一种危险。接受单词是音变的基本单位的研究者很少去探寻音变过程中更深层的语音规则性。这当然与接受词汇扩散是音变的一种重要机制没有必然联系：陈渊泉和王士元(Chen and Wang 1975)清楚地表明一个人如何能同时认识到语音的要素和词汇的选择。而认为个体单词的选择是音变基本机制的看法自然就会忽视语音条件。

总而言之，应用新语法学派的方法分析泰雅语辅音变化的数据表明，没有明确的证据支持词汇扩散的机制，并且直到这种证据

发现出来之前,我们必须接受泰雅语的例子是新语法学派规则性的一个例证。

潮州话声调分化的再分析

泰雅语的数据并没有提供足够多的同音字证据,使中国方言能对检验规则性假说有帮助。为了寻求对新语法学派视野的拓展,我们必须再检验第15章中潮州话的资料。

还记得当年持新语法学派观点的人对这些数据的即刻回应是,分化的起因一定是方言混合。在连金发(Lien 1987)最近的潮州话调查的基础上,王士元和连金发(Wang and Lien 即将出版[1])对这个问题又进行了详细的考察。他们发现,易家乐(Egerod),蒲立本(Pullyblanck)和其他人争论的潮州话文读音和白读音混合的情况确实存在,并且数量比人们想象的更多。现在看来,潮州话声调的不规则发展确实是从汉语书面语借用文读音的结果。潮州话的文读音层级是以北方的洛阳和长安方言为代表,表现出中古汉语带有浊声母的去声字与中古带有浊塞音声母的上声字的合并。这两组声调在现代都记作阳上调(2b)。潮州话的口语白读音层级以闽南方言为基础,带有一个粤语次层级(南亚语系)。在这里所有中古汉语的去声字都保持与上声字相区别,并且其中带浊声母的去声字在现代都出现在阳去调(3b)。在回顾连金发的研究时,王士元(Wang 1989)做出结论,"现在已经弄清中古浊去字大量进入阳上调(2b)是潮州话声调变化的动

〔1〕 1993年出版。——译者

因。”王士元和连金发的文章则更进一步指出，“文读系统强加进白读系统的结果，是现代的八个声调每个声调里面都包含了文读和白读两个层级。”而这种借用显然是语音上的选择，原因就是两种声调系统之间的差别是中古浊去调的不同发展过程造成的结果。

这种方言借用的错综复杂的特征在连金发的发现中更为引人注目，有很多字不能单独归为文读音还是白读音。他证实许多现代潮州字音是杂交体，包括有文读音和白读音声母、韵母、声调三者各种可能的组合。表 16.4 列举了一些这样的内部组合。

表 16.4　潮州字音内部文读音(L)和白读音(C)结合的模式
(见 Wang 1989:12)

声母	韵母	声调	例字			
L	L	L	su 2b	“饲”	nãũ 2b	“闹”
C	C	C	ts'i 3b	“饲”		
C	L	L			lau 2b	“闹”
L	C	C	lou 3b	“露”		
L	C	L	lou 2b	“露”		
C	L	C	tsia 3b	“谢”		
C	C	L	nĩõ 2b	“量”		
L	L	C	sia 3b	“谢”		

这里我们看到阴上调(2b)和阳去调(3b)的声调分化并不是形成异读字(doublets)的唯一因素；另外还有异读字音的分化是源于音段特征。例如，阴上调(2b)的 *lou*(露)和阴去调(3b)的 *lou*(露)，两个字的意思都是“露水”，唯一的区别是声调为文读或白读，而 *nãũ*(闹)和 *lau*(闹)，两者的意思都是“吵闹”，区别在于文

读的/n/和白读的/l/之间鼻音性的对立。

452 因此,词汇扩散在这里可以视为布龙菲尔德称作“内部借用”的机制:一种与潮州话原本的同质系统的分化很不一样的机制。王士元和连金发的发现肯定是拓展了我们对潮州话发生的音变的理解。不过,这也似乎是坦率地承认1972年对于他俩的批评是正确的。如果最终同意潮州话的例子是一种方言混合,那么又怎能用新语法学派的假设来解释呢?

王士元和连金发的分析当然不是有意想要加强新语法学派的观点。他们承认潮州话是一种借用,但又认为借用和音变并不相悖。他们解决这个问题是通过扩充陈渊泉和王士元(Chen and Wang 1975)提出的“驱动(actuation)”概念,包括语言接触的影响以及生理的、声学的和观念的因素。驱动被描述为是一种最初的引发,有别于“实现(implimentation)”——音变本身的实际过程,即是他们的词汇扩散观点。于是,潮州话例子没有理由不是一个同时是语言接触又是词汇扩散的例子。

这种立场怎样与新语法学派概念的规则音变的批评相联系呢?王士元和连金发在“语言系统中每个语法成分都相互关联”的观点上提出自己的看法。他们拒绝接受索绪尔的新语法学派关于音变的观点,同时也赞同索绪尔语言结构和布局中一切都合理的观点(*tout se tient*)。他们承认系统内部音变的存在,但是认为这些都不能与社会因素(书面语的影响)和观念因素(语法和语义的影响)分离开来。

王士元和连金发把他们的观点同社会语言学关于言语社区的
453 有序异质性的认识联系在一起(Weinreich, Labov, and Herzog 1968)。

他们对于社会因素在语言演变中的作用的看法将放在第 2 卷语言变化内部[1]因素作用的讨论中。但在这一点上，我们必须进一步探讨潮州话中词汇扩散和文读音层影响的联系所包含的意义。其他词汇扩散的例子中也出现过类似的关联，并对词汇扩散是音变的基本机制的观点具有重要影响。

方言混合的社会修正

潮州话的例子表明，最初作为内部音变结果的历史记录可能变为后来对音变更自觉反应的结果。在言语社区的社会语言学研究中，这种对立称为“自下而来的音变”和“自上而来的音变”(Labov 1966)。一般说来，自上而来的音变包括词汇借用。因此，赫利尔(Haerial 1991)说明了开罗阿拉伯语中/q/的变体表现并不是口语中的系统性社会语言变体，而是一组来自古典阿拉伯语的个体单词的借用。

单词当然是不能被轻视或忽略的。词汇扩散的一个论据就涉及词语的社会重要性：它们是社会意义的基本载体。事情确实如此，当人们谈论语音演变时，通常是指特定的单词：纽约市、费城或芝加哥音变的社会修正都集中在个体单词上，而不是在语音上。不过这些修正仅出现在音变后期，音变几乎完成的时候，并且它们是非常零散而没有系统的，全然没有最初音变的那种可预测的、规则性表现。

词汇修正的不规则特点并不是词汇扩散的论据，反而让人有

〔1〕 此处应为社会。——译者

理由去怀疑单词是音变的基本单元。我们进行的社区中音变的详细调查显示,音变初期完全不受这些不规则词汇反应的影响;甚至到了后期,随意讲出的本地话中也还保持那种规则性。图 16.3a 展示了 30 岁的纽约市人利昂·阿林斯基(Leon Alinsky)话语中两组单词的分布,这里涉及短 **a** 在某些闭音节中高化的纽约音变与我们已经研究过的费城音变有十分紧密的关联。在纽约市,这种音变至少可以回溯到 19 世纪中期。[①] 它现在影响了图 15.1 的
454 外线框出的辅音前的短 **a** 单词(基本上是在闭音节中)。如同在费城,这些单词中的短 **a** 变成了紧元音/æh/,从低位高化到中位,最终到高位。图 16.3a 中,代表/æh/的三角形与代表松/a/的方形离散地分开。图 16.3b 是从阿林斯基朗读一段连贯的短文中选出的带/a/单词的模式;这两个词群紧靠在一起,但还是保留了即兴言语的分布。图 16.3c 是同一个发音人在读单词表时的音核位置。一些单词仍然在较高的位置:*pass*、*bad*、*bag* 或许还有 *dance*。而松化的 *half*、*ask*、*laugh* 以及 *pass* 的另一个发音的分布情况与潮州话上声的分裂情况一样,令人费解和难以捉摸。

王士元(Wang 1977)列举的词汇扩散理论的几个例子就是涉及这种晚期的社会低俗变体的修正。因此詹森(Janson 1977)举出了更为明确的证据,现代斯德哥尔摩瑞典语中词尾/d/的消失是 19 世纪旧模式的体现。正如我们所见,潮州话中的方言混合现象本身实际上就是这种过程的结果。

---

① 这种进行中音变的实时资料出现在 19 世纪末。巴蒂特(Battit 1896)描述了"宽 *a*"词群的单词高化到前中元音的位置,或许现在费城特点的音变是这同样的一批单词子集。

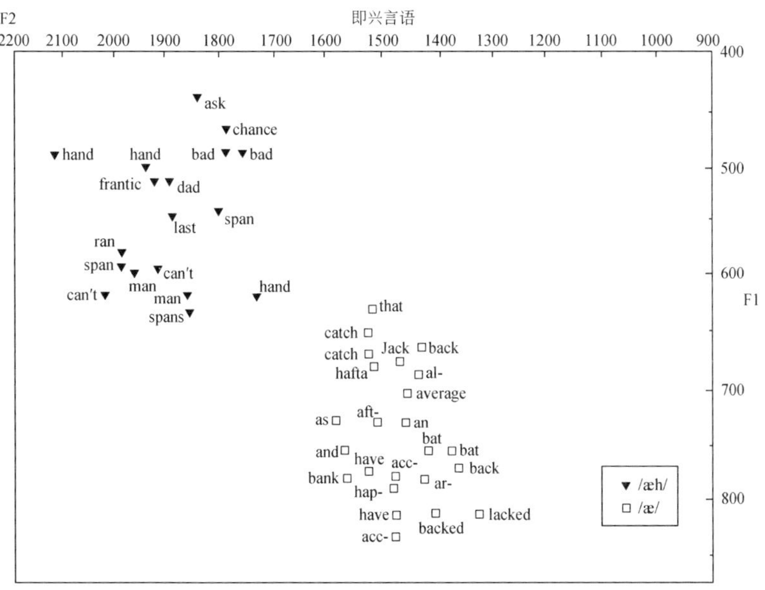

(a) 即兴言语中音核的位置

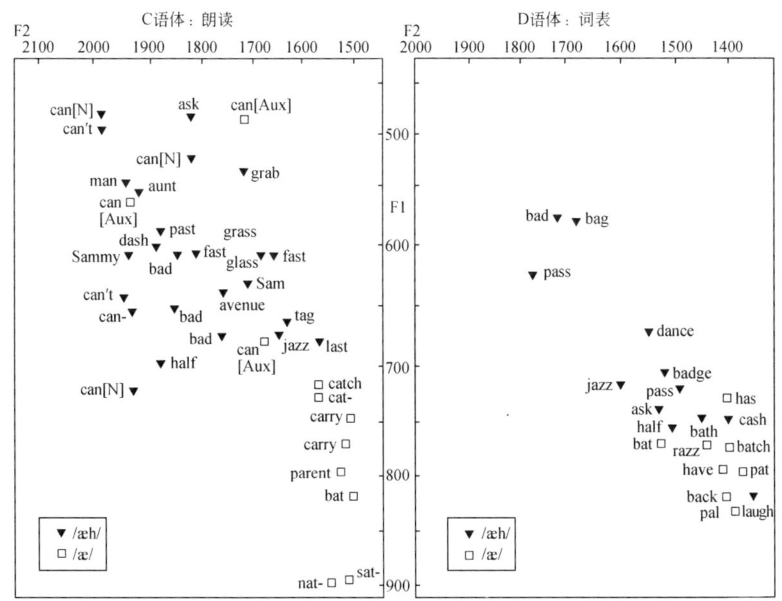

(b) 朗读短文时的音核位置　　(c) 读词表时音核的位置

图 16.3　利昂·阿林斯基的/æ/和/æh/词群的分布

455 ## 16.3 进行中音变的新语法学派规则性

第 3、第 4 和第 6 章提供了进行的音变的实验测量数据;第 6 章有最详尽的单个元音系统的图表。这些数据用来说明链式音变的原理,并没有关注音变的词汇规则性。但现在应该着重指出的是,这些进行中的音变的特性与词汇扩散的实例的描述很不一样。它们体现了新语法学派音变的全部三个重要特性:词汇规则性,渐变性和语音制约性。

词汇规则性

第 6 章的音变一般并不涉及历史词群的成员变化。北方城市音变的研究已经极为详细,不仅是在 LYS 研究中,而且还有与 CDC 项目相联系的每个范畴都有 30—50 个发音记录的很多更为
456 详细的分析中。LYS 和 LCV 没有发现/i/、/e/、/æ/、/o/、/oh/和/ʌ/的历史词群有什么变化和混乱:最老和最保守的发音人所说的词群构成特征跟最年轻的发音人保持一致。同样的情况也出现在我们研究的南方音变中,如费城、亚特兰大、伯明翰、得克萨斯和其他地方。对进行中音变做过详细调查的其他学者也发现了相同的情况(Feagin 1990;Laferrière 1977;Callary 1975;Eckert 1986,1988,1991;Di Paolo 1988)。/uw/和/ow/的前化,/aw/的前化和高化,前短元音的松化和前化,都表现出新语法学派的规则性。

合并也倾向于表现出一种同样的词汇规则性。在纽约和费城，所有/ohr/词群的单词都受到了元音高化的影响。/ohr/的高化不仅仅涉及常见的 *door*、*four*、*for*、*more*、*fork*，而是在即兴言语中涉及这个词群的每一个词项，不管是常见的还是罕见的，文雅的还是俚俗的：查阅利昂·阿林斯基的记录，我发现 *born*、*forth*、*fort*、*horns* 和 *source*。它们中没有一个保留最初的基准元音[ɔ]或者向其他方向发展；而是全都稳步高化为[uːə]。

赫罗尔德（Herold 1990）对于东宾夕法尼亚的/o/和/oh/合并的调查是迄今为止最为详细的合并研究：她并没有观察到任何词汇不规则的证据。同样，迪·保罗（Di Paolo）和贝利（Bailey）对于费城进行中的/l/前松、紧高元音的合并，鼻音前/i/和/e/的合并，以及/er/和/ʌr/的合并和近似合并的研究，已在第三部分讨论过。

渐变性

一般说来，这些音变没有表现出离散移动的迹象。当然，要证明这种非连续性的缺失并非易事。比较不同年龄层的发音人，我们必须把一个元音系统叠加到另一个元音系统之上；而这种叠加难以精细地确立连续性或非连续性。费城 LCV 研究项目采用了一种方法解决归一化问题（Hindle 1978），允许对几百个元音系统进行联合分析。它证实了几何平均归一方法（Nearey 1977）比其他几个选择性消除声道长度差别的作用而不管其他差别的方法要好。在覆盖大部分语音范围的进行中音变的平均值中没有出现明显的不连续性。不足归一或过度归一的问题可以轻易地掩盖一种不连续的分布。但是相反地，在最有希望的地方为寻找不连续性而做出的每一次努力都失败了。[①]

457 ## 语音制约

进行中的音变详细地显示出语音制约,而没有语法制约的迹象。[②] 我们在许多城市中发现的活跃的新音变常常表现为在音变方向上的长椭圆形分布,而稳定的元音多呈圆形分布。在这些椭圆形分布中我们发现一种细分的语音群,因为几乎每一个有利于或不利于音变的特征都会产生作用。第 6 章的一些元音图显示的北方城市音变中/æh/和/o/的移动(图 6.8、6.9、6.10、6.11、6.13、6.14、6.16),以及表 6.1 中对弗兰克·休伯的多元分析都证明了这一点。图 16.4 进一步表现了北方城市音变周密的语音控制,它比

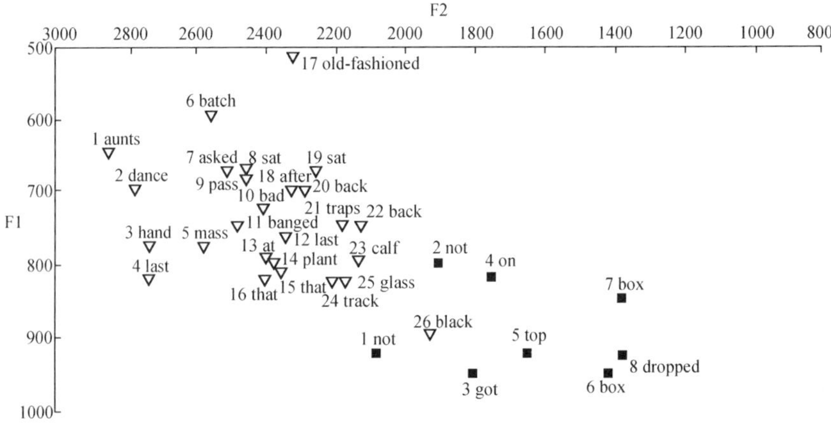

图 16.4 /æ/的语音制约,发音人比·怀特,54 岁,布法罗(水牛城)[1970]

① 这种非连续性最有可能存在的地方之一是(aw)音核的紧化和高化,在费城最年长的说话人中非常接近[æ],LCV 曾经预测紧(æh)为一个中或半高音核的离散式跳升,但是没有找到证据。(aw)音核有时跟(æh)重叠,但是经常是更低些,即使二者都有平行的滑音也是这样。

② 这种表述对于某些音变已经做了修改,例如第 15 章中讨论的短 **a** 的分化。

图 6.10 中第一次分析比·怀特元音系统中/æh/的前化更为详细。图 16.4 考察了 26 个/æh/和 8 个/o/为主重音的词项发音的相对位置。(为容易找到这些词项的语音位置,按照从高到低的顺序分别标出数字。)/æh/的词项发音表现出语音环境中八种交互的影响。

鼻音性　正如我们已经多次看到的,后接鼻辅音的影响最大,如领先位置上的 1 *aunts*、2 *dance* 和 3 *hand*,具有最大程度的外缘性和高度。前置鼻辅音在相同方向的影响较小,见 5 *mass*。

发音部位　后接舌尖音和硬腭音比后接唇音和软腭音的位置 458
更高。比较 11 *banged* 和带舌尖鼻音单词 1—3 的位置。带后接上腭音的两个单词,6 *batch* 和 17 *old-fashioned* 都在高、非外缘位置。另一方面,带后接舌尖音的单词一致比带后接唇音和软腭音的单词(散布在右下方的 20—26 项)更外缘且更高。

词首流音　词首流音/l/的影响可以从相对较低位的 *last* 的两次发音(4,12)看到。然而,与塞音和流音的组合所产生的影响相比,这只是较小的作用,见 14 *plant*、21 *traps*、24 *track*、25 *glass* 和 26 *black*。21 和 24—26 项显示出前后两个辅音的不利的语音环境的联合作用,而 14 *plant* 显示出词首辅音丛的不利影响如何减弱词尾鼻音的有利影响。对比 1 *aunts* 和 14 *plant* 显示出词首塞音-流音组合在进行中的音变中具有最强大的作用。

多音节　有两个单词后接多音节,17 *old-fashioned* 和 18 *after*,位于非外缘路径上,表现出常见的减弱外缘性的作用。

对表 6.1(第 181 页[1])中弗兰克·休伯/æh/数据的回归分析

[1] 如非特别说明,本书参见页码均指英文版原书页码;即本书边码。——译者

表现了除发音部位以外的所有这些作用。这个根据 F1 和 F2 做出的回归分析,早于现在显示的沿前对角线移动的做法。图 16.5 展示了这两种维度,跟 F1 和 F2 维度对立的是更基于音系的高度和外缘性维度。高度维是沿着前对角线方向测量的,外缘性是与前外缘边线的距离,在与高度维垂直的方向测量。表 16.5 是把比·怀特的/æh/以高度和外缘性作为因变量的回归分析。每一行显示那种语音环境相比于作用为零的残留因素对高度或外缘性的估算
459 贡献。在鼻音性中,残留因素是非鼻音。对于发音部位而言,残留因素显然就是最消极的后接软腭音。词首流音当然是与词首非流音对比,后接音节与无后接音节相对比。

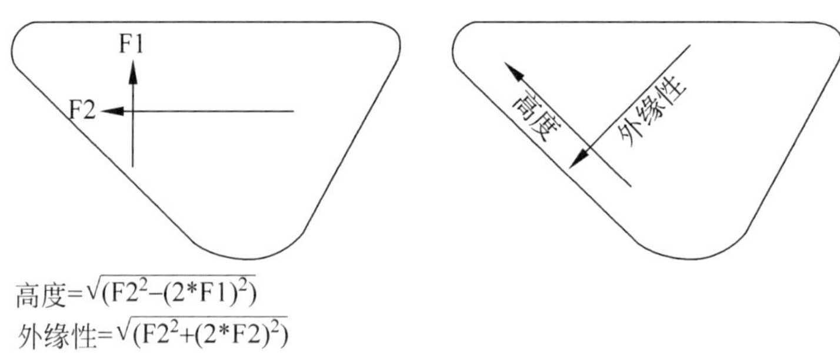

图 16.5　元音位置和移动的语音和音系维度

仅靠 26 个发音词项,作用并不显著或者只是边缘显著,但是它们在整个数据中的重复出现清楚表明这些影响决定了每个单词在音系空间中的位置。最令人印象深刻的是通过这些因素解释的变异量:高度 r^2 为 0.749,外缘性 r^2 为 0.729。

图 16.4 只显示了比·怀特的 8 个带短元音 **o** 的发音项,但是即使依据这样少的数量,语音制约条件也相当清楚。位置最靠前的词是 *not*,带词首鼻音加后接舌尖音。1 *not* 和 2 *not* 都比/æh/

词群中最末位的 26 *black* 更靠前。四个带舌尖音词尾的都比四个带唇音和软腭音词尾的更靠前，在 8 *dropped* 中词首复辅音的作用使它成为北方城市音变第二阶段中进展最慢的发音词项。

表 16.5　语音环境对/æh/的高度和外缘性的作用

发音人比・怀特，54 岁，水牛城[1970]

	高度	外缘性
鼻音性		
后接鼻音	433	300+
前置鼻音	180	209
发音部位		
后接舌尖音	279*	133+
后接硬腭音	545*	38
后接双唇音	49	47
（后接软腭音）	0	0
词首流音		
词首/l/	94	194+
塞音+流音	−454**	−80
多音节		
后接音节	28	−84

+ $p<0.10$　　* $p<0.05$　　** $p<0.01$

这个例子看起来接近于把新语法学派的假说与每个单词都有自己历史的观点最终合并起来。如果语言环境中的每一个语音特征都影响语音变化，那么只有同音异义词会构成唯一的词群。事实并非如此，由于许多词首辅音对后接元音的这种轻微的作用会 460
因重音或者时长以及测量的误差等细微差别的随机干扰而失去影响。不过即使每个单词都有它自己的历史，这也不一定就是词汇扩散。词汇扩散拒绝这样的说法，即一个单词的语音构成单独决定它在音变过程中的位置。如果把单词作为音变的基本单位，就

是因为有些单词发生变化的原因不是语音。[1]

图 16.4 中是否有证据证明在北方城市/æh/的高化中是单个词的选择?图中主要的反常现象是 *last*(4,14)的相隔较远的两个发音。词汇扩散本应该表现为同一个单词的一组发音,处于不是由它的语音构成预测的位置上。比·怀特长达 1 小时的即兴言语的数据中没有出现这种现象。考虑到第 15 章中已展示了在费城短元音/a/分化为紧元音/æh/和松元音/æ/的音变中词汇扩散的有力证据,继续探索这种可能性需要基于更大量的数据分析。

16.4 同音词分化吗?

我们很难找到证据证明词汇扩散在正在研究的音变中不存在。词汇特征当然不是主要因素。但它可能仍然发挥了次要作用——所以,在一个世纪的过程中,有些单词可能逐渐前进,或者有些单词落后,以至最终被淘汰而成为其他词群的成员。LCV 项目的研究精确地测试了这种可能性。

理想的检测是对一个人言语中大量的单词进行测量,录音时间要足够长,然后进行一个回归分析,把特定单词项的语音、韵律和社会因素带入方程式中。这将需要相当数量的词项;否则,就不免会出现一种无显著意义的结果。

在费城社区进行的访谈是 LCV 项目的一部分,其中对单个发音人的录音经常是两个、三个甚至四个小时,多数情况下要录制

① 词汇扩散并不主张单词的选择是完全随意的:例如词频就经常被引为一个重要因素。关键的一点就是对于一个特定单词的选择不能完全从语音上(或语法上)来解释。

几个系列的录音。但是即使这样,每个单词的发音项的数目还是很有限。如果我们幸运地在即兴言语中找到同音词,也只能是寥寥几对。朗读词表会得到我们所需的所有词汇对比;但是词汇扩 461
散在这类词表中的缺失很难证实进行中音变的过程。[①] 当然,我们可以从已经分析过的 176 位费城发音人的全部发音数据进行归一化的分析;但我们没有独立的方法确保归一化程序的制约不会成为词汇项作用缺少显著性的原因。

问题的解决在于一种独特的语料集合。在 LCV 项目的探索阶段,阿维拉·佩恩(Arvilla Payne)对一位说话人做了一系列的录音,发音人名叫卡罗尔·迈耶斯(Carol Meyers),30 岁。录音内容包括她一整天的过程:在一家旅行社工作、在家中和家人一起用餐、跟好朋友玩桥牌。当时佩恩住在迈耶斯的家中,与相关的人都相处得很好,因此把发音人可能产生的戒备心理降到了最低。[②] 欣德尔(Hindle 1980)随后对卡罗尔·迈耶斯录音中的 3600 个元音发音的共振峰位置从对话人、工作环境、主题和很多其他自变量进行了量化的分析。

为了在这个系统中检验词汇扩散的可能性,欣德尔和我把同音词和近似同音词分为两个词群。包括开音节的(uwF)和开音节的(owF):/uw/和/ow/词群的没有辅音尾的子集。费城链式音变模式 3(见图 3.6)独有的特征之一是上滑高元音和中元音在闭音

---

① 图 16.3c 显示出在朗读词表中的一种偏离现象,是典型的低俗音变的后期阶段。在社会影响较小的场合,朗读词表能显示出相反的作用:消除在即兴言语中大量的语音的(还有或许词汇的)变异特征,而集中于变化更快的目标值。

② 卡罗尔·迈耶的录音使用 Nagra IVD 和 IVS 型磁带录音机以及 Sennheiser404 型电容话筒。录音的质量对于社会交往的多样性和自发性从物理学角度的信号逼真度都是无可比拟的。

节和开音节的变体中有显著差异。正如我们在第 3 章和第 4 章已经看到的,把先前的实时观察、费城街区研究以及电话调查的资料结合在一起,显示出(uwF)和(owF)正在经历着进行中的音变。

462 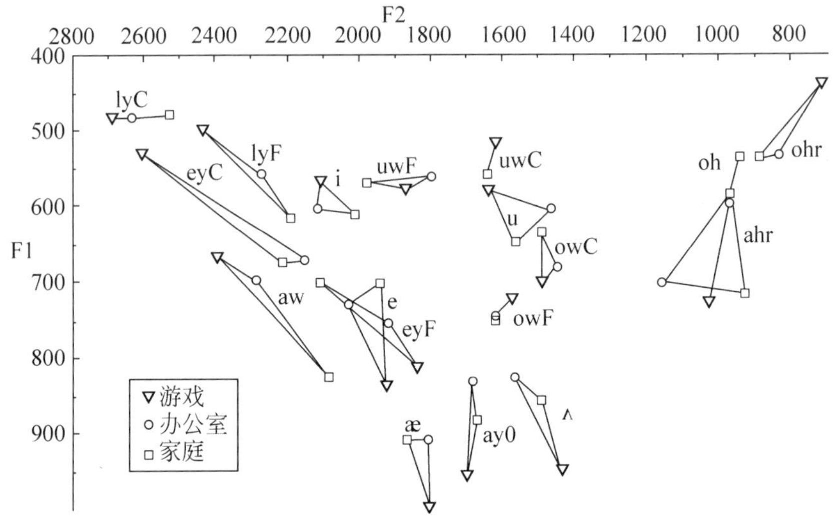

图 16.6　在三种社会环境中的元音音核平均值,发音人卡罗尔·迈耶斯,48 岁[1972 年][引自 Hindle 1980,图 4.4]

461 图 16.6 是欣德尔分析的卡罗尔·迈耶斯的元音系统。每个元音的平均值都是三个而不是一个,对应于三种主要的社会场合:旅行社、家中用餐、桥牌游戏。开音节(uwF)比央元音靠前很多——没有/i/那么靠前,但是明显位于闭音节(uwC)的前面。与通常一样,(ow)位于(uw)的后面,并且(owF)位于(owC)的前面。两个开音节词群包含许多高频词;并且由于它们在词尾辅音上没有差别,我们可以趁机发现同音词。特别是,我们可以期待 *two* 和 *too*、*know* 和 *no* 这样的发音项会有相当的数量。

表 16.6 列出了卡罗尔·迈耶斯这两个词群中有 3 个或者更

多发音项的的所有单词，并且给出了它们的F2平均值。[①] 在 463
(uwF)中，我们有幸得到40个*two*的发音和14个*too*的发音。它们在F2这个关键维度上相差61Hz。然而，我们不知道能否单从平均值来看这种差别是否有显著意义，因为这两组发音可能在时长、音强、音高方面存在差异——或者，最重要的是，出现环境的分布，因为(uwF)的平均值在家庭中和办公室之间有220Hz的差异。我们同样有机会来考察*do*，它的F1和F2测量值和*two*几乎完全一样，而只是在语音上区别于词首辅音的浊化。

表16.6　在卡罗尔·迈耶斯语料中出现多于两次的带有开音节/uw/和/ow/的单词与F2的平均值

		N	平均值 *F2*
(uwF)	two	40	1743
	too	14	1682
	do	19	1743
	to	5	1842
	through	3	1879
(owF)	know	50	1574
	go	38	1548
	no	32	1573
	oh	16	1587
	okay	27	1554
	so	15	1585
	goes	6	1591
	though	5	1701
	show	4	1461
	lower	3	1509

① 在(uwF)范畴中发音项的全部数目为130；在(owF)中为215。在每个词群中的前三个最多的词项的发音分别占总数的77%和56%，百分比相当大。

在(owF)词群中,我们找到了 32 个 *no* 的发音和 50 个 *know* 的发音,它们的 F2 值几乎都相同。在分析 *no* 的时候我们要特别小心地排除韵律因素的作用;平均值表现的相同可能会掩盖这两个单词之间的补偿性差异。还有 *go*,它跟 *no* 和 *know* 的差别只是/g/和/n/的对立,有 38 个发音项,在前化过程中落后了 27Hz。与其他因素相比,这只是个很小的差异。

对这些数据的逐步多元回归分析使我们得以把语音环境的实际作用和词汇特征的作用区分开来。这些数据使我们能够对于/uw/和/ow/前化的基本机制是个体单词的不同发展的假设做出精确的检测。有大量的证据证明强有力的语音制约。后接流音阻止了一起前化的进程,使/l/前面和不在/l/前面的变体相差 500—1500Hz。闭音节都在开音节后面,分布完全不重叠或者只重叠一点点。在开音节(owF)和(uwF)的词群中,可以预期前置辅音细微的语音制约。在 *do*/*too* 和 *go*/*know* 之间的对立是这种细微语音区分的表现。如果音变事实上是逐词进行的,那么我们预计两组同音词之间的差别至少会跟更小的语音差别一样大,或者也许跟影响更强的语音因素一样大。

表 16.7 是对卡罗尔·迈耶斯的(uwF)和(owF)的 F2 进行逐步回归分析的结果,自变量包括元音时长、元音基频、重读及其在词组中的位置,以及词汇项的确定。*two* 和 *do* 与残留类的 *too* 相对比。结果显示出五种系数,每一个等级为 100Hz,显著性水平为 0.05。韵律因素与我们预期的进行中的音变的方向一致:发音上
464 最小的制约产生出变化最快的形式。因此时长更长有利于 F2 更高,而次重音的作用正好相反。社会因素的作用在同一方向上:家

庭环境倾向于更高的 F2，而办公室环境则相反。最后，我们在两个同音词之间根本没有看到差别——并且，跟没有解析的均值相反，*do* 比 *too* 明显地超出 103Hz。

表 16.7　卡罗尔・迈耶斯语料中同音词的多元回归分析

	系数	t
(uwF)		
韵律因素		
基频	—	
时长(× 100 毫秒)	91	2.3*
次重音	−96	2.0*
词末位置	85	1.6*
社会因素		
办公室环境 vs. 游戏环境	−86	1.9*
家庭环境 vs. 游戏环境	116	1.8
词汇项		
two vs. *too*	—	
do vs. *too*	103	2.5
(owF)		
韵律因素		
基频	—	
时长(× 100 毫秒)	—	
次重音	−72	2.3*
词末位置	−69	1.9
社会因素		
办公室环境 vs. 游戏环境	47	1.5
家庭环境 vs. 游戏环境	−74	1.9
词汇项		
know vs. *no*	—	
go vs. *no*	−165	4.4**

* $p<0.05$　** $p<0.01$

在(owF)词群中韵律因素的情况有一些区别。音高和时长作用都不显著。与主重音相比，次重音还是不利于 F2。最重要的

是，我们在同音词 *know* 和 *no* 之间没有看到差别，但是却有一种很大的作用使 *go* 的 F2 低于 *no*。

这两个分析的结果都同样具有重要意义。同音词表现出相同的音变行为，在预测会有差别的共振峰位置上也没有显著差异。显著性最大的区别出现在词首辅音不同的单词之间，这可能体现也有可能不体现语音制约。我们还不能解释 *do* 的作用，因为我们还没有确认前置的浊音的普遍影响。但是 *no* 比 *go* 有更高 F2 的预测确实适用于此前在北方城市和费城研究中表现出的结果，*mad* 的 F2 比 *bad* 要高。还可以注意图 16.4 中 *mass* 和 *not* 的 F2 相对较高。

这个测试仅仅针对两个同音词对；但它是一个灵敏的测试，比起在 DOC 中完成的音变分析，它跟音变机制的关联更紧密。我们在这两种进行中的音变中没有找到词汇扩散的证据；所有的数据都指向新语法学派宣言中的语音条件制约的逐渐的音变。

465 16.5 不规则中的规则性

第 15 章论述了在费城短元音 **a** 的分化中词汇扩散的有力证据。这种短元音 **a** 分化为紧音和松音的词汇分化现象并不是一种孤立的事实。相同的词群在很多其他美国英语方言中也在分化（纽约市、巴尔的摩和南方大部分地区）。在早期的宽 **a** 词群和短 **o** 词群分化的音变残留现象中发现有词汇的不规则性。随后的/æh/词群和/oh/词群的高化，应该看作是与词群本身的形成完全不同的独立过程。虽然我们在/uw/和/ow/的前化过程中没有看到词汇扩散的证据，但在/æh/和/oh/高化中可能并非如此。如果我们有理由相信词汇选择包括在词群形成中，并且说话者面对的是单词而不是声音，那么有可能词汇选择将会在进一步过程中持续进行。

内滑紧元音/æh/和/oh/的高化不是一种小的调整。这两个词群从低元音开始，经历了几代的演变，变为中元音而后是高元音——在一些例子中，成为系统中最高的元音。如果单词是逐个地高化到中元音和高元音位置，那么任何一个发音人的系统中都会有充足的空间来观察这种词汇的差别。因此我们可以利用卡罗尔·迈耶斯的专门语料的优点来检验这种可能性。

欣德尔的元音研究中包括了卡罗尔·迈耶斯发音的所有带短 **a** 的单词：他先凭听觉印象把其中的 149 个词归入紧音，247 个词归入松音；然后用线性预测分析测量共振峰位置。二者之间只有很小的重叠：少于/i/和/e/这样的相邻元音通常见到的重叠。拉波夫(Labov 1989a)考察了这两组词的分布重叠的区域，并发现位 466
于其中的是那些最松的/æh/音位变体和最紧的/æ/音位变体。在词首硬腭音后面的松元音，比如 *jacket* 中的 *a*，位列最高；而在紧元音中，词首为塞音-流音串的单词和有后接音节的单词占据了最低的位置，比如 *classical*。这里我们将首先关注 149 个紧元音的分布。

表 16.8 是卡罗尔·迈耶斯的/æh/元音数据的多元回归分析的结果，高度为因变量，跟表 16.5 相同。/æh/词群的语音环境比在比·怀特的那种全部短 **a** 词群都是紧音的语音环境更为有限，并且我们因此能预期决定高化程度的语音因素会更为有限。

表 16.8　卡罗尔·迈耶斯的言语中作用于(æh)高度的语音特征

	系数	t	p(2-*tail*)
常量	2104		
后接鼻音	158	3.57	0.000
后接/d/(*mad*,*bad*,*glad*)	238	2.44	0.016
前置鼻音	99	1.22	0.225
前置塞音加/l/	−210	−2.72	0.007
后接两个音节	−410	−2.75	0.007
次重音	−95	−1.95	0.053

N=149　　复相关系数=0.47　　拟合优度=0.22　F=6.62

- 前面的两种作用表现的是对于三种短 **a** 子群紧化各有不同:在鼻音前,在清擦音前,以及三个以/d/结尾的词(*mad*、*bad*、*glad*)。由于清擦音前的子群作为残留组,表中只显示出两个子群。当短 **a** 后接鼻音时,比后接清擦音高出 158 个单位,而 *mad*、*bad*、*glad* 则高出 238 单位。[①]

- 前置鼻音会增高 99 个单位,但作用并不显著。
467
- 前置塞音加上/l/,如在 *glad*、*plan*、*planted*、*Atlantic* 中,比预期高度要低 210 个单位。
- 带/æh/音节后接两个音节,高度会减少 410 个单位。尽管语料中只有三个单词——*gradmother's*、*Bamberger's* 和 *classical*——但是这种作用具有 0.01 水平的显著性。
- 当带/æh/的音节出现在次重音位置上,[②]会有少量降低高

① 带鼻音的作用更为显著,由于样本中包括更多的鼻音前的短 **a**(149 中有 77 个),而在/d/前的只有 7 个(5 个 *mad*,2 个 *glad*)。

② 这个范畴包括那些与主重音邻接的音节,如 *Pan Am* 中的 *Pan* 和 *San Francisco* 中的 *Fran*,还有 *can't* 这样的助动词。

度的作用，具有 0.05 水平的显著性。

前两种作用是最初在紧元音范畴中决定单词选择中的活跃因素，现在继续发挥作用。其他四种是低层语音特征，没有参加最初的分化，但决定在紧元音范畴中的相对高度。其中三个特征也曾出现在分析北方城市音变数据的表 6.1 和表 16.5 中。

表 16.9 显示出与/æh/音核外缘性相对应的语音影响。

- 后接鼻音有很强的影响，LYS 数据和这章中北方城市音变的分析重现了这种语音影响。后接鼻音会产生更高的高度和更大的外缘性。

表 16.9　卡罗尔・迈耶斯言语中作用于(æh)外缘性的语言特征

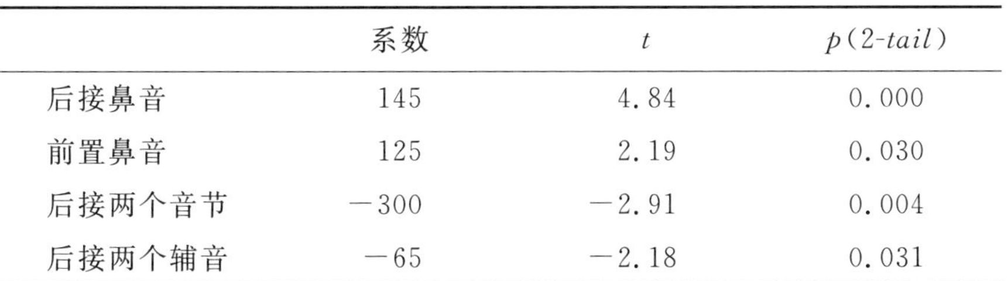

	系数	*t*	*p*(2-*tail*)
后接鼻音	145	4.84	0.000
前置鼻音	125	2.19	0.030
后接两个音节	−300	−2.91	0.004
后接两个辅音	−65	−2.18	0.031

N=149　　复相关系数=0.52　　拟合优度=0.27　　F=13.14

- 前置鼻音，如 *man* 和 *Pan Am*，对增加外缘性有相当大但稍小的影响。
- 后接两个音节同样对音核的央化有强大的影响。
- 如 *last*、*stand*、*after* 等词中的后接辅音丛，对音核的央化有较小但是显著的影响。 468

我们现在可以考虑是否有任何词汇作用参与决定/æh/元音在语音空间这个大区域中的位置。这 149 个紧元音/æh/的发音

项中有五个单词出现了五次以上:

half	7
pass	19
last	16
*Pan Am*①	8
can't	15

表 16.10 在元音高度分析中增加了五个词汇项的结果。没有再出现显著性结果。

表 16.10　卡罗尔·迈耶斯的言语中作用于(æh)元音音质的语音特征的单词

	系数	*t*	*p(2-tail)*
后接鼻音	182	2.87	0.005
后接/d/ (*mad*, *bad*, *glad*)	284	2.73	0.007
前置鼻音	45	0.35	0.724
前置塞音加/l/	−176	−2.26	0.025
后接两个音节	−478	−2.57	0.011
次重音	−111	−1.31	0.194
last	14	0.13	0.900
half	150	1.37	0.173
pass	137	1.71	0.090
Am	131	0.86	0.389
can't	155	1.51	0.134

N=149　　复相关系数=0.467　　拟合优度=0.218　　F=6.62

增加这五个单词没有使表 16.8 的结果发生实质性的改变。

① 有三分之一的录音是在卡罗尔·迈耶斯工作的旅行社中采制的,因此有较多的航班名 *Pan Am*(*Pan American*)[泛美航空公司]。

前置鼻音对于高度的影响仍然很小且不显著。[①] 次重音的作用减弱了，由于 *last* 和 *can't* 通常是带次重音，并且这个因素的某些作用转移到这些单词。因此，对于/æh/范畴的详细研究并没有发现在这个元音的高化中有词汇选择积极参与的迹象。有人会说这五 469
个词只是偶然出现在语料中；如果出现频率高的是其他五个词，我们也许会找到词汇的作用。但是，如果词汇扩散是作为音变进行的基本模式，那么这里通过各种方法对北方城市音变和费城音变进行的检验中，至少应出现一个词汇选择的例子。

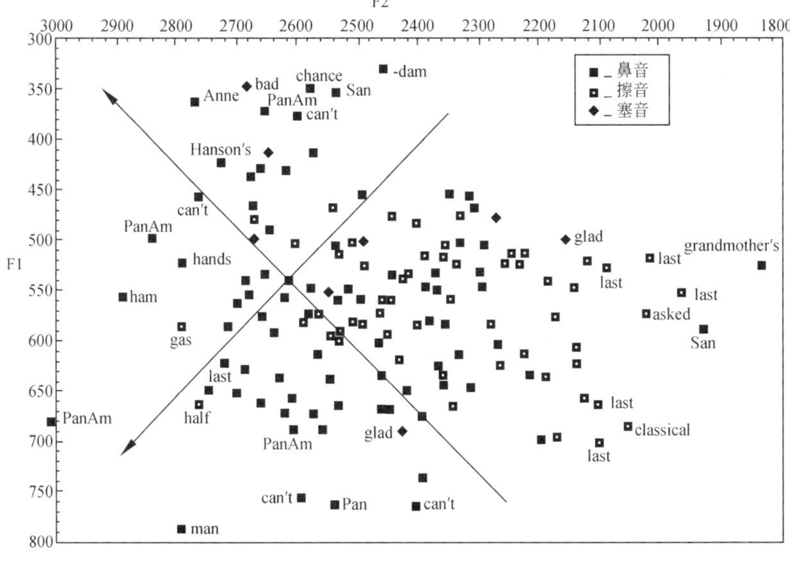

图　16.7

图 16.7 详细描绘了 149 个紧元音在 F1/F2 元音图中的具体

① 然而这个语音作用在解释 *Am* 音节的表现中确实有相等价值，如果不考虑 *Am* 总是在 *Pan Am* 中跟 *Pan* 在一起，并且是单一的词汇项的事实，那么 *Am* 的词汇性将会接近显著。但是这里的音节组构中前置鼻音起的作用很大程度上如同在单词 *man* 中一样。

位置,并且标出了分布最为极端的单词。首先非常明显的是/æh/后接鼻音的词例都是位于最高和最外缘的位置,但它们也分散在其他的极端位置上。最外缘的元音,位于最左端,是以鼻音结尾的强重音单词:*ham*、*Pan am* 和 *hands*。以清擦音结尾的最外缘单词是 *gas*、*half* 和 *last*。看来词首的/h/产生外缘元音,因为没有一个辅音过渡把元音移向更央化的位置。

最央化的/æh/出现在 *grandmother's* 中。尽管没有足够多的/Kr-/类词来展示一种显著性影响,但它们确实表现为与/Kl-/类词一样的央化因素,并且,再跟后接两个音节的作用结合在一起,得出极端的结果。

以清擦音结尾的单词包括 *last* 和 *asked*。这种后接辅音丛的作用很明显。有一点尚不清楚,为什么 *last* 既出现在外缘性最小
470 的位置,正如它的语音构成会使我们预测的情况,同时却又出现在很外缘的位置。如果不是因为同样的现象也出现在图 16.4 的比·怀特的言语中,这就可能被看作是一个测量失误。

图左上角的最高元音中,有些是非外缘的多音节复合词的一部分:*San*(*Francisco*)、(*Amster*)*dam*、*Hanson's*。在 LYS 全部研究中都观察到这种平行影响,其中像 *animal* 这样的词在/æh/高化中位置最高,但是却比其他词的外缘性更小。表 16.4 中的(*Old*)-*fashioned* 就是这种表现。

在以/d/结尾的单词中,*bad* 和 *glad* 之间有明显对立,*glad* 的词首塞音-流音丛导致较低和非外缘的位置。

因此在图 16.7 中对单个词的检查强化了各统计表得出的定量结论。卡罗尔·迈耶斯的系统中/æh/的高化没有表现出任何词汇选择的迹象。单词并没有表现出它们是音变的基本单位。相

反，同一个单词的不同发音变化颇大，有时会跨越/æh/的整个空间。从决定单词在这个空间中的位置而言，它是由语音来决定的。

16.6　新语法学派的结论

在第 15 章结尾，我们曾有很多在音变过程中词汇扩散的证据。这一章给出了新语法学派的声音，在方言混合和语音制约方面加强了他们的观点。我们还为新语法学派的论据增添了线性预测和多元回归的量化分析技术作为研究工具。

毫无疑问，新语法学派观点的创始者应该会欢迎在语音连续统的实验分析中发展的现代方法，这已经在重视语音细节的语音规律的机制建立中，贯彻了他们的信念。他们可能不会欢迎统计分析和概率论证的工具，因为他们致力于离散的解决方案。然而，这种新语法学派论据的扩展在我看来，完全符合他们的唯物主义精神。①

① 当词汇扩散的支持者确认他们数据中的随机特征时，他们的发现接近于新语法学派观点。第 15 章概述了沈钟伟对上海话中鼻化元音/ā/和/ɑ̄/合并的研究。他根据 350 多个高中学生[1]自报的合并：词表中的每个单词都沿着虚时中的特征曲线在不同位置上。沈钟伟最近对于这一讨论的文章(Shen 1993)报告了对于这些数据以及温州的/∅y/单元音化的平行资料用重复取样的方法进行的分析。鉴于早先报告中词汇扩散陆续地影响每一个词，他现在发现："在某一时间点的变化概率只决定这些单词的变化机会，但是哪些词将通过一个说话人发生变化是随机的。"他得出结论，"由于每一个单词具有相等的变化机会，在变化过程中没有单词会表现不一样，音变最终会是规则的。"(引文据 Shen 1993 摘要)这些听感判断跟言语发音之间的关系还没有确定，个人在不同时间判断的一致性也还不确定。但是显然，在这些合并音变中没有可以跟费城人在短 **a** 分化中对于 *planet* 的选择类似的那种通过言语社区进行的词汇选择。

〔1〕 此处有误。应是年龄为 9—65 岁的 376 人。——译者

471 这些研究工具的使用大量地削弱了词汇扩散的论点。认为词汇扩散比语音驱动的规则音变更重要是没有根据的。相反,如果我们通过实例的数量来决定这个问题,似乎有比词汇扩散更多的实例证明新语法学派的音变。然而这个讨论的结局并不是新语法学派获胜。大量可靠的语音逐词变化的实例证明词汇扩散深深植根于语音演变的过程中。但是它植根于何处,盛开于何处,却难以寻觅。我们不能为了解决悖论而说双方都是正确的。尽管我们在双方都找到了音变的证据,但情况的混乱程度跟当初一样。如果语言变化是通过两种不同方式进行,那么数据中就应该包含一些迹象告诉我们音变何时通过这种方式进行以及何时以另一种方式进行。

一种解决方法是增加数据的范围。目前为止我们已经考察了少量发音人和几种特定方言的情况。第 17 章将要扩展调查的范围,利用 311 位不同发音人的语料证据考察英语方言地理学的音变残留现象。方言地理学是形成“每个单词都有自己的历史”这一口号的基础。对这些资料进行系统性的考察将会反驳本章所述的新语法学派的论据,并且加强词汇扩散理论。

第 17 章　英语方言地理中的规则音变 472

17.1　新语法学派关于方言地理定位的争议

前两章从正反两方面探讨新语法学派的原理——语音变化通过影响整个语音类别，也就是音位来实现。现在我们把注意力转向方言地理学在这个问题上的证据。

目前为止的讨论让我们预期任何实际语音运作的研究只会加强词汇扩散理论。第一章回顾了新语法学家们最初对于方言研究成果的热情，利用温特勒(Wintler)研究科伦泽恩方言中报告的规律性，以及后来当方言研究报告的波动性和不规则性跟他们的期望相去甚远而深感失望。一个多世纪以来，新语法学派理论的支持者和反对者都接受了这个观点，这种证据与历史比较语言学的证明相互矛盾，并且指向了一种语音变化的逐词演变。

“每个词都有自己的历史”这句口号如此深深地植根于方言地理学的传统，这要归功于这一领域中所有的重要学者，尤其是吉利恩(Gilliéron)和贾伯格(Jaberg)。这个原理和在此基础上的各种发现都一致地对新语法学派音变规则性的原理发出了质疑。新语法学家们对于方言学家们的发现最初的回应是，研究报告的波动现象是复杂社区中典型的矫枉过正的都市腔和方言混合的结果。

戈沙的瑞士沙尔梅的乡村报告对此做出了反应，见第 3 章和第 4 章引述的结果。戈沙认为，新语法学派的观念是根本错误的，个体的词才是音变的单元。

> 语音规律并不在同一时间影响所有的词例；有一些注定变化迅速，另一些落在后面，而还有一些显示出一种对音变的强烈抵制，并成功抵制了任何一点点的变化。（引自 Dauzat 1922：52，英译文是我做的）

473 我所说的“新语法学派的悖论”就是这种历史语言学和方言地理学之间最尖锐的对立的表现形式。最激进的方言学家声称新语法学家是一种幻觉的受害者，而最固执的新语法学家被迫回击说
644 方言学家的资料是无关紧要的。最早期争论表现出来的情形是，历史比较语法的研究程序支持或者甚至需要新语法学派的观点，而方言地理学的事实却无可辩驳地反对它。

这种强烈的对立可能产生于寻求那种在任何一个言语社区中都没有的语音一致性。如果把前两章中短 **a** 的数据降低到在方言地图集中常见的少数语音形式，我们无疑将会在即兴言语中显现语音规律性的那些语境中发现词汇的变异。从图 16.3c 的单念形式中，我们可以推断 *pass*、*bad*、*bag* 在纽约市为紧元音，而 *half*、*ask*、*laugh* 是松元音。

吉利恩和道扎特（Gilliéron and Dauzat）的研究缓和了新语法学派和方言学观点的对立。他们充分认识到如拉丁语中/k/在/a/

前的腭化，这些非常规则的跨时代的音变，造成 *cantare* 对应于法语的 *chant*，*campum* 对应于 *champ*，*calorem* 对应于 *chaleur*，*vacca* 对应于 *vache*，等等。道扎特引证了加斯顿・巴利（Gaston Paris）在追溯拉丁语开音节中主要长元音 **o** 的规则性双元音化中取得的出色的成功。正如吉利恩和道扎特见到的那样，这些语音变化在方言中反映的不规则性只是结果，并不是从根本上不规则的过程，而是地区方言不代表拉丁语原型无干扰的继承性的事实。正是占优势的法语和地区方言之间，城市和乡村之间长期的相互影响产生了方言数据中不规则的起伏波动（Dauzat 1922：52—53）。道扎特指出，由于法语对北部方言的影响更为广泛，个体单词在北方的地理映射表现出大量的波动，我们却能在南部比利牛斯地区发现更为精细的等语线。因此，吉利恩和道扎特已经预料到在第 16 章中王世元和连金发的观点：词汇的不规则性首先是方言接触的结果，这很大程度上缓解了对新语法学派观点的批评。

跟其他人一样，我有一种印象，布龙菲尔德从没有解决自己对新语法学派观点的信奉和对方言地理学的热情参与这二者之间的矛盾（参看 Malkiel 1967）。通常的多数人看法是方言研究并不支持新语法学派的观点，“地区方言不及标准语那样与早期言语形式的联系保持一致”（Bloomfield 1933：322）。然而，进一步的考察表 474
明这两种观点并非是不一致的。

> 语音变化只不过是说话人发出音位的方式的一种变化，并因此影响一个音位每次出现时的情况，而不管这个音位所

> 出现的任何特定语言形式的性质如何。(1933:353)
>
> 不同形式的等语线很少在它们的整个范围里同步延伸。几乎语音、词汇或者语法的每一个特征都有自己主要的流行区域——表现为自己的等语线。明显的结论就是这句常说的格言:每一个词都有自己的历史。(1933:328)

凯帕斯基在一个严密的论述中指出"语言的接触和多样性的影响作用决不否定(无例外假说),这尤其不是动因在它的中心的说法,即例外并非产生于系统内部而只是产生于系统与系统之间的干扰"(Kiparsky 1989:370)。

如第16章所提到的,凯帕斯基的观点本不是打算回应柯尼希斯瓦尔德认为新语法学派原理不是实证研究的论点。他认为"任何借用的假说都必须与已知的方言学和社会语言学的事实相符合"(Hoenigswald 1989:371)。然而我们还不可能从一种语言地图的记录中得出所有方言之间社会联系的充足资料,来使每一对相邻社区的语音波动都符合社会学的观察。利用多种方言地图,通过语言学资料本身的空间分布形状来肯定或者否定新语法学派的观点,应该是有可能的。

布龙菲尔德没讲过来自同一词群的个体单词很少重合;而是认为它们很少在全程都重合。为了探究这是一种怎样的可能性,我们来考虑在一条等语线两边各25个社区的相互干扰。我们需要计算与社会语言学相对应的基本词汇每千年词汇统计保留率为85%相对应的社会语言学的等效比率。假设参与原始语音变化中的单词受到的干扰不超出这个比率①。由于一种方言地图研究中大部分语音演变的时间不会超过 500 年，我们设定每 500 年相应的保留率为 92%〔1〕。两个单词在 50 个社区的方言历史上完全稳定的概率就可以计算为 0.92^{100} 或者 0.0239%。因此如果规则音变受到正常的词汇替换率的干扰，那么在 4000 个词例中两个单词 475
拥有同样历史的不足一例。②

两个给定的单词之间差异性的可能来源是什么？我们可以把它们分为八种类型。

1　一个词被另一个完全不同的词所替换。
2　通过一种音变而不是另一种音变做出一个词的词汇选择。
3　还没有进入音变程式的单词之间语音差异的影响。
4　这两个词的不同使用频率的影响。
5　转写时偶然发生的错误。
6　言语产生中的内在变异。
7　从相邻方言中借用一个变化更快或更保守的形式。
8　从标准语中借用一个更保守的形式。

这八种情况可以设想为二元对立：这种给出的差异要么出现要么不出现。如果我们要问一个特定的变化会不会发生在一种〔2〕

① 词汇统计学的很多基本词汇可以在方言地图集中找到。

〔1〕 92%×92%≈85%。——译者

② 在一些例子中，两个词都受到同样方式的干扰。这种相似的情况会根据干扰的类型而不同，见下面的讨论。

〔2〕 似应为两种。——译者

特定的方言中,答案存在四种可能性:

	1	2	3	4
方言 A	是	是	否	否
方言 B	是	否	是	否

只有 1,2,3 种情况中包含了音变。如果各种干扰的出现是彼此孤立的,在这三种情况中有一种情况是方言 A 和 B 会变成相同的形式,另外两种情况下是不同的形式。让我们假定这八种类型的变化率都相同:每 500 年为 100%−92%,或者 8%。因为只有三分之二的替换变化在等语线中产生差异,在 50 个村庄中相同结果的数量必定比先前计算的更大些——不是 0.92^{100},而是 0.9467^{100}[1],或者 0.416%的例子。相同等语线的数量仍然很小——少于 1%。这个计算表明,尽管通常在词汇中随机干扰的比率很小,至少也会造成在一个社区中 99%同样语音环境中的词对都具有不同的等语线。人们不需要设定特别的社会环境来产生这种影响。

现在让我们来考虑在一条等语线两边的任何**一对**社区中两个单词语音相同的可能性。如果语音变化过程是规则性的,我们就
476 会预测出 100%的相同的情况,少于随机干扰对两个单词的不同影响的次数,或者是 94.67%的次数。如果语音变化过程是词汇扩散造成,我们将会预测出 50%相同的情况,少于随机干扰造成的比率,或者是 46.2%。位于我们假设的等语线两边的 25 对社区中,单词有差异的比率将是相同的。词汇扩散的支持者会认为

〔1〕 0.92+0.08÷3=0.92+0.0267=0.9467。——译者

25对社区中只有12—13对将以相同的方式变化，而新语法学派则将预测有23—24对。新语法学派的音变观点和词汇扩散理论的预测结果有如此显著的不同。因此，我们没必要因为没有100%一致的等语线而把方言地理学的证据搁置在一边。方言地理学的资料对我们面临的问题是重要的证据来源。

17.2　词汇扩散学者对元音大转移的研究

近年来词汇扩散的大量证据来自于对方言地理学的数据进行的计算机分析。王士元，陈渊泉和谢信一的最初观点就是基于对计算机词典（DOC）所收录的1958年调查的17种汉语方言资料的分析（Cheng and Wang 1972；Wang and Cheng 1977；Wang 1977）。王士元和他的学生们还把注意力转向了英语方言地理学，小仓（Ogura 1987）发表了音变与地理相互关联的详细论述，考察了奥顿和戴思（Orton and Dieth）的《英语方言调查》（SED）中311个地点所反映的元音大转移的过程。这个精细周详的数据集使我们有机会去检验这两个对立的观点：发生变化的是语音还是词汇。元音大转移是由各种不同的下层音变组成的——长元音音核的后化、前化、高化和低化。第16章的结论让我们预期在这里会有规则音变。然而小仓认为规则音变和词汇扩散都存在，她指出词汇扩散是这里研究的所有音变的基本机制。

小仓的附录B和D列出了311个社区中所有与元音大转移相关的单词的全部语音形式。她参照这些列表做出论述，“附录B

中的数据清楚地显示中古英语 ī 的变化并不是同时发生的,而是逐步在词汇中扩展它的范围,"对于中古英语 ū,"可以清楚地看到它在词汇中的蔓延传播。"在第一章结尾,她总结道,"我们认为中古英语 ī 和中古英语 ū 的发展过程是它们自身从一个语素到一个语素的逐渐蔓延传播的过程"(Ogura 1987:45)。

477 这些结论是在观察附录 B 和 D 的数据中,很明显地直接得出来的。它们并不是基于定量分析,尽管有些量化方法用来呈现这些数据。附录 E 通过计算每一个中古英语 ū 单词在 SED 报告中每种不同语音形式出现的次数,压缩了数据。表 17.1 给出了这些数据的类型,列出了其中的前五个词项。横向的每一行可以看作这个单词的语音谱图。小仓从 SED 资料中提取出来的这 30 个中古英语 ū 单词中有 45 种不同的语音形式。此外,还从美国传统词典中摘录出每个单词的词频数字。

元音变化指数

表 17.1 中每一列的顶部是从 1 到 10 的数字——小仓对元音大转移相对变化程度的分类标识。这些分类的基础是图 17.1 所显示的小仓提出的表现中古英语 ū 元音变化的连续阶段的体系。

图中画圈的成分是小仓基于数据中出现的频率,作为"主要路线"的各个阶段。其他音变朝不同方向分支发展。我把小仓给 SED 资料中每一个音所指定的语音类别的数值叠加起来。用类别的数值乘以每一种语音形式出现的次数,然后相加求和计算出每一个单词的**元音变化指数**。得到的结果按照单词中后接辅音的清浊和发音部位进行分类,见表 17.2。

表 17.1　五个中古英语 ū 单词的语音环境和频率(引自 Ogurd 1987:附录 E)

		1	2	3	4	4	4	5	5	5	5	6	6	6	7	7	8	8	8	8	9
单词	频率	uː	ʊu	ou	əu	oː	ɔu	ɔə	ɔː	ʌu	ɒu	ɒə	ɒː	ɑu	ɑː	au	aə	aː	a	æu	æa
cow	46.95	29	10	1	31		1			6	2			2		46		10		52	1
eyebow	1.18	41	5	4	35		1			11	9			3		50		3		43	
hour	159.7	19	4	1	28		1			5	10			2	10	78		4		45	
flower	52.2	15	6		28		2		1	7	9			1	4	9	85		3		44
flour	21.08	11	6		28	1	1		1	6	8				4	13	84		5		40

9	9	9	10	10	10	10	10	10	10	5	6	6	7	7	8	9	9	3	3	3	4	5	3	4
æə	æː	ɛu	ɛa	ɛə	ɛː	ɛ	œu	ɛ̈u	eu	əy	œy	ɛy	æy	æi	ai	ɑi	ɒi	ɪu	ɪə	üː	yː	iː	ʊ	ʌ
1	1	74	1	3	3		14			4	1	17		1										
2	1	65					13		2	4		15							1	1		2		
	2	64	1		2	1	8			4		6											16	
	3	55			2	1	10			4	1	7											14	
	4	52	1		2	1	11			4		7					1						20	

479

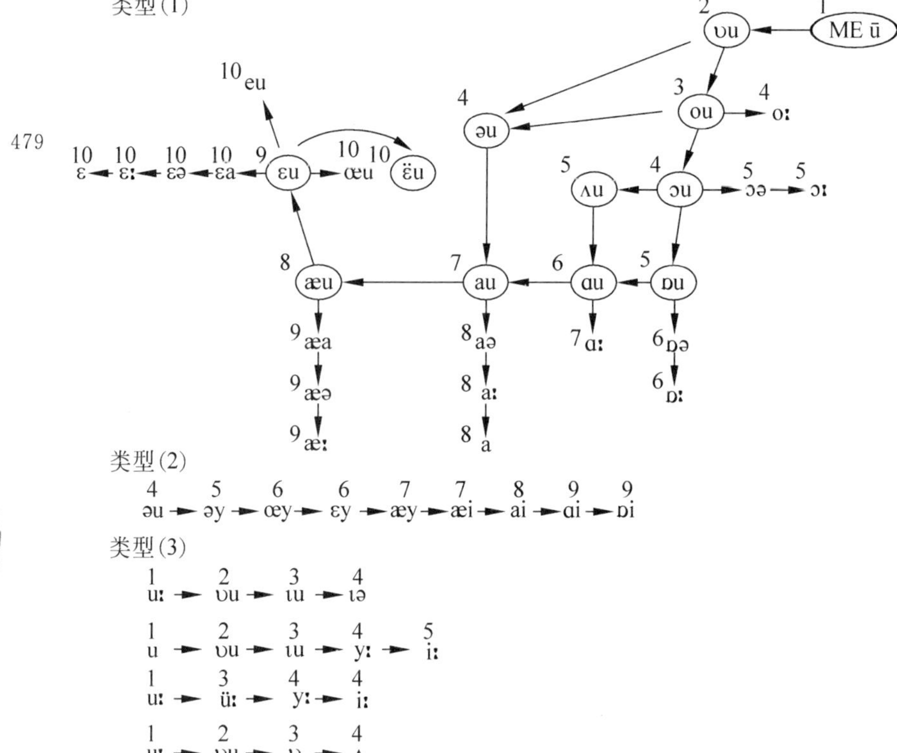

图 17.1 中古英语 ū 元音变化的不同阶段

(引自 Ogura 1987:图 3.2)

表 17.2 中古英语 ū 元音变化指数按单词中后接音段语音特征的分类

(据 Ogura 1987:表 3.2)

	唇音	齿音		软腭音		开音节	
浊音		thousand	2107	bow	1623		
		trousers	2096	drought	1911		
			[]sow	2009			
清音		house	2121	bough	2008	cow	2110
		mouse	2103	plough	1946	eyebrow	1941

续表

	唇音	齿音		软腭音	开音节
		louse	2094		
		about	2091		
		out	2106		
		without	2129		
		snout	2112		
		south	2115		
		mouth	2098		
鼻音	room 711	down	2109		
		round	2098		
		crown	2088		
		ounce	2110		
		bounce	2091		
		drown	2108		
流音		hour	2069		
		flower	2069		
		flour	2071		
		owl	2110		

表 17.2 给出了是否可能影响中古英语 ū 双元音化的语音特征的概况。小仓把它作为语音制约总体论述的基础（“ū 后接唇音或软腭音的单词变化滞后”）。她还用它来支持：语音条件并不决定音变过程的观点，仍然坚持每一个单词具有不同的数值。值得注意的是，以舌尖音结尾的单词在不同的子群中颇为一致，它们的指数值在 2100 到 2120 一个相应狭窄的范围中。以/r/结尾的单词的数值都在 2100 以下，也形成一个集合。将表现词汇扩散的异常值可在唇音和软腭音中找到。单词 *room* 的数值非常低；这可能不是词汇异常就是语音制约的结果。在软腭音的词汇变异很大，以至其平均值失去意义。*cow* 表现为非常高的值；*eyebrow* 非

常低;*bow* 比其他软腭音的数值低得多。

17.3 中古英语 ū 单词的分析

现在,我们使用数学工具进一步分析数据来判断是否存在词汇扩散的证据。表 17.1 的数据提供了每个词在 45 个语音形式中的分布情况。我们可以通过卡方计算来比较任一词对的分布,这将给我们展示语音类别分布的差异是偶然波动结果的可能性。[①] 如果每一个词都拥有自己的历史,我们不用参考它们的地理位置就可以预料很多词对会有显著的差异。表 17.3 给出了一些中古英语 ū 单词这样成对比较的情况。

表 17.3 中古英语 ū 单词语音分布的词对卡方计算值

	χ^2	N		χ^2	N
不显著					
down/crown	1.43	12	$p<0.01$		
thousand/trousers	1.68	11	owl/out	24.18	11
house/louse	2.00	9			
cow/snout	2.12	10	$p<0.001$		
down/round	2.37	12	flower/eyebrow	50.05	12
out/about	2.60	12	owl/hour	52.44	10
flower/hour	2.73	12	flower/thousand	62.80	13
ounce/crown	2.76	12	flower/about	71.05	13
crown/drown	2.85	11	drown/flower	73.80	13

① 这里的"期望值"(E)是词对的特定语音形式出现次数的平均值。卡方的计算就是从 E 求出偏差的平方和再除以 E。由于任一格中的期望值小于 5 时,卡方计算不可靠,因此这里只是采用当 E 大于 4 时的数值。表 17.3 的 N 栏显示了这种情况的数量。

续表

	χ^2	N		χ^2	N
flower/flour	2.87	12			
house/mouse	3.64	10	drought/cow	73.80	11
thousand/cloud	3.93	9	dought/without	76.76	11
cow/louse	4.00	10	drought/out	84.47	12
ounce/bounce	4.70	12			
out/without	6.50	13			
mouth/mouse	6.99	10	bow/bough	237.20	15
mouth/mouse	6.99	10	bow/drought	247.72	16
out/house	8.21	13	bow/out	269.62	14
sow/bough	9.00	10			
snout/without	9.02	11	room/plough	345.85	11
owl/bough	9.99	10	room/bough	398.45	13
south/mouth	11.94	10	room/out	403.81	12
cow/out	12.43	11			
thousand/bough	12.48	10			
cow/eyebrow	15.42	11			

N＝ 平均出现＞4 的参与比较的语音值数量

自由度＝N－2

对于绝大多数词对，卡方值没有表现出显著差异。表格左边 480
是这种非显著性结果的样本。这一栏的上部是卡方值最低并且语音环境最近似的词对，如 *drown/crown*，*house/louse*，*flour/hour*，*out/about*，以及同音词对 *flour/flower*。卡方值从上到下逐渐增大，最后五对[1]数值超过了 10。尽管这还远低于 0.05 的显著性水平，但是这些语音环境中的词项有最大差别也并非偶然。有的词对是开音节和闭音节的对比（*cow* 与 *out*），而其他的对比有词首单辅音和塞音加流音的辅音串（*cow* 与 *eyebrow*）；研究发现

这些辅音串对进行中的音变有相当大的影响(详见第3、第10、第16章)。

481 表格右边是差异显著的词对。前五项[6]同样显示语音条件的影响,但是比非显著性词对表现更为极端。这些都是后接流音的影响,*owl* 对 *out*,*flower* 对 *eyebrow* 和 *about*,以及 *flour* 对 *thousand*。我们也有两个不同流音的影响,即 *owl* 对 *hour*。

下面是 *drought* 组成的三个词对。*drought* 具有独特的语音,是唯一在闭音节中带有原始中古英语软腭音的单词;SED研究记录显示这个软腭音以/f/音的形式遗存在很多方言中。

482 第三组词对的卡方值都很高,表现出比前面的例子更为极端的区别。语音条件不能解释同音词对 *bow* 和 *bough* 的差异。小仓所寻找的可能正是这类词汇扩散。遗憾的是,她把 *bow* 词形的多义解释错了。这是选自SED提问部分中的Ⅵ-9(Orton and Dieth 1962,引言)。

5 Of a man whose legs are shaped like this [curving inward], you say he is...[expecting] **knock-kneed.**

6 Of a man whose legs are shaped like this [curving outward], you say he is...[expecting] **bow-legged.**

这里的目标词 **bow** 并不是那个源自于古英语 **bugen**"弯曲",意思为"屈膝"的含有中古英语 **ū** 的词;而是表示弓的形状的词,那是一种武器,源自中古英语 **bowe**<古英语 **boga**,有完全不同的发展历

〔1〕 应为四对。——译者

〔2〕 应为六项。——译者

史，并且在今天的几乎所有方言中都是/ow/词群的一员。

第四组词对都有单词 *room*，卡方值更高。小仓指出在 SED 的 311 个点中有 11 个表明 *room*（源自古英语 *rūm*）参与了元音音变；但是在我对原版 SED 的复查中只确定了四个点，都位于西兰开夏（West Lancasshire）的偏远地区。无论如何，由于一般都认为位于唇音前的元音没有参与元音大转移，这当然就是一种孤立的现象。

一旦我们去掉最后两组，卡方证据就会没有显著差异，这是不能用最明显的语音条件的类别来解释的。运用卡方只是解决问题的初步尝试。词对的选择是一种判断抽样，每次从 30 个单词的可能组合中挑选出两个词构成对比（共 435 组）。而且，如果两个单词在所有的地点都随机替换可能的语音值，那么这两个词的地理差异会隐藏在卡方比较中。[①] 接下来的探索会涉及这些问题。在这里，我们能够看到与 **ū** 的语音环境无关的差异没有显著性，并不是真的与每个词汇都有自己的历史这一观点相一致。

多元回归分析

表 17.3 的卡方分析表明中古英语 **ū** 的映射中语音条件的存在——开音节和闭音节的对比、后接鼻音、前置流音丛等的影响。卡方测算仅仅表明某些词对比其他词对差异更大，而没有表明这 483
个作用是什么。如果这样的语音影响存在于所有的方言中，如果

① 正如王士元（私人交流）在对于本章初稿的回应中所指出的。这个问题在本节的后面讲到。

所有音变都遵循单一的线性维度，其中元音音变进展指数是真实的测量值，我们就能通过简单的多元回归分析来证明这些作用。接下来的讨论中，这两个假设分别被称为**普遍性**条件和**线性**条件。考虑到数据的性质，多元回归对于这种多元变异分析而言是一种适当的工具。首先，因变量——元音音变进展指数——是一个量化的整体比例。其次，作为自变量的语音环境只是部分的而非完全的彼此独立。例如，后接鼻音能与前置流音丛同时出现（*drown*），但经常是不同时出现（*down*）的。如果普遍性和线性条件起作用，多元回归分析就能对后接鼻音、前置辅音丛以及开音节元音等的出现得出显著性系数。

表 17.4 是对小仓的附录 E（表 17.1 引用了完整的数据集）中带有中古英语 ū 的 30 个词进行逐步多元回归分析得到的结果。因变量是元音音变进展指数，自变量则包括了所有影响元音音变的前后音段的语音特征。由于我们是在检测证据来支持两种假设——有规则的语音制约变化还是词汇扩散中的一种——所以增加一种对词汇扩散表现敏感的自变量也是有用的。这就是频率。多数论述词汇扩散的研究都表现出很强的频率作用，高频词更倾向于参与音变。

在很多已经检测的环境条件中，只出现了少量的影响。用粗体字显示的四个负系数，表明了阻碍 ū 沿着元音音变路径发展的语音条件。这四个负系数都具有显著性，但是作用的程度明显分
484 出层级。最强的影响为 −1377，是后接唇音，正如我们已经见到的，这完全是错误地加进单词 *room* 的结果。影响第二的 −362，是错误的加进单词 *bow* 的结果。

表 17.4　对中古英语 ū 的映射的逐步多元回归分析。因变量：小仓（Ogura 1987）的元音变化指数。分析所有带 ū 的单词。N=30，r^2=0.997

变量	系数	t	p(2-tail)
后接唇音	**−1377**	−71.08	0.000
BOW	**−362**	−18.35	0.000
后接软腭音	**−149**	−9.87	0.000
前置流音	**−33**	−3.75	0.002
词频	−0.008	−1.15	0.263

意义第三的系数－149，是后接软腭音阻碍的影响。正是那些最终元音化的软腭音允许前面的元音参与双音节化的过程，例如 *drought* 发成［draut］。余下的软腭音则阻止了这种范畴变化——现在没有词带有/awk/、/awg/的韵。小仓对这一词群的编码并没有把语音上带有后接软腭或唇-齿辅音的元音与那些出现软腭音完全元音化的情况区分开来。例如，14 名诺福克（Norfolk）发音人中有 7 人将单词 *trough* 读为开音节，有 2 人读作/f/词尾，有 1 人读作/θ/。还有 4 人或者读作/f/，或者读作开音节。在/f/和/θ/之前当然没有双元音/aw/，但是所有在开音节中的元音都是后滑音/w/结尾的双元音。因此－149 的数值证明在有些方言的有些发音人中，软腭辅音不发生元音化的事实。词汇的不规则性不是作用于元音音变，而是作用于辅音的元音化。

仅有的一个真实的语音条件出现了：前置流音/l/或/r/的少量影响。这个总体的结果可能表明尽管有卡方分析提供的信息，语音环境对元音音变也没有多大的影响。这也显出词汇扩散的优势，因为多数规则性的音变都表现出某种语音条件。另一方面，这个结果有可能是由于普遍性条件或线性条件的缺失。普遍性条件得到大多数研究音变的语音影响的报告的有力支持,因为它立足于协同发音和先期同化的普遍模式[①]。然而,线性条件似乎不太可能在这种情况下起作用。

回到图 17.1,我们看到 ū 的双元音化的主要路径中包含三个不同的语音方向:首先是,音核从[u]到[a]的低化或开度增大;然后是从[a]到[æ]的前化;再后是从[æ]到[e]的高化。从语音学的观点来看,这条路线是曲线而非直线。不同的语音影响被用来预测有利于或不利于每一阶段的音变。此外,还有一些支链(side chain)包含完全不同类型的音变:单元音化、内滑元音的发展、短
485 化、滑音的非圆唇化,等等。为了得到一种简单直接的、考虑到全部数据的元音音变进展指数,小仓必须对每一个支链指定与主线路中下一阶段相同的数字。然而显然不同类型的语音条件会有利于这些不同方向侧链的音变进展。特定语音条件的进展指数的线性关系就会把相反的条件作用结合在相反的方向上,平均值为 0。

这种非线性的另一方面可以在中古英语 ū 元音的映射的地理分布中观察到,即方言地理的专有区域。图 17.2 显示单词 *house* 和 *mouse* 在英格兰全部 311 个点的数值。在英格兰东半部,有很规则的演进形式,从北部的[uː]开始,到东南部的四分之一地区依次变为[ɷu]、[aɷ]、[æɷ]和[ɛɷ]。这可以解释为源自东南部的双元音化向北部的稳步扩散。但是在英格兰西半部,情况复杂得

① 在 ū 和 ī 的双元音化中,我们能预测开音节的元音比闭音节的元音表现出开口度更大的音核,并且位于浊音词尾前的元音比位于清音词尾前的元音具有开口度更大的音核。这种关系在现代苏格兰方言中保留完好,反映出最初元音变化尚未完成的过程,以及现代美国方言中影响/ay/的一些央化的过程。这类语音影响的普遍性是有局限的(LYS:第 3 章)。

多，有源自很多点的地区性音变扰乱了这种规则性进程。一些地区表现出双元音的单元音化，另一些地区则有从/w/到/y/的滑音转移。在一些邻近威尔士的地区中还能看到威尔士说话者叠加的那些保守影响。因此，强烈的迹象表明对于数据进行整体的回归

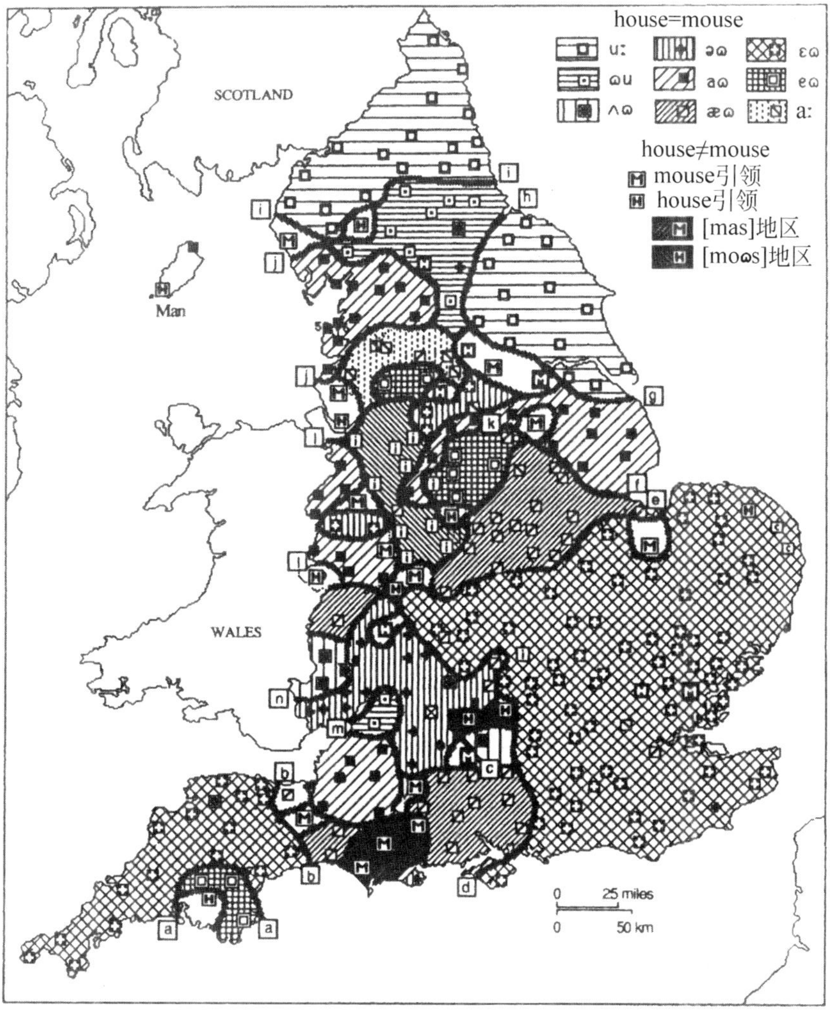

图 17.2　在英格兰 311 个地点中，中古英语 ū 单词在 *house* 和 *mouse* 的演进

分析将会因西部数据缺乏线性而受到干扰。

最后,表 17.4 的多元回归分析显示词频在影响音变方面没有作用。同时这也表明,没有出现词汇扩散的典型模式,尽管不排除词汇扩散可能会对数据产生某种程度的作用。

多维标度法

鉴于这种非线性的构架和回归分析的有限结果,看起来采用一种反向的数学方法较为可取。与把 30 个独立单词的历史放入预想的格式不同,我们会采用一种分析模式,把单词之间的实际差异描绘为它们的映射在 45 种语音形式中的分布。因素分析(factor analysis)把原始数据集的变异减缩为少量的维度是完成这个研究任务的一个有用工具。然而,它和多元回归一样需要相关成分有线性关系的假设,并经常导致一种不容易解释的更高的
486 维度[①]。多维标度法(Shepard 1962; Kruskal 1964; Shepard, Romney, and Nerlove 1972)寻找数据点之间的各种非线性关系——相似性、协同性、相关性、交互作用等——能够被定义为一种"近似性"的类型。这种计算程序采用全部数据的一个局部相关矩阵作为输入,这是我们在用卡方分析词对得到的表 17.3 中抽样
487 选取的更有系统性的信息。然后这种程序通过循环重复的计算方法来寻求在小量维度中——通常为两个或三个——与近似性数据单项关联的距离。

---

① 因素分析,以主要成分分析的形式首先运用到数据分析,得到很有兴趣的结果;前三个成分具有适用的语音学解释。然而,在这节中使用多维量表法所得的结果更为精确而且更加适合数据的非线性特征。

图 17.3 显示出在多维标度程序中加入 30 个带有中古英语 **ū** 的单词得到的结果形成的二维表现①。中心组的 16 个单词没有受到特定的语音制约，紧密地聚集在右上方。这是 **ū** 词群的中心。所有其他分散在图中的单词都包含有特定语音条件的变体。

1　单词 *room* 在最左边，远离其他所有词。如我们所看到的，它不属于这个系列。

2　同样不属于这个系列的单词 *bow*，独自位于较低的中央位置。

3　单词 *drought* 出现在低的中央位置，离主要分布区更远。据上文所述，*drought* 有独特的语音分布，远离其他以软腭音结尾的单词。

4　以/r/结尾的三个单词：*hour*、*flower*、*flour* 在纵轴的下半部紧密的聚集在一起。

5　以边音结尾的 *owl*，在水平方向上与几个带/r/的词占据相同的位置，但是在垂直方向上位于主要分布区。

6　最初曾以中古英语 **g** 结尾的带开音节元音的三个词： 488
sow、*plough*、*bough* 聚集在纵轴的左侧。而没有 **g** 词源的 *cow* 和 *eyebrow* 彼此隔开分布在附近。

用多维标度标注输出的维度并不总是很容易的事，但是

① 在这里所使用的多维量表法特别版本是在苹果系统上运行的 Systat 程序。克鲁斯卡的重音公式（Kruskai 1964）用于常见的欧几里得距离。

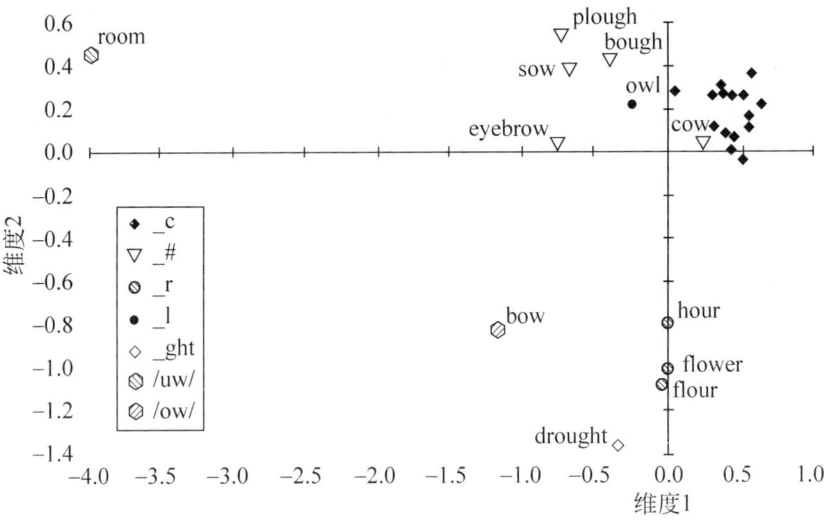

图 17.3 所有中古英语 ū 单词的多维量表

图 17.3 的标注并不困难。水平维度 1 和元音转移的参与情况相关。单词 *room* 参与最少,位于最左边。其次是 *bow*,它是参与了,但那是作为另一个词群——中古英语 **ō** 的成员。垂直的维度 2 标示后接辅音的影响,更多细节可参见图 17.4。图 17.3 还显示出底层中古英语 **g** 仍在继续决定 *bough*、*sow* 和 *plough* 行为的程度。

图 17.4 是去掉那些外围的单词,对主要词群做多维标度分析的结果。这是一种语音制约的详尽模式。最上边是以鼻音结尾的单词——*thousand*、*bounce*、*crown*、*ounce*、*drown*。以流音丛为首的子群集中在右边。然后是以清塞音结尾的单词:*out*、*without*、*about*。在这些单词的下方,紧挨横轴的是以清擦音结尾的单词:*house*、*mouse* 在左边,*south*、*mouth* 刚好在纵轴的右边。词首为流音的词集中在右边:这样就解释了 *louse* 和 *house*、*mouse* 的分离。

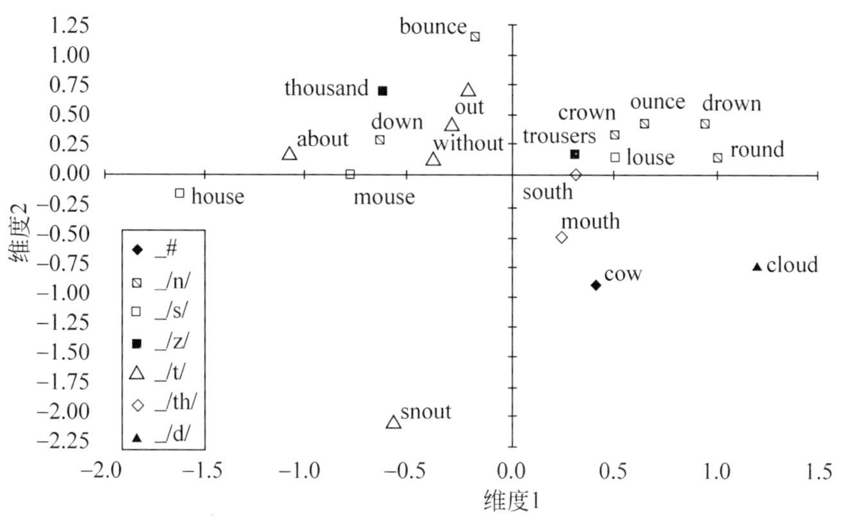

图 17.4　中古英语 ū 的核心词的多维标度法分析

图 17.3 和图 17.4 的语音解释相当清楚。图 17.3 把拥有不
同历史的个体单词彼此分开，并且把一个语音子群——流音前的 489

中古英语 ū 与主体分隔出去。在这些主要的子群中，图 17.4 显示出详尽的语音条件。

这些结果的重要性远远超出中古英语 ū 的实例。尽管已有五代语言学家接受了方言地理学提出的“每个词都有自己的历史”的观点，但是图 17.3 和图 17.4 的证据对另外的方向做出有力的论证。如果量化分析的方法适当，那么方言模式的语音规则性会以比新语法学派自己预期的更强的形式显现出来。输入到多维标度程序中的没有语音信息：因此图 17.4 中详尽的语音分群是数据本身的属性。

这种严格的语音划分存在一个例外的词：*snout*。它不同于其他以/t/结尾的单词，无法从语音的角度进行解释，而应该看作是词汇变异的唯一例证。

中古英语 ū 的地理学证据

图 17.2 是最早用于显示中古英语 ū 地理分布的非线性特性。这是在 SED 中专门设计两个单词的发展对比：*house* 和 *mouse*。我们能够用这对词探索有关音变的空间分布——至今一直缺失的方言地理学的根本特征。虽然图中只显示了单一的词对，它却能让我们详细地追溯地理扩散的进程。如果音变的基本机制是新语法学派的，这两个单词就会表现出几乎相同的空间分布；如果基本机制是词汇扩散的，我们就应该看到 *house* 和 *mouse* 的独立变化，特别是出现在主要方言区之间的边界地带。从 311 个社区的大多数来看，这两个词的语音形式相同，标示为图中右上角的九个符号之中的一个。这两个单词只在以 M 或 H 为标记的 30 个社区中有着不同的表现——低于总数的 10%。总体上，*house* 和 *mouse* 有着相同的历史。但是产生这个结果的音变仍然有可能包含有词汇扩散的过程，其中单词随机选择并且各自发展。这种过程的证据一定会在地理区域之间的边界地带发现，在那里有着大多数的 *house* 和 *mouse* 之间的不一致。

我最初选择 *house* 和 *mouse* 是因为布龙菲尔德(Bloomfield 1933：330 及以下诸页)在对方言地理学原理的讨论中对这两个词给予了相当的关注。两个单词在荷兰的不同似乎已成为空间分布中词汇特异性的经典例证：

> 单词 *house* 比单词 *mouse* 更多地出现在正式讲话和与文

> 化中心代表人物的交谈中;*mouse* 则更多地限于家庭和熟悉 490
> 的场合。因此,我们发现在上层并具有中心形式[yː]的单词 *house* 已传播到单词 *mouse* 一直保留旧式发音[uː]的地区中。(1933:330—331)

像很多方言等语线的解释一样,这是一种事后归因的解释。但是由于它关注所指"*house*"和"*mouse*"的普遍特征,因此它在英格兰应该与在荷兰一样普遍适用。17.1 节对怎样用方言地理学的数据来区分规则性音变和词汇扩散提出了一些量化的论证。遵循这一逻辑,我们可以用图 17.2 中的数据来检验两个普遍命题:音变是从一个词到另一个词,以及 *house* 比 *mouse* 变化更快。

我们假设在元音转移的任意一个特定阶段,*house* 和 *mouse* 不是一起变化,而是作为有相等概率被选择的个体词项各自变化。正如我们先前已看到的,有四种可能的情况。如果词汇扩散是基本机制,我们会发现在经历音变的这个阶段的社区中,较旧的形式和较新的形式有如下的分布:

	1	2	3	4
house	较新	较新	较旧	较旧
mouse	较新	较旧	较新	较旧
	25%	25%	25%	25%

让我们暂时忽略在 17.1 节列出的影响 *house* 和 *mouse* 随机区分其他原因,只关注类型 2:一种音变的词汇选中了一个词而没选另一个词。这就会使词汇扩散的音变在不同区域之间的过渡地带出现两个词有 50%相同,50%不同。我们可以通过检验图 17.2 中

包围着不同地区的等语线来测试这种可能性。如果两个点之间的过渡遵循了这样的进程,我们将预期在两个规则性的地点之间发现 **M** 或 **H** 的情况会各占一半,与上表的第 2 列和第 3 列相对应。图 17.5 把最北部方言区的图形放大来说明这个方法的运用。

英格兰最北部地区是最保守的区域,在那里元音转移完全没有影响到中古英语 **ū**。在这个区域以南的东部,我们发现这种元音转移的第一阶段,双元音化的高元音[ɷu]。在西部,邻接最靠南的地区有一个更为分化的双元音[aɷ]。沿着[u:]区域边界的每一个点都跟等语线以南最近的点相匹配,用加粗虚线标出;一共有七个这样的过渡地带。

491

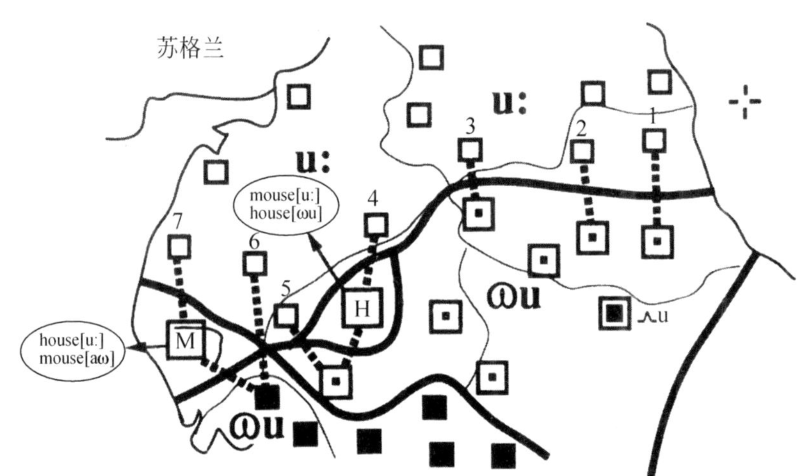

图 17.5　英格兰北部跨越[u:]区域南部边界的过渡地带[1]

- 标注为 1、2、3 的地点表现为 *house* 和 *mouse* 同时从[u:]过渡到[ɷu]。

[1] 图中标示有误,左下角[ɷu]应为[aɷ]。——译者

- 地点 4 靠近一个带有 **H** 标记的中间地带，其中 *house* 双元音化，而 *mouse* 则没有。这是从北部的[uː]地区到双元音化的[ɷu] 地区的一种词汇过渡，呈现为词汇扩散理论预测的中间阶段。
- 地点 5 表现出从北部的[uː]地区到南部的[ɷu]地区的同时过渡。它也可能靠近[aɷ]地区，因为它与西南部的黑方块地区距离相等；但是按照总体程序，地点 6 与[aɷ]地区相连。
- 地点 6 表现出从[uː]地区到[ɷu]地区的同时过渡。
- 地点 7 靠近带有 **M** 标记的第二个中间地带，其中 *mouse* 比 *house* 变化快。同样，变化更快的形式跟南部区域的表现一致，如同延续的虚线所标示的情况。

于是地点 4 和 7 都表现出词汇过渡的类型，支持词汇扩散理论；地点 1、2、3、5、6 表现为同时过渡，与规则音变机制相一致。

表 17.5 列出了图 17.2 中全部等语线上过渡点的总数。等语线（在图 17.2 用字母 *a*—*n* 表示）的选择按逆时针方向，从西南部的康沃尔（Cornwall）开始。每一个边界与每一个带有 **H** 和 **M** 标 492
记的区分地区选择一次①。表中前两列显示，有 82 处过渡是 *house* 和 *mouse* 同时改变了音值（如同图 17.5 的 7 处过渡中的 5 个过渡的情况），有 25 处过渡是两个词不一样（如同图 17.5 的 7 处过渡中另外 2 个过渡的情况）。区分率为 23%，是词汇扩散模式预测值的一半。

① 有两个 **H** 标记的地点因为远离主要区域，所以在这次计算中没有采用。

表 17.5 第二列提供的 25 个区分过渡并非都是 17.1 节列出
493 的类型 2 的词汇过渡。其中还包含了其他的两种演变进程。首先是类型 6,言语产生中的内在变异。在利兹市,有报告说 *house* 可以发为[a:]和[aɷ]。根据我们在其他地方变体情况的知识,可以推测 *mouse* 也很有可能在大量的自然语流中表现出变异。第二个进程是类型 3,由于 *house* 和 *mouse* 之间的语音差异而产生的条件音变。其中大多数都涉及 *mouse* 的词首唇音。在多赛特(Dorset)南海边的三个标为 **M** 的点,*mouse* 短化为[mas]:这与元音转移无关。在西海岸标有 **M** 的地点,正好在威斯特摩兰郡(Westmorland)发 [aɷ]地点的南部,把 *mouse* 发成[mạs](带单元音[a]);邻近地区都没有这种形式。在伯克郡(Berkshire)南部黑色阴影区,有两个标有 **H** 的点。这里的 *mouse* 发为[moɷs],反映出词首圆唇特征:邻近地区没有这种语音形式。由于[oɷ]在元音转移的历史上是更为保守的形式,因此 *house* 被标记为音变中领先,但这显然是 *mouse* 的语音条件的例证而非 *house* 的词汇选择。

表 17.5　*house* 和 *mouse* 的同时过渡和区分过渡

	house＝*mouse*	*house*≠*mouse*	词汇过渡
a. 康沃尔[eɷ]外围边界	3	1	0
b. 康沃尔[ɛɷ]东北部边界	3	1	0
c. 多赛特[æɷ]西北部边界	4	5	1
d. 东南端[ɛɷ]的西部边界	13	3	1
e. 东南端[ɛɷ]的北部边界	10	2	1
f. 东部内陆[æɷ]的北部边界	6	2	1
g. 林肯郡/西边[aɷ]的北部边界	7	1	0

续表

	house＝mouse	house ≠ mouse	词汇过渡
h. 约克郡[u:]的东部边界	4	3	0
i. 北端[u:]的南部边界	5	2	1
j. 威斯特摩兰郡[aɷ]外围边界	10	1	0
k. 中部内陆[ɛɷ]的北部边界	2	1	0
l. 柴郡和什罗普郡[aɷ]外围边界	6	3	1
m. 格洛斯特郡[əɷ]南部/西部边界	5	0	0
n. 赫里福郡[ʌɷ] 外围边界	4	0	0
总计:107	82	25	6

表 17.5 中第三列数据显示有多少区分的地点确实是词汇的过渡,如同图 17.5 的点 4 和点 7。在 25 个地点中只有 6 个,或者总数的 5.6%,用表 17.5 说明的方法确认为词汇过渡。这远低于词汇扩散理论所预测的 50%,而跟规则性进程中随机波动的影响非常接近。

这些结果不能证明词汇扩散在中古英语 **ū** 的发展中没有起到作用。一直存在这样的可能,单词以更快的速度和更小的程度每次改变一个词,使它们在每一社区受到这种音变的影响之后很快就重新融入这个社区中。我们所能说的是,在迄今所考虑的数据中没有出现词汇扩散的证据。

我们同时会问这个证据是否支持对立的规则音变模式。有人可能会论证规则音变将预测词汇过渡出现率为 0%。然而,有很多其他的变异来源使得任何社区都不可能在语音产生中表现出完美的规律性。正如 17.1 节所表明的,词汇统计显示词汇的分化率

每 500 年约为 8%。当然在这些计算中,我们没有考虑词汇的替
换,而是能够导致两个单词语音分化的一系列小原因。这些不是
纯语音的作用,而是社会交互作用的结果。在新语法学派的观念
中,“方言混合”的概念被自由地用于说明这种变异。在方言学方
面,道扎特和吉列伦清楚表明跨方言地区的迁移和通婚必定会使
494 边界地区出现某种方言竞争的情况。这样,在 107 个过渡中有 6
个是词汇过渡的事实与规则性音变的一种底层模式并非是不一致
的,其中规则性进程受到一系列较小因素的干扰。

17.4　中古英语 ī 词群分析

现在我们可以采用相同的办法考察元音转移中的前元音,中
672 古英语 ī。表 17.6 是 42 对[1]中古英语 ī 单词的卡方对比的取样,
按照卡方值由小到大的顺序排列。在 39 个单词的 741 种可能的
组合中有 44 组在表中显示出来。结果再一次表明,大多数对比在
分布上没有表现出显著差异:这只是能够做出的词对比较的数量
495 的一个抽样。语音上最为相似的词对分值最低:*ice*/*icicle*,这对
词结合了语音和语素的相似性,是分值最低的一个。接着的语音
相似的词对如:*hive*/*ivy*、*wife*/*knife*、*mice*/*slice*、*white*/
writing、*nine*/*mine*、*slice*/*lice*。虽然卡方测试的主要作用是从非
显著差异中区分出显著性差异,同时我们也能看到在非显著差异
组中语音相似性从小到大的排序。在左边一列的下方,我们看到

[1] 原文有误,实际是 44 对。——译者

dry/*fire*，是开音节元音与在/r/前的元音相对比。更大的语音对立导致卡方测试的显著差异。然而，在左列底部我们也看到如 *might*/*sight* 和 *right*/*light* 这样的近似最小差异词对。

在有显著性差异的词对中，我们发现有些词对的语音区别，如 *hive*/*wife*，是词尾的清浊对立；而在 0.001 水平上，*fire*/*ice* 词对的区别更大。但是也有一些有着很高卡方值的词对，却没有明显的语音区别：在 0.01 水平上的开音节词对 *eye*/*dry* 和 *eye*/*sky*，在 0.001 水平上的 *died*/*hide*、*fight*/*white*、*fight*/*night*，等等。这些涉及了晚期古英语中还不是 ī 词群成员的两组词。如果我们把中古英语 ī 词群的主体作为 **ī1**，那么这些词就可以标记为 **ī2** 和 **ī3**。

表 17.6　中古英语 ī 单词语音分布的词对卡方值

	χ^2	N		χ^2	N
不显著			$p<0.05$		
ice/icicle	0.34	10	hive/wife	23.50	12
hive/ivy	1.58	10	eye/died	24.13	12
wife/knife	2.08	12			
mice/slice	3.00	11	$p<0.01$		
white/writing	3.23	11	eye/dry	27.91	10
nine/mine	3.53	13	eye/sky	28.04	10
slice/lice	3.63	11			
died/flies	3.76	12	$p<0.001$		
dry/sky	3.91	9	fire/ice	29.00	9
sight/lightning	3.94	12	thigh/might	30.55	12
spider/slide	4.37	13	right/night	33.43	13
fire/iron	4.45	9	iron/wife	42.83	10
might/writing	4.47	12	eye/light	43.77	12

续表

	χ^2	N		χ^2	N
hide/spider	5.16	13	might/wright	48.47	12
night/sight	5.70	11	died/slide	69.09	14
time/nine	6.42	13	might/light	74.03	13
died/light	7.47	11	died/hide	76.81	12
five/hive	8.58	11	sight/dike	75.19	14
stile/thigh	8.81	12	fight/white	97.82	11
beside/hide	8.90	13	fight/writing	99.54	11
dry/fire	14.58	8	might/fight	101.7	11
eye/flies	14.95	11	night/writing	102.9	13
might/sight	15.21	10	night/white	106.5	13
right/light	19.11	13	fight/night	131.8	13

ī2 组包括中古英语后接软腭辅音和/t/的短 **ĭ** 单词 *right*、*night*、*fight*、*sight*、*light*、*lightning*，以及复合形式-*wright*。在大家都知道的方言历史中，软腭音先是成为硬腭清音随后就消失了，伴有补偿性的元音长化。带辅音和不带辅音的这两种发音在15—16世纪的伦敦英语中曾经竞争（Jespersen 1949：284）。这在所有的方言中都没有发生过。美国人最熟悉苏格兰保留的软腭音，如在俗语中的 *braw bricht moonlicht nicht*（有可爱的明亮的月光的夜晚）[1]。与 *drought* 不同，**ī2** 在 SED 的任何英语方言中都没有辅音性的映射。

ī3 组包括在古英语中后接 **g** 的长 **ē** 单词如 *lie*、*fly*、*die*，以及长 **ɛ̄** 单词如 *eye* 等。在 SED 的方言中没有留下辅音的映射，但是正如我们将看到的，并非所有的方言中都发生了高化。包含古英

[1] 原文是苏格兰绕口令。——译者

语 **eoh** 的 *thigh*，就与这组词有关。

小仓（Ogurd 1987）列出了具有不同古英语来源的若干其他单词。*fire*、*hive*、*mice*、*lice*、*hide*、*dry* 都在古英语晚期曾有前圆唇元音 **y**，但在现存方言中已经没有任何痕迹。单词 *nine* 在古英语晚期包含/ig/，但是卡方和其他测验都表明它与 *mine* 的分布相同。

多元回归分析

中古英语 **ī** 的多元回归分析显示出与中古英语 **ū** 相似的模式。表 17.7 列出从三个独立运算得到的显著性结果。表中（a）部分显示的第一个分析中，全部有 38 个单词，对历史上曾属于不同词群的单

词分别指定了不同的仿拟的变体。如同在中古英语 **ū** 中一样，频率 496
没有任何影响。另一方面，这两个特殊词群对 **ī** 的元音转移的运行有很强的滞后作用，负系数分别为－230 和－189。由于这些词群原不是主要进程的一部分，它们会很明显地落后于其他的词。最后，语法性形式——*beside* 和-*wright*——有一种小的积极影响[①]。

表 17.7　38 个中古英语 ī 单词逐步多元回归分析。
因变量：小仓（Ogurd 1987）元音大转移指数

变　　量	系数	*t*	*p*（*2-tail*）
a. 所有单词［N＝38］			
词频	0.006	0.152	0.875
iç 词群（**ī2**）	－230.111	－3.689	0.001
ē 词群（**ī3**）	－189.384	－3.250	0.003

① 语法性词群的成员作用可能是由于在平常讲话中重音的减少，尽管这在方言地图田野工作的调查提问中不一定会出现。

续表

变　　量	系数	t	p(2-tail)
+语法	127.794	2.770	0.009
b. 移走 **ī2** 和 **ī3** 词群 [N=27]			
词频	0.021	0.652	0.523
后接音段	83.060	1.987	0.062
后接流音	−56.7000	−1.874	0.078
c. 移走所有开音节和以流音结尾的单词[N=21]			
词频	0.003	0.230	0.822
后接紧音	−38.918	−3.296	0.006
后接鼻音	77.090	2.372	0.034
前置鼻音	−83.173	−3.325	0.005

在(b)部分的分析中排除了特殊词群和语法性词项,大多数的变异是源自它们之中。[①] 频率依然没有影响,但是出现了两种小的语音影响,刚好没达到 0.05 的显著性水平。闭音节略有积极作用,而后接流音具有消极作用。

在(c)部分的分析中排除了开音节和以流音结尾的音节,保留了 21 个单词。同样地频率没起作用。可是出现了后接紧(清)辅音的一种少量却显著的消极影响,还有后接鼻音的积极作用,和前置鼻音的消极作用。这些小的语音影响一定会被带有怀疑态度的
497 看法认为是,缺乏我们在中古英语 **ū** 看到的线性特征。不过,分析程序确实表明在变异的主要来源,即迁移的词群的底层存在着语音的作用。总体而言,这种情形跟中古英语 **ū** 相类似。

① 对(a)和(b)方差分析结果的比较表明只有 5%的原始变异保留了下来。

多维标度分析

现在我们采用多维标度法来分析中古英语 ī 的地理分布。图 17.6 显示出小仓(Ogura 1987)从 SED 所挑出的 38 个中古英语 ī 类单词的多维标度分析结果。所有这些单词都以/ay/出现在标准语中。显而易见在卡方测试和回归分析中缺少同质性。

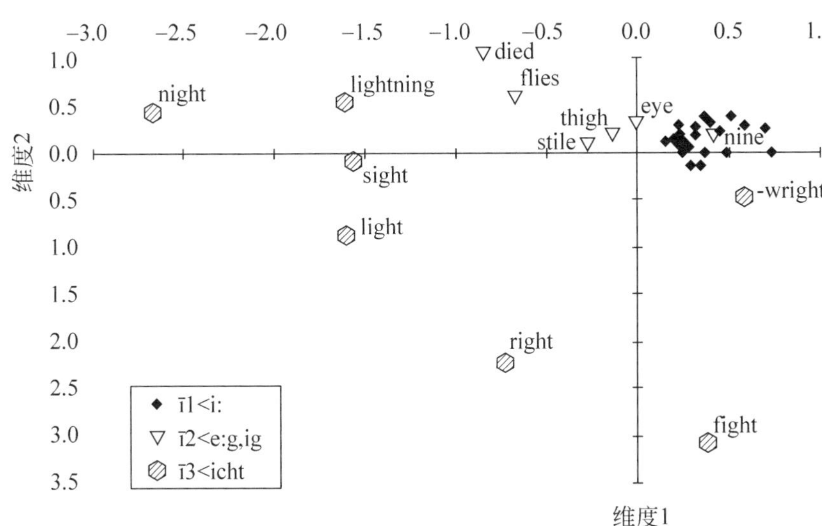

图 17.6　所有中古英语 ī 词群的多维标度分析

主要的单词群体紧密地聚集在右上方,用黑色菱形标出。这就是 ī 词群:直接与古英语 ī 相对应的中古英语 ī 类单词。

散布在图中其余部分的点代表着进入特殊词群 **ī2** 和 **ī3** 的迁移词。图 17.6 用三角形标示的 **ī2** 词群是后接词尾浊软腭音的古英语长的中元音的映射。位于前元音后面的、拼写为 **g** 的软腭音曾变为硬腭部位并最终元音化为[j];位于前面的元音在古英语晚期或中古英语时期被上升为高元音。*eye* 曾在中古英语里经常拼

写为 *eye*、*eiʒe*,或者 *eighe*,表明古英语的 **éa** 在晚期已平滑成 **ɛ:**。在乔叟的作品中也发现有 *ye*、*yen* 的拼写,表明朝向高元音的变化,而 *ey*-的拼写被保留在标准语中。在中古英语中,*die* 曾有不同的拼写,*dien*、*dyen*、*diʒen*、*deʒen*、*deyen*,相当于冰岛语的 498 *deyja*;古英语的同源词根丢失了,后来又重新适应了斯堪的纳维亚语的来源。名词 *fly* 源于古英语的 *fléoge*;*flyge* 的拼写反映出一种早期的高化。现在拼写为 *thign* 的单词也是源于古英语的 **éo**。在中古英语中拼写为 *thin* 或 *theiʒ*,反映出更早的 *théoh* 形式。单词 *stile* 和 *nine* 曾有短高元音,因软腭音消失而长化,是古英语 *stigon* 和 *nigon* 的映射。

在图 17.6 中的六个 **ī2** 组的单词有五个表现为在中古英语 **ī** 主体词群以外的不同分布。*died* 和 *flies* 在图的左边较远处,*stile*、*thigh*、*eye* 在靠近原点处排成一串。只有 *nine* 在主体分布区里。[①] 没有语音条件可以说明这个子群的不寻常行为:在这里我们看到词汇扩散的地理证据。

ī2 词群在古英语时代有着多种不同的历史:*night*、*sight*、*right* 有短 **i**,*fight* 有短 **eo**,而 *light* 有与长 **ī** 交替的长 **éo**。*lightning* 源自于中古英语 *lightenen*"to lighten"(使变亮),有着同样的音系历史。在中古英语中,所有这些单词都有一个短 **i**,并都拼写为-*ight*,反映出一种[ɪçt]的发音。软腭音变作硬腭音[ç],这显然是比浊软腭音要晚得多的辅音性发音的继续。如上所述,

---

① 单词 *nine* 的硬腭滑音消失和补偿性长化似乎早于单词 *stile*。这似乎是这里考察的数据中仅有的频率成为主要影响的情况。

长化的[iː]和短的[iç]这种并存的发音一直到 16 世纪才在标准语中见到(Jespersen 1949:284)。它们不同的演变历史也同样反映在地理分布中。在图 17.6 中,这些词比第一个迁移词的子群表现出更为明显的词汇扩散的榜样:它们从左上方到右下方,形成分布广泛的模式。其中单词-*wright* 脱离了这种发展主线。①

图 17.7 显示了 **ī1** 词群的主体分布中详尽的语音标示。维度 1 明显表现出后接音段清浊的影响。所有以清音结尾的词都在原点的右边,其余的都在左边。

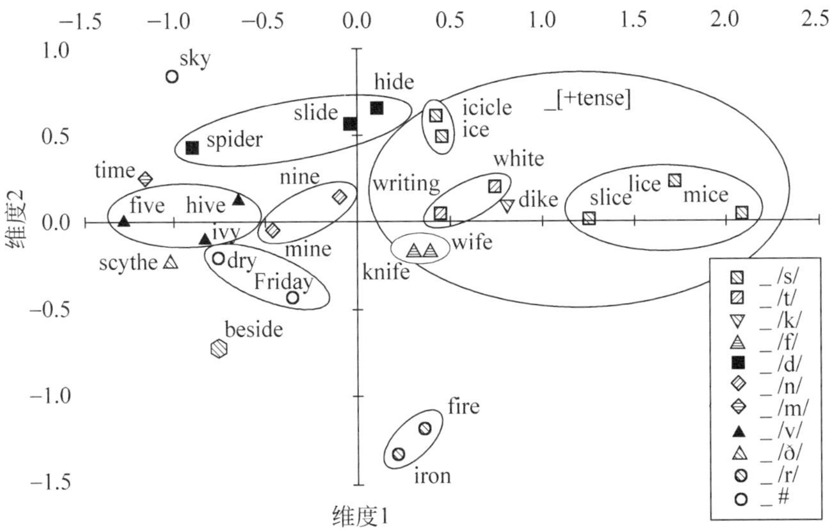

图 17.7 中古英语 ī 核心词群的多维标度分析

- 以/s/结尾的三个词在最右边:*mice*、*lice*、*slice*,而 *icicle* 和 *ice* 紧靠在一起,在维度 2 上稍高一点的位置。

---

① 单词-*wright* 是从古英语的 *wyrht* 音位转换的结果,但是-*wright* 的重音减弱无疑是造成这种不同位置的原因。

- 以/f/结尾的两个词：*wife*、*knife*，在原点的右侧略低的位置。
- 以鼻音结尾的三个词：*nine*、*mine*、*time* 位于原点的左侧，*time* 离得更远，这种不同可能是反映了词尾唇音的因素。
499 - 以舌尖塞音结尾的单词比其他词尾的词更加靠近竖轴的原点：*hide*、*slide*，以及 *Friday*，它们结成紧密的一组。
- 以 *s*-音丛为首的两个词在左上方，*sky* 和 *spider*。这使图 17.4 中 *snout* 的异常位置，并非是词汇上的例外成为一种可能。它的孤立是由于缺少带有 *s*-音丛的其他单词。
- 以浊擦音结尾的词分布在最左边：*five*、*ivy*、*hive*、*scythe*。
- *slide* 和 *beside* 的分布相隔甚远，这有可能是由于 *beside* 的语法地位所致（见表 17.7a）。

正如图 17.3 一样，维度 2 反映流音/r/后接和前置的影响。最有力的影响来自后接的/r/：*fire* 和 *iron* 位于低处的中间位置，与图 17.3 中的 *hour*、*flower* 和 *flour* 处于同样的相对位置。前置的/r/，尤其是位于辅音丛的前/r/，在相同方向上有较为温和的影响：图 17.3 的 *eyebrow* 比 *sow* 和 *bough* 低，正如图 17.7 中 *Friday* 和 *dry* 比 *sky* 低。因此维度 2 对于 ū 和 ī 的分布大体上一样。但是维度 1 却不同。尽管二者都是通过后面的语音环境中发音部位和发音方法聚集单词，但实际的分布大为不同。

图 17.3 和图 17.7 表明在反映古英语到中古英语的连续历史的主体分布中没有明显的词汇扩散的例子。词汇扩散被限制在已
500 经加入中古英语 ī 词群的那些成分，作为倾向于词汇扩散的音系进程选择的结果：在这个例子中，出现补偿性的长化。异常词汇的缺失，加上严格的语音制约得出了元音大转移的机制是规则音变

的结论。元音转移的适当成分——元音音核的高化、低化、前化和后化——表现了规则性的、新语法学派的音变的所有特性。

迁移词群 ī3 的地理分布

图 17.8 显示了英格兰北部的 ī3 词群，其中它的不规则表现的地理来源是很明显的。三个画线的地带显示北部地区中 *died*、*flies* 和 *eye*，连同 *need*、*see*、*freeze* 依然保留为中古英语 ē 和 ɛ̄ 词群的成员，因此在现代方言中读作[iː]。每个单词都有不同的模式。*died* 区域包括了北部英格兰的北面和西面。*eye* 的保守行为更有局限：[iː]只分布在这个地区的南半部。最后，*flies* 在整个区域保留为它的原始词群成员，除了中部的四个点和西南部[1]的一个点以外。

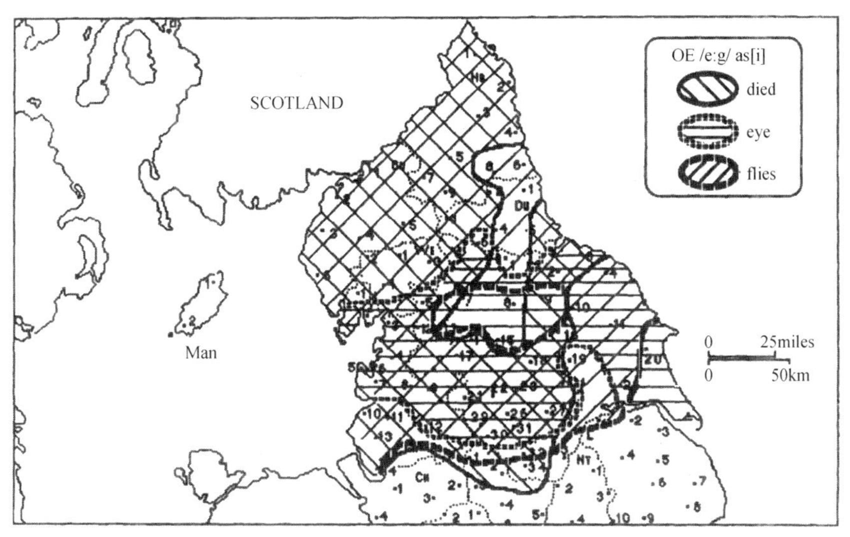

图 17.8　英格兰北部古英语晚期 ēg 词保留为 ē 词群成员的社区（=现在的[iː]）

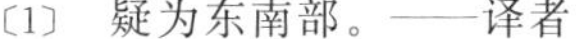

〔1〕 疑为东南部。——译者

在图 17.6 中这些单词分散的位置完全是这种地理上不规则的结果,而且与元音转移本身的运作无关。在中部和南部的方言中,范畴成员的改变已经全部完成,这三个单词都遵循着它们新的长/iː/词群的历史,按照新语法学派的规则性,双元音化为/ay/和/oy/。

501 17.5 总结

本章以正常的预期开始,方言地理的证据会加强词汇扩散的实例,但是结果证明情况刚好相反。一个多世纪以来,语言学家一直设想方言地理学的证据会坚定地反对新语法学派的观点,但是我们通过用细微而全面的语音条件找到了规则音变的证据。我们先探讨了小仓的关于中古英语 ī 和 ū 的双元音化是以词汇扩散方式进行的论证。但是,这里采用的量化方法不支持这一观点。对于大多数研究分析的数据来说,我们找不到要假设词汇选择机制的理由。

我们当然从来没有排除词汇扩散在主要词群中以我们难以观察到的更为细微的方式出现的可能性。如果是这样,它一定会限于在很短的时间和很小的空间内,并且远远不如语音条件的影响。这里没有证据显示词汇扩散是音变的基本机制。尽管有些单词有它们自己的历史,并不是每个词都有自己的历史。一旦方言地理学的数据用适当的数学方法进行分析,就会完全跟新语法学派的观点相一致:音变影响词群和音位。

这并不是说没有找到词汇扩散的证据。在中古英语 ū 的情况下最明显的词汇选择的可能证明是不同类型误差的结果。但是在中古英语 ī 中，有两组词确实是词汇扩散的典型例证。它们都是早期迁移进入古英语 ī 词群的结果。其中一个是位于浊硬腭音前的长中元音高化与 ī 合并，另一个是清硬腭音消失，伴随着前面的短 ĭ 的补偿性长化。

因此我们面对的是与第 15—16 章的结果类似的数据。词汇扩散不是音变的基本机制，但是它同样跟规则性音变并排出现。根据来自方言地理学的充足数据，对于推测词汇扩散实际将在何时何地出现的问题，有可能得出一个普遍的解决方案。

502 第 18 章　对规则性问题提出解决方案

一种语言理论只有包含了音变过渡问题的解决方案才能被视为完整胜任的理论。音变的进行是逐词的变化还是作为一个整体的音位变化呢？我们对这一问题的研究中得到的大量证据表明规则音变和词汇扩散都是积极有效的进程。我们还没有达到这样的水平去预测什么时候出现一种类型的过渡，而什么时候会出现另一种类型的过渡。本章的任务就是对此提出一个合理的解决方案。

我们不是立刻考虑所有的证据，而是开始更深入地检查费城短 **a** 的变化，其中词汇扩散和规则音变紧密地交织在一起。尽管我们在中古英语高元音的双元音化中已经看到词汇扩散和规则音变，但是 SED 的材料不能让我们对单个的言语社区内部的情况做出推断。本章的内容是把费城音变的这两种进程并列在一起，从不同的层面比较它们的特性：物理的、音系的、形态的、社会的。对每个进程我们都会提出变异研究的最基本的问题：正在产生变化的是什么？为了回答这个问题，我们必须通过直接或间接的方法来确定变项所代表的语言结构的层面或层级。这里设想的解决方案是结构上的：区分出规则音变或词汇扩散最有可能出现的语言结构的区域。

大量文献充分记录了费城短 **a** 的分化。大多数论证都集中在一种语法理论中具体的*规则*或者*进程*的概念上面。这在术语上和原理上都不是一个稳定的地带。把我们的发现最终和音系理论的现有形式联系合起来固然重要，但也要谨慎地使用那些容易转用到各种形式框架中的术语。因此我们将集中于研究变项的实质特性：把保守的形式和创新的形式区分开来的特征或特点。这些特征或特点的数量和性质对确定这种变异的语言表现和它定义范围的层级都是重要的。然后我们再考虑怎样把这些区分因此归并为 503
一种规则或是一种词汇模式。

18.1　大西洋沿岸中部各州两种对立的短 *a* 变化

在本卷的各种讨论中，我们已经有机会参考大西洋沿岸中部各州短 **a** 的变化。已经考虑到两个不同的方面：这个类别分化为松音和紧音，紧音类从低元音高化为内滑高元音。

- 在第 3 章，紧音/æh/从松音/æ/中区分出来，作为费城元音系统研究的一部分，并通过回归方程的年龄、性别、社会系数，追溯了变体(æh)在虚时中的高化。
- 在第 4 章，这种分化的历史可以通过实时研究的报告追溯到纽约和费城。在费城，(æh)的高化属于“接近完成的音变”。
- 在第 11 章，纽约和费城/æh/和/æ/的分离作为词汇分化的例证，并且详细提供了一些语法的、音系的和词汇的制约条件。

- 在第 15 章,显示出在这种分化的过去历史中曾出现词汇扩散,那些新迁移到/æh/类的单词,都是后接元音间的鼻音或是后接/l/的。
- 在第 16 章,(æh)的高化通过实验测量数据的回归分析进行追溯,表明了清楚的语音条件的制约而没有词汇扩散的影响。

由于在这些紧密关联的进程中已经显示出一种是典型的词汇扩散的例证,另一种是规则音变的例子,我们能够通过比较它们的特性来找出一种方法,使我们预测何时会有其中的一种音变类型,而何时会有另一种。

有关的语音特征

据记载,/æh/和/æ/之间分化最早的阶段包括长化和朝向外缘位置的转移(LYS:第 3 章);后来的发展包含高化、前化和内滑音的增加:

504 [kæst] → [kæ˂:st] → [kɛ:st] → [ke:əst] → [ki˔:əst]

原始短 **a** 词群的两种形式的语音对立最终至少有着四个特征:

	未变形式	已变形式
长度	较短	较长
外缘性	较少	较多
高度	较低	较高
内滑音	没有	常有

已变形式的声学轨迹与未变形式的轨迹有着相当大的差别。如图 18.1 所示,未变形式显示出单一的抛物线形移动轨迹,其中辅

音的过渡音下降到单一的 F1 最大值。已变形式的轨迹在 F1/F2 空间的不同区域,转向前高区域。这也更为复杂,不是一个折点,而是有三个折点。起始过渡音先下降到 F1 最大值,然后向前移到 F2 最大值,再向上回转到 F1 最小值。

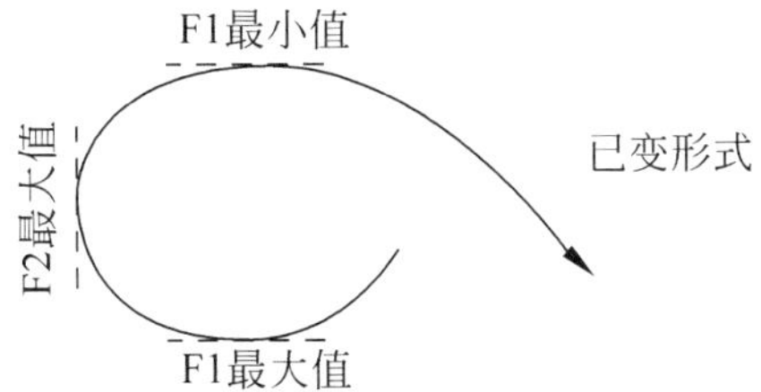

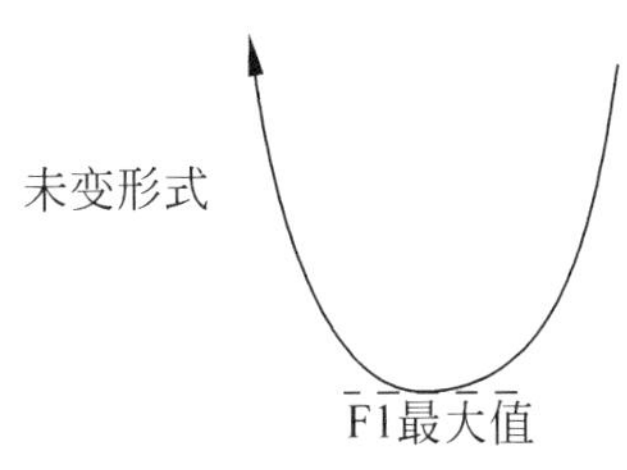

图 18.1　短 **a** 未变形式(松音)和已变形式(紧音)的轨迹特征

/æ/的测量位置取 F1 的最大值。/æh/音核的测量取 F2 的 505
最大值,因为这最好地代表了音变的相对高度或前化程度的印象。F2 最大值又是一个最小能量的点,在一些变化更快的发音中,元音就更复杂,会听为两个不同的音核。[①] 通过两种不同的测量方法突出了这两个类别之间的非连续性,并与两种不同的语音结构

① 因此在 CDC 切音实验中,芝加哥的 *that* 经常被听成两个词:*the act*、*the fact* 等(见第 6 章,原书第 189 页)。

类型相对应。简单的结构跟 *pet* 中的[ɛ]和 *pot* 中的[ɑ]这种简单元音的轨迹相似；复杂的结构跟 *yeah* 和 *idea* 的轨迹相似，它似乎跟这两个元音中的一个从中元音向高元音位置变化的情况是相同的。

这种反复出现的语音差异组合需要一个通用术语来区分已变的和未变的类别。松音和紧音是传统的最适当的术语，我将继续用它们来区分/æh/和/æ/，其中滑音/h/表明紧元音的内滑现象。很显然，紧音是对于这种主观印象和声学特征结合在一起的一个概括的术语。虽然/æh/的领先形式似乎需要更多的肌肉努力，我们要有肌电图的数据来支持这种印象，才能把紧音用于这个特性。

变体(æh)的高化可以通过跟踪那些按照上文给出的标准归为紧音类的发音项在前化和高化中一系列小的增量来描写。第16 章表明这些小的差异形成一个跨越语音空间的连续序列，在
688 (æh)内部没有发现离散的断裂迹象(见图 16.8)。

(æh)的高化进程能够通过对单一共振峰位置的实验测算进行追踪：F2 显然是比 F1 更为敏感的指标，对于语音条件(如第 16 章所示)和整个社区的进展程度(见第 3 章)都是如此。第 16 章表明追溯这个音变的最佳方式是把 F2 和 F1 结合起来。这就是沿着声学空间前对角线的笛卡尔距离(Cartesian distance)，即作为元音高度的听觉印象：

$$(\text{æh})=\sqrt{(F2)^2-(2*F1)^2}$$

因此我们把变体(æh)归入一个音系学维度，这是比共振峰中心趋
506 势的简单测量更复杂的步骤，而比起用来区别/æ/和/æh/的特征组合则要简单得多。

音系条件中的相似处

控制短 **a** 分化和紧音高化的语音条件是相似的。第 16 章表明以下语音环境的特征会影响(æh)的高度或外缘性的增加：

有利	不利
后接鼻音	次重音
后接塞音(/d/)	后接两个音节
前置鼻音	词首塞音/流音丛

这三个有利条件中有两个也是分化的条件。很明显，后接鼻音比后接塞音更有利于(æh)类单词的选择，因为其中几乎所有的词都选自第一个条件，只有三个词是选自第二个条件。在比较鼻音和清擦音的作用中(回归分析中的残留类)会发现更为细微的相似现象。所有词首短 **a** 后接鼻音的单词都选择为紧音：*aunt*、*answer*、*ancestors*、*anchovies*、*ambush*、*ambition*，以及 *ambulance*、*anticipate*、*anti-*。但是当它后接清擦音时，只有更常用的单音节词被紧化：*ass* 和 *ask* 为紧音；*ascot*、*aspirin*、*astronauts*、*aspect*、*athletic*、*after*、*African*、*Afghan* 都为松音。

在这种选择过程中没有发现前置鼻音的作用。

在那些不利的环境中，次重音跟助动词的作用相似：语法功能词 *am*、*an*、*and*、*can* 没有紧化。当这些成分重读时，它们常常具有次重音。单词 *can't* 通常为紧音；它跟其他词不同，并不是弱读词，它仅有的元音不能是中性元音。然而，100 名费城街区说话人录音的 139 个 *can't* 中有 5 例是松元音，而 145 个 *aunt* 中只有 2 例是松元音(Labov 1989a)。这也表明了次重音的影响。

在卡罗尔·迈耶斯的语音形式中，后接两个音节的作用相当大（见表 16.4），虽然只有三个词项。这是在英语元音紧化中的一个普遍的音系因素，反映为 *sane/sanity*、*white/Whitsuntide* 之类的对立。在/æh/的单词选择中，*astronaut* 是松音，而 *ask* 和 *ass* 是紧音，从中可以看出后接音节的作用。然而，这种作用受到频率
507 的干扰，而频率在费城社区研究中显然成为主要因素。*Afghan* 只出现一次，是松元音，但是 *after* 出现 152 次，为紧元音。

最后，这种选择过程与词首流音丛的不利影响没有关系。词首为塞-流音丛的单词并没有表现出跟第 10 章和第 13 章讨论 **ēa** 高化中的 *great*、*break*、*drain* 相类似的词汇例外。然而，图 16.8 却表明这类词似乎规则性地在紧音/æh/词群中变化最慢。总的说来，词首辅音对短 **a** 分化的影响很小：词首鼻音的有利作用不足以影响带有不利词尾的紧元音单词，而词首/KL/音丛的不利作用也没有足够强来克服后接鼻音、清擦音、塞音的有利作用。实际上相当令人惊奇的是 *glad* 为紧音，而 *sad* 却不是。总之，在选择过程中唯一的词首作用就是不常用词的词首短 **a** 后接擦音时为松元音。

语法条件的对比

在选择过程中有相当广泛的语法条件。最重要的是词尾音节的屈折后缀：*planning* 和 *passes* 都是紧元音，这跟 *plan* 和 *pass* 没有区别，而 *hammock* 和 *castle* 却是松元音。这种作用似乎同样包括比较级-*er* 和最高级-*est*。虽然这在新语法学派的观点中被描述为

类推，但却是一种语法作用。[①] 不规则动词 *ran*、*swam*、*began* 都是规则的松元音，跟所有的功能词如 *can*、*am*、*an* 是一样的。[②]

另一方面，在(æh)的高化中没有发现语法条件的痕迹。曾经有一个因素被用来确认如 *can't* 和 *after* 这样的语法词，但并没有发现显著影响。

社会条件的对比

研究 100 个费城说话人的结果发现，社会分层在即兴言语中对短 **a** 分化没有影响。最年长的上层说话人出生于 1915 年，跟最年长的于 1892 年出生的工人阶层说话人有着基本相同的系统(Labov 1989a：18)。在朗读词表中有相当大的发音纠正的差 508
异——主要是一种中间阶层的现象——但在不加思考的平常交谈中表现出的本地话基本系统没有区别。在交谈中，在应该是松元音的地方发现了少量的紧元音，也有少量松元音出现在应该是紧元音的地方，但是这在所有社区和所有社会阶层中都是均衡分布的。

位于元音间的鼻音前面和在/l/前面新的紧化过程中，有着一些社会关联的迹象。后者的影响只限于工人阶层的街区，而前者集中在中产阶级街区和城市郊区。

---

① 在紧化过程中派生后缀同样起到一定作用，虽然这里对 100 名发音人中得出的数据不多(Labov 1989a)。在 *classics* 为紧元音的实例中，三分之二的 *classical* 都是松元音；尽管 *photographed* 是紧元音，而 *graphic* 却是松元音。小称后缀提供了更清楚的数据。*Frannie*、*Danny*、*Sammy* 都是规则的紧元音，而 *Cassie* 和 *Cathy* 却是松元音。尽管包括屈折后缀的数据表现出相当多的变异，但是对于紧化过程的严密考察中无疑要把它们考虑在内。

② 虽然音系学定义的“弱读词”让我们在 *can*、*am*、*an* 这些词例上避开语法术语，但在 *ran*、*swam*、*began* 上并没有这样的定义。

最为普遍且令人惊奇的事实是短 **a** 的分布完全没有引起任何社会知觉。从没有人因为说的是[meːəd]而不是[seːəd],或者说的是[peːəs]而不是[keːəš]而被人看不起。也没有人按照短 **a** 的分布来描绘费城方言的特征。①

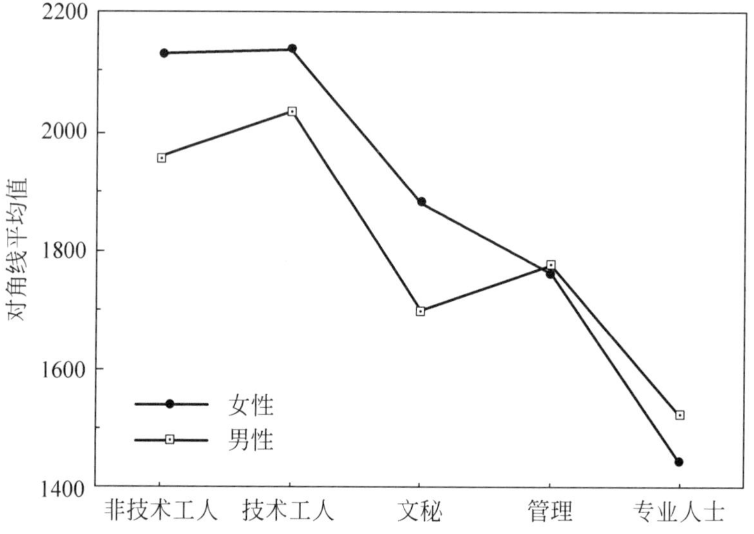

图 18.2　根据性别和职业得到的费城街区(æh)平均高度值。

$[Ht=\sqrt{(F2)^2-(2*F1)^2}]$

在另一方面,(æh)的高化表现出与年龄、性别、社会阶层的紧
509 密相关。图 18.2 显示(æh)所有变体的结合按照职业和性别的平均高度(前对角线的距离)——这种明显的分层模式是典型的接近

① 有一个例子说明了在这一层面上方言接触机制的无意识特性。莫瑞(Murray A.)是纽约人,12 岁时移居到费城,在费城上的高中,后来回到皇后区。我问他费城人怎样说各种含有短 **a** 的单词:他知道他们在 *sad*,*cash*,*bag* 中用的是松元音,但没注意他们是怎样发 *mad*,*bad*,*man* 的。这就是说,只有跟他的纽约模式不同的词才会留意;发音相同的词他就不会去注意。

完成的音变。这个变体在费城语言系统中最受歧视，同时也是在费城方言的公开议论中最常提及的语音现象（那个“*bad* 和 *Camden* 中难听的鼻音 *a*”），正如我们所见，它在词表读音中表现出一定程度的纠正。图中女性社会层级的斜坡比男性陡。在工人阶层中，女性的值高于男性，但在中产阶级中情形刚好相反。图 18.3 显示多元回归分析的模式更为规则（这里非技术工人是残留组，图中男女的参考值都为 0）。关于语言的修正，男性表现出轻微上曲模式，其中技术工人表现为正系数；而女性则表现为线性模式，社会阶层越高，负值就越大。

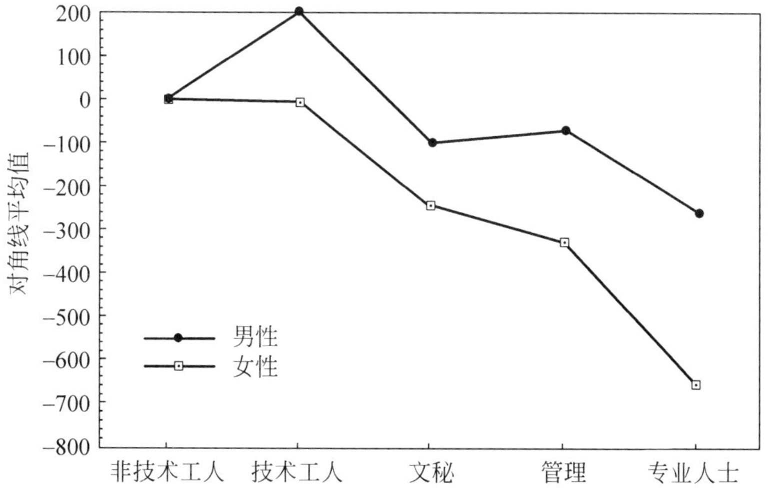

图 18.3　根据性别和职业得到的费城街区(æh)高度的回归系数。[$Ht=\sqrt{(F2)^2-(2*F1)^2}$]

主观评价测试显示这些社会分布跟一组强大而一致的态度相关联。在有意识的讨论中，费城的社会歧视不很明显，但是采用伪装匹配技术引发出的无意识的社会评价清楚地显现出这种模式。

在费城进行的主观反应测试是以一个文本阅读为基础的，详细分析见本书第2卷。测试把五种音系变体集中分布在一段叙述的各个单句里，另有一段不含这五种音系变体的零段落。在测试中，四
510 名女性发音人各以一种变体模式，轮换读给被试者听。每段言语样品都用7分类打分，这7个级别对应于不同职业，从“电视播音员”到“什么都不是”。每种变体的社会评价是用对同一名发音人零段落的评分跟带有特定变体的段落评分之间相差的数值来确定。图18.4是按照从四个不同社会阶层选出的四名发音人的(æh)音核在双共振峰图中的位置。来自上层工人阶级的发音人RD的前高音核是最靠前的形式。来自下层工人阶级的CS和下层中产阶级的PH所用的是比较适中的紧元音形式。社会上层的发音人CF以正确形式读出(æh)段落中的变体，是在松/æ/的前低位置。

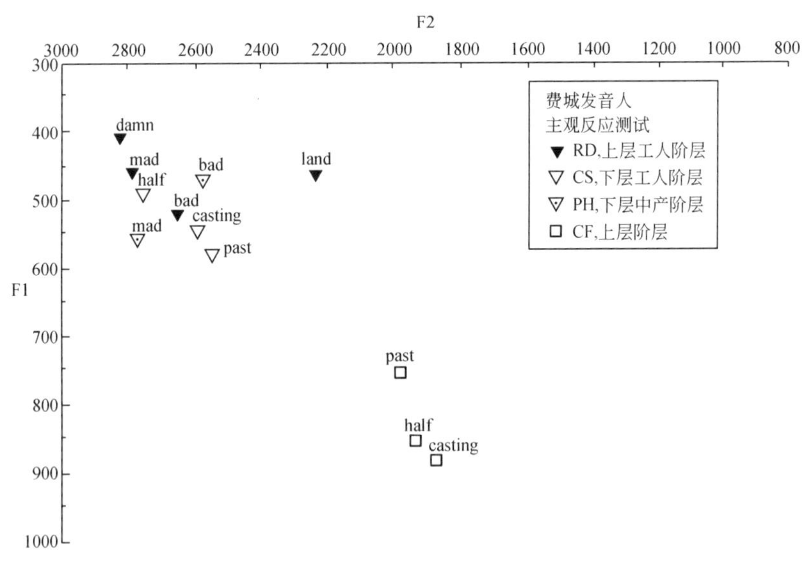

图18.4　费城主观反应测试中(æh)音核的表现

图 18.5 是费城(æh)的评价值，表现为零段落和(æh)变体评分的差值。其中一个最大影响是上层工人阶级发音人 RD 的数值下降，她在图 18.4 中显示出(æh)最靠前的形式。她在零段落的平均分数略高，为 3.8，只有上层发音人的评分 4.3 超过她。但是她在(æh)段落的评分急速下降为 2.6。而发音人 CS 和 PH 对(æh)比较适中的发音并没有引起这么强的反应。上层发音人 CF 的前低形式在零段落评分已经相当高的基础上又有一个明显的增
量。总结归纳就是变体的语音形式得到很恰当的评价，图 18.2 和 511
图 18.3 中明显的社会分层通过费城社区所有成员统一的社会评价得到反映。

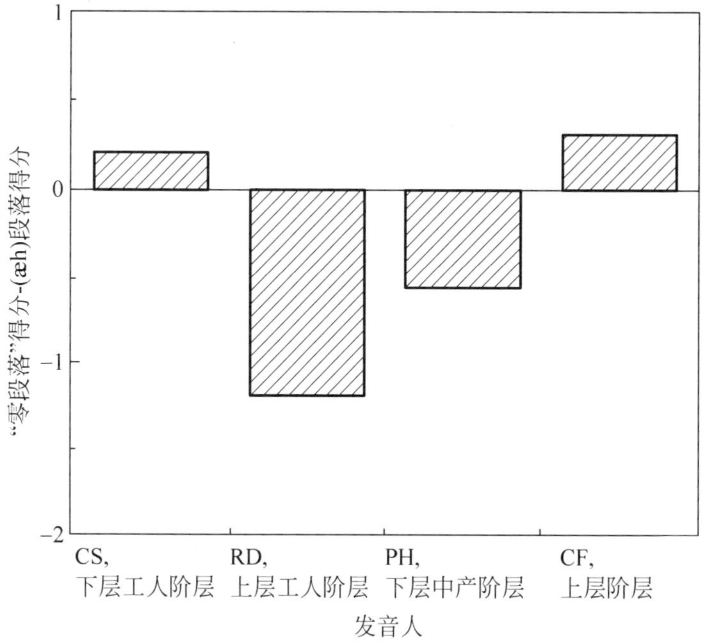

图 18.5　费城主观反应测试中(æh)的社会评价值按照对应职业的表现

还要提起注意的是这种社会分层和评价的规则模式只涉及(æh)的高化。它并不影响/æh/-/æ/的分化在自然话语中的分布。虽然中产阶级发音人中有的把紧音形式合并到松音类的纠正方式搅乱了模式,但这主要是局限在从朗读和词表发音中得到的数据。

规则公式化的问题

当我们对这个问题用公式简化为语言学规则时,短 **a** 音变过程中所有的对立特征就成为关注焦点。(æh)的高化是语音补偿规则的一个典型实例。分化过程的性质却颇为不同,但它是一个规则还是一种词汇分布尚有待确定。

(æh)的高化规则

只从(æh)高化涉及的语音条件来看,我们只需构建一个等式,对已经给出的数值进行演算,创建一个语音补偿规则,控制一个言语合成程序输出复制的费城言语。我们将从表 16.8 中卡罗尔·迈耶斯的数据推导出的内部条件的数值开始。等式(1)中的第一个术语——常数——在她的非规范的元音系统中是特有的,
512 然而三个有利环境和三个不利环境使其接近言语社团的整体数值。

(1) 高度(æh)=2104+158 * [__+鼻音]+238 * [__−延续]
+99 * [+鼻音__]−210 * [−辅音+元音__]
−410 * [__ σσ]−95 * [次重音]

这些系数是甚于卡罗尔·迈耶斯非规范言语的样本,不同样品之间取系数的平均值。我们可以通过在她的系统中增加内部变异程

度的信息，来减少结果的特殊性。表 18.1 是对表 16.8 给出的原来系数又增加了标准误差。这就表明如果我们要对卡罗尔·迈耶斯的元音输出做重复取样，所有因素的值有 95％会落在两倍的原有系数标准误差之内。因此，我们可以说，20 次中有 19 次，后接鼻音的影响是 158±88，而后接两个音节的影响为－409±298。

这一波动的变量也反映在显著性计算中，它告诉我们后接鼻音不产生积极影响的概率低于千分之一；虽然 158 是这一系数最有可能的平均值，但是这些分布并不能确定实际值是 158、159 还是 157。本着进一步简化数据的精神，我们应该舍弃非显著性的鼻音前的条件，用第 7 章变异规则的定性描述形式写出一条规则。

(2) (æh)高化[1]

$$\begin{bmatrix}+\text{紧音}\\+\text{舌前}\end{bmatrix} \rightarrow \langle z\ \text{高度}\rangle / \begin{bmatrix} C_0 \\ \langle -\text{元音}\rangle \end{bmatrix} \begin{bmatrix} \underline{\qquad\qquad} \\ \langle \text{主 重音}\rangle \end{bmatrix} \left\langle \begin{matrix} -\text{延续} \\ +\text{鼻音}\end{matrix} \right\rangle C_0 (\sigma) \langle \# \rangle$$

表 18.1　卡罗尔·迈耶斯样本的(æh)高度的回归系数和标准误差

	系数	标准误差	t	p(2-*tail*)
常量	2104	35	—	—
鼻音后	158	44	3.56	0.000
塞音后	238	98	2.43	0.016
鼻音前	99	81	1.21	0.225
阻塞音＋/l/之前	－210	77	－2.71	0.007
后接两个音节	－410	149	－2.75	0.007
次重音	－95	48	－1.95	0.053

这一规则的符号使用可以理解如下。一个紧的前元音的高化因以 513

〔1〕 Co 表示 o 到多个辅音。——译者

下有利条件而呈现不同的方式:如果一个直接前置辅音的特征是非元音性(即,不是流音);如果是主重音;如果后接辅音不是连续音而是鼻音;如果屈折变化边界前的音节不超过一个[①]。一些定量信息在这里有所保留:<一连续性>和<+鼻音性>纵列显示最有利的因素是后接塞音,并不是擦音,而如果那个塞音是鼻音,这个规则就更有优势。我们也可以采用希腊上标来表示语境排序的相对强度。然而我们通过在规则中附加表 18.1,可以用更准确易懂的形式提供相对强度的信息。

对于是否应将外部的或社会的制约加进来描写言语社团中的变异规则,已经有了大量的讨论。主要有两种反对意见,都言之有理:第一,社会因素不能构成封闭的层级结构,而这正是我们用以描写语言结构的基础;第二,规则表示法意味着独立性,内部制约的特征就是独立的,而我们通常认为社会制约之间是互相作用的。虽然如此,我们还是有理由相信这种制约能够而且应该加入到规则(2)这样的语音补偿规则中去。

能够对语言产生显著影响的社会制约的数目有限。所有已经讲过的相关因素可以分为以下六类:性别,年龄,社会经济阶层,种族,社区大小,社会网络密度。虽然我们不能把这些社会数据简化为规则(2)那种双值特征的符号,但是我们可以使它们进入等式(1)的详细说明。为了记录这些社会因素间的相互作用,我们最终将不得不增加一些条件,比如说,性别在中低阶层的特殊影响;但是目前来说对这个语音补偿性规则有一个相对简单的说明将会表

① 虽然在表 16.6 中没有找到后接单音节的显著影响,但重复研究表明这是一个很小的不利因素,而且在这个规则中删去可选单音节并非不合理,而是表明这一规则更有利于应用在以词干结尾的音节中。

明我们可以遵循的研究方向。

图 18.3 的模式能够简化为所有三个音位变体对于两种性别的单项多元回归分析，其中职业和年龄作为单一变量①。表 18.2 显示了所有音位变体对两种性别的这种分析。所有因素作用都很显著，远低于 0.01 水平。年龄系数－2.73，乘以被试者的年龄：因此如果我们比较一位 70 岁的发音人和一位 20 岁的发音人，将预期得到(－2.73＊50)＝ －136.5 的差值；比起那些充满活力的新 514
变化来说，这只是一般较小的差异。如果发音人是女性，期望值将会高出 325 个单位——一种更大得多的差异②。职业是一个从 0 到 6 的变量。在这个维度上取值为 6 的是专业人士，与取值为 3 的技术工人相比，预计在这个维度上要低(－54＊3)＝－162。有些信息将会丢失。对职业而言，作用就如做一条单回归线穿过图 18.3 上所有的点。

表 18.2　费城(æh)元音高化的社会制约的回归系数

	系数	标准误差	*t*	*p*(2-*tail*)
年龄	－2.73	0.87	－3.15	0.002
性别(1＝女性)	325	85	3.85	0.000
职业	－54	15	－3.58	0.001
性别＊职业	－63	24	－2.68	0.009

N＝116　　常量＝2312　　r＝0.667　　r^2＝0.444

最后，我们有一个交互项：性别＊职业，以简单直接的方式计

① 一定数量的信息将会丢失。对于职业来说，作用相当于画一条单回归线，并且男性的曲形模式将会消失。

② 应该注意这些是归一化的平均值，所以这个差异并不是源自男性和女性声道长度的不同。

算:如果性别=1(女性),那么这个交互项的值将是-63 * 职业。这将会增大女性专业人士与非技术工人的女性发音人之间的差异为(4 * -63)=-252。这里还必须加上由单项职业产生的差异,即4 * 54。因此这样两位女性发音人之间的差异就是(252+216=)478。而相应的两位男性发音人之间差异只有216,因为对于男性,性别=0。跟图18.3显示的数值进行对比将表明,这是对于更加详细的情景的一种很好的近似描述。当然我们可以通过退回到每一职业组的单项数值,把图18.3的所有信息合并到一条规则中,但是表18.2的简化形式似乎已经概括出费城(æh)的主要特点。如果我们把卡罗尔·迈耶斯的数据当作费城系统内部制约的初步近似描述,那么社会信息就能够作为一种详尽的说明加入等式(1)。

515 (3) 高度(æh)=2104+158 * [__+鼻音]+238 * [__-延续]
-210 * [-辅音+元音__]-409 * [__ σσ]
-94 * [次重音]-2.73 * 年龄+325 * 女性
-54 * 职业-63 * 性别 * 职业

描写(æ)高化的最好方式是等式(3)还是规则(2),对我而言,这是一个焦点和兴趣的问题,而不是理论问题。一个高化规则可以用不同程度的精确度和普遍性来描写。等式(3)应该是对于费城方言语音补偿的一种合情合理的格式。如果要设计一个合成程序来产生这一方言的仿制品,那么就不用担心语言学规则(2)有信息的缺失。这个程序会需要等式(3)的社会信息,以便生成一种令人满意的输出。

紧/松元音分化规则

前面已经有过许多努力,要写出一个规则能够生成或解释在大西洋沿岸中部各州的/æ/和/æh/的分布。第15章给出的费城基本模式的公式只能以(4)这样的规则为起点。

(4) $$\begin{bmatrix}+\text{低}\\+\text{舌前}\end{bmatrix}\rightarrow[+\text{紧音}]/\begin{bmatrix}\overline{\qquad}\\-\text{弱读}\end{bmatrix}\begin{bmatrix}+\text{舌前}\\ \left\{\begin{matrix}+\text{鼻音}\\ \begin{bmatrix}+\text{延续}\\+\text{紧音}\end{bmatrix}\end{matrix}\right\}\end{bmatrix}\left\{\begin{matrix}\#\\ [+\text{辅音}]\end{matrix}\right\}$$

规则(4)说明如果一个前低元音后接前鼻音或前清擦音，所在的音节以两个辅音或屈折边界结尾，又不是仅有中性元音的"弱读词"，那么它就是紧音。在我们考虑不规则词项之前，(4)必须从几方面改进以顾及更细微的普遍性。像 *ran*、*swam*、*began* 和 *wan*(*win* 的本地语的过去时态)这些不规则动词可以通过在[－弱读]上增加[＋规则性]符号的方式来排除[①]。我们还必须说明不常见的多音节词，当短 **a** 在一个鼻音之前时，总是表现为紧元音，但除此以外则常常是松音。如果短 **a** 后接辅音丛-*st*-，也会有变异。因此：

516

(5) $$\begin{bmatrix}+\text{低}\\+\text{舌前}\end{bmatrix}\rightarrow[+\text{紧音}]/(-\text{音段})^{\beta}\begin{bmatrix}\overline{\qquad}\\-\text{弱读}\\+\text{规则性}\end{bmatrix}$$

$$\begin{bmatrix}+\text{舌前}\\ \left\{\begin{matrix}\alpha\ \text{鼻音}\\ \begin{bmatrix}\gamma\ \text{延续}\\+\text{紧音}\\+\text{咝音}^{\delta}\end{bmatrix}\end{matrix}\right\}\end{bmatrix}\left(\begin{matrix}\#^{\delta}\\ [+\text{辅音}]C_0V^{\beta}\end{matrix}\right)$$

---

① 拉波夫(Labov 1989a)的数据显示不规则动词的松化不如规则(4)那样具有范畴性的覆盖条件。在自然言语中，这一词群的 31 个成员中有 5 个是紧音。放弃这种普遍化，并把这 4 个词标记为因一种词汇特征而没有经历规则变化，可能会更为简单。

注意到多音节的限制,必须做出规定,如果 α 是正的——即短 **a** 后接一个鼻辅音——那么 β 标记的结合有可能出现:一个前面是零首音和一个后接的音节。因此 *ambush*、*ambassador* 是紧音,但 *African* 是松音,除非另有规定。

因为(5)的设计只是显示短 **a** 必须紧化的环境,诸如 *plastic*、*master* 等变体的子类必须被排除在外。(5)用 δ 具体表明,如果 a 后第一个辅音是咝音,那么随后将会是屈折边界或者词边界。

到目前为止,我们还没有考虑到那些本质上是词汇性的事实。其中有些是必有的子类,另一些是可变的。在词典中,我们将必须对规则 5 做如下标记:

- 按类别应用于 *mad*、*bad*、*glad* 三个词。
- 通常不应用于 *ran*、*swam*、*began*、*wan*。
- 不能应用于若干书面语:*alas*、*wrack* 等。
- 不能应用于若干感叹词或者拟声词:*bam*! *wham*! *mam* 等。
- 可变地应用于带有派生边界的词:*classical*、*Lassie*、*Annie* 等。
- 可变地应用于以/æh/开头并后接清擦音的多音节词,但是按范畴应用于 *after*、*afterwards* 等词。
- 可变地应用于若干缩写词:*gas*、*exam* 等。
- 可变地应用于若干短 **a** 后接元音间/n/的特定词,如 *planet*。
- 可变地应用于若干短 **a** 后接/l/的特定词,如 *pal* 和 *personality*。

现在必须提出这个问题:这么复杂的规则是否能够被证明,或者用一条规则是否可以完全管住短 **a** 的分化。

短a规则与短a分化

自从研究文献最初描写了短**a**的情形，对这个问题的两个方面就有了许多争论：这种复杂的分布是英语音系规则的结果呢，还是由词汇分化成为两个音位呢？大多数观点认为这是一种分化。517
特拉格(Trager 1930，1934，1940)最终得出了这个结论，科恩(Cohen 1970)和LYS的研究也是如此。费格森(Ferguson 1975)关于费城短**a**的说明使用规则来描述这个过程的常规部分，但是并没有试图把许多特殊情况并入规则的形式。

对于规则公式(4)和(5)有五个不同意见：

1 析取的大括号显示清擦音和鼻音不构成一个自然类，因为它们没有相应的音理基础。
2 析取的大括号也表明理论上没有适当的方法把“词干结尾和前置辅音”结合为单一的合取描写。
3 符号[一弱读]和[十规则性]是把一种看似跨越派生而实际上是派生制约作用结合起来的特殊方式。
4 在(5)中的希腊字母组合是临时拼凑而成，没有理论基础。
5 即使像(5)这样的公式被接受了，也必须要加进这么多特殊词汇的细目，这将使得(5)所覆盖的大多数单词也只能同样以词汇方式列表。

哈利和莫哈南(Halle and Mohanan 1985)基于他们对特拉格(Trager 1930)的了解，写出了一条短**a**紧化的规则，但是他们的分析所依据的语言事实范围并不足以影响现在的讨论。凯帕斯基

(Kiparsky 1989)提供了一个更完整的处理方案,可覆盖拉波夫(Labov) 1989a 中的大部分事实,着眼于范围更广的方言,并考虑到紧/松元音的分化与对紧音(æh)像(2)那样持续高化规则之间的差异。哈里斯(Harris 1989)在凯帕斯基的框架内继续进行分析,增加了贝尔法斯特短 **a** 紧化的数据,并且认为如果从词汇音系学中删除结构保留的条件,那么所有这些方言的事实都能作为词汇规则。

凯帕斯基的短 **a** 规则的版本是非正式地提出的,带有第 15 章中样式的附加特征列表,而不是以(4)或者(5)的样式按照简略惯例成为单一的陈述。他在词汇音系学框架内研究短 **a** 问题的解决,把规则牢固地定位于第一层级,令人信服地处理了上面提出的许多问题。

异议 2 被解决,因为在如-*ing* 和-*er* 这样的第二层级后缀加进来之前,所涉及的音节在第一层级全部是闭音节。

518 异议 3 被部分解决,因为第一层级元音变换规则“在不规则动词过去时中的 i→æ”可以放在紧化规则之后[①]。

异议 5 被解决,因为第一层级规则跟字典条目非常符合,异议 4 的复杂条件也可以分解为字典条目。

因此,在词汇音系学框架中,短 **a** 词的紧-松分布将被作为特征填充规则(feature-filling rule)进行分析,这一规则将把词项的信息内容压缩到最低。凯帕斯基(私人交谈)注意到对费城方言来说,“紧化是一个特征填充规则,这个规则把[+紧音性]分配给规则词汇在紧化环境中的 **a**,其他地方则缺省为[−紧音性]。这个特征只有在如 *alas*、*wrath* 这样例外的单词中才具有词汇性。”

---

① 嵌入成分当然也包括在这个元音变换规则的输入中。构造一个元音变换规则的难度众所周知,但是从语言学习者的概括中似乎有充分的证据证明这一过程的规律性。

还剩下异议 1:清擦音和鼻音能否构成一个语言学规则合理引用的自然类。费格森(Ferguson 1975)指出,至少从 17 世纪开始这一类就已经与短 **a** 的长化相结合,也许还可能开始于 15 世纪(Wyld 1936:203—205)。南部英式英语宽 **a** 词群就来自这种早期的长化。对此我们又观察到这同样的类别,在美国短 **o** 的紧化中起作用,对前后位置加以适当调整。因此,这个类别没有成为一个单一的范畴应该看作是音系学理论的缺点,而不是短 **a** 规则的缺点。

拉波夫(Labov 1981)提出了三类证据来证明短 **a** 词群的紧/松划分是一个音位分裂为两个区别性的底层形式,而不是一个规则。其中一个论据涉及这两个类别分布的不可预测性,我们刚刚讨论过这个问题。第二个论据是实验显示大西洋沿岸中部各州的发音人比北方城市的发音人更加倾向于对[æ]-[iːə]连续统显示出范畴感知。作为回应,哈里斯(Harris 1989)认为,范畴感知也是词汇规则的特征,正如它是音位对立的特征一样。这是一个很难决定的问题,尤其是因为我们只考虑范畴感知的不同程度,这有很大的个体变异。第三类证据显然对这个问题有决定作用:其他方言的说话人对费城短 **a** 分布的习得方式。

费城短 a 模式的习得差异

第 4 章介绍了佩恩(Payne 1976,1980)对外来家庭习得费城方言的研究,以显示父母言语的相对稳定性。那个研究选择了费 519 城郊区普鲁士王村,因为它是由 50%费城人和 50%外来家庭组成——大多数中上阶层的父母来自俄亥俄州,马萨诸塞州和纽约。佩恩研究了六个街区的 24 户家庭,在大量访谈中录制了父母、儿童以及同龄人的发音,包括自然话语和正式的实验句。所调查的108个儿童中有34个其父母是从外州来的,这些孩子在不同年龄时来到费城,接触费城方言的时间长短不一。

佩恩调查的整体结果表明,儿童很快习得了图3.6中最初列出的低层级音变。表18.3是对五种费城方言变体的习得比率。只有很小百分比的儿童没有习得任何形式,这主要集中出现于9岁后到费城的儿童中。

表18.3中没有显示变体(æh),因为它存在于所有相关方言中。这些方言只是在紧音形式的分布上有所不同——这是我们现在将要参虑的问题。

表18.3 普鲁士王村外来家庭的孩子习得费城音变的比率

	(*ay 0*)	(*aw*)	(oy)	(*uw*)	(*ow*)
完全习得	50%	40%	60%	52%	68%
部分习得	44	40	30	48	32
没有习得	6	20	10	0	0
父母模式不同于费城模式的数目	34	20	20	25	25

我们不需要再为费城短**a**分布的习得列出一个同样的表格。在34个外来家庭的儿童中,只有一个习得了核心分布模式。两类变体之间的对比很明显。要习得费城元音转移只需在8岁或9岁之前来到费城接触这里的方言就可以。然而,要习得短**a**模式,只是孩子出生在费城并不够,父母也必须出生在费城。如何解释这种对比呢?孩子们只能从父母那里,而不是别的地方,得到语言资料,成为他们最初的词典条目。把短**a**模式归结为这样一套字典条目是很有道理的:费城人家的孩子习得*mad*为底层紧元音,习

得 *sad* 为底层松元音。

有人或许认为这种习得模式是产生于一种词汇音系学规则，这学起来同样很难。这种词汇规则会允许母语学习者在分布不规 520
则部分逐词习得之外，还可以利用语言资料原有的普遍性。如果是这样，那么所有外来儿童对于习得一个语音规则跟习得一种完全的词汇分布将有同样的困难：尽管他们也许学会了这个规则的普遍特征，却不能掌握那一长串背离普遍性的例外情况。

我们可以通过考察来自不同方言区的外来儿童对核心模式的习得程度来探究这个问题。六户外来家庭来自北方城市，父母在短 **a** 词群没有分裂：所有的短 **a** 词都是紧音。三户外来家庭来自纽约市。这些父母有图 15.1 显示的那种分布，这里再现为图 18.6。在纽约市，基本模式是短 **a** 在所有清擦音和浊塞音前紧化，并只在前鼻音前紧化。若是来自纽约市的孩子已经习得了这个系统，那么他们学习费城方言模式时会有两个明显不同的任务：(1)学会把限制特征[+舌前]应用于所有辅音，因此用松音读 *cash*、*smash*、*ash*，(2)在浊塞音前避免紧化，除了 *mad*、*bad*、*glad* 三个词以外。

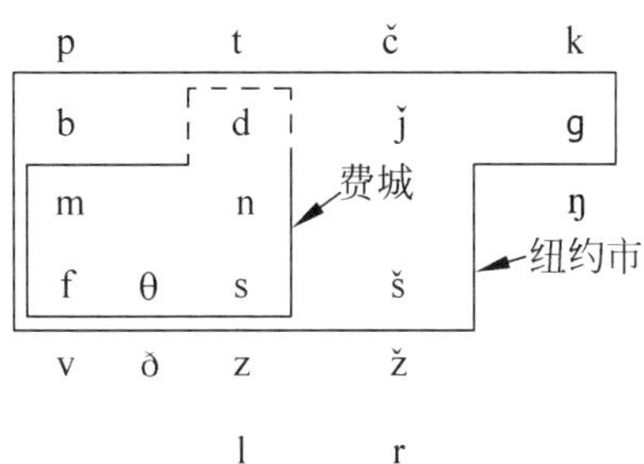

图 18.6　制约费城(内线)和纽约市(外线)短 **a** 紧化的后接辅音

每一个语言学家对于我讲的这个问题都认为——在看到数据

之前——第一个任务更容易:它只是一个简单的普遍化。第二个任务则要学习一系列不是基于纽约市方言的特殊词汇。就规则支配的学习而言,这不仅包括一个新的普遍化(所有在浊塞音前的词松化),而且还包括一种例外(对上述3个例外词颠倒规则)。

521 图18.7显示了两组家庭对费城模式学习程度的对比。在每个图中,费城模式的完全习得表示为一条对角线:从代表费城方言紧音词的左上角100%,到代表费城方言松音词的右下角0%。实线左端表示 *mad*、*bad*、*glad* 的紧化程度,实线右端表示其他-/d/词的紧化程度;虚线左端表示在舌前清擦音前的紧化程度,虚线右端显示在/š/前的紧化程度。线段坡度显示对费城紧松两类的区分程度,即学习程度。

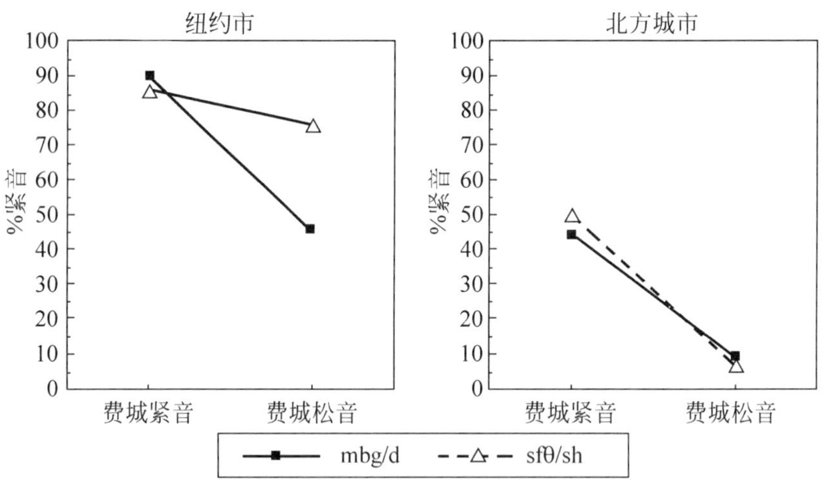

图18.7 来自北方城市和纽约市的家庭组习得短 **a** 模式的比率。在/d/之前:紧音 *mad*、*bad*、*glad* 跟松音 *sad*、*dad* 等的对立。在清擦音前:紧音 *half*、*path*、*pass* 等与松音 *cash*、*mash*、*ash* 等的对立

右图是来自北方城市的家庭，两条线之间没有显著差别。虽然在紧化的比率上，这些家庭之间有相当大的不同。但我们却不能在这六个家庭里找到/d/之前和清擦音之前学习程度的明显区别。左图中来自纽约市的家庭却显示出明显的差别，跟上文对规则习得的预测方向相反。在/š/之前的紧化百分比几乎与其他清擦音之前的紧化程度一样高。相反地，-/d/主体词语的紧化降到了 50%以下，而 *mad*、*bad*、*glad* 则保持在 90%，纽约和费城都是这样的情况[①]。

图 18.8 显示三户来自纽约市的家庭都反映出更大的习得率。522
这三个家庭对费城模式的学习程度并不相同，从贝克（Bakers）家到摩根（Morgans）家，再到米勒（Millers）家，习得程度不断增加。每个图中，都是 在/d/之前的元音坡度比清擦音之前元音的坡度更大些。来自北方城市的家庭的情况不支持-/š/类的习得将比-/d/类更多的预测，而来自纽约市的家庭更逆转了我们对/d/之前的词汇模式更难学的预测。我们怎样才能解释这个结果呢？预测显然是建立在这样的假设上，认为纽约市和北方城市的说话人采用费城系统是同一类学习问题。理论上，似乎所有的语言学习者都能够习得一个普遍规则——在所有后位清擦音之前的短 **a** 都松化——这比起除了三个常见形容词之外，浊塞音之前的所有短 **a** 松化，更为容易。由于北方城市家庭和纽约市家庭儿童的表现不同，看来更可能是二者从不同的观点来处理问题。我们已经有足

① 佩恩在纽约市父母的自然言语中发现一定数量的短 **a** 的修正，与拉波夫（Labov 1966）的调查发现的模式一致，因此 90%的数字接近访谈语体中的成人标准。

够的证据证明北方城市音变是一种规则音变,影响所有的短 **a** 单词,不存在语音层级之外的任何结构区分。来自北方城市家庭的儿童符合我们的预期,即/š/之前的松化比 *mad*/*bad*/*glad* 模式更容易习得。因此他们试图尽可能应用最简单的规则,这看来是合乎情理的。

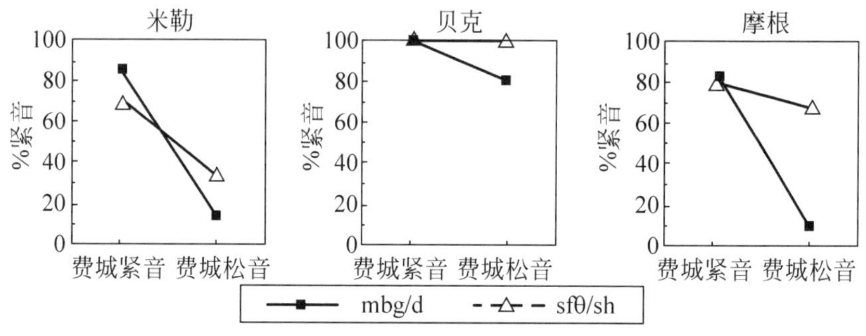

图 18.8　来自纽约市的 3 个家庭习得/d/前和清擦音前短 **a** 模式的比率

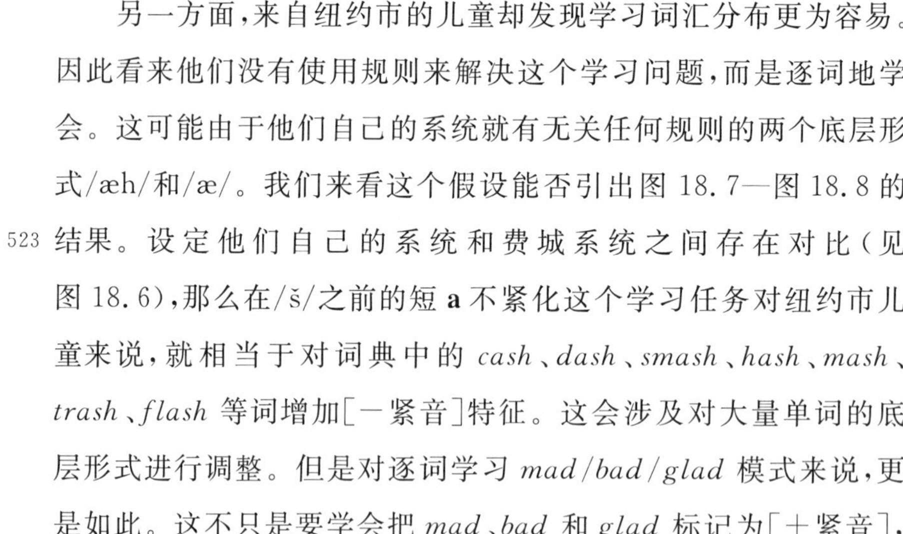

另一方面,来自纽约市的儿童却发现学习词汇分布更为容易。因此看来他们没有使用规则来解决这个学习问题,而是逐词地学会。这可能由于他们自己的系统就有无关任何规则的两个底层形式/æh/和/æ/。我们来看这个假设能否引出图 18.7—图 18.8 的
523 结果。设定他们自己的系统和费城系统之间存在对比(见图 18.6),那么在/š/之前的短 **a** 不紧化这个学习任务对纽约市儿童来说,就相当于对词典中的 *cash*、*dash*、*smash*、*hash*、*mash*、*trash*、*flash* 等词增加[－紧音]特征。这会涉及对大量单词的底层形式进行调整。但是对逐词学习 *mad*/*bad*/*glad* 模式来说,更是如此。这不只是要学会把 *mad*、*bad* 和 *glad* 标记为[＋紧音],更是意味着要学习把纽约系统中大量的紧音词:*sad*、*fad*、*dad*、

Brad、*plaid*、*shad*、*ad*、*cad* 等标记为[－紧音]。如图 18.6 所示，纽约人必须学会把/b/和/g/之前的短 **a** 松化。如果是逐词的学习，那么随着需要改变的字典词条大量增加：*cab*、*tab*、*stab*、*crab*、*drab*、*bag*、*hag*、*snag*、*brag* 等，这种普遍性对于浊塞音之前的短 **a** 这一费城模式必定会增加而不是减少学习的难度。所以来自纽约市的儿童习得 *mad*、*bad* 和 *glad* 模式的相对成功，并不能支持他们是逐词地重新学习底层形式的看法（Labov 1981 中第一次提及）。

针对本章的初稿，凯帕斯基（私人交流）指出上面引述的数据跟以下的观点相一致：纽约市（以及费城）儿童使用的是词汇规则，通过对于例外词进行词汇赋值来补充特征填充的一般运作。这样一个词汇规则会给纽约人提供一个框架，从中预料在费城系统中对于[＋紧音]的词汇赋值。现在的问题就是，词汇规则是否能解释这个关键事实：纽约人学习 *mad*/*bad*/*glad* 模式比 *mass*/*mash* 模式更好。假设纽约人有一条词汇规则，让我们来考察从纽约基本系统转到费城基本系统所必需的规则变化。纽约市的特征填充规则最经济的表达是(6)，其中限制鼻音环境用[－舌前][1] 排除/ŋ/前的紧化，并用符号 α 把浊塞音和清擦音结合起来①。这个规则当然会伴随若干词汇赋值：*avenue* 标记为[＋紧音]，*alas* 则是

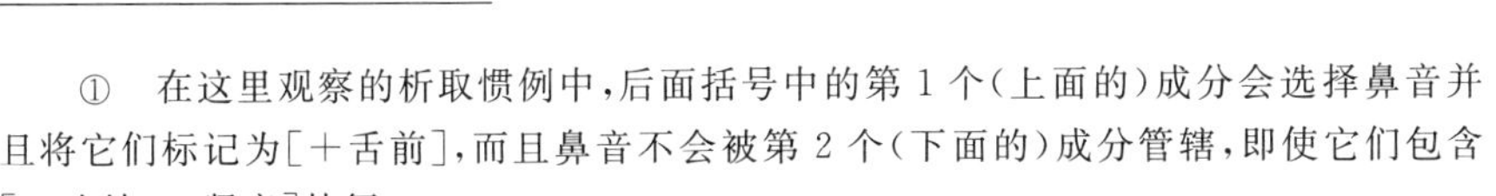

① 在这里观察的析取惯例中，后面括号中的第 1 个（上面的）成分会选择鼻音并且将它们标记为[＋舌前]，而且鼻音不会被第 2 个（下面的）成分管辖，即使它们包含[－连续，－紧音]特征。

[1] 此处符号应为“＋”。——译者

[一紧音]，而带有浊擦音的词，如 *jazz*、*razz*、*wagon*、*imagine*，在这方面标记为可变的。

524 (6) 纽约市

$$\begin{bmatrix}+\text{低}\\ +\text{舌前}\end{bmatrix}\to[+\text{紧音}]/\_\_\left\{\begin{matrix}\begin{bmatrix}+\text{鼻音}\\ +\text{舌前}\end{bmatrix}\\ \begin{bmatrix}\alpha\ \text{延续}\\ \alpha\ \text{紧音}\end{bmatrix}\end{matrix}\right\}$$

从这个基本系统调整到费城特有的环境需要两步，这不同于根据出现顺序而得到的特征。如果纽约人首先对 *cash*、*dash* 等词中的差异做出反应，那么他或她将察觉到短 **a** 在/š/之前是松音的普遍性。这从音段的角度来说很简单，但是从特征的角度，就需要这个很复杂的规则(7)。

(7) 过渡形式 1

$$\begin{bmatrix}+\text{低}\\ +\text{舌前}\end{bmatrix}\to[+\text{紧音}]/\_\_\left\{\begin{matrix}\left\{\begin{matrix}+\text{舌前}\\ \left\{\begin{matrix}+\text{鼻音}\\ \begin{bmatrix}+\text{延续}\\ +\text{紧音}\end{bmatrix}\end{matrix}\right\}\end{matrix}\right\}\\ \begin{bmatrix}-\text{延续}\\ -\text{紧音}\end{bmatrix}\end{matrix}\right\}$$

规则(7)表明如果后接辅音是一个鼻音或一个紧(清)擦音，它必须是[+舌前]，但如果是一个松(浊)塞音，就不需要这样结合。这就使短 **a** 在/b, d, g/前紧化而在/š/前松化。

另一方面，如果纽约人首先注意到费城 **a** 在所有浊塞音(除了 *mad*、*bad*、*glad*)之前都是松音，就会形成规则(8)。

(8) 过渡形式 2

$$\begin{bmatrix}+\text{低}\\+\text{舌前}\end{bmatrix}\to[+\text{紧音}]/\_\_\_\left\{\begin{matrix}\begin{bmatrix}+\text{鼻音}\\+\text{舌前}\end{bmatrix}\\\begin{bmatrix}+\text{延续}\\+\text{紧音}\end{bmatrix}\end{matrix}\right\}$$

这一步只是把(6)中的 α 特征变为+。根据人们对符号的态度，这或是一种简化，或是一种对普遍性的舍弃，但无论如何，相比(7)而言，这是一种相当简单明了的表述。只需要在字典中增添 *mad*、*bad* 和 *glad* 是[+紧音]的符号，正如我们看到的，这与纽约市规则的特征是一致的。然后就是通过把特征[+舌前]扩展到所有的语境，纽约人可以直接转换到费城语音系统。

(9) 费城

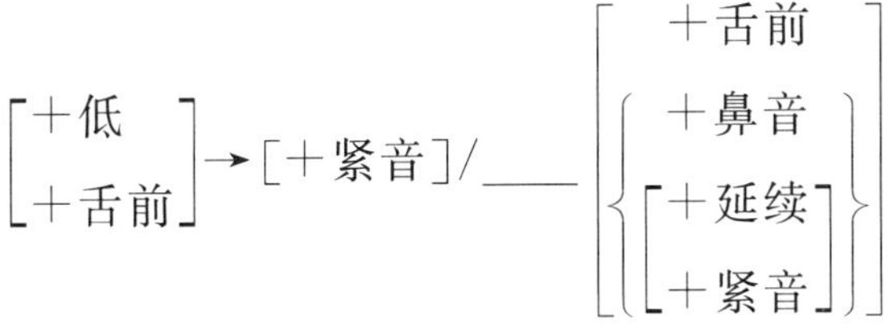

$$\begin{bmatrix}+\text{低}\\+\text{舌前}\end{bmatrix}\to[+\text{紧音}]/\_\_\_\begin{bmatrix}+\text{舌前}\\\left\{\begin{matrix}+\text{鼻音}\\\begin{bmatrix}+\text{延续}\\+\text{紧音}\end{bmatrix}\end{matrix}\right\}\end{bmatrix}$$

这个分析并不是说纽约人容易学习费城系统；相反，我们已经看到他们仅有部分的成功。这确实表明，从规则角度解决问题的办法可以看出在两个方面的学习难度是不对称的。掌握短 **a** 在浊塞音之前是松音的事实，将有助于了解/š/之前的短 **a** 是松音。但如果对浊塞音之前的情况没有认识，那么对 /š/之前的松化就会非常难以掌握。这种不对称性解释了图 18.7 和图 18.8 的结果，即纽约人习得 *mad*/*bad*/*glad* 模式要比/š/之前的松化相对更好一些，它也支持了这样的结论：纽约儿童采用一种词汇规则的系统来解决这个问题,而不是与任何普遍性无关的一套字典的词条。由此可知,大西洋沿岸中部地区的其他言语社团,包括费城和巴尔的摩,也是由词汇规则来决定短 **a** 的分布。

凯帕斯基(私人交流)进一步增加论据来支持这些短 **a** 系统中存在的词汇规则:第 16 章证明的这个规则向新语境的扩展一直是由语音要素推动的。

> 从音系学观点来看,这些语境不是任意的。没有人报告过紧 **a** 在清塞音之前的实例,这一自然类被系统地排除在紧化环境之外。同样,也没有松 **a** 扩展到有规则的紧 **a** 单词中的实例[①]。如果我们确认费城中紧 **a** 和松 **a** 的分布是由规则控制的,那么我们就可以解释这些事实。在音系条件下,紧音通过词汇来传播,然后作为一种规则语境的扩展而出现。另一方面,如果我们假设紧 **a** 和松 **a** 分布没有规则,那么我们就不能解释词汇扩散过程采取的有序途径。

从一种大范围演化的观点得出的论证有力地支持了费城方言
526 习得的证据,这与凯帕斯基和哈里斯关于短 **a** 受词汇规则控制的看法相一致。我们推断费城短 **a** 的词汇扩散是通过与这种词汇规则相联系的字典词条的变化而发生的。这种变化过程与第 16 章

① 拉波夫(Labov 1989a)在费城社区研究中记录了 100 个发音人在自然语流中清塞音前有 1.1%的紧化。但是凯帕斯基的普遍性观点令人信服,因为这些偶发事件没有显示出任何一致的模式,也没有表现出这种规则扩展的普遍趋势。

中王士元和连金发提出的词汇扩散相符合，其中音变的语音动因先于并且制约着它的词汇实现[①]。显然第 11 章所述的词汇分化的观点现在必须进行修改。如果短 **a** 分化为紧和松两类是由一条词汇规则控制，那么底层形式就不会改变，并且没有写作/æ/和/æh/的理由。因此对于短 **a** 来说，"词汇分化"过程是在字典条目中一系列语音特征规格，而不是标识这些条目的标题。这些变化的抽象性质可以用这样的事实来证明：字典词条这种修改可以适用于"助动词"或"三类强动词的过去式"这样的语法范畴。第 11 章所述的其他词汇分化是否也由规则控制，还有待观察。在下面的讨论中，我将使用词汇分化的术语来指称底层形式中的变化和通过给词条增添特征来发展对立的变化。

18.2　词汇扩散在哪里发现？

短 **a** 的分化显然是词汇扩散的一个经典实例。与此相对，费城元音转移是新语法学派音变的经典例子。相关讨论已经分离出若干特征，把这两种进行中的音变划分为两极类型，如表 18.4 所示。

---

① 这一语音动因并不能被普遍地预测到。各个方言中语音因素的选择有因方言而异的性质。在纽约市没有在/l/前紧化的痕迹——这好像是那个方言中最不可能的紧化语境之一。在波士顿这样最初只在鼻音前紧化的方言中，短 **a** 在/t/前紧化好像是一个有利的语境。我们可能最终会找出对于这种差异的总体解释。例如，在费城/l/的元音化与短 **a** 在这个语境中紧化之间可能存在一种联系。语音动因肯定来源于发音器官的普遍特征。然而，我们必须准备在目前可以供解释的语料范围内找出因方言而异的语音条件。

表 18.4　影响费城短 a 的两种音变的对立特征

		(æh)的高化	/æ/的紧化
1	发现词汇扩散	否	是
2	离散的	否	是
3	语音区别	单一特征	多种特征
4	语音制约	准确	接近
5	语法制约	否	是
6	社会影响	是	否
7	范畴察觉	否	是
8	可习得	容易	有很大困难

元音(æh)所显示的特征也适用于费城其他进行中的音变:(aw)、(ow)、(uw)、(ay0)、(oy)。这些音变或者是朝向音位的语音目标的无条件转变,或者是简单而无例外的语音制约规则:(ow)和(uw)代表在非流音之前的前化,(ay0)代表清辅音词尾之前的央化。

有待考察的问题是:这种同样的特征对立是否也存在于词汇
527 扩散或者规则音变的其他实例中,并且这两类特征之间是否会表现出一种有规律的联系。下面我们将探讨更大的问题:通常我们会预期在哪里找到词汇扩散,又会在哪里看到新语法学派规则性?因为迄今我们检测的实例都是涉及英语方言进行中的元音转换,所以逻辑上首先应在英语历史上那些已经完成的元音变化的范围内检测,至少是与语音残留或词汇不规则性有关联的性质。对这个论题做完全的回顾将超越本章的范围,但是某些突出的事实引起我们的注意。

英语元音不同的音变的区分初看起来非常清晰明显。大部分元音转移中都有规则音变，包括短的上滑双元音或是内滑双元音的子系统内的移动：高化、低化、前化、后化、圆唇化、非圆唇化、鼻化。元音大转移就是由这类音变组成的，它们的规则性特征跟 LYS 在一系列英语方言研究和 LCV 在费城研究的元音转移的特征是一样的。第 17 章显示这个基本机制是高元音的双元音化。除此之外，我们在 SED 研究中确定了两个词汇扩散的实例，首先对它们进行考察将会有助于我们的研究。

第 17 章表明中古英语 **ī** 的双元音化的特征不是词汇扩散，而是元音大转移中一个具有完美规则性的组成部分。它一直伴随着源自古英语的中古英语 **ī** 的形成，这个始终一致的过程贯穿南部和中部，但是在北部有差异。中古英语 **ī** 的形成是源于古英语 **ī** 和 **ȳ**，后者在古英语晚期非圆唇化，同时伴随着短 **i** 的各种长化的结果。其中的一种长化涉及硬腭音 **g** 和 **h**。位于词尾[t]之前的清硬腭音[ç]被删除，伴随着短 **i** 的补偿性长化。来自 SED 研究的资料包括 *night*、*light*、*lightning*、*sight*、*night*、*right* 和-*wright*。528
（这一过程涉及的单词比短 **a** 分化少得多。）没有任何资料符合表 18.4 列出的特征 6—8。不过，关于特征 1—5，我们可以说：

1　发现有词汇扩散。

2　这是一个离散的过程，涉及一个完整音段的消失。

3　根据短 **i** 和长 **i** 在古英语晚期的语音实现，至少涉及两个语音特征，有可能会更多。

4　有一些语音条件的证据。图 17.7 显示词首为/r/的单词位于右下方，靠近图中词尾为/r/的单词，而词首为/l/的单词位于左上方。

5 没有明显的语法条件的制约。

此外,古英语短 **i** 在词尾 **g** 和 **h** 之前长化,如 *thigh*、*nine*(< 古英语 *nigon*)。这些都在图 17.6 中显示出了一些差异,虽然 *nine* 已经完全合并在主群里。

元音大转移中第二个词汇扩散的实例是关于硬腭音 **g** 前的长中元音的高化。SED 的资料只包括三个词(*eye*、*died* 和 *flies*),但是涉及的词要更多(*lie*、*sly* 等)。我们不只是在 SED 的材料中找出词汇的不规则性。常用词 *height* 源自古英语 *hēhθu*。现在的拼写显示这个词的发音跟 *eight* 同韵;直到 1775 年,沃克(Walker)还认为最普遍的发音是[heit]。这些词也显示出表 18.4 的特征 1—5。

这些元音长化中的词汇扩散促使我们去考察在英语历史上其他的短化和长化[①]。我们发现了大量各种各样的词汇不规则的例子。中古英语长 **ē** 在 *head*、*dead*、*breath*、*sweat* 等词中短化[②],而

① 已有的正字法规范常常导致在历史文献中元音"长""短"之间的差异。尽管有一些实例中只是时长的差异(即,匈牙利语高元音),这样的对立是不稳定的(Chen and Wang 1975);更为常见的是找出由许多语音特征的复合体来区分短音和长音的子集,这最好是用紧音和松音这样的抽象术语来描述。在/æh/中的/h/符号是用于紧的长元音和内滑元音,但是对于一般的讨论来说,最好是换为/:/。只要这个长度标记是作为长元音类别的一个抽象代表,而不是只表示语音长度。

② 参见叶斯柏森(Jespersen)1949:242。这个短化显示出很大的方言多样性;例如,在苏格兰 *head* 仍然是紧音,在格拉斯哥是[hi:d]。

这一词群的大部分词仍是长音并且高化到[i]:*bead*、*read*、*mead* 等。另一种不规则短化产生了 *sick*、*silly*、*britches* 及其他短/i/的对应形式。在后元音中,我们找到两个不规则短化的例子(有粗略的语音制约条件),在 *flood*、*blood*、*glove* 等词中,后来在 *good*、*stood* 中也找到了相关例子,都是跟 *food*、*mood*、*fool* 等词对立 529
的[①]。怀尔德以下面这令人困惑的段落开始讨论现代英语早期的短化和长化:

> 整个问题为各种不同的困难所包围。元音的短化和长化在英语历史的不同阶段都发生过,有时在明确的条件下,可以毫不犹豫地制定公式,因为结果具有规律性,而且明显的例外可以用具体的类推进行解释。有时在或多或少模糊的条件下,因为长化或短化明显是断续的,在一些词中出现,而在另一些语音条件似乎相同的词中却不出现。(Wyld 1936:253)

除了中、高元音的长化和短化以外,跟短 **a** 的历史性长化相似的一组更为令人关注的变化是在现代英语的低元音长化中发现的。虽然我已经把短 **a** 的音变描述为紧化,但音核的长化是紧化的基本语音成分,并且这种变化当然会在历史文献中描述为长化。在英语这样的一系列过程中,目前短 **a** 的长化和高化属于第五个

① 这是新语法学派以方言借用作为解释的常用例子之一(Bloomfield 1993),或者用来阐释词汇扩散(Fónagy 1956;Wang 1977)。但是出现了很多波动,因为这曾是个有活力的新变化,并且现在已经不能找回最初的机制了。

过程[1]。

1 在古英语中，**ā** 在开音节中经历了无条件而有规律的长化、高化，并后化到 **ɔ̄**，随着 **ɔ̄** 后来高化至[oː]以及双元音化至[oʊ]；古英语 *tá*、*stám*、*bát* 变化为现代英语/tow，stown，bowt/。

2 在古英语晚期和中古英语早期，短 **a** 经历了开音节中的长化，随后是前化、高化和双元音化；中古英语 *name*、*grave* 变化为现代英语的/neym，greyv/。

530 3 在现代南方英式英语中，短 **a** 在源于法语的前清擦音和前鼻音结尾的音节中长化，形成"宽 **a**"词群：*class*、*mass*（教堂礼仪）、*cast*、*pass*、*half*、*bath*、*aunt*、*dance* 等，但不包括 *mass*（重量）、*ant*、*fancy* 等。

4 在美式英语中，短的开 **o** 在清擦音和后鼻音之前长化，加入长开 **o** 词群，随后是高化，后化，并产生内滑音；所以（在费城）*lost*、*cloth*、*cough*、*strong*、*long* 变为[ɔː，Ωː，oə，

---

① 这些音变轮换地集中出现在开音节和闭音节中，出现的方式还没有充分说明。这个涉及短 **a** 的音变在大西洋沿岸中部各州开始于一个完整的历史性短 **a** 词群的单一范畴的内部区分。与其他英语短元音一样，这个词群的分布是有限的：在词尾处和开音节中没有短元音。在开音节和闭音节中确实都出现过短元音（开音节 *castle* 对闭音节 *Cass* 和 *cast*），并且在我们现在所研究的发展中这是一个重要的差别。短 **a** 目前的长化、前化和高化主要集中在闭音节的元音上。

已列出的五个过程的第一个对闭音节和开音节都有影响；第二个则只影响开音节；第三个是只影响闭音节。如这里所描述的，第四个似乎是影响闭音节，但是伴随有一种开音节的交替在一些不同的地区分布，因此除 *spa* 和 *bra* 这样不常见的或者更晚近的形式之外，*pa*、*ma*、*ha ha* 这类词有长开元音 **o** 的交替形式 *paw*、*maw*、*haw haw* 与 *caw*、*maw*（胃）、*Hawthorne* 合并在一起。

ɒə]，与带有[ɑ]的 *costume*、*Gothic*、*Goffman*、*ping pong* 相对立。

5 在美式英语中，紧的短 **a** 高化至中元音和高元音位置。

所有的这些音变普遍都具有表 18.4 列出的词汇扩散的前五项特征。

1 除去上述第一条之外，它们都具有怀尔德所认为的那种大规模词汇的不规则性。宽 **a** 词群中不规则词汇的数量在早期阶段甚至比今天更多。叶斯柏森（Jespersen 1949）注意到霍利班德（Holyband 1578）记录 *aunt*、*command*、*demand* 等词中有宽 **a**，*answer*、*branch*、*advance* 中有短 **a**，在 *change* 中则两个都有。

2 它们在两类离散的元音之间替换。

3 语音的差异除音长之外，还有其他各种特征：通常是前化或后化，还有高化或低化。*after*、*glass*、*bath*、*aunt* 等在宽 **a** 词群中实现为一个长低央元音，但是一般认为这个长化发生在前元音，"时间上紧随从/a:/变为前元音之后，而短 **a** 仍然是后元音"（Jespersen 1949：307；另参见 Wyld 1936：203—205）。这意味着现在是宽 **a** 的这类紧化，最初曾伴随着前化和高化，这几乎跟现代[æ]→[ɛ:]的演变是一致的。

4 语音条件的大体模式显示出惊人的相似性。宽 **a** 与费城短 **a** 的语音条件几乎完全一样：清擦音和前鼻音（参见 Ferguson 1975）。在哈特（Hart 1569）对 *master* 这类词的

> 转写中也能找到相似的两种形式的交替变化,跟费城现在的情况一样。大体相同的语音条件也出现在短开 **o** 的不规则长化中。美式英语的每个方言和次方言都有分布上的差别。因此,我自己说的 *moth*、*wroth*、*cloth* 为紧音,但是 *Goth* 为松音;*strong*、*long*、*song* 为紧音,*ping-pong*、*gong*、*thong* 为松音;*moral* 和 *coral* 为紧音,而 *sorrel* 和
> 531 *tomorrow* 为松音。[①] 5 语法条件的制约在这些短化和长化中是常见的。中古英语早期开音节的长化直接受到词形语法变化的制约:它不影响过去分词,如 *written* 或 *bitten*,即使其中只有一个元音之间的辅音[②]。此外,人们普遍认为是屈折词形不同的派生成分造成了开音节中长化的许多不规则音。叶斯柏森(Jespersen 1949:308)令人信服地指出,许多现代词汇的波动变化是开音节中长化不规则性的后续类推。

从表 18.4 的(6—8 项)特征对于这些早期音变进行考察是更为困难的事情。虽然我们没有范畴感知的实验数据,但跟这个变体相联系的社会范畴是相当离散的。而且众所周知,宽 **a** 词群的不规则表现已有可学性的结果:由于它显然只是从小就上英国公

---

① 在这些例子中频率的作用十分明显。有利于后低元音高化的是后鼻音,而不是前鼻音。

② 我非常感谢罗伯特·斯托克韦尔(Robert Stockwell)指出了最初紧化过程中的语法制约条件,这跟通过对于屈折变化或无屈折变化的选择来解释的变异相比,更类似于现代的复杂性。

立学校的儿童才能正确习得，人们把它作为阶级方言的一个理想标记（Wyld 1936：3）。这样发展的一个结果是宽 **a** 的分布确实获得了跟下层音变相联系的一种社会意义，就像/ey/音核增大开口度的变化一样；因此，它在这方面是例外。

我们可以得出这样的结论，英语中的元音长化和短化是靠词汇扩散来实现，而高化、低化、后化和前化是由规则性音变来运作。

18.3　有关的抽象性概念

为什么这种短化和长化是不规则的？我认为原因在于它们并非字面意义上的音变。相反，它们是长元音或者短元音在更高序列中的类别成员的改变。长/短和紧/松一样，不是指物理上的一个维度——当然不只是时长——而是指一组特征，可以包括时长、高度、前化、滑音的方向和拱度，以及元音全部能量的时间分布。促使我们将紧音和松音作为概括性术语的论据也同样适用于长音和短音。在这些短化和长化中，整组的语音特征同时变化，至少那些我们已经能考察的进行中的实例是如此。根据它们在语音实现中涉及的特征的数量，应该确定一个范畴层级——抽象性的层级。532
虽然在日常使用中抽象是一个模糊的术语，在语言学分析中，它却有着精确的意义。

- 具体术语（concrete term）是物理特征或过程的标识，是不与其他测量方式结合的单一的测量方式。一个特定共振峰或者一束强谐波的中心趋势，这种具体的测量，用赫兹表示。

- 更加抽象的一级是音系维度的高度和外缘性,在 F1/F2 相交空间,从 F2 和 F1 的测量值通过计算得到的直角坐标系中的距离。
- 确定双元音和单元音的范畴是又一个更抽象的级别,因为它们涉及随时间变化的高度以及其他维度的测量。
- 涵盖性术语紧音和松音还包括另一层级的抽象,因为它们涉及在高度、外缘性、时长和双元音化方面的对立。
- 英语元音系统中最高等级的抽象是长和短的范畴,它们在语音上作为紧音和松音实现(如我们所见,实际有可能颠倒)以及不同类型的双元音化,但也涉及分布的事实(即,开音节与闭音节的对立)。[①]

虽然这些术语可能随理论视野的不同会有变化,但是抽象性的层级概念却是所有语言学分析所共有的。一个更抽象的术语层级关系树上占据更高的节点,取决于它与自己所辖术语之间的关系。这一概念能够应用到辅音系统中,像用在元音系统一样容易;能够应用到形态学和句法学中,像用在音系学一样容易。

连续性和离散性的维度与抽象性的程度紧密相关,如 F1、F2、F0 和时长这样的具体特征是连续定义的,虽然任何一个已知系统都可能在这些连续统上显示出不均匀的分布。高度是 F1 和 F2 的作用,因此它也是连续的。但是从紧音到松音的变换涉及若干不同性质的特征,它们并非在所有的可能都可以自由组合。共现

① 不同类型的抽象性导入统计学的归一化方向。一组元音的平均值显然是更加抽象的一级,而归一化平均值更要抽象得多。在这个方向上,进一步的抽象对于这些平均值产生概率分布,具有与社区中不同群体的区别值相关的概率权重。

的制约会使某些组合的可能性减少（如，短时长和双元音化）。因此从一个抽象范畴变换到另一个抽象范畴常常包括共现特征同步的和离散的变化。

18.4 子系统内部的变化和跨子系统的变化 533

英语和其他日耳曼语言的元音系统不是一种简单的元音聚合，而是由子系统组成，这种子系统之间的差异比各子系统内部的差异更大。第 9 章为这种子系统的存在提供了不同来源的证据，包括自然的误解。在子系统内部，音变受到由第 5 章和第 6 章提出的链式音变的三个普遍原理的管辖。第 9 章提出了一些原理来管辖短元音、上滑双元音、内滑双元音这些子系统之间的音变。短低元音的紧化受到低出口原理的管辖，但某一特定元音是向前还是向后运动受到语音和音系结构特定构架的控制（Moulton 1962）。在早期宽 **a** 词群，现代短 **a** 词群，以及现代短 **o** 词群中，我们在前、后两条路径都观察到了词汇扩散。大体上，对英语历史上其他音变的观察表明，我们可以在跨子系统的音变中，也就是抽象特征的变化中，寻找词汇扩散。在元音系统中，我们可以预期新语法学派的规则性变化。

由于短音或松音的音核低化是根据元音转移的普遍原理进行的，其中存在着结构上的压力使松[æ]退出元音系统。唯一可能的路线是转向长元音和内滑元音（即紧化）；这就是我们已经见到的(æh)的外缘化和高化的结构矩阵。

在一个子系统内部，元音可以通过高低、前后和圆展这三个低级维度的结合，在相对抽象的等级上形成对立。米尔罗伊(Milroy 1980)的贝尔法斯特词汇扩散研究表明，对于相关音变的后期阶段的这种结果，或许最好描写为标准形式跟本地形式稳定对立的一种社会交替。这样的集合包括短 **u** 词群的分裂：*butcher*、*hull* 等。交替的语音通过高低、前后和圆展而对立：如[ü]对[ʌ]。第二个例子涉及短 **a** 词群，如 *carrot*，其中显示出前后极端形式的不规则交替，[æ]对[ɒ]，由前后和圆展所区分。

双元音化和单元音化的情况怎么样呢？这些过程看来是处于中间位置。王士元(Wang 1969)讨论不规则性的第一个实例是汉语/ay/的单元音化。然而启动了元音大转移的高元音的双元音化却显然是很规则的，跟其他日耳曼语言和波罗的海语言中的音变类似(LYS：第 4 章)。马尔基尔(Malkiel 1976)研究单元音化的一个详细实例涉及在高卢罗曼语的短中元音普遍双元音化中分散的逆转。于是典型的拉丁语词 *frons*、*fronte*“前部”变成了古西班牙

534 语的 *fruente*；拉丁语的 *pressa*“压紧”变成了古西班牙语的 *priessa*“匆忙”。马尔基尔的任务是解释导致现代西班牙语 *frente*、*prisa* 的不规则过程，以及法语 *siècle* 和西班牙语 *siglo*“世纪”之间的对立。在他的详尽的论述中可以找到短 **a** 分化的所有特征：大体的语音制约条件，形态上的影响，来自不同方向的交汇，最后，是词汇不规则性不能根除的残留，“一种若非不能解决，就是尚未解决的残留实例”(第 768 页)。同时，相似的单元音化实例(ie→e)完美的规则性使我们更清楚地认识到：滑音的增添或失落似乎是往往或更多地遵循新语法学派的模式。

一个更好的元音变化数据的资源来自哥本哈根的布林克和伦

德(Brink and Lund 1975)对进行中的音变进行的大量研究。他们的实时数据比起我所知道的其他任何研究都具有更大的时间深度和可信度。其中有最早出生于 1810 年的发音人的记录,并且对于各种音变给予具有相当深度和精度的转写令人印象深刻。在一个关于"语音定律"的讨论中,布林克(Brink 1977)记述了音变的各种大量例外。其中有些例外可以用上文简述的原理加以说明(如,音变后期阶段正字法的影响),有的短化音变只影响少量词并且受到频率的制约。但是简单的低化和高化中也发现有例外。在带低后滑音的双元音半高音核的低化中,类推作用阻止了常用词 *læger*"医生"的低化。长元音[aː]的高化没有影响到瑞典语和德语的借用词。元音[ø]在[n, m, f]前的低化(与费城短 **a** 的紧化条件非常相似的环境)的特征比起其他许多音变来说是"很慢并且影响词汇系统性较低"。

总的来说,布林克和伦德的调查结果表明,类推、频率及外来语地位能够影响低等级输出规则的过程。同时,他们的全部发现都支持了上文提出的这些原理。他们对于音变一致性的最普遍的观察显示,这不是一个逐词变化的机制,而是新语法学派的规则性:

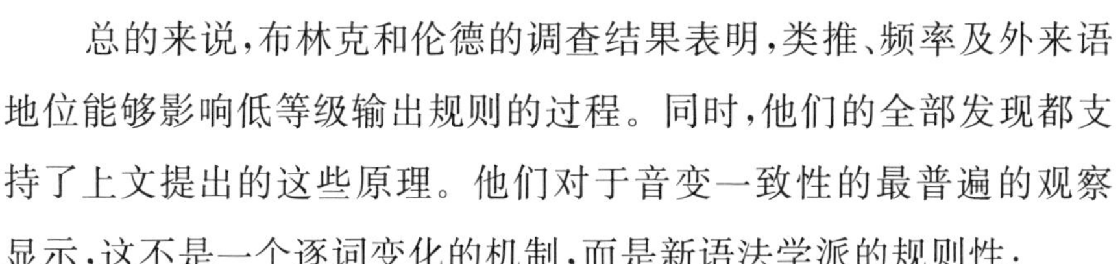

> 一旦确定了这些例外,我们就必须承认,在口语资料中观察到的更为近期的法则通常显示出高度一致性;实际上它们的运作相当机械。(Brink 1977:10)

短 *a* 的最后问题

在我们结束元音系统的研究之前,有必要直接面对北方城市

535 的短 **a** 系统与大西洋沿岸中部各州之间的对比这一难题。我们怎样才能解释短 **a** 在大西洋沿岸中部各州经历了一种高度抽象等级的词汇分裂；而在北方城市却顺从地整体成为一个受语音条件制约的规则音变的事实呢①？

多年以来，我一直觉得这是一个无法解决的难题，没有语言学因素能够解释它。显然答案应从历史中寻找，要追踪这两个区域的人口定居模式和他们早期的历史。北方城市的音变是相当晚近的。它的短元音轮替音变代表了对英语音系的一种新的背离，并且我们没有它早期历史的记录。另一方面，短 **a** 的历史已经被许多研究者探究过，包括叶斯柏森、怀尔德、特拉格和弗格森。弗格森（Ferguson 1975）证明短 **a** 的历史与宽 **a** 的历史紧密交错在一起。短 **a** 在清擦音和鼻音之前的长化至少已经有三百年（Jespersen 1949：304—310；Wyld 1936：203—205）。通常认为，与现代元音/æ/的长化相似，短 **a** 是在位于前元音位置时发生这种长化的，随后是后化到宽 **a**。把叶斯柏森、怀尔德和弗格森提出的证据放在一起可以清楚地看到，费城短 **a** 分化的制约条件和宽 **a** 的制约条件之间的相似性并非平行独立的发展结果。它之所以相似就因为是同一个音变，在早期定居者的方言中传递到费城。

弗格森（Ferguson 1975）与特拉格（Trager 1940）相反，他也认为费城的分布接近最初短 **a** 的长化，并且纽约市最初的分布也很相似。巴比特（Babbitt 1986）的研究非常具有说服力，他对纽约市

① 凯帕斯基（Kiparsky 1980：404）在自己对短 **a** 发展研究的结尾，正确地指出，在拉波夫（Labov）1981 的说明中，仍然是“神秘的 α-紧化，最终涉及所有方言中的同一个特征，在有些方言中属于词汇扩散，而在另一些方言中则不是。”

短 **a** 的早期描述只列出英式英语宽 **a** 词群里已高化到 *bared* 等级的词。因此，看来有可能纽约市短 **a** 模式与费城模式在早期是一样的，并且短 **a** 在浊塞音前的紧化是后来的事。费城模式的普遍化超过英式英语模式。弗格森表明短 **a** 长化的真正核心或音核出现在结尾的/s, f, θ/和-*nt*、-*ns* 辅音串之前。英格兰的宽 **a** 词群排除了带有鼻尾音的词，如 *man* 和 *ham*，只包括两个在-*mp* 前的宽 **a** 词(*sample*、*example*)，还包括只在词干-*mand* 中包括-*nd* 前的宽 **a** 词。在所有这些区域，费城系统都相当一致地普遍化，虽然我们的确注意到可能是早期模式遗留的松音词 *wham*、*bam*、*mam*[①]。536
与此相对，我们在英格兰找到了短 **a** 紧化继续发展的一些痕迹。琼斯(Jones 1964)报告有些英国发音人在短[jæm](压碎)和长[jæ:m]"果酱"之间有音长的对立。

所有这些都指向一个结论，费城短 **a** 系统是前置的宽 **a** 在 17 和 18 世纪长化的直接延续，脱离了英国方言之后，自由地推广和扩展。尽管这样简化了问题，它把问题从词汇不规则性的解释转移到宽 **a** 分化的来源。叶斯柏森的特殊理论在这里做出大量的贡献。叶斯柏森(Jespersen 1949:308—312)认为宽 **a** 的长化不是中古英语早期的一个新过程，而是中古英语早期开音节长化之后的延续发展。明科娃(Minkova 1982)对这个现象重新分析，认为这个看法特别具有说服力。她主张这个过程的一致核心是带有后接单辅音和中性元音的单一短元音的词群，即 C V C ə；并且认为这个中性元音的脱落伴随着前面音节的长化。因此这个长化会跟现代方言中短 **a** 的长

① 费格森(Ferguson 1975)指出巴尔的摩方言在 *slam* 和 *ham* 中有松/æ/。

化同形,其中闭音节中的短元音产生中央内滑音而增加时长。

值得注意的是在明科娃的表格中元音/a/对/e/和/o/占明显优势。在古英语的310个可能长化的候选词中,50%包含/a/,其中20%已长化,与/e/的8%和/o/的3%形成鲜明对比。

在后期阶段,长化的/a/经历了前化,长音短音之间的语音距离极为增大,成为目前 *sane*/*sanity* 之间的关系。这因以下事实而加强:在17世纪,闭音节中的短 **a** 曾经仍是一个后元音或央元音[a]。然后短音和长音形式之间的替换显示出我们一直在研究的许多词汇扩散的性质。叶斯柏森指出一些波动是对长元音后位类推的留存。例如,来自 *passer* 的法语借词 *passe* 有闭元音和开元音两种对应形式,产生 *pass* 且最后重新拼写为 *pace*。宽 **a** [pa:s]是短[pas]的类推改造(或者用叶斯柏森的术语是"折中")。短 **a** 前化以后有了三种形式:[pæs, pɑ:s, peis]。另一个这样的三重形式是[bæθ, bɑθ, beið]。那个时代产生的许多双重形式造成了"折中"的标准形式[fɑðə, rɑðə, vɑz]和通俗形式[feiðə,
537 reiðə, veiz]之间的对立。对许多这样的例子,可以在情感词(*ah*!、*haha*、*mama*)和来自罗曼语言和其他语言的新借词(*mustache*、*mirage*、*spa*、*adagio*、*lava*、*lama*、*drama* 等)中增加后元音的留存形式。这样,我们就能够在这些发展中观察到新语法学派所说的产生不规则音变的两个主要因素:类推和方言混合。然后这种不规则模式继续沿着语音制约的路线扩展,以一种逐词变化的方式,导致了在英格兰和大西洋沿岸中部各州如此多的词汇制约的结果。

在一个没有继承以词汇定义宽 **a** 分布的方言中,北方城市的短 **a** 紧化和高化似乎是一种近期的独立现象。我们在第16章看

到的北方城市与费城之间语音条件的相似是由于语音制约的普遍特征，而不是历史的传递。

凯帕斯基(Kiparsky 1989)对于短 **a** 发展的阐述与此并不相违。没有历史背景的说明，他就假设新英格兰和费城的宽 **a** 模式是同一个继承的规则。他认为在新英格兰，宽 **a** 的一级规则产生了一个后元音，同时所有其他的短 **a** 词"都服从跟'中西部'同样的规则进行后词汇的紧化"(第 403 页)[①]。他进一步提出，在费城，紧的宽 **a** 与后词汇紧化规则输出的紧元音同时出现。在费城，这两个规则合为一体，产生了一个词汇性紧化规则。

为了进一步发展这个观点，我们需要对新英格兰的短 **a** 模式的描写进行一些修改。它是具有由简单规则(10)支配的"鼻音模式"的方言之一，在 *man*、*manage*、*animal*、*hammer* 中产生了紧化和高化的元音，而其他元音仍为松音。

(10) [＋前，＋舌前]→[＋紧音]/____[＋鼻音]

LYS 研究(图 27)显示来自马萨诸塞州剑桥市的一位 70 岁说话人的元音系统：在与半高/ey/同时出现的紧音(æhN)跟其他/æ/元

---

① 凯帕斯基对于这个"中西部紧化规则"的简略处理，在/r/前有一个初级的后化规则，另外还有一个非正式的模式，图 16.4 所示语音制约条件使所有其他元音连续高化。中西部是一个不恰当的术语；它所指的对象在美国的许多地方都不同，但是它一般覆盖的多数区域——俄亥俄、印第安那、伊利诺斯、堪萨斯和密苏里——没有包括在北部方言区中，也没有参与北方城市音变。这初级后化规则也许是不必要的，因为在这个区域的许多地方，/r/之前的/a/都已经明显前化了，并且占据了一个可以从连续体的语音制约条件中预测出来的位置。

538 音之间存在着很大的区别[①]。这可能与北方城市老年发音人显示的连续统形成对比，如本书图 6.8 和其他地方所示。因此新英格兰东部有两个音位：宽/ah/类别和单一的/æ/类别，以一个简单的音位变体规则区别开来。

凯帕斯基（私人交流）记录了较早的波士顿方言对鼻音前紧化的制约并没有妨碍费城和新英格兰的统一运作，他注意到把鼻音方言的环境加入最初的宽 **a** 模式，就产生图 18.6 的费城模式。到底费城方言的发展是与新英格兰方言直接接触的产物，还是与某种其他鼻音模式接触的产物，或是对美国英语中鼻音前紧化的普遍延展的一种回应，可以通过进一步研究历史的接触和影响而得到最好的确定；但是通向词汇规则进一步发展的统一途径似乎是一个重要的探求方向[②]。根据与北方城市音变相互交叉来说明纽约市短 **a** 环境的进一步伸展，在我看来不那么可信，因为考虑到前者时间更为晚近并且没有词汇制约条件。

来自词汇音系学理论的解释为我们理解短 **a** 音变增加了几个维度。后词汇规则和词汇规则的概念囊括了我们已讨论的许多性质，并把它们跟其他特性和更宽广的数据基础连接起来。在这个

---

① 在松音类别中，在/d/和清擦音之前的元音比其他松元音高一些，并且/s/前的一个元音接近/æhN/范畴。近几年，波士顿方言显示有其他环境下的紧化，尤其在/t/之前（Laferrière 1977），但是鼻音模式则普遍保持不变。另参见佩恩（Payne）1976 在普鲁士王村研究的记录，他对来自新英格兰的外省父母的元音系统的研究中显示出鼻音模式的一致性。

② 费城和新英格兰近期的方言接触表现在 20 世纪 30 年代对于一种潜艇式三明治的本地术语的发展中。在环（但不包括）波士顿的新英格兰东部，基本术语是 *grinder*。而费城的基本术语是 *hoagie*，在费城 *grinder* 通常是指在烤箱中加热的潜艇式三明治，有时又称为 *oven grinder*（Labov 1989c）。

理论中有若干问题仍待解决：是否结构存留条件能够持续下去
(Harris 1989)，是否严格的循环性会得到支持，其中存在多少等
级。然而，词汇音系学提供了一个框架来一致地说明我们的数据，
并增补了新语法学派有深刻见解的公式。费城的短 **a** 分化是存在
已久的英语/a/元音长化模式的延续，它通过词汇规则的音变在高
抽象层级进行。这种音变的特征包括方言混合，语法条件的类推
形式和其他形式，表现为典型的词汇扩散。北方城市短 **a** 的紧化
显然是一个独立的现象：具有低级抽象性的元音高度的一种后词 539
汇音变。这种音变以连续的方式进行，只受语音环境制约，没有任
何词汇不规则性或者语法条件制约的迹象。

18.5　辅音音变

我们应该简要考虑一些更加显而易见的关于辅音音变的问题，虽然这方面的研究比元音研究少。总体来看，王士元强调的离散性和渐变性的重要性被抛开。对新语法学派渐变性概念最突出的矛盾出现在换位、叠音脱落和其他非连续的辅音变换。克里希那穆提(Krishnamuri 1978)追踪研究达罗毗荼语言词首辅音的历史包括了辅音分组的这种重新排列，在这里自然会预期有词汇扩散。对于发音部位的变化也同样可以这样说。

对于这种扩散的详细观察可以在金凯德(Kinkade 1972)对西北太平洋萨利希语言(Salishan)从软腭音到龈腭音变化的研究中获得。在这个语系地理上的两端，在普通的和喉化的清塞音和清擦音中都有龈腭音；但是在中部地区的一大群语言则显示为保守

的软腭音。低考利茨方言例外地表现出分化,“发现在传递中的一例语音转移”(第 2 页):大约全部语素有三分之一在龈腭音序列中。金凯德在 124 个例子中用借自奇努克混合语(Chinook Jargon)的方式解释其中 15 例,用语音过程解释了几十例。像马尔基尔(Malkiel 1976)一样,他穷尽了所有可能用于解释的资料来源,包括异化,得出这样的结论:这个音变在语音上是离散的,而在词汇上是渐进的。

在关于英语与荷兰语中唇音-软腭音变化的专著中,波乃布莱克(Bonebrake 1979)考察了发音部位非连续变化的最显著的例子之一:从[x]到[f]以及从[f]到[x]的转移。她必是从一个众所周知的不规则单词列表开始做起,如规则的 *cough* 对不规则的 *dough* 或 *slough*,规则的 *daughter* 对不规则的 *laughter*。她提出的音变多重条件的总体模式与马尔基尔的或金凯德的模式同样复杂——涉及认知连续性的概率,形态和语义的影响,以及社会差异。

发音部位的变化必然比发音方法的变化更加抽象。舌位沿着矢状截面中线不同点上的变化并不是一种简单的线性移动,而是通过调节多个不同肌肉动作重新确定舌头的形状。声学结果是通过不同的信号按序记录的:频率的分布和爆发的振幅,三个共振峰
540 的过渡。发音方法涉及一组较简单的维度,并且发音方法的变化最常见的是语音渐变的。它们更有可能在词汇上也是规则的,如近来研究进行中的音变所证明的。南美洲硬腭音的不同音变显示出新语法学派规则性的各种迹象:巴拿马城的/č/到擦音的弱化(Cedergren 1973)和布宜诺斯艾利斯的浊音/ž/的清化(Wolf and Jiménez 1979)。关于/s/的送气和脱落的大量文献显示,在西班

牙语(Ma and Herasimchuk 1968;Cedergren 1973;Poplack 1979;Terrell 1981;Hochberg 1986;Alba 1990)和葡萄牙语(Oliveira 1983;Guy 1981)的许多没有显示出词汇制约条件的证据。在英语的流音元音化的详细研究没有显示出任何词汇不规则的迹象(Labov 1966;Ash 1982)。在利物浦发现了元音后的塞音弱化的显著实例,其中清塞音变为塞擦音和擦音——开始于/k/,现在进行到/t/,可能在儿童中有到/p/的。我自己对这个过程的研究显示它既是渐变的又是规则的。这样一种格里姆定律的重演提醒我们,新语法学派最杰出的成果在这条定律对发音方法的音变描述中得到证明不是偶然的。有各种理由使我们考虑这是一个渐变过程,一个语音输出规则:正是我们想寻找的新语法学派音变的一个典范。

以更可控的方式进行这简短调查的一个方法就是检测不同方向的研究汇集起来的一组音变。福纳吉(Fónagy 1956)在原来第 16 章讨论的已报告的各种音变的评述中,根据是否在个人、词汇、韵律或位置的影响等方面显示出变化的证据,对 60 个研究进行了分组分析。他的结论说明了影响音变的因素具有多样性和复杂性,而不是那种可能有利于一种模式或另一种模式的音变类型。如果我们考虑到福纳吉展示的全部现代方言的研究,其中包括一些进行中音变的证据[①],表 18.5 显示的分类数据对于本节所概括的原理提供了一定的支持。一个子系统内元音变化的词汇扩散

① 例如,我没有包括赫尔曼(Hermann 1929)对沙尔梅方言/θ/变化的讨论,因为在与戈沙的数据的比较中,赫尔曼得出没有涉及音变的结论。叶斯柏森和丹尼尔·琼斯对英语资料的一些观察——涉及例如 *pretty* 和 *children* 中/i/的央化——似乎与进行中的音变没有明显的联系。不过,有一些引自英国方言中的短 **a** 长化的复杂环境跟在大西洋沿岸中部各州发现的情况一致。

实例是索莫菲尔特(Sommerfelt 1930)对威尔士的不圆唇高元音的说明：旧的变异保存在三个古语词中：(“werewolf”“warrior”和“lamentation”)。另外，这些分布支持了规则音变占多数的观察。
541 词汇扩散确实出现的地方，最常见的是在跨子系统的音变中——特别是元音的长化和短化[①]，以及辅音的发音部位的变化。双元音化和单元音化中有一例显示为词汇变化，但是有三例为规则的。虽然这些数字还不大，不足以具有决定性，但是它们有这样一个优点，即它们是以一种独立的视角收集的，而且都是按照我们研究进行中音变所发现的模式，这一事实也是令人振奋的。

表 18.5　音变中报告的词汇条件(数据来自 Fónagy 1956)

	无词汇条件	词汇条件
元音交替		
子系统内部	4	1
双元音化和单元音化	3	1
长化和短化	0	7
辅音交替		
发音方法变化	4	0
发音部位变化	5	2

18.6　难题的解决

那么，在解决新语法学派争论上取得了什么进展呢？——或

① 福纳吉在他自己对法语和匈牙利语元音长度的详尽研究中记录了词汇差异。但是这些也许不会对这个问题产生直接影响，因为法语资料涉及一个低层级语音连续统，并且匈牙利语高元音只有不常见的基于语音长度的音位区分的例子。

者说，在解决新语法学派争论的实质性问题上，我们达到了什么程度呢？简而言之，这一难题相当于下面这样的问题：如果王士元和他的同事们关于词汇扩散的观点是正确的，而新语法学派在音变的认识上又比他们更正确的话，那么，怎样才能使两种观点都正确呢？

一派主张“音位变化”，另一派主张“词汇变化”。按现在的情况，两种提法都不是很有用；它们是抽象的口号，已经与实际正在发生的情况失去了联系。仔细考察进行中的变化更加富有成果。我们已经把新语法学派的规则性定位于低层级输出规则，将词汇
扩散定位于一个抽象词群到另一个抽象词群的重新分布。我不打 542
算以简单的两分法解决最初的对立——即这里是词汇变化，那里是语音变化。我已经展示了位于两极的类型，并且已经分析了造成这些类型的特征组合。各种音变的全部系列无疑将显示出许多离散性、抽象性、语法制约和社会制约这些特征之间位于中间状态的结合。

其他维度当然应该考虑进去。在布列塔尼语（Breton）词汇扩散研究的基础上，德雷斯勒（Dressler 1979）提出涉及强化时要比涉及弱化更容易发生扩散[①]。霍尼斯瓦尔德（Hoenigswald）使我注意到与这里考察的几个实例有关的一个维度：制约语境的范围。他指出，当语音制约超出了两个、三个或者四个音段的时候，跨越语法边界的可能性会大大增加——这样，就带来语法制约的可能

① 应该注意马尔基尔（Malkiel 1976）详细分析的例子，同时德雷斯勒也提到过，那是一个弱化的例子而不是强化的例子。

性。开音节的长化正是这种情况，因为音节定义必须是一定长度的音段序列。现代短 **a** 的紧化要考虑到最少两个，多至四个后接音段。相比之下，费城/ow/的前化有一个简单的例外——当后面是流音时。当然还需要考虑其他重要的性质。我们会发现有些非连续的音变是规则的，如西欧各地从舌尖音到小舌音(r)的变化。我们也无疑会在子系统内发现某些词汇的不规则性，超出由音变后期的修正所造成的变异，如布林克和伦德的材料所示。

在以上这些保留的基础上，两种类型音变的概念就逐渐显现如下：

规则音变是在连续语音空间中的一个音位的单一语音特征渐变的结果。它是在语言系统内部音变的初始阶段的特征，没有词汇的和语法的制约条件，也没有任何程度的社会觉察(“来自下层的变化”)。

词汇扩散是在带有某一音位的词中这个音位突然替换为另一个音位的结果。这个词的新形式和旧形式通常会有几个语音特征的差异。这一过程是内部音变的后期阶段最主要的特征，它由词汇的和语法的制约条件区分出来，或已经产生高度的社会觉察，或是其他系统的借用成分(“来自上层的变化”)。

543 根据这一系列性质，我们将预测规则音变和词汇扩散的范围会显现出互补分布：

规则音变	词汇扩散
元音的发音部位变化	音段的缩短和延长
高元音的双元音化	中低元音的双元音化
辅音的发音方法变化	辅音的发音部位变化

流音的元音化	流音与塞音的换位
滑音和央元音的脱落	阻塞音的脱落

新语法学派争议的这种解决需要一个研究策略的变换。它避开了以下问题:每个词都有自己的历史吗?是音位在变化吗?新语法学派是对还是错?研究转向了一种不同的内容。首先尊重我们的前辈们的成果,但这并不意味着满足于他们收集的资料。我们赞赏他们的工作,不是通过重新利用最初的观察资料,而是进行更广泛更深入的调查,这将显示他们最初结果的价值和局限性。然后,我们就可以问:决定一个语音状态转变为另一个状态的全部性质都是什么?沿着这条路线,我们将最终能够以一种高度的可能性来预测音位系统对神秘的音变过程做出反应的方式。这是本卷最后一章的问题,研究的是语言变化与系统的信息传输能力之间的关系。

第五部分

音变的功能特征

第 19 章　对功能主义的过分评价 547

第四部分的四个章节涉及新语法学派所主张的音变规则性的矛盾和难题的解决方案。结果对他们的观点提供了强有力的支持。一旦用我们目前对语言范畴抽象层级的理解对于新语法学派的观点加以改进，音变的规则性就会成为真正的现实。在第五部分，我们的注意力将转向对新语法学派最初观点产生怀疑的另一个方面，即：音变和意义的联系。

新语法学派对这个问题的理解非常简单：音变的进程并不会根据说话者和听话者的交际需要而加以改变。语法系统确实做出调整来保持意义的联系，但是这些是一个单独的类推变化过程的结果。自从新语法学派表明他们的观点以后，如何把类推变化从规则音变中区分出来一直成为大家争论的问题。但是最近几年，在功能主义和功能假说的标题下又兴起一个看法：音变受到的直接影响来自保存意义的需要。这种总体的观点不仅用于共时变异，也用于历时变化。为了评价这些功能方面的争论，我们不得不分析这两种类型的变异。最为详细的发展是对于历时的、稳定的变异产生的，因此本章的大部分内容将集中在这个领域的调查研究。首先来看功能上的争论一般发生在哪里，以及它们跟语言学争论的关系，这无疑是有益的。

19.1 功能主义和功能主义学者

过去的半个多世纪,许多语言学流派都在功能主义的标题下进行了研究。他们把自己的研究定向于“功能”“交际”和“意义”这些概念,在某种程度上,可以总结为一个默认的命题:

548 (1) 语言的功能是说话人(或写作者)传达意义给听话人(或读者)。

“意义”概念在这里通常比在信息论中用的概念更狭窄,但比用于语义学中真值定义的概念更宽泛。一般说来,功能作用的讨论是指用命题来表述事物状态的需要,随着它们向疑问、祈使和其他语气中的延伸,这些命题将成功地区分哪些是真实状态哪些是非真实状态。此外,这些讨论已经包括对句子的不同部分引起关注或撤销关注的各种方式,如这些术语所标示的:聚焦和散焦、主题化、前景化和背景化。但是这些功能作用的讨论通常并不包括表现说话者情感状态,说话者和听话者之间的社会关系,或通过减缩、省略或机械方法使言语和交际简便的种种功能。

有大批语言学家致力于以交际的需要来解释语言的结构,并且可能采用彼此不同的研究方法,其中主要的贡献者有马丁内(Martinet)、韩礼德(Halliday)、库诺(Kuno)、凯帕斯基(Kiparsky)、基翁(Givón)。芝加哥语言学会1975年举办的功能主义语言学大会上,对于功能主义的观点给予了充分的陈述。绝大多数论文都赞成功能主义的解释,尽管至少有两篇文章持怀疑态度。

我们不必再去寻找怀疑“功能”和功能解释的语言学家。乔姆斯基已经对于语言结构的功能解释表现出了彻底的怀疑态度。为了维护句法的自足性，他承认交际的需要可能影响了语言的结构，如同它在人类史前时期的演变，但是他认为从这种考察很难得出什么结论(Chomsky 1975：56—60)。根据生物学类推，他说：

> 毫无疑问，生理学家研究心脏时，将会注意到心脏供血的事实。但是他也要研究心脏的构造，以及这种构造在个体和物种中的最初状态，而不会做出武断的假设来用功能的术语“解释”这种构造的可能性。(57 页)①

乔姆斯基对功能解释的否定看法当然与他的立场相关，他认为语言使用的研究与语言结构的研究截然不同，并且可能对语言学家
来说并不是很重要；句法是自足的并且可以从语义学中分离出来 549
进行研究；语言能力是独立于社会互动影响之外的固有结构。由于那些在社会环境中研究语言的语言学家通常并不赞成这些观点，人们可以预期在这个领域的研究会落入功能的阵营。然而在过去的十多年里，我和其他观察语言使用的同事们对于语言和语言变化受到意义的控制作用越来越怀疑。通常所讲的是，当说话者在说话时会考虑听话者的信息状况，并且若有二中择一的选择，他们会更倾向那种使听话人最有效地接受他们的意思的方式。但

① 当然这是一种极端的立场，这不会在大多数生理学家那里得到同情的反应。自从哈维(Harvey)的时代以来，生理学家就已经受益于功能性研究。

是在随后的研究中，对语言使用的量化分析没有证实这种说法。

功能论不会轻易令人失望。**交际**和**意义**作为天生的好要素而出现；一种语言手段如果能传达更多的信息就被认为是好的；反之，就是不好的。我发现我自己对任何天生的好的事物都有着天生的怀疑精神。

我们可以称作幼稚的或目的论的功能主义也在其他领域做尝试，并已发现不足。默顿（Merton）指出，社会学中的结构-功能主义是依靠行为或制度的结构性结果，而不是它们的动机。他在功能和非功能的讨论中，指出在自己领域中有两种混淆的类型：

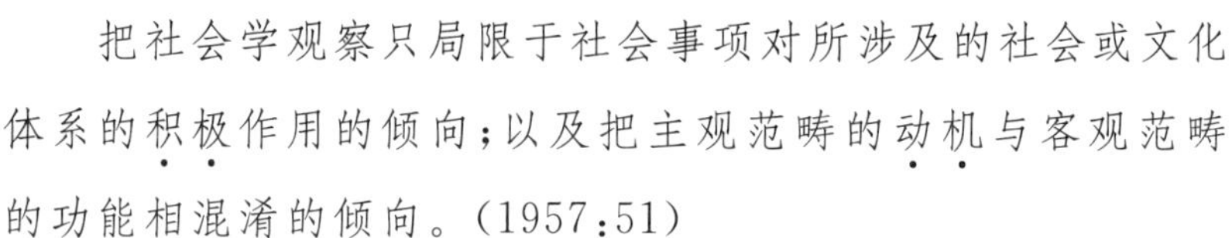

> 把社会学观察只局限于社会事项对所涉及的社会或文化体系的**积极**作用的倾向；以及把主观范畴的**动机**与客观范畴的**功能**相混淆的倾向。（1957：51）

这种描述同样适用于对雅可布森呼吁语言分析中的目的论思考产生共鸣的语言学家，语言结构只能被理解为实现说话者意图的程序（Caton 1987）。在言语行为的层级上，人们可以评价瑟尔（Searle）和格莱斯（Grice）的观点：理解一段话语的意思就是理解说出这段话语的人的意图。[①]然而，我想我们应该对所有宣称通过说话者传递指定信息的愿望或意图来解释语言变化的论证表示怀

① 见瑟尔（Searle）1970：43—44。瑟尔与格莱斯的分歧只是在于瑟尔认为应该关注的是言外行为（illocutionary）的意图而不是言后行为（perlocutionary）的意图。

疑。没有理由认为我们对自己的意图或别人的意图的看法都是非
常准确的，或者我们有任何方式来知道它们是否准确。[①]就算话语 550
的解释包括了意图的属性，而认为是别人的那些意图跟我们领会的他们真正的动机还是不同的。即使我们准确地知道那些动机是什么，也不意味着这些动机能有效地决定说话者对于语言变体的选择。如果语言变化和变异的功能理论是关于意图的理论，那它们确实会把我们引入一条不可靠的道路。

许多功能方面的论证都是为了解释不变化的结构。近年来，同类论证自由地用于语言结构中的变体成分，特别是关于变体规则的制约。在功能主义者的环境中，这些论点似乎都是不证自明的。有人可能问道，如果信息的交际不决定语言变异和变化的形式，那么，是什么来决定呢？大多数 19 世纪的语言学家对这个问题都很清楚。语音变化，语言变化的主要机制，被看作以机械方式运行的，不考虑意义的或社会交际的需要。有充分的理由认为，这仍是最常见的音变类型。如果是这样，我们就能够预期很多共时的变异也没有回应信息传递的需要。在后面的讨论中，我们将见到大量证据来表明，在连续句子中保持平行结构的趋势制约着形态和句法的变异。其他变体是对叙述同一件事情的不同方式的主观社会评价的结果，是地理接触造成的偶然意外的结果。某些变异应看作历时的残留，没有任何交际功能的痕迹（Baugh 1983；Houston 1985）。这并不是说功能的论据是幻想。相反，我们将会

① 又见乔姆斯基(Chomsky)1975：76。如早前的引述，在一般性地对功能主义给予否定评价之外，乔姆斯基对自己说话意图的自我直觉表现出完全的怀疑，他认为直觉根本不可能指向交际信息。

看到保存信息的需要相对较弱,并可能被其他因素所压制。

另一方面,我们发现,有了一定损失,语言确实会做出调整以保持传递意义的能力。如果说话者在语言变体的选择中没有把意义考虑进去,那么这种调整是怎么发生的呢?这是第 20 章要试图解决的主要难题。我希望表明,通过遵循责权统一原则(关注全部现有数据,而不只是看到那些有利于观点的话语),并且采用多元分析来考虑共同决定最终结果的多种影响,我们可以更为平衡地看待功能论。

551

19.2　语音变化的功能解释

对功能论的完整理解当然必须包括音变的解释。我们在本书第二部分讨论的元音和辅音的链式音变一直被视作功能行为的一个主要例子。这种协同音变的作用可以避免合并和用于意义编码的区别发生失落(Martinet 1955;Haudricourt and Juilland 1949)。众所周知,这种论证未能解释合并比链式音变更为常见的事实,大量的合并确实发生了,伴随着同音词的增加。尽管人们通常倾向损失最少信息的那些合并,但本书第三部分给出的多是无条件合并的例子,难以符合这个观点。

即使确实有链式音变发生的地方,看来功能论证往往是任意的。链式音变只是元音协同变化的一类:另一类是平行移动,一般认为这是规则普遍化导致(从特征来看)更为简单的陈述的一个例子。这种简化可以说是便于说话者产出语言或听话者理解语言的工作。这可以作为音变的功能的论据,并且这种平行变换有时被列举作为功能行为的例子。但是,如果我们把基于话语简化的解释跟那些基于保存意义的解释合在一起,整个讨论将会迅速失去意义。语音弱化的过程包括结构形式的磨损,屈折对立的破坏,不同词形的混淆,可能被认为是一种遵循省力原理的功能便利的结果。在下面的讨论中,"功能论"仅限指那些基于语言变异和变化的过程中保留意义的趋势。

在许多例子中,平行的或普遍化的音变与链式音变成为无法预测的交替。最明显的平行变化实例是费城元音(uw)和(ow)的前化(见图 3.6 用于社区的方法)。平行并非完全的同步:通常是一个元音先变,变化较慢的成员再逐渐完成普遍化的过程。在费城和在其他地方一样,(uw)先于(ow)变化。[①] 然而,现在来看图 6.3 呈现的玛丽·科尔维尔的伦敦元音系统。元音/uw/前

化,/ow/低化至后低位置,与前元音/ey/的低化平行。/uw/的前 552
化与/ow/的低化没有明显联系。但是/aw/的前化与/ow/的低化有联系:这是一个链式音变,消除了/aw/和/ow/合并的可能性。

(2) /ow/ → /aw/ →

在图 6.4 的得克萨斯中部杰瑞·萨舍尔的元音系统,可以看到/ow/和/aw/有同样的音链关系。然而,我们不能说其中的任何一种——链式音变或平行变化——是费城、伦敦、得克萨斯的特征。许多伦敦说话人的/uw/和/ow/显示出非常完美的平行状态——例如,LYS 报告中最老的伦敦说话人,83 岁(LYS:图 29)。在伯

① 第 8 章提出所有(ow)的这种前化都是平行运动形式,而不是链式音变。同时中元音的前化不是元音转移普遍原理的内在组成部分。

明翰和得克萨斯发现同样的变异。一般来看,(ow)的高度是一种独立于前化的社会语言学变体。较低的不圆唇变体是最底层工人阶级的特征。于是伦敦东区土话的[ʌu]与(ey)最低化的形式[aɪ]平行。与此相对,(ow)的一个很靠前的圆唇高元音变体[øʊ]就出现在牧师过分高雅的发音中。作为社会语言学变异的结果,人们可以发现,在音变分析涉及链式音变和平行音变之间的社区中,有一种特殊的波动,存在许多不确定的情况。这是一个令人难以置信的结果,并得出结论:如果功能性和非功能性结构之间的差异具有如此的可塑性,那么其中不会有太多的实质内容。

对于音系学的功能更为基础的看法是相信音系的对立完全取决于对比功能:说话人和听话人只能听出那些在意义上有显著区别的语音差异。但是第 12—第 14 章表明情况并非如此:在近似合并中,说话人发出可靠和稳定的区别特点,而说话人和其他听话人都不能把这些区别特点用于区分不同的意义。音位无疑具有区别意义的作用;但是音位系统的历史发展并非仅仅狭隘地受到交际功能的控制。

19.3　形态变异的制约

英语辅音丛的简化

最早对语言变异内部制约的系统研究,是美国黑人英语以及后来很多其他方言中词末辅音丛的简化。主要的焦点就是在

fist、*hand*、*past*、*kept* 和 *walked* 这些单词末尾/t/或/d/的脱落。553
制约/t/、/d/脱落的两组主要的因素几乎出现在所有的英语说话人之中，如图 19.1 所示。

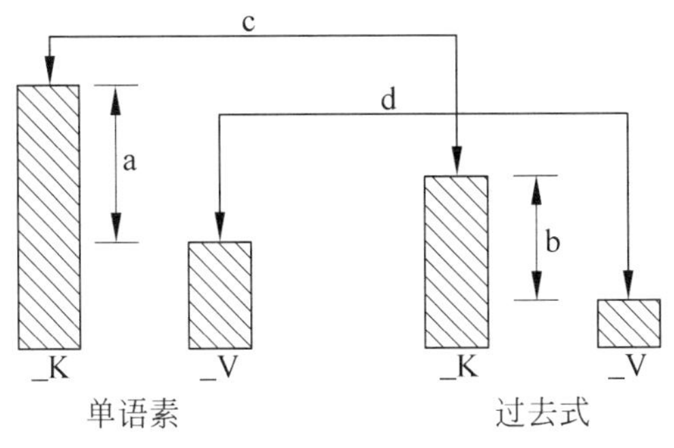

图 19.1　英语-*t*、*d* 脱落的两个基本制约因素

英语-*t*、*d* 脱落的一个基本制约因素是音系方面的：后接音段的作用。后接辅音比后接元音更有利于脱落，正如图 19.1 显示的 *a* 和 *b* 的关系，在这个主要部分中，响度（和音节重组的可能性）越大，越有利于脱落。有人可能会提出，正如凯帕斯基所做的（Kiparsky 1971，1982），这种类型的变化不需要引入语法，因为它可以通过公认的便于发音的音节结构中的标记性来预测。第二个制约因素独立于第一个因素，而且如第 18 章所定义的，抽象性更强：由过去式的屈折形式造成的辅音丛，如 *walked*，少于 *fact* 和 *fist* 中单一语素辅音丛的脱落，如图 19.1 所示的 c 和 d 的关系。

可以通过变体规则(3)来记录这一变化过程的事实。

(3) t,d→<∅>/<—重读><+辅音>[+辅音]<∅>_ ##<—音节>

这条规则可以理解如下：/t/或/d/的脱落可能出现在词边界前的另一个辅音之后。在非重读音节中比重读音节更易脱落；当前面

有第三个辅音如 *next*,则更易脱落;在词末辅音前没有语法界限时更易脱落;当后面没有音节性音段时更易脱落。

真的是这样,如果所有变异的稳定制约因素都分配到普遍原
554 理,就不需要表示特定语言的语法变异。对这一点,凯帕斯基坚持认为对于-*t*、*d* 脱落的语法制约因素应归入一种普遍"功能"原理:[①]

> 在表层结构中有一种保留有关语义信息的倾向……它的典型特点是在语言环境中阻断规则,这些规则在其中的自由应用将会消除表层的形态差异。[②] (1982:87)

人们对这个共性原理的信任只延续到对另一种语言的调查研究便终结了。马和海拉斯姆查克(Ma and Herasimchuk 1968)在泽西市(Jersey City)的波多黎各西班牙语的研究中发现,词末/s/的脱落在单语素的词中很少发生,如:*más* 和 *tres*,更多地出现在它是语法屈折形式的时候,如 *padres*。下文将要评述的很多其他对西班牙语和葡萄牙语的研究也证实了这个发现。然而在英语-*t*、*d* 脱落的研究中也出现了功能解释的局限性。盖伊(Guy) 1980 年对这个变体进行了大范围的研究,调查了 26 个费城和纽约的白

① 把对-*t*、*d* 脱落的语法制约看作功能的趋势是很自然的事情。我曾提出(Labov 1971),无论单个音段以怎样不同的方式脱落,如果它是独立音位,将会更少地脱落。在随后的讨论中,这个构想显然遭遇到跟凯帕斯基相同的批评。

② 在这个构想中使用**趋势**一词是有问题的。在范畴观框架内把规则划分为强制或可选的两种类型,它只适用于具有假设效果的规则出现的频率。另一方面,凯帕斯基对辅音丛简化的定量研究数据做出了回应,以致我们可能会把他的制约当作普遍语法原理,用于自然言语中的发音样品分布。

人-*t*、*d* 的脱落情况。在对变异的功能解释的大量评述中，盖伊展示出每一个体都反映出群体的模式，并且所有说话人都是在很小的时候就习得了过去时的制约。随后，他把这些事实应用到功能解释中，给出表 19.1 中的数据。跟通常一样，最有利的因素是辅音丛的单语素地位。正如我们所料，规则动词的过去式辅音丛脱落的比率相当低，为 0.52。不规则动词的语法地位有分歧： 555
有些说话人似乎把派生的 +*t* 后缀分析为过去时标志，其他人则不是这样。因此平均值 0.91 处于一种中间状态，对不规则动词的这种处理与对过去式形式的行为所做的功能解释并不矛盾。[①]

表 19.1　19 位费城发音人-*t*、*d* 脱落的语法制约

语　　境	多项变数权重	
单语素单词(如：*west*)	1.00	
不规则动词(如：*kep*＋*t*，*tol*＋*d*)	0.91	功能
规则过去时(如：*walk*＃*ed*)	0.52	
规则分词(如：*have walk*＃*ed*)	0.49	反功能

然而，盖伊(Guy 1991)指出，功能解释将会预测现在完成时 *have walked* 中的-*ed* 比一般过去时中的-*ed* 更容易脱落，因为现在完成式主要标记是助动词 *have*，而/t/或/d/是冗余的。但是，我们的发现不是。对完成时后缀-*ed* 的处理跟过去时-*ed* 并没有显著区别，因此，这是一种反功能作用。

我们可以这样问，如果功能作用不能解释-*t*、*d* 的语法模式，那么什么能解释呢？盖伊近几年在词汇音系学的结构框架中探求

① 这个中间值最终遮盖了大量个体数值，主要与年龄相关，因为标示模糊类别的实际值取决于说话人不断进展的语法分析(Guy and Boyd 1990)。

解答这个问题。指数假设(Guy 1991)预测单语素、不规则动词、规则过去式之间的实际数值关系将以比率标示为 $x^3:x^2:x$，作为它们分别受到-*t*、*d* 脱落规则三次、两次和一次作用的结果：单语素属于基本语素；附加一级词缀和联结号消除后的不规则形式；以及附加二级词缀和联结号消除后的规则形式；一共是三种类型。过去时和过去分词的语素都是二级词缀，因此这样处理是与他们保留相同的-*t*、*d* 的事实高度一致的。在这一点上，仍有若干问题有待解决：还有其他什么语言显示出这种作用(为什么拉达克语没有)；指数关系是否比其他数学模型更适合这些数据；重音制约是否显示了这种迭代式应用的影响，等等。但是指数假设适用于所有本章出现的这种普遍模式：可变的形态制约被解释为机械的和结构的因素，而不是为保存信息的功能趋势。

拉达克语的完成时(s)

在科沙尔(Koshal)对拉达克语(Ladakhi)的社会语言学研究中，测试了语法性音段脱落的功能效应的通用性。拉达克语属于汉藏语系，分布在印度西北部的喜马拉雅地区。拉达克语有以/s/结尾的词末辅音丛，其中/s/同样在一个影响开首辅音丛的音变过
556 程中可以脱落。在末尾位置，/s/有时属词干的一部分，有时是完成时的标记。当/s/消失时，完成时就是无标记的，并与许多用后缀标记的其他时态相对立。然而，祈使句也是无标记的，所以不难造出一个歧义句又可以是祈使句又可以是/s/消失的完成时句子。如句子 *Khyo-rang-ngi pene khyer-s* 是表完成的陈述义“你拿了钱”。但当动词后的完成时标记/s/脱落后，就变成 *Khyo-rang-ngi pene khyer*，跟祈使句“拿上钱”同音异义。对于原有区别更为

严重的瓦解是/s/在分词后缀-*kan* 前面脱落的情况。*Tang-s-kan* 的意思是“已给的东西”。而当/s/脱落后，人们再也不能区别分词结构和-*kan* 直接加入动词词根的结构，后者的功能是名词化后缀。因此 *tang-kan* 既可以是“已给的东西”，考虑到完成时/s/脱落；又可以是“给东西的人”，不考虑/s/。

这种情况跟英语中-*t*、*d* 的脱落很相似，并且提供了一个很好的机会来检测功能假设的通用性。科沙尔最初的分析是在宾夕法尼亚大学语言学实验室进行的，把/s/脱落的制约分为词汇方面和语法方面，男性和女性的语料是分别统计分析，结果见表 19.2。二者都没有显示出词汇的和语法的辅音丛之间有显著差异。这表明，拉达克语中/s/的脱落并没有功能上的差异。

表 19.2　拉达克语对于/s/脱落的语法制约在男性和女性中的表现

	/s/脱落的多项变数权重	
	词汇方面	语法方面
男性	0.50	0.50
女性	0.53	0.47

西班牙语复数形式/s/的脱落

对于这种类型的变异最为集中的研究就是西班牙语的/s/，它在欧洲和拉丁美洲的各种方言中，经历了送气和脱落的变化过程。特雷尔(Terrell 1981)总结了大量的研究成果，并展示了在多米尼加共和国的一个极端实例中，/s/可以不再作为基本形式。对这个过程中的功能作用进行最细心的探索是波普莱克(Poplack 1979， 557

1980,1981)的论著。她研究费城波多黎各人的西班牙语,除了复数屈折本身之外,还考虑了许多信息资源:形态的、句法的、语义的和文化的因素。下面的数据引自波普莱克(Poplack 1980)的研究,从名词短语复数变项(s)和动词第三人称复数变项(n)二者的脱落,来说明功能作用和反功能作用之间的联系,[①]为强调这些数据对功能解释的应用,我把每个数据都加上"功能的"和"反功能的"标记。

波普莱克一开始先是重复了马和海拉斯姆查克(Ma and Herasimchuk 1968)的早期发现,在西班牙语中,单语素形式和语法形式之间的关系跟英语的情况相反(见表 19.3)。然后,她对大量的变异规则做了分析,同时考察音系的、句法的、形态的和文化的因素在西班牙语/s/的实现中所起的作用。下面的每一个表都是从单因素分析中抽取出来的,通过分配给因素组中每种可能性的权重来显示制约脱落的情况。

表 19.3 波多黎各西班牙语中语法地位对于/s/和/n/脱落的作用

语法地位	%脱落 (s)	%脱落 (n)	
屈折形式	68	9	反功能的
单语素	54	1	反功能的

西班牙语复数的屈折形式/s/能够出现在名词短语的多种成分中。比如,可以如(4)这样,在一个限定词中,一个名词中,一个形容词中。

① 波普莱克研究变项(s)的送气和脱落,(n)的鼻化、弱化和脱落。下面的表中只呈现对于这些屈折形式脱落的制约因素,因为它们留下一些能够辨识出这种屈折的语音材料。

(4) la*s*　cosa*s*　bonita*s*

波普莱克相应地考察了名词短语的各因素组的语法角色作用，如 558
表 19.4 所示。在这个因素组中，我在功能的后面加了问号。确实，对于把必需的信息放在前面是功能作用的影响常常有争论，因为随后它会成为冗余的。在表中，屈折形式-*s* 在开头位置的限定词中最常出现；在后面的名词中出现较少；在最后面的形容词中出现最少。但是这种情况是假设听话人处理短语中每个单词的信息是按照接收它的顺序来进行的。这是一个不可靠的假设，而且有大量心理语言学的证据反对它。此外，盖伊指出，如果我们真的接受这个假设，那么我们就必须接受英语是大规模的反功能语言的观点，因为在英语中，复数的标记通常出现在名词短语最后的成分上：

(5) the　beautiful　thing*s*

表 19.4　名词短语中语法范畴对/s/脱落的作用

语法类别	/*s*/脱落的多项变数权重	
限定词	0.26	功能的?
名词	0.57	
形容词	0.69	

波普莱克更详细地考察了西班牙语名词短语的线性顺序对于屈折形式/s/位置的影响，她的研究结果又被后来的其他人所重演。在三成分的组合中先考虑第三个成分的情况。如表 19.5 所示，前两个成分的屈折形式的实现有四种可能(表中 S 表示/s/的
出现，0 表示/s/的缺失)。这四种情况可以分为两类。在前三种 559
情况中，至少有一个/s/，保留复数信息；在第四种情况中，00 __，没

有这个复数信息,因此形态上的复数信息只有靠第三成分中的屈折。功能理论一定会预测在 00 __中的第三成分上/s/脱落的可能性较低。可是正如表 19.6 所示,波普莱克看到的并非如此。同样的情况也可以适用于双成分组合中。

表 19.5　在西班牙语三成分名词短语中/s/和 0 的出现情况

位置			
1	2	3	
S	S	—	las cosas bonita-
S	0	—	las cosa bonita-
0	S	—	la cosas bonita-
0	0	—	la cosa bonita-

在这两类例子中,我们看到说话人趋向于继续在名词短语开始时设置的模式:/s/趋向于/s/,零形式趋向于零形式。我们可以称为坚守或协同。波普莱克把这种一致性趋势跟语法层级的省力原理联系起来,第一个把省力原理扩展到语音层面的是马丁内(Martinet 1961)。

在表 19.6 的相同因素组中,只有一个问题需要考察:单个名词短语。如果在这种名词短语中没有其他支持信息,那么复数/s/的脱落趋向最小,并且这似乎有一个明显的功能影响。下面我们将更详细地探讨这种情况。

表 19.6　在名词短语中的序列顺序对于复数/s/脱落的作用

	/s/脱落的多项变数权重	
三成分组合		
前面有/s/[SS __,S0 __,0S __]	0.44	反功能的
前面无/s/[00 __]	0.73	

续表

	/s/脱落的多项变数权重	
双成分组合		
前面有/s/[S __]	0.44	反功能的
前面无/s/[0 __]	0.52	
单个名词短语	0.24	功能的

西班牙语句子还要用动词加/n/的屈折形式表示复数：

(6) a. La reina manda.　　　“皇后发命令。”

b. Las reinas mandan.　　　“皇后们发命令。”

(7) a. La reina es bonita.　　　“皇后很美丽。”

b. Las reinas son bonitas.　　　“皇后们很美丽。”

(6a)和(6b)的对比，显示出最常见的情况。跟/s/是阴性名词短语中复数的专有标记一样，/n/是第三人称动词中复数的专有标记。但是在(7a)和(7b)中，有不规则动词 *ser*“是”，/n/不是这 560
个动词复数的唯一标记。功能理论因此会预测(n)在(7b)中比在(6b)中脱落的可能性更大[1]。然而，正如表 19.7 所示，波普莱克的分析得出相反的结果。

表 19.7　波多黎各西班牙语中动词性/n/脱落的制约因素

	/n/脱落的多项变数权重	
规则动词	0.78	反功能的
不规则动词	0.22	
名词短语位于动词后	0.69	反功能的
名词短语位于之前和之后	0.42	
名词短语位于动词前	0.38	

〔1〕 此句原文似有误，“7b”和“6b”应互换位置。——译者

在巴西的葡萄牙语中曾发现跟这个结果相似的模式,莱姆利和纳罗(Lemle and Naro 1977)把它称为**凸显原理**(principle of salience)。根据这个原理,屈折标记越突出,和它相关的语音实体就越多,保留这种屈折的倾向就越大(又见 Guy 1981)。凸显的作用已经表现为与语音实质的一种精细的相关性。在葡萄牙语中,如同在西班牙语中那样,结果都跟功能理论的预测相反。

波普莱克也考虑到主语名词短语相对于动词的位置。功能的观点会预测:如果主语名词短语在动词前,并且名词已有复数标记,动词的/n/脱落的可能性就会比较大;而如果主语名词短语在动词后,则动词的复数标记/n/脱落的可能性就会比较小。可是表 19.7 也表明这些预测的情况没有出现。

因此,波普莱克的发现绝大多数都是反功能性质的,并且引起对功能假设通用性的质疑。但是到目前为止,我们考虑的只是屈折形式的信息。波普莱克考察了很多其他信息的起源,可能会支持一种多元解释:

(8) a. un grupo de planta*s* “一丛植物”

b. Hablan con muerto*s*. “他们与死者谈话。”

c. arroz con habichuela*s* “带豆子的米饭”

d. Yo m*is* hijo*s* le*s* digo. “我告诉我的孩子们。”

在(8a)中,词汇项 *grupo* 让我们知道说话人是指多于一棵的植物,而不论是否有/s/。在(8b)中,句法结构告诉我们,“死者”指不
561 只是一个灵魂:西班牙语单数前从不省略冠词。在(8c)中,文化常识定义了豆子不只是一颗,而不论是否有/s/。在(8d)中,听话人

根据对说话人家庭情况的了解而知道说话人讲的小孩不止一个，即使是三个/s/都脱落。

波普莱克考察了这些形态和句法信息以及语用信息的存在对于两个因素组中复数标记/s/的脱落所起的作用。她的结论见表 19.8。

表 19.8　形态的和非形态的信息对波多黎各西班牙语复数/s/脱落的作用对比

	/s/脱落的多项变数权重	
消除歧义的形态信息		
出现	0.57	功能的
不出现	0.43	
消除歧义的非形态信息		
出现	0.59	功能的
不出现	0.41	

跟上文中反功能的作用相比，这些是相对较弱的影响。但是当波普莱克认为句子中根本没有包含消除歧义的信息——既没有形态的也没有语用的和文化的信息，出现了最强烈的功能问题的争论。这里的复数标记/s/和/n/从没有脱落。但是正如盖伊(Guy 1981)指出并由波普莱克(Poplack 1981)强调的那样，这并不能作为功能解释的证据。如果屈折没有出现，并且也没有其他信息告诉听话人这是一个复数，那么听话人就不可能知道说话人发出了一个复数的屈折。因此，在一个跟波普莱克相似的研究中，进行语言分析的编码器会自动把这类话语归入单数。盖伊研究巴西葡萄牙语的类似现象显示，这种分析上的问题并不限于这

种没有支持信息的极端情况。对功能主义的过高估计成为更加普遍的过程,是把句子错误地归入单数而不是复数的一种正常的结果。

葡萄牙语复数标记的消失

盖伊(Guy 1981)对巴西葡萄牙语/s/脱落的研究集中在MOBRAL所收集的大量数据,这是一个涉及里约热内卢(Rio de Janeiro)成年人提高文化水平的研究项目。他在对功能问题的调
562 查中,先从5,247个发音实例开始,都是只有一个名词组成的名词短语,没有支持屈折的机会。如表19.9所示,在这些例子中,保存屈折/s/的趋势大于西班牙语的情况:95.4% 保存/s/,只有4.6%是零形式。在双成分名词短语中,通常的做法是关注第二成分中/s/脱落的可能性,并且第一成分中的屈折会影响这个脱落。表19.9表明,在这种情况中,有一个强的功能影响。

表19.9 巴西葡萄牙语名词短语复数标记中的功能作用

	0	/s/	全部	%脱落	
单成分名词短语	241	5,201	5,247	4.6	
双成分名词短语的第二个成分					
前面有/s/屈折	2,046	683	2,729	75.0	功能的
前面没有/s/	7	63	70	10.0	

假如我们现在转而注意那些双成分名词短语的第一成分,我们预测零屈折形式所占百分比会跟它在单成分名词短语中所占百分比相同,即4.6%。除此以外,功能的观点没有预测到任何情况,因为第一成分前面没有任何屈折形式的影响,就实现为零形式

或者/s/。① 盖伊在他的数据中发现了 2,799 个这种双成分短语。相应地，我们可以预测在这些名词短语中，第一成分为零形式的应该有 4.6%，即 128 个，但是实际只有 70 个零形式，即 2.5%。

(9) 缺少零形式的计算

双成分名词短语总数 [=2,729+70]	2,799
据表 19.9 预测零形式数 [=0.046 * 2,799]	128
在表 19.9 中找到零形式 [=7+63]	70
缺少的零形式数	58

其余 58 例发生了什么情况？原因可能由于它们都是零形式加上零形式，成为最有可能被归为单数而不是复数的类型。如果我们按照这种逻辑思考把它们替换过来，就会得到修正后的数字，如 563
表 19.10 的上半部所示。

表 19.10　巴西葡萄牙语名词短语的复数标记的功能作用：修正值[1]

	0	/s/	全部	%脱落	
双成分名词短语的第二个成分					
前面有/s/屈折	2,046	683	2,729	75.0	功能的
前面没有/s/	63	65	128	49.2	
单成分名词短语	438	5,201	5,639	7.77	
	[=1.82 * 241]				

功能的影响大大缩减。而在所有可能性中，它还是被过分夸大。我们来接着盖伊最初的分析，回到单成分名词短语的/s/为

① 然而，在结束这个讨论之前，我们将考虑不做这个假设会有什么情况。

〔1〕 此表第二行数字 65 和 63 位置似颠倒、影响到后面的百分比。但并不影响下面的论述。——译者

95.4%的数字。这些词例的/s/在名词短语中没有其他的形态支持,它们被认定为复数必须依靠上文所讨论的各种不同的信息。听话人不可避免地会把一些复数误认为单数,就像他们在双成分名词短语中的情况一样。让我们假设,作为第一近似值,单成分名词复数被误认为单数的比例,跟双成分名词短语被误认为单数的比例相差不大。那我们必须增加 82%计入零形式。如果我们对单成分名词短语采取同样的方法,就会得到表 19.10 下半部所显示的修正后的数字。如果 7.7%是单成分名词的复数/s/脱落数量的更为正确的估值,那么倾向于复数的短语将没有消除歧义的支持,因此就会被听为单数。如果情况真是这样,在(9)中对缺失的零形式的计算也应该修改:

(10) 缺少零形式的计算(修改的)

双成分名词短语总数	2,799
据表 19.10 预测零形式数 [=#.077*2,799]	215
在表 19.9 中找到零形式	70
缺少的零形式数	145

下面,我们必须对双成分名词短语中用于评估功能影响的计算再做修正;结果见表 19.11。

564 **表 19.11 巴西葡萄牙语名词短语的复数标记的功能作用:第二次修正**

	0	/s/	全部	%脱落
双成分名词短语的第二个成分				
/s/屈折式位于前面	2,046	683	2,729	75.0
/s/没有位于前面	152	65	217	70.0

到这里，功能影响已经消失。这种专门的计算方式就是递归计算，将会促使对单成分和双成分名词短语的评估，以螺旋式上升的方式，相互进行再调整。无论如何，我们都可以清楚地看到，比起最初根据单成分名词短语中零形式出现频率的估值，实际脱落的百分数更高，并且功能影响也相应比最初计算推导的 75%—49%更小。

对最初假设的再考察

这些计算都是根据这样的假设：双成分名词短语的第一成分中/s/脱落的百分比跟单成分名词短语的脱落百分比相同。我们现在来考虑如果这个假设无效将会产生的后果。

- 如果双成分名词短语的脱落率实际比单成分名词短语更高，那么计算的影响将增加：会有更多缺失的零形式。
- 如果双成分名词短语的脱落率实际比单成分名词短语更低，这样它本身就会成为反功能的论据。因为说话者不是有一个而是有两个机会来传达复数信息，功能理论本来会预测，两个成分比一个成分有更多的脱落。

765

因此，功能理论原则上不会采用这种假设。

于是，我们可以按照盖伊简练的量化研究的论据，得出这样的结论：许多文献报告的功能作用，是在编码中数据损失的结果，每当句子含有较少支持信息时，就会导致对脱落范围的系统性过低估计。这是对功能看法过高估计的结果。

缺少的零形式到哪里去了？

有批判性的读者一定很早就想问这样一个问题："漏掉的零形式到哪里去了？"如果在巴西葡萄牙语中有这么多的复数被误认为 565
单数，为什么这些交际的问题没有报告过呢？在实际交际中的误认频率比语言编码更大还是更小?如果对访谈材料中可能的错误或者是意义模糊的数字再做谨慎细致的检查,会发生什么呢?

我对这些问题没有一个完整的答案,但是从美国的CDC项目的研究结果中可以提供一些线索。

本书中的几个章节都已采用了CDC的自然误解研究,推断误解对于语言变化的影响。同一个研究表明,在日常生活中误解的数量远远超出我们偶然观察得到的印象。如果我们请一个人记录一天的过程中出现的误解,一周之后,我们将会得到半打或更多的实例。如果我们不让人们成功地写下这些事情,他们当然不会记得这些细节。但是发现人们一点儿也不记得曾发生的误解,真是令人惊奇。

记录下来的实际的误解,主要集中在那些因为不适于当时情景的语用交流而很快就发现的情况。只有少数误解是偶然发现的。在613例误解的发现方式确定后,表19.12显示了不同方式所占的百分比。

表19.12　自然误解的发现方式

	%
话没有说完就被听者纠正了	13
直接咨询听者后进行纠正	48
在交谈的后半部分察觉到错误	27
随后的偶发事件导致的纠正	10
说话者和听者从没纠正过[第三者观察到]	2

最小的类别是偶然发现的或从没发现的误解。从几个方面来看,这些是最为重要的:它们代表了有更大量的引起误解的错误,但却从没被发现过。很难说这个数量有多大,但是它很有可能跟巴西葡萄牙

语中缺失的零形式数量相当。这里最后这类有一个自然发生的误解的实例。事情发生在费城南部的一个家庭的餐桌旁，当时我在做客。女主人走出厨房，说道："好了，大家都到桌子这儿来吧！"

(11) 拉波夫[对女主人]：You run a tight ship. 566

（你持家很严。）

丈夫：She makes us **slaves**.

（她把我们当奴隶。）

女主人[迷惑地]：Why would I want you to **leave**?

（我为什么会让你们离开呢？）

丈夫[不愉快地]：One day, we'll explain it all to R ___[her name].

（哪天我们将对她都解释清楚。）

这里的误解是费城一个有活力的新音变的直接结果，闭音节的(ey)从中元音上升到高元音，跟/iy/相重叠。*slave* 的元音发音接近[iː]；*slave* 词首的 *s* 被前面 *us* 中的/s/中和。

(12) She makes us slaves.　[šime$^{\perp}$ksʌsli$^{\top}$ː vz]

She makes us leave.　[šime$^{\perp}$ksʌsliː v]

所以女主人听到她丈夫的话就是 *She makes us leave*。这样，她听出她的丈夫情绪坏的，甚至是无礼的话语 *makes us leave*，而不是本来要作为开玩笑的话语 *She makes us slaves*。因而丈夫和妻子之间造成的不愉快没办法解决。

这种类型的误解出现频率很难估计，因为一般说来，绝大多数的这种事都没有观察到。值得注意的是在这个例子中，本来有可能防止误解的 *slaves* 的复数屈折形式没有被发现，尽管在费城南部方言中复数标记的使用还没有出现变异。这种情况支持了这样的观点:一种屈折的变项会跟很多误解实例相联系。

葡萄牙语中的主谓一致

波普莱克对在费城的波多黎各西班牙语的研究,显示出很强而一致的协调作用,前面的零形式支持后面的零形式,前面的/s/支持后面的/s/。雪莉和纳罗(Scherre and Naro 1991)对葡萄牙语动词系统中的同类现象做了深入研究。跟西班牙语一样,葡萄牙语在名词短语和动词短语中都表现有复数标记的变异形式。如果(13)中的语句可成立,那么这三个带括号的复数标记既可以出现,又可以不出现。

(13) A(s) pessoa(s)　não　pode(m)　chegar.
　　人们　[否定]　能够　到达那里

有些动词以一个简单的鼻辅音(实现为元音的鼻化度)做标记,而在其他情况下,复数的标记涉及更多的语音内容。雪莉和纳罗的研究并不是关于复数标记的任何一种形式,而是复数是否完全标记出来。

567 在这个例子中,这个线性句子不是由并列成分组成,而是由连续的限定动词和相同复数的主语组成。这些通常是非连续的:有时分句是连续的,但有时它们被一些其他分句分隔开。雪莉和纳罗把这种编码的序列定义为:同一个说话人所说的连续的话语中,各动词都使用同一个复数主语,并且把它们分隔开的其他分句不超过10个。[①] 他们回顾波普莱克的研究结果之后,提出了这样的问题:在一个复数标记的动词后面,更有可能是一个没有复数标记

① 这种影响下的话语长度可能会让人吃惊,但这在句法学中并不是其他启动效应的非典型表现(Estival 1985)。第20章将提供被动结构的启动数据。

的动词，如功能主义假设所预测的；或是一个有复数标记的动词，如波普莱克的名词短语研究结果所预测的那样。研究样本包括 64 个来自里约热内卢的说话人，按性别、年纪和教育背景分组。从这个研究数据中，雪莉和纳罗得到了 4,073 个主谓一致的实例。

表 19.13 巴西葡萄牙语按照前面动词标记在话语层级的动词标记

		%	多项变数
	数量	标记	权重
动词前为标记动词	1,671	84	0.66
动词前为非标记动词	608	35	0.18
孤立动词或系列的首位动词	1,794	73	0.48
全部	4,073	72	

表 19.13 显示出他们基本结论的反功能特点。雪莉和纳罗指出孤立的动词或者系列首位的动词，没有受到一点儿影响：它们标记的频率跟整个样本的平均数一样。但是当前面动词有复数标记时，后面动词带复数标记的可能性就会增加；而当前面动词无复数标记时，则后面动词带复数标记的可能性就会急剧下降。这些结果再现了西班牙语名词短语显示的和谐原理：标记引发标记，零形式引发零形式。

这个作用非常强劲。因为葡萄牙语是代词脱落的语言，许多动词的主语都不明确。雪莉和纳罗用同样方法计算了所有模糊例子的脱落情况，得到一样的结果。他们在形容词谓语序列中也发现了同样的模式。在分句中，他们考察了动词复数标记之间的联系，以及主语最后成分是否有/s/屈折。结果见表 19.14。相似的结
果再一次在形容词谓语中出现，跟主语有关系，并跟前面动词的标 568

记有关系。雪莉和纳罗的研究结果确信无疑地说明了,葡萄牙语动词标记变异的主要制约因素是非功能的。从传统的功能观点来看,我们看到的不是在表层保留语义信息的趋势,而是一种这样的趋势:在最不需要的地方加上标记,而在最需要的地方删去它们。这并不是说这种结构的平行化对语言的经济性没有贡献。相反,它把屈折形式的变异研究汇入语言和谐的普遍研究中,这一直被认为是功能观点难以支撑的一个领域。

表 19.14 巴西葡萄牙语根据前面动词标记的分句层级的动词标记

	数量	% 标记	多项变数 权重
最后成分有/s/	2,134	84	0.56
最后成分为0	322	48	0.18

19.4 结论

本章研究结果表明,在语言中存在着非凡的一致性。对于已有的音系和形态的变异,功能假设预测说话人会倾向于以保存信息的方式对变体做出选择。而这里引述的大多数分析却显示出相反的结果:在语流中,选择一个变体或另一个变体并不考虑信息的最大化。相反,决定这种选择的主要作用是机械性的:前面结构的语音制约和简单重复。

到目前为止的结果都支持新语法学派关于语言变化是语音决定的和机械性的观点。然而我们还没有看到变化:这里分析的所有例子都是稳定的变异。当语言变化的时候，它的信息负载能力往往会受到威胁；但从长远来看，大多数语言都或多或少地通过一种或另一种途径，保留着传递信息的方式。尽管说话人在选择这个变体或那个变体的时候可能不是那么深思熟虑，而语言系统却以某种方法做出了反应。第 20 章将展现这种反应的证据，并建立一个模型来显示它们是如何发生的。

569 第 20 章　意义的保持

第 19 章的发展评估了语言变异的大多数功能制约观点的有效性。尽管多数讨论都是考虑那些稳定的变异，如果没有允许出现功能制约的共时机制，就难以假设一种功能控制的变化过程。然而毫无疑问，在某种程序上，语言系统以或多或少保持意义的方式，对音变做出了回应。

一个典型的实例是法语的词末辅音大量删减。这个过程的结果之一就是名词短语复数标记/s/的消失，这跟葡萄牙语和西班牙语中词末/s/的情况相同。法语最初是冠词 *las* 标记阴性复数（单数用 *la*），跟西班牙语一样。这个/s/保留在冠词的底层形式，在后接单词以元音开头时就会出现。这当然不能满足功能假设，因为后面的词不是元音开头的多数情况下，中间没有连音传达复数信息。通过某些系统的再调整过程，现在阴性复数已经一致用元音音质的对立做标记，如/le pɔm/“复数苹果”和/la pɔm/“单数苹果”的对立。这种再调整还远没有完成，因为还有的限定词形式没有这种元音的改变。这可以用戴高乐讲话中的一个句子来说明：

(1) Je m'addresse aux peuples——*au pluriel*.

“我把全部精力献给人民（复数标记）。”

au pluriel 这个表示复数的标记是必需的，因为名词末尾的擦音脱落并没有限定词的元音变化来补偿。后面不接元音时，(2a)的形态音位发音和(2b)的形态音位发音是不能区别的。

(2) a. à　le　→au　　b. à　les　→aux
/a　lə/　→/o/　　/a　le/　→/o/
"to　the[单数]"　　"to　the[复数]"

这些保持意义的过程整体上还是有效的，但并不是强迫进行的，因 570
此有的意义在变化过程中失落了。

跟其他罗曼族语言一样，法语从前也是在动词系统中依靠词末/s/，最常用在标记第二人称和第三人称单数之间的区别，如(3)所示。

(3) a. /va/ + /s/　　b. /va/ + 0
"去　第二人称单数"　　"去　第三人称单数"

下面这个保持意义区别的形式中没有元音的变化。而传递信息的任务转给了代词，同时法语中可选的主格代词变成了强制性附着语素。

(4) a. /tu/　+　/va/　　b. /il/　+　/va/
"第二人称单数　去"　　"第三人称单数　去"

这两个例子表明法语在音系、形态和句法系统上发生怎样的长期改变，以含有因果联系的各种方式，来补偿语音的变化。这似乎跟第 19 章的结果不完全一致，那里显示了说话者在不同变体的选择中并不考虑意义因素。我们可以通过检验最近的多元分析结果，最好地解决这个问题，即允许功能的和机械的作用都出现，并且测量它们的相对权重。

20.1 西班牙语词形变化系统的一些功能作用

到目前为止,对于功能影响的否定结果的讨论一直是主要集中在语言的组合方面。对西班牙语和葡萄牙语名词短语的研究,以及动词短语的和谐一致,都曾设想在语流中有一种功能的作用,说话者会有机会调整变体的选择,或者是对信息的出现或丢失进行补偿,或者只是结构上的差异。现有的全部证据表明,这并没有对说话者的行为造成多大的影响。相反,说话者更多的是受到结构平行趋势的影响。

法语复数限定词的元音变化是在词形变化系统中的一种形态交替的变化。在长期的变化中,我们确实发现了证据:语言系统以倾向于保留信息的方式对于变体删除做出回应。霍克伯格(Hochberg 1985)研究 10 名来自波士顿的波多黎各西班牙语说话
571 人,考察/s/的脱落的两种垂直的作用。一个是波普莱克曾测试的/s/和零形式的组合序列的影响;另一个是纯信息问题:是否限定词本身以带或不带/s/的形式传递复数信息。于是(5a)因为没有复数标记而出现歧义,但(5b)因为 *much*-本身就是复数标记,所以没歧义。

(5) a.	la-0	planta-0	b.	mucha-0	planta-0
	"限定词-?	植物-?"		"很多	植物"

表 20.1 显示的结果来自相互影响的四个因素,每个因素都是两个条件的结合:前面是零形式还是/s/;限定词自身是否包含了复数信息。结果表明有两个制约:反功能和机械性的顽强影响,导

致说话人在零形式后面再接一个零形式；功能性信息的影响，会使说话人在需要标记复数的时候保留/s/。

机械性的顽强影响在限定词或数量词（DET 为二者的缩写形式）屈折为零形式时倾向脱落，在有/s/时不倾向脱落。因此 0.68 大于 0.44，0.55 大于 0.33。即使/s/没有出现，只要限定词或数量词确认为复数，也会倾向脱落（0.68 对 0.55）；当限定词或数量词不能确定时，不倾向脱落（0.44 对 0.33）。左上角的数字表明机械性和功能性的共同作用，因此具有最高脱落概率；右下角的数字表明机械性和功能性都不倾向脱落，因此具有最低脱落概率；其余两种混合的情况则处于中间状态。这也非常清楚地表明，机械性的顽强影响 572
大大超过功能的影响。在机械原则支持的两种情况中，脱落概率都在 0.5 以上；在它不支持的两种情况中，脱落概率都在 0.5 以下。

表 20.1 对波多黎各西班牙语复数/s/脱落的机械性和功能性的制约

功能制约		机械性制约	
		倾向脱落	不倾向脱落
限定词可确认为复数	倾向脱落	DET+0 __ 0.68	DET+/s/__ 0.44
限定词不可确认为复数	不倾向脱落	DET+0 __ 0.55	__ 0.33

下面我们看到的是一种词形变化调整的趋势：与阴性冠词 *las*、*unas* 在一起时通常会保留/s/；与数量词 *muchas*、*todas* 等在一起时通常会删除/s/。费洛里斯、迈希尔和塔拉洛（Flores，Myhill，and Tarallo 1983）在一个小范围的研究中发现一种不同类型的词形变化调整。他们考察了一组费城的波多黎各人在阴性和阳性限定词之

间的差别。这种结构状态会使人们预期一种功能上的差异:

(6)	单数	复数
阳性冠词	el hombre	los hombres
阴性冠词	la mujer	las mujeres

在阳性冠词中,/s/出现与否只是区别单数/复数的两个标志之一;而在阴性冠词中,/s/是区别单数/复数的唯一标志。我们在表20.2中看到,脱落的百分比显示一个小量的但显著性的差异。因此,在阳性冠词中,显然元音的差异会负载一定的复数信息。

表 20.2　费城西班牙语/s/脱落的百分比

	%脱落	数量		
阳性	19.7	269	功能的	$p<0.05$
阴性	12.5	191		

霍克伯格(Hochberg 1986a,b)在对10名波士顿的波多黎各说话人的研究中,发现跟代词第二人称单数-*s* 有关的功能性再调整,类似于法语长期变化的模式(3)—(4)。下面的词形变化显示出在西班牙语现在时态中,动词词根 *estudia*-“学习”的词末屈折形式的一致性:

(7)	单数	复数
第一人称	(yo) studi*o*	(nosotros) estudi*amos*
第二人称	(tu) estudia*s*	
第三人称	(el, ella, usted) estudia	(ellos, ellas, ustedes) estudia*n*

573 在 *estudiar* 的现在时态中,/s/是区分单数第二人称和第三人称的唯

一音段，正如 *n* 区分第三人称复数一样。另一方面，第一人称复数中/s/是突显屈折-*amos* 的一部分，它的功能就像单语素 *más* 中的/s/。随后就会有一个功能假设，第二人称单数/s/脱落倾向可能是最低的。而在这一点上，霍克伯格的发现支持第 19 章讲到的反功能倾向：跟总体脱落率 53%相比，在第二人称单数中/s/的脱落率为 84%。

然而，霍克伯格发现了以不同的代词用法对这种脱落进行的系统再调整，这在西班牙各方言中都有变异，如在(7)中的括号里所标示的不同形式。图 20.1 显示五种主语代词对于三类动词的用法所占百分比。在 A 类中，/s/的脱落产生了第一、第二和第三人称单数动词同音的情况（条件句、未完成时、现在时和未完成时的虚拟语气）。在 B 类中，/s/的脱落只是使第二和第三人称同音（现在时、完成时、将来时陈述句）。在 C 类中，/s/的脱落没引起动词词形变化对比的损失（过去时、*ser*"是"的现在时）。

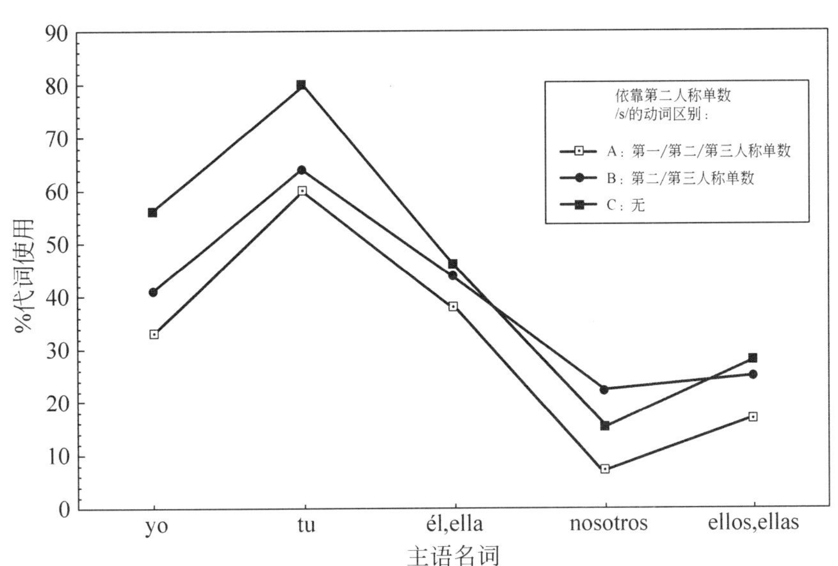

图 20.1　西班牙语中依据/s/的人称与时态对比的代词用法百分比

图 20.1 显示了对于第二人称单数/s/的经常脱落而采取的代词用法的精细调整。首先，*tu* 是在图中脱落率最高的代词；*nosotros* 则是脱落率最低的，它的屈折形式没有脱落的危险。/n/的脱落率也比/s/低得多，并且第三人称复数代词的使用频率也较
574 低。此外，代词使用的调整足够精细，能够跟/s/脱落产生的同音词数量相匹配。A 和 C 这两个极端类别之间的对比非常规则；B 类有一些波动，特别是在涉及语言词例数量较少的地方。

这些结果跟第 19 章发现的那些很不一样。它们并不是基于个体使用/s/或 *tu* 的考察，并且也不涉及一个特定的 *tu* 与一个特定的第二人称单数/s/出现与否之间的联系。相反他们记录了以系统性联系的成分的出现频率表现的总体的词形变化的转换。第二人称单数/s/的脱落比常规高出很多的事实再次表明第一、第二、第三人称单数之间鲜明的对比并不是通过这里涉及的变体规则直接修改得出的，也不是凯帕斯基的功能假设所预测的那种直接干预产生这样结果的语言变化过程。这还是系统通过代词的不同使用所做的再调整。

20.2 深入研究波多黎各和马德里的功能作用

霍克伯格的研究充分利用了对 10 名波士顿的波多黎各说话人的小数据库。如果功能作用显示为强大的影响，我们会预期它们在另外对动词性/s/脱落率的研究中重现。此外，对于像马德里或墨西哥城这样没有/s/脱落的西班牙方言，我们不会找到代词的

这种分布情况。卡梅伦(Cameron 1992)探究了这些问题;现在来看一下这些关于功能补偿问题最直接的结果,可能会有帮助。卡梅伦从波多黎各圣胡安的 62 人大样本中选出 10 名受过教育的说话人,与埃斯格瓦和坎塔雷罗(Esgueva and Cantarero 1981)编印出版的资料中马德里的 10 名受过教育的说话人做比较。每一组都包括 5 名男性和 5 名女性。

表 20.3　圣胡安和马德里的代词使用的全部百分比 575

	圣胡安		马德里	
	+代词	数量	+代词	数量
单数	50%	1,768	26%	1,509
复数	19%	358	7%	549

圣胡安和马德里的总体数据比较显示出两个城市之间单数和复数代词使用都有着巨大差别(见表 20.3)。这个表支持霍克伯格(Hochberg 1986a)提出的功能看法,波多黎各代词的百分比是西班牙的两倍。前者/s/有送气和脱落,后者则没有。这可能归因于跟造成法语代词使用整体增加相同的系统调整。有一个办法来看是否真是如此,就是在两个言语社区中比较受功能影响的不同成分。卡梅伦发现转换指称——与最后到的主语相比的主语指的变化——是代词使用的有力决定因素。这不可能是/s/脱落的直接影响,因为这已经明显地出现在马德里和墨西哥的西班牙语(Silva-Corvalán 1982)。表 20.4 显示出代词使用的转换指称与相同指称作用在圣胡安和马德里都有显著的同一性,尽管代词使用层级相差很大。转换指称的作用似乎是在代词省略的语言中普遍影响代词表达作用的结果:代词提供了增强转换指称的对比信息。

表 20.4 圣胡安和马德里的代词使用的转换指称作用

	代词使用的多项变数权重	
	圣胡安	马德里
转换指称	0.64	0.65
相同指称	0.34	0.34

我们通过考察代词使用与第二人称单数/s/脱落的动词歧义程度之间的关联,可以对圣胡安和马德里的系统做出更好的比较。图 20.2 显示出两个系统的多项变数权重又是几乎相同。[①]从转换指称的情况看,两个城市的动词类别具有显著相关性,数值很一致;

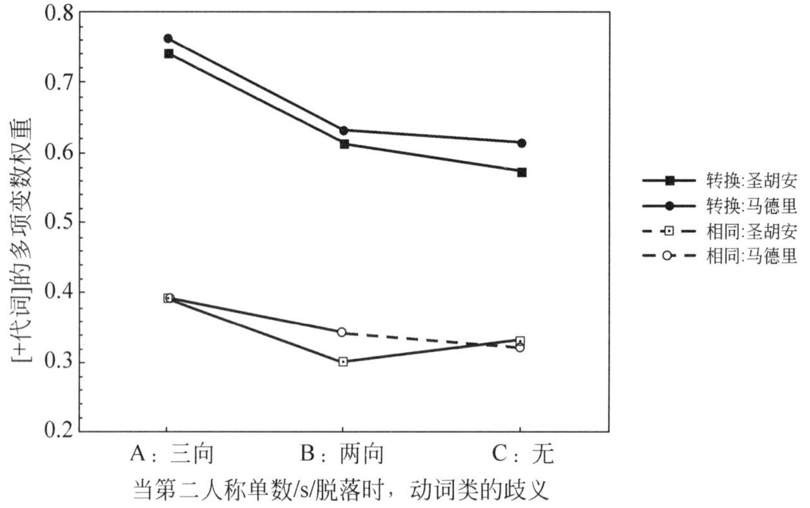

图 20.2 圣胡安和马德里基于转换指称的代词使用和动词的潜在歧义(改编自 Cameron 1992)

① 霍克伯格(Hochberg)和卡梅伦(Cameron)的分析中,在动词/s/脱落后不出现歧义的动词类别仅限于过去式,并不包括 *ser*"是"。卡梅伦的分析只在单数情况下进行,比复数的情况更加简单明确。

但对于相同指称没有显著相关性，在两个城市中数值都很低。因 576
此，无论功能关系怎样决定西班牙语的代词使用，都不受动词/s/脱落的影响，并且动词形态和代词使用之间并无相关性。

卡梅伦对圣胡安的代词使用的分布所做的详细分析，并没显示特定代词与/s/出现与否之间有紧密关联。代词使用的最大百分数值是在非专化的 *tu*（广泛用于其他形式，如在 *uno* 中），其中传递的人称和数的信息是最少的。卡梅伦接着研究了圣胡安西班牙语第二人称单数/s/出现与否和代词 *tu* 出现与否之间的特定相关性。功能补偿的一些重要证据出现在 0.05 水平，但是它以一种难以解释的模式不规则地分布在不同的社会群体。功能补偿在语流中可能存在，但如果是这样，它肯定是对/s/屈折和代词使用发生作用最小的一个。圣胡安和马德里的比较表明，在西班牙语的拉丁美洲方言中，无论有什么样的运作过程来增加代词的使用，都不能代表通过在动词屈折失落的特定话语中提供代词是为了回应说话人传递信息的感知需要。

20.3　来自句法的论据 577

到目前为止，讨论都集中在音系和形态的交汇点，即出现最详细的研究功能假设的地方。现在我们可以考察一个对应的的句法上的例子，这是韦纳和拉波夫（Weiner and Labov 1983）的一个关于无施事被动语态的制约因素的研究。这个研究涉及英语中被动语态（8a）和一般主动语态（8b）之间的选择。

(8) a. The liquor closet was broken into.（酒柜被打碎了。）

b. They broke into the liquor closet.(他们闯进了酒柜。)

图 20.3 表明到目前为止,机械性作用对初始的和平行的结构来说是最为重要的。

- 如果前面句子的变体也是被动语态,那么就会强有力地倾向于被动语态(0.69 对 0.31)。
- 这里也有保持平行结构的强烈趋势:在相同句法位置上保留指代相同的主语(0.62 对 0.38)。
- 578 第三个作用可以认为是功能性的,尽管它没有涉及信息的保持或丢失。它包括已知信息在前,新的信息在后的趋势。如果被动语态的主语是已知信息, 即,如果它出现在前面四个分句中的某个位置,就有一个倾向被动语态的趋势(0.56 对 0.44)。[①]

这种无施事被动语态的研究重复了形态学研究中所引发的主题。它表明信息方面的影响可以很好地显示出来,但是机械效应的因素更强些。因此,我们必须回到第 19 章开始时提出的问题。如果音变是机械性的,如果屈折形式消除了,如果区别特征失落了,并且人们在说话时对信息的需要不做出回应,那么, 怎样保持意义呢?

20.4 变体制约的习得

在我们回答上面提出的问题之前,我们应该先要问:儿童一开

---

① 最初的研究非常详细地检测了第二和第三因素组,结果表明平行主语效应跟具有这种形式的前置从句数目成比例,而已知的/新的次序效应则没有这样精细的等级。

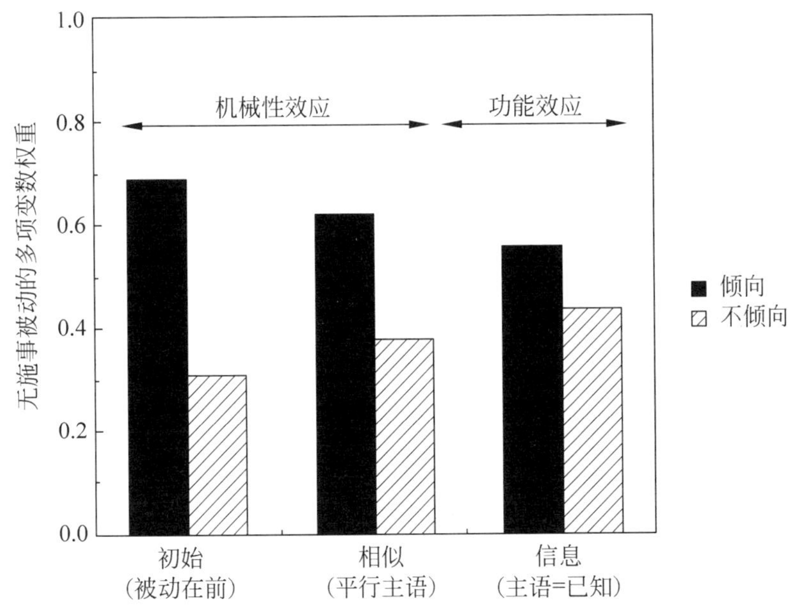

图 20.3 英语中无施事被动与普通主动的选择上三个因素组的对比作用
(引自 Weiner and Labov 1983)

始是怎样习得变体关系的?本书第 3 卷将对这个问题有更为全面的解答,但是在这里简要概述有关证据是有益的。

有各种证据表明,在人们很小的时候就已经学会了这些量化的关系。拉波夫等(Labov et al. 1968)和拉波夫(Labov 1972)报告纽约哈莱姆黑人区的青少年表现出系动词缩减和脱落的大多数变体制约因素,而这都是成人社群的特征,尽管一些精细的音系制约因素后来才发展。盖伊和博伊德(Guy and Boyd 1990)发现费城 5—7 岁的儿童在语法和语音上都表现出-*t*、*d* 脱落的一般量化制约,并且还有费城社区特有的制约:在句尾停顿前的脱落概率较低。同样是一些更加细微的制约发展缓慢——对于 *kept*、*lost*、 *told* 等词派生后缀-*t* 的处理——但是主要的模式在人生早年就已很好地建立起来了。

拉波夫(Labov 1989b)分析了 4—7 岁儿童对于(t,d)和(ing)的变异制约的习得情况。图 20.4 显示费城普鲁士王村一个上层
579 中产阶级家庭对(t,d)脱落的语法制约的习得。纵轴是多项变数权重,横轴是语法因素组中的五个因素。父亲柯特(Curt)和母亲凯(Kay)在图中的曲线紧紧相邻:最大程度的脱落是后缀-*n't*,第二是在单语素词中。最低值在 *kept*、*told*、*lost* 等有歧义的派生类别中。过去时和分词两类没有显著区别,都同样显示为较低值,与第 19 章给出的盖伊(Guy 1991)的数据一致。他们的儿子戴维(David)的数值跟父母非常接近,但在派生类别有显著例外。这非常符合事实,即学习的概率并不依赖于表层形式甚或是形态类型,而是如语法边界和类别这些抽象成分。戴维对派生类的语法分析与他父母不一样,而是把它们像单语素类那样处理。因此,戴维习得的变异规则跟他父母的相似,尽管他对特定形式的分析可能不一样。

罗伯茨(Roberts 1993)对费城南部 14 个 3—6 岁儿童习得的变体模式做了广泛调查,还包括了他们父母的数据。由于采用特别适用的方法收集数据,罗伯茨获得了大量儿童和成人的语音样品。她的数据进一步证实了图 20.4 的模式,并显示出 3 岁的儿童就已经习得了在他们家庭和社群中特有的变异制约。值得注意的是,这些并不是生理学和心理学原理自动产生的一般制
580 约。儿童对他们规则系统的社区特色方面,比一般规则学得更

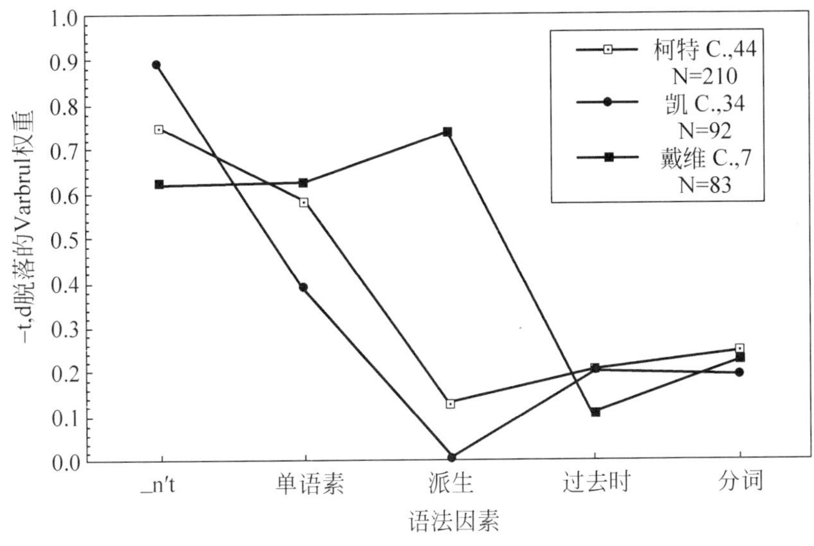

图 20.4 普鲁士王村一个家庭对-*t*,*d* 脱落的语法制约的习得

(引自 Labov 1989b)

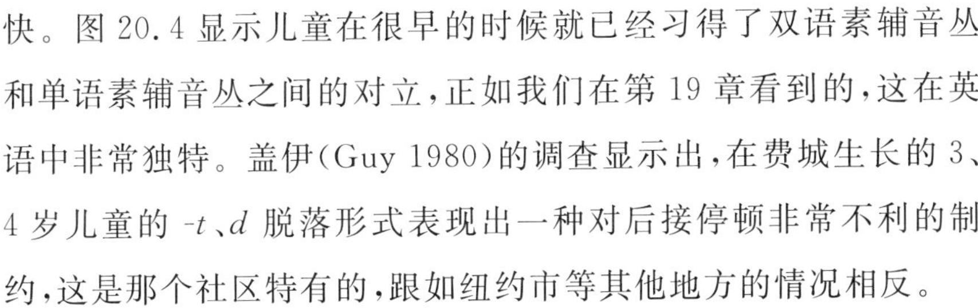

快。图 20.4 显示儿童在很早的时候就已经习得了双语素辅音丛和单语素辅音丛之间的对立,正如我们在第 19 章看到的,这在英语中非常独特。盖伊(Guy 1980)的调查显示出,在费城生长的 3、4 岁儿童的 -*t*、*d* 脱落形式表现出一种对后接停顿非常不利的制约,这是那个社区特有的,跟如纽约市等其他地方的情况相反。

一般说来,儿童学习他们本地方言的变异方面与他们学习范畴规则,都是采用同样的方法。众所周知,在这种范畴规则的学习中,公开的纠正和直接的指导都不起重要作用(Brown,Cazden, and Bellugi-Klima 1969)。而在变异规则的学习中,也几乎不可能运用这种方法。变异规则就是变体行为的概率控制范围,即随着时间支配变异的分布;对于这样一种规则,没有一个单一的话语能够称为可接受的或不可接受的,语法性的或非语法性的。那么,学习的机制是什么呢?

20.5 概率匹配

对这类变异模式的习得是人类行为中常见的一部分。心理学家和生态学家把它称为概率匹配:首先在实验室的实验中建立一个模式,在动物行为中进行广泛的观察,并在田野实验中加以重复。[①]这在非人类动物种群中的发现,跟在人类中发现的一样。在我们考虑怎样把它应用于人类的语言学习之前,观察它在其他物种中的运作情况,可能是有益的。

金鱼、老鼠、鸽子和人类都具有在行为反应中重复观察事件频率的能力。在实验室的经典实验是在T形迷宫的奔跑。在T形迷宫中,动物只有基本的向左或向右的选择。如果有75%的时间是食物在左边,25%的时间是食物在右边,那么在30、50或100次测验以后,人们将预测到什么样的行为模式呢?最优模式,也是一种合理的模式,可能会100%向左转。但是,大多数的动物,包括人类,事实上都是接近跟食物分布的概率匹配:75%向左转,25%向右转。[②]

---

① 在概率匹配的讨论中,我受益于加利斯特尔(R. Gallistel)的比语言学领域更为广阔的研究视野。

② 实际上,老鼠这种行为的表现不如其他动物那么典型。如果错误的选择得不到食物,那么它的这种行为将倾向于最大化得到食物,总是转向更高比率的食物。只有在每次错误选择后改正过来,老鼠才倾向于把选择的概率跟得到食物的概率匹配起来。而人类则表现出更为一致的概率匹配(Gallistel 1990)。

(9) 581

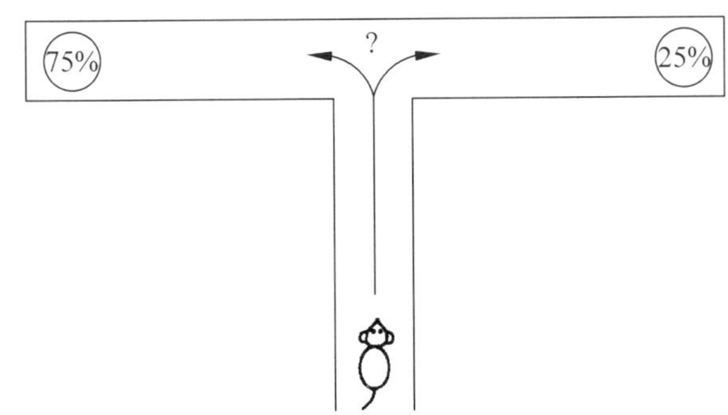

在实验室中，这种二选一的形式可以通过很多不同的实验方式来匹配：一只鸽子可以选择啄两个键中的一个键，或者一条鱼可以选择游向鱼缸的一端或另一端。概率匹配的证据并不限于实验室。动物行为学家的调查显示，许多动物在不同觅食区域花费的时间跟每个地区的食物充足量相匹配。[①]许多实验表明，这并不是一种简单的跟刺激的频率相匹配的回应。动物们显示出了这样的能力：快速估算在已知的觅食区域能得到多少食物，并且根据食物数量和觅食速度来调整它们在每个区域的觅食时间。

戈丁和金利赛德(Godin and Keenleyside 1984)考察了喂养在水箱中的鲷鱼的行为，这个水箱的两端各有一个饲料管。其中一端以每分钟 10 次的比率供给幼鱼饲料；在另一端的比率分别是每分钟 10 次、5 次、2 次。在每次实验开始 30 秒内，鲷鱼就能够根据饲料的比率调整在水箱两端的数目。在这种行为建立之前，实际上并不是每一条鱼都得到食物。

---

① 例如，史密斯和道金斯(Smith and Dawkins 1971)表明个体大山雀(Great Tits)选择已知觅食“线路”的相对频率跟每条线路上食物的多少大致成比例。

哈珀(Harper 1982)报告了对湖边一群 33 只绿头野鸭的实验。两个实验者沿湖边相隔 60 英尺,并且以不同的速率每一次投出一小块面包,这些野鸭很快分开,做出相应的分布。图 20.5a 显
582 示,当两个人喂食的速率相同时,在连续的实验中每个人身边的野鸭数量平均值都是接近 16.5。图 20.5b 显示了当其中一人投面包的速度是另一个人的一半时的结果。这时,围在他身边的野鸭数量下降到平均 11 只,而且这个调整是在 60 秒以内完成的。这些结果表明野鸭有一种感知和计算的方式,使它们把喂食的速率和食物的多少作为单独的数量,并把二者相乘达到食物的总比率,转而用于调整自己在每个区域的觅食时间。如图 20.5b 中,喂食速率变化后,围在较快的人身边的野鸭数量迅速变为较慢的人的 2 倍。这种行为调整应该是野鸭感知和计算的结果,而不是食物多少导致的结果,因为这是在 60 秒内做出的调整,实际上这么短的时间内只有少数野鸭得到食物。

概率匹配在实验室的实验中被认为是盲目的非理性的行为,因为它们都是测试个体行为。初看,它好像是跟进化论原理相矛盾的,进化论原理是生物体的行为不会优化任何个体可能得到的食物量。但是生态学家测试动物群体觅食的研究,为我们提供了对这件事的一个不同看法。如果我们考虑的是一个在野生环境中
583 孤立的单个动物,那么概率匹配似乎是不可行的。假设两个垃圾堆,一个每平方码有两块食物,另一个每平方码只有一块。你可能设想一只鸽子按常理会迅速飞向第一个垃圾堆。但是,它会通过这样做来优化觅食方式吗?鸽子获得的食物量不仅根据每个垃圾堆中的食物量,还要根据觅食的鸽子数目。一只单独的鸽子冲向

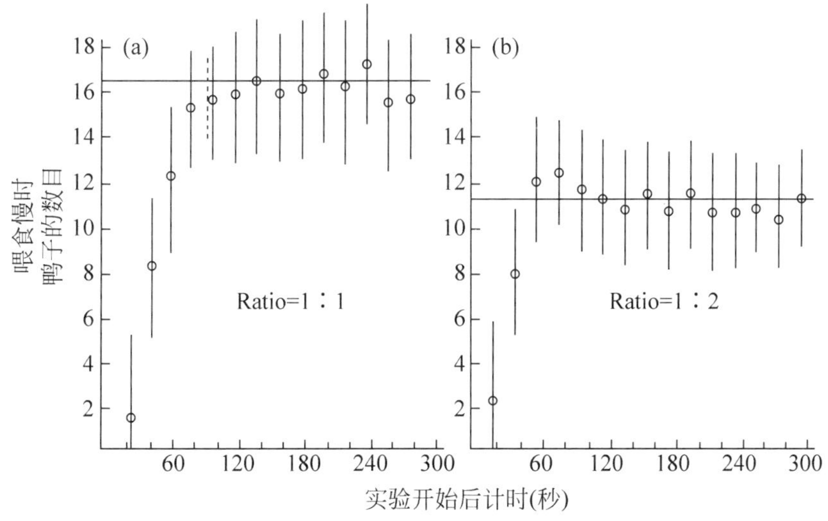

图 20.5　把第一个实验人前面的野鸭平均数作为开始投面包时间的函数。横线标示这 33 只野鸭按照投食的相对速率成比例分开的预测数目。短竖线是标准差。竖虚线代表 95%置信水平。(a)两个实验人都是每 5 秒投食一次。小圆圈是 29 次实验的平均值。(b)第一人每 10 秒投食一次,第二人每 5 秒投食一次。小圆圈是 24 次实验的平均值。

(引自 Gallistel 1990,据 Harper 1982 改制)

食物稀疏的垃圾堆,在其他鸽子发现的时候,它很快就会吃饱了。这可能会导致一个不稳定的波动,鸽子会争先恐后的乱飞,从各自不同的情况去取得好处。但是,可以证明其结果是没有任何一只鸽子比其他鸽子的好处更大。在大范围情况下,这会产生一种进化的解决来达到一种稳定的种群散布:这种解决办法就是概率匹配。

人们很容易把人类的语言学习跟这种更为普遍的行为模式联

系起来。大量证据表明,人类正如其他动物一样,在实验情景下表现出概率匹配行为。[①]然而,这并不需要查阅实验文献。语言学习的实际证据如图 20.4 所示,儿童说话中变异出现的频率跟他们周围的环境相匹配。换句话说,儿童具有概率匹配不是一个假设,这只是对观察到的事实的描述。

20.6 解释语言变化

儿童可以再现-*t*、*d* 或(ing)脱落率的能力,显示出语言变异是多么稳定,能够跨越好几代人进行传递。这样我们更容易理解,很多共时变异是历史进程的一种残余,而不是语言或生理原则的直接产物。在本书第 2 卷中,我们将看到许多这种长时期连续性

790 的实例。比如,对变量(ing)的主要制约因素之一,是以后缀的语法功能来区分的。舌尖形式[ɪn]在进行时和分词中有优势,但在非动词的范畴,形容词、动名词和名词中逐渐失去优势。显然这种语法条件的制约是最初在分词后缀-***inde***、-***ende*** 和动名词后缀-**ing**
584 之间差别的历史连续性的结果(Houston 1985)。尽管并不是所有说英语的人都能够察觉到这个制约因素,可是儿童从小就把它学会了(Labov 1989b)。

随着我们更好地理解这种变量关系的稳定性是如何实现的,

① 加利斯特尔(Gallistel 1990)报告了在耶鲁的学生们观察老鼠沿 T 形迷宫奔跑的一系列课堂演示。在每一次实验之前,让学生猜迷宫的哪一侧有食物。他们预测的比例跟实际分布相匹配,比老鼠的表现更为准确。正如上文所述,老鼠是在修正的实验而不是未修正的实验做到概率匹配。

解释语言变化的问题变得更加困难。我们在这里和第 19 章中讨论的大多数例子一直都是稳定的语言变异:西班牙语或葡萄牙语的(s)或(n)中没有进行中变化的证据。但是从更大的范围来审视罗曼语言的历史,以及现代方言的结构对比,需要我们构拟出导致目前情况的音变。现代西班牙语方言的比较,给了我们这种音变结果的共时图景。图 20.6 来自于特雷尔(Terrell 1981)对 10 种拉丁美洲的西班牙语方言中/s/脱落的比较研究。不同方言中/s/脱落率有大范围的变化。因为数据的异质特点,这些差别稍微有些夸大。图中前四个方言代表受过教育的谨慎语体;第五个是迈阿密受过教育的快速话语;第六个到第九个是巴拿马四个社会阶层的调查;第十个是圣多明各的较低社会阶层的调查。现在,我们能够用最近的对性别、社会阶层和教育背景控制下的社会语言学研究的信息来补充这个图表。在阿尔巴(Alba 1990)对多米尼加共和国的圣地亚哥西班牙语的研究中,发现复数/s/脱落率的变化:从 0-6 岁的 77%到大学生的 28%。他对加勒比海地区各方言的总体比较显示出,/s/脱落率在圣胡安是 46.5%(引自 Lopez Morales 1978),在巴拿马城是 50%(引自 Cedergren 1973),在圣地亚哥是 69%(源自他自己的数据)。整体来看,我们应该对这个变异形式的大范围延伸留下深刻印象。我们不知道这个变化在朝 585
什么方向发展——它有可能朝向布宜诺斯艾利斯那种保守的模式,或是朝向多米尼加共和国那样更大量的脱落。但是为了说明这些数据,我们必须指出,在过去的一段时间,许多西班牙语方言经历了词末/s/的大量弱化和脱落,这不仅影响了语法后缀,也影响了词根。

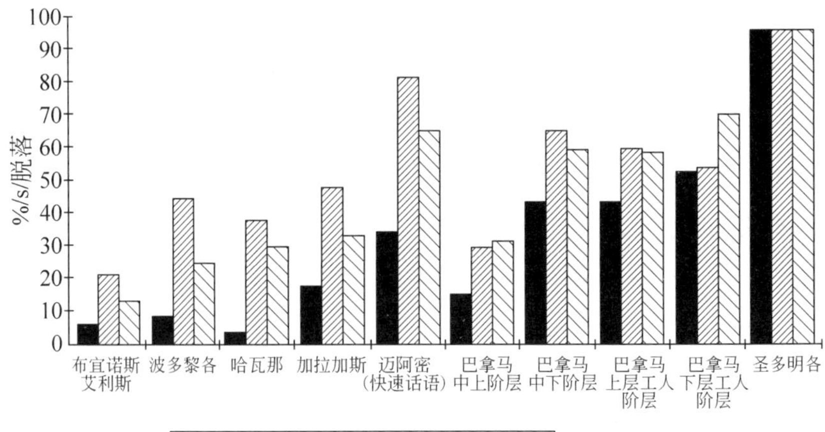

图 20.6 10 个拉丁美洲方言中词末/s/脱落百分比(源自 Terrell 1981)

为了理解这种变化的机制,我们需要在日常交际中发现某种行为会导致频率逐渐变化能被儿童习得。如果说话人不是有意或无意地调整他们的句子来最大化地传递意义,那么我们就需要发现某种其他机制来解释保持信息内容的系统调整。在下文中,我们将会概述影响变化和保持意义的一种机制。但是,它并不是功能学家预先假设的那种类型的功能理论。

这里所涉及的机制,已经由克罗齐(Kroch 1989a,b)在关于早期中古英语(1400—1700)附加形式 DO 的发展的研究中阐明。克罗齐展示了四种主要的句子类型——陈述句、疑问句、否定陈述句和否定疑问句——以平行的逻辑曲线为特征的彼此区别又相互平行的增长率。显然在语言历史的每个阶段,说话人学习附加 DO 特有的输入水平,控制它们的句法变异,并决定在 WH-肯定问句的子集中附加 DO(10b)的比率。

(10) a. How lykyth you my boy of the kitchen?

b. How do you like my boy of the kitchen?

在学习中再现这种比率的问题对儿童和语言学家来说，没有太多差别。首先的任务是界定变异的范围：确认在所有 WH-问句的例子中，哪个地方可能支持 DO 的使用。[①]

当前对-*t*、*d* 脱落的制约因素的习得中存在相似的情况。每次对一个带有词末辅音丛简化的单词的观察，和每次对带有完整的词末辅音丛的单词的观察，都有利于汇集起来形成，计算-*t*、*d* 脱落率和儿童将来对规则使用的基础。但是这只包括符合这个规则的词语，即带有底层词末辅音丛的词。如果儿童听到这样一个
发音：/hiy towl miy/，这不会作为计算-*t*、*d* 脱落频率的数据，除非 586
他们能够确认/towl/带有一个底层形式/towld/、/towl # d/或/towl +t/。

每次观察一个附加 DO 的句子，或者一个没有 DO 的句子，都有利于汇集起来成为决定新旧变体之间的平衡的形式样品库。但如果存在一种形式比另一种形式有更多误解的趋势，那么被误解的样品可能永远不会成为用于建立上述概率的样品库的一部分。从附加 DO 的情况来看，它有几种过程会偶尔导致对(10a)那种旧形式的误解。如果早期变化的过程像格标记的脱落一样，引起更多对旧形式误解的趋势，那么无论这个趋势有多小，都将有一种逐渐的交替，一代又一代，朝向新形式发展。如果附加 DO 的句子不

① 见拉波夫和拉波夫(Labov and Labov) 1976 关于一个儿童的案例，他经过三年半的时间并且问了 25,000 个问句之后，才建立起跟成人形式相匹配的变异范围。

属于误解的来源，那么它们就会成为建立这些概率的样品库中越来越大的组成部分。

这样的机制跟语言学中的功能理论所设想的作用是相反的。克罗齐的论述表明这不是被理解的**愿望**，而是误解的**结果**影响了语言的变化。这种机制意味着产出者和解释者之间的错配：我们期望在语言行为长期变化的背后发现内在不稳定的类型。

音变中的误解

现在我们来探讨这种误解机制将怎样影响音变的过程，这是本卷主要的关注点。对于一个稳定的语言系统，这个机制本质上是保守的。假设有一个图 20.7 所示的数据分布。图中有三个低元音：/æ/，/o/和/oh/。/o/的一个例外位于/æ/的分布中。如果它是在单词 *drop* 中，就可能被听为/o/而贡献于/o/的平均值计

587 算。但是听话人也有可能听不出这个词和它所在的句子。在那种情况下，这个发音样品就不能计入/o/的平均值计算。如果它是在单词 *block* 中，就会有很大可能被听为 *black*，[①]这样就把它从决定/o/平均值的样品库中减去了。第二共振峰 F2 平均计算的最后结果是 1550Hz，如图中黑方块所示。

如果没有涉及音变，这种误解机制将具有一个保守的趋势，加强/æ/和/o/的区别，并保持它们的安全边界。如果有一个进行中的变化，/o/正在向前移动，这种作用会使这个音变减缓。

---

① 这些例子实际上是选自将在第 2 卷讨论的跨方言理解的实验。即使语言环境非常不利于 *black*，如对实验句 *Senior citizens livings on one* ___，多达 40%的听者仍然把这个发音样本听作 *black*。

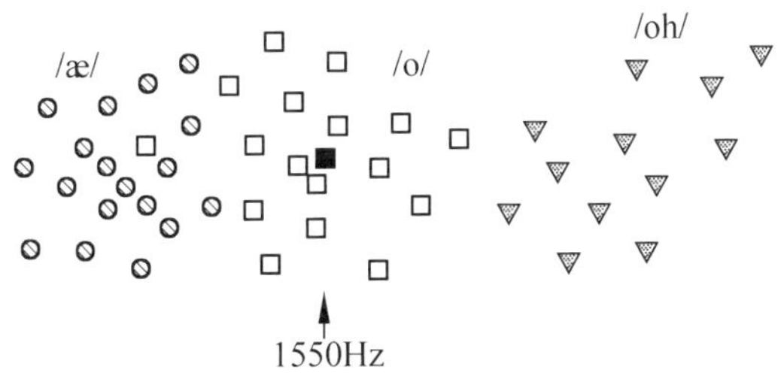

图 20.7　英语低元音的一种稳定分布

对于这个机制的运作，不一定是每个偏离/o/的样品都被误解；这可能只出现在少数例子中。但是即使平均值计算中扣除很少词例，结果也会减缓变化方向。

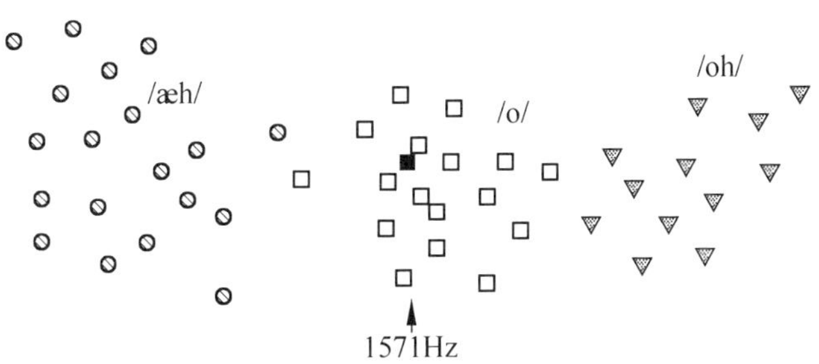

图 20.8　英语低元音的一种非稳定分布

现在我们来考虑图 20.8 中的这种分布，这里元音/æh/已经前化和高化，并形成椭圆形分布，延伸到外缘区的前中位置。元音/o/发音靠前的样品不再被听为是在/æ/的分布范围内，而且有非常大的可能被正确地听为/o/。这将有助于/o/的平均值计算，因此这个平均值跟图 20.7 的平均值相比将更为靠前：对于这 17 个样品的作用就是第二共振峰平均值从 1550Hz 变为 1571Hz。在日常生活中，会预期说话人处理更大数量的发音样例，有着更小的语音变化。但是不论效应多么小，重复出现的误

588 解将有促进变化的作用。在第 8 章结尾对于跟链式音变预期过程相偏离的现象的讨论,显示出在很多情况下,一个在正常途径出现的稳定音位,有时候会引起合并,但是更多的是引起回避——链式音变的主导成分朝着意想不到的方向变化。因此/ey/在一些情况下是向后变化而不是跟已有的/ay/合并。在北方城市音变中,从/e/低化到[æ] 的早期模式导致与前化的/o/相重叠,并且/e/逐渐改变为向后移动。这些结果将会通过以图 20.7 和图 20.8 说明的模式运行的机械作用得到解释,是语言学习者进行概率匹配的结果。

20.7 零形式的解释

有一种更复杂的不同的机制用于屈折词形变化中音段变体的实现,如西班牙语复数/s/的脱落。(我们可以同样考虑西班牙语动词的/s/或/n/,这正好跟我们的结果相关。)为了匹配在周围社区的送气音和脱落的概率,语言学习者必须要比发现语音信号做得更多才行。他们还必须定义变异的范围,并且对于作为这一类别潜在成员的每一个信号做出解释。下面的分析要展现概率匹配对一个假设数据集的删除屈折形式/s/的作用,这跟先前讨论的真实数据集相距不远。这将说明语言学习者为了解释所在言语社区的成员产生的零形式而必须做的数据计算。

我们首先考虑从一位特定说话人在扩展对话过程中复数宾语的指称项。这将引发说话人发出一定数量的屈折形式来指称这些复数宾语。我们称那个数为 **P**,并设它为任意值 200。我们再假设在语流中标记复数的屈折/s/脱落的一个变化过程，设脱落率 **x** 为 20%。然后我们就可以分析实际产生的/s/形式这个简单的问题。

第 1 阶段：屈折形式/s/的解释

{1}　**P　复数宾语指称项的数量 =200**

{2}　**x　产出复数/s/脱落的比率 =0.20**

产生零形式的实际数据设为 **P0**。它就等于 **P * x**，或者是 200 的 20%，即 40。带有/s/的形式设为 **Ps**；等于 200－40 或者 160。 589

{3}　**P0　零形式产生的数量 = P * x = 40**

{4}　**Ps　/s/形式产生的数量 =P－P0=160**

下一步就是考虑语言学习者怎么解释产生的这些形式。用符号 **PsP** 代表三分的设计，第一个字母代表说话人要达到的目标，第二个是具体的实现，第三个是向听话人传达的范畴。{5}表明所有这些/s/都被听为复数的事实。

{5}　**PsP　/s/被听作是复数的数量　= 160**

第 2 阶段：零形式的解释：否值理论和最简计算

零形式的分析没有/s/的分析那么简单。为此，我们将需要定义一个语言结构的被支持成分。

定义：如果语言结构中的一个成分在语流中被它所负载信息的其他来源相伴随，它就是被支持成分。

这种支持可能包括形态、词汇、句法、语用或文化等方面的信息，正如波普莱克曾分析的（Poplack 1980，1981）。如果一个结构成分在一个特定句子中与这个信息的任何形式相伴随，那它就是被支持的；否则，它就是无支持的。于是无支持零形式这个术语就标示一种屈折形式或任何其他复数标记全部缺失。盖伊(Guy 1981)在第19章对里约热内卢葡萄牙语的讨论中记录了这些重要的实例：58例零形式已经逃过了分析者的注意。我们将会在具有概率匹配能力的语言学习者中看到，在对无支持零形式的处理中将会面临一个类似的问题。

我们设无支持零形式的比率 **y** 为5%。按照我们考察过的数据，这是一个合理的估值。

{**6**}　**y　无支持零形式的比率　=0.05**

通过消除歧义信息得到支持的零形式的数量，是零形式产生的数量 **P0** 乘以这个比率的余数(**1－y**)，结果是38。于是符号 **P0P** 就表征以零形式产出而作为复数确认的数量。

{**7**}　**P0P　复数语境的零形式数量=P0**＊(**1－y**)**=38**

剩余的无支持零形式的分析要依靠语言学习者所掌握的解释性理论。首先是否值理论(下文中用括号中的 **P** 来表示)。

否值理论：所有的无支持零形式都被听为是单数。

这个理论就等于说/s/和零形式是一种否值对立。这当然是英语复数的情况，并且是带有强制性或接近强制性规则的所有屈折系统的特征。含有无变化的完整/s/音变的罗曼语系统也是否值系统，其中/s/音段的脱落明显是单数的标记。

下面我们引入符号 **P0S**，表示以零形式出现的复数而被听为单数的数量。它的计算方法是零形式出现的数量 **P0** 乘以无支持零形式的比率 **y**，就是40乘以0.05倍，得数为2。

{8P}　**P0S 被听为单数的无支持零形式的数量 ＝P0＊y＝2**

接受这个理论的学习者，不能把这两例包括到他们听为复数的计算中，所以他们能够确认的仍是 38 个复数，也就是被支持的零形式的数量。因此他们听为复数的总数(P)不是 200，而是 198。

{9P}　**(P)听为复数的数量　＝ P－P0S ＝198**

于是他们应该把听为复数的数量作为基数来计算脱落率。如果把这个听辨率记为(x)，计算方法就是听为复数的零形式在全部听为复数的样品中所占的比例，即 38/198，得数为 0.192。

{10P}　**(x)否值理论下听辨的脱落率＝P0P/(P)＝0.192**

这是一个相当简单和直接的计算在否值理论下概率匹配的方法，但是它却引起有些出乎意料的结果。这个结果显示出不稳定性，而不是先前讲到的在(ing)和其他变体中的长期稳定性。因为语言学习者听到的脱落率比他们上一代所产生的比率低 20%，接下去每一代的脱落将会更少。因此这是一个保守的衰减过程，类 591
似于在平均目标频率的计算中把离群元音排除掉。这个结果将会把/s/脱落逐渐淘汰。然而我们知道这并没有发生。图 20.6 展示的每一种方言都相当稳定，没有任何虚时或实时的变化迹象。

在音变的情况下，尽管有这种保守的趋势，还是不难发现重新变异和创建外围形式的来源：省力原则，在快速话语中到达目标值的困难，矫枉过正形式的出现，发音器官普遍的不精确性。/s/的送气，特别是在辅音位置前的送气，在许多拉美国家的谨慎语体中是正式的标准形式。当然，控制和听出词末[h]的困难有助于继续重建和保持某种程度的脱落。而且，/s/的送气和脱落本身可以作为一种社会价值，正如一种前化或高化的元音可以与一种期望的社会身份或社会价值相联系。这些是留给第 2 卷的内容。然而,在我们总结之前还要再讨论一下概率匹配的机制。

否值理论并不是产生上述结果的唯一理论。对/s/屈折的范畴分析方法不需要这样严格。语言学习者可以有一个更简单的看法:已知一定数量的混淆中,只有明确的样例可用于决定脱落的频率。这就相当于把所有的无支持零形式理解为单数。因此语言学习者就可能得出某些/s/不可靠的结论,没有偏离导致{10P}的保守策略。我们称这种非理论的处理方法为最简计算。在这个阶段,我们还不能把最简计算结果和否值理论的结果区分开来。

当听话人得出结论他们原则上不能预测说话人何时用/s/标记复数,何时不用,这就会发生对于否值理论更为彻底的背离。这是对这件事的一种完全不同的观点,需要一种完全不同的计算方式。

第 3 阶段:零形式的解释:兼容理论

在一个有着大量/s/脱落的言语社区中,说话人和听话人将难以忽略否值理论对于语言实际是错误的这个事实。考虑到上文给出的数据集,听话人已经观察到 38 个没有/s/的复数形式,这个观察显然就是对否值理论的怀疑。然而,听话人的处理方法还有一个可选的理论:兼容理论(下文显现的数字后用 **F** 代表)。

592 **兼容理论:对于任何给定的无支持零形式,没有办法知道它应理解为单数还是复数。**

兼容理论认为,/s/是复数标记,而零形式没有明确标记是单数还是复数。在世界上很多语言中都是用这种类型的标记。例如,对于日语、韩语和尤卡坦语(Yucatec)(Lucy 1987)的说话人来说，一个没有复数屈折的名词短语既不是单数也不是复数。

我们现在来为概率匹配寻求兼容理论的推论。假定一个系统用/s/标记复数可有变化，就不会有在脱落率的计算中没有办法计入无支持零形式的问题。即使语言学习者接受每个无支持零形式本身是歧义的这个事实，他们仍然在语言系统中设置了底层的/s/并且知道(无意识的)它们中相当多的是脱落过程的产物。为了估量这些无支持零形式，他们必须找到一种算法来确定那些源自复数的零形式的比例。他们能够用已知明确的样例的比例去决定那些不明确的样例的比例。这可以用下面的方式完成。

在兼容理论中，无支持复数零形式的数量仍然为 2，用跟{8P}同样的方法计算得出。在兼容理论的推导中，无支持复数零形式的理解将用？代替 **S**，因为它们的理解是不确定的。

{**8F**}　**P0？无支持复数零形式的数量 ＝ P0 ∗ y ＝2**

现在语言学习者要面对另一组相关的形式：单数。所有单数当然都是零形式的，并且其中相当一部分是无支持的。语言学习者必须应对这样的事实：(a)不可能把这些单数跟无支持零形式复数区分开来；(b)单数比复数的数量多很多。

单数宾语指称的数量 **S** 将设为 400，是复数宾语指称的两倍。[①]现在我们假设这些无支持单数的比例和无支持复数指称的比例同样都是 **y**，或是 5%。这样就得出无支持单数为 20，用 **S0？**

① 这是单数对于复数的比例，是我在宾夕法尼亚大学语言研究所口语资料的一些定量研究中得到的数据。

来代表。

{9F}　S　单数宾语指称的数量　　　=400

{10F}　S0? 无支持单数的数量 S * y　=20

593 在全部语料库中,无支持零形式的总数 **T0?** 就不再是 2,而是 22,这是单数和复数所有的无支持零形式的总和。

{11F}　T0? 无支持零形式的总数 = P0? +S0? = 22

为了把这些不确定的样例大体划分为单数和复数的比例,学习者必须对于语料库中所有可屈折名词中复数所占的比例有一定的感知。这种感知必须以确定的样例,即,以被支持的样例为基础。语言学习者听为单数的数量(**S**),就是从原来的 400 减去无支持的 20,得出 380 个样例。只要涉及复数,我们就会想到有两个复数屈折已经脱落成为无支持零形式,剩余 198 个明确的样例作为听为复数的集合(**P**)。

{12F}　(S) 听为(被支持)单数的数量 = S−S0? = 380

{13F}　(P) 听为(被支持)复数的数量 = P−P0? = 198

听为复数的样例所占的比例就可以从它们的总和中得出:

{14F}　(T) 被支持形式的总数 =(P)+ (S) =578

{15F}　(P/T) 听为复数的比例 =(P)/ (T)　=0.343

下一步计算是把这个比例应用于模糊的样例,去估算其中有多少可能听为复数,有多少听为单数。然后我们就能够把模糊样例分布到明确样例的单数和复数中去,从而得到兼容理论预测的脱落率。

估计原来是复数的无支持形式的数量用(**P0>P**)表示。这个数可以通过模糊样例数 **T0?** 乘以{15F}导出的比例,就是 22 的

0.343 倍，得数为 8。

{**16F**}　**(P0>P) 推测为复数的无支持零形式的数量**

=(P)/(T) * T0? =8

为估算零形式复数的总数量 **P0P**，我们应该把不明确的零形式复数和明确的零形式复数相加：原来的 38 加上刚推测的 8，得到 46。我们可以同样计算复数的总数。听为复数的数量(**P**)为 594
198，加上新增 8 个零形式，得数为 206。我们把这个修正的(**P**)标示为(**P'**)。

{**17F**}　**(P0P) 推测的零形式复数的数量**

= P0P+(P0 >P) = 46

{**18F**}　**(P') 推测的话语中复数的总数**

= (P) + (P0>P) = 206

最后，兼容理论预测的脱落率就用{17F}的结果除以{18F}的结果，即 46 除以 206，结果是 0.222。

{**19F**}　**(x') 兼容理论下推测的脱落率**

= (P0P)/ (P') = 0.222

我们现在得出的结果跟否值理论推导的相反。兼容理论估算的比率高出最初的结果 11%，而否值理论的估算却比原来低 0.8%。这是一个惊人的结果：这两个理论各自都产生了不稳定的结果，导致学习者跟言语社区中说话人实际使用情况不同的脱落率的估测。两种理论在相反方向的不稳定，伴随着言语产生和感知方面的相反的错误匹配。

图 20.9 在脱落率从 0.05 到 0.95 的全部范围对比否值理论和兼容理论的作用。在整个过程中，兼容理论产生的估算误差都

595 是正向的,表明脱落率一开始速度很快,然后变得越来越慢,直到最后音变结束。另一方面,否值理论是保守的,在音变的每一阶段都抑制着它的发展。

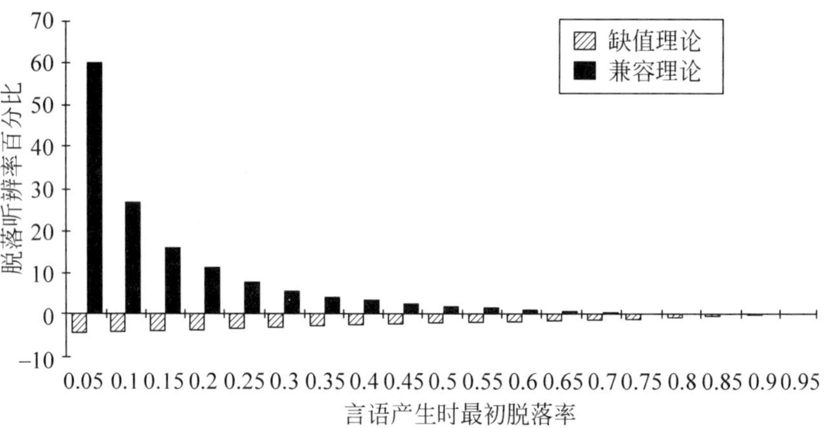

图 20.9　否值理论(否值对立)和兼容理论(兼容对立)对/s/复数的听辨率相对于最初脱落率的百分比变化

我们怎样在言语社区中有可能发现这两种理论呢?这种或那种理论在什么地方或什么时候会起主导作用呢?从图 20.9 的一端到另一端的情况有相当大的变化。在左边,脱落率较弱,否值理论的证据最强。如果只有 5%的脱落支持兼容理论,它在 5%脱落时的 60%错配比率就不可能总是这样。但是,如果出于某种原因,音段的脱落率增大,否值理论的优势会很快减弱。在右边,95%的脱落,兼容理论的证据是压倒性的,但是错配比率在这一点上相当小,正如在大多数 S 形曲线中,前进的过程越来越慢趋向于结束。

图 20.9 预测了在变化过程中的某些点上脱落率的一种灾难

性转变。在低水平脱落中，否值理论以保守的方式在年轻一代说话人中抑制变化进程。但是脱落率的任何增长都可以导致语言学习者突然转向兼容理论，从而加速完成变化。

变化和稳定；稳定和变化

我们现在必须面对这样的事实：复制/s/脱落的概率涉及两种不稳定的过程。如果语言学习者采用最简计算弃用无支持零形式，或者应用否值理论把它们解释为单数，结果将会使脱落感知率轻微缩小。如果语言学习者按照兼容理论用无支持零形式复数去计算脱落率，那么这些无支持零形式复数会与无支持零形式单数混在一起难解难分，于是脱落感知率将会增大。

我们怎样解释西班牙语各地方言差异很大，但是却在处理/s/上表现稳定一致的事实？图 20.6 和图 20.7 之间有联系吗？这个问题并非和物种转化的生物学问题无关。尽管我们必须承认一个物种到另一个的长期进化过程，绝大多数现存物种是稳定的，中间形式相对很少。对这种情形的一种解释就是在打乱正常稳定性的特殊情况下，物种间的转变是突然发生的(Gould 1980；Williamson 1981)。

西班牙语(s)目前的稳定性意味着一种力量的平衡。先前的多数讨论已经把这种稳定性归因于公开的和隐蔽的声望之间的平衡：一方面是标准语言的影响，另一方面是保持口语中任何非标准
特征的本地价值。在这里另一种类型的平衡的表现就是认知。一 596
方面有从否值理论或最简计算中丢失样例的保守作用，导致逐渐增长的底层形式一致性。另一方面有通过确认/s/内在变异的现

实性给予兼容理论的支持。为了解释突然的转变,我们可以寻求或是社会语言学态度的平衡体系的一个突然扰动,或是朝向一种或另一种认知表现模式的突然交替。

看来最有可能的是,导致屈折系统快速缩减的基本音变类型,必须以某种方式参与这里的兼容理论计算模式中突然的增长。如果没有外来力量干扰这个系统,这样的变化将不会发生。那种外力通常涉及跟完全不同语言系统的说话人密切接触,一般是大规模移民进入言语社区的结果。这里我们预告第 2 卷的中心主题,那将是通过考察语言和社会的互动来解决语言变化的启动问题。

20.8 概率匹配和系统的再调整

现在我们回到本章的中心议题:意义在语言变化过程中是如何保持的?第 19 章透过这种坚守的或和谐的作用,显示出说话人对语流中一种特定变项的选择不是由交际需要主导的。然而,语言的历史和我们自己的实例都表明语言系统一般对保留意义是做出反应的。正如在法语历史上,数的信息是通过元音变化而不是名词屈折来传达的,人称是根据代词而不是由动词的屈折来确定的。法语口语中否定的表达是用增加副词 *pas* 或 *jamais*,英语的否定词是换到新的位置并附加 *do*。这些系统性变化是怎样产生的呢?

先前的讨论表明概率匹配并不考虑交际的需要,而是或多或少自动地产生这种结果。上文总结的计算过程主要部分是通过检验支持环境做出零形式的解释。是否能够找到支持是计算中的关键变项。这种程序不可避免地把听话人的注意对象的范围引向最终将保持意义的系统再调整。

当发现系统的一个成分与正在脱落的标记频繁共现，那它就会越来越适合承担代表其中的语义特点的区别特征。因此在法语 597
中一度有一系列形式与否定前缀 *ne* 共现：*point*、*jamais*、*miette*、*gout*、*pas*、*rien*，等等。其中，*pas* 已经被接受为无标记的否定形式。经过变量实现的一个长期历史过程 *non*→*ne*→*n*→0 之后，*pas* 在否定句辨识中的作用通过概率匹配被强制转化为高度凸显。

在 20.7 节所做的分析既可以用在一个音段的脱落，也能够用于这些冗余成分的插入。我们现在来考虑 *ne*。语言学习者听到一定比例的 *ne* 实现为[n]；另有一定比例为零形式。少数零形式会出现在无支持语境，在那里不可能知道它们是肯定还是否定的样例。其中有一定比例会认作肯定表达，因此将从语言学习者用于得出 *ne* 概率匹配的否定话语库中排除。但是“无支持零形式”的定义正好就是不包含 *point*、*jamais*、*pas* 的话语。这意味着对于包含 *point* 或 *jamais* 的否定表达的感知比例将会增加，并且这些冗余成分的使用将随着每一代人的接续而增加。

在这一点上，我们可以回到卡梅伦对 *tu* 跟动词性/s/脱落之间功能联系的研究结论。这就是典型情况，其中随着屈折信息的失落，一个语境中的冗余成分以更高的频率引入。功能补偿的第一视角会预期这种作用正好出现在最重要的信息上——特指人称的 *tu*。然而，系统显然是以一种更普遍的方式做出反应——全面增加代词的使用，强调非特指的 *tu*。以上所述的分析表明听话人不能区别那些无支持的零形式是倾向于单数还是倾向于复数。同样地,听话人不能区分无支持零形式是一种特指的第二人称单数,或者一般的第二人称单数指称的结果,还是特定的第一人称和第三人称的指称。结果将会是/s/的普遍脱落,以及普遍增加不依靠任何语境的代词使用。在现代法语中的结果就是没有一个代词多于另一个代词的趋势;都同样是必选的。

不言而喻,概率匹配过程不是在有意关注下进行的。这种运作仅仅是以学习者的需要而估计脱落率,它将自动识别最有希望增强系统的候选词,以便于从那些正在经历语音弱化的成分上转移语义负担。

598

20.9 功能问题的总结

功能假设研究的最初动力来自波普莱克的论著,她最彻底地检验了信息脱落可能带来的各种影响。在变量规则模型的帮助下,她分析了形态、句法、语义和文化信息的贡献情况,并且为所有未来的研究建立了一个模型。在一段时间里,似乎对语流中组合关系的信息进行仔细研究可能是一个死胡同,因为第 19 章中的结果普遍都是否定的。然而根据这里提出的机制,更为重要的是把注意力转向模糊的与明确的标记所占的比例上。我们首先只看到有标记的复数,这就好像在否值理论下的幼稚的听话人。但是如果我们是按照兼容理论的逻辑,那么无标记单数的信息分布同样重要,这反映出人类对于频率的超乎寻常的敏感性。

这里提出的普遍观点将那些对把语言构想成一种社会事实而

不是个体的选择结果的人们最具吸引力。最近提出的许多语言理论将把语言结构解释为说话人意图向听话者传递意义的结果。有一部分语言行为是受意识控制，精心选择，有目的和深思熟虑的反应。但是据我所见，这不是语言能力的主要部分，而且对语言结构的长期发展影响相对较小。这并不是否定我们在生活中有意图、目标和方向。但是那些意图是什么，我们行为的动机可能是什么，并不像一些形式的和内省的语言学家所料想的那样容易理解。

这里介绍概率匹配用取自其他物种的行为作为例证并不是偶然的。在此我提出，抽象的组合和聚合关系，对零形式的解释，都是由与人类亲缘关系远近不同的动物共有的能力所控制的。概率匹配是一种普遍的学习手段，把信息从周围环境传递到有机体。其他动物的物种最有特色的数据来自实验室的食物奖励行为和自然环境下的觅食行为。但是对人类的概率匹配的观察是基于一种抽象的预期的计算，没有直接的回报。如果我们发现语言中句法和形态系统的再调整是由跟控制野鸭的社会行为同样的认知能力所支配的，我们不应该为此感到尴尬。

这里展现出演化的和历史的视野，需要在社会情境中理解人类的行为，至少要像我们理解其他物种的社会行为那样深入贯通。599
我们是历史演化的产物，不仅仅是我们自己，而且还有整个动物王国。我们为理解语言所付出的努力将会通过了解与其他社会性动物群体的这种连续性中得到启示。

600 # 第 21 章　原理的回顾

本卷致力于研究那些决定语言结构内部发展的语言变化的普遍原理。其中的分析远未完成，有很多主题和领域还完全没有涉及。中心焦点是语音的系统演变。形态变化的原理只是在这个范围里把它们看作为对音变作用的回应，并且句法变化只是以最边缘的方式处理。语料的选择是出于研究进行中音变的机会，遵循用现在解释过去并用过去解释现在的一般策略。从印欧语系分支的日耳曼语言和罗曼语言，以及汉藏语系发生的语音变化的考察中，获得了对于进行中的音变最详细和系统性的观点。音变成为焦点不是偶然的，因为它是在全部有记录和无记录的历史上造成语言不断蜕变的最重要的驱动力。本卷不同章节已经先后涉及更为抽象的语法问题也同样不是偶然的，因为在语言表层的任何持久的压力最终将会对整个结构产生深远影响。

本卷的各章节已经分析了具有相当复杂性的变异，它们受控于那些更为复杂的横向穿越的影响。这种研究的目标并非要证明语言事实是复杂的，恰恰相反，是要寻求在复杂性背后的最简单的原理。在这方面，变化和变异的研究与基于直觉和实例探求理论模型的研究并无差别。我们寻求普遍原理的形式的简单化，具有不同程度的力度和确定性。它们的价值就在于它们的普遍性，这种普遍性源于它们与人类的生理和心理属性的联系。在某些语言学讨论模式中，一般的发现是用语言“共性”或“普遍语法”来表述的。我这里用引号是想要表达一种确定的怀疑态度。我不相信我们会成功地找到跟其他因素隔绝的人类局限或技能，而它们将会唯一地决定语言演化的结果。我将在本章重新表述的这些一般原 601
理跟其他原理相互作用，因此在最为不利的组配中，它们的效果可能感觉不到或实际上可能被逆转。它们的力量在于可测量的方法，用来评估它们所主导的力量之间的平衡，并以此来影响它们互相作用的系统的结果。

这些原理通过测量和计算从数据中脱离出来，在这种形式下有可能评估跟它们相联系的数据的误差。但是在更为定性的倾向中，它们的能力通过解决悖论得到检验，它们本身也受到时间的考验。

下面的讨论汇集了从第 5 到第 20 章建立的原理，对本卷的发现做出全面的检视。有些原理以更为简洁的形式重新表述，胜于先前对它们更充分的分析。

第二部分：链式音变

在第一部分中建立的链式音变原理，都是源自以外缘性特征组成的音系学空间的概念。第 5 章提出的三种链式音变的一般原理，在第 8 章中提炼为单一的元音转移原理，它依赖于一种用舌位而不是用声学参数定义的元音空间的视图。

在链式音变中，外缘元音开口度减少，而非外缘元音开口度增大。

这个原理根据第 6 章(16)外缘性定义：外缘元音比非外缘元音更靠近元音空间的边缘，一个适用于发音部位的定义也同样适用于声学属性。在日耳曼和波罗的海语言中,紧元音是外缘的,松元音是非边缘的。在罗曼语言的音系空间中,不圆唇前元音和圆唇后元音是外缘的;圆唇前元音或“混”元音是非外缘的。

第9章提出了支配跨子系统的链式音变的五条原理,关键也是依靠音系空间的外缘和非外缘路径的概念。链式音变的一般原理将会导致外缘紧元音子系统的高元音聚集和非外缘松元音子系统的低元音聚集。支配子系统音变的前三个原理确定了三个策略性交叉点,阻止这种情况出现。低出口原理在它们到达音系空间的低边界的时候,支配低元音的紧化。

602 **在链式音变中,非外缘低元音变成外缘元音。**

高出口原理表明当紧的单元音高化到开口度最小的位置,会有两种可能,发展为上滑双元音或内滑双元音。

在链式音变中,两个高莫拉中的第一个可能会改变外缘性,第二个可能会变为非外缘的。

中出口原理涉及从中元音到高元音位置高化的单元音会变成内滑双元音。

在链式音变中,外缘元音由中元音向高元音高化时发展出内滑音。

另外两个原理涉及各子系统的结构关系。重新定义原理确认在一个子系统中的前化、后化、高化、低化的音变能够导致重新定义它与其他子系统的关系。

外缘性的定义对于整个元音系统来说是相对的。

最后,子系统的音变受到同一个运作于个体音变的无标记原理的影响。

在链式音变中,有标记系统的成分是无标记的。

第三部分:合并和分化

在合并、分化和近似合并的讨论中,第三部分考虑了链式音变结构的逆转。许多讨论反复考虑了先前的学者清楚阐释的两个原理的合理性。基本观点可见加德原理。

合并是不可通过语言学方式逆转的。

跟加德原理在空间方面相关联的是赫佐格原理,在方言地理学中做出了地域分布的预测。

合并的扩展以区别性的损失为代价。

对于合并的一般性讨论表明合并的发生有几条途径,但是还不可能预测一种特定语言什么时候会通过近似性,词汇再分配,或者两个音位突然扩展到同一个音系空间而出现合并。

第 12—第 14 章描写和分析的近似合并现象进一步证实了关于合并的基本原理。没有得出支配近似合并的原理,因为发现的基本上都是可能性而不是一般的模式。虽然近似合并已经在许多 603
社区都有发现,但是它们没有形成音系结构的一个一般的或必要的部分。音位对立的中止是一种可能性,被确认为不仅是通向合并的一种过渡形式,而且还是音系结构的一种相对稳定的部分。近似合并的存在迫使我们放弃传统上认为是支配语言行为的两条原理:在语音中不存在微小差异这种东西,以及语言形式的产生和理解是对称的。

第四部分:规则性的争议

第四部分关注青年语法学派的规则性原理,可以重新表述如下：

音变是在一个音位的语音实现中的变化，与词汇的同一性无关。

考虑了一种相反的词汇扩散原理的证据，即语音变化以逐词的语音形式的变化进行运作。第四部分提出的设计的解决办法，预测什么时候应用规则性原理，以及什么时候变化是逐词进行，可以看作是词汇扩散理论重新阐释为范畴变化原理。

同时影响到一个语音的几个特征的音变，通过改换逐个单词的范畴成员身份进行运作。

第 18 章得出结论，范畴成员身份的这种变化可以表示为在词汇规则中特征符号的加或减，以及底层形式的交替。

第五部分：音变的功能特征

第五部分讨论了青年语法学派规则性原理第二方面的论据，我们可以称为机械性原理：

音变的相对过程只决定于语音因素，与保留意义无关。

许多讨论都涉及共时变异；对这种或那种语言变项的选择并不决定于保留信息的需要，而是受到趋向于保持平行结构和类似发音的影响。这一部分的章节考虑了这种组合的原理可能会怎样作用于基本上是聚合的变化过程，遵循的原理是：功能作用是语言
604 选择的结果而不是选择的原因。确认一个否值对立会趋向于阻遏进行中的屈折脱落，但是转向一种兼容对立会引起脱落率的快速增加。这可以总结为结构补偿原理。

当语言中一种有意义的特征的删除率增大的时候，负载这个意义的冗余特征的频率就会增加。

第 20 章的讨论被限于一种语言变化类型：一种有意义的屈折逐渐淘汰。然而，变化率的概率匹配作用可能会在大范围的现象中都是有效的：因避免同音词导致的词汇项波动，增加派生成分透明度的趋势，以及屈折词形表的规则化。在所有这些情况下，变异将受控于语言学习者的需要，对于显示为一种形式的样品库和显示为另一形式的样品库进行估算，并且这种估算还将受到包含每种形式的句子出现的误解率的限制。

这里我已经不考虑这种可能性：说话人有意地确认一种形式优于另一种，并选择这种形式实现他们的目的。所有的社会语言学研究都表明，语言中有意的选择仅限于表层形式，很少达到运行系统性语言变化的层级。这将在第 2 卷得到更多的证实，其中将考察作用于语言之上的社会因素，并且将呈现来自上层的变化和来自下层的变化之间的根本区别的证据。

总体说来，本卷的研究表明青年语法学派对语言结构的描述方法基本上是正确的。这种结构主要是一种机械性系统，超出它的使用者有意的认知和调整。语言无疑是用来负载命题信息，作为对于我们进化出来的非人类物种的类似交际系统进行彻底重组的结果。因此，说我们不能自由地调整这个系统以最大效应传达信息似乎是很奇怪的事情。一种可能的解释就是语言的效应取决于它的自主特征，语音或语法结构是开放的，有意识的检验和操作，必须非常缓慢地运作。因此我们有意识改变语言的努力必须局限于高层级的语体选项：单词的选择，以及在有限的选择范围内构建短语和句子。这里所讨论的语言变化都在有意认知和选择的范围之外运作良好。

第二种解释将处理社会限制对语言作为传递信息的方式的总
605 体有效性上。我可以安排某个人在某一个较长时间以后在较远地点跟我见面,这是毫无问题的,但是没有任何其他动物能够这样做。那么为什么这个系统经常失效,使得我们费大量时间去等一个不会到来的人呢?部分的答案在于本地语受到的社会压力缩减了传递的信息量,这将会在第2卷中进行探讨。一种更广泛的方法将使我们了解语言结构适应我们社会需要的方式。我们听到的很多内容,都不理解,正如本卷书讨论自然发生的误解所显示的,我们系统地倾向于低估了多少。对这个事实的充分理解将使我们回到第1章开始的问题:我们怎样能够协调语言不断变化的基本事实与它作为交际工具的基本功能?第2卷将回答这个问题并尝试去探求那些推动语言变化不断更新的力量。

参考文献

Abdel-Jawad, Hassan 1981. Phonological and social variation in Arabic in Amman. University of Pennsylvania dissertation.

Adams, J. 1799. *The Pronunciation of the English Language*. London.

Aicken, J. 1693. *The English Grammar*. London.

Alba, Orlando 1990. *Variación fonética y diversidad social en el español dominicano de Santiago*. Santiago: Pontificia Universidad Católica Madre y Maestra.

Allen, Harold B. 1964. The primary dialect areas of the Upper Midwest. In H. B. Allen (ed.), *Readings in Applied English Linguistics*, New York, 31–41.

Allen, Harold B. 1973. The use of Atlas informants of foreign parentage. *Festschrift Kurath*.

Arnaud, René 1980. Quelques observations quantitatives "en temps réel" sur un changement: L'accroissement d'emploi de la forme progressive dans la première moitié du XIX siècle. *Communications au XXe Congrès de la Société des Anglicistes de l'Enseignement supérieur*. Poitiers.

Ash, Sharon 1982. The vocalization of intervocalic /l/ in Philadelphia. *The SECOL Review* 6:162–175.

Ash, Sharon, and John Myhill 1986. Linguistic correlates of inter-ethnic contact. In D. Sankoff (ed.), *Diversity and Diachrony*, Amsterdam and Philadelphia: John Benjamins, 33–44.

Atlas Linguistique de France 1901–1912. [ALF]. Paris: Champollion.

Babbitt, E. H. 1896. The English of the lower classes in New York City and vicinity. *Dialect Notes* 1:457–464.

Bach, Emmon, and Robert T. Harms 1972. How do languages get crazy rules? In R. Stockwell and R. Macaulay (eds.), *Linguistic Change and Generative Theory*, Bloomington: Indiana University Press.

Bailey, Charles-James N. 1973. *Variation and Linguistic Theory*. Washington, D.C.: Center for Applied Linguistics.

Bailey, Guy, Cynthia Bernstein, and Jan Tillery in press. The configuration of phonological change in Texas. To appear in *Language Variation and Change*.

Bailey, Guy, and Natalie Maynor 1985. The present tense of BE in Southern black folk speech. *American Speech* 60:195–213.

Bailey, Guy, and Natalie Maynor 1987. Decreolization? *Language in Society* 16:449–473.

607 Bailey, Guy, and Natalie Maynor 1989. The divergence controversy. *American Speech* 64:12–39.

Bailey, Guy, and Gary Ross 1992. The evolution of a vernacular. In M. Rissanen et al. (eds.), *History of Englishes: New Methods and Interpretations in Historical Linguistics*, Berlin: Mouton de Gruyter, 519–531.

Baker, P., and C. Corne 1982. *Isle de France Creole: Affinities and Origins*. Ann Arbor, Mich.: Karoma.

Barrack, C. M. 1976. Lexical diffusion and the High German consonant shift. *Lingua* 40:151–175.

Barry, Martin 1985. A palatographic study of connected speech processes. *Cambridge Papers in Phonetics and Experimental Linguistics* 4.

Barton, Michael 1830–1832. *Something New, Comprising a New and Perfect Alphabet*. Boston and Harvard: Marsh, Capen and Lynn.

Bauer, Robert S. 1982. Lexical diffusion in Hong Kong Cantonese: "Five" leads the way. Paper given at the 8th Annual Meeting of the Berkeley Linguistics Society, Berkeley.

Bauer, Robert S. 1986. The microhistory of a sound change in progress in Hong Kong Cantonese. *Journal of Chinese Linguistics* 14:1–41.

Baugh, John 1979. Linguistic style-shifting in Black English. University of Pennsylvania dissertation.

Baugh, John 1983. *Black Street Speech: Its History, Structure and Survival*. Austin: University of Texas Press.

Bell, Allen 1984. Language style as audience design. *Language in Society* 13:145–204.

Bellot, J. 1580. *Le maistre d'escole anglois*. Theo Spira (ed.). Halle.

Benediktsson, Hreinn (ed.) 1970. *The Nordic Languages and Modern Linguistics*. Reykjavík: Societas Scientarium Islandica.

Bickerton, Derek 1984. The language bioprogram hypothesis. *The Behavioral and Brain Sciences* 7:173–221.

Bloomfield, Leonard 1926. A set of postulates for the science of language. *Language* 2:153–164.

Bloomfield, Leonard 1933. *Language*. New York: Henry Holt.

Bonebrake, Veronica 1979. Historical labial-velar changes in Germanic. *Umeå Studies in the Humanities*, 29. Umeå: Acta Universitatis Umensis.

Bradley, David 1969. Problems in Akha phonology: Synchronic and diachronic. Ms.

Bradley, David, and Maya Bradley 1979. Melbourne vowels. [*Working Papers in Linguistics*, 5]. University of Melbourne, Linguistics Section.

Brink, Lars 1977. On sound laws. Paper given at the Society for Nordic Philology, Copenhagen.

Brink, Lars, and Jørn Lund 1975. *Dansk Rigsmål I–II. Lydudviklingen siden 1840 med særligt henblink på sociolekterne i København*. Copenhagen: Gyldendal.

Brown, Roger, Courtney Cazden, and Ursula Bellugi-Klima 1969. The child's grammar from I to III. In J. P. Hill (ed.), *Minnesota Symposium on Child Psychology*, Vol. 2, Minneapolis: University of Minnesota Press, 28–73.

Brown, Vivian 1990. The social and linguistic history of a merger: /i/ and /e/ before nasals in Southern American English. Texas A&M University dissertation. 608

Brugmann, Karl 1897. *The Nature and Origin of the Noun Genders in the Indo-European Languages*. New York: Charles Scribner's Sons.

Brugmann, Karl 1922. *Kurze Vergleichende Grammatik der indogermanischen Sprachen*. Berlin: Walter de Gruyter.

Brunot, Ferdinand, and Charles Bruneau 1949. *Précis de grammaire historique de la langue française*. Berlin: Walter de Gruyter, 1922.

Bühler, Karl 1934. *Sprachtheorie*. Jena.

Bullokar, W. 1580. *Booke at Large for the Amendment of Orthographie for English Speech*. In M. Plessow (ed.), *Fabeldichtung in England*, Berlin: Palaestra, 1906.

Burrow, Thomas, and Murray B. Emeneau 1961. *Dravidian Etymological Dictionary*. Oxford: Clarendon Press.

Callary, R. E. 1975. Phonological change and the development of an urban dialect in Illinois. *Language in Society* 4:155–170.

Camenish, Werner 1962. *Beiträge zur altratoromanischen Lautlehre*. Zurich: Juris-Verlag.

Cameron, Richard 1992. Pronominal and null subject variation in Spanish: Constraints, dialects and functional compensation. University of Pennsylvania dissertation.

Caton, Steven C. 1987. Contributions of Roman Jakobson. *American Review of Anthropology* 16:223–260.

Cedergren, Henrietta 1973. The interplay of social and linguistic factors in Panama. Cornell University dissertation.

Cedergren, Henrietta 1984. Panama revisited: Sound change in real time. Paper given at NAVE, Philadelphia.

Cedergren, Henrietta 1987. The spread of language change: Verifying inferences of linguistic diffusion. In P. H. Lowenberg (ed.), *Language Spread and Language Policy: Issues, Implications and Case Studies*, Washington, D.C.: Georgetown University Press. [GURT '87].

Cedergren, Henrietta, and David Sankoff 1974. Variable rules: Performance as a statistical reflection of competence. *Language* 50:333–355.

Chadwick, Michael, and John Ventris 1958. *The Decipherment of Linear B*. Cambridge: Cambridge University Press.

Chan, Marjorie K. M. 1983. Lexical diffusion and two Chinese case studies re-analyzed. *Acta Orientalia* 44:117–152.

Chen, Matthew, and William S.-Y. Wang 1975. Sound change: Actuation and implementation. *Language* 51:255–281.

Cheng, Chin-chuan, and William S.-Y. Wang 1972. Tone change in Chaozhou Chinese: A study of lexical diffusion. In *Papers in Linguistics in Honor of Henry and Renee Kahane*, 99–113. [Reprinted 1977].

Chomsky, Noam 1964. The logical basis of linguistic theory. In H. Lunt (ed.),

609 *Proceedings of the Ninth International Congress of Linguists*, The Hague: Mouton, 914–978.

Chomsky, Noam 1975. *Reflections on Language*. New York: Pantheon Books.

Chomsky, Noam 1980. *Rules and Representations*. New York: Columbia University Press.

Chomsky, Noam, and Morris Halle 1968. *The Sound Pattern of English*. New York: Harper & Row.

Christy, Craig 1983. *Uniformitarianism in Linguistics*. Amsterdam and Philadelphia: John Benjamins.

Cohen, Paul 1970. The tensing and raising of short [a] in the metropolitan area of New York City. Columbia University Master's essay.

Coles, C. 1674. *The Compleat English Schoolmaster*. London. [Menston, England: Scolar Press facsimile, 1967].

Cooper, C. 1687. *The English Teacher*. B. Sundby (ed.). Lund, 1953.

Cooper, Franklin S., Pierre Delattre, A. M. Liberman, J. M. Borst, and Louis J. Gerstman 1952. Some experiments on the perception of synthetic speech sounds. *Journal of the Acoustical Society of America* 24:597–606.

Dauzat, A. 1922. *La géographie linguistique*. Paris.

De Camp, L. Sprague 1933. Transcription of "The North Wind" as spoken by a Philadelphian. *Le Maître Phonétique*.

Dees, Anthony 1971. *Etude sur l'évolution des démonstratifs en ancien et en moyen français*. Groningen: Wolters-Noordhoff Publishing.

Delamothe, G. 1592. *The French Alphabet*.

Delbrück, Berthold 1885. Die neueste Sprachforschung: Betrachtungen über George Curtius' Schrift "Zur Kritik der neuesten Sprachforschung." Leipzig: Breitkopf & Härtel.

Dinnsen, Daniel 1985. A re-examination of phonological neutralization. *Journal of Linguistics* 21:265–279.

Di Paolo, Marianna 1988. Pronunciation and categorization in sound change. In K. Ferrara et al. (eds.), *Linguistic Change and Contact: NWAV-XVI*, Austin: Department of Linguistics, University of Texas, 84–92.

Di Paolo, Marianna, and Alice Faber 1990. Phonation differences and the phonetic content of the tense-lax contrast in Utah English. *Language Variation and Change* 2:155–204.

Disner, Sandra 1978. Vowels in Germanic languages. UCLA dissertation. [*UCLA Working Papers in Phonetics*, 40].

Dobson, E. J. 1957. *English Pronunciation 1500–1700*. Vol. 2: *Phonology*. Oxford: Oxford University Press. [2nd ed. 1968].

Donegan, Patricia J. 1978. On the natural phonology of vowels. Ohio State University dissertation. [New York: Garland, 1985].

Dressler, Wolfgang 1979. Diachronic phonology. *Linguistics* (San Francisco).

Eckert, Penelope 1969. Grammatical constraints in phonological change: The unstressed vowels of southern France. Columbia University Master's essay.

Eckert, Penelope 1980. The structure of a long-term phonological process: The back vowel chain shift in Soulatan Gascon. In Labov 1980b, 179–217.

Eckert, Penelope 1986. The roles of high school social structure in phonological change. Paper given at the Chicago Linguistic Society, Chicago. 610

Eckert, Penelope 1988. Adolescent social structure and the spread of linguistic change. *Language in Society* 17:183–208.

Eckert, Penelope 1989. The whole woman: Sex and gender differences in variation. *Language Variation and Change* 1:245–268.

Eckert, Penelope 1991. Social polarization and the choice of linguistic variants. In P. Eckert (ed.), *New Ways of Analyzing Sound Change*, San Diego, Calif.: Academic Press, 213–232.

Egerod, Søren 1976. Tonal splits in Min. *Journal of Chinese Linguistics* 4:108–111.

Egerod, Søren 1982. How not to split tones: The Chaozhou case. *Fangyan* 3:169–173.

Ellis, A. J. 1874. *Early English Pronunciation*. Vol. 4. [New York: Greenwood Press reprint, 1968].

Endzelin, J. 1922. *Lettische Grammatik*. Riga: Lettischen Bildungsministerium.

Escure, Geneviève 1987. The acquisition of Putonghua (Mandarin) by speakers of the Wuhan dialect. In K. M. Denning et al. (eds.), *Variation in Language: NWAV-XV at Stanford*, Stanford, Calif.: Department of Linguistics, Stanford University, 121–36.

Esgueva, M., and M. Cantarero (eds) 1981. El habla de la ciudad de Madrid: Materiales para su estudio. Madrid: Consejo Superior de Investigaciones Científicas, Instituto Miguel de Cervantes.

Estival, Dominique 1985. Syntactic priming of the passive in English. *Text* 5:7–21.

Fagan, D. S. 1985. Competing sound change via lexical diffusion in a Portuguese dialect. *Sezione Romanza* 27:263–292.

Fasold, Ralph 1969. A sociolinguistic study of the pronunciation of three vowels in Detroit speech. Georgetown University mimeograph.

Feagin, Crawford 1990. *æ*-raising in Southern States English? Paper given at NWAVE-XIX, Philadelphia.

Ferguson, Charles A. 1963. Assumptions about nasals: A sample study in phonological universals. In J. Greenberg (ed.), *Universals of Language*, Cambridge, Mass.: MIT Press, 53–60.

Ferguson, Charles A. 1975. "Short a" in Philadelphia English. In E. Smith (ed.), *Studies in Linguistics in Honor of George L. Trager*, The Hague: Mouton, 259–74.

Flanagan, J. 1955. A difference limen for vowel formant frequency. *Journal of the Acoustical Society of America* 27:613–617.

Flores, L., J. Myhill, and F. Tarallo 1983. Competing plural-morphemes in Puerto Rican Spanish. *Linguistics* 21:897–906.

Florio, John 1611. *Queen Anne's New World of Words, a Dictionarie of the Italian and English Tongues*. London: M. Bradwood.

Fónagy, Ivan 1956. Über den Verlauf des Lautwandels. *Acta Linguistica* (Budapest) 6:173–278.

611 Fónagy, Ivan 1967. *Variation und Lautwandel*. Monologentagung. Wien.

Fónagy, Ivan 1979. La métaphore en phonétique. Ottawa: Didier.

Fowler, Joy 1986. The social stratification of (r) in New York City department stores, 24 years after Labov. New York University ms.

Fries, Charles C., and Kenneth Pike 1949. Co-existent phonemic systems. *Language* 25:29–50.

Gallistel, Randolph 1990. *The Organization of Learning*. Cambridge, Mass.: MIT Press.

Garde, Paul 1961. Réflexions sur les différences phonétiques entre les langues slaves. *Word* 17:34–62.

Gauchat, Louis 1905. L'unité phonétique dans le patois d'une commune. In *Aus Romanischen Sprachen und Literaturen: Festschrift Heinrich Morf*, 175–232.

Gauchat, Louis, Jules Jeanjaquet, and Ernest Tappolet 1925. *Tableaux phonétiques des patois suisses romands*. Neuchâtel: Paul Attinger.

Gill, A. 1621. *Logonomia Anglica*. [J. Jiriczek (ed.), Strassburg, 1903].

Gilliéron, Jules 1918. *Pathologie et thérapeutique verbale*. Paris.

Godin, J. J., and M. H. A. Keenleyside 1984. Foraging on patchily distributed prey by a cichlid fish (Teleosti, Cichlidae): A test of the ideal free distribution theory. *Animal Behaviour* 32:120–131.

Goidanich, P. 1926. Saggio critico sullo studio de L. Gauchat. *Archivio Glottologico Italiano* 20:60–71.

Gould, Stephen J. 1980. *The Panda's Thumb: More Reflections in Natural History*. New York: W. W. Norton.

Gould, Stephen J., and N. Eldredge 1977. Punctuated equilibrium: The tempo and mode of evolution considered. *Paleobotany* 3:23–40.

Greenberg, Joseph 1969. Some methods of dynamic comparison in linguistics. In J. Puhvel (ed.), *Substance and Structure in Linguistics*, Berkeley: University of California Press, 147–204.

Grisch, Mena 1939. *Die Mundart von Surmeir (Ober- und Unterhalbstein)*. Paris: E. Droz.

Guy, Gregory 1980. Variation in the group and the individual: The case of final stop deletion. In Labov 1980b, 1–36.

Guy, Gregory 1981. Syntactic and phonetic variation in Carioca Portuguese. University of Pennsylvania dissertation.

Guy, Gregory 1991a. Functional constraints on linguistic variation. Ms.

Guy, Gregory 1991b. Explanation in variable phonology: An exponential model of morphological constraints. *Language Variation and Change* 3:1–22.

Guy, Gregory, and Sally Boyd 1990. The development of a morphological class. *Language Variation and Change* 2:1–18.

Habick, Timothy 1980. Sound change in Farmer City: A sociolinguistic study based on acoustic data. University of Illinois at Urbana-Champaign dissertation.

Hadlich, Roger 1965. *The Phonological History of Vegliote*.

Haeri, Niloofar 1991. Sociolinguistic variation in Cairene Arabic: Palatalization and the *qaf* in the speech of men and women. University of Pennsylvania dissertation. 612

Hahn, Reinhard F. 1991. *Spoken Uyghur*. Seattle: University of Washington Press.

Halle, Morris 1962. Phonology in generative grammar. *Word* 18:54–72.

Halle, Morris, and K. P. Mohanan 1985. Segmental Phonology of Modern English. *Linguistic Inquiry* 16:57–116.

Hammerberg, Robert 1970. Umlaut and vowel shift in Swedish. *Papers in Linguistics* 3:477–502.

Harnad, Stephen (ed.) 1987. *Categorical Perception: The Groundwork of Cognition*. Cambridge: Cambridge University Press.

Harper, D. G. C. 1982. Compatitive foraging in mallards: Ideal free ducks. *Animal Behaviour* 30:575–84.

Harris, John 1985. *Phonological Variation and Change: Studies in Hiberno-Irish*. Cambridge: Cambridge University Press.

Harris, John 1989. Towards a lexical analysis of sound change in progress. *Journal of Linguistics* 25:35–56.

Harris, Zellig 1951. *Methods in Structural Linguistics*. Chicago: University of Chicago Press.

Hart, J. 1551. *Works*. B. Danielson (ed.), 1955.

Hart, John 1569. *An orthographie, conteyning the due order and reason, howe to paint thimage of mannes voice*. London: Wm. Seres.

Hashimoto, K., and K. Sasaki 1982. On the relationship between the shape and position of the tongue for vowels. *Journal of Phonetics* 10:291–299.

Haudricourt, A. G., and A. G. Juilland 1949. *Essai pour une histoire structurale du phonétisme français*. Paris: C. Klincksieck.

Haugen, Einar 1970. The language history of Scandinavia: A profile of problems. In Benediktsson 1970, 41–79.

Hayes, Bruce 1992. On what to teach the undergraduates: Some changing orthodoxies in phonological theory. Paper given at Seoul International Conference on Linguistics 2. Seoul: The Linguistic Society of Korea, July, 1992.

Hedström, Gunnar 1932. *Sydsmåländska Folkmål*. Lund: Carl Blom.

Hermann, E. 1929. Lautveränderungen in der Individualsprache einer Mundart. *Nachrichten der Gesellsch. der Wissenschaften zu Göttingen. Phl.-his. Kll.*, 11, 195–214.

Herold, Ruth 1990. Mechanisms of merger: The implementation and distribution of the low back merger in Eastern Pennsylvania. University of Pennsylvania dissertation.

Herzog, Marvin I. 1965. *The Yiddish Language in Northern Poland*. Bloomington and The Hague [*IJAL* 31.2, part 2].

Hindle, Donald 1978. Approaches to vowel normalization in the study of natural speech. In D. Sankoff (ed.), *Linguistic Variation: Models and Methods*, New York: Academic Press, 161–172.

Hindle, Donald 1980. The social and structural conditioning of phonetic variation. University of Pennsylvania dissertation.

613 Hochberg, Judith 1985. Final /s/ deletion in Puerto Rican Spanish: Functional constraints and consequences. Ms.

Hochberg, Judith 1986. /s/ deletion and pronoun usage in Puerto Rican Spanish. In D. Sankoff (ed.), *Diachrony and Diversity*, New York: Academic Press, 199–210.

Hock, Hans Heinrich 1986. *Principles of Historical Linguistics*. Berlin: Mouton/de Gruyter.

Hockett, Charles F. 1950. Age-grading and linguistic continuity. *Language* 26:449–457.

Hockett, Charles F. 1958. *A Course in Modern Linguistics*. New York: Macmillan.

Hockett, Charles F. 1965. Sound change. *Language* 41:184–204.

Hoenigswald, Henry M. 1978. The Annus Mirabilis 1876 and posterity. *Transactions of the Philological Society*, 17–35.

Holmquist, Jonathan C. 1985. Social correlates of a linguistic variable: A study in a Spanish village. *Language in Society* 14:191–203.

Holmquist, Jonathan C. 1988. *Language Loyalty and Linguistic Variation: A Study in Spanish Cantabria*. Dordrecht: Foris Publications.

Holyband, Claudius 1578. *The French Littelton: A most easie, perfect and absolute way to learn the Frenche tongue*. London: Thos., Vautroullier.

Hong, Yunsook 1991. *A Sociolinguistic Study of Seoul Korean*. Seoul: Research Center for Peace and Unification of Korea.

Hooper, J. B. 1976. Word frequency in lexical diffusion and the source of morphophonological change. In W. M. Christie (ed.), *Current Progress in Historical Linguistics*, Amsterdam: North Holland, 95–105.

Houston, Ann 1985. Continuity and change in English morphology: The variable (ING). University of Pennsylvania dissertation.

Hubbell, Allan F. 1962. *The Pronunciation of English in New York City: Consonants and Vowels*. New York: King's Crown Press, Columbia University.

Hymes, Dell 1961. Functions of speech: An evolutionary approach. In F. C. Gruber (ed.), *Anthropology and Education*, Philadelphia: University of Pennsylvania Press.

Jackson, Michel T. T. 1988. Phonetic theory and cross-linguistic variation in vowel articulation. [*UCLA Working Papers in Phonetics, 71*].

Jakobson, Roman 1960. Concluding statement: Linguistics and poetics. In T. Sebeok (ed.), *Style in Language*, Cambridge, Mass.: MIT Press.

Janson, Tore 1977. Reversed lexical diffusion and lexical split: Loss of -d in Stockholm. In Wang 1977, 252–265.

Janson, Tore, and Richard Schulman 1983. Non-distinctive features and their use. *Journal of Linguistics* 19:321–336.

Jespersen, Otto 1949. *A Modern English Grammar on Historical Principles. Part I: Sounds and Spellings*. London: George Allen & Unwin.

Jones, Daniel 1964. *An Outline of English Phonetics*. 9th ed. Cambridge: Heffer.

Jones, J. 1701. *Practical Phonography*. London.

Joseph, Brian D., and Richard Janda 1988. The how and why of diachronic

morphologization and demorphologization. In *Theoretical Morphology*, New York: Academic Press, 193–210. 614

Kaisse, Ellen 1992. Can [consonantal] spread? *Language* 68:313–332.

Katz, Elihu, and Paul Lazarsfeld 1955. *Personal Influence*. Glencoe, Ill.: Free Press.

Kenyon, John, and Thomas Knott 1953. *A Pronouncing Dictionary of American English*. Springfield, Mass.: G. C. Merriam.

King, Robert 1969. *Historical Linguistics and Generative Grammar*. New York: Holt, Rinehart and Winston.

King, Robert 1975. Integrating linguistic change. In K. H. Dahlstedt (ed.), *The Nordic Languages and Modern Linguistics*, Stockholm: Almqvist & Wiksell, 47–69.

Kinkade, Dale 1972. The alveopalatal shift in Cowlitz Salish. *IJAL* 39:224–31.

Kiparsky, Paul 1971. Historical linguistics. In W. Dingwall (ed.), *A Survey of Linguistic Science*, College Park: University of Maryland, 577–649.

Kiparsky, Paul 1982. *Explanation in Phonology*. Dordrecht: Foris.

Kiparsky, Paul 1989. Phonological change. In F. Newmeyer (ed.), *Linguistics: The Cambridge Survey*, Cambridge: Cambridge University Press, 363–415.

Kohlberg, Lawrence 1981. *Essays on Moral Development*. San Francisco: Harper & Row.

Kökeritz, Helge 1953. *Shakespeare's Pronunciation*. New Haven, Conn.: Yale University Press.

Koshal, Sanyukta 1982. Social and linguistic constraints on the deletion of Ladakhi perfect /s/. Ms.

Kotsinas, Ulla-Britt 1991. Kotsincs. Sex differences in young people's language in Stockholm. To be published in B.-L. Gunnarsson and C. Liberg (eds.), *Rapport från ASLAs nordiska höstsymposium*, Uppsala, 9–11 Nov. 1991, ASLA:s skriftserie nr. 5. Uppsala: Uppsala Universitet.

Krishnamurti, Bh. 1978. Areal and lexical diffusion of sound change. *Language* 54:1–20.

Kroch, Anthony 1989a. Function and grammar in the history of English periphrastic "do". In R. Fasold and D. Schiffrin (eds.), *Language Variation and Change*, Orlando: Harcourt Brace Jovanovich, 133–172.

Kroch, Anthony 1989b. Reflexes of grammar in patterns of language change. *Language Variation and Change* 1:199–244.

Kruskal, Joseph B. 1964. Nonmetric multidimensional scaling: A numerical method. *Psychometrika* 29:115–129.

Kučera, Henry 1961. *The Phonology of Czech*. The Hague: Mouton.

Kuhn, Sherman, and Randolph Quirk 1953. Some recent interpretations of Old English digraph spellings. *Language* 29:143–153.

Kurath, Hans 1939. *Handbook of the Linguistic Geography of New England*. Providence, R.I.: American Council of Learned Societies.

Kurath, Hans 1949. *Word Geography of the Eastern United States*. Ann Arbor: University of Michigan Press.

615 Kurath, Hans, and Raven I. McDavid, Jr. 1961. *The Pronunciation of English in the Atlantic States*. Ann Arbor: University of Michigan Press.

Kurath, Hans, et al. 1941. *Linguistic Atlas of New England*. Providence, R.I.: American Council of Learned Societies.

Labov, William 1963. The social motivation of a sound change. *Word* 19:273–309.

Labov, William 1964. Stages in the acquisition of standard English. In R. Shuy (ed.), *Social Dialects and Language Learning*, Champaign, Ill.: National Council of Teachers of English.

Labov, William 1965. On the mechanism of linguistic change. In *Georgetown Monographs on Language and Linguistics* 18:91–114.

Labov, William 1966. *The Social Stratification of English in New York City*. Washington, D.C.: Center for Applied Linguistics.

Labov, William 1969. The logic of non-standard English. In J. Alatis (ed.), *Georgetown Monographs on Language and Linguistics* 22, 1–44.

Labov, William 1971. Methodology. In W. Dingwall (ed.), *A Survey of Linguistic Science*, College Park: University of Maryland, 412–497.

Labov, William 1972. Negative attraction and negative concord in English grammar. *Language* 48:773–818.

Labov, William 1973. The social setting of linguistic change. In T. A. Sebeok (ed.), *Current Trends in Linguistics 11: Diachronic, Areal and Typological Linguistics*, The Hague: Mouton. [Also published as chap. 9, *Language in the Inner City*].

Labov, William 1974. Language change as a form of communication. In A. Silverstein (ed.), *Human Communication*, Hillsdale, N.J.: Erlbaum, 221–256.

Labov, William 1975a. On the use of the present to explain the past. In L. Heilmann (ed.), *Proceedings of the 11th International Congress of Linguists*, Bologna: Il Mulino, 825–851.

Labov, William 1975b. *What Is a Linguistic Fact?* Lisse: Peter de Ridder Press. New York: Humanities Press.

Labov, William 1976. The relative influence of family and peers on the learning of language. In R. Simone et al. (eds.), *Aspetti Socioling. dell'Italia Contemporanea*, Rome: Bulzoni.

Labov, William 1980a. The social origins of sound change. In Labov 1980b, 251–266.

Labov, William (ed.) 1980b. *Locating Language in Time and Space*. New York: Academic Press.

Labov, William 1981. Resolving the Neogrammarian controversy. *Language* 57:267–309.

Labov, William 1984. Field methods of the Project on Linguistic Change and Variation. In J. Baugh and J. Sherzer (eds.), *Language in Use*, Englewood Cliffs, N.J.: Prentice-Hall.

Labov, William 1988. The judicial testing of linguistic theory. In D. Tannen (ed.), *Language in Context: Connecting Observation and Understanding*, Norwood, N.J.: Ablex, 159–182.

Labov, William 1989a. The exact description of the speech community: Short **a** in Philadelphia. In R. Fasold and D. Schiffrin (eds.), *Language Change and Variation*, Washington, D.C.: Georgetown University Press, 1–57. 616

Labov, William 1989b. The child as linguistic historian. *Language Variation and Change* 1:85–94.

Labov, William 1989c. The limitations of context. In *CLS*, part 2, Chicago: Chicago Linguistic Society, 171–200.

Labov, William 1990. The intersection of sex and social class in the course of linguistic change. *Language Variation and Change* 2:205–254.

Labov, William 1991. The three dialects of English. In P. Eckert (ed.), *New Ways of Analyzing Sound Change*, New York: Academic Press, 1–44.

Labov, William, and Sharon Ash to appear. The cognitive consequences of linguistic diversity. To appear in *Language Variation and Change*.

Labov,William,Sharon Ash,and Charles Boberg 2006.*The Atlas of North American English:Phonetics,phonology,and sound change:A multimedia reference tool, Vol.1.* Walter de Gruyter.

Labov, William, P. Cohen, C. Robins, and J. Lewis 1968. *A Study of the Non-standard English of Negro and Puerto Rican Speakers in New York City*. Cooperative Research Report 3288. Vols. I and II. Philadelphia: U.S.Regional Survey.

Labov, William, and Wendell Harris 1986. De facto segregation of black and white vernaculars. In D. Sankoff (ed.), *Diversity and Diachrony*, Amsterdam and Philadelphia: John Benjamins, 1–24.

Labov, William, and Teresa Labov 1976. Learning the syntax of questions. In R. Campbell and P. Smith (eds.), *Recent Advances in the Psychology of Language*, New York: Plenum Press.

Labov, William, and B. Wald 1969. Some general principles of chain shifting. Paper given at the winter meeting of the LSA.

Labov, William, Malcah Yaeger, and Richard Steiner 1972. [LYS]. *A Quantitative Study of Sound Change in Progress*. Philadelphia: U.S. Regional Survey.

Ladefoged, Peter 1964. *A Phonetic Study of West African Languages*. [West African Language Monographs 1]. Cambridge: Cambridge University Press.

Laferrière, Martha 1977. Consideration of the vowel space in sound change: Boston /æ/. Paper given at the winter meeting of the LSA.

Laferrière, Martha 1979. Ethnicity in phonological variation and change. *Language* 55:603–617.

Lambert, Wallace 1967. A social psychology of bilingualism. In J. Macnamara (ed.), *Problems of Bilingualism. Journal of Social Issues* 23:91–109.

Laneham, Robert 1871. Letter. In Furnall (ed.), *Captain Cox, His Ballads and Books*. Ballad Society.

Lavandera, Beatriz 1978. Where does the sociolinguistic variable stop? *Language in Society* 7.2:1971–182.

Lee, Ki Moon 1961. *Kugŏsa Kaesol*. Seoul: Minjungsogwan. [Rev. 1983].

Lehiste, Ilse, and Gordon E. Peterson 1961. Transitions, glides, and diphthongs. *Journal of the Acoustical Society of America* 3:268–277.

Lehmann, Winfred P. (ed.) 1967. *A Reader in Nineteenth-Century Historical Indo-European Linguistics*. Bloomington: Indiana University Press.

617 Lehmann, Winfred P. (ed.) 1975. *Language and Linguistics in the People's Republic of China*. Austin: University of Texas Press.

Lehnert, M. 1936. *Die Grammatik des Englischen Sprachmeisters John Wallis* (1616–1703).

Lemle, Miriam, and Anthony Naro 1977. *Competencias básicas do portugues*. Rio de Janeiro: MOBRAL.

Lennig, Matthew 1978. Acoustic measurement of linguistic change: The modern Paris vowel system. University of Pennsylvania dissertation.

Li, Paul Jen-Kuei 1982. Linguistic variations of different age groups in the Atayalic dialects. *The Tsing Hua Journal of Chinese Studies*, new series, 14:167–191.

Liberman, Alvin, K. Harris, H. Hoffman, and B. Griffith 1957. The discrimination of speech sounds within and across phonemic boundaries. *Journal of Experimental Psychology* 54:358–68.

Liberman, Mark, and Janet Pierrehumbert 1984. Intonational invariance under changes in pitch range and length. In M. Aronoff and R. Oehrle (eds.), *Language Sound Structure: Studies Presented to Morris Halle by His Teacher and Students*, Cambridge, Mass.: MIT Press, 157–233.

Lien, Chinfa 1987. Coexistent tone systems in Chinese dialects. University of California at Berkeley dissertation.

Liljencrants, J., and B. Lindblom 1972. Numerical simulation of vowel quality systems: The role of perceptual contrast. *Language* 48:839–862.

Lindau, Monica 1978. Vowel features. *Language* 54:541–563.

López, Leticia 1983. A sociolinguistic analysis of /s/ variation in Honduran Spanish. University of Minnesota dissertation.

Lopez Morales, Humberto 1978. Dialectos verticales en San Juan: Indices de conciencia lingüística. *Boletin de la Academica Puertorriqueña de la Lengua Española* 6:5–23.

Lucy, John A. 1987. Grammatical categories and cognitive processes: An historical, theoretical, and empirical re-evaluation of the linguistic relativity hypothesis. University of Chicago dissertation.

Luick, Karl 1903. *Studien zur Englischen Lautgeschichte*. Vienna and Leipzig.

Luick, Karl 1921. *Historische Grammatik der englischen Sprache*. Leipzig: C. H. Tauchnitz.

Luthin, Herbert W. 1987. The story of California (ow): The coming-of-age of English in California. In K. M. Denning et al. (eds.), *Variation in Language: NWAV-XV at Stanford*, Stanford, Calif.: Department of Linguistics, Stanford University, 312–24.

Ma, Roxana, and Eleanor Herasimchuk 1968. The linguistic dimensions of a bilingual neighborhood. In J. Fishman, R. Ma, and R. Cooper (eds.), *Bilingualism in the Barrio*, Washington, D.C.: Office of Education.

MacDonald, Jeff 1984. The social stratification of (r) in New York City department stores revisited. Ms.

McKenzie, R. 1918. Notes sur l'histoire des diphthongues *ie* et *uo* dans les langues baltiques. *Bulletin de la Société de Linguistique* 66:156–174.

Malkiel, Yakov 1967. Every word has its own history. *Glossa* 1:137–149. 618

Malkiel, Yakov 1976. Multi-conditioned sound change in the impact of morphology on phonology. *Language* 52:757–779.

Marckwardt, Albert H. 1957. Principal and subsidiary dialect areas in the North-Central States. *PADS* 27:3–15.

Markey, Thomas L. 1973. Comparability, graduality and simplification in dialectology. *Orbis* 23.

Martinet, André 1952. Function, structure and sound change. *Word* 8:1–32.

Martinet, André 1955. *Economie des changements phonétiques*. Berne: Francke.

Martinet, André 1958. C'est jeuli le Mareuc. *Romance Philology* 11:345–355.

Martinet, André 1961. *Eléments de linguistique générale*. Paris: P. Colin.

Meillet, Antoine 1921. *Linguistique historique et linguistique générale*. Paris: La Société Linguistique de Paris.

Merton, Robert K. 1957. *Social Theory and Social Structure*. Glencoe, Ill.: Free Press.

Miège, G. 1688. *The English Grammar*. London. [Menston, England: Scolar Press facsimile, 1970].

Milroy, James 1980. Lexical alternation and the history of English: Evidence from an urban vernacular. In E. Traugott et al. (eds.), *Papers from the 4th International Conference on Historical Linguistics*, Amsterdam and Philadelphia: John Benjamins.

Milroy, James, and John Harris 1980. When is a merger not a merger? The MEAT/MATE problem in a present-day English vernacular. *English World-Wide* 1:199–210.

Minkova, Donka 1982. The environment for Middle English open syllable lengthening. *Folia Linguistica Historica* 3:29–58.

Mitchell, A. G., and A. Delbridge 1965. *The Pronunciation of English in Australia*. Sydney: Angus & Robertson.

Moulton, William G. 1962. Dialect geography and the concept of phonological space. *Word* 18:23–32.

Mulcaster, R. 1582. *The First Part of the Elementarie*. London. [Menston, England: Scolar Press facsimile, 1970].

Nares, R. 1784. *Elements of Orthoepy*. London.

Nearey, Terence 1977. Phonetic feature system for vowels. University of Connecticut dissertation.

Nolan, Francis in press. The descriptive role of segments: Evidence from assimilation. In D. R. Ladd (ed.), *Papers in Laboratory Phonology II*, Cambridge: Cambridge University Press.

Nöldeke, Theodor 1880. *Kurzgefasste Syrische Grammatik*. Leipzig: T. O. Weigel.

Nordberg, Bengt 1975. Contemporary social variation as a stage in a long-term phonological change. In K.-H. Dahlstedt (ed.), *The Nordic Languages and Modern Linguistics*. Stockholm: Almqvist & Wiksell, 587–608.

Nunberg, Geoffrey 1980. A falsely reported merger in eighteenth century English: A study in diachronic variation. In Labov 1980b, 221–250.

619 Ogura, Mieko 1987. *Historical English Phonology: A Lexical Perspective.* Tokyo: Kenkyusha.

Ogura, Mieko 1990. *Dynamic Dialectology.* Tokyo: Kenkyusha.

Oliveira, Marco de 1983. Phonological variation in Brazilian Portuguese. University of Pennsylvania dissertation.

Orton, Harold 1933. *The Phonology of a South Durham Dialect.* London: Kegan Paul, Trench, Trubner.

Orton, Harold, and Eugen Dieth 1962–1967. *Survey of English Dialects.* [SED]. Leeds: E. J. Arnold & Son.

Orton, Harold, Stewart Sanderson, and John Widdowson 1977. *The Linguistic Atlas of England.* Atlantic Highlands, N.J.: Humanities Press.

Osthoff, Hermann, and Karl Brugmann 1878. *Morphologische Untersuchungen auf dem Gebiete der indogermanischen Sprachen,* I. Leipzig.

Patterson, H. W. 1860. A glossary of words in use in the counties of Antrim and Down. *English Dialect Society.* London: Trübner.

Payne, Arvilla 1976. The acquisition of the phonological system of a second dialect. University of Pennsylvania dissertation.

Payne, Arvilla 1980. Factors controlling the acquisition of the Philadelphia dialect by out-of-state children. In Labov 1980b, 143–178.

Pedersen, Holger 1962. *The Discovery of Language.* Bloomington: Indiana University Press.

Pederson, Lee A. 1965. *The pronunciation of English in metropolitan Chicago.* Publications of the American Dialect Society #44.

Perkell, J. 1971. Physiology of speech production: A preliminary study of two suggested revisions of the features specifying vowels. *Quarterly Progress Report* 102:123–39. Cambridge, Mass.: Research Laboratory of Electronics, MIT.

Peterson, Gordon E., and Harold L. Barney 1952. Control methods used in a study of the vowels. *Journal of the Acoustical Society of America* 24:175–184.

Phillips, B. S. 1980. Lexical diffusion and southern *tune, duke, news. American Speech* 56:72–78.

Phillips, B. S. 1984. Word frequency and the actuation of sound change. *Language* 60:320–42.

Pisoni, David 1971. *On the Nature of Categorical Perception of Speech Sounds.* Status Report on Speech Research SR-27. New Haven, Conn.: Haskins Laboratories.

Pope, M. K. 1934. *From Latin to Modern French with Especial Consideration of Anglo-Norman.* Manchester: University Press.

Poplack, Shana 1978. On dialect acquisition and communicative competence: The case of Puerto Rican bilinguals. *Language in Society* 7:89–104.

Poplack, Shana 1979. Function and process in a variable phonology. University of Pennsylvania dissertation.

Poplack, Shana 1980. The notion of the plural in Puerto Rican Spanish: Competing constraints on /s/ deletion. In Labov 1980b, 55–68.

Poplack, Shana 1981. Mortal phonemes as plural morphemes. In Sankoff and Cedergren 1981, 59–72.

Postal, Paul 1968. *Aspects of Phonological Theory*. New York: Harper & Row. 620
Price, O. 1665. *The Vocal Organ*. [Menston, England: Scolar Press facsimile, 1970].
Priebsch, R., and W. Collinson 1958. *The German Language*. London: Faber & Faber.
Prince, Ellen F. 1987. Sarah Gorby, Yiddish folksinger: A case study of dialect shift. Sociology of Jewish languages. *International Journal of the Sociology of Language* 67:83–116.
Prokosch, E. 1930. The Germanic vowel shift and the origin of mutation. In *Studies in Honor of Hermann Collitz*, Freeport, N.Y.: Books for Libraries Press, 70–82.
Pulleyblank, Edwin G. 1978. Abruptness and gradualness in phonological change. In M. A. Jazayery et al. (eds.), *Linguistics and Literary Studies in Honor of Archibald A. Hill*, The Hague: Mouton, 181–191.
Rauch, Irmengard 1967. *The Old High German Diphthongization*. The Hague: Mouton.
Read, Allen Walker 1963a. The first stage in the history of *O.K. American Speech* 38:5–27.
Read, Allen Walker 1963b. The second stage in the history of *O.K. American Speech* 38:83–102.
Read, Allen Walker 1964. Successive revisions in the explanation of *O.K. American Speech* 39:243–267.
Reed, Caroll E., and L. W. Seifert 1954. *A Linguistic Atlas of Pennsylvania German*. Marburg.
Remacle, Louis 1944. *Les variations de l' h secondaire en Ardenne liègeois: Le problème de l' h en liègeois*. Paris: Éditions Dion.
Rickford, John R. 1991. Variation theory: Implicational scaling and critical age limits in models of linguistic variation, acquisition and change. In T. Huebner and C. A. Ferguson (eds.), *Crosscurrents in Second Language Acquisition and Linguistic Theories*, Amsterdam and Philadelphia: John Benjamins, 225–245.
Roberts, Julia 1993. The acquisition of variable rules: *t,d* deletion and *-ing* production in preschool children. University of Pennsylvania dissertation.
Romaine, Suzanne 1981. On the problem of syntactic variation: A reply to Beatrice Lavandera and William Labov. [*Working Papers in Sociolinguistics*, 82]. Austin, Tex.: Southwest Educational Developmental Laboratory.
Rudd, S. 1755. *Prodromos*. London.
Samuels, M. L. 1965. *Linguistic Evolution with Special Reference to English*. Cambridge: Cambridge University Press, 1972.
Sankoff, David, and Henrietta J. Cedergren (eds.) 1981. *Variation Omnibus*. Edmonton, Alberta: Linguistic Research.
Sankoff, David, and William Labov 1979. On the uses of variable rules. *Language in Society* 8:189–222.
Sankoff, David, and Pascale Rousseau 1974. A method for assessing variable rule and implicational scale analyses of linguistic variation. In J. L. Mitchell

621 (ed.), *Computers in the Humanities*, Edinburgh: Edinburgh University Press, 3–15.

Sankoff, David, and Gillian Sankoff 1973. Sample survey methods and computer-assisted analysis in the study of grammatical variation. In R. Darnell (ed.), *Canadian Languages in Their Social Context*, Edmonton, Alberta: Linguistic Research, 7–64.

Sankoff, David, and Pierrette Thibault 1981. Weak complementarity: Tense and aspect in Montreal French. In B. B. Johns and D. R. Strong (eds.), *Syntactic Change. Natural Language Studies* 25:205–216.

Sankoff, Gillian 1980. *The Social Life of Language*. Philadelphia: University of Pennsylvania Press.

Sankoff, Gillian, and Penelope Brown 1976. The origins of syntax in discourse: A case study of Tok Pisin relatives. *Language* 52:631–666. [Reprinted in Sankoff 1980, 211–255].

Santorini, Beatrice 1989. The generalization of the verb-second constraint in the history of Yiddish. University of Pennsylvania dissertation.

Saussure, Ferdinand de 1949. *Cours de linguistique générale*. 4th ed. Paris: Payot.

Scherre, Maria Marta Pereira, and Anthony J. Naro 1991. Marking in discourse: "Birds of a feather." *Language Variation and Change* 3:23–32.

Schmalsteig, William R. 1964. The phonemes of the Old Prussian Enchridion. *Word* 20:211–221.

Schmalsteig, William R. 1968. Primitive Baltic *ē. *Word* 24:427–32.

Schuchardt, Hugo 1980. *The Ethnography of Variation: Selected Writings on Pidgins and Creoles*. Translated by Thomas Markey. Ann Arbor, Mich.: Karoma.

Searle, John 1970. *Speech Acts: An Essay in the Philosophy of Language*. Cambridge: Cambridge University Press.

Sedlak, Philip 1969. Typological considerations of vowel quality systems. [*Working Papers on Language Universals*, 1]. Stanford, Calif.: Stanford University.

Senn, Alfred 1966. *Handbuch der Litauischen Sprache*. Heidelberg: Carl Winter.

Shen, Zhongwei 1990. Lexical diffusion: A population perspective and a numerical model. *Journal of Chinese Linguistics* 18:159–200.

Shen, Zhongwei 1993. Stochastic diffusion and regularity of sound change. Paper given at NWAVE-XXII, Ottawa.

Shepard, Roger N. 1962. The analysis of proximities: Multidimensional scaling with an unknown distance function. *Psychometrika* 27:125–139,219–246.

Shepard, Roger N., A. Kimball Romney, and Sara Beth Nerlove 1972. *Multidimensional Scaling: Theory and Applications in the Behavioral Sciences*. New York: Seminar Press.

Sherman, D. 1973. Noun-verb stress alternation: An example of the lexical diffusion of sound change in English. *Project on Linguistic Analysis, Reports, Second Series*, 17:46–81.

Shi, Ziqiang 1989. The grammaticalization of the particle *le* in Mandarin Chinese. *Language Variation and Change* 1:99–114. 622

Shuy, Roger, Walt Wolfram, and William K. Riley 1966. *A Study of Social Dialects in Detroit*. Final Report, Project 6-1347. Washington, D.C.: Office of Education.

Sievers, Eduard 1850. *Grundzüge der Phonetik: Zur Einführung in das Studium der Lautlehre der indogermanischen Sprachen*. Leipzig: Breitkopf und Hartel.

Silva-Corvalán, Carmen 1982. Subject expression and placement in Mexican-American Spanish. In J. Amastae and L. Elias-Olivares (eds.), *Subject Expression and Placement in Mexican-American Spanish*, Cambridge: Cambridge University Press, 93–120.

Singler, John 1987. Remarks in response to Derek Bickerton's "Creoles and universal grammar: The unmarked case?" *Journal of Pidgin and Creole Languages* 1:141–145.

Sivertsen, Eva 1960. *Cockney Phonology*. Oslo.

Sledd, James H. 1966. Breaking, umlaut, and the Southern drawl. *Language* 42:18–41.

Smith, J. N. M., and E. Dawkins 1971. The hunting behavior of individual great tits in relation to spatial variation in their food density. *Animal Behaviour* 19:695–706.

Smith, John Maynard (ed.) 1982. *Evolution Now: A Century after Darwin*. San Francisco: W. H. Freeman.

Soares, Marilia Facó, and Yonne Leite 1991. Vowel shift in the Tupi-Guarani language family: A typological approach. In Mary Ritchie Key (ed.), *Language Change in South American Indian Languages*, Philadelphia: University of Pennsylvania Press, 36–53.

Sommerfelt, Alf 1930. Sur la propagation de changements phonétiques. *Norsk Tids-skrift for Sprogvidenskap* 4:76–128.

Stampe, David 1972. On the natural history of diphthongs. In *CLS* 8, Chicago: Chicago Linguistic Society, 578–590.

Stevens, Kenneth N. 1972. The quantal nature of speech: Evidence from articulatory-acoustic data. In E. E. David and P. B. Denes (eds.), *Human Communication: A Unified View*, New York: McGraw-Hill, 51–66.

Stewart, J. M. 1967. Tongue root position in Akan vowel harmony. *Phonetica* 16:185–204.

Stockwell, Robert P. 1964a. On the utility of an overall pattern in historical English phonology. In H. Lunt (ed.), *Proceedings of the Ninth International Congress of Linguists*, The Hague: Mouton, 663–671.

Stockwell, Robert P. 1964b. Realism in historical English phonology. Paper given at the winter meeting of the LSA, Los Angeles.

Stockwell, Robert P. 1972. Problems in the interpretation of the Great Vowel Shift. In M. E. Smith (ed.), *Studies in Linguistics in Honor of George L. Trager*, The Hague: Mouton, 344–362.

Stockwell, Robert P. 1978. Perseverance in the English Vowel Shift. In J. Fis-

623 iak (ed.), *Recent Developments in Historical Phonology*, The Hague: Mouton, 337–348.

Stockwell, Robert P. 1985. Assessment of alternative explanations of the Middle English phenomenon of high vowel lowering when lengthened in the open syllable. In R. Eaton et al. (eds.), *Papers from the 4th International Conference on English Historical Linguistics*, Amsterdam and Philadelphia: John Benjamins, 303–318.

Stockwell, Robert P., and C. W. Barritt 1951. Some Old English graphemic-phonemic correspondences – *æ*, *ea*, and *a*. *Studies in Linguistics: Occasional Papers* 4. Washington, D.C.

Stockwell, Robert P., and C. W. Barritt 1955. The Old English short digraphs: Some considerations. *Language* 31:372–389.

Stockwell, Robert P., and C. W. Barritt 1961. Scribal practice: Some assumptions. *Language* 37:75–82.

Stockwell, Robert P., and R. Macaulay (eds.) 1967. *Linguistic Change and Generative Grammar*. Bloomington: Indiana University Press.

Stockwell, Robert P., and Donka Minkova 1990. The Early Modern English vowels, more o'Lass. *Diachronica* 7:199–214.

Streeter, Mary 1977. DOC, 1971: A Chinese dialect dictionary on computer. In Wang 1977, 101–119.

Sturtevant, Edgar H. 1940. *The Pronunciation of Greek and Latin*. Philadelphia: Linguistic Society of America.

Sturtevant, Edgar H. 1947. *An Introduction to Linguistic Science*. New Haven, Conn.: Yale University Press.

Sweet, Henry 1888. *A History of English Sounds*. Oxford: Clarendon Press.

Swenning, Julius 1909. *Utvecklingen av Samnordiskt Æi i Sydsvenska Mål*. Stockholm: P. A. Norstedt.

Terrell, Tracy 1975. Functional constraints on deletion of word final /s/ in Cuban Spanish. In *BLS* 1, Berkeley, Calif.: Berkeley Linguistics Society, 431–437.

Terrell, Tracy 1981. Diachronic reconstruction by dialect comparison of variable constraints: *s*-aspiration and deletion in Spanish. In Sankoff and Cedergren 1981, 115–124.

Texas Conference 1962. *First Texas Conference on Problems of Linguistic Analysis of English*. Austin: University of Texas.

Thibault, Pierrette, and Michelle Daveluy 1989. Quelques traces du passage du temps dans le parler des Montréalais, 1971–1984. *Language Variation and Change* 1:19–46.

Thibault, Pierrette, and Diane Vincent 1990. *Un corpus de français parlé*. Montreal: Recherches Sociolinguistiques.

Toon, Thomas E. 1976. The variationist analysis of Early Old English manuscript data. In W. M. Christie, Jr. (ed.), *Proceedings of the Second International Conference on Historical Linguistics*, Amsterdam: North Holland, 71–81.

Toon, Thomas E. 1978. Lexical diffusion in Old English. In *Papers from the Parasession on the Lexicon*, Chicago: Chicago Linguistic Society, 357–364.

Toon, Thomas E. 1983. *The Politics of Early Old English Sound Change*. New York: Academic Press. 624

Trager, George L. 1930. The pronunciation of "short A" in American Standard English. *American Speech* 5:396–400.

Trager, George L. 1934. What conditions limit variants of a phoneme? *American Speech* 9:313–315.

Trager, George L. 1940. One phonemic entity becomes two: The case of "short a." *American Speech* 17:30–41.

Trager, George L., and Henry Lee Smith, Jr. 1957. *An Outline of English Structure*. Washington, D.C.: American Council of Learned Societies.

Trudgill, Peter 1974a. *The Social Differentiation of English in Norwich*. Cambridge: Cambridge University Press.

Trudgill, Peter 1974b. Linguistic change and diffusion: Description and explanation in sociolinguistic dialect geography. *Language in Society* 3:215–246.

Trudgill, Peter 1986. *Dialects in Contact*. Oxford: Blackwell Publishers.

Trudgill, Peter 1988. Norwich revisited: Recent linguistic changes in an English urban dialect. *English World-Wide* 9:33–49.

Trudgill, Peter, and Nina Foxcroft 1978. On the sociolinguistics of vocalic mergers: Transfer and approximation in East Anglia. In P. Trudgill (ed.), *Sociolinguistic Patterns in British English*, London: Edwin Arnold, 69–79.

Tucker, R. Whitney 1944. Notes on the Philadelphia dialect. *American Speech* 19:39–42.

Tuite, Thomas 1726. *The Oxford Spelling Book*. London. [Menston, England: Scolar Press facsimile, 1967].

Voegelin, C. F., and Zellig S. Harris 1951. Methods for determining intelligibility among dialects of natural languages. *Proceedings of the American Philosophical Society* 95:322–329.

Walker, John 1791. *Pronouncing Dictionary*.

Wallace, Rex 1981. The variable deletion of final *s* in Latin. Ohio State University Master's thesis.

Wallace, Rex 1984. Variable deletion of *-s* in Latin: Its consequences for Romance. In P. Baldi (ed.), *Papers from the XIIth Linguistic Symposium on Romance Languages*, Amsterdam and Philadelphia: John Benjamins, 565–577.

Walsh, Thomas 1985. The historical origin of syllable-final aspirated /s/ in dialectal Spanish. *Journal of Hispanic Philology* 9:231–26.

Wang, William S.-Y. 1967. The measurement of functional load. *Phonetica* 16:36–54.

Wang, William S.-Y. 1969. Competing sound changes as a cause of residue. *Language* 45:9–25.

Wang, William S.-Y. (ed.) 1977. *The Lexicon in Phonological Change*. The Hague: Mouton.

Wang, William S.-Y. 1979. Language change: A lexical perspective. *Annual Review of Anthropology* 8:353–371.

Wang, William S.-Y. 1989. Theoretical issues in studying Chinese dialects. *Journal of the Chinese Language Teachers' Association* 25:1–34.

译后记

拉波夫的巨著《语言变化原理》三卷本的相继出版，是具有划时代意义的重要语言学事件。拉波夫概括总结了他的团队几十年来长期不懈的研究，综合了实验语言学、历史语言学、城市方言学、社会语言学、认知语言学和计算语言学的理论和方法，探求语言变化的内部因素、社会因素、认知和文化因素。这是当代语言研究的集大成之作，范围之广，规模之巨，剖析之深，用功之细，史无前例，必将给当代及后世语言学者以革命性的影响。原著荣获享誉"语言学界诺贝尔奖"的美国语言学会布龙菲尔德奖。

中国学界很少拉波夫原著的译文，为数不多的综述都只是把他称为社会语言学家。其实拉波夫提倡语言学作为经验科学，主张语言研究既要立足于语言内部，更要关注各种外部因素如何影响语言的演变，拨转了索绪尔以来的语言学方向。拉波夫研究语言是到田野中，到街区中，到实验室中，获取成百上千的样品数据做出统计分析。他借助庞大的资料库阐明语言是异质有序的大系统。这是一种全新的语言观和语言演化观。拉波夫为语言研究开拓了一个新方向。在这个方向上，语言的系统性和社会性完美整合，语言的共时研究和历时研究高度统一。

我一直想有机会翻译拉波夫的著作，让中国语言学人，特别是年轻学子认识这位伟大的语言学家的理论、方法和实践。感谢商务印书馆购得中文版权，使我这个愿望有可能得以实现。

然而真正动手开始，才发现难度远超出预想。翻译这样的巨著，需要雄厚的知识基础，熟练的翻译能力，充沛的精力和时间，而我对于这些都所缺甚多，实际上在某种程度上是在知其不可而为之。好在我有一个习惯：做事大家来。也就是开放式合作型的团队协作。以下就是这个译稿成文的简单过程。

最初，从 2010 年开始，我利用南开大学汉语言文化学院的研究生专业外语课程，请同学进行初译，在课上分别讲述书中内容并解决翻译术语和原理中的疑难问题。连续三年，每年一卷。其中参加第一卷初译的 20 人：程涵、宋燕、李幸河、张海云、银沛月、赵雅楠、薛融、贾蕊欣、牛彬、张寅平、魏艳、王磊、张盼盼、肖启迪、孟小淋、薛鑫、杜鑫、陈俊安、薛永婷、陈曦丹。参加第二卷初译 21 人：孙建敏、马丽芳、臧素洁、吴秀瀛、孙伟、张琦、毛文星、代书宇、孙颖、李缇缇、高丹、张立晓、周青、陈怡、李学志、张瀛月、魏维、田野、尹菲菲、杨晓椿、刘春华。参加第三卷初译 22 人：欧迎希、曾炫、宗原原、燕芳、王倩、王大佐、姬瑜、崔国芳、魏飞、曹锐、李舒、向金萍、刘晓敏、陶媛、闫晗、邹真真、李亚男、张晴、泮小敏、董倩倩、黄荣佼、王金凤。这样，到 2013 年，我们就有了三届研究生合作的初译稿。

然后，我请几位英语专业的教师在繁忙的教学之余，对初译稿进行全面细致的整理重译。郭嘉译第一卷，温宝莹译第二卷，于辉译第三卷。后来在第二卷和第三卷又分别加入了魏芳、苏珩骅两位老师。重译花费了较长的时间，投入了大量的精力。从 2014 年开始陆续完成了三卷的重译稿。

最终，由我负责把重译稿再对照原文逐句检查修改整合，尽量使译稿具有可读性。开始没有经验，第一卷先打印纸稿做出修改，再请十余位研究生把纸稿修改内容输入计算机。我们再核对电子版检查输入的情况。这样重复作业，费时费力。后面几章我直接用计算机在电子版上做出修改，速度反而更快些。到2015年赴美国明德大学讲学期间，最后完成第一卷《语言变化原理：内部因素》的核对修改，定稿付编。第二卷《语言变化原理：社会因素》照此办理，又在2016年于明德讲学时完成。第三卷《语言变化原理：认知和文化因素》译稿也将陆续完成，庶几当无问题。这可以算作交稿付印前的"三译"。

预计在2020年前，拉波夫《语言变化原理》三卷巨著的中译本将可以全部印刷出版。真可谓历经十载，批阅三番。前后有近80名研究生和6名教师参与翻译工作，算得上是大兵团协同作战。开放式合作型团队行动是我们的传统，其优势就在于可以梯队接续，完成大型任务。感谢上述各位同学和老师的辛勤工作和无私奉献。因水平能力所限，译稿中的缺点错误当然应由我来全部负责。

感谢拉波夫教授对我们工作的热心支持，他专门为中文版撰写了前言。感谢王士元先生慨允为这部巨著中文版撰写序言。这定会有助于中国学者更好地认识和理解拉波夫的语言学思想和研究方法，促进中国语言学的进步和发展。

"它山之石，可以攻玉。"这就是我们翻译这部巨著的目的。我们呼唤在中国出现这样的巨著。中国有着数千年悠久的历史文献，有着各种民族语言和汉语方言的丰富宝藏，再加上借鉴拉波夫等国外学者的理论方法,只要脚踏实地,执着坚持,几十年如一日,朝向一个目标,一定能够走出一条振兴中国语言学之路。我们所做的努力,就是为此增添一颗铺路的石子。

石　锋

2015年8月8日初稿,

2016年8月10日定稿。

于美国佛蒙特州明德大学绿荫中